经以济世
建行开来

贺教育部

重大攻关项目

心平书赠

李珉枝
谨以为八

教育部哲学社会科学研究重大课题攻关项目

# 弘扬与培育民族精神研究

## RESEARCH ON THE PROMOTION AND CULTIVATION OF NATIONAL SPIRIT

杨叔子

等著

经济科学出版社

Economic Science Press

**图书在版编目（CIP）数据**

弘扬与培育民族精神研究/杨叔子等著. —北京：
经济科学出版社，2009.9
（教育部哲学社会科学研究重大课题攻关项目）
ISBN 978 - 7 - 5058 - 8432 - 8

Ⅰ. 弘…　Ⅱ. 杨…　Ⅲ. 民族精神 - 研究 - 中国
Ⅳ. C955.2

中国版本图书馆 CIP 数据核字（2009）第 129880 号

责任编辑：吴　南
责任校对：徐领弟　张长松
版式设计：代小卫
技术编辑：邱　天

**弘扬与培育民族精神研究**
杨叔子　等著
经济科学出版社出版、发行　新华书店经销
社址：北京市海淀区阜成路甲 28 号　邮编：100142
总编部电话：88191217　发行部电话：88191540
网址：www.esp.com.cn
电子邮件：esp@ esp.com.cn
北京中科印刷有限公司印装
787×1092　16 开　29 印张　550000 字
2009 年 9 月第 1 版　2009 年 9 月第 1 次印刷
印数：0001—8000 册
ISBN 978 - 7 - 5058 - 8432 - 8　定价：63.00 元

# 课题组主要成员

（按姓氏笔画为序）

刘献君　　何锡章　　欧阳康　　张曙光
张建华　　罗家祥　　邹诗鹏　　栗志刚
雷　洪

# 编审委员会成员

主　任　孔和平　罗志荣

委　员　郭兆旭　吕　萍　唐俊南　安　远
　　　　文远怀　张　虹　谢　锐　解　丹

# 总 序

哲学社会科学是人们认识世界、改造世界的重要工具，是推动历史发展和社会进步的重要力量。哲学社会科学的研究能力和成果，是综合国力的重要组成部分，哲学社会科学的发展水平，体现着一个国家和民族的思维能力、精神状态和文明素质。一个民族要屹立于世界民族之林，不能没有哲学社会科学的熏陶和滋养；一个国家要在国际综合国力竞争中赢得优势，不能没有包括哲学社会科学在内的"软实力"的强大和支撑。

近年来，党和国家高度重视哲学社会科学的繁荣发展。江泽民同志多次强调哲学社会科学在建设中国特色社会主义事业中的重要作用，提出哲学社会科学与自然科学"四个同样重要"、"五个高度重视"、"两个不可替代"等重要思想论断。党的十六大以来，以胡锦涛同志为总书记的党中央始终坚持把哲学社会科学放在十分重要的战略位置，就繁荣发展哲学社会科学做出了一系列重大部署，采取了一系列重大举措。2004 年，中共中央下发《关于进一步繁荣发展哲学社会科学的意见》，明确了新世纪繁荣发展哲学社会科学的指导方针、总体目标和主要任务。党的十七大报告明确指出："繁荣发展哲学社会科学，推进学科体系、学术观点、科研方法创新，鼓励哲学社会科学界为党和人民事业发挥思想库作用，推动我国哲学社会科学优秀成果和优秀人才走向世界。"这是党中央在新的历史时期、新的历史阶段为全面建设小康社会，加快推进社会主义现代化建设，实现中华民族伟大复兴提出的重大战略目标和任务，为进一步繁荣发展哲学社会科学指明了方向，提供了根本保证和强大动力。

　　高校是我国哲学社会科学事业的主力军。改革开放以来，在党中央的坚强领导下，高校哲学社会科学抓住前所未有的发展机遇，紧紧围绕党和国家工作大局，坚持正确的政治方向，贯彻"双百"方针，以发展为主题，以改革为动力，以理论创新为主导，以方法创新为突破口，发扬理论联系实际学风，弘扬求真务实精神，立足创新、提高质量，高校哲学社会科学事业实现了跨越式发展，呈现空前繁荣的发展局面。广大高校哲学社会科学工作者以饱满的热情积极参与马克思主义理论研究和建设工程，大力推进具有中国特色、中国风格、中国气派的哲学社会科学学科体系和教材体系建设，为推进马克思主义中国化，推动理论创新，服务党和国家的政策决策，为弘扬优秀传统文化，培育民族精神，为培养社会主义合格建设者和可靠接班人，做出了不可磨灭的重要贡献。

　　自 2003 年始，教育部正式启动了哲学社会科学研究重大课题攻关项目计划。这是教育部促进高校哲学社会科学繁荣发展的一项重大举措，也是教育部实施"高校哲学社会科学繁荣计划"的一项重要内容。重大攻关项目采取招投标的组织方式，按照"公平竞争，择优立项，严格管理，铸造精品"的要求进行，每年评审立项约 40 个项目，每个项目资助 30 万～80 万元。项目研究实行首席专家负责制，鼓励跨学科、跨学校、跨地区的联合研究，鼓励吸收国内外专家共同参加课题组研究工作。几年来，重大攻关项目以解决国家经济建设和社会发展过程中具有前瞻性、战略性、全局性的重大理论和实际问题为主攻方向，以提升为党和政府咨询决策服务能力和推动哲学社会科学发展为战略目标，集合高校优秀研究团队和顶尖人才，团结协作，联合攻关，产出了一批标志性研究成果，壮大了科研人才队伍，有效提升了高校哲学社会科学整体实力。国务委员刘延东同志为此做出重要批示，指出重大攻关项目有效调动各方面的积极性，产生了一批重要成果，影响广泛，成效显著；要总结经验，再接再厉，紧密服务国家需求，更好地优化资源，突出重点，多出精品，多出人才，为经济社会发展做出新的贡献。这个重要批示，既充分肯定了重大攻关项目取得的优异成绩，又对重大攻关项目提出了明确的指导意见和殷切希望。

　　作为教育部社科研究项目的重中之重，我们始终秉持以管理创新服务学术创新的理念，坚持科学管理、民主管理、依法管理，切实增强服务意识，不断创新管理模式，健全管理制度，加强对重大攻关项目的选题遴选、评审立项、组织开题、中期检查到最终成果鉴定的全过程管理，逐渐探索并形成一套成熟的、符合学术研究规律的管理办法，努力将重大攻关项目打造成学术精品工程。我们将项目最终成果汇编成"教育部哲学社会科学研究重大课题攻关项目成果文库"统一组织出版。经济科学出版社倾全社之力，精心组织编辑力量，努力铸造出版精品。国学大师季羡林先生欣然题词："经时济世　继往开来——贺教育部重大攻关项目成果出版"；欧阳中石先生题写了"教育部哲学社会科学研究重大课题攻关项目"的书名，充分体现了他们对繁荣发展高校哲学社会科学的深切勉励和由衷期望。

　　创新是哲学社会科学研究的灵魂，是推动高校哲学社会科学研究不断深化的不竭动力。我们正处在一个伟大的时代，建设有中国特色的哲学社会科学是历史的呼唤，时代的强音，是推进中国特色社会主义事业的迫切要求。我们要不断增强使命感和责任感，立足新实践，适应新要求，始终坚持以马克思主义为指导，深入贯彻落实科学发展观，以构建具有中国特色社会主义哲学社会科学为己任，振奋精神，开拓进取，以改革创新精神，大力推进高校哲学社会科学繁荣发展，为全面建设小康社会，构建社会主义和谐社会，促进社会主义文化大发展大繁荣贡献更大的力量。

教育部社会科学司

# 前　言

民族精神是一个民族在长期共同生活和实践中形成的思想观念、价值信念与信仰、性格与心理的总和，是这个民族得以生生不息地繁衍和发展的活的灵魂与根本动力，也是该民族所创造的文化和文明的内在核心部分。中华民族精神是中华民族在数千年历史发展中形成的以爱国主义为核心的团结统一、爱好和平、勤劳勇敢、自强不息的伟大精神。仁民爱物、忧乐天下、自强不息、与时偕行是中华民族精神的精髓。在发生亘古未有之巨变的近现代，这个精神一方面经受了巨大的挑战，再次显示出强大的生命力，但同时也得到了新的磨炼、丰富和扩展。在当今世界科技高度发达与高速发展和经济全球化的时代背景下，国家之间的竞争已不仅仅是经济实力的竞争，同时更是文化实力的竞争。一个民族，没有现代科学，没有先进技术，就是落后，一打就垮；没有民族精神，没有人文文化，就会异化，不打自垮。先进生产力的发展离不开先进的文化，而先进文化归根到底依赖于并体现于民族精神的先进。在全面实现小康社会的伟大历史征程中，在贯彻落实科学发展观的伟大社会实践中，中国特色的社会主义文化建设尤其应当把民族精神的培育和弘扬、中华民族共有精神家园的建设作为重中之重。

2003 年 12 月由华中科技大学杨叔子院士为首席专家，欧阳康教授、刘献君教授具体主持的教育部哲学社会科学研究重大课题攻关项目"弘扬与培育民族精神研究"（项目批准号：03JZD0027），在有关方面的大力支持下得以立项通过。经过三年多的精心组织和深入研究，课题于 2007 年 6 月通过教育部专家组的评议并结题。本书即是课题的主要研究成果。

本课题在认真学习、吸取国内外已有研究成果的基础上，努力克服在理论研究和实践运作中尚存的问题，科学地运用马克思主义哲学的基本理论和方法，立足于对世界格局、时代精神、中国特色的全面把握和深刻理解，以理论与实证、历史与现实、批判与继承、比较与借鉴相结合的方法，确立合理可行的研究思路和构架，围绕弘扬和培育民族精神的主题展开系列研究，构建和完善中华民族精神研究的理论体系，探索和寻求弘扬培育民族精神的实施策略和有效路径，为弘扬培育民族精神的实践提供理论与制度、机制上的支持。为此，我们分别从以下方面进行了深入细致的研究：

（1）理论研究。旨在通过多学科交叉与综合基础上的学理性研究来奠定民族精神研究的学术和理论基础，其基本内容可概括为民族精神与民族生存、民族精神与民族文化，以及民族精神与现代人的生存境遇三个部分。

（2）历史研究。旨在以中华民族精神的起源、演化和发展进程为主线，通过深入研究来揭示中华民族精神发展的历史命脉和内在逻辑。

（3）实证研究。目的是通过严密科学的、广泛合理的社会调查统计和资料分析，展现当代中国人的精神生态，把握当前中国公众对中华民族精神的认同状况，揭示在民族精神的弘扬与发展实践中尚存的问题。

（4）比较研究。我们力求以开阔的国际化视野将中华民族精神的弘扬与培育置于全球性的文化和精神碰撞之中，通过对跨国跨境不同文化和民族精神的比照、研究，尝试从海外寻求思想和学术借鉴，以推动中华民族精神的不断发展与创新。

（5）对策研究。这是本课题研究的落脚点和归宿，旨在通过深入的历史与现实、理论与实践的研究，探索有效弘扬民族精神的基本途径与方法。

民族精神研究是一个具有重大理论和现实意义的课题。随着中国社会在政治、经济、文化等方面的变化和转型，如何应对由此形成的对民族精神、民族认同、民族团结、民族发展等的冲击和影响，是我们必须进一步思考的重大问题。为此，我们打算在以下方面继续开展相关研究和探索：在科学发展观的指导下，深入开展民族精神与社会主义和谐文化、民族精神与核心价值体系相关性研究；开展民族精神与建设中华民族共有精神家园的研究，尤其是马克思主义在建设中华民族共有精神家园中的地位、作用，马克思主义与中华民族精神的创新、重塑的内在关联研究；继续在民族精神层面开展国际学术对话与交流，积极学习借鉴其他国家开展民族精神教育的经验和办法，加强中华民族精神的国际宣传与交流，提升我国的国际影响力、文化竞争力和软实力；开展民族精神与科技文化沟通与交融的理论研究。同时，进一步探讨在现代条件下全层次有效开展民族精神教育的科学合理途径。

在全面实现现代化发展目标、构建社会主义和谐社会、建设小康社会的伟大征程中，弘扬与培育民族精神对中华民族的崛起与腾飞、对鼓舞广大人民的建设热情，无疑将会产生巨大的精神作用。对于我们理论工作者来说，任重而道远。

# 摘　要

中华民族具有悠久的历史，中国传统文化博大精深，源远流长。生活在中华大地上的各族人民，在长期的社会生产实践中创造了一系列优秀的文化成果，并在此基础上形成了以爱国主义为核心，以团结统一、爱好和平、勤劳勇敢、自强不息为主要内容的中华民族精神。

本书围绕如何弘扬与培育中华民族精神这一时代课题，从理论、历史、现实、比较、对策等不同角度进行了一系列深入研究和考证，取得了具有学术和应用价值的研究成果。

本书认为，民族精神是一个民族在长期共同生活和实践中，逐步形成和培育起来的，并通过他们特定的社会行为方式表现出来的思想观念、价值信念、性格与心理的总和。作为一种特定的文化现象，民族精神是一个民族共同的思想品格、价值取向和道德规范的综合体现，是被高度综合和概括了的一个民族的共同的精神品质和风貌。民族精神是直接寓于民族意识中的具有最高的自觉性、整体性、普遍性和超越性的意识和信念，是民族意识的真理与核心所在，是民族的人文精神和理性精神的结晶，是民族生存的精神之链。

本书认为，中国的文化传统和文化精神是中华民族延续和发展的精神动力，是中华民族精神的具体体现。包括"人本和谐"、"自强不息"、"厚德载物"、"勤劳俭朴"、"仁者爱人"、"天下为公"、"见利思义"、"反省内求"以及独立人格与理想追求等在内的中国优秀传统文化精神在当代仍有十分积极的现实意义。中华民族精神的发展过程可分为古代中华民族精神的产生、中华民族精神的近代转换和现当代中华民族精神的发展三个历史阶段。由于时代背景不同，各阶段的中华民族精神各有其鲜明的时代特征。

本书认为，民族精神的研究必须具有国际化的视野，在与其他优秀民族的民族精神的比较中才能明确本民族及其精神状态的优势与缺失，并在与其他民族的互动中推动本民族精神的不断发展与创新。

本书认为，深刻理解和把握新时期民族精神的内涵，推动弘扬与培育民族精神的创新实践，必须坚持科学精神与人文精神的统一，民主精神与法治精神的统一；必须充分发挥社会主义政治文明建设对民族精神的建构和导向功能；同时，必须把弘扬和培育民族精神纳入社会主义精神文明建设的全过程，充分发挥精神文明建设的主流引导作用，通过思想道德建设、科学文化建设和民族精神教育等手段促进和推动民族精神的弘扬和培育。

# Abstract

Chinese nation has a long history and a rich traditional culture. People of various ethnic groups in the Chinese land have created a series of outstanding cultural achievements during a long history of social production, and form the Chinese national spirit with patriotism as its core and unity and solidarity, peace loving, bravery and industry, and never giving up as its main content.

Focusing on the subject of the times-how to promote and cultivate the Chinese national spirit, the book makes a series of deep explorations and investigations from the perspectives of theory, history, reality, comparison and corresponding measures, and has made research achievements with academic and application value.

The book thinks that national spirit is the integration of thoughts, ideas, value belief, character and mentality of a nation, which is formed and cultivated gradually in their social life and practice and is expressed through their particular social behavior. As a particular cultural phenomenon, national spirit is a comprehensive embodiment of shared thoughts, characters, value orientation and ethics, and shared spirits which is highly integrated and generalized. Directly residing in national consciousness, national spirit is the consciousness and belief with the utmost self-consciousness, wholeness, universality, and transcendency. It is the truth and core of national consciousness, the result of humanistic spirit and rational spirit of a nation, and the spiritual chain for a nation's existence.

The book believes that the Chinese cultural tradition and cultural spirit are the spiritual impetus for the continuation and development of the Chinese nation, and the embodiment of Chinese national spirits. The excellent traditional cultural spirits includes humanistic harmony, continuous self-renewal, social-commitment, industry and frugality, benevolence and loving others, the belief that the world is one community for all, justice in mind when faced with benefits, introspection, self-questioning and independent personality, etc. All those are still of great significance in the contemporary era. The development of Chinese national spirit can be divided into three historical phases: the birth of ancient Chinese national spirit, the modern transformation of Chinese national spirit and the contemporary development of Chinese national spirit. As the historical background is different, the Chinese national spirit has distinct characteristics at different phases.

This book thinks that the research of national spirit must be conducted from international perspective. Through comparison with the national spirit of other outstanding nations, we can make clear the superiority and imperfection of our own nation and its mental state and drive our national spirit to keep developing and innovating in the interaction with other nations.

This book thinks that in order to understand profoundly and grasp the essence of contemporary national spirit, to promote the innovation of national spirit, we must stick to the unification of scientific spirit and humanistic spirit, the unification of democratic spirit and spirit of constitutionality, and we must make the best use of the constructive and guiding role that the construction of socialist political civilization plays in the development of national spirit. Meanwhile, we must bring the promotion and cultivation of national spirit into the entire process of construction of socialist spiritual civilization; bring the guiding role of spiritual civilization construction into full play; and advance the promotion and cultivation of national spirit through morality construction, science and culture construction, national spirit education, etc.

# 目　录

*Contents*

*1*

弘扬与培育民族精神研究

# Contents

# 当代中华民族精神的反思与建构

民族精神是一个民族在长期共同生活和实践中，逐步形成和培育起来的，并通过他们特定的社会行为方式表现出来的思想观念、价值信念、性格与心理的总和。作为一种特定的文化现象，民族精神是一个民族共同的思想品格、价值取向和道德规范的综合体现，是被高度综合和概括了的一个民族的共同的精神品质和风貌。民族精神能够被该民族的绝大多数成员所理解和信奉，为本民族成员广泛认同，共同拥有，是民族认同和归属的本源所在。正是民族精神的这一特性，使它千百年来成为一条看不见摸不着但却实实在在地存在于人们心灵和生活中的纽带，以超越时空的力量，不分地域、职业、性别与年龄，把民族成员牢牢地维系凝聚在一起，成为他们奋发进取的强大的内在力量。

中国传统文化博大精深，源远流长，勤劳善良的劳动人民在长期的社会生产实践中逐渐形成了一系列优秀的文化传统和文化精神。在此基础上也形成了以爱国主义为核心，以团结统一、爱好和平、勤劳勇敢、自强不息为主要内容的中华民族精神。在全球化浪潮中，现代文明的示范影响早已突破商品生产和贸易往来，渗透到社会生活的方方面面，人们在日常生活中所接受的已不仅仅是本国本民族的文化传统和生活习俗，而且有来自世界各地的文化和信息。伴随文化交流而来的文化渗透，必然产生对民族文化的冲击，对于各民族的价值体系、思维方式、伦理观念、国民品性以及审美情趣，都会产生难以估量的影响。厘定固有民族精神的优秀因子，汲取其他民族精神的合理因素，并凝聚中华民族新的精神形态，是实现中华民族的伟大复兴并跻身世界伟大民族之林的必然要求。

# 一、关于中华民族精神研究的历史与现状

民族精神与一定的民族与生俱来，而对民族精神的认识与反思则是相对晚近的事。这种认识与反思意味着民族的高度自觉。历史地看，在 18 世纪德意志文化民族主义思潮中，莫泽尔最早提出"民族精神"的概念。随着近代西方民族主义理论传入中国，民族精神问题也逐渐成为我国学术界探讨的重大课题。关于中华民族精神（或称中华人文精神、华夏魂、中国文化精神、中国国民性、民族性等）的探讨，可以追溯到 19 世纪中叶。大体上看，中国学术界关于中华民族精神的探讨可分为三个阶段。

## （一）第一阶段：新文化运动（"五四"运动）至新中国成立

由于当时对本课题的探讨往往是在中华民族充满内忧外患的环境中进行的，迫切需要解决的是"中国向何处去"的问题，因此论者很难做冷静从容的学理研究，其成果就多为零散的结论而少有系统的论述。主要论著有 20 世纪 20 年代出版的傅绍曾的《中国民族性之研究》、沈介人编译的《中国民族性之检讨》，30 年代出版的张厉生的《中国之民族精神》、民意周刊社编的《民族道德与民族精神》、李笃行等的《民族精神与国防》、郭莲青的《民族精神》（1~4 集）、穆超的《中国民族性》、周钟岳的《中国民族性与抗战前途》等。这些著作具有很强的现实针对性，多为呼吁式结论，缺乏理论性、系统性是这一阶段有关中华民族民族精神探讨的显著特征。

而这一阶段兴起的现代新儒家则一枝独秀。他们在挖掘中国传统文化资源、阐发中华民族民族精神方面做出了重要贡献，其代表作有梁漱溟的《东西文化及其哲学》、熊十力的《新唯识论》、马一浮的《复性书院讲录》、冯友兰的《贞元六书》等等。但由于探讨中华民族的民族精神并非主旨，他们没有也不可能对此展开深入的研究。此外，其中一些主观色彩过于强烈的论断也并未得到当时及后世学界的普遍认同。

## （二）第二阶段：新中国成立到中国共产党第十六次全国代表大会前

中国大陆 20 世纪 80 年代的文化热和 90 年代关于中国民族精神的讨论硕果累累。张岱年提出，中华民族精神基本凝结于"自强不息"、"厚德载物"中。其主编的《中国文化概论》进一步指出，中国文化的基本精神是天人合一、以

人为本、刚健有为、贵和尚中。张岱之的《中华人文精神》认为中华人文精神主要表现为：人文化成的创造精神、刚柔相济的辩证精神、究天人之际的探索精神、厚德载物的道德人文精神、博采众长的会通精神和以天下为己任的责任感。庞朴认为，中华人文精神的主要内容有天人合一、以人为本、忧乐圆融、明人伦、反功利主义、道德面前人人平等。有关论著还有陈立夫的《中国文化概论》、罗国杰主编的《中国传统道德》、郭齐勇的《传统道德与当代人生》、刘献君主编的《中国传统道德》、李宗桂的《传统文化与人文精神》等，其结论大同小异。毫无疑问，这些论著都在一定程度上触及到了中华民族精神的一些本质特征，具有一定的启迪意义。此外，还有赵慧平等人的《民族精神的哲学思考》系列、肖君和的《华魂论》、董广杰的《龙的传人与龙的精神》、谢选骏的《神话与民族精神》、李嗣水等的《中华民族精神论》、孙国栋等的《中华民族精神和素质研究》等论著也试图揭示出中华民族精神的基本内容和本质特征，具有一定的参考价值。

对中华民族精神的发掘，在一些中国思想史、哲学史、文学史的论著中也有一定程度的反映。如侯外庐等的《中国思想通史》、冯友兰的《中国哲学史新编》、张岱之的《中国思想史》、陈来的《有无之境》和《古代思想文化的世界》、唐明邦的《当代易学与时代精神》、郑万耕等的《周易与现代文化》、畅广元主编的《中国文学的人文精神》、东海大学文学院编的《美学与人文精神》、申小龙的《汉字人文精神论》等。这些论著或直接勾勒出中华民族精神的某些特点，或间接反映出中华民族精神的若干层面。

在中国港台及海外，这一时期以唐君毅、牟宗三、张君劢、徐复观、方东美、杜维明、余英时、刘述先等为代表的新儒家，他们继续前辈未竟之业，协力弘扬儒家精神，高扬道德形上学，祈望返本开新，从中国传统文化中自然开创出现代民主和科学精神。1958 年元旦，唐君毅、牟宗三、张君劢、徐复观联合发表《为中国文化敬告世界人士宣言》，标志着现代新儒家作为一个联合体出现在历史舞台上。其中指出，中国文化的闪光点有："当下即是"的精神、"一切放下"的襟抱、"圆而神"的智慧、"天下一家"的情怀等。但现代新儒家有着主客观方面的种种局限，其结论不仅未能为学界普遍认同，而且往往招致尖锐的批评。

## （三）第三阶段：中国共产党第十六次全国代表大会以来

随着全球化理论研究的深入，从当下所处的现代科技和市场经济直接引领的现实出发，结合"工具理性"、"个人自由"以及"世界公民"的意识和理念，学术界对民族精神进行了广泛探讨。《中国共产党第十六次全国代表大会报告》第一次提出了"弘扬和培育民族精神"的重大课题，把民族精神视作一个民族

*3*

赖以生存和发展的精神支撑。并且第一次将中华民族精神表述为以爱国主义为核心，包括团结统一、爱好和平、勤劳勇敢、自强不息四个方面的内容。这是对民族精神科学内涵的高度概括，是对社会主义先进文化建设理论的新贡献。此后，关于这一问题的探讨广泛展开，理论界丰富的论著就弘扬和培育民族精神阐述了各自的见解。深入研究民族精神对民族国家的政治、经济、文化领域及人们的日常生活的影响，在哲学、政治学、民族学、社会学、教育学等领域产生了一大批优秀成果。

当前，国内学术界对于中华民族精神问题的研究主要集中在以下三个方面。

**1. 民族精神与中华民族精神的内涵**

近些年，关于民族精神的内涵问题，学界从不同的角度做出了较有深度的研究。有人认为，民族精神实际上是民族传统文化的精髓和升华，它的内涵早已熔铸在民族的生命力、创造力和凝聚力之中，爱国情怀、民族气节、忧患意识等都是民族精神的永恒主题，并在历史长河中不断得到丰富和发展。还有的研究者认为，讨论民族精神必须与民族的形成联系起来。这些探讨对我们弘扬和培育民族精神都是有益的。但同时应该看到，现有的研究还亟待深入，包括民族精神与民族意识、民族文化、传统文化、时代精神的内在的逻辑联系，等等。从本质上看，民族精神属于观念形态的文化范畴，文化的传承具有地域性、民族性的特点，文化传统的不同是各个民族之所以具有其独立性和多样性的重要条件。

改革开放以来，学界就对什么是中华民族精神有各种不同的探讨和概括。有人认为中华民族有两个伟大精神：一是自强不息，二是厚德载物；强调人应如大地那样，胸怀宽广，能包容各方面的人，能容纳各种不同的意见。有人将其概括为同心同德、协和万邦、兼收并蓄、天人合一，或为维护统一、爱国爱家、吃苦耐劳、酷爱自由、人格至善、尊师重道。有人认为中国传统思想要求人与自然万物和睦相处，进而"参"天地之化育，与自然一道发展。这种和谐观念深深地渗透到社会生活领域，要求人们和睦相处、与人为善就是中华民族精神的内涵。尽管各种说法不同，但在不少方面是一致的。

民族精神是发展的。在不同的时代，民族精神所涵盖的内容和表现形式有所差异，但在本质上都是中华民族共同的文化和心理特征内化的产物。我国是一个多民族的国家，几千年的历史丰富多彩、错综复杂，民族精神在不同的历史阶段究竟有什么样的特点；民族精神与中国文化到底是一个什么样的关系，均须进一步加以系统探讨。特别值得注意的是，在什么是中华民族精神的问题上，还存在若干认识上的误区，如"只有在反对外国侵略中的英勇斗争、前赴后继的精神才是民族精神"，"民族精神形成以后就不变了"，"民族精神仅仅是不同时期统治阶级的精神"，如此等等错误的认识，显然不利于弘扬和培育民族精神，需要从理论上加以辨正，从历史的、哲学的高度加以回答。

**2. 在新的国际国内形势下弘扬和培育中华民族精神的重要意义**

对于为什么要弘扬和培育民族精神，学术界的回答大多集中在三个方面。

（1）弘扬和培育民族精神是保持和发扬中华民族优秀文化传统的必然选择。随着经济日益全球化，由此而产生的生活方式、价值观念将直接导致对内在文化的认同危机。在这一过程中，本土的文化传统被置于西方的文化霸权之下，从而逐步被扭曲、削弱和淡化，进而对我们的民族文化和民族精神的历史延续、传承构成了严重威胁。在错综复杂的国际新形势下，保持自我，保持和发展我们民族文化的优良传统，是一个绕不开的紧迫课题，必须大力弘扬和培育民族精神，以应对国际间文化竞争给我们带来的严峻挑战。

（2）弘扬和培育民族精神是建设社会主义精神文明建设的重要内容。改革开放以来，拜金主义、享乐主义、个人主义思潮有所抬头，因此，民族精神不仅关系到人们的精神是否充实、生活方式是否健康，各种错误观念和行为能否得到抵制，更关系到中国社会经济发展和政治文明建设能否获得新的动力，关系到社会主义先进文化能否保持正确和健康的发展方向。

（3）弘扬和培育民族精神是全面建设小康社会的重要组成部分。有人从提高综合国力的视角论证了弘扬和培育民族精神的紧迫性，认为民族精神是衡量综合国力强弱的重要尺度。从更高的层面来认识这一问题，弘扬和培育民族精神实际上是我国现阶段建设社会主义先进文化、全面推进小康建设步伐的内在要求。目前，对这方面的研究尚有待进一步加强。

**3. 弘扬和培育民族精神的途径和方法**

对于如何弘扬和培育民族精神，研究者也提出了不少的主张：

（1）在理论层面上，有些学者认为归根到底，民族精神是民族先进文化的表现，具有多样性、发展性和全民性的特点，我们只能够在目前的社会思想资源和现实条件下，结合传统与现代，抛弃传统及现实中种种非人性的或者忽视个体发展的因素，恰当地结合全球意识以及其他国家和民族先进的精神状态，将历史的责任感和时代的使命感结合起来，培育和弘扬合乎经济全球化进程需要的民族精神。也有人对继承与创新、传统与现代、弘扬传统与博采众长的关系进行了阐述，认为民族精神的培育过程实际上是一个文化创造的过程，从文化发展的规律来看，这个过程离不开对传统的继承，只有在传统的基础上，通过创造性转换，才能培育具有强烈时代感的民族精神。还有的学者认为，我们要培育和弘扬民族精神必须要引进外来优秀文化和思想，同时又要以传统文化为依据，否则会误入歧途而不可能成功。既然民族精神的现代化既离不开对外来先进文化和思想的吸收和接纳，又不能采取全盘吸收外来文化或抛弃自身传统文化的途径来实现民族精神的现代化，那么我们就必须高扬民族主体精神，同时借鉴吸收外来先进文化并反对全盘西化。

（2）在实践层面上，研究者从各个不同的角度提出了弘扬和培育民族精神的具体途径，如加强历史教育，尤其是青少年历史知识和优秀传统文化的教育；加强社会力量的教育和引导，重视社会环境的熏陶感染作用；在精神文明建设过程中体现弘扬和培育民族精神的要求，充分利用多种资源（新闻媒体、文学艺术作品等）、多种方式自觉地、经常地开展民族精神的宣传教育，强化民族精神的感召力；加强整理、发掘民族文化中的优秀成果的力度，拓宽其传播渠道，用民族优秀文化、社会主义先进文化占领意识形态阵地；加强公民思想道德建设，提高公民的科学文化素质，扩大民族精神的涵盖面。

综上所述，以往的研究成果虽取得了有目共睹的成就，但还存在着严重的不足之处。

一是缺乏系统性，研究者往往仅仅从自己所在的学科出发来开展研究，而缺乏对于这个宏大课题的整体关照，少有从整体上去把握弘扬和培育民族精神这个论题的应有广度和深度。实际上，"弘扬和培育民族精神"这个论题是一个有自己理论体系的重大课题，从概念内涵、基本原理、基本规律到研究路径，应该是多层次、多角度的。

二是缺乏实证性，没有或少有关于民族精神现状的严密和求实的社会调查作为理论研究的支撑，因此研究难以深入，突出表现在论题和论证存在"泛化"倾向。如论证有一定的广度而深度欠缺，纵向谈论较多而横向比较研究很少。概而论之的多，深入具体分析的少。

三是缺乏比较性，对于国外和海外如何培育和弘扬民族精神不甚了解，缺乏多种参照系，也就难以更加科学合理地把握我们自身。

四是缺乏时代性，对于如何在经济全球化和世界一体化的全新时代背景下培育和弘扬中华民族精神缺乏足够的关照。

五是缺乏建构性，对于如何科学合理和有效地弘扬中华民族精神缺乏具体和系统的探讨，缺乏对策性的建议，从而难以在实践中发挥积极作用。


## 二、研究的目标及方法

### 1. 研究目标

为了在已有的学术基础上进一步开展弘扬与培育民族精神研究，我们拟定的研究目标是：在认真学习和吸取已有研究成果的基础上，努力克服在理论研究和实践运作中尚存的问题，科学地运用马克思主义哲学的基本理论和方法，立足于对世界格局、时代精神、中国特色的全面把握和深刻理解，以理论与实证、历史与现实、批判与继承、比较与借鉴相结合的方法，确立合理可行的研究思路和构架，围绕弘扬和培育民族精神的主题展开系列研究，构建和完善中华民族精神研究的理论体系，探索和寻求弘扬培育民族精神的实施策略和有效路径，为弘扬培育民族精神的实践提供理论与制度、机制上的支持。

**2. 研究方法**

在研究过程中，我们力求追寻理论上的系统性与自洽性、内容的严密性与相对客观性、数据和事实的可靠性，并在此基础上建立完整的研究体系。研究过程中采用的主要方法包括：

（1）历史与现实相结合的方法。一方面，民族精神是历史形成的，在培育和弘扬民族精神的过程中必须批判历史虚无主义，坚持民族性必须反对全盘否定传统文化的民族虚无主义。在对待民族精神及其传统文化问题上，要防止重批判轻传承的倾向，必须反对对传统的全盘否定。另一方面，民族精神又是现实的，只有立足于现实，才能真正地弘扬民族精神，新时代的民族精神选择内容和目标时，必须突出鲜活的实践和时代特性，即要与我国社会主义现代化建设的当前目标和长远目标紧密契合，不能有丝毫的脱节和偏离。

（2）理论与实证相结合的方法。民族精神的培育和弘扬是一个极其复杂的过程，它既需要对普遍的问题做出理论的概括和说明，同时它又需要在具体的民族实践活动中得到展开和充实。课题研究把理论研究和对策分析建立在对中华民族精神状态现实情况的客观调研基础之上，特别注意发挥华中科技大学社会调查中心的学术、设备和技术优势，积极开展社会调查和社会分析。

（3）批判与继承相结合的方法。一方面，我们的民族精神中有许多优良的传统，坚持民族性，继承优良传统文化是弘扬和培育民族精神的必然要求，任何人都不能割断历史，抛弃传统。但另一方面，我们的民族精神中也存在着一些恶习和劣根性，对此我们必须进行无情的批判。在弘扬和培育民族精神过程中，要注意反对全盘否定传统文化的民族虚无主义和全盘肯定甚至盲目自大的国粹主义，只有坚持辩证唯物主义和历史唯物主义的立场、观点和方法，实事求是地去审视、剖析和鉴别传统文化，去其糟粕，取其精华，才能使中国传统文化获得鲜活的生命力，成为弘扬和培育民族精神的强大动力。

（4）比较与借鉴相结合的方法。在全球化背景下，弘扬和培育民族精神应保持民族精神的独立性，不能妄自菲薄，自我贬低，只有弘扬民族的自主意识和主体精神，才能保持人们对自己民族的认同感，有了民族的认同感，一个民族才可能具有向心力和凝聚力。而民族精神的独立性与开放性又是统一的。事实表明，本民族精神和世界各民族精神的融合是文化繁荣的必由之路，在与其他民族精神的冲突中，它总是能够从自身发展的内在需求出发，选择先进的成分与之交流、融会与整合，从而达到改造自身的目的。

## 三、研究体系及研究内容

我们将弘扬和培育民族精神的研究分为理论研究、历史研究、实证研究、比较研究和对策研究等五个主要部分，这五个部分各自的主要内容如下。

**1. 理论研究**

理论研究旨在通过多学科交叉与综合基础上的学理性研究来奠定民族精神研究的学术和理论基础，其基本内容可概括为民族精神与民族生存、民族精神与民族文化以及民族精神与现代人的生存境遇三个部分。

第一部分：民族精神与民族生存。本部分着重从人类生存的视角考察了民族精神与民族生存的相互关系。具体内容包括：民族精神问题的历史境遇和理论旨趣；民族精神的生存视界；民族精神与民族生存的内在联系，等等。

第二部分：民族精神与民族文化。本部分侧重从民族文化角度揭示民族精神的文化内涵。具体内容包括：民族精神的文化内涵；传统文化的精神意蕴；民族精神与文化传统的关系以及文化传统中的精神脉络，等等。

第三部分：民族精神与现代人的生存境遇。本部分侧重考察现代性处境下的民族精神及其相关问题。具体内容有：现代性与文化自觉及其民族国家；后现代性与民族性；世界历史时代与民族自觉问题；民族认同及其历史命运；对民族主义的理解以及民族性的当代精神处境问题，等等。

**2. 历史研究**

历史研究旨在以中华民族精神的起源、演化和发展进程为主线，通过深入研究来揭示中华民族精神发展的历史命脉和内在逻辑。

具体研究内容包括：中华民族精神的起源；民族、宗教与思想的冲突与融合；古代不同时期中华民族精神的变迁；"和合"意识、"大一统"意识与中华民族精神；中国史学传统与中华民族精神；义利观与中华民族精神；近代中华民族的民族认同；近代中国的爱国主义与民族自省；中华民族的文化自觉；中华民族民主精神的形成和对科学精神的追索、培育与弘扬；中国共产党领导下的中华民族精神的弘扬与发展，等等。

**3. 实证研究**

实证研究的目的是通过严密科学和广泛合理的社会调查统计和资料分析，展现当代中国人的精神形态，把握当前中国公众对中华民族精神的认同状况，揭示在民族精神的弘扬与发展实践中尚存的问题。

在这部分的研究中，我们秉持兼顾历史性与时代性、抽象性与实在性的原则，将民族精神的内涵分解为十一种社会观念，即国家观、民族观、集体（个人）观、责任观、人生观、幸福观、劳动观、奋斗观、诚信观、人际观、社会发展观，在此基础上经操作化选择，设计出有代表性的测量指标，构成社会调查问卷。操作化和设计力求有利于被调查者对问题意义的了解，最大限度保证和提高调查的可操作性和获得资料的真实性。调查对象涉及六种类型人群（小学生、中学生、大学生、农村居民、城市居民和知识分子），同时，根据不同调查对象的具体特点，增设了部分更加贴近调查对象生活实际的调查项目。

社会调查具体内容包括：不同性别、年龄、人群的中国人国家观与民族观调查与比较；不同年龄公众的集体（个人）观与责任（义务）观比较；中国人的人生观与幸福观概况及其特点；不同性别、年龄、宗教公众的人生观与幸福观调查与比较；不同年龄、地区公众的发展观及其特点；知识分子和大学生对科学发展观的认知状况，等等。

### 4. 比较研究

比较研究以开阔的国际化视野将中华民族精神的弘扬与培育置于全球性的文化和精神碰撞之中，通过对跨国跨境不同文化和民族精神的比照和研究，尝试从海外境外寻求思想和学术借鉴，以推动中华民族精神的不断发展与创新。

本部分的研究工作由海内外多方面的学者分工合作而展开。

具体研究内容包括：民族精神比较研究的重要性和必要性；民族精神比较研究的方法；民族精神比较研究中的误区；民族精神比较研究的前提性问题；若干民族的民族精神比较；以理性与激情交融为显著特征的欧洲民族精神研究；美洲大陆自由与独立民族精神研究；亚细亚地域多元文化背景下的民族精神研究；加强民族精神的融通，等等。

### 5. 对策研究

对策研究是课题研究的落脚点和归宿，旨在通过深入的历史与现实、理论与实践研究，探索有效弘扬民族精神的基本途径与方法。

研究内容包括四个部分：第一部分着重阐述市场经济、全球化和现代科技发展与中华民族精神之间的内在联系，揭示出当代中华民族精神存在巨大的生存空间与发展契机；第二部分是弘扬和培育民族精神的实施背景的研究，着重阐述在新的历史时期弘扬和培育民族精神的指导原则和新内容；第三部分是社会不同领域弘扬和培育民族精神的制度和机制保障研究，着重从政治文明建设、精神文明建设和国民教育的角度阐述弘扬和培育民族精神的路径选择问题；第四部分是社会不同群体弘扬和培育民族精神的实施策略和路径研究，主要从大学生、企业、城市社区、农村社区、人民军队四个方面来探讨弘扬和培育民族精神的实施策略

*9*

和路径。

## 四、主要研究成果与主要观点

在以上研究基础上形成的重要学术观点，成为本项学术研究的代表性成果。

### 1. 理论研究

通过理论研究确立了以下基本观点：

（1）民族精神是直接寓于民族意识中的具有最高的自觉性、整体性、普遍性和超越性的意识和信念，是民族意识的真理与核心所在，是民族的人文精神和理性精神的结晶，是民族生存的精神之链。从民族意识到民族精神，是一个在民族实践中砥砺、激发和凝聚的过程，它不仅需要民族中的精神生产者和主流话语的提炼和褒扬，更需要民族群体高度的认同和成员们的身体力行。

（2）在民族的长期融合或共同的生活实践中，由民族共有的相对稳定的心理、情感、信念与理想转化而成的民族精神，具有极强的自我生成、自我超越能力，它可以将个体和民族从物化的束缚中超拔出来，使之不断寻求自身生命的觉解与超越。从价值功能上看，民族精神是公民对自己国家的一种心理感情，是民族国家在历史长期发展过程中逐步积累形成的一种道德规范和文化传统，是一种深层次的行为伦理原则。它是民族自尊心和自信心的凝结，是民族生存发展的思想基础、内在动力和精神支柱。

（3）民族精神是民族文化的灵魂，是民族发展、民族进步的精神动力。从本质上看，民族精神属于观念形态的文化范畴，它从民族文化传统中生发出来，又为文化传统所涵盖，是文化传统中的精华部分。民族精神的载体，是该民族的优秀文化传统中的精髓部分。中华文化哲理所蕴涵的整体观、变化观、本质观以及由其所支持与融成的世界观、人生观、价值观，它们经过历史的洗炼而凝现为伟大的中华民族精神。正因为中华民族拥有如此富有深刻哲理的民族文化，从而具有无比的情感、智慧与无比的力量，具有强大的凝聚力、创造力与生命力，具有支撑中华民族赖以生存、成长、发展的不可战胜的民族精神。

（4）民族精神形成的长期性决定了其基本内容的稳定性。随着历史的演进和时代的变迁，当既有的民族精神形态不再能体现新的历史条件和时代的特点时，就必须进行自身的扬弃和转化，用新的现实去修正，以实现其与时代精神的同一。民族精神的自我更新和发展过程，就是民族精神向时代精神不断转化的过程。弘扬和培育民族精神的本质是建设和创新，创新是弘扬和培育民族精神的永恒动力。

（5）现代民族精神，是指一个民族在发扬传统民族精神的同时，汲取其他国家和民族的合乎时代特点的精神思维特质，结合当代社会实践以及科技、经济、文化的现状而形成的具有自己民族特色的精神风貌、思维习惯、价值取向和民族品质。现代的民族精神具有不同的时代内涵和时代特点，既能反映时代的特点，又要能够代表时代发展的趋势。当代中国需要建构的是一种融汇科学理性与人文精神于一体的民族精神，即作为新人文精神和理性精神的现代民族精神，它必须与我们所处的时代相符合，能够有力地促进中华民族凝聚力的生成以及合乎时代人性发展的需要；同时，它不能游离于其他文化之外而孤立发展，必须适应其自身先进性的内在要求，具有开放、包容、发展的特质。

**2. 历史研究**

民族精神的历史研究结果表明：

（1）作为历史文化深层次的民族精神，涉及到民族文化、民族心理、民族情感、民族品格、道德规范以及价值取向等诸多方面的因素，其展开过程具有具体化和多样化的表现形态。因此，在培育和弘扬中华民族精神过程中，应正确全面地理解和把握中华民族精神的丰富内涵，切忌狭隘的理解和简单的演绎或诠释。

（2）中华民族精神的发展过程可分为古代中华民族精神的产生、中华民族精神的近代转换和现当代中华民族精神的发展三个历史阶段。由于时代背景不同，各阶段的中华民族精神各有其鲜明的时代特征。

（3）中华民族精神的核心是爱国主义，在中国历史发展的不同时期，爱国主义的内容不断发生着深刻的变化。爱国主义最基本、最本质、最重要的表现是对国家的经济发展和社会全面进步的追求和贡献。作为一个历史范畴，当代爱国主义必须与先进的思想相结合，必须与社会主义实践相结合，体现出爱国主义的时代性。

（4）团结统一的民族精神是伴随着中华民族"天下一家"的民族观念在几千年的历史发展过程中逐步形成的，它使中华各民族之间拥有共同的文化认同感，使维护国家统一成为中国历史发展的潮流。

（5）中国的文化传统和文化精神是中华民族延续和发展的精神动力，是中华民族精神的具体体现。包括"人本和谐"、"自强不息"、"厚德载物"、"勤劳俭朴"、"仁者爱人"、"天下为公"、"见利思义"、"反省内求"以及独立人格与理想追求等在内的中国优秀传统文化精神在当代仍有十分积极的现实意义。弘扬和培育民族精神就要对传统民族精神加以扬弃，使之成为当代中华民族精神的有机组成部分。

**3. 实证研究**

通过对社会调查所得数据进行系统分析，获得了如下结论：

*11*

（1）当代中国公众的国家观与民族观的特点为认可国家利益的重要性，对祖国统一的态度坚定，坚持和平与反对战争的立场坚定，对民族美德和民族"劣根性"的认识比较一致，认可并认为有必要发扬中华民族精神，赞成民族平等和国家的民族政策。

（2）当代中国公众的集体（个人）观与责任（义务）观的特点为认可集体力量的价值，肯定个人与他人的相互关系，注重他人利益也关注个人利益，愿意为他人奉献，认可人生有多种责任和义务，普遍具备明确的法律责任、义务观念。

（3）调查显示中国公众的人生观与幸福观的特点是：人生观是比较积极的，幸福观是中肯、实际的，对幸福的感觉是实际、踏实的。

（4）调查结果表明：中国公众大多具有正确的劳动观与奋斗观，肯定竞争的积极意义，认可竞争中的公平原则；不同性别公众反映的劳动观、奋斗观几乎高度一致，但不同年龄公众所反映的劳动观、奋斗观有一些差异；不同宗教信仰的公众在劳动观、奋斗观的认识方面略有差别。

（5）中国公众的诚信观与人际观的特点是：大多数人认为应无条件讲诚信，待人态度应友善，赞成应尽力帮助他人；但对人际间的信任在心态上充满矛盾，对当前社会诚信状况评价不高。

（6）调查发现：中国公众只是部分理解了科学的社会发展观，且对社会发展认可最高的仍是经济发展；不同年龄公众认同的社会发展的内容，排在前五位的都是"国家教育水平提高"、"国家经济发展"、"人们生活水平提高"、"国家科学、技术发展"和"综合国力提高"；不同年龄公众对"环境与经济协调发展"、"社会持续发展"的认同均相对较少，这不能不说是一个缺憾。调查结果显示：不同人群认同的社会发展的内容，依比率排在前五位的有些差异，但总体上差异不大，大学生和知识分子将环境与经济协调发展排在前五位之中；不同地区公众认同的社会发展的内容，依比率排在前五位的分别是"国家经济发展"、"国家科学、技术发展"、"国家教育水平提高"、"人们生活水平提高"和"综合国力提高"；地区差异对公众科学的社会发展观的认识有一定影响，这可能与不同地区经济发展水平和面临的具体情况不同有关。

**4. 比较研究**

在对民族精神的比较研究方法和东西方不同文化传统和民族精神进行了细致深入的研究和思考之后，得出了以下结论：

（1）民族精神是全球化背景下的文化碰撞和精神碰撞，因此民族精神的研究必须具有国际化的视野，在与其他优秀民族的民族精神进行比较中才能明确本民族及其精神状态的优势与缺失，并在与其他民族的互动中推动本民族精神的不断发展与创新。民族精神的比较研究既不能陷入西方中心主义、欧洲中心主义、美国中心主义，也要超越中国中心主义、传统中心主义的立场，比较研究的根本目的是在区别与比较的过程中寻求对弘扬与培育中华民族精神的意义与启示。

（2）为获得有价值的研究结论，民族精神的比较研究可从以下几个方面展开：民族精神的历史渊源；民族精神的生存论基础；民族精神在其历史演进中获得重大发展的关节点；民族精神的内容结构和价值取向；民族精神发展历程中的重要代表性人物；一个民族在遭遇突发事件时的精神表现和应对能力；当代各民族的生机与活力。

（3）民族精神比较研究的对象应是既具有代表性的优秀民族，又与中华民族未来发展走向密切相关的民族国家。本书中，民族精神的比较研究主要以如下三个对象域而展开：①以理性与激情交融为显著特征的欧洲民族精神研究；②以自由与独立为民族使命的美洲大陆上两个典型民族国家的民族精神研究；③在多元文化激荡中不断进取和革新的亚细亚各个民族国家的民族精神研究。这些研究将对培育与弘扬中华民族精神具有积极的启发和借鉴作用。

（4）在全球化的历史进程中，应加强民族精神的融通。民族精神应当在新的历史条件下不断再生，因此，所有自觉的民族都应当把他民族的优秀成果与本民族在现实实践中所创造出的成果进行融会贯通。中华民族复兴以精神力量的重塑和精神境界的提升为核心，民族精神的比较研究应为中华民族的复兴、为中华民族的精神提升做出应有的贡献。

**5. 对策研究**

通过对策研究，探讨了更好地弘扬和培育民族精神的基本途径与方法。

（1）当代中华民族精神的生存空间与发展契机。中华民族精神在当代存在巨大的生存空间，市场经济和全球化为民族精神的发展提供了丰富的文化资源，有利于促进民族精神的创新和发展，民族精神应成为当前推进我国进行社会主义现代化建设的强大精神动力。

（2）新时期弘扬和培育民族精神的原则。研究表明，构建民族精神培育体系，使民族精神从理论走向实践，保证中共十六大报告提出的弘扬和培育民族精神的目标得以实现，必须准确把握民族精神形成和发展的客观规律，遵循传统性与时代性、民族性和世界性、普遍性和针对性、理论教育与实际行动相统一的原则，并以此来指导弘扬和培育民族精神的社会实践。

（3）弘扬和培育民族精神的新内容。深刻理解和把握新时期民族精神的内涵，推动弘扬与培育民族精神的创新实践，必须坚持科学精神与人文精神的统一，民主精神与法治精神的统一。

（4）弘扬和培育民族精神的路径选择问题。由于国家建设是民族建设的基本前提，时代所达到的政治文明水平是民族精神培育与发展的基础构成，国家政治制度的科学性、有效性又直接制约着民族精神的弘扬和培育，因而弘扬和培育民族精神必须充分发挥社会主义政治文明建设对民族精神的建构和导向功能；同时，必须把弘扬和培育民族精神纳入社会主义精神文明建设的全过程，充分发挥精神文明建设的主流引导作用，通过思想道德建设、科学文化建设和民族精神教育等手段促进和推动民族精神的弘扬和培育。

## 五、研究的主要创新点

——从人类生存的视角考察了民族精神与民族生存的相互关系；科学界定了民族精神的本质属性和文化内涵；探讨了民族精神与意识形态的关系；揭示了民族精神的道德支撑及其形而上学本质。

——探索了民族精神在表现方式上的多样性及其和时代内涵的统一性；揭示了民族精神与时代精神的关联；阐明了民族精神的相对稳定性及其与时俱进的变化性之间的关系。

——勾勒出比较清晰的民族精神的内容体系；系统阐述了民族精神与民族文化、哲学的民族精神与文化的民族精神之间的关系；全面把握中华民族精神的核心内容与构成要素、传统形态及其现代转换。

——探讨了中华民族精神与其他民族精神间的良性互动问题；分析了不同文化传统和民族精神比较研究的必要性和可能性；指出了民族精神比较研究中的误区并对民族精神比较研究中的若干前提性问题进行了反思；对与中华民族未来发展走向密切相关的东西方民族国家的不同文化传统和民族精神进行了较为细致深入的比较研究。

——结合实证研究手段，通过全面系统、科学合理的社会调查及其数据分析，揭示了当代中国人的精神形态和新时期的社会意识状况，为探索弘扬和培育中华民族精神的现实途径提供了可靠和有效的依据。

——积极探索新时期培育和弘扬中华民族精神的有效途径和方法建议；把弘扬民族精神作为全面建设小康社会和人的自由全面发展的必要精神条件，为全面建设小康社会寻求理论资源和动力。

——研究了全球化进程中民族的自我认同和民族凝聚问题；为民族成员提供自觉弘扬、培育坚守民族精神的明确目标；同时提出了适应新的时代的以继承民族文化核心理念为基础的现代民族精神系统。

马克思曾经指出，理论的难题无非是实践难题的一种观念表现。对于任何可能把理论难题探讨引向神秘主义的东西，都应当在实践中和对实践的合理理解中得到科学的解答。面对经济全球化和世界一体化的挑战，当代中华民族的民族精神必将在社会主义市场经济和现代化建设的实践中得以振兴、提升和发扬光大。这不仅为课题研究，更为弘扬和培育中华民族精神的社会实践提供了最为丰厚的思想源泉和发展动力。

## 六、存在的问题及后续研究设想

通过近年来的精心研究，我们取得了一定的成绩，积极探索了弘扬与培育民族精神从理论走向实践的有效路径。但由于以下原因，我们认为还需要继续推进：第一，民族精神是一个非常重大和复杂的问题，具有很强的跨学科、跨地域和跨文化性，需要更加深入持久的研究；第二，从中央到民众对这个问题的认识与认同都在不断地深化和发展之中，尤其是社会主义核心价值观的提出，对于民族精神研究提出了更高的要求；第三，弘扬民族精神是一项涉及面很广，实践性很强，政策性很强的任务，需要更加全面深入的研究和探讨；第四，我们的学术平台刚刚搭建起来，学术队伍刚刚整合起来，学术研究的水平还有待提高，以推出更有分量的成果。

我们将在以下方面继续开展相关研究。

### 1. 继续深入开展理论研究

开展理论研究，尤其是深入开展民族精神与社会主义和谐文化、民族精神与核心价值体系相关性研究。中共十六届六中全会首次明确提出"社会主义核心价值体系"，并指出："马克思主义指导思想，中国特色社会主义共同理想，以爱国主义为核心的民族精神和以改革创新为核心的时代精神，社会主义荣辱观，构成社会主义核心价值体系的基本内容。"[①] 这为我们在弘扬与培育民族精神研究基础上进行核心价值体系的研究指明了方向。

以民族精神视角审视和谐文化、核心价值体系建设具有重要的理论和现实意义：

第一，有助于深化对社会主义核心价值体系的理性认识。第二，有助于形成社会主义和谐社会的精神支撑。第三，有助于进一步厘清核心价值体系基本内容的相互关联及其内涵，更好地把握核心价值体系提出的时代背景及其理论创新。第四，有助于凸显和谐社会核心价值体系的民族特色，建设有中国特色的社会主义和谐文化，抵御西方文化及其价值观的冲击。第五，有助于在现实社会中发挥核心价值观的引领作用，营造高尚、健康、友爱、和谐的文化氛围。第六，有助

---

[①] 《中国共产党第十六届中央委员会第六次全体会议公报》，《人民日报》2006 年 10 月 11 日。

于提高全体国民对民族精神重要性和建设社会主义核心价值体系必要性的认识。第七，为精神文明建设提供根本的着眼点、新的思路和具体落实措施。

**2. 持续开展社会公众对于民族精神认同情况的调查与监测**

计划平均每年开展一次大规模的社会调查，以及时了解国情和民情的变化，以为理论研究和对策研究提供更加有效的基础。

**3. 继续在民族精神层面开展国际学术对话与交流**

积极学习借鉴其他国家开展民族精神教育的经验和办法，加强中华民族精神的国际宣传与交流，提升我国的国际影响力和竞争力。

**4. 加强研究成果在实际中的推广应用**

2007 年 3 月以来，湖北省部分中小学校已经开始使用我们编著的《中华民族精神教育读本》，并开设"弘扬与培育中华民族精神"的课程，我们要进一步加强现场指导、追踪研究和总结提升，为将民族精神教育贯注到国民教育的基础部分做出努力。要认真总结弘扬和培育民族精神的实践经验，在适当的时候推出适合大学生和各层次人员需要的民族精神教育读本。

**5. 搭建民族精神的新平台及其教育的科学途径**

以华中科技大学民族精神研究院为主要单位，依托华中科技大学"985"哲学社会科学创新基地"科技发展与人文精神"平台和国家文化素质教育基地，开展民族精神与科技文化沟通与交融的理论研究。进一步深入探讨在现代条件下全层次有效开展民族精神教育的科学合理途径。

# 第一编

## 理论篇

# 第一章

## 文化生命的薪火相传：
## 民族精神与民族生存

### 一、历史的境遇与理论的旨趣

#### （一）全球化的挑战与民族精神的弘扬

随着资本主义市场经济在世界范围内的扩展，人类从地域性的"民族历史"向"世界历史"的转变已经持续两三个世纪了。而今天，我们更是进入"全球化"时代。在这个以现代科技和市场经济直接引领的时代，"工具理性"、"商品货币"以及"个人自由"、"世界公民"的意识和理念，已经广泛地渗透到各民族国家的政治、经济、文化领域及人们的日常生活之中。在这种崇尚物质利益和个人独立的语境之下，任何关于"民族精神"的探讨似乎都显得"迂阔而不达时变"。然而，事情并非如此简单。历史的辩证法在不可逆转的全球化过程中，依然发挥着它的作用。市场经济的全球化固然让全人类都能感觉到廉价商品所带来的物质生活上的福利，但它也使各个民族都卷入到无情的激烈竞争之中；它以极具效率的科学技术和理性文化把人类带入到一个同质的世界，同时也就强制性地破坏着世界各民族自己原有的文化和他们的生活方式。而在表面上普世的"一视同仁"的现代性运动中，却隐蔽着西方发达国家谋取自身利益和全球霸权的特殊化取向。对于那些既要实现现代化又要维护自身利益的民族国家来说，不能不陷入种种两难选择并发生文化身份认同的危机。但是，这些民族要真正在世界上获得政治上的独立并发展起来，就必须在回应时代的挑战中开显出本民族文化传统中最有价值也是深层的思想和信念，并通过汲取、承纳世界上的先进文化，更新、丰富自己的民族文化，从而既维护民族的尊严、树立民族的自信而又能够开辟出通向人类未来的康庄大道。

经济全球化的趋势，使各个民族加强了互相依赖、互相渗透，使家原来具有的最高和不受限制的神圣性大打折扣。经济全球化使任何国家都不可能再闭关自守，民族国家间的交往成为必然。正如马克思和恩格斯所指出的那样："由于开拓了世界市场，使一切国家的生产和消费都成为世界性的了。……过去那种地方的和民族的自给自足和闭关自守状态，被各民族的各方面的互相往来和各方面的互相依赖所代替了。"① 与此同时，共同规则在国际交往过程中又是必不可少的，接受或遵守共同规则就意味着各国政府在进行抉择时要受到规则的制约，并根据共同规则放弃或让渡传统上为一国独享的一部分权利。在开放景况下，各国的利益或目标往往相互冲突，一国的联系性权力的获得来自于别国对它的依赖。随着经济全球化的发展，发展中国家获得的联系性权力受到越来越大的限制，国民的国家意识和爱国主义情感逐渐淡化，从而严重影响了民族精神的凝聚功能。

在全球化浪潮中，现代文明的示范影响早已突破商品生产和贸易往来，渗透到社会生活的方方面面。人们在日常生活中所接受的已不仅仅是本国、本地区、本民族的文化传统和生活习俗，而且也有来自世界各地的文化和信息。这种文化交流有着许多积极的、正面的意义，但伴随文化交流而来的文化渗透，必然产生对民族文化的冲击，对于各民族的价值体系、思维方式、伦理观念、国民品性以及审美情趣，都会产生难以估量的影响。由此而产生的生活方式、价值观念的变化将直接导致对内在文化的认同危机。追求经济利益最大化的原则会变成"一切向钱看"的拜金主义，冲击社会理想和信念，扭曲健康的人生观和价值观，也会导致民族成员对自身命运的曲解，对民族和个人生存价值的曲解，从而对民族成员的亲和力和向心力产生负面影响。在市场经济发展过程中，个人主体意识的凸显是必然的，如果这种意识发展成为个人主义的膨胀，它必然滋生见利忘义和享乐主义等不良倾向，直接冲击维系民族凝聚力的思想文化根基。伴随着资本、信息、技术、生产要素的流动，各种观念鱼龙混杂，导致精神世界庸俗化，道德堕落以及信仰危机。特别是民族虚无主义和拜金主义的滋生，理想主义和英雄主义的没落，带来的是"物质巨人、精神侏儒"的畸形社会发展状态。全球化使得各个民族都不得不接受一种原本不属于本土社会的、与本民族文化传统不属于一条逻辑线索的模式和道路。在这一过程中，本土的文化传统被置于西方的

① 《马克思恩格斯选集》第 1 卷，北京，人民出版社 1995 年版，第 276 页。

文化霸权之下，从而逐步被扭曲、削弱和淡化了，进而对我们民族文化和民族精神的历史延续、传承构成了严重威胁。另外不可忽视的是，在全球化进程中，西方发达国家凭借其政治、经济、军事和科技的强大优势，极力推广西方文明，宣扬西方的价值观念，力图把西方意识形态变成全世界的普遍选择，这将对东方国家民族的价值观念和精神世界造成重大冲击。

同时，世界一体化使各国各民族的文化交流日趋频繁，便于我们学习和吸收各国的优秀文化，推动人们改变民族陈旧的生活方式、思维方式和价值取向。一方面，全球化进程使得更多先进的价值观、文化和制度具有超越民族国家的普遍性，日益获得各国人民的认可和接受，开始出现一种所谓的全球认同。另一方面，经济全球化背景下的世界各民族理当更加注重于发展自己的民族文化，以构成丰富多彩的、多元共存的世界文化图景。世界范围内各种思想文化的相互激荡，文化多元化的方兴未艾，为我们博采众长，借鉴世界各国一切优秀文化成果，丰富和拓展民族精神的内涵提供了新的契机。在与外界的交往中增强了国人的主体意识，削弱了个人对群体的依赖。但在当今境况下，国家作为人们最基本的社会组织形式，民族国家利益仍然是人们现存利益的最重要的表现形式。它不仅在过去造就了人们对自己民族国家的那种深深的依恋和忠诚，而且在全球化条件下，这种民族情结会由于民族国家之间竞争关系的加强而有所加强。这就为民族精神的培育提供了契机。全球化也是政治文化的多元化，在全球化的进程中将各个国家（地区）的民族文化推向现代文明的发展轨道，人们由对宿命论、迷信和宗教的热忱转向对理性化、知识化与世俗化的推崇，理性知识、科学的力量和人的现实利益将得到应有的承认和尊重。在此意义上，融入国际大市场也为原本狭隘的民族意识的更新带来了机遇。

但从根本上说，世界上任何一个民族都不是其他民族的复本，而是在特定的自然境遇和历史活动中，经由共同的语言、文字、信仰和规范而形成的独特文化共同体。一个民族要能够自立于世界民族之林，既要有强大的物质基础和稳固的政治制度作为自身的生存保障，更要有博大精深的民族文化和民族精神作为维系和凝聚民族团结的纽带，支撑并推动民族发展。如果因为对外开放和普遍交往而造成了民族文化和民族精神的自我遗忘和失落，那么这就不只是这些民族的悲哀，更是全人类的严重不幸。因为一个丧失了自己的文化精神从而失去自尊自信的民族，是无从自立自强的，而靠仰人鼻息、拾人牙慧生存，非但不可能有什么创造发明，还会成为人类前进的累赘。在过去几千年的"民族历史"的进程中，许多曾经创下赫赫业绩的民族，却往往由于不懂得也不看重文化的作用和文化的积累、更新和充实，只知凭借其原始生命力和素朴的经验做事，胜而骄败而馁，从而造成有限的文化精神的萎缩、消散而最终导致整个民族的衰败。另一些历史同样悠久的民族，却由于懂得慎终追远、居安思危，把自己用生命和鲜血换来的经验教训，不断地积淀、转换为文化符号和各种规范，并时时关注民族精神的磨炼、培育，从而能够在充满变数和风险的征途中，出生入死、化险为夷、成长壮大，终能与时俱进，屹立于世界民族之林。历史的反思让我们深刻地体会到，一个民族最可宝贵的是它的文化及其内在精神，这是它的真正的生命所在。所以，无论是在"民族历史"还是在"世界历史"的运动中，优秀民族都不能让自己的文化传统和精神失落、断裂，而只会在时代的潮流中，接受各种文化和思想的挑战与砥砺，融会贯通，焕发新的生机。

### （二）民族意识的自我超越

一般而言，任何一个民族群体都会在长期共同的生产生活中，不自觉地形成某种生理—心理倾向，即彼此接近的生命活动取向，当这种倾向或取向凭借其成员的意识萌芽和在互动中产生的语言符号，进一步形成关于对世界和群体自身的大致接近的看法或观念，而这些看法和观念又被族群中的某些人给予概括和提炼，反转来教化其成员使之普遍接受，成为整个族群共同的认识和理想时，民族意识就形成了。一个民族在风俗习惯、语言风貌、行为方式和性格情感上表现出的不同于其他民族的特性，直接反映或折射着他们的"民族意识"。我们认为民族意识具有"自在"和"自觉"两种存在方式。就其自在性而言，民族意识是民族群体对于自身的存在方式和环境的生理—心理的反应和直接认同。在这一层面上，民族意识还处于心理意欲和文化本能的阶段，没有达到精神上的自觉。在民族的生成与发展过程中，一些在民族原始时期形成的心理特征和生活习惯以集体无意识的方式保存下来，从而成为具有社会和文化意蕴的民族群体的初级意识。在一定的历史时期，自在的民族意识能够引导民族群体的发展方向并促进本民族内部的凝聚与团结。但是，在民族历史发生重大转折时期，这一层面的民族意识又可能成为影响本民族发展的惰性力量。就其自觉性而言，民族意识是民族历史及其传统的有意识的反映和把握。由于民族群体在其长期历史活动中不断反复地"外化"和"内化"，其成员的大脑神经中枢经历了不断地分化与整合，其心理逐渐变得清晰、能动和自主，从而能够超越物我难分的互渗状态和当下的感觉，凭借记忆、想象和预期等多种功能，述往事、思来者，并进一步将其转变为符号、仪式和规范并借以教化族群成员。这样，初级的民族意识就会发展为高级的具有反思角度的自觉意识。这一层面的民族意识可以说是民族传统得以传承并不断推陈出新的文化生命所在。它已非常接近民族精神。

当一个民族对自然的改造达到一定的程度，民族的主体意识上升，对人生、人的主体性、人的目的和价值的关怀也就提升到一个显著的位置，从而形成该民族的人文精神。简单地说，人文精神就是对人的主体性生存的关怀和思考，它高扬人的意义和价值，反映着主体内在的精神特征，关注人生、人性、人的目的和价值，把人作为评判一切的标准，作为一切行为的出发点和归宿。它是关怀人的价值的精神。"人文精神是一种普遍的人类自我关怀，表现为对人的尊严、价值、命运的维护、追求和关切，对人类遗留下来的各种精神文化现象的高度珍视，对一种全面发展的理想人格的肯定和塑造。"① 相对而言，这是一种具有普遍性的说法。德国著名社会学家马克斯·韦伯指出：理性化（Rationalization）作为一种同传统观念、传统思维方式相对立的生活态度、价值观念和思维方式，乃是贯穿于现代社会发展过程的一条主线。西方的现代文明，实际上也就是理性化的现代文明。这就是现代西方的理性精神。它的特点在于是一种反省的批判的精神；通过理智，努力追求真实与发现真理的意志；确立并严格遵循一以贯之的分析、分解和结合、构建的认知方法。

从时代性和民族性的发展要求来看，现代民族精神的培育和弘扬在于新人文精神和理性精神的培育。理性精神和人文精神各具气质与品性。科学理性追寻客观真理，崇尚理性与逻辑实证的力量；人文精神则高扬人的意义和价值，反映着主体内在的精神特征，关注人生、人性、人的目的和价值。但科学理性与人文精神不是截然两分的，而是一种不可分割的有机统一关系。"人类文化建设中的理性主义应该表现为人文文化和科学文化、价值理性和工具理性的二元组合结构，这种组合结构不是一种偶然的拼凑，而是一种有机的统一"。② 当代中国所要提倡的科学理性应是渗透与融会了人文精神的科学理性，所要提倡的人文精神也应是交融和贯通了科学理性的人文精神，两者都应该是当代中国民族精神的有机组成部分，共为促进社会主义现代化建设进程的车之双轮、鸟之双翼，缺一不可。

我们提到新人文精神和科学理性精神的现代民族精神，是针对传统文化中经验感性思维的特点和"公"本位的观点而提出的，将理性精神与新人文精神结合，从而促进中华民族的发展，单纯强调人文精神来建构现代民族精神确实很容易走入历史和时代的怪圈；也只有这种结合，才能够有效地消解人文建设的若干难题。综合上述观点，当代中国所需求的民族精神应至少涵括以下价值维度：追寻崇高的价值理想，以人的自由、全面发展为终极关怀，向往健全完善的人格境界。它应是中华民族优良的传统文化与社会主义理念之有机统一。如果说科学理性精神为当代中国的现代化提供了一种工具理性的话，那么人文精神则为我们提供了一种价值理性。

---

① 参见陈言：《叶朗：人文精神的坚守与呼唤》，《人民日报》（海外版）2001 年 1 月 2 日第 7 版。
② 冷德熙：《从中国传统文化看科学精神和人文精神》，《自然辩证法研究》1998 年第 1 期。

可以说，民族精神就是直接寓于民族意识中的具有最高的自觉性、整体性、普遍性和超越性的意识和信念，是民族意识的真理与核心所在，它是民族的人文精神和科学理性精神的结晶。从民族意识到民族精神，仍然是一个在民族实践中砥砺、激发和凝聚的过程，它固然需要民族中的精神生产者和主流话语的提炼和褒扬，更需要民族群体高度的认同和成员们的身体力行。不难发现，正是民族历史上那些慷慨赴难、舍生取义的志士仁人、贤哲烈士，用自己的行动诠释了民族的精神，进而成为民族精神的象征。

### （三） 民族精神的理论溯源和现代语境

那么，"民族精神"又是如何被人类的思想史所发现、描述和评判的呢？对民族精神进行学理的研究，我们发现，"民族精神"概念正是在最具形上性的哲学思想领域问世的。

18世纪的法国哲学家孟德斯鸠在其《论法的精神》一书中写道："人类受多种事物的支配，就是：气候、宗教、法律、施政准则、先例、风俗习惯。结果就在这里形成了一种一般的精神。"[①] 孟德斯鸠在此所说的"人类"首先指的是各个民族，而一般的精神则指的是"一个民族的一般精神"和"民族的精神"。在孟德斯鸠那里，"民族精神"的概念与内涵虽然还不太明确，但他的思想锋芒已经指向民族精神的内核。稍后的德国哲学家赫尔德，则在思想和学术的意义上真正提出了"民族精神"概念。赫尔德所处的18世纪后期是德意志民族政治分裂、文化低落最严重的时期，德意志的知识分子对法国文化报以强烈的嫉妒，同时对自己在政治上的分裂状况痛心疾首，于是，一种从文化上解释民族，主张民族平等和多元化的"文化民族主义"从赫尔德这里产生。他宣称：每一种文明都有自己独特的精神——它的民族精神，这种精神创造一切，理解一切。他认为，"民族精神"是生活在一个特殊团体中的人因其种族、地理条件、历史传统并享有共同的语言、教育、制度及文学艺术而形成并代代相传的集体精神；它是文化的内核，是在人类与外部环境的相互作用中产生的。他明确主张，民族精神是民族共同体的核心，民族文化则是民族精神的产物。每一个民族都有各自发展的权利，人类文明的大花园中所有的花卉都能和谐生长，各种文化都能够相互激励、相互融通。赫尔德对民族文化和民族精神的提倡不仅限于文化层面，更体现在对德意志民族政治上统一的促进。他的这些论点成为当时和之后德意志民族主义者提倡民族文化和民族精神推动政治统一运动的积极引导。[②]

---

① 孟德斯鸠著，张雁深译：《论法的精神》（上卷），上海人民出版社1961年版，第305页。
② 参见王希恩：《关于民族精神的几点分析》，《民族研究》2003年第4期。

德国古典哲学的集大成者黑格尔，则继赫尔德之后将"民族精神"纳入到他关于"绝对精神"和"世界历史"的考察和界说之中。黑格尔哲学的全部体系就是绝对精神的自我演绎、自我发展的历程展现。绝对精神发展的第一个阶段是其在自身之中的逻辑演绎，它尚未体现为自然界和人类社会，这一阶段他称之为"逻辑学"，研究"理念之自在自为"，包含"存在论"、"本质论"、"概念论"三个大部分。绝对精神发展的第二个阶段是"自然哲学"阶段，这是绝对精神走出自身的纯粹逻辑形式，以自然、物质的感性事物形式而出现，也就是绝对精神的外化。包括"力学"、"物理学"、"有机物理学"三个大部分。经过以上两个阶段后，绝对精神的发展进入第三个阶段，即"精神哲学"阶段。在第一个阶段中，精神以概念的方式表现自身，绝对抽象和缺乏充实的内容。而在第二个阶段，精神以自然外物的方式显现自身，僵死而缺乏自觉性。到了第三个阶段，精神则通过人的意识扬弃其外在性而回复到自身。"精神哲学"分为"主观精神"、"客观精神"和"绝对精神"三个部分，"主观精神"又分为"灵魂"、"自我意识"和"自我规定的精神"三个小部分。"客观精神"则是精神在人类社会之中的体现，包括法权（right）、道德伦理和国家体制等，民族精神就是在这一阶段的重点内容之一。最后进入"绝对精神"阶段，包括"艺术"、"宗教"和"哲学"三个小部分。

黑格尔是在客观精神环节的国家和世界历史部分重点谈到民族精神的，黑格尔认为世界历史就是诸民族的历史，世界历史是一个自由意识的理性进程，理性主宰了世界历史的发展进程，国家是理性的承担者，也是精神理念的外在形式，每个国家表现了一种民族精神，而世界精神则表现在其集体意识之中。的确，只有个体心灵才能够有意识，但一个特定民族的心灵仍然能够发展出一种同一性的精神，也正是在这种意义上，我们可以谈论"民族精神"。每一个民族精神代表了世界精神发展历程中的某个要素，诸民族精神之间的互动表现了历史的辩证发展。[①] 民族精神作为一种集体意识的体现，的确以文化传统和民族风俗的形式明确地表现出来，例如以马丁·路德、歌德和康德为其代言人的德意志民族的理性精神，以弗兰西斯·培根、洛克、贝克莱和休谟为代表的英吉利民族的实证精神，以巴尔扎克、罗丹为代表的法兰西民族的艺术精神，以及犹太民族的宗教精神，美利坚民族的开放精神、日本民族的学习他国经验的精神等。

黑格尔在《历史哲学》中是把国家和民族看成是世界精神和理性发展的必然与合理的产物。在他看来，"理性支配着世界"。世界历史的发展就是世界精神内在逻辑演绎的外在表现，国家的产生不是某种外在的偶然性和人的任意行

---

① cf, *From Socrates to Sartre*, New York 2003, P. 319.

为，"'国家'便是在人类'意志'和它的'自由'的外在表现中的'精神'"，国家并不是负面意义上的暴力工具和统治机器，相反，在黑格尔看来，"国家乃是自由的实现"。"普遍的和特殊的结合变成为'观念'本身，'观念'表现出来便是国家。"① 那么什么是国家呢？国家和民族之间的关系又是怎样的呢？

黑格尔认为，国家包括它的法律、其公民的权益和其"天然形态、它的平原和高山、风和水是他们的国家、他们的祖国、他们的外界的财产；至于这个国家的历史、他们的事迹、他们祖先所产生的一切，属于他们而且存留在他们记忆中。一切都是他们的所有，就像他们是为国家所有一样，因为国家构成了他们的实体，他们的存在"。进而，"他们的想象是被上述这些理想所占据了，他们的意志就是这些法律和这个祖国的意志。这种成熟的全体就是一个民族的本质，一个民族的精神。各个人民都属于它……每个人民都是它的娇子。没有人逗留在后面，更没有人超越在前面。这个精神的'存在'就是他的，他就是它的一个代表，在它中间他诞生了，他生活着。对于雅典人民，雅典这个名词含有两重的意义：第一，它指若干政治制度的一种复合；第二，它指代表'民族精神'和统一的'女神'"。国家以一种民族精神的代表性产物而与民族的同一性与凝聚性相等同。民族精神通过民族国家的形式而得到巩固和体现，民族精神又使国家的统一性得到强化。

在民族和国家的精神形成问题上，黑格尔认为地理环境起了重要作用，"促成民族精神的产生的那种自然的联系，就是地理的基础，……是'精神'所从表演的场地，它也就是一种主要的、而且必要的基础。"但他同时认为："我们不应该把自然界估量得太高或者太低：爱奥利亚的明媚的天空固然大大地有助于荷马诗的优美，但这个明媚的天空绝不能单独地产生荷马。而且事实上，它也并没有继续产生其他的荷马。"② 对于民族精神的形成，黑格尔提出了一个非常有见地的思想，"各民族都是由它们所从事的事业所造成的"，民族的共同事业、共同历史性的创举是维系一个民族精神的最好的方式。他还提出了民族在抵抗外部暴力、保护自身生存中民族意识得到异常强化的思想，这使我们想到在 60 多年前，中华民族在抗日战争的民族危亡关头全民族异常团结一心的历史场景。但在民族精神形成的最终基础上，黑格尔还是认为它是世界精神在不同时期所演绎出来的特殊外在形式，"世界历史是'精神'在各种最高形态里的、神圣的、绝对的过程的表现——'精神'经过了这种发展阶段的行程，才取得它的真理和自觉。这些阶段的各种形态就是世界历史上各种的'民族精神'，就是它们的道德

---

①② 黑格尔著，王造时译：《历史哲学》，上海书店出版社 1999 年版，第 13、49、41、48、85 页。

生活、它们的政府，它们的艺术、宗教和科学的特殊性"。①

在黑格尔宏伟的历史哲学体系中，民族精神成为绝对精神和世界精神在人类历史上显现的一个特殊范畴，他说道："世界历史的每一阶段都和任何其他阶段不同，所以都有它的一定的特殊的原则。在历史中，这种原则便是精神的特性——一种特别的'民族精神'。民族精神便是在这种特殊限度内具体地表现出来，表示它的意识和意志的每一方面——它的整个的现实。民族的宗教、民族的政体、民族的伦理、民族的风俗，甚至民族的科学、艺术和机械的技术，都具有民族精神的标记。"②在黑格尔的论述中，我们可以发现民族精神超越于民族意识与民族文化的地方，因为当一种民族精神业已孕育生成，它便已经不再束缚于单纯确定的民族存在之中，而是在人类最为普遍的精神中获得了更为坚实的生命根基。这也就如黑格尔所说："个人对于民族精神的关系便是，他把这种实体的生存分摊给了他自己；它变成了他的品性和能力，使他在世界上有着一个确定的地位——成为一个聊胜于无的东西。因为他发现他所归属的那个'民族生存'是一个已经成立的坚定的世界——客观地出现在他的眼前——他自己应该同它合并为一，民族精神在它的这种工作里、在它的世界里得到享乐和满足。"③黑格尔这里所说的"民族生存"，不是指民族群体日常生活与人事自然的代谢，而是指民族在其历史实践中的自我生成和自我超越的生命历程。如果说，与"民族意识"相对应的是作为状态性的"民族存在"的话，那么，与"民族精神"相对应的则是作为生成性和过程性的"民族生存"，是该民族自觉地指向的历史传承和未来。中国著名的史学家司马迁以"究天人之际，通古今之变"作为自己撰著的《史记》的宗旨，恰如其分地表达了灌注着民族精神的民族生存的真谛。

黑格尔虽然通过民族生存展现了民族精神的内在意蕴，但是，由于其"民族精神"直接脱胎于他的绝对精神和世界精神理论，其发展只遵循精神自身的运动规律，成为完全超越人的感性生命的逻辑性实体，因而人的感性生命和具体的精神生活也就只能泯灭于其中。这又势必在很大程度上消解人类自身的主体性和选择权力。黑格尔对民族精神的这种理性主义界定，不能不受到现代哲学的批判。德国现代哲学家狄尔泰就从人的生命活动出发批判了黑格尔理性主义民族精神论，他并且通过对人的生存观念和生存方式的差异以及生命的统一体的研究，这样阐发了自己的民族精神观："在一个通过其所有各种生命表达——诸如它的法律、语言和宗教——所具有的紧密联系表现出来的民族之中，生命的个体统一体是以诸如民族之魂、蛮族、民族精神，地区和机体这样一些术语神秘地表达出

---

① ② ③　黑格尔著，王造时译：《历史哲学》，上海书店出版社 1999 年版，第 77～78、66～67、77～78 页。

来的。只有通过首先理解一个民族的生活所具有的各个不同侧面，诸如它的语言、宗教和艺术，并且理解它们是如何相互影响的，我们才能够清楚地察觉和分析民族之魂、蛮族、民族精神以及国民文化这样一些表达所表示的意思。"①

在现代哲学中，人们对于"民族精神"的理解，越来越体现出生存论的意蕴。虽然这其中也不乏唯意志论的和虚无主义的暗流，有些人甚至将民族精神视为民族主义者制造的一个鼓动人心的政治话语，认为在历史和现实中根本不存在作为民族实存的精神世界。当代的全球化境遇似乎为民族虚无主义提供了一定的事实依据。因为从表面上看，全球化首先带给我们的是对民族精神认同的冲击与挑战。这种冲击与挑战主要表现在以下三个方面：一是人类社会当前所面临的一些问题（如环境污染、核威胁等）要求原来的民族国家让渡出部分权力给予更大的人类共同体；二是全球性的交往呼唤着一种普世性的文化精神和价值规范来支撑"世界公民"的生存权利；三是市场经济全球化所带来的"个体本位"和"个人负责"的理念以及新自由主义的"个人权利"和"个人自由"的思想对于传统的"群体本位"和狭隘的民族主义的批判。有些学者认为，这三方面的冲击对于民族精神是致命的，他们甚而因之将全球化名之为"民族精神的剃刀"。

但是，我们认为，全球化在政治、经济、文化等方面对于民族精神的挑战，并不能在当今时代消解民族精神的存在和作用，而是会激发并赋予民族精神以新的时代生命。因为，首先，在今天人类内部还存在着各种利害冲突的情况之下，民族国家仍然是人们维护自身利益的主要组织形式，也是各个民族中的人得以正常生存的有效共同体；当超越民族国家之上的联合国尚不能完全"公正、平等"地代表并协调各个民族国家的利益时，民族和民族精神是无法在政治上被完全消解的。其次，交往全球化虽然是现代人生存交往的主导趋向，但它并不能完全替代地方性，相反，它甚至呼唤着"地方性"的到场。现代人的生活空间和自由度固然日益扩大，但与古代人一样，他们也只能在特定自然和历史环境中出生和成长，这种自然和历史已先天地把"根"、"源"的意识植入人们的心灵深处；并且人的身体总要生存于一个有限的地域，他的思想总要承载一种特定的文化，他的感情在直接性上也只能诉诸有限的特定的对象。虽然市场经济崇尚"个体本位"和"个人自由"，但"人生在世"终究需要一个确定的身份认同，而且我们在世界性的交往中也不能没有自己的精神家园，失去了家园的个人只能是一个无根的漂流者，而对于民族精神的认同即蕴涵着现代人自我确证、自我超越的精神根基。所以，无论是现在还是将来，"全球化"与"地方性"仍然是相互依

---

① 狄尔泰著，童奇志、王海鸥译：《精神科学引论》（第一卷），北京，中国城市出版社 2002 年版，第 73 页。

存、相互转化的，这就决定了各民族的精神世界不会在全球化的浪潮中完全消散。再次，在当前经济全球化和科技同质化的潮流下，人们更需要文化多样性来激发自己的思想和情感，从而保持自己独特的个性，保持创新的兴趣和活力。趋同与趋异，是人类两种相反相成的价值取向。"趋同"在于打破不同国家和民族之间的各种界限与壁垒，使经济、科技等人类文明成果能够在世界范围内相互流通，普遍地发挥作用，从而极大地节约人类的劳动时间，提高其活动效率。"趋异"则在于突破同一或单一性思维和行为模式，探索、彰显各种不同的可能性，营造文化的多样性、异质性，使人类自身的思想和生活方式各有特色、丰富多彩，并在相互的对话和碰撞中，取长补短、推陈出新。不同类型的文化与各个民族的精神生命内在相关，反映着他们特殊的历史际遇、实践经验、生存智慧和生命感悟，都有其不可替代的特点和优点。而不同民族文化之间的交流与碰撞，一方面会促进各个民族的相互理解和思想的深层融合；另一方面，又会刺激他们走向新的独立、分化和差异。这里有百虑一致、殊途同归，更有一生二、二生三、三生万物，"万类霜天竞自由"。中国历史上的百家争鸣、玄佛合流和儒释道共存就历史地说明了以文化多元为特征的文化融合，以及在文化融合中的文化多样化。

因而，对于民族精神的理论探究与哲学理解，既要立足于前人的相关思想与论述，又要结合时代的精神取向与价值观念来阐发民族精神的社会内涵与历史意蕴，尤其要注意从人的生命活动的实存性和人类生命的共通感出发，来阐扬民族精神的不断地生成与超越的特性。

就当代社会来说，现代的民族精神与传统的民族精神相比，就具有不同的时代内涵和时代特点。所谓现代民族精神，是指一个民族在发扬传统民族精神的同时，汲取其他国家和民族的合乎时代特点的精神思维特质，结合当代社会实践以及科技、经济、文化的现状，而形成的具有自己民族特色的精神风貌、思维习惯、价值取向和民族品质。这种现代民族精神除了具有民族自身的群众性、激励性、凝聚性和民族性之外，首先还要求具有强烈的时代感和先进性，即与时代紧密相连，反映出时代的特点，既要与我国社会主义现代化建设的当前目标和长远目标紧密契合，又要能够代表时代发展的趋势，代表最广大人民群众的利益；其次，当今的世界是开放的世界，任何一种文化都不能游离于其他文化之外而孤立发展。因而，现代民族精神必然要适应其自身先进性的内在要求，具有一种开放、包容、发展的特质。基于以上认识，当代中国需要建构的是一种融汇科学理性与人文精神于一体的民族精神，即我们要培育和弘扬的是作为新人文精神和理性精神的现代民族精神。

### （四）构建中华民族的现代民族精神

民族精神的时代性，要求作为新人文精神和理性精神的现代民族精神必须与我们所处的时代相符合，才能够有力地促进中华民族凝聚力的生成以及合乎时代人性发展的需要。

**1. 提高国家综合国力与实现中华民族伟大复兴的历史使命**

在实现中华民族伟大复兴的过程中，提高国家的综合国力成为重中之重。衡量一个国家（地区）或者民族的强弱以及世界地位的首要标尺，便是这个国家（地区）的综合国力。中华民族在历史上创造了伟大的文明，但是我们不能否认，近代中国历经磨难。随着改革开放的步步深入，社会主义市场经济建设已经显现出巨大的成效。我们由一个难以解决温饱问题的民族逐渐走向政治强国，在世界舞台上拥有了一定的发言权，中华民族正在走向复兴。然而，经济的发展并没有与思想文化建设同步。一个国家的综合国力不仅仅体现在经济能力、科技实力和军事实力的增强上，还应该体现在民族凝聚力的强大、制度和体制的完善上。作为时代的需要，理性精神应合理地确立经济建设的工具理性，人文精神应有效地确立社会生活的价值尺度，从而明确地解决两个文明一起抓的问题。建构起现代民族精神，中华民族的伟大复兴也就指日可待。

**2. 构建现代民族精神是社会主义先进文化的必然要求**

发展先进文化的一个重要目的，就是"不断丰富人们的精神世界，增强人们的精神力量"。而衡量文化建设成效的最终标准，就是看其能否丰富和发展伟大的民族精神，能否弘扬和培育出伟大的民族精神。因此，必须把弘扬和培育民族精神作为建设先进文化的重中之重。

现代民族精神不仅包容了中西方文化的民族心理素质和精神品质，而且体现了先进生产力的水平和先进文化的特征。其先进性是由生产力的先进性和文化的先进性所赋予的，是与社会历史的发展趋势相一致的。

从本质上来说，民族精神是一个民族道德品质和精神风貌的集中体现，而这种道德品质和精神风貌又深刻反映在民族的文化之中。从这个角度来说，文化建设对弘扬和培育民族精神有最为直接的影响。发展先进文化，必然推动现代民族精神的弘扬，现代民族精神的培育，一并推动先进文化的进步。二者互相影响、互相渗透、密不可分，是一种相辅相成，相得益彰的良性互动关系。如果现代民族精神得不到弘扬，那么，发展社会主义的先进文化或者说建设社会主义精神文明就无从谈起，更无法为经济发展和社会进步提供工具理性和价值理性；如果一个民族没有建设成面向现代化、面向世界、面向未来的，民族的、科学的、大众的社会主义文化，也必然无法使全民族的道德品质和精神风貌得到丰富、发展和提高，无法推动社会主义经济建设的高度发展，就根本无法弘扬和培育现代民族精神。

**3. 反对狭隘民族主义的当然选择**

民族主义是在对外摆脱宗教、异族统治，对内建立以君王为核心的国家历史背景中登上政治舞台的。但是，随着经济全球化浪潮席卷整个世界，民族主义表现出多种态势。第二次世界大战以后的两极冷战格局使得民族主义发展受到暂时抑制甚至扭曲。全球化时期，西方妄图通过霸权在世界通行其"西方意志"，弱势民族为争得独立和权利展开了其抗争的民族主义，在民族情绪高昂的情况下，极端民族主义表现出霸权主义及国际恐怖主义，呈现出日益复杂的表现态势。

对民族主义来说，民族精神是民族文化和文明的核心部分，是民族的象征。现代民族精神是以理性为基础的开放的而非狭隘的、理性的而非盲目的、正确选择继承而非全盘接受认同的民族精神。在全球化的背景下，"民族主义反映了人类共同性的方向，如经济运行的共同规则、科学技术的成果运用，乃至政治治理中的某些共同规则、人权中具有共性的因素等，在一定程度都能够为各民族所遵循、接收、吸收、采纳、应用，成为推进民族国家现代化发展的强大动力。"[1]在现代民族精神的感召下，民族主义的讨论也就不再是要不要民族主义的问题，而是我们需要什么样的民族主义的问题。现代民族精神和正确的民族主义结合，成为推动国家实现伟大复兴的强大动力。

现代社会不仅是一个高度发达的社会，而且是一个高度开放的社会。经济全球化使各民族、国家的联系日益紧密、日益融入全球统一的大市场之中。任何民族国家的建设和发展都不可能在封闭的环境中进行。作为与时代精神互为表里、相辅相成的现代民族精神也不可能在隔绝封闭的状态下培育和弘扬，而必须充分吸取其他国家、民族的成功经验。因此这种民族精神必须是开放性的。在理性人文精神的导向下，现代民族精神从出现开始，便以一种开放的姿态呈现。

从历史发展的纵向坐标来看，现代民族精神不仅包含了传统的民族精神，吸纳了传统思想中的"人本"、"民本"思想，还包括在当代社会中与社会主义市场经济相适应的精神要素，如自立意识、竞争意识、效率意识、民主法制意识和开拓创新精神等等。就空间上来说它包容了当今时代各个国家或地区、民族的民族精神，吸收了世界文明的优秀成果，因而具有巨大的包容性。

## 二、民族精神的生存视界

### 1. 精神的破冰之旅

任何个人在出生之前，就已经有一种民族的文化传统先于他而存在了。正如

---

[1] 栗志刚：《全球化视野中的民族主义刍议》，《华中科技大学学报》2004 年第 6 期。

现代德国思想家舍勒所说：只要一个人是一个社会的成员，那么，人类的全部知识就不是经验性知识，而是"先天"知识。这种知识的起源表明，它先于自我意识和人的自我评价意识而存在。没有"我们"也就没有"我"，"我们"充满了先于"我"而存在的内容①。因而，着眼于民族自身的生存的超越性，我们认为，民族精神中的"精神"（Spirit）既不同于黑格尔所谓的"纯粹抽象的理念实体"，也不同于个人的"心理欲望"（Mind）和"自我意识"（Consciouness），而是在人们共同的生命活动中生发出来，并且经过他们中一部分人有意识地反思、提炼而形成的整个族类的生命信念、生活理想及原则。这种将"生命"与"意识"、"个体"与"族类"涵摄于自身的"精神"同时具有双重含义：一方面，从人的生命原初性而言，精神虽不能还原为人的肉体本能，但它又是人的生理生命和社会文化生命的中介，即人生存的感性的特殊性和类的普遍性的中介，因而它总要与人的肉体、情感和欲望相互依托、相互作用，并通过自我意识的确证内化为个体的精神境界和文化本能。另一方面，精神是伴随着人的生命活动而自我生成，这中间当然经历了人的生命本身经由自身活动而焕发出独特于其他存在物的力量与自我意识，因为，诚如马克思所言："动物和自己的生命活动是直接同一的，人则使自己的生命活动本身变成自己意志和自己意识的对象。"② 应该说，动物虽然具有感性（包括感觉、情感和欲望）生命而形成各自的类群，但是它们的生命活动只是基于一种冲动的本能，而没有通过自身的生命活动形成对于世界的对象化观念，也就是说，它们和自身的生命活动直接同一，还没有从生命中分化出意识，也没有从本能中生发出观念和文化。而人作为对于存在已经先行有所领会的生命在者，他不甘于世界的前定安排，从自身的实践活动中观照并领会到了自身的命运和存在的意义，这种领会构成了人自身的规定，因而在人的生命活动中，这种自我规定进一步具体与深化，人从在存在中观照自我发展到在自我中观照存在，人因此能够"绽放"出自我意识，他又因自我意识的勃发和对于世界及自身的理解而获得了自由生存的根基。意识的产生和发展的意义，也正在于能够根据自己生存和发展的需要，自觉地反映并改变自己与周围世界的关系。正因为如此，人的意识具有着鲜明的自觉目的性、具体普遍性和创造性。

自觉性或目的性是人类意识的基本特征，也是人与动物心理区别的根本标志。动物的活动虽已具有对象性意识的萌芽，但其活动主要基于自然遗传的本能，用康德的话说，其活动只能算无目的的合目的性。而人的活动的目的性则是

---

① 马克斯·舍勒著，艾彦译：《知识社会学问题》，北京，华夏出版社2000年版，第59页。
② 马克思，中共中央马恩列斯著作编译局译：《1844年经济学哲学手稿》，北京，人民出版社2000年版，第57页。

被自己意识到的，甚至可以说是被自己设想、建构出来的，因为它在现实中并不存在，而只是寓于现实中的一种可能性。这种可能性的实现是在未来，并且需要人自己的努力。而人也就能够明确地把自己活动的当下条件和未来理想、现实手段与观念性的目的区别开来，从而在关乎未来的观念性目的的引导下，造就出自然界自身难以产生或根本不能产生的结果。人因而凭自己自觉的有目的的活动，超越出自然界自在的因果决定论链条，而有了以自由为特征和取向的人类社会的形成。人的意识的普遍性即广泛性、丰富性、全面性。人的意识的普遍性既产生于人的生活实践的普遍性，又是人的生活实践的一个有机构成。对于人的生活实践来说，任何自然环境的限制都不具有绝对的意义，因为人的实践正是人凭借自然又突破各种自然限制的革命性活动。基于这种活动，人以一种全面的方式来把握世界，同时也全面占有了自己的本质；人较之动物越是万能，人赖以生活的自然界的范围也就越广阔。因而，人的意识足以涵盖整个世界，这只要看看人的诸多社会意识形式——自然科学、社会科学、哲学——研究、解释着人和世界的各个方面的各种属性即可明了。对于个人而言，他的意识越是具有普遍性，他的内心世界就会越丰富、越开阔。人的意识还具有创造性。意识的创造固然有客观的原因，但客观原因与意识创造的各种观念、社会意识形式并非简单的因果关系，因为意识的目的性已经改变了自在的因果关系，它倒因为果，使未来的结果成为观念上的前提；而又倒果为因，使人们赖以出发的客观条件成为被选择的手段和被改造的对象。事实上，意识创造所依据的与其说是现实，不如说是可能。可能既包含现实的可能，也包括抽象的可能，还包括仅仅是逻辑上的可能，数学和哲学所要建构的就是一个逻辑上可能的世界，而艺术、宗教所要建构的世界甚至可以超越逻辑。只是依据人的情感、信念、艺术、宗教所创造的童话、神话、天堂、上帝，在现实中并不存在，但它们对于人的精神而言却是存在的，它们不仅表达着人们对于人生和世界的理解与解释，而且为人类的精神提供了一个充盈着真、善、美的光辉家园。

在自我意识对于生命的观照、反省和对理想的追求中，精神就从生命的冰封中浮出了水面，它在人的感性生命活动和对于社会文化的理解中获得了原初的意义。这种原初的意义就是自我意识对于人自身生命活动的理解与体认。在自我意识对于生命活动的体认中，人自身被区分为心灵的自我与肉体的自我，人的世界被分离为形上的精神世界和形下的感性世界，而心灵的自我与肉体的自我、精神的世界和感性的世界在人的精神的统一性中既具有二分性，又具有一体性，也就是说人的生命活动的自发性和自觉性、社会性和个体性、世俗性和神圣性都交织于精神二分与一体的内在形式之中，因而极其复杂、多维、灵活，充满了矛盾和变数；这也诚如马克思所说："人不仅像在意识中那样在精神上使自己二重化，

33

而且能动的现实的使自己二重化，从而在他所创造的世界中直观自身。"[①] 身心二重化意味着人类、自然和个人与社会的对象性的区分，而人本身具有的肉体和意识、生理与心理、感性和理性的二重性，前者直接属于、关联于自然，后者则具有超自然性；人的这一属于自然又超越自然的特性就意味着人既不同于物又不同于神，而永远处于"物"与"神"之间的生存境况，也说明了人这一具有自我意识的自然存在物总要处于自我分化与自相矛盾之中；同时，"道成肉身"也表明人们心目中的"上帝"或"神灵"也有着彼岸与此岸、超验与经验、隐与显、不可知与可知的两重性。人对自然的超越性取向，人异于并优越于物的自我确证，是通过心灵对肉体的区分与否定才得以展开的。动物和它的生命活动直接同一，人则通过自我意识将自身与生命活动区分开来，从而获得了超越自然存在的权利，并通过心灵对肉体的疏离与否定来走出并反作用于自然界；因而，人类从农业社会走向工业社会，从对自然的"顺应"到对自然的"支配"，也只有通过尽可能地否定自身的生物性本能，否定自身的感性直接性来达到。但人终究不能摆脱、忽视自己的感性肉体，因为那同样是自己作为人的不可分割的部分，并且是人的"幸福"所在。所以，人的精神虽然能够超越现实世界中人的感性生命活动的维度，但却不能不与人的肉体生命和感性自然构成有张力的共在。

但是，精神并不是自然而然地从人的肉体生命中产生出来的，不是肉体生命的自然延伸，它之所以对人的肉体生命具有某种超越性，是因为它是在人的具有否定性的对象性活动中产生的。按照马克思的基本观点，意识或精神本来就不是抽象的自在的东西，不是世界之外的遐想，它作为人的对象性生命活动的产物及其最具能动性和自觉性的功能性存在，不仅是人的肉体生命的升华，还是人与自然和人与人的对象性关系的内在化和自觉化。这样，人才能凭借自己的意识或精神对自身肉体的本能和当下反应给予观照、反省和调控，从而在根本上区别于并优越于动物本能的生命活动及其直接的"刺激—反应"的运动模式。当人们在创造对象世界的过程中，越来越能够自觉地审视、评价自己的活动及其后果、自主地营造并享有自己的生活时，表明了人不同于动物的"属人"的品性和能力的生成与发展。这种获得性的品性和能力尤其是思想道德品质，难以积淀为人的肉体本能并由生理遗传，而是直接由人的意识、精神承载和运作，由作为其符号形式的文化来积累、传播，并最终实现为人的优良行为的。现代哲学和心理学证明，人的意识、精神作为从人的对象性活动中突现出来的具有高度的能动性和整体性的功能系统，其独立性和自主性是相当强的[②]。人的精神与肉身至少可以发

---

① 马克思，中共中央马恩列斯著作编译局译：《1844 年经济学哲学手稿》，北京，人民出版社 2000 年版，第 88 页。

② 参见高新民：《现代西方心灵哲学》，武汉出版社 1996 年版，第 43～135 页。

弘扬与培育民族精神研究

生三种关系：一是顺应并直接服务于肉体的本能和需要。然而，如果精神只是单纯地顺应肉体，像梁漱溟所批评的只是"顺躯壳起念"，那就不只是导致人的生命活力的萎缩，更要造成人性向着动物性的退化。二是超越并违忤肉体的本能和需要，即"逆躯壳起念"。这可以大大地激励和锻炼人的生命意志，但如果走向极端，则势必造成人的生命的分裂和毁灭。三是根据人的生存与发展的应然性和可能性，对前面两种关系给予协调并使其保持适当的张力，这样，人才会获得健康的发展。精神或观念不是纯粹主观虚幻的东西（——其实人作为有意识的生物，其生存向来有虚实二重性），而是人的对象性活动的"对象性"，即人的生命活动的自我超越性与可能性的自觉形式或表征。需要说明的是，人的精神世界的建设固然紧密地关联着人的对象世界的构建，但它特别需要的是能够直接作用于人的精神和观念的文化活动及其符号世界的创造。

人的诞生就是属人的生命及其精神的诞生，精神源于人的生理生命而又高于生理生命，正是它使人的肉体成为人的身体，隶属于并表现着人的生命整体，而这主要是通过精神中的自我意识和人格意识这一核心内容而达到的。人的精神中的自我意识和人格意识既意味着人的生命走出了自然的蒙昧无知状态，它也是使人的生命互相区别开来成为有个性的个体生命的内在根据。从意识论的角度看，精神在人的生命活动中表现为人的各种自觉意识或观念，如各种社会意识形式、人格意识及各种思想观念。

**2. 人的生存与民族精神的自我认同**

由于在感性直接性上，人是个体性存在者，所以人们首先注意到的不是自我意识的认同，而是个体的生命的存在，但人的肉体生命中如果没有意识的萌生、精神的贯注，就不能成其为人的生命；而人对生理生命的物性、有待、脆弱、有限、暂时的超越，也必定经由自我意识，凭借内在精神的提升。所以，人们在意识到自己的身与心、肉与灵的矛盾时，往往强调心对身、灵对肉的主导、统摄作用并推崇人的精神生命，甚至为此而轻视、否定人的肉体生命以及基于肉体生命的感性的世俗生活。而在人的共通的活动中形成的并体现着人的类属性的社会和文化，也是人的生命的共同体或普遍形式，甚而可以说是人的"大生命"或"大写的人"的生命。只有在这个人们共同拥有的"大生命"中，个人的肉体生命才会有所附丽、有所超越，才富有人文意蕴和价值意义，可以称之为人的生命。而作为这个"大生命"的构成要素并分享着这个"大生命"的个人所承载的社会角色、文化规则及其所从事的事业，也因此成为人的社会（文化）生命。

人的肉体生命、精神生命和社会文化生命构成了一个完整的人的生命关联，在这种三位一体的生命关联中，肉体生命是人之为人的生命承载，脱离了人的感性身体，人的精神特性和社会文化本质都无从开显；而正是人的肉身的感性特质，才保证了人的生存的个体性和属己性。如现代西方生存论的开拓者基尔凯戈尔以具体的个人及其内在的感受反对黑格尔的客观精神，以个体化的生存取代作为理性概念的抽象存在；费尔巴哈和马克思也都曾着力批判黑格尔的"无人身的理性"；他们都是从人的生理生命出发来凸显人的精神生命和社会文化生命的意义。但是，肉体生命是人的精神得以升华的基点与场域，却并不是精神生命和社会文化生命的最终归宿，它使人们意识到自身是世界中的一个独特的在者，却不能使自我与他者在世界交往中建立起普遍的生命关联；真正使人与他者和世界建立了生命关联的是人的精神生命和社会文化生命，它们使人的生命超出了个体性的境域，而融入到一种普遍的类生命之中。只有在类生命之中，人才真正从世界的普通在者中站立出来，通过精神生命、社会文化生命与世界的关联而获得了此在生存的意蕴。

人作为具有群体意识的类生命，他总是要在一种群体生活中展现自己的生命价值。因为类意识的相与会通，任何民族中的人都不是一个纯粹孤独的个体，而是整体的民族类生命中的一个重要环节，所以民族中任何个人的实践活动并不仅仅是自我个体的生命表现，而是民族的文化传统和民族精神已经在他的意识中所刻下的深深烙印。这种可谓是民族的"印记"使民族中每一个人的交往互通成为可能，使用着同样的民族语言，具有着共同的价值观念和生活理想，在民族危亡的关头忧患与共、休戚相关，这一切都是民族意识的共通将每一个民族个体贯穿为一个生命总体的外在表现。

基于民族意识的共通，每一个民族个体都成为在生活中接受教化并且教化他人的生命个体。因为每一个人出生于世时，他所处的民族就在语言中将本民族的文化传入了他的心灵，这是每一个人都无法弃绝的先见与天命。而在具体的生存境遇中，我们又会在自觉不自觉中将自身所领会的文化精神以独特的方式外化出来，并因此来影响与自己有过交往的生命群体。这种民族的教化不同于教育，它完全是在传统中延伸生命，在文化中传递精神。一个民族的精神正是在民族意识的共通和民族生命的教化中得以凝聚而成，而它最终又成为维系民族文化、民族生存的枢纽和支撑着人的生命活动的精神动力。

人的生命活动与民族精神经由类生命、共通感和教化而构成了直接性的生命关联，因为民族精神虽然超出了个体生命的特殊性和民族集体意识的原初性，但它又可谓是一个民族的精神类生命和社会文化类生命的内在基核与外在表征，民族精神所反映的是一个民族的群体生命的精神取向和社会历史内涵，它也涵摄了民族的类意识与类生命相互生成、相互关联的循环过程。当然，这种类意识并非是黑格尔哲学中最普泛的精神理念，而是指在一定的历史时空中所形成的民族对于自身的认同和确证。从发生学的角度来考察，这种民族的类意识或曰民族集体意识缘起于最初的民族集体无意识。如所周知，人类从远古到现在，已经有数万年的历史，每一个民族也都经历了不同的历史发展过程，在各民族生成与发展的过程中，由于其自然环境、社会经历、生活方式、经济生活以及语言等的不同，形成了一个民族不同于其他民族的精神风貌和心理特征，这种具有民族特点的精神风貌、心理特征在民族的社会实践和社会发展过程中，通过社会遗传的方式而继承下来，逐渐积淀为一种民族心理无意识，这种积淀是通过自觉和不自觉的两种方式来进行的。所谓自觉，是指通过人为的教育、提倡而实现的，在民族的历史发展中，统治阶级为了维护其统治，总是通过教育、倡导等方式向人们强制灌输有利于维护其统治的思想，由于长期的教育和倡导，有些思想就会内化为人们的心理，成为一种民族无意识而代代传承。如中国汉代"罢黜百家，独尊儒术"的统治思想由于历代统治者的长期提倡和灌输，使得孔孟儒家思想逐渐内化到中国人的心理之中，最终几乎成为中华民族的心理无意识和基本的文化共识。所谓不自觉，是指在风俗习惯、道德规范等文化环境的影响下而逐渐形成的一种民族心理共识。各种风俗习惯、道德规范等文化环境形成了一种民族心理氛围，"生于斯、长于斯"的人们在这种心理氛围的长期熏陶下，不自觉地浸染并认同了这种文化心理。换言之，民族文化心理氛围潜移默化为一种民族无意识。总的说来，民族心理无意识的积淀是一种自觉与不自觉的过程，是一个逐渐形成的动态过程。①

应该说，民族无意识是集体意识向无意识的转化，在这一点上，它与个体无意识很不相同，如在分析心理学看来，个体无意识是一种先天无意识或本能无意识，是指人的生理、心理的欲望、需求、冲动等在生命延续活动中与生俱来的、先天的、潜在的生理、心理机制的表现；也可以说，个体无意识是一个心理的容器，它蕴涵和容纳着所有与意识的个体机能不相一致的心灵活动和曾经的意识经验，不过由于各种原因受到压抑或遭到忽视的内容，如令人痛苦的思想、悬而未决的问题、人际间冲突和道德焦虑等。还有一些经验，它们与人们不甚相干或显得无足轻重，当人们经历它们达不到意识层，或者不能留驻在意识之中，因而都会被储存于个体无意识之内。而民族无意识则属于集体或群体无意识，是后天无意识，它不是来自内在的欲望、需求，而是来自外在的集体或群体的族类体验和大我意识，是外在经验内化的产物。因而，一定的集体意识形成后，如果被长期地提倡、灌输，就有可能积淀内化为无意识，从外在的意识转化为内在的无意识，从外在约束规范转化为内在约束本能，从有意识地支配人的活动转化为无意

①　参见戴桂斌：《论无意识和民族无意识》，《河南师范大学学报》（哲学社会科学版）1999 年第 4 期。

识地支配人的活动。

民族无意识也可以说是一种民族文化本能和文化无意识。因为它已经不仅仅是来源于民族成员的个体冲动和欲求，而是民族的传统文化和风俗习惯在长期的积淀过程中对于民族群体生命的教化与浸染。它会使民族主体在千百年的社会实践中形成一种特定的心理态势，这种心理态势在民族生命的传承中逐渐成为一个民族区分为其他民族的思维方式、价值观念和理想追求上的"先见"和"潜能"，它也因此而制约着民族中的人的实践活动和价值取向。

民族集体意识和文化无意识凸显了民族类意识中的"显"与"隐"、"自觉"与"不自觉"等不同层面的相互交融。因为在任何一个民族中，完全孤独的民族个体几乎是不可想象的，作为现实中的民族成员，每一个体总是要在民族的生产活动和社会交往中展现自身的存在价值。因而，在一个或若干个民族的长期融合或共同的生活实践中不但会形成共有的相对稳定的心理、情感、信念与理想；而且还会在人们社会化的生产与交往活动中生成为超脱于生物自然的精神世界，在这一世界中，人的精神不但将个体生命从物化的束缚中超拔出来，使之不断寻求自身生命的觉解与超越，并且将生存于一定地域中的民族群体生命整合起来，从而形成一种具有共同的理想信念和价值观念的民族性精神取向。这种民族精神作为社会个体精神的凝聚与融合，同样具备了大写的"人"的精神的性状与意蕴，它可以说是民族中的人塑造自身命运的生存意志的贯通，但这种贯通的意志绝不以纯粹个人的方式存在，而是存在于由代代相传而构成的民族群体之中，成为一个民族促使自身的文化生命得以传承并不断超越的精神内核。

在一定意义上，这种自我生成、自我超越的精神既是一个民族得以生存发展的本质所在，也是一种民族群体人格的集中体现，它不仅表征着民族中人的生命活动的性质和向度，还由于其价值属性而成为人们情感的寄托与家园。因为，在一个民族中，个人创造力的激发和生命境界的提升首先来源于对自身民族精神的认同与尊崇，当个人无法轻易超越个体生命的局限来实现自我生命的圆满时，他也就必须融入到整体的民族精神之中，在其中以自身存有的普遍形式来肯定自己，从而获得情感的归属和精神的支撑。而且，在任何一个民族中，只有通过一贯的内在精神的绵延发挥，并使民族中的人在自觉不自觉中知道，自身生存境遇的提升与薪火相传的民族精神息息相关，民族才能成为真正具有生命力的社群总体。因此，在民族精神与民族生存的内在统一中，我们既能够从民族精神的生成中探究人类生存境遇的流迁，亦能从人的生存境遇的提升中反观民族精神的发展及其丰富的社会历史内涵。

## 三、民族生存的精神之链

### 1. 群体生存意志的贯通

民族精神是一个民族在长期的历史发展过程中，逐步形成和培育起来的群体意识中的核心思想与信念，它能够被该民族的绝大多数成员所理解和信奉，并通过他们特定的社会行为方式和精神状态表现出来。作为一种特定的文化现象，民族精神是一个民族共同的思想品格、价值取向和道德规范的综合体现，是被高度综合和概括了的一个民族的共同的精神品质和风貌，也为本民族广泛认同，共同拥有，是民族认同和归属的本源所在。正是民族精神的这一特性，使它千百年来成为一条看不见摸不着但却实实在在地存在于人们心灵和生活中的纽带，以超越时空的力量，不分地域、职业、性别与年龄，把民族成员牢牢地维系和凝聚在一起，成为他们奋发进取的强大的内在力量。例如犹太民族虽然没有共同地域和共同经济基础，但却是一个凝聚力十分强大的民族，稳定和维系犹太民族同一性的是宗教文化传统，就像人们所说的，维系犹太民族的只有一本书——《圣经》。《圣经》就成了犹太民族认同和归属的本源所在。正如有的学者所说，民族精神"为本民族绝大多数成员所认同、具有，是一种带有广泛性、普遍性的精神，是共同的心理思想。虽然民族精神在历代的不同人群、阶级、等级、集团中，有不同的具体表现形式，但是它所包含的内涵是共性的。"[①]

民族精神的基点是"民族"，也就是一些具有共同语言和文化特征的人类群体。但在现代社会中，民族又总是和国家联系在一起，甚至成为国家的代名词。于是，民族精神就与国家精神等同起来，比如我们谈中华民族精神就包括着由56个民族构成的全体中国人的精神。所以，民族精神可以指某一具体民族的精神，也可以指一个国家全体人民的精神或国家层次上的民族精神。关于这一点，黑格尔就认为民族精神和国家精神是同一性的概念，"一个民族的这种精神乃是一种决定的精神……这种精神便构成了一个民族意识的其他种种形式的基础和内容。'民族精神'和'国家'精神不可分离地统一起来。"[②] 同时，黑格尔并不否认在形成国家之前和未形成国家的地方也存在着民族精神，"各个民族在达到它们的这个使命（形成国家）以前，也许已经没有国家而经过了一个长时期的生命……我们仍然知道还有若干民族没有形成一个社会，更谈不上形成一个国

---

① 方立天：《民族精神的界定和中华民族精神的内涵》，《哲学研究》1991年第5期。

② 黑格尔著，王造时译：《历史哲学》，北京，三联书店1956年版，第55页。

家，然而它们早就如此存在着了。"①

作为一个民族的自我认同、自我意识和集体人格的体现，民族精神是一个民族区别于其他民族的精神范畴的总和。作为集体人格的体现，民族精神离不开每个民族成员对它的认同、接受。而当民族精神通过民族中一个个的具体成员来表现时，就具有了个体性的特点。由于一个民族社会构成的多样性，男女性别、年龄差异、职业分工、社会的开放度等因素的影响，以及民族成员具体生存的自然和社会环境的不同，风俗习惯、乡土知识、宗教信仰、历史传统的差异，民族成员个人对民族及民族精神的认同，也会表现出相当的差异性和个体性。民族精神的群体性和个体性是密切相联、对立统一的。民族精神既是一种群体精神，又必须通过个体来表现；既是一种外化的活动，又是一种内在的灵魂；既是一种普遍性质，又是一种具体的存在。就统一的集体精神来说，它是大家共有的对象，是把个体凝聚起来的共同的"源"和"根"，而一旦内化到每个人心理意识和言论行动之中，又会成为"这一个"而表现出差异性。共同的民族精神与每个人的性格、气质、素养相结合，在表现形式上呈现出具体性和多样性。

民族精神作为源于社会实践的社会意识，是对社会存在的反映。由于各民族所处的自然环境的不同，由此而形成的社会条件的差异，民族精神的表现就迥然不同。任何民族精神都是在特定时间、空间和条件下，与该时代的政治、经济、文化发生千丝万缕的联系，打上了深刻的时代烙印。正因为如此，不同民族的民族精神在不同的时代有不同的表现形式，表现为民族精神的特殊性。

每个民族都因自身特定的自然环境和社会经历而拥有不同于其他民族的价值观和社会信念，在不同的民族和不同的时代会有所差异。但是人类文明的进步必然也有着共同的规律，不同的价值观念中有着人类文明所共同确定的成分，好和坏、进步和落后都可以在这些已经被确立的标尺下加以衡量。一个民族的价值取向和道德观念包含有人类文明的共同成分和取向，符合人类共同的利益。民族精神中积极和进步的因素也属于整个人类，因为它的积极性和进步意义都能在历史的发展中得到共同确认。例如中华民族在长期的历史进程中形成了以爱国主义为核心的团结统一、勤劳勇敢和自强不息的伟大的民族精神。这些内容在我们民族身上有着广泛的体现，也是为世界其他民族所认可，符合当代人类社会所共同确认的文明原则。古希腊的奥林匹克运动造就了希腊民族崇尚健美，勇于竞争的精神，当初这种精神是希腊人的，但现在成为全世界各民族也都倡导和弘扬这种精神。

这是由于，"民族精神在发展中自然地将那些不利于自身生存和发展的因素

---

① 黑格尔著，王造时译：《历史哲学》，北京，三联书店1956年版，第64~65页。

剔除，而将那些优秀的积极的因素保留下来。人类正是在这些不断地吸收和剔除中，寻求符合群体乃至整个人类的共同利益，继而成为大多数人所能认可的价值观念和道德标准。伪善和欺骗之所以在各个民族中遭到唾弃，就是因为这些习性损害着社会和群体的利益，使社会的运转受到了阻碍。相反，人类普遍尊奉勇敢顽强、诚信、友善等品德也正是因为它们符合社会生存和发展的要求，符合民族群体和和社会利益的缘故。这些在民族发展中被奉为美德和高尚的东西在作为人类共同文明成果的同时也凝聚在各民族的生活当中，成为各民族精神的共同成分。"① 虽然当今世界日益走向一体化，但民族间的交往不能完全消融民族文化、民族心理、民族习俗的个性差异，民族精神仍保持着各自的独特性。民族精神的某些特质可能为几个民族国家所共有，但是这些特征在不同的民族身上会有不同的表现。比如，很多民族都具有爱国主义精神、勤劳勇敢的品质。但是我们应该看到，就一个国家、民族的总的民族精神情况来看，爱国主义精神、勤劳勇敢的品质却具有自己不同于其他民族国家的特点和特色，具有自己民族的表现形式。比如中华民族的爱国主义和大和民族的爱国主义其个性差异是非常明显的。

### 2. 超越时代的精神之链

民族精神的形成与这个民族的历史经历有着密切的联系，不同的历史经历对民族性格的形成有重要影响。每一民族的独特经历，就构成了多样的民族性格，形成了各民族不同的精神内涵。历史上的欧洲民族相互杂居，但是各自的民族归属感和相互的民族分界意识却很明显。纵观历史，他们的民族意识的确立几乎都与相互之间的剧烈的冲突有关。西班牙是通过对阿拉伯人的占领进行了长达数百年的斗争才确立自己的统一和自己的民族意识。法兰西和英格兰两民族原来有着密切的政治经济联系，而当两国为了争夺佛兰德尔等地爆发了百年战争后，泾渭分明的民族独立意识在两个民族中最终确立。此外，瑞典、瑞士、荷兰、葡萄牙等民族精神的形成也与他们战胜各自的异族敌人密切相联。战争在给他们带来深重灾难的同时，也促使人们深刻感悟"我们"和"他们"在族别和利益上的差异。中华民族作为民族整体具有鲜明的自我认同，也是开始于近代西方对中国的侵略。正是这种侵略和中国人民的反抗，将全国各族人民的利益联系在一起，把中华民族和其他民族区别开来。

任何一种民族精神都不是一朝一夕形成的，都是在几十代甚至几百代人长期的实践、提炼、传承中化育而成。不同的历史阶段，民族精神都反映了鲜明的时代特征，从而展现出不同的时代形态。恩格斯说过："每一个时代的理论思维，

---

① 王希恩：《关于民族精神的几点分析》，《民族研究》2003 年第 4 期。

从而我们时代的理论思维，都是一种历史的产物，它在不同的时代具有完全不同的形式，同时具有完全不同的内容。"① 这也说明民族精神的价值就在于它能够随时代的变化而变化，随民族实践的发展而发展。任何民族精神都是在特定时间、空间和特定条件下，产生于并作用于该时代人们的政治、经济、文化活动的，它不能不打上特定时代的印记。例如，中华民族长期在农耕时代形成的勤劳、朴实、节俭和竞争意识淡漠、重农轻商等思想观念，都有明显的时代特征，是农业文明的产物。也因此，一个民族的民族精神在不同的时代就会有不同的表现形式。民族精神的时代性要求我们在保持本民族历史特点、民族传统的同时，也要加入反映时代特征，适合时代要求的内容，这样才能使民族精神保持永不衰竭的生命力，保持强大的凝聚力。如果只拘泥于传统，机械地保持其原始内容和表现形式，其结果只能束缚民族精神。

　　一个民族的精神状态在不同的历史阶段其表现会有所不同，但民族精神之魂在民族延续发展的历史过程中能保持持久性、长期性。一个民族之所以稳定地具有某种民族精神，这是其在长期历史发展过程中凝聚而成的，并且必然伴随其始终。民族精神作为内化于民族心理意识之中，深藏于民族文化和民族生活之内的灵魂，它是深刻的、稳定的。民族精神形成的长期性决定了其基本内容的稳定性。尽管这种精神在历史的长河中会遇到重重困难，会遭遇艰难挫折，但其主流不会随风云变幻而马上消逝殆尽。民族精神伴随民族的历史的发展，受特定时代及其条件的影响，也会发生某些变易，在表现形式和具体内容上会发生一些变化。当然，这种变易和变化只能是局部的次要的，而不可能是根本的质变。只要某一民族还是这一民族，作为精神支柱的民族精神也就必然具有稳定性，在变易中表现其连续性。一定的民族精神，相当于产生它的一定的历史阶段或一定的时代来说，就是该历史阶段的时代精神。但是民族精神是一个活跃的有机体，必须不断地哺育着时代精神并促成自身的转化。随着历史的演进和时代的变迁，当既有的民族精神形态不再能体现新的历史条件和时代的特点，就必须进行自身的扬弃和转化，用新的现实去修正，以实现其与时代精神的同一。民族精神的自我更新的发展过程，就是民族精神向时代精神不断转化的过程。就此而论，民族精神的自我否定、自我更新的过程，就是民族精神向时代精神的不断转化的过程，也就是吸收其他民族精神的优秀成分和要素到自身之内，特别是吸收比自身既有的原则更高级、更广博的原则到自身之内，用其转换、提升或替代既有的原则。民族精神是各民族人民在长期的生活实践中创造的物质文明和精神文明的升华，特殊的生存环境、特殊的生产方式和生活方式，形成了各个不同民族对人与世界关

---

① 《马克思恩格斯选集》第 4 卷，北京，人民出版社 1995 年版，第 284 页。

系的特殊理解，积淀为特殊的文化观念，升华为特有的民族精神。

因此，不管民族精神的表现形式如何复杂，归根到底是在人们实践活动基础上形成和发展的，也是为实践活动服务的。建构当代民族精神时，我们当然首先要倾听实践的呼声，反映时代发展的要求。在这里，与那些具有文物意义的文化形式不同，并非愈是民族的就愈是世界的。从世界历史的角度来看，每一个民族都为人类文明的发展做出了特有的贡献，但另一方面，又难免带有自身的褊狭，必须经受时代精神的选择。中华民族在其数千年历史的发展过程中，曾创造了灿烂的文化和辉煌的文明，但在世界工业化潮流中一度中落。恰如众多学者指出的，渗透于我们民族传统文化中的许多哲学理念、思维方式和价值观念都是与农耕生产方式直接相联系的，如果我们囿于某种民族"自尊"的情结，甚或视中国古代文化观念即是补救现代工业文明缺陷的"后现代精神"，固守一个民族的创造而不是与时俱进，就无异于拒斥科学技术理性、拒斥工业文明，概言之，拒斥现代化。实际上，只有那些能够真正把握时代精神，敢于自我否定，勇于自我创新的民族才是一个自尊自信的民族。历史经验告诉我们，"天朝大国"、"夜郎自大"只会导致民族精神的单向发展，终因缺乏生机而日益衰落；相反，创造性地吸收时代的先进文化，才能培育民族精神，促进民族精神的创新。民族精神是根，时代精神是叶，根深才能叶茂。有了民族精神的定力，才能使时代文化的传承具有连续性和一贯性，在诸多文化的种类中独具特色。任何一个时代，不管其时代机遇如何，都不可能脱离民族文化深厚的土壤，都受到民族精神的哺育和熏陶。

弘扬和培育民族精神，本质上是一种建设，一种创新。创新是弘扬和培育民族精神的永恒动力。作为一个民族的精神支柱，民族精神仅有历史的传承是远远不够的。唯有创新，才有发展；唯有创新，才能不朽。从逻辑上讲，只有培育民族精神，才能弘扬民族精神。民族精神要在培育的基础上才能弘扬；同样，民族精神又需要在弘扬中进行培育，它是一个不断丰富、不断发展的过程。坚持弘扬与培育民族精神的辩证统一，必须把握时代的本质特征和发展趋势。一方面，为优秀传统注入新的内容，古为今用；另一方面，着眼于丰富和发展，培育时代的民族精神，推陈出新。所以，民族精神的时代性要求衡量和检验一种民族精神是否具有生命力，就要看它能否适应时代潮流，顺应历史趋势，随着时代进步而不断丰富和发展。民族精神是民族特质的凝聚和集中表现，是一个民族社会发展的历史积淀和升华，它渗透到民族的整个肌体里，贯穿在民族的历史长河中，连续性和稳定性是其突出特点之一。例如，中华民族大家庭里的各个民族都为中华民族的形成和发展，为中华文明的继承与弘扬奉献了自己的智慧、心力和汗水。各民族在长期共同创造中国的历史过程中，也共同铸就了伟大的中华民族精神。中华民族精神的内涵不是一成不变的，而是随着社会的发展、时代的进步而不断更新，体现出鲜明的发展性和时代性。作为民族文化积淀的结果，民族精神是民族智慧和文化精华的结晶，它只有在时代精神和传统精神的衔接和融通中才能获得与时俱进的品质。一种时代精神可能在相当长的时间内居支配地位，但迟早还是要被新的时代精神所取代，正如中世纪之于古代，近代之于中世纪。如果民族精神没有随着时代的变迁而发展，民族精神之花就会枯萎、僵化，缺乏生机和活力。古代世界曾经产生过 20 多个不同的文明，但大部分都湮灭在历史的长河中了。究其原因，就是这些文明或者说民族精神不能适应新的形势，不得不最终退出历史舞台。由此可见，我们要培育和弘扬民族精神必须要引进外来优秀文化和思想，又要以传统文化为依据，否则会误入歧途而不可能成功。既然民族精神的现代化既离不开对外来先进文化和思想的吸收和接纳，又不能采取全盘吸收外来文化或抛弃自身传统文化的途径来实现民族精神的现代化，那么我们就必须高扬民族主体精神，广采博纳其他民族先进文化的精华，同时又反对全盘西化。而传统文化正是这样一种强大的精神武器。作为新人文精神和理性精神的现代民族精神的培育与弘扬，我们只能够在目前的社会思想资源和现实条件下，结合传统与现代，抛弃传统及现实中种种非人性的或者忽视个体发展的因素，恰当地结合全球意识以及其他国家和民族先进的精神状态，将历史的责任感和时代的使命感结合起来，培育和弘扬合乎经济全球化进程需要的民族精神。

### 3. 民族精神的价值功能

民族的存在源于共同的民族文化和认同意识以及共同的情感体验。民族认同是一个民族共同心理素质的外在表现，是相互认同于一体的人们之间的情感体验，它植根于每一个民族成员的思想意识之中，表现为一种强烈的归属情感和精神冲动。按照费孝通的说法，就是"同一个民族的人感觉到大家同属于一个人们共同体"。[①] 民族精神的认同作用源于共同的民族文化，是由其理性特征所决定的。各个民族成员通过对共同民族文化传统的认同，尤其是价值观的认同，形成一种强烈的对群体的忠诚、依附和归属感，自觉成为维护传统和秩序的一部分。一个认同于某一个民族的人，对于生活于这一民族内总是感到亲切、自如。因为这一民族的人们的感情表达与体验方式与自己是一致的，从而对于同一民族的人怀有与其他民族相区别的感情。当民族精神被普遍认同后，就会转化为人民的自觉信念、理想和追求，决定着他们对生活道路的选择和对民族利益的关注。民族国家的认同在很多情况下由民族意识直接表现出来。因为民族意识决定着"我们"与"他们"族别上的不同，利益上的分野，赋予"我们"一种天然的

---

① 费孝通：《费孝通民族研究文集》，北京，民族出版社 1988 年版，第 12 页。

向心力，具有明显的群体认同的排他性。正如吉登斯所言，"人们对其群体或共同体的看法与他们对他群体、他共同体和局外者的特性的看法密切联系，在许多部落文化中，用来指共同体成员的词汇同用来指'人'的词汇完全相同。在这种用法中，局外人被当成连人的基本尊严都没有的物种。"① 民族自产生以来始终是人类最稳定的社会群体形态，近代以来又与国家联系起来，使国家也成为民族的一个层次和政治表现形式。民族意识是民族认同的自觉，民族尊严和民族利益的自觉。"民族利益和国家利益高于一切"，既是人们对积极的民族意识的一种肯定，也是千百年来人们所共同尊奉的价值观念和道德原则。正是因为具有民族意识，人们才会认同自觉的民族和国家，自觉地维护民族的团结和统一。也正是因为具有民族意识，人们才会热爱自己的历史和文化，这是一个民族具有凝聚力所必需的。

作为一种自觉的价值选择，体现在价值目标上的民族精神，表现为人们对祖国统一、民族团结、社会进步的追求和向往。这种追求和向往一旦化为心灵的"内省"，上升为有目的、有意识的价值观念，蕴藏在民族肌体内的炽烈的爱国热情就会形成巨大的民族凝聚力，从而把整个民族动员起来，组织起来，自觉地投身于为祖国、为全民族的共同利益而奋斗的伟大实践中。孙中山先生说：国家，一群人之心理状态也。尽管听起来有些过激，但正确地说出了同心同德、上下一心对维系一个民族和国家一体性的重要意义，离心离德就会使一个民族和国家分崩瓦解，苏联的解体就是一个最好的例子。民族精神是国魂、民魂，具有对内动员民族力量，对外展现民族形象的重要功能。一个民族如果没有高尚的品格，没有坚定的志向和远大的理想，就不能凝聚力量，成就伟业，更不可能自立于世界民族之林。历史铸就的中华民族精神，具有巨大的历史震撼力和时空穿透力，其包含的价值取向，闪耀着人文精神的光辉。它是民族文化得以生生不息、不断创新、发展繁荣的根本。

信仰什么，追求什么，生存的意义是什么，这些社会信念存在于每一个健康人的头脑中，也存在于每一个健康民族的精神状态中。有了这种民族信念，民族的存在就有了一种目标、一种理想、一种向往，民族成员就会具有责任感和使命感的自觉。由于民族精神反映和代表了本民族成员的意志、利益和愿望，体现了民族发展和历史趋向，能够使该民族的社会成员形成一种共识。这种共识如同一面旗帜，把全体人民的意愿和利益紧密地统一起来，从而互相理解支持，协调合作，并能沟通上下左右的感情，共同推进民族国家的发展。一个民族如果没有统一的精神取向和价值要求，就不可能形成统一的意志和价值目标，也便不可能有

① 吉登斯著，胡宗泽等译：《民族－国家与暴力》，北京，三联书店1998年版，第140页。

维系自身的凝聚力和向心力。民族精神像一座航标，指引着民族成员的追求方向。当然民族精神的导向不是要民众无条件地服从，而是带有极具亲和力、人性味的昭示。它是通过对时代的精神产品的透视，预示与捕捉时代精神的大致走向，从而唤起民众的精神需求，扶助民众精神追求的定位。由于民族精神包容着民族发展的心路历程，包容着民族的精神价值和精神追求。在平静的社会生活中，它像四通八达的神经维系着民族的灵魂，捍卫着本民族认同的价值判断；在动态的变革中，它稳定、平息着民族浮躁、骚动不羁的心理。民族精神作为一种社会意识，具有强大的能动性，危难中迸发出来的民族精神，会激发起整个民族火山般的革命热情，可以推动着物质技术力量超常规的发展，并且使一定的物质技术力量发挥出更大更好的作用，创造出超常规的业绩。

民族精神一旦形成，就规定着民族成员活动的各种方式：或者以政令、规则来指导民族成员的活动，或者以"应当"或"不应当"的准则以及各种舆论来约束民族成员的活动。能够唤起民族成员的"自我意识"，即知道"本族"和"他族"族别的不同，利益上的分野。这种"自我意识"调控着民族成员的精神世界，并贯彻到民族成员的活动之中。使民族成员的情感为之激动、意志为之坚强、信念为之忠贞，使它的行为从无形的"他律"转向坚持行为的"自律"。黑格尔在《历史哲学》中曾高度评价民族精神的作用，称之为"具有严格规定的一种特殊的精神，它把自己建筑在一个客观的世界里，它生存和持续在一种特殊方式的信仰、风俗、宪法和政治法律里——它的全部制度的范围里——和作为它的历史的许多事变和行动里。这就是它的工作——这就是这个民族。"① 民族精神作为民族成员的精神生活中的一面多棱镜，使民族成员看到自己或丑或美的形象，在困境中看到自己的胆识：是前进还是退缩。通过民族精神这面"多棱镜"权衡利害得失，决定应该作为还是不作为，使偏离民族精神的行为受到抑制，使坚持民族精神的行为得到弘扬。正是民族精神从理性上支撑和平衡着民族心理，使该民族得以不断繁衍、壮大。民族精神是一个民族维系自身凝聚力的基本保证。没有民族精神作为统一的价值取向和道德要求，一个民族就不可能形成统一的意志和实践目标，也就不可能维系自身的凝聚力和向心力。显然，没有数千年来形成的那些价值观念和道德的支撑，中华民族就不可能有团结统一的今天。但凡一个民族，一个国家，民族精神的状况都是与自身的生存和凝聚力状况是直接相关的。民族要团结和凝聚，离不开民族精神，民族要前进、发展、振兴，离不开民族精神，民族的危难艰险更离不开民族精神。民族精神作为一种社会意识，它深深扎根于民族成员的头脑中，流淌于人民大众的血液里，具有强大的精神能

---

① 黑格尔著，王造时译：《历史哲学》，北京，三联书店 1956 年版，第 115 页。

动性。尤其当民族生死存亡之时，民族精神的能动性表现得会更直接、更具体、更突出。危难中迸发出来的民族精神，会激发起整个民族火山般的革命热情，呈现出强大的精神动力，民族精神一旦被引发和调动起来，就会形成一股强大的社会力量，成为支持拥护或阻挠反对的社会动力。像为国为民、舍生取义的壮举，民族危难时"天下兴亡、匹夫有责"的激励和"位卑未敢忘忧国"的责任感，始终是维系我们中华民族和国家利益的最为可贵的精神纽带。有了这些民族精神的支撑，在国难当头之际就会有人挺身而出，就会出现爱国热情，就会"宁为玉碎，不为瓦全"地捍卫民族利益。

# 第二章

## 突破文化的围城：
## 民族精神与民族文化

### 一、民族精神的文化内涵

#### 1. 民族精神是民族文化的灵魂

当我们将民族精神作为与民族生存相对应的一种自我超越性的精神生命而与民族意识与民族文化相区分的时候，也应该对于民族精神与民族文化（特别是民族的传统文化精神）的关联有所理解与认识。在这方面，当前的理论界能够达成的基本共识是：民族精神是民族文化的灵魂，是民族发展、民族进步的精神动力。民族精神之所以是民族文化的灵魂，因为它是民族文化中被传诵最多、最广、最久的对象，是民族文化史的主流。一般而言，民族文化是一个民族在一定环境中创造出来的，是政治经济的反映。民族文化的内容和要素是极其丰富多彩的，单从狭义的文化（即精神文化）来说，就包含了诸如民族心理、思维方式、审美情趣、道德情操、理想信念、价值观念、科学技术、文学艺术等等，它既是民族精神的对象化，又是民族精神的承载体和反映者。而作为民族文化灵魂的民族精神，应该是民族文化精华的综合反映，主要表现在人类创造的文化观念之中。

从本质上看，民族精神属于观念形态的文化范畴，文化的传承具有地域性、民族性的特点，文化传统的不同是各个民族之所以具有其独立性和多样性的重要条件。只有民族性的文化，才有可能走向世界。而民族精神则是从民族文化传统中生发出来，又为文化传统所涵盖，是文化传统中的精华部分。展开来说，民族精神是一个民族在创生中不断发生的精神世界，在这个世界中，先是一种民族潜意识、一种内在的思维定势，一种定向发展的趋向，这种潜在的精神，通过政治文化思想、民族性格、民族传统和价值观念的升华而表现出来。从这一视角来说，民族精神的载体，实际上是该民族的优秀文化传统的精髓，这也类似于古人所说的"文以载道"，当然，这里的文指的是民族文化传统，而这里的道则是一个民族自身所具有的最为厚重的民族精神。

基于自身的民族传统，将传统的文化道德精神视为民族的文化生命，重视开掘文化中以类相传的恒久性、超越性内容并坚持民族文化的独立性、特殊性以及文化多样性，无疑在现代民族精神的建构中具有重要的意义。

## 2. 民族文化是民族精神的符号化形式

文化是一条奔流不息的历史长河，它随着人类历史的开始而产生，随着人类社会的发展而不断演化，它和人类如影随形，并将相伴始终。文化是一定的历史阶段、一定的地域环境、一定的人类种群的一种生存状态、生活方式和思维方式的反映。文化实际上就是"人化"，世界上有各不相同的人，因而才有各种各样的文化。文化反过来又影响到人的生存状态，影响到人的生存方式和思维方式，所以文化与人既可以是良性的互动，也可能是恶性的循环。研究文化，实际上就是研究人的生存状态，研究人的过去、现在和未来，其本质就是人类对自身的一种深切关怀。而在各类文化中，民间文化的地位举足轻重，因为它是由绝大多数人创造、享受和消费的文化，是有关广大百姓生活日用的文化，是一种活态的文化。明朝泰州学派的代表人物王艮所言"百姓日用即道"就是这个意思。民间文化是人类文化的温床，是人类精神的源泉，民族精神就是民间文化的凝聚、结晶和升华。

在一定意义上，人是文化的生物，也是唯一能够主动制造符号并使用符号来表现自身生命和与世界的关系的生物。正因如此，人的精神作为一种形上的存在，当它与现实物质世界发生关联时，也需要形中的符号作为中介来阐发精神的意蕴与内涵。而民族精神作为大写的人的精神，当它要在现实世界产生精神的动力时，需要有一种符号化的表达形式来阐明民族精神在民族生存中的功能与作用。在我们看来，民族精神的符号化表达形式主要包涵了民族文化的三个层面：即物质文化、精神文化和象征文化。

（1）物质文化：任何民族虽然都是在一定的精神基因中得以生存发展并自我超越，但同样不可忽视的是，民族作为一个实际存在的族群共同体，它不仅是在民族精神和民族意识上与其他民族相互区分，最基本的是在独特的地域环境中形成了自身民族的感性特征。这种基本特征最为明显的就是本民族的物质生产方式和物质文化成果，如生产工具的改良、科学技术的发明等。这些都是民族集体智慧的结晶。而这些方面也往往从形下的层面体现出了各个民族独特的民族性格和民族精神。

（2）精神文化：随着各个民族中精神生产和物质生产的分工，人们的审美情趣和理想追求就从功利性的物质文化中生发出来，从而形成民族文化的精神向度。这种蕴涵着民族的哲学思想、宗教精神、意识形态、艺术心理、道德情感、价值观念和理想追求的精神文化层面也就是前文我们所言的民族意识的最为形上的层面——一个民族的文化心理与文化精神。如中华民族在春秋战国时代所形成的"观人文以化天下"、"厚德载物、和而不同"的文化理念就在历史的绵延中不断地发展为中华传统文化的精神内核。

（3）象征文化：从民族精神符号化的不同层面来看，有一个游离于物质文化与精神文化之外却又勾连着物质—精神文化的重要层面往往为人们所忽视。这一层面就是被有些学者称之为"文化Ⅲ"的象征文化。其实象征文化早已成为国外学者的研究对象，心理学、哲学、美学、人类学的学者都对象征问题做过探讨。心理学家弗洛伊德、卡尔·荣格和格斯塔尔特、哲学家恩斯特·卡西尔、美学家苏珊·朗格、人类学家维克多·特纳都对象征文化做过研究，提出了许多有影响的见解。而在中国，象征文化则基本处于日用而不知的境况。如中国古代的对于龙的图腾崇拜，即是将自身的民族精神蕴涵于"龙德中正、自强不息"的象征文化之中；而中国的象形文字更为充分地体现了中华民族的文化特质。

从象征文化的视角来看，语言符号、艺术符号和其他一切人工符号都来源于各个民族成员之间交往的符号化和工具的抽象化，它们都代表着一种民族文化的底蕴和民族精神的特征。马克思就曾经说道："社会的发展，在产生出这种象征的同时，也产生出日益适合这种象征的材料，而以后社会又竭力摆脱这种材料，一种象征如果不是任意的，它就要求那种表现它的材料具有的某些条件。例如，文字符号有自己的历史，拼音文字等。"①

而在象征文化之中，民族的语言无疑最能够表达一个民族的文化底蕴和民族精神。当然，这也因为民族语言几乎和民族意识不可分离相关，就如马克思在考察语言和意识的关联时所认为的："语言和意识具有同样长久的历史，语言是一种实践的、既为别人存在因而也为我自身而存在的、现实的意识一样，只是由于需要，由于和他人交往的迫切需要才产生的。"② 即在一个民族的群体生活中，语言和交往实践具有根本上的同构性。现实世界中人们的精神交往，无疑是在语言这一"实践的意识"中交流进行。如果脱离了语言的界域，任何精神世界的

---

① 《马克思恩格斯全集》第46卷（下），北京，人民出版社1976年版，第469～470页。
② 《马克思恩格斯选集》第1卷，北京，人民出版社1995年版，第81页。

运动都会陷入恒久的"自我意识"的虚空。语言作为实践的意识必须以感性物质符号为手段。语言对于个人来说，仅仅因为它是为别人而存在的因而也为我自己存在，这正是一切交往手段的特征。语言并非仅仅只是思维的物质外壳或表达思想的工具，而是人的思维得以实现的经验媒介，语言本身就蕴涵了思想与精神，蕴藏于语言之中的精神世界则通过各种文字和言说的符号表现出来。[①]

民族精神的符号化形式不仅可以区分为三个不同的文化层次，还可以区分出两种既相关联又互相对立的文化样态，如英国的斯诺就认为在西方文化中存在着两种对立的文化样态，一种是知性的科学文化，另一种是德性的人文文化。两种文化在当代存在着断裂的趋势，而两种文化的断裂存在着巨大的危险，即物质文化、科学文化走着一条不与精神文化、德性文化相和谐的道路，从而导致现代人心灵的物化和精神世界的荒漠化。在这种文化处境之下，提出培育和弘扬健全的民族精神既是合理的，也是必要的，因为新时代的民族精神要求在全球化的语境下能够发扬本民族优秀文化传统，并借鉴外来文化资源，整合物质文化与精神文化、科学文化与人文文化、传统文化与现代文化，从而培育出新的文化精神并借此走出当前的精神困境。因此，在我们看来，当代的民族精神将会在物质文化、精神文化与象征文化，科学文化与人文文化的融合中不断得以自我传承、自我超越，从而既推动着民族文化的提升与超越，并促进民族社会历史的进步与发展。

## 二、民族精神与文化传统

### 1. 传统文化的精神意蕴

在任何一个时代，弘扬和培育民族精神都不可能脱离传统而形成时代的独白。传统是在历史中孕育，在人们的生活中世世代代起作用的那些生活方式、思维方式、价值观念和风俗习惯。传统并不等于文化典籍，继承优秀的传统也不仅仅是对于文化典籍的诠释与理解；继承优秀文化传统是应当把民族传统精神中优秀的部分在现代人的生存实践中与当代的历史境遇契合起来，并从而阐发出传统的精神脉络。一般而言，文化传统基本都以三个部分得以传承，这也是一般意义上的"道统"、"政统"与"学统"。道统可以说是一种精神的传统，政统是一种政治体制的传统，学统则是学术脉络和教育体制的传统。其中，道统作为政统与学统的中心命脉，统摄着整个民族文化传统的传承与对外交流，如古希腊道统是逻各斯与努斯的精神，所以产生了西方最早的民主制度和平民式的学院教育，它也成为了西方思想的精神家园。中国古代文化中的道统是"执中贵和"、"仁

---

① 参见陈筠泉、刘奔：《哲学与文化》，北京，中国社会科学出版社1996年版，第208页。

民爱物"的伦理意识，所以产生了"修身、齐家、治国、平天下"的治国理念和"君王一统"的政治体制以及绵延千余年的科举制度。

当然，道统、政统和学统是对文化传统内在脉络的横向剖分，如果从纵向来看，民族的文化传统又可区分为大传统和小传统。"大传统"和"小传统"的概念，最初是由美国学者瑞德斐尔所提出的。在他看来，"大传统是社会精英及其所掌握的文字所记载的文化传统，小传统是乡村社区俗民（Folk）或乡民（Peasant）生活代表的文化传统。因此，前者体现了社会上层和知识阶层代表的文化，多半是由思想家、宗教家经深入思考所产生的精英文化或精雅文化，而后者则是一般社会大众的下层文化。"[①] 如果将此概念运用于对民族精神和民族文化的探讨，可以说，大传统是指在一个民族的历史发展中由主流文化和精英文化的互动而形成民族群体的内在精神、气质和外在行为规范的总体性建构，这种传统也是民族精神的主体内容，它往往规定着民族精神的发展脉络与外化表征。在历史意义上，它是彪炳于史册的"正史"；在政治意义上，它象征着历代政权的"正统"地位。

大传统的形成是与民族传统思维方式以及特定社会历史条件和文化背景密切联系在一起的，它一旦形成并被普遍认同后，就成为思维习惯，并由此决定着民族成员看待问题的方式和方法，决定民族成员的社会实践和一切文化活动。如作为大传统的中国正统文化，是以儒学为主体的文化脉络。中国传统思维方式，自然在很大"共时"层面上是"和而不同"的儒家思维方式。这一点在中华民族精神的孕育生成中就得到了突出的表现。如所周知，在以农耕生产为主导的中国古代社会，人们依附、顺应于自然而得以安身立命，并逐渐生发出天、地、人和社会内在一体的"自然—伦理"意识。这种朴素的"自然—伦理"意识可以说是尚处于"自在"向"自为"过渡阶段的中华民族传统精神的萌芽。在这一阶段中，中华民族的认同感与民族中人的血缘、地缘关系连接在一起，并在伦理的教化中形成基本的中华民族文化传统和伦理精神。当然，这种伦理精神在中国古代社会的发展中也具有不同的历史内涵。如先秦时，随着"天命"观念的衰落和"人文"观念的兴起，就有了道家"道法自然"和"人道"顺应"天道"的思想。道家所言的"人道"可说是从自然之理所推衍出来的社会伦常之理，它与儒家"内圣外王"、"修齐治平"的伦理思想虽然不尽相同，但二者在建构一种和谐的人伦秩序的理想上却有相通互补之处，因而在战乱频仍的春秋战国时期，两种思想在人们的生存理解中相互交融，而逐渐形成以"崇道、重德、尚仁、隆礼"为主体的中国传统人伦精神。

---

① 转引自陈来：《古代宗教与伦理——儒家思想的根源》，北京，三联书店1996年版，第12～13页。

汉唐之际，人们在开放、和合的生存处境中进一步延承、发展了"厚德载物、和而不同"的人文精神和伦理观念，并在社会政治层面上将先秦的一些伦理思想转化成为现实。如汉武初期虽然在思想上"罢黜百家，独尊儒术"，但当时所尊崇的儒家已然涵摄了黄老道家、阴阳家、法家等各家的思想旨要，是以"和合、中庸"作为其伦理思想的旨归。而汉末时，由于佛教思想传入了中国，并不断与本土的儒道思想相互融通，到唐代则形成了儒释道共存合流之势，三种思想的冲突与交流，在中华民族的强大内聚力中最终构成了以"德性、道心、佛性"为内核的中国伦理精神的三维构架。同时，唐朝的统治者顺应时势，在政治文化思想上也建构了以汉文化为主体的多元文化价值观念体系，这不但在当时增强了中华民族自身的凝聚力，并且有力地促进了各民族的相互融合，从而为中国"多元民族一体"的政治格局打下了良好的根基。

然而自宋明以来，随着中央集权制的加强，民族矛盾日益复杂，民族的精神文化也越来越委顿低落，王权专制更是直接地禁锢、打击一切具有独立自由和进步民主取向的思想言论，甚至容不得正直孤傲狂放之士的存在，这就使得原本博大的伦理精神不断地收缩、闭合，而逐渐沉沦为一种保守、封闭、自负的民族群体意识。

由于西方文化东进而造成的中国的"近代"，则使西方近代理性启蒙精神引入中国，并激发了中国传统的"变革"思想和群体主体意识。自鸦片战争开始，中华民族内受专制之荼毒，外遭列强之欺凌，民气可谓奄奄一息。中国先进知识分子正是有感于国家危亡而民众却日渐消沉、麻木、苟且，于是奔走呼号，激扬文字，提出"新民说"、"立人说"、"救心说"，以及"伦理的觉悟"乃"最后之觉悟"等等见解和主张，其目的都是为了启蒙民众意识，振奋民族精神，造就新人，陶铸国魂，最终实现救亡图存、富民强国的目标。"五四"运动的爆发，马克思主义在中国的传播和发展，使得中国近代启蒙思潮终于发展成为追求"科学"和"民主"为民族精神向度的新文化运动，通过这些伴随着血与火的改良与革命的实践，中华民族在古代形成的"自强不息、仁民爱物、忧乐天下、与时偕行"的精神基因在历经困顿、磨难、自新、充实之后，如火凤涅槃般的再生为以追求公正、平等、科学、民主为时代内涵的近代民族精神。①

相对于大传统而言，小传统则只是民族文化中的支流，它往往象征着一种平民文化和世俗文化，它可能是流诸民间的"野史"，也可能是被统治阶级极力封锁的"异端"，但这种传统却往往具有更为鲜活的生命力。它以潜移默化的方式在民间悄然流传，对于民族的风俗习惯的形成与变易起着推动的作用。它内蕴于

---

① 参见张曙光：《论作为现实和理论的"精神"》，《哲学研究》2003 年第 12 期。

民族的群体意识之中，又逐渐在民族的生存发展中与大传统相互分立、交融，进而成为民族精神中不可或缺的生命因子。

民族文化中的大传统与小传统形成了民族精神的双维架构。两种文化传统在一定的历史时期和特定的民族地域内，可能会相互对立、相互消解；因为在特定的历史背景下，统治阶级往往为了维护自身的"正统"地位，而将与自己的意识形态不相符的文化传统和文化思潮视为"异端"加以封锁、追剿，如中国秦代的"焚书坑儒"、西方中世纪对于科学思潮的打压、近代德国的"出版禁令"，都是将小传统作为"正统"的对立面来加以制约。在这种处境之下，民族文化与民族精神的发展都是处于曲折、委顿的状态。而在更多的历史时期，作为正统的"大传统"是与小传统相互补充、相互交融的。这也正是民族文化与民族精神不断地提升与超越，并促进民族振兴、国家发展的前提与动力。

作为文化传统不可或缺的双维构架，大传统和小传统在生活现实中展现为传统文化的诸多层面。如正统文化和民间文化、精英文化与大众文化。在东西方的远古时期，其实并没有正统文化和民间文化的区分，那时人类的文化都笼罩在神话和巫术之中。它们既是后来所谓正统文化的开端，也是民间文化的源头。它们对传统文化的影响尤为重要。因为在神话和巫术中，表达的是人类和自然朦胧的生命关联，并没有意识形态的介入。由于人类理性意识的觉醒，国家政权的建立，神话和巫术中有些具有政治色彩的因素就被统治阶级纳入到他们的精神文化统治之中。如希腊国王多自称是神的后裔，中国君王都为自己寻找一个神圣的祖先。于是神话被分化为古典的贵族文化和平民文化，形成了贵族的精英文化和庶民的大众文化。精英文化成为高雅的少数人的特权文化，它追求一种权力的象征和意识形态的统治；而大众文化质朴、通俗、自然、单纯，它不追求个人风格的刻意表达，重在反映富有活力的群体民俗生活。精英文化不断向正统文化转变，而大众文化不断以民间文化的形式流传。从本质的规定和表现形态来看，作为"大传统"的正统文化是经过思想家加工定型的、为统治阶级所倡导的、作为社会主流的文化观念，主要表现为各种规范化的理论和制度以及文艺形式；而作为"小传统"的民间文化则是不定型的、由普通民众在其实际生活中自发形成、在话语表达上居于主流之外的价值观念和传统习俗，它广泛地表现在人们的风俗习惯、生活方式等非理论化的现实状态之中。

**2. 民间文化中蕴涵的民族精神**

通俗的民间文化传达的是广大民众对生活真切的感受、理解和向往，一种真实的欢乐和痛苦、希望和忧虑。它以相对自由活泼的形式，真实地表达出民间社会生活的面貌和下层人民的精神世界。同以思想精英的传承为叙事主线的正统文化相比，民间这些发自内心、出乎天然，未经国家权力"筛选"的朴素意识，更为深刻地触及到社会文化深层的某些变动，更为真实地反映了普通民众伦理生活的原生形态。民间文化作为普通百姓的生存智慧，它虽然没有显赫的地位和博大精深的体系建构，然而却最贴近民间生活、切合生活需要，因而是民族文化最真实的精神寓所。

民间文化的存在，事实上已经构成了相对于正统文化的另外一维。因此，要想接近和描述中国传统伦理文化的"原型"，就绝不能忽视民间文化的存在。换言之，深入研究民间文化的内容，是全方位、多角度地把握整个中国传统伦理文化真实面貌的必要条件。因为，民间文化深深地扎根在广大劳动人民的喜怒哀乐和衣食住行中，融化在黎民百姓的骨髓和血液里，积淀在广大族群的集体无意识底层。它们直接产生于民间百姓的日常生活，作为民众心理结构的一种物化形态，记录和反映着社会民众的思想愿望、生活态度和价值信念，向我们真实地展示了特定历史阶段民间生活的真实风貌。由于它们是民间生活最生动、最真实、最公正的记录，其反映的历史面貌与生活内容往往为"正史"所不取，因而可以弥补正统文化之不足。①

要探讨传统民间文化的精神意蕴，就首先要明确"民间文化"中"文化"的基本内涵：其广义是指由某一特定民族或一定区域的人群世代相传，留存于民间的，反映该民族或该区域人群的历史渊源、生活习俗、心理特征以及所赖以生存的自然环境、群体特征、宗教信仰等诸多内容的文化艺术表现形式的总和。具体而言包括：手工艺生产技艺及其制品；在民族民间流传的诗歌、音乐、歌舞、戏曲、曲艺、谣谚、皮影、剪纸、绘画等艺术表现形式；反映某一民族或区域习惯风俗的礼仪、节日和庆典活动、游艺活动、民族体育活动、饮食、民居、服饰、器具、工具、建筑物、设施、标识及特定的自然场所；在一定区域或群体中流行的语言、文字；传统医药知识；有价值的手稿、经卷、碑碣、楹联等等，包含民间社会生产生活的方方面面，有学者对此进行了更为详尽的分类②。我们所述的民族民间文化侧重于广义民族民间文化中的非物质部分。大致来说，它是指由历史境遇、文化创作形式、文化内容的源泉和意义再生产等要素形成的一个完整过程，就其主体而言包括文化创作者和解读者，在具体形式上主要是文学、各种艺术以及传统习俗。民间文化远溯人类的童年，源远流长，在远古以神话形式出现，是传统社会的民众自发创造、共同享用的一种文化资源。

民间文化是相对于正统文化和典籍文化而言的，或者说是相对于主流文化而言的。民间文化既是主流文化的温床，又是主流文化的衍变，还可说是主流文化

---

① 参见贺宾：《伦理文化研究不能忽视民间"小传统"》，《湖北民族学院学报》2005 年第 6 期。
② 参见《中国民间文化分类》，《中国民族》2003 年第 5 期。

的补充。事实上，当主流文化抵达不到、覆盖不到的时候，民间文化一直就是当然的主角，肩负着文化生命薪火相传的重任。而在主流文化抵达和覆盖的地方，民间文化也积极发生作用，甚至常常把主流文化消融在民间文化特色之中。在整个文化的发展进程中，一直就是一个主流文化与民间文化不断融合、相互影响、互相促进、共同发展的历程。

民间文化所体现的是历史、地域环境的特色和人文精神。它既是民众的文化史、思想史，又是民众的言行举止，并且还能使一个民族走向自尊自强。早在1918年，北京大学教授刘半农、沈尹默、周作人等有识之士就开始对中国民间文化进行整理和研究。然"革命派著作家们注意和探索民间文学上的问题，乃至于在自己的宣传作品中，对民间文学作品多方面加以利用，这绝不是学艺上个人的、一时的闲情逸致。它主要是用来宣扬民主主义，特别是民族主义的一种手段、一种武器。他们谈论民族祖先起源神话，谈论乐舞、民间戏剧的作用，……都不是无所为的，都不是为学术而学术的。他们这种学术活动的目的，是要鼓吹民族自豪感……是要激起国民的自强、抗争的意识，争取自由、独立的地位。"[①]在2000年人类学国际会议上，中国民族民间文化保护工程专家委员会副主任、舞蹈理论家资华筠女士提出了"精神植被"这一概念。认为那些在民间以自然形态传衍着的文化，更接近人性的本质，它凝聚和积淀着民族的生命力，蕴涵着深层次的人文价值。这种原生态的文化是木之本，水之源，是一个国家和民族的"精神植被"。这种文化是由各民族世世代代创造、拥有并不断自然传承的文化。人与自然和谐发展需要保护自然植被，经济和社会、城市和农村、不同民族之间文明的协调发展，就是各种文化相互之间的对话、交流、融合，也需要保护精神植被，以守护中华民族的精神家园[②]。

随着全球化趋势的加强，文化与经济政治的交融互进，在综合国力的竞争中越来越突出。发达国家凭借其强大的综合实力，在文化上推行"趋同"的社会价值观，文化的多样性、独特性和丰富性面临严峻挑战。而综合实力的提升，既包括由经济、科技、军事等表现出来的"硬实力"，也包括以文化、意识形态、凝聚力、民族品格等所体现出来的"软实力"。在世界多极化和全球一体化的格局下，软实力在国际竞争中的地位日益凸显。中华崛起的过程，既是经济、科技、军事实力不断提升的过程，又是民族民间文化的吸引力、亲和力不断增强的过程。而且"文化全球化并不意味着各种民族文化的泯灭，而形成某种一致的、共同的、普世的全球性文化"[③]。相反，文化的世界性越强，其民族性就越彰显。

---

① 钟敬文：《民间文艺学及其历史》，济南，山东教育出版社1998年版，第308页。

② 单三娅：《民族民间文化是人类的精神植被》，《光明日报》，2004年3月31日。

③ 陈刚、李林河：《对文化全球化与本土化关系的辩证思考》，《新华文摘》2001年第2期。

只有民族文化多样性的相互吸收、相互借鉴，才能促进文化的世界化。这就是中国古代贤哲所说的"和而不同，同则不继"。

## 三、文化传统中的精神脉络

### 1. 不同文化传统中的民族精神

在不同的文化传统中，民族精神体现了一个民族的独特精神面貌和性格品德，是一个民族区别于其他民族的重要的标志。我们承认每个民族有各自的文化传统和精神生命，也承认因历史发展不平衡各个民族的精神特质对人类文明的贡献有所差别，但绝不可夸大某种民族精神的地位，更不可以用某种民族精神来替代全部的人类精神。黑格尔就犯了这样一个错误。他认为，在"世界历史"的演进上从东方到西方，经历了东方、希腊、罗马和日耳曼四个阶段，日耳曼是世界历史的"老年时代"。自然界的老年时代衰弱不振，而"精神"的老年时代充满"成熟和力量"、"日耳曼的精神就是新世界的精神"。这种以日耳曼民族的精神作为人类精神最高发展是很成问题的。其实，在最古老的一些文明古国中，民族的文化精神力量更为磅礴而富有生命力，而且到今天仍然深刻地影响着人类的心灵世界。

当然，这一点必须在世界文化史的概观中才能得以明证。如果按照现代西方文化学者斯宾格勒的观点，我们考察民族历史和世界历史不应该研究连续的进步，而应该是对文化的比较研究，人类历史就是各种文化自生自灭的舞台。他把世界各民族分为文化民族和原始民族两大类，认为人类历史就是由文化民族所创造的，因此"人不仅在文化诞生以前是没有历史的，而且当这一种文明已经自行完成了它的最后确定的形式，从而预示着这种文化的活生生的发展的终结及其有意义的存在的最后潜力的枯竭时，立即再度成为没有历史的。"① 他又认为，世界历史在时空上可分为八个独立的文化形态：埃及文化、印度文化、巴比伦文化、中国文化、古典文化（希腊罗马文化）、伊斯兰文化、墨西哥文化和西方文化，它们如同生命的有机体，在启蒙、发展和衰亡上要经历三个必然的阶段（前文化阶段、文化阶段和文明阶段），而进入了文明的时代，文化就步入了沉沦与毁寂。像西方文化之前的七种文化形态都已经僵死，不过在世界历史中尚存有一丝文明的遗迹而已。而西方文化虽然尚有活力，却也已经处于战国时期，也即将步入没落之途。

斯宾格勒对每一种在历史中曾经勃兴文化都做了横向和纵向的比较，认为每

---

① 斯宾格勒著，齐世荣等译：《西方的没落》上卷，北京，商务印书馆 1991 年版，第 145 页。

种文化都有特定符号作为自己的象征，如古典文化的象征符号是希腊神话中的太阳神阿波罗，所以又称阿波罗文化；西方文化的象征符号是德国神话中一个不惜用灵魂向魔鬼换取享乐的魔法师浮士德，所以又称作浮士德文化。在他看来，每一种类型的文化精神皆不相同，在比较埃及文化和印度文化时，他说道："在印度文化中，我们发现了一种完全非历史的精神。"① 所以，在印度的文化中充塞了神话和传说，却没有可资以考证的历史。而埃及人却很早就将自己的文化用画像和史册流传下来。对于中国文化精神，他也有着独到的领悟，"在中国，出门旅行的人无不孜孜追寻'古迹'和无法移译的'道'，道是中国人生存的基本原则，它的全部意义来自一种深邃的历史感情。"②

斯宾格勒对于文化类型的区分固然有其内在的局限性，如他虽然自认为超越了欧洲中心主义的传统来看待世界历史，但实际上还是将以德国文化为主体的西方文化作为现代世界唯一具有生命力的文化形态。不过，他的思想中值得借鉴的是，不同文化传统和信仰下的确有着不同的民族精神孕育于其中；如他所言："一个枚斋类型的民族是同信仰的团体，这群人都知道救世的正确道路，在精神上他们彼此之间是被这种信仰的金议原则所连接起来的。"③ 由于民族文化、民族信仰和民族精神三者间的共通，不但在历史中，而且在当代全球化进程中依然发挥着重要作用的中华民族精神，与基督教精神、日耳曼精神、伊斯兰教精神及西方现代的理性民主精神都表征了不同的文化传统和信仰形态下民族精神的内涵与外延。而在不同的历史时代和民族传统中，民族文化都是作为民族精神的总体性外在表征而焕发出历史的和民族的整体特色。

正是在此意义上，亨廷顿④将当代世界的最重大的问题看成是不同文明的冲突。他将文明界定为文化的实体，文化与文明都涉及到一个民族的全面的生存方式。他认为当代主要文明有：中华文明、日本文明、印度文明、伊斯兰文明、西方文明和拉丁美洲文明。相对于斯宾格勒对于世界历史文化形态的划分，埃及文化、古希腊罗马文化、墨西哥文化和巴比伦文化由于已经融入其他文明之中而不再具有独立的地位。各种文明有着自身的政治理念和经济模式，这也成为当代世界格局的变动和政治冲突的来源。当然，他也谈到各种文明的融合趋向，即一种

---

①②③　斯宾格勒著，齐世荣等译：《西方的没落》上卷，北京，商务印书馆1991年版，第25、29、312页。

④　塞缪尔·亨廷顿（1927.4～2008.12）美国著名政治学家。亨廷顿因提出"文明冲突论"而闻名于世。1993年亨廷顿在《外交事务》上发表了《文明的冲突》一文，引起了众多争议。亨廷顿在这篇文章中认为：后冷战时期的暴力冲突，并非由于各国在意识形态上的分歧，而是出于不同文明之间的文化及宗教差异而造成。后以此文为基础的《文明的冲突与世界秩序的重建》一书被译成39种语言，引起世界范围内激烈论争。亨廷顿去世后，其老友亨利·罗索夫斯基指出："亨廷顿具有巨大的影响力，全世界的人都在争论他提出的观点，我认为他是过去50年来最具影响力的政治学家之一。"

普世文明出现的可能。但不同文明的差异与冲突却是实质性的，文明的冲突甚至会给世界带来毁灭性的灾难。

斯宾格勒和亨廷顿对于世界历史文化传统和当代文明的区分当然有其合理之处。因为，文明与文化往往是相互交织的。历史的发展在一定程度上就是文化传统的传承与文明的繁衍。文化是民族历史得以生生不息的精神生命，文明则是文化在特定的民族和特定的历史时代的结晶与显现。而文化和文明都蕴涵着一种民族精神，即使在全球化交往的时代，这种精神也难以完全消解。但是，文化又有相互涵容转化的内在本性，所以古希腊的文化已经沉入了西方现代文明之中，又在其中潜在地成为了活跃的精神因子。基督教文明中也还闪烁着几种古老文化传统的影像。即便是历经沧桑的中华民族文化，在儒家、道家文化之余，也蕴涵着佛学文化的脉络。这就导致由文化传统和当代文明所建构起来的民族精神，具有一种和而不同的本性，也能够在当代全球化的交往中能够产生新的视阈和发展空间。

**2. 民族交往中的文化融和**

不同类型的文化传统也就涵摄了多样性的民族精神于其中，在民族历史向世界历史的转变过程中，不同的民族以其独特的精神风貌和文化内涵而在历史的舞台上充分展示了其独特的魅力。但是不同的民族精神并非是完全孤立的，它们之间也能够通过不同的方式进行相互融通。

民族精神的相互融通首先源于不同民族间的社会交往。民族作为一个文化和地域性的概念，虽然有其独立的生活空间、生存方式和文化传统，但是在大的历史时空中，世界上的每一个民族都不可能完全在一种自我封闭、自我满足的生存境况中生成发展，而必须通过民族中人与人的社会交往扩展到民族间的群体交往。民族间的交往主要表现为三种方式：①经济交往；②政治军事交往；③跨文化交往。当然，这三种交往方式也不是相互独立的，而是有着内在关联。在一定意义上，民族间的经济交往和政治军事的交往是一种外在的交往，这两种交往都具有强烈的功利目的性，即为了满足各个民族间经济上的互补和政治上的沟通。这两种交往既可能带来民族间的双赢，也可能造成政治经济上强势民族对弱势民族的欺凌。相对前二者而言，民族间的文化交往则是一种内在的交往。它可能就蕴涵于民族间的经济政治军事交往活动之中，往往是在一种自然的交往过程中发生并反过来促进了民族间的政治经济交往，而且它能够促进不同民族之间的理解与共进。古代的民族间和世界性交往中，开始并没有很强的文化目的，而是受制于直接的生存环境、经济利益和政治扩张的需求。像古希腊与埃及人的原初交往是为了换取必要的生活物资，中国与印度、波斯等国的交往最开始也是以棉麻丝帛为媒介。当然，经济交往过程必然产生文化差异和理解的问题，这表现在语言沟通、价值观念不同等方面。由经济交往所开通的文化通道几乎为各个民族的发展都提供了便利。希腊人的语言就得益于腓尼斯人，哲学受益于埃及人。古希腊的大哲几乎都有游学埃及的经历。而犹太人也是从埃及获得了人力、物力的资源才得以成为一个独立民族。中国的佛学来源于印度，又在中国大成后传往日本，日本在与中国的交往中，学习到的不仅仅是精神信仰，而且有政治体制，教育观念和工业技术。

在交通欠发达的古代，文化的传播和交流是缓慢的，而其影响也是深沉的。许多经济和政治军事不能实现的目标，往往在文化的融合中得以实现。如中国古代汉族在春秋战国时期曾与周边少数民族有过不太融洽的历史。秦始皇虽统一中国，却还要派大将蒙恬修筑长城以防匈奴入侵。汉代初期，匈奴势力更为强大，不但侵略弱小，甚至经常劫掠汉朝边域。汉高祖刘邦曾亲自率兵前往征讨，在白登（今山西大同东北）被匈奴30余万骑兵围困七昼夜。后用陈平计谋，重贿冒顿单于的阏氏，才得脱险。此后，刘邦不得不对匈奴采取和亲政策，开放汉与匈奴之间的关市，以缓和双方的关系。到了汉元帝时昭君出塞和亲，将汉族的文化带往了匈奴，并流传下去，从此汉匈关系得到和解，原来军事上未能达成的目的却在文化的传播中逐步实现。在此之后，中国也曾面临了几次少数民族入主中原的历史，但每一次改朝换代的结果，并不是汉族的人民遭受奴役，丧失自己的精神家园，反而是在特定历史时期，占统治地位的少数民族为"和而不同"汉文化所熏陶，自觉不自觉地成为了中华民族文化的弘扬者和继承者。当然，在这一过程中，少数民族的一些优秀文化也逐渐融进了中华民族文化的命脉，成为中华民族不可或缺的精神因子。

不可否认，民族间的跨文化交往也会对原有民族文化和民族精神带来一定的冲击与挑战。首先，弱势民族在面对强势民族的经济政治上的冲击时，民族内部的认同感会产生两极分化，从而形成文化上的保守主义和买办主义。其次，民族精神和民族文化都有自己的内核与边界，在不同文化的交往中，民族精神和民族文化的边界不断地在融通中扩展，但其核心部分总是以其独特的内涵而保持相对的独立性，也就是说，不能与他种文化相交流、相融通的，不能在历史的发展中与时俱进的民族精神、民族文化不会在新的时代中焕发生命的光彩；而在民族的交往中自身文化精神的内核都被完全消解的民族，则会成为一个无根的群体。

事实上，从近、当代中华民族文化的西化和复兴传统的思想交织中可以看到，我们不可能成为文化精神意义上的西方人，我们很难将西方的理性精神直接移入到我们民族灵魂的深处。放弃中国文化精神的唯一结果，可能是中华民族传统文化的失落和当代人文精神的迷茫。没有文化生命，我们就不会有德性和创造性，不会有崇高的理想与追求，我们的幸福就只会停留在物欲的满足里面。因此，在当代全球化的语境之下，我们既要弘扬和培育具有自身特色的民族精神与民族文化，但不能以民族疆域和文化传统为界，固步自封，而应当用和而不同的思想来与其他民族的优秀文化成果相互交流，从而在人类文化的精神家园中奏响和谐的音律。

# 第三章

## 超越民族的界域：
## 民族精神与现代人的生存境遇

民族精神是个现代概念，探讨民族精神就不能不考察现代性处境下的民族精神。值得一提的是，需要将现代性与西方化区分开来，并将与现代性密切相关的诸如文化自觉、民族国家、后现代语境等联系起来进行讨论。在当代，民族性与全球化交织在一起，在全球化背景下，民族精神及其认同问题就凸显出来。最后对民族性处境的分析必须深入到时代的精神生活层面。精神生活各个层面的表现，都蕴涵着民族性的当代际遇，这也是民族精神课题面临的现实问题。

### 一、现代性处境下的民族精神

现代性是一个难以做出清晰、明了的界定的概念。凡是成为现代典型的那些东西，就构成了现代性。西方向全球化的转变，就是通过现代性的扩张实现的。构成现代性的那些要素，诸如科技、工业化、资本主义、科层制、市场经济、个体主体性、新教伦理与契约伦理等等，它们本身是一个整体，这个整体从形式上看是现代性，从其形成的背景条件看，正是西方化。尽管西方现代性理论家们都强调现代性与传统的断裂，但他们无一例外地强调，这样一种断裂正是通过西方文化自身的近现代转变实现的，因而断裂本身又复归于西方文化传统中，并且也只能通过西方文化传统的自我反叛意志去理解。现代性既反叛于、又根植于西方文化传统，因而现代性从西方向非西方以及全球的扩展，具体的实现方式必然是殖民。从这个意义上，显然现时代培育和弘扬民族精神需要将现代性与西方化区分开来，并将与现代性密切相关的诸如文化自觉、民族国家、后现代语境等联系起来进行讨论。

### 1. 现代性与文化自觉

文化自觉是一个随现代性及异民族交往凸显出来的问题。物质条件的支持显然是使得文化自觉得以可能的前提条件，迄今为止的现代性的推进过程，正是沿着经济、政治继而向文化领域的推进过程。这一推进过程实际上是以西方为典型的。换句话说，西方式的现代性推进过程，实际上形成了一种以经济、政治关系决定和支配整个社会结构的现代化模式，由此也形成了一种确定的现代性观念，即经济、政治决定社会文化结构的现代性社会与文化观念。这一观念，从广义上讲是以政治经济学为代表的现代社会知识解释模式，在那里，文化领域被看成是一个毋庸置疑的次要性领域，而文化自觉也被看成是一种伴随性的精神活动。但是，文化自觉，本质上还是文化传统的自觉，是超越于物质层面的精神文化传统的自觉。一种可靠的文化理解应当建立在把文化看成是一个相对独立的子系统的社会结构系统，经济政治关系决定着文化领域的合法性，但不能替代文化系统的自主性。作为人类精神心灵以及形而上学的价值系统，文化传统有其自洽性，是经济政治系统无法代替的。相反，一个具有张力的现代性社会与文化观念，必须有足够的涵容文化传统自主性的机制结构。从这个意义上讲，所谓文化自觉既包含着对始终保持着内在传承性的文化传统的自我意识，同时还必须包含着对日益物化的现代性社会与文化观念的反省与治理。因此，不能把文化自觉仅仅看成是文化传统对现代性社会与文化观念的全面认同——实际上，早期资本主义时代的问题就在于此，而晚期资本主义时代人本主义、国外马克思主义以及后现代主义的社会批判活动，其意义就在于在对现代性的全面反省中建立一种自洽的文化自觉理论。但是，就主流文化态势而言，文化自觉仍然受制于强势的经济政治关系，特别是自觉或不自觉地臣服于晚期资本主义的文化逻辑。

詹姆逊所谓"晚期资本主义文化逻辑"，其核心就是以大众文化为代表的新的主流文化同一和消解了先前那种"超越现存实用世界之上"的具有"乌托邦意义"的精神文化样式。"踏入晚期的资本主义，社会已经演变成为一个由多方力量所构成的放任的领域。在这里，只有多元的风格，多元的论述，却不见常规和典范，更容纳不了以常规典范为中心骨干的单元体系。"[①] 不论是以前十分管用的对人们的思想行动发号施令的国家意识形态语言，还是所有显示贵族精神的艺术与审美观念，都不再具有权威的意义，都需要让位给大众文化的多样化的形式，"游戏"代替了"生命"，"出场"代替了"表演"，"拼凑"代替了"模仿"，

---

① 詹姆逊：《晚期资本主义的文化逻辑》，北京，三联书店1997年版，第452页。

在这种情况下，人们试图通过文化系统体现自我意识，其实已经成了问题。

在分析文化及其构成要素时，雷蒙·威廉姆斯（Raymond Williams）曾提出三种文化因素：一是"文化的主导性因素"；二是作为过去历史传承的"剩余性因素"；三是尚未完全展开、但必然被创造出来的蕴涵着新的价值观念的"新显现因素"[①]。20 世纪的西方文化，实际上正是各种"新显现因素"通过剥离作为历史传承的"剩余性因素"并替代早先的主导性文化成为新的主导性因素的过程。威廉姆斯把文化传统看成是文化的"剩余性因素"，这本身就是在一种强势的后现代文化语境中进行的，而我们关心的问题则是，在这样一种分析模式中，文化自觉是如何体现出来的？

在威廉姆斯的分析中，"剩余性因素"与"新显现因素"是作为对立因素体现出来的，在传统时代，文化传统构成了文化的主导性因素，在现时代则"新显现因素"代替"剩余性因素"成为主导性因素，作为文化传统的剩余性因素，则是属于"过去了的存在"。这样一种分析的确反映了文化传统在传统与现时代的境遇差别，但是，如果我们认可了文化从其超越性的存在样式向经验性的表现样式的转变，我们就得承认：基于传统的文化自觉已变得越来越不可能。

从反思的意义上看，在整个现代或后现代文化结构中，文化传统并没有被看成是一个肯定的要素而受到足够的重视。就西方而言，各民族的文化自觉实际上是裹挟于强势的现代性话语中的，而物化的和同一性的现代性话语也逐渐使民族自觉成为一个普遍主义问题，西方各民族对西方的认同其实主要还是经济与政治含义上的。换句话说，是强势的经济与政治效应而不是文化认同，使得西方民族接受了西方。实际上，近代化以来的全球化事实，正是西方通过一个强势的经济政治效应整合西方的过程，西方各民族的自觉实际上是被西方化这一认同取代了。就这一意义而言，迄今为止的西方主要是一个经济和政治概念，在弱的意义上才是一个文化概念，但一旦西方化本身的经济政治结构发生变化，各民族的文化自觉也会被作为问题单独从西方化中提出来。实际上，西方国家之间的经济政治利益矛盾本身就不可能从根本上抹掉各西方国家的民族自觉。现代化有一套所谓普遍的模式，但就各个国家或民族的现代化样式而言，实际上是存在着不同的特色与风格的，其中，各民族的文化自觉对于形成独具特色的现代化模式起着至关重要的作用。就此而言，正如前面分析所指出的，即使西方国家的民族自觉也还只是处于初始阶段。

对于非西方国家及民族的文化自觉而言，情况更为复杂。相对于西式工业化

---

[①]　Raymond Williams：Marxism And Literature，Oxford University Press，1978，pp. 121 – 127.

及现代化的总体的历史处境，非西方国家及民族对自身身份的认同一直处于焦虑状态。非西方国家及民族在相当长的历史时期内是以"他者"的身份被撇在西方之外的，在主流性的现代性话语中，曾几何时，广大的非西方，对西方社会而言是想象的天地，而不是现实的存在。随着西方化向全球的扩展，西方遭遇到非西方的本能性的抵抗，在强势的工业文明的冲击下，非西方逐渐接受了弱者身份，甚至于主动地趋向于殖民者的身份。殖民身份，其实质就在于放弃本民族的身份认同，而直接接受西方性。但问题在于，对于被殖民者而言，西方性毕竟是被给予的，而不是先天就有的。殖民者之所以愿意采取殖民策略，关键原因在于有益于经济政治利益的实现。普遍主义作为全球化的意识形态，其意义在于无论殖民者还是被殖民者，都从形式上获得人类的身份，但其具体意义却不是等同的。对于殖民者而言，普遍主义就是西方化，对于被殖民者而言，普遍主义就是去东方化。在这一意义上，普遍主义既可以在逻辑上也可以在历史上拓展为殖民主义，这都是在利益特许的范围之内。但是，一旦具体的利益机制损害了西方，那么，打着普遍主义的殖民化运动就走到了自身的极限。西方必然要排斥一些在它看来不是西方的文化样式，这种排斥本身也就是非西方或东方的制造过程。因此，全球化的殖民主义是不可能的。历史的殖民化运动必然造就西方的对立面，即非西方。在相当长的历史时期内，非西方实际上是被西方化以及殖民化激惹出来的，这实际上是造就了非西方的隐性的身份，并激起了非西方民族的文化自觉。

看来，文化自觉是一个无法代替的问题。文化自觉是一种能力，也是一种品质。作为一种能力，实际上是包含经济、政治、文化的综合能力。中国文化传统自古以来就不乏文化自觉，甚至作为一种强势的文化传统，一直就没有把文化自觉当成一个问题，帝国的文化心态使得中华文化传统天然表现出一种包容性与理解力。中华文化传统看起来是不存在所谓"文化自觉"的，那时的中国人理所当然地认为中华文化是世界上最优秀的文化，中华文化传统对外来文化通常都是持居高临下、雍容大度的态度，一种既欣赏又蔑视的态度，因为文化的经济政治前提及其相应的自我理解根本不成问题。应当说，16世纪以前的中国文化，基本上都处于这样一种自恃状态。但是，19世纪40年代以后，西方先进的科技与工商业文明的侵入，暴露了中国文化传统面对现代性的缺陷，于是文化自觉问题才真正凸显出来。

一般而言，文化与作为其支撑条件的经济、政治结构相比，具有一种相对稳定的质素，这是由于人类行动本身的精神品质决定的。在这个意义上，通常从精神层面确定文化的内涵，能够较为可靠地厘定文化的本质。在这方面，文化自觉是文化自身的品质所在，中国文化传统之所以保持着一种传承的稳定性，恰恰在于这一层面，并且恰恰是这一层面使得整个中华文明葆有一种较高的精神品质。但是，近代以来现代性的主导观念恰恰要求将精神层面的文化传统还原到物质与制度层面进行理解和重构，也是在这一意义上，中华文化传统遭到了前所未有的挑战。

如果现代性被看成是一个人类性的问题而不只是西方性问题，那么，以中华文化传统为典型的非西方文化的文化自觉问题，就具有时代性的意义。不同文化传统的文化自觉，会为整个人类文化系统的重建做出积极的回应与贡献。这丝毫不意味着西方世界已完成了面向现代性的文化自觉。实际上，某些西方式的文化自觉，只不过是某种自以为是的文化优越感，而真正被遮蔽的正是面对包括自身文化传统在内的人类文化传统的正视与反省——这通常也被看成是现代性的自身反省问题。

### 2. 现代性与民族国家

吉登斯指出，现代性产生的最显著的社会形式，就是民族国家。在吉登斯看来，民族—国家是现代"社会"的隐蔽的实体，是社会实体。"民族—国家存在于由民族—国家所组成的联合体之中，它是统治的一系列制度模式，它对业已划定边界（国界）的领土实施垄断，它的统治靠法律以及对内外部暴力工具的直接控制而得以维护。"① 在吉登斯那里，民族国家即现代性社会的基本组织模式，可以依据地理政治学、脱欧化以及制度安排重点而做多种区分②。值得注意的是，吉登斯所强调的是经济与政治层面的控制，而不是精神、心理层面的民族性及民族意识问题，他甚至明确地把民族—国家与传统的民族以及民族主义区分开来，民族—国家"同民族主义所具有的任何特征本质上均没有必然联系"③。现代性的确具有一种强力的物化机制，是制度的同一化过程，吉登斯关于民族—国家的理论非常明确地支持着这一观点，但这样一来，也堵住了民族性与民族自觉问题。

民族国家其实是 17 世纪以后才在欧洲出现的，由此形成的民族认同，包含两方面含义：一层含义是文化的民族性认同，由此区分出德国、法国、意大利等多种国家样式；另一层含义是经济与政治上的自我认同，民族国家的出现更直接地是各个欧洲国家在经济与政治上的独立发展要求。实质上，国家利益方面的区分要求强化了文化的民族性认同，近代以来欧洲的主导方向恰恰是区分，但区分不可能绝对化，对利益的主导性追逐与较量同时也直接影响着各民族业已形成的民族认同。这样一来，欧洲人在文化潜意识中对整个欧洲古老文化传统的认同，经常也会稀释掉各民族国家的自我认同，而德、法、奥、意等国家也一直在强化

---

①②③　吉登斯著，胡宗泽等译：《民族－国家与暴力》，北京，三联书店 1998 年版，第 147、316～326、146 页。

自身民族与欧洲古老传统的关联性，不断制造以自身民族引领欧洲精神方向的神话。这样一种努力即使在民族国家盛行的时代也始终没有停止过，只不过在当时是以一种符合于欧洲自身历史方向的合理化方式展开的，由此也形成了欧洲不同民族自我认同的风格。当然，民族的自我认同绝不只是文化上的，必然要扩展到经济与政治，因此，在文化领域展开的理性化的民族自我认同也会扩张为经济与政治利益的较量，在自我认同方面处于强势地位的民族国家总是力图谋求整个欧洲历史方向的主导者的地位。

欧洲社会的现代转变（包括 20 世纪两次世界大战的历史恶变），正是一个民族国家的自我认同力图取代整个欧洲人的自我认同的表现。欧洲人对整个欧洲精神文化的根深蒂固的依赖在很大程度上是强于自身民族文化的认同的，强势民族总是把自身的民族性与整个欧洲精神（而不是别的精神样式）等同在一起，其本身就说明了这一点。更多处于弱势地位的欧洲民族国家，则一直是在从整体上认同于欧洲文化传统的前提下，谨慎地区分出自身民族的差异。在强大的欧洲情结方面，欧洲人大多把自身的民族认同放到了第二位，因为欧洲情结本身还意味着一种有着更大"前途"的世界图景——这是欧洲人凝聚在一起的精神的和利益的基础。因此，黑格尔，这位从其哲学气质上看典型的日耳曼主义者，会直接把拿破仑看成是绝对精神的化身，而希特勒这位非德国人竟会成为德国的民选总理。差别在于，黑格尔时代，德国人更多地是在进行精神的构想，而 20 世纪前期，普通德国人则希望直接把从前的精神构想变成政治实践。这同时也意味着对欧洲理性主义传统的反拨。一般而言，欧洲文化传统中的理性主义发展到黑格尔，已经走向了自身的极点。换个角度看，这种极致化的理性主义，也为后来在政治实践领域盛行的欧洲中心主义提供了思想资源。只不过，从纯粹理性到实践理性，经历了一种从逻辑的理性化到意志自由的非理性的转变。20 世纪欧洲人本主义思潮，特别是意志哲学、生命哲学以及生存主义哲学的兴起，直接见证了这一转变过程。这一过程，也是欧洲人精神文化意识的重新整合过程，这正是今日欧洲一体化得以形成的文化前提。

欧洲一体化的现实与方向，本身就是近代式的各自独立、主张高度民族认同的民族国家走向终结的表现。这一状况，可以作多种理解，从文化与心理体认方面看，这是欧洲各民族国家向文化欧洲的趋同，是欧洲在经过非理性主义的反拨以及不断积累的交流经验之上的欧洲重构。不过，从全球化的演进态势看，则应当看成是欧洲对于新的世界政治格局的一种主动回应。但这并不意味着欧洲各民族国家放弃了自己的民族自觉，实际上，当民族自觉已经积累为一种稳定的文化传统时，新的共同体在价值观方面需要考虑的工作恰恰不是统一，而是不同文化传统的沟通。也只有在充分考虑到各民族的文化自觉及其差异的情况下，欧洲共同体才具有真正的政治整合效应，否则仍然只是一种权宜的利益联盟。因此，那种试图让各民族国家放弃自身的文化自觉与认同，从而完全同一于欧洲的想法是不合理的，而在各民族差异实际存在并要求发生切实文化效应的前提下，统一欧洲的想法，仍然会直接地或变相地转变为以欧洲民族性同一或替代整个欧洲文化，在某种极端的情况下，甚至还为新的种族主义与法西斯主义的复活提供了可能性。

哈贝马斯恰当地区分了由国家公民组成的民族（Staasbürgernation）与由人民组成的民族（Volksnation），后一个民族概念是一个传统的民族观念，并且还与地方主义与封建主义纠结在一起，而国家公民组成的民族则是一个建立在现代公民社会之上的民族概念，它超越了狭义的民族性，使得传统的民族国家获得了新的合法性。"民族国家只有在确定了公民资格之后，才建立了一种全新的，即抽象的团结，其中介则是法律。"① 民族国家只有在法治社会的框架内才能体现其存在。而欧洲整个现代过程其实也正是在经历一个从传统的民族性到国家公民意义上的民族性的转变，并且，在经历了 20 世纪法西斯主义的肆虐以及由此带来的长时间的欧洲人的精神反省之后，欧洲面临一种走向新的共同体社会的前景，这正是哈贝马斯希望欧洲建立一部宪法的根由。在哈贝马斯看来，现代欧洲社会业已形成的公民社会结构及运作机制，正是欧洲得以整合的历史基础。反过来看，哈贝马斯也正是立足于欧洲的公民社会来对待民族国家概念的。

就此看来，民族国家本身就是一个需要区分的概念。当哈贝马斯用诸如"古老的帝国"、"城市国家"、"神权国家"、"部落组织"、"跨国康采恩"等来命名中国、新加坡、伊朗、萨尔瓦多以及日本的民族与国家团结类型时，实际上陷入了一种复杂的欧洲情结。就哈贝马斯关于超越民族国家的设想而言，他实际上是把民族国家看成一种历史的国家存在形态，在这方面，上述提到的国家形态从总体上还可以称为民族国家。但是，哈贝马斯是用基于法国革命（部分地延伸到美国革命）的历史经验从而建构起来的现代的民主国家超越民族国家的，在此，民族国家仍然有其能够被超越的欧洲含义："并不是说一切民族国家都是民主的，也就是说，是由自由而平等的公民组成的自治联合体。但是，民主政体一旦出现，它们就会表现为民族国家。民族国家显然满足了社会民主自治的主要现实条件"② 。在哈贝马斯看来，民族国家与现代民主国家从本质上是相通的，从民族国家到现代民主国家，表现了欧洲历史的"内在连续性"。这样看来，中国、新加坡、伊朗甚至日本等实际上都不在民族国家之列。在这种理解框架中，非西方与其说是被排除在民族国家之外，倒不如说是被排除在现代性之外，因为

---

①② 哈贝马斯著，曹卫东译：《后民族结构》，上海人民出版社 2002 年版，第 157、74 页。

正是既定的现代性确定了民族国家。因而，如果要在一个整体的背景下呈现非西方民族性，包括由此呈现中国民族性，就需要突破西方现代性的既定模式。在这一意义上，后现代性蕴涵着一种需要做出分辨的努力与尝试。

### 3. 后现代性与民族性

后现代性涉及的是与现代性在话语方面的复杂关联。在相当长一段时间内，后现代性被确定为对现代性的反叛。在这样一种思考模式中，现代性被看成是某种确定了的东西，并且特别明确地体现为黑格尔式的理性主义，具体表现为基础主义、认识论上的本质主义、主体主义的启蒙逻辑、主客二分的思维方式以及科技迷信、工业崇拜与工具理性化，现代性成为一个固定化的工业化时代的精神属性。与此同时，作为对上述现代性的反动，后现代性则被确定为反基础主义、反本质主义、反认识论和反主体性的思维方式，后现代性主张模糊主客体的关系，主张全面解构启蒙逻辑，拆除科技迷信与工业崇拜，后现代性用不确定性对抗确定性，以片断对抗整体、用小型叙事对抗元叙事、用边缘化对抗中心化、用差异对抗同一、用消费与市场对抗生产、用技术对抗科学、用语言对抗意识、用通俗对抗神圣、用游戏对抗审美、用性对抗政治、用大众文化对抗高雅文化、用虚拟世界对抗现实世界，等等。但是，值得注意的是，后现代性对现代性进行无情的解构与颠覆，但其结果恰恰又是不确定性、消费、市场、技术、语言、通俗、游戏、欲望、大众文化、虚拟世界等的无穷无尽的自我解构与折腾。在这种情况下，后现代性实际上进入了一种无法规定和言说的虚无主义状态，或者它本身就标示了这一时代本质上的虚无主义。"后现代世界里不存在意义；它是一个虚无的世界，在这个世界中，理论漂浮于虚空之中，没有任何可供停泊的安全港湾。意义需要深度，一个隐藏的维度，一个看不见的底层，一个稳固的基础；然而在后现代社会中，一切都是赤裸裸的、可见的、外显的、透明的，并且总是处于变动之中。从这一点讲，后现代场景展现的是意义已死的符号和冻结了的形式不断地变化出一些新的组合形式。在这种符号与形式的加速增殖过程中，内爆与惯性不停地加剧加大，表现为增长超出了极限，最终使自身也在惯性中走向崩溃。"[1]在很大程度上，由于与所设定的现代性进行了一场顽强的抵抗，后现代性的表现本身也带着强烈的自暴自弃意味，这本身也意味着后现代性与现代性的对抗模式走向了终结。

因此，当后现代主义积累到一定程度后，它需要反思自身与现代性的关联形式，比如哈贝马斯、德里达、利奥塔、吉登斯、鲍曼以及建设性的后现代主义者们，都开始不约而同地动摇既定的僵化的现代性模式。按照哈贝马斯的观点，对

---

① 道格拉斯·凯尔纳斯蒂文·贝斯特：《后现代理论》，北京，中央编译出版社 1999 年版，第 164 页。

现代性的僵化的理解模式实际上是那些极端的后现代主义想象的结果，极端的后现代主义把现代性仅仅看成是理性化、自我意识与启蒙逻辑的延伸，而现代哲学与文化表现出来的非理性主义、自我的分裂以及祛魅化则抽掉了现代性得以支撑的基础。但在哈贝马斯看来，这种理解完全忽视了现代人生活世界的结构性转变，忽视了工具理性毕竟不能代表理性本身，忽视了意识哲学终结以及文化理论的兴起。一句话，忽视了现代性本身是一个不断完善的历史进程。对于德里达来说，所谓"后现代性"并没有一个明确的所指，这是一个想象的概念，这位在语言领域进行着锐意探索的哲学家，对把他的工作归为后现代主义向来表示不解。利奥塔明确地反对以时间来区分现代性与后现代性，并认为现代性本质地包含着后现代性。他说："无论是现代性还是所谓的后现代性，都不能被确认和界定为一个范围清晰的历史实体，在这些实体中，'后来者'总是在'先来者'之后出现。相反，我们不能不说后现代永远被包含在现代之中，因为现代性、现在暂存性本身包含着一种超越自我而变成非我的冲动，不仅要超越自我，而且要将自我融入一种终极的稳定状态。现代性从本质上不断地孕育着它的后现代性。"①吉登斯则坚决反对存在一种超越现代性的后现代性的观点，在他看来，不存在一种独立的后现代性，那些被归结为后现代性的属性实际上就是现代性。而且，在他的分析模式中，没有后现代性话语，只有"盛期现代性"、"晚期现代性"、"激进现代性"，这些概念之间也有差别，但它们与"后现代性"则存在着原则的区别。从本质上讲，吉登斯坚决反对存在一个所谓"后现代时代"，他说："那种主张现代性正在分裂的离析的观点是陈腐的。有些人甚至推测，这种分裂标志着一个超越现代性社会发展的崭新时代即后现代时代将会出现。然而现代制度的统一的特征，正像分散的特征对于现代性尤其是高度现代性的时期是核心一样，它也是现代性的特征。"② 在乌里奇·贝克等人看来，现代性并不只是像卢曼所说的那样"必定在自治化过程中耗尽并在'自我指涉'（self-referentiality）中结束"③，而是会走向一种如同吉登斯所描述的自反性现代化道路，在自反性现代化道路上，生成了乌里奇·贝克所说的"第二现代性"（second modernity），其实质是"现代性自己改变自己"，即"现代性的现代化"阶段④。鲍曼认为，现代性本身所具有的流动性完全包含了后现代性，比如后现代性所强调的差异，在鲍曼看来就是现代性"差异产生差异"的结果。但与后现代性的非历史性不同的是，经过自反性现代化与第二现代性所培育起来的现代性，本质上是要求承

---

① 引自李惠国、黄长著编：《重写现代性：当代西方学术话语》，北京，社会科学文献出版社2001年版，第51页。

② 吉登斯著，赵旭东等译：《现代性与自我认同》，北京，三联书店1998年版，第29页。

③④ 乌里奇·贝克著，赵文书译：《自反性现代化》，北京，商务印书馆2001年版，第32、13页。

弘扬与培育民族精神研究

载历史的，"在现代性中，时间具有历史，这是因为它的时间承载能力在永恒扩张——即空间（空间是时间单位允许经过、穿过、覆盖或者占领的东西）上的延伸。一旦穿过空间的运动速度（它不像明显的不容变更的空间，既不能延长，也不能缩短）成了人类智慧、想象力和应变能力的体现，时间也就获得了历史。"① 大卫·格利芬的建设性的后现代主义则主张，后现代主义并不一定要强调现代与传统、科学与人文以及个体与整体之间的断裂，基于怀特海的有机主义及过程哲学思想（在更大的意义上还源于新教神学思想），建设性后现代主义主张一种开放的世界观与后现代精神，用"构成主义"（Constructivism）整合和治疗前现代时期的个体主义，用"有机主义"（Organism）消弭现代思想中的二元对立与功利主义。"个体并非生来就是一个具有各种属性的自足的实体，他（她）只是借助于这些属性同其他事物发生表面上的相互作用，而这些事物并不影响他（她）的本质。相反，个体与其躯体的关系、他（她）与较广阔的自然环境的关系、与其家庭的关系、与文化的关系等等，都是个人身份的构成性的东西。""后现代精神同时超越了现代的二元论和实利主义。与信奉二元论的现代人不同，后现代人并不感到自己是栖身于充满敌意和冷漠的自然之中的异乡人。……后现代人世界中将拥有一种在家园感，他们把其他物种看成是具有其自身的经验、价值和目的的存在，并能感受到他们同这些物种之间的亲情关系。借助这种在家园感和亲情感，后现代人用在交往中获得享受和任其自然的态度这种后现代精神取代了现代人的统治欲和占有欲。"②

就其生成背景看，后现代性其实仍然只是当代西方思想的自身调整。后现代性已经呈现出了现代精神的这一基本事实：现代化的过程显然是要同化各民族、地方以及个体，并使它们服从于理性化的物化的现代精神，但精神文化的原生的丰富性与多样性显然被抽掉了。在这一意义上，后现代主义试图通过反叛现代性、以恢复和还原精神文化的原生的多样性。如果说在现代与传统之间存在某种断裂的话，那么，在坚定地主张后现代与现代之间存在断裂的后现代主义思想中，实际上隐含着一条从传统→现代→后现代→传统的前进——回溯逻辑。这里我们看到了现代性文化在努力寻求与传统的对话。但是，尽管如此，这仍然还只是西方话语的自身循环。

自黑格尔以后，当代西方哲学与文化的确强化了与传统哲学的断裂，这种反叛是西方哲学与文化自我反叛传统在当代的表现，是现当代哲学对于时代变革要求的自觉回应，同时也是西方民族性的当代自觉。现代性的自我认同，表明民族

---

① 齐格蒙特·鲍曼著，欧阳景根译：《流动的现代性》，上海三联书店2002年版，第13页。
② 大卫·格利芬著，王成兵译：《后现代精神》，北京，中央编译出版社1998年版，第22页。

性在西方的确立，这也是西方自我意识哲学经过长达数个世纪发展的文化结果，但这个认同仍然还只是西方人的自我认同。现代性不只是一套话语系统，它同时还是一整套包括经济、政治与文化在内的权力体系与结构。这也是西方现代性思想为什么要把民族国家看成是现代性的典型特征，并且只能置于西方语境的原因。在西方现代性思想看来，只有西方式的民族国家，才能够形成经济、政治与文化同构一体的现代性系统。但是，现代性与民族国家的粘连，在很大程度上也使得西方现代哲学难以正视非西方的民族自觉问题。民族自觉与民族国家是需要做出区分的，西方民族的现代自觉是通过民族国家的形成与完善而实现的，但这并不必然意味着非西方民族必须通过民族国家的建构方式才能实现民族自觉。民族国家并不是民族自觉的前提。况且，在一种不均衡的全球化境况下，西方通过民族国家实现的民族自觉，在很大程度上是排除了非西方民族的多样性及其现代自觉。在强势的现代性逻辑下，非西方的民族性显然成了问题。

后现代性对现代性的解构与颠覆，可以看成是从理论上破解西方民族性的自我认同，使"自我"向"他者"开放。一神论的宗教传统、存在论的自我指涉、认识论的唯我论，同时也支撑并反映着西方民族在精神意识上顽强的自我认同性。宗教是民族精神得以凝聚的核心，西方民族所形成的一神论的宗教传统，反过来也表明西方民族对宗教多样性的排斥。事实上，历史上西方民族也总是通过对异教的排斥与打击来强化民族的自我认同，而当遭受到来自自然、世俗或者科技方面的外在因素的干扰时，西方国家常常又是通过一神论的宗教传统来强化民族性。一神论的宗教传统与民族性交互重叠，形成了一种稳定的、具有排斥性的结构。存在论所关涉的"一"与"多"的关系，其实质是"多"如何统一于"一"。在巴门尼德对存在的规定中，有存在论、宇宙论、信仰、知识论、语言学和方法论等多方面的意义，但也包含着对区域的、民族性以及国家方面自我认同的确定，观念与语言上的自我中心同时也对应着感觉与身体上的自身同一性。从语言上指认着"一"的主体，其实也是现实政治中具有一体性地位的主体，西方民族性一直是把自己定位于这一"一"之上的。认识论所奠基的"自我"既是观念的主体，也是行动的主体，当然也是近代以来西方民族强化自我认同的依据，而且，作为意志和实践的主体，直接就是历史的主体。在近代以及德国古典哲学中，标示着人的知性活动的对象性意识显然有民族意识的隐秘的本质，只不过这一隐秘的本质一直在欧洲诸多强势民族性之间移动，意大利、西班牙、荷兰、法国、英国、德国，都曾直接承载过这种民族意识与历史意识。在这一过程中，现代意识形成了具有高度自我意识的现代性。当后现代哲学对整个传统哲学信仰传统、存在论以及认识论的批判与颠覆活动，其实也在动摇西方民族的自我认同，这可以看成是当代西方哲学与文化"自拆家底"的表现，而且，在这一努力中，后现代性展开了它与非西方文化传统沟通的可观的前景。很多后现代哲学家也都承认，在他们的思想努力中，的确存在着一种维度，即试图超越西方既定的哲学、文化以及民族范式，参考甚至汲取非西方文化传统。与此同时，越来越多的非西方人士也从后现代性中分享并感受到了他们自身文化传统的存在与价值，并加以阐释。非西方民族的真实性得到了一定程度的重视。在这些努力中，对东方主义的重视及其反思是特别值得注意的。

## 二、世界历史时代的民族认同

世界历史时代的形成是资本主义物质生产实践的不断扩展、分工的扩大化以及交往普遍化的结果。欧洲人通过技术、工业与资本主义打开了美洲市场，美洲在殖民化的过程中强大起来，并逐渐摆脱殖民化地位、融入西方化，并形成了以美国为主导的西方当代体系。资本主义以种种方式开拓世界市场，进而推进全球化进程的时代，即世界历史时代。自近代以来，各民族性的境遇、身份与自觉问题，都是与这一总体的时代及其问题紧密地结合在一起的。

### 1. 世界历史时代与民族自觉

欧洲中世纪后期，劳动者之间以及行会内部，基本上没有什么分工，城市中各行会之间的分工还非常少，人际之间的联系自然有限。但生产力的发展也会促使生产与消费的分离，并形成一个相对独立的活动领域及其阶层，即消费领域及商人，并且由此形成将生产与消费结为一体的资产阶级，通过资产阶级这个特殊的阶级，整个社会群体关系形成了一种特殊的利益关系及其社会结构模式，由此破除了中世纪后期的区域局限性，"随着交往集中在一个特殊阶级手里，随着商人所促成的同城市近郊以外地区的通商的扩大，在生产和交往之间也立即发生了相互作用。城市彼此建立了联系，新的劳动工具从一个城市运往另一个城市，生产和交往间的分工随即引起了各城市间在生产上的新的分工，不久每一个城市都设立一个占优势的工业部门。最初的地域局限性开始逐渐消失。"[①] 地域局限性的消失，伴随着越来越多的人失去早先与土地、农业以及与整个封建制度的依附关系，处于无所依靠、居无定所的流浪状态。17 世纪中叶以后，随着手工业经济以及殖民主义的发展，越来越多的"流浪者"被纳入到资本主义生产流程中，资本主义生产进一步被集中到一定地域与国家，在这种境况中，先前那种区域的或民族的认同渐渐淡化，代之而起的是对于自己的劳动领域的认同，实质上是对于日益扩大的资本主义生产流程或秩序的认同，人与人之间的关系也进一步发生

---

① 《马克思恩格斯选集》第 1 卷，北京，人民出版社 1995 年版，第 107 页。

变化，行会式帮工与师傅的宗法关系被工场手工业式的工人与资本家的关系所取代，帮工与师傅的宗法式关系其实还基于种种传统的区域的、民族的、族群的认同，但资本家与工人的关系，则抹去了早先那种传统人际关系与族群依赖性。在这里，无论工人还是资本家，他的个体与民族性，都要求服从于商业上的交往关系，甚至于在资本主义生产所集中的地域与国家，其区域的或民族的认同也要求服从于日益扩大的资本主义生产活动。在资本主义生产从手工业向大工业的发展过程中，区域性与民族性则被直接排除掉，"它首次开创了世界历史，因为它使每个文明国家以及这些国家中的每一个人的需要的满足都依赖于整个世界，因为它消灭了各国以往自然形成的闭关自守的状态"。"大工业到处造成了社会各阶级间相同的关系，从而消灭了各民族的特殊性。"①

世界历史的形成即大工业及超越民族国家的资本主义经济政治模式的形成，经济活动、商业活动直接地显现为政治活动，"各自独立的、几乎只有同盟关系的、各有不同利益、不同法律、不同政府、不同关税的各个地区，现在已经结合为一个拥有统一的政府、统一的法律、统一的民族阶级利益和统一的关税的统一的民族。"②正是在大工业化的过程中，资产阶级将民族性与自己的身份分割开来，并要求一种世界性的精神取代早期片面性的民族精神。"资产阶级，由于开拓了世界市场，使一切国家的生产和消费都成为世界性的了。……过去那种地方的和民族的自给自足和闭关自守状态，被各民族的各方面的互相往来和各方面的互相依赖所代替了。物质的生产是如此，精神的生产也是如此。各民族的精神产品成了公共的财产。民族的片面性和局限性日益成为不可能，于是由许多种民族的和地方的文学形成了一种世界的文学。"③当然，大工业在创造现代资产阶级的同时，还同时创造了将自己的个体性与整个人类性融合起来的新的阶级——无产阶级，"现代的工业劳动，现代的资本压迫，无论是在英国或法国，无论在美国或德国，都是一样的，都使无产者失去了任何民族性。"④"当每一民族的资产阶级还保持着它的特殊的民族利益的时候，大工业却创造了这样一个阶级，这个阶级在所有的民族中都具有同样的利益，在它那里民族独特性已经消灭，这是一个真正同整个旧世界脱离而同时又与之对立的阶级。"⑤

世界历史时代的特征是"普遍交往"或交往的普遍化，这也是人在近现代社会发展的内在要求。生产力水平的落后、低下，反映出民族性的自足、封闭，同时也反映出人的发展的状态，这是处于自然的物的依赖关系的阶段，"人的生产能力只是在狭窄的范围内和孤立的地点上发展"，个体性被湮灭于群体组织之

---

①②③④⑤ 《马克思恩格斯选集》第 1 卷，北京，人民出版社 1995 年版，第 114、42、276、283、114～115 页。

中，这是人的发展的群体本位阶段。资本主义生产的发展则把人的发展带入到一种新的状况，这就是"以物的依赖性为基础的人的独立性"的阶段①。在这一阶段，资本主义生产所扩展开来的交往活动破除了早先"狭隘地域性"的限制，同时也改变了个人的表现特征，"狭隘地域性"也造就了"狭隘的个人性"，这种狭隘的个人性就表现为将自己的个性完全局限于传统，因循守旧，固步自封、夜郎自大，整个的民族性与个体感觉都"处于地方的、笼罩着迷信气氛的'状态'"②。资本主义生产的逻辑，则使得个人摆脱了其与狭隘的地域性与民族性的自在的联系，并进入到以人自身物化状况为生存前提的自由主义式的个性化发展阶段，人与人之间基于物的占有关系形成了一种新的总体性联系，并破解了先前那种源于地域性及民族性的群体依赖关系，但是，以人与人之间的物的联系去代替先前的地域的及民族的联系，仍然还只是人的片面的发展。"这种联系借以同个人相对立而存在的异己性和独立性只是证明，人们还处于创造自己社会生活条件的过程中，而不是从这种条件出发去开始他们的社会生活。这是各个人在一定的狭隘的生产关系内的自发的联系。"③ 物化关系的总体性及其制度境况与人自身的发展设计，都需要进行相应的转换或提升，这正是马克思谋划世界历史时代以及人的全面发展思想的历史情境。人的发展必须从完全依赖于物的关系中摆脱出来，并在"个人的全面发展和他们共同的社会生产能力成为他们的共同的社会财富"的基础上建立"人的自由个性"。④ 从"地域性的个人"成为"世界历史性的、经验上普遍的个人"，有赖于交往的普遍化。在地域性与单一的民族国家中，社会的生产与消费是限定的，也不符合资本主义生产扩大化的需要，只有扩大交往，使交往普遍化，才能实现资本的有效增长与扩张，而且，在这一过程中，个人本身历史地超越了其地域性与民族性的限制，从而人本身与整个人类与世界历史联系起来，"只有这样，单个人才能摆脱种种民族局限和地域局限而同整个世界的生产（也同精神的生产）发生实际联系，才能获得利用全球的这种全面的生产（人们的创造）的能力。"⑤

世界历史时代是一个历史意义上的指认，它是一个事实判断。世界历史时代本身也要求区分为不同的制度建立模式，这就是世界历史时代发展的资本主义与共产主义两个阶段，与之对应，人的发展则区分为"偶然性的个人"与"全面发展的个人"。偶然性的个人只有形式的自由，实质上却陷入资本主义的劳动异化中，因为整个生活及其生活条件对人而言是偶然的。但全面发展的个人，则是与人类解放直接联系在一起的未来社会的个人的生存现实，"在那里，每个人的

---

①③④ 《马克思恩格斯全集》第46卷（上），北京，人民出版社1979年版，第106、108、104页。
②⑤ 《马克思恩格斯选集》第1卷，北京，人民出版社1995年版，第86、89页。

自由发展是一切人的自由发展的条件"。① 马克思显然对人类未来生存现实作了一种构想，对于当下时代而言，这一构想仍然蕴涵着丰富的意义，值得深入探索。但在民族精神的课题内，我们还需要将这一问题置入全球化与现代性的框架内，并在可能的意义上，把世界历史时代本身也看成是一个需要做出反思的问题。事实上，在上述的分析框架内，世界历史的形成被肯定性地看成是用人类性克服民族性的过程，但是，民族性问题恰恰又是现代性以及全球时代人类社会面临的共同问题。

马克思关于"世界历史"的描述所展开的正是一个全球化的景观，美洲的发现乃新兴资本主义的新天地，使得欧洲资本主义找到了新的发展舞台。而且，资产阶级正是通过开拓世界市场从而消灭了古老的民族工业，改变了古老民族的生活方式，"过去那种地方的和民族的自给自足和闭关自守状态，被各民族的各方面的互相往来和各方面的互相依赖所代替了"，② 接下来即是精神层面上的民族性被精神样式的世界性所代替。但是，问题恰恰就在于，全球化的进程正是世界范围各个民族的文化自觉的过程。

全球化包含三个维度：经济全球化、政治全球化和文化全球化。这三个维度在全球化中的地位以及价值认同度看来并不一致。经济全球化是一个事实判断，看起来，不管我们持什么样的态度，基于世界市场或市场世界化之上的经济全球化都是一种不以人的意志为转移的事实。而且，因为将直接带来财富与福利，经济全球化也成为人们获得现代生活的条件。但与此同时，经济全球化作为有力的事实，也使得政治全球化与文化全球化处于依附性地位。这样一来，非西方的政治与文化在整个全球化的政治与文化结构中，则处于更为消极被动的处境。而且，一旦考虑到政治与文化维度，所谓经济全球化并不是一个完全中立的事实，显然，以西方利益为中心的经济全球化同时必然伴随着全球政治关系的不公平。而且，历史地看，全球范围内政治与文化不公平的现实，正是西方资本主义的经济政治实践的必然结果。实际上，当马克思将经济全球化带入到对资本主义模式的分析批判时，就指认了不公平的经济全球化背后的政治关系冲突，马克思也通过阶级分析方式为后发展民族摆脱这种不公平提供了思想指导：拒绝或反抗资本主义。

在现代性的驱使下，全球化特别显示出物化方面的扩张与影响，而现代性在早期的拓展，又是直接裹挟、排斥甚至吞噬非西方的民族性的。一方面，西方现代性以其强大的力量将部分的非西方带入既定的现代性秩序中，迫使非西方的文化传统体现并且符合"世界体系"的需要。在初期的全球化态势下，"各民族的

①② 《马克思恩格斯选集》第 1 卷，北京，人民出版社 1995 年版，第 294、276 页。

精神产品成了公共的财产。民族的片面性和局限性日益成为不可能，于是由许多种民族的和地方的文学形成了一种世界的文学。"① 另一方面，非西方也会因为对现代性的物化层面的追逐，或被动或自愿地放弃自身的民族性，直接依附于西方，而且，在非西方早期现代化的进程中，一些非西方国家及民族获得现代性的方式，恰恰就是通过这种殖民化方式实现的。殖民化不仅只是取消自己的经济与政治自主权，同时也是放弃自己的民族与文化认同。

西方现代性向全球化的扩张，的确是通过资本主义实现的，其结果是"使农村从属于城市，使未开化的和半开化的国家从属于文明的国家，使农民的民族从属于资本主义的民族，使东方从属于西方"。② 按照马克思的观点，若认同全球资本主义，必然会出现一种两极的全球政治关系：一极是极端的资本主义化，这就是 20 世纪成为现实的帝国主义；另一极是殖民主义以及以殖民化作为榜样的广大的非西方民族与社会。在这种境况下，非西方的民族性，作为本质上文化自觉的表现，一方面让位于经济上的强势同化效应，另一方面又被政治上的依附性处境所遮蔽。

在很大程度上，民族性是被全球化刺激起来的。在全球各个民族尚处于各自封闭的状况下，其实谈不上民族性，各民族按照自身习惯了的生存方式生活，对某个民族来说，其民族性就是自己习惯了的生活样式，而且这种样式也会被自然而然地想象成人类共同的模式。但是，随着各民族交往的增多与频繁，特别是那些在交往中处于弱势地位的民族，渐渐感到自身的生活样式不能满足交往的需要，甚至成为交往的障碍。当特定的民族需要调整甚至舍弃他们已经习以为常的生活样式时，民族性才逐渐被意识到，进而真正进入民族自觉。大抵说来，全球化过程中的民族自觉经历了两个前期阶段。第一个阶段是前现代时代的自在民族性，一个民族或多个民族共享一个国家，并在民族或国家的总体框架内活动，民族与国家以其自然状态存在着，每个个体与国家都以自然的方式建立起与民族及国家的联系，由于没有一种开放的国际性观念，自在民族性会直接拓展为整体的人类性。第二个阶段是民族性的激发阶段。这一阶段自进入全球化开始，并且要持续相当长的一段历史时期，其典型表现是全球化激起了全球范围内的民族自觉，民族性因为区域性、封闭性以及利益机制等方面，民族性显示出与人类性的对立。但上述两个阶段还只是民族自觉的前期阶段，其中，前一个阶段可以说完全处于全球化背景之外，后一阶段则是全球化背景下民族自觉的准备阶段。

当下时代的民族性的发育与民族自觉，从总体上看仍然处于第二个阶段。而

---

①② 《马克思恩格斯选集》第 1 卷，北京，人民出版社 1995 年版，第 276、277 页。

且，应当说，全球化的今日图景，使得民族自觉问题更为复杂。今天我们面临的全球化，可以分别名之为跨国资本主义、后期资本主义、后福特主义，这一时期的最明显的特征是资本的国际化，分工国际化、融资国际化、生产与经营国际化、消费模式多样化、新价值体系不断增长，技术殖民不断扩展，资本主义中心国通过资金对整个全球经济体系进行控制，金融控制成为全球性社会控制的枢纽。在这种情况下，国家也开始尝试通过与资本的结合，甚至直接代替资本来组织社会力量，使资本与社会的渗透性更为加强，国家与资本的共谋多少削弱了国家的民族性。实际上，跨国公司的扩张直接意味着经济主体与其民族认同的分离。正如三好将夫所言："真正的跨国公司可能不再与它的原在国有密切的联系，而是可以脱离原在国，灵活机动，可以在任何地方设立企业，剥削任何一个国家，包括它自己的国家，只要这对它自己的企业有利就行。"[①] 跨国资本本身就成为新的认同形式，这种认同"超越"了原有的民族认同，不仅如此，还通过这样一种"强有力"的手段对原有的民族认同传统进行大规模的改造。因为跨国资本主义并不只是一种新的经济政治运作手段，它本身就构成一种足以摧毁原有文化理解的新的文化因素。不仅经济、政治，而且文化本身都要求融入资本化的逻辑之中，全球性的文化在某种程度上正是物化逻辑的进一步强化，今日文化，不再注重与经典的联系，而是与现实的物化世界及其商业目标的联系，文化本身已经资本化，直接成为资本主义实现其经济目的的手段。

但是，是否有足够的理由断言，全球性的资本认同完全替代了民族自觉？答案显然是否定的。正如经济上的自我满足不能代替文化上的自我理解，民族自觉不可能被全球性的资本化逻辑所代替。事实上，如果以放弃或牺牲掉民族自觉为前提，资本的全球化必然丧失其多样性的基础，进而反过来动摇全球化经济体系的前景。在这个意义上，真正的问题不在于用全球化的资本逻辑代替民族自觉，而在于如何在正视全球化资本逻辑的情况下，保持和保护民族文化传统。

## 2. 民族认同及其历史命运

直接地看，民族即有着某种共同族性认同的群体，拥有共同的神话背景、语言文化以及宗教信仰，并有着凝聚在一起的民族意识与民族精神。但这样理解的民族如何与传统意义上的国家区分开？这是一个问题。实际上，人们经常是将民族（Nation）与国家（State）混同在一起的，而传统的民族也总是要诉诸国家，传统的民族国家的形成正是民族国家化的产物。与此同时，国家也必然表现出强烈的民族认同，对国家的归属，实际上正是民族的归属。在英文词中，"国家"并没有一个形容词形式，表示"国家的"的术语 national，直译恰恰是"民族

① 参见王宁、薛晓源主编：《全球化与后殖民批评》，北京，中央编译出版社1988年版，第93页。

的"。实际上，不论是传统国家，还是现代国家，都存在着以笼统的国家来整合和包容不同民族的现象。种种现象表明，国家内部的矛盾，常常就源自于不同民族在民族认同上的矛盾，国家经常就是不同民族的调节中轴。正因为如此，意识形态常常也愿意依赖于民族与国家的混同。很多人认为应从神话与宗教层面理解民族，这本身是一个十分复杂的问题，一般地讲，这是有道理的。构成我们通常所谓民族的文化背景，的确存在着一个共同的神话解释与宗教系统，这也是我们在分析民族认同时必须要高度重视的。但问题在于这样理解的民族实际上是把民族框定在一定的神话与宗教系统之中，从而忽视了民族本身就是一个随历史而不断变化的范畴。最直接的经验事实是：一个共同的神话与宗教系统本身就产生了不同的民族。从这个意义上讲，可以从几种典型的神话与宗教系统中区分出几种典型的民族类型，而问题的敏锐性或危险性就在于，这种分析方法本身是以抽掉各个民族的异质多样性为前提的。实际上，共同的神话背景也可以做出不同的解释。比如，围绕着共同的神迹及圣地之争，也可以区分出基督教、犹太教与伊斯兰教，归属于同一种宗教也可分化为不同的民族及其民族认同。此外，源自于同一种宗教的不同民族之间的错综复杂的关系，恰恰构成了传统社会变迁的主题。从这个意义上讲，现代意义上的民族的产生过程，在一定意义上恰恰是民族与相应的神话宗教背景分化的结果。这里本身也涉及到不同民族的宗教存在形式，因为不同的宗教存在形式也赋予不同的民族以差异。如果说，不同的民族与其宗教传统的关联性是需要从历史的意义上加以区分开来的话，那么，在全球化的今天，特别是在一个非西方的宗教存在方式并没有在世界范围内得到恰当理解的当今时代，非西方的宗教特征及其体现出来的民族性应当得到足够的理解。

民族认同之所以成为问题，其实是因为全球化时代不同民族的交往使然。这里，不同民族交往主要遵循的是一种政治经济学主导的交往逻辑，而不同民族其文化传统的差异常常处于次要性地位。在既往的全球化进程、特别是殖民化过程中，弱势民族经常是将自身的民族性依附于殖民者的文化体系，通过这种方式，一些被称之为土著的民族，其民族认同被取消，或者被确定在某一个能够被殖民文化体系所接受的框架内。殖民文化体系给被殖民民族确定的文化框架，包括着多层含义：一是文化的同质化，即通过殖民文化重新整合被殖民的文化传统，但在这一过程中，被殖民文化传统的特质性消失了，其民族性也被固定为一种边缘化地位。二是基于殖民利益的需要从而对殖民民族性及其传统的处理，在这一过程中，被殖民的民族性更主要地是被看成一种经济与自然资源。三是通过物化逻辑同化被殖民的民族性，殖民化的过程常常只是被看成是武力活动，实际上，真正能够成为现实的殖民必须经过足够的物化。在一种明确的后发展处境中，被殖民的民族的首要问题是"存活"，而摆脱存活的唯一出路则是向殖民文化看齐。

在殖民化过程中，被殖民的民族会自觉或不自觉地把自身的落后归因于其文化传统，从而，其自身的民族认同也在这一过程中不知不觉地被选择掉。由此可以看出，殖民化过程中一些民族丧失其民族的自我认同是必然的。

但这并不意味着所有的民族进入全球化都必然要失去其民族认同，正如全球化不等于殖民化一样。殖民化可以看成是全球化的初始时期，一旦殖民化推进到一定程度，那么，必然遇到来自于被殖民化方面的抵抗，而被刺激或被区分开来的民族认同也会逐渐凸显出来。在这种情况下，殖民化的政治层面与文化层面会被分离开来，政治层面的殖民化会直接看成是殖民者经济政治利益的全球化，进而被确定为帝国主义，文化层面的殖民化会被看成是普遍主义的全球推广，进而激发被殖民民族的文化自觉。在这种情况下，全球性的民族认同成为可能，处于殖民体系之外的广大非西方民族，日益意识到自身文化传统的差异及其全球性意义，即使那些已经被殖民化的民族，也在尝试区分或重建自身的民族性。

殖民化对于殖民国家本身是有一定成本的，作为同一的资本主义体系，被殖民化的国家必然会分享到殖民者的部分利益，一些最早成为殖民地的国家会逐渐享受到殖民化运动的利益，以牺牲掉民族认同为代价，同一到了资本主义体系中。但是，从利益分配角度看，这种"好事"不会太多。殖民化运动的成本及利益考虑使得殖民化不可能扩展到所有非西方，殖民化是不可能普遍化的。于是，在殖民化体系发展到足以能够控制世界时，殖民化的方式也在发生转变，在这种情况下，连同尚未殖民化的非西方的自觉抵抗，遂形成一种不彻底的殖民化现象，其典型就是半殖民化。殖民化与半殖民化的区别在于，前者从形式上同一于西方资本主义体系，因而在成为西方世界的直接剥夺对象的同时也分享着资本主义的利益，并对后发国家形成一种新的发展优势，在文化上则以将自身民族性依附于西方；半殖民化则是不彻底的殖民化，是民族主义与资本主义的妥协形式，不仅要求保持一定的民族认同（实际上是被激发起来的民族认同），而且要求这种民族认同与必要的经济政治框架相结合，其政治表现就是民族资本主义。半殖民化的一个特征就是从形式上看保持了民族的自我认同以及经济—政治系统的相对自治。虽然在整个制度安排上，半殖民化不得不受制于西方资本主义，并且主动学习后者，但是，从民族与国家利益上看，又要抗拒西方资本主义。这里，来自于半殖民民族的自我认同与西方资本主义的经济政治同一性之间，形成了一种对抗。这一对抗的动力根源不只是在于半殖民者的经济与政治实力，还在于其所依赖的民族文化传统，这是一种力量。因此，民族认同绝不只是文化理解问题，它的实质还是权力问题，是国际政治问题。西方所强调的同一性，与非西方所强调的差异，固然包含着学理的层面，但问题本身却是从属于权力。因为同一性与差异，恰恰是西方与非西方在全球化认同体系中所扮演的不同角色及其要求的姿态与策略。"认同策略的比较不是简单的文化差异问题，而是全球位置问题。"[①]

### 3. 民族主义的理解

民族主义是一个复杂的问题，也是当代人类必须正视的文化现实。吉登斯主张应当把民族主义与民族性区分开来，民族主义"主要指一种心理学的现象，即个人在心理上从属于那些强调政治秩序中人们的共同性的符号和信仰"，[②] 而民族性则是指作为实体的民族的属性与规定性，是一个相当稳定的概念。在现代社会，由于民族—国家的兴起，民族性获得了更为明确的规定性，它不仅有文化精神的内涵，也有经济的、政治的以及军事的内涵，甚至于它首先意味着一个权力概念，从这个意义上讲，没有民族主义，照样有民族性。但是，民族主义却是一种观念事实，只要民族性存在，就必然出现民族主义问题。换言之，民族主义促使人们意识到民族性的客观存在。民族主义实际上包含两种表现形式：自在的或非理性的民族主义、理性的或自觉的民族主义。自在的或非理性的民族主义是在封闭或自我封闭的环境中产生的。这里，自在的民族主义与非理性的民族主义还是有一定区别的，自在的民族主义主要表现在上面第一个阶段，而非理性的民族主义则是在第二个阶段表现出来的，它是被激发起来的情绪，它基于自在的民族主义，但显然又受到了一种外在力量的刺激。具有吞噬效应的全球化正是非理性的民族主义兴起的背景，与此同时，也要求民族主义完成一种内在的调整与转变，走上理性化的和自觉的发展道路。

现时代的民族主义的重点是要求建立民族国家并以此确证文化自觉与文化认同的条件。"民族主义的主张是不同的民族应该建立独立的国家。民族主义者提出这个主张的主要理由是，只有当一个民族建立起自己的国家的时候，它才能够保存得住自己的文化认同。这也就是说，建立独立的国家是保存一个民族的文化及认同的必要条件。"[③] 这一态度其实基于近代西方式的民族国家框架：民族被直接等同于国家，正如国家被看成是使一个民族高度团结在一起的强制性的组织一样，民族也被看成是一个地理性的进而是政治性的概念。但这样理解的民族与国家，实际上与民族及国家的历史与现实状况不符。实际上，历史上的民族与国家的一体化是自在的凝结，而且严格来说，某一国家，就其自身整合要求而言，既不要求、也难以达到单一的民族身份，相反，不同民族的人群共置于一个国家机制倒是常态，古罗马是这样，古代中国是这样，更多的非西方社会的民族与国

---

① 乔纳森·弗里德曼著，郭建如译：《文化认同与全球性过程》，北京，商务印书馆2003年版，第170页。

② 吉登斯著，胡宗泽等译：《民族－国家与暴力》，北京，三联书店1998年版，第141页。

③ 石元康：《从中国文化到后现代性：典范转移?》，北京，三联书店2000年版，第251页。

家模式也是这样。

对于传统欧洲而言，当强调民族意识与民族精神时，通常都要求在一定的民族国家的框架下进行。在这一意义上，民族国家承载着民族精神，也正是从主观方面体现出来的民族意识或民族精神，使得民族以及与此相关的现代国家与传统的民族国家保持某种连续性。"一个'民族'可以从他们共同的出生、语言和历史当中找到其自身的特征，这就是'民族精神'；而一个民族的文化符号体系建立了一种多少带有想象特点的同一性，并由此让居住在一定国土范围内的民众意识到他们的共同属性，尽管这种属性一直都是抽象的，只有通过法律才能传达出来。正是一个'民族'的符号结构使得现代国家成为了民族国家。"① 今日欧洲的民族国家的自我认同正在走向衰落，代之而起的欧洲的自我认同，或者是欧洲向美国认同的转移。在全球化的格局下，民族主义的作用方式也发生了一种深刻的变化，以前的民族主义大多表现在实证主义层面，其功用也往往限于民族自治以及对西方化的外部抵御，当下的民族主义则更多的是表现在主观层面，深入到社会心理结构中，在全球化背景下已经成为一种典型的"反体制的运动"。"在当前西方的文化研究中，人们并不大考虑民族主义的实证主义特征，如在划定的地区和经济内的共同语言、文化和心理。他们更多地关注在这些特征之间、国民和非国民之间不断变动的关系，而不是特定的、具体化的特点；更多地关注民族认同创造的主观过程，而不是其实证过程。当前文化研究中非常有趣的一个现象是，它一方面为民族主义辩护，同时又对新形式的多国地缘政治组织提出一种批评的理解；另一方面认为民族主义是妨碍全球化社会经济形成的意识形态，同时又承认民族主义在反对西方文化、政治和经济的殖民化斗争中具有战略意义。"②

一提到民族主义，通常都是局限于负面意义，似乎民族主义必然代表着一种虚假的和错误的意识形态。其实，民族主义本身只是一种社会心理，它在一定情况下可以强化为意识形态，但它却又是一种实实在在的社会意识形态。"'民族主义'这个词主要指一种心理学的现象，即个人在心理上从属于那些强调政治秩序中人们的共同性的符号和信仰。"③ 民族主义可以界定为一定民族强烈的自我认同的思想观念与价值态度，任何一个民族及其国民都存在民族主义，正如有国家就有爱国主义、有共同体就有集体主义，民族主义原本是正常不过的现象。在这个意义上，不同的国家与民族，因为其民族性的差异与多样性，其民族主义的表现方式也是不一样的。值得注意的是，对于民族主义，知识分子与普通民众的评价并不一致，知识分子大都与民族主义保持一定的距离，甚至远离民族主

---

① 哈贝马斯著，曹卫东译：《后民族结构》，上海人民出版社 2002 年版，第 76～77 页。
② 参见王宁、薛晓源主编：《全球化与后殖民批评》，北京，中央编译出版社 1988 年版，第 98 页。
③ 吉登斯著，胡宗泽等译：《民族－国家与暴力》，北京，三联书店 1998 年版，第 141 页。

义，但对于普通民众而言，民族主义则是一种基本的心理态度和情绪。相对而言，普通百姓的民族主义态度更为真实地反映了民族自我认同的状况，反映了民族主义作为人之常情的一面。民族主义的多样性与常识性都是需要尊重的，但是，如果一个民族过于自负（或者过于自卑），就极易走向狭隘的民族主义。狭隘的民族主义是不健康的，也经常带来实践上的恶果。狭隘的民族主义有两种情况：一是未经开放的自我认同的过分强化，它排斥一切外来民族性；另一种是表现出强烈的攻击与征服意识的自我认同，将交往中的其他民族视为本民族的他者与客体。朴素的民族主义如果不经过反省与开放，就可能导向狭隘的民族主义。从这一意义而言，全球化过程所伴随的开放性与交往普遍性要求，本身也要求民族主义克服自身的不足。其实，之所以把民族主义视为一种负面的价值，就是基于全球化的同质性与普遍性标准。但是，由于全球化历史的西方本质特征，在全球化的具体实践过程中，必然要求非西方的民族性表现出自身明确的价值观，因而，非西方的民族性必然会被历史地整合为民族主义。并且，基于自身的民族利益考虑，各民族国家在舆论导向与社会管理领域，也必然会充分利用民族主义资源，进行道德与思想观念上的教化与整合。而且，随着日常生活领域日益物化、大众化与技术化，随着人们的精神生活已难以确定一种稳定可靠的信仰支撑，随着民族多样性问题的日益凸显，民族主义已越来越显示出社会整合与管理的意义。

## 三、民族性的当代精神处境

对民族性处境的分析必须深入到时代的精神生活层面。现代精神生活各个层面的表现，都蕴涵着民族性的当代际遇，这也是民族精神课题面临的现实问题。

### 1. 激活了的文化传统

时代精神仍然处于从传统到现代的转换，这一转换并不是一个有目标的转换，而是随着现代性问题的积累而不断发生变异，是一场未竟的转变。任何生命个体都会遭遇到历史转变所带来的心灵激动与震荡，这种境遇在很大程度上又是集中体现在个体所归属于的民族精神的共同感中的。民族精神虽可能强化个体精神的感受，但更多地还是归并和承受个体生命的，并且，正是通过归属于民族精神，个体生命找到一种由现代通向传统的通道。从这里我们看到，民族精神是深深地根植于传统之中，并通过传统给予解释。其实，只有对传统给予充分的理解和培植，民族精神才得以成立。

作为精神生活的源泉，传统实在具有莫大的包容性、解释力与神奇效应。从很大程度上说，传统与现代的矛盾主要是现代性刺激的结果，就其精神向度而言，现代本身也源自于传统，正如现实源自于历史。现代化的历史经验与教训告诉我们：现代化的展开只有当其充分考虑到传统的意义，并形成一种稳定性的精神气质时，才谈得上形成传统。这种讲法看似矛盾：在现代化"之前"传统本就存在着，为什么是现代化过程中才形成某种传统？问题正好触及到传统的流动性及其精神内容。希尔斯说："无论其实质内容和制度背景是什么，传统就是历经延传而持久存在或一再出现的东西。它包括人们口头和用文字延传的信仰，它包括世俗的和宗教的信仰，它包括人们用推理的方法，用井井有条的和理论控制的知识程序获得的信仰，以及人们不假思索就接受下来的信仰；它包括人们视为神示的信仰，以及对这些信仰的解释；它包括由经验形成的信仰和通过逻辑演绎形成的信仰。"① 由此可见，传统即"可传的统"，所谓"统"，乃一种文化传统的根本的"道"、源或本体，是文化流变中持之以恒的理念，是构成文化传统的核心。万物皆有源流，文化更是如此，滔滔长江汇入大海，是其源头不断汇入各支流进而汇合的结果，文化之源与流的统一，即所谓传统。当然，如果没有流，源本身就成了问题。而源的意义就在于必须发生流变并能够汇通于其他源流，如此才形成海纳百川有容乃大的气概。如此来看，任何一种有出息的文化传统都必然是强调包容与流变。

在现代化的起步阶段，传统常常直接束缚着发展，而"传统"也常常被看成是"保守"的同义语，要传统，就不能现代，要现代，就不能要传统。可是，一旦现代化进程全面铺开，传统与现代化之间的对立就不那么明显了，甚至于传统也成为一个国家或民族是否在人类性的现代化进程中保持个性的前提条件。传统并不是现代化的障碍，抛弃传统的现代化必然要付出代价，事实上，当代社会，许多国家与民族在这方面已经付出了高昂代价。如果我们不局限于现代化的物质层面，就会看到，一个国家或民族的传统将作为一种稳定的精神气质表征着其现代化的内涵与方向，正是传统标示着一个国家或民族现代化的品位与个性。在通常情况下，强调传统往往被看成是文化守成主义，对传统的卫护也往往意味着对现代化的拒斥，甚至成为一个国家或民族拒绝进入现代化的策略或战略，但是历史性地看，在全球现代化浪潮中不断涌现的反现代化浪潮，在很大程度上也缓和了过于刚性的现代化的张力，并不断成为现代化的反思性条件。

传统的流变过程其实是人自身理解的不断完善和升华过程，在这一意义上，当代社会正在经历一场传统的巨大转变，这就是从以物为本的实存论传统转变为以人为本的生存论传统，这一转变使得传统更为健全而积极地深入到了人生存的质量与意义。转变是随着现代化的推进、特别是随着现代化问题的暴露而全面铺开的。随着对现代化理解的加深，人们感到，现代化不仅只是器物层面的，而且

① ［美］E. 希尔斯：《论传统》，上海人民出版社 1992 年版，第 21～22 页。

还必然是人自身意义上的现代化。现代化的关键其实是人自身的现代化。人的现代化必须要考虑人的生存要素，人的生存要素有很多，有环境方面的、基本生活资料方面的、教养及知识技能方面的、家庭及伦理亲情方面的、性及情感需要方面的、交往及人的社会化活动方面的，等等。其中，传统构成人的生存的不可离弃的条件。人必须根植于并生活于一定的传统中，哪怕他始终是在反叛这一传统。

随着现代化的推进以及器物层面的现代化所带来的人自身的问题（诸如制度、信仰、精神操守、心性等等）的积累，传统对人的积极的意义也会逐渐显现出来。器物层的现代化只是现代化的手段，还不是现代化的目的。但在人类的现代化抉择中，差不多是把手段性的东西直接看成了目的，现代化的目的就是人的现代化，而终极的目的是马克思所说的人的自由而全面的发展。所谓器物层面的现代化，从社会发展模式上看，就是唯经济的发展模式，这种模式的严重问题就是直接忽视了人的精神，包括文化传统对人生存的巨大价值，这样的发展观注定是没有什么前途的。

唯经济发展观的终结标示着功利主义的价值观走到了它自身的极限。在这种情况下，文化传统以其深厚的积淀呈现出了它对于现代化问题的治疗意义。从某种程度上说，以工商业现代化为标尺的现代化进程将人类带到了一种误区中，致使世界各国民族失去了自身独特的文化个性。在西方语境下，特别是受马克斯·韦伯的影响，认为只是西方式经过新教伦理改革的资本主义精神才有益于现代化，但牟宗三、杜维明等一流的中国思想家以及李光耀、马哈迪尔等政府首脑也一再指出，东亚文明模式照样可以推进资本主义的发展，而东亚地区在经济上的成功也强有力地印证了这一观点[①]。

东方文化传统价值的重新发掘，对于抗衡和治疗西方现代性文化的负面效应，正在产生应有的价值。显然，弘扬民族精神，并不只是精神文化上的需要，而是具有经济、政治与环境等多方面的意义。而且，对于整个东方国家而言，弘扬民族精神必须要面对传统与现代的两难处境。后发国家及民族的传统远比发达国家及民族复杂，因而，在面对和处理传统问题时，后发国家及民族也要承担更为复杂和艰巨的任务。从很大程度上说，与现代化相匹配的文化模式本身就是发达国家及民族精神传统的逻辑展开，至少其文化传统已经适时地完成了符合于现代化要求的转型。但是，对于东方而言，却是另外一种情况，因为强势的现代性区分，后发国家的文化传统及其民族精神，往往被确定为与现代化不相符合甚至直接冲突的文化类型，在很大程度上，东方文化传统及其民族精神的现代转变，

---

① 近年来的亚洲经济危机看起来对这一观点提出了质疑，对此，杜维明先生强调必须首先把这一现象纳入全球性的资本主义体系中去考虑，而不是仅仅从一个国家或一个地域去考虑。见杜维明：《东亚价值与多元现代性》，北京，中国社会科学出版社 2001 年版，第 70～87 页。

竟被排斥于现代性之外了。也正是在这一意义上，被西方现代性不断强化了的物化逻辑需要受到批判，并在东方形成了一种具有政治力量的反叛传统。与此同时，东方民族需要明智地看到：必须坚定不移地推进自身文化传统及其民族精神的现代转换。

### 2. 滞后的精神文明状况

与西方社会不同，20 世纪的东方国家与民族，一直在探索一条从外部超越西方资本主义的道路，这种探索已经生成了一种具有强大精神感召力并具有实践效应的社会主义理念。换句话说，东方各国基本上是在有别于西方资本主义的旗帜或策略上实现物质文明、政治文明与精神文明的现代转变的，因此，西方那种器物层、制度层与理念层的转换与提升逻辑对非西方并不是直接适合的。东方民族在现代化的进程中，必须同时考虑三个层面的问题，不可能按照西方那种由器物层、制度层再到理念层的既定步骤，实际上，西方近代化过程中出现的问题，同时也被看成是东方在现代化道路中的历史性的经验教训，其中，先进的理念建构对器物层以及制度层的建设都发挥着应有的作用。值得指出的是，在这方面，东方的民族精神及其自觉起到了关键作用。当然，在强势的全球化背景下，一方面，西方文明在精神层面上的滞后性及其病理症状已经很明显地波及到后发展国家；另一方面，东方民族和国家在现代化进程中内生性的精神文明滞后的情形也显现出来。特别是对于近几十年来高速发展的东方国家尤其如此。中国就是这样，在经历了改革开放的 30 年后，中国在器物层的现代化已取得了举世瞩目的成就，但政治文明，尤其是精神文明滞后于物质文明的现状同样十分明显。这是我们必须面对的现状。

当代工业文明的物化及外化态势，从客观上限制、挤压甚至吞噬了人们精神世界的内在化要求。实际上，在很长一段历史时期，工业文明的建立恰恰要摒弃人们那些源自于传统、道德、生活习俗、审美观念，以及信仰等等对精神生活的影响，这些历史的主体是资产阶级。资产阶级通过近代工业文明使得传统与现代在精神上断裂开来。这正如马克思所言："资产阶级在它已经取得了统治的地方把一切封建的、宗法的和田园诗般的关系都破坏了。它无情地斩断了把人们束缚于天然尊长的形形色色的封建羁绊，它使人和人之间除了赤裸裸的利害关系，除了冷酷无情的'现金交易'，就再也没有任何别的联系了。它把宗教虔诚、骑士热忱、小市民伤感这些情感的神圣发作，淹没在利己主义打算的冰水之中。它把人的尊严变成了交换价值，用一种没有良心的贸易自由代替了无数特许的和自力挣得的自由。"① 我们知道，工业文明作为现代物质文明的高速推进过程，本身

---

① 《马克思恩格斯选集》第 1 卷，北京，人民出版社 1995 年版，第 274~275 页。

就是当代人精神世界现代病的加剧过程，维系人们精神心灵的来自于民族性方面的凝聚力逐渐减退、削弱，民族性的精神力量不得不让位于现代性的物化力量，而且随着现代化的推进，愈演愈烈。这就是现代文明中的精神异化现象。这正是20世纪以来现代人本主义兴起的重要背景。如果说，在传统人本主义中，精神仍然是一种能够抗衡物化的力量，并且人们也相信这样一种力量，那么，现代人本主义已不相信在传统中形成的人文理想能够抗衡精神异化。传统人本主义的同时也是理想主义或自然主义，现代人本主义的基础恰恰是非理性主义，是对于理想本身的反讽，是对于价值理想日益式微的现代思想文化的消极认同，其极端形式就是后现代主义。而且，就现象而言，人们的精神世界也快速地遁入到后现代状况。在此，后现代，作为一个没有明确时代指认的概念，本身就以一种疲软和自暴自弃的方式指认了人们对高度发达的工业文明以及后工业文明的消极认同，这种认同显示出了当代人精神世界日益加剧的困倦与无奈。

当代各个民族精神文明滞后性的另一个表现是：各个民族国家尚没有培植起一种能够适合于现代物质文明的精神生活心态。从表面上看，大多数现代人对于能够给生活带来诸多便利，并有益于提高生活质量的现代工业文明，基本上是持认同态度的，但仔细分辨，这种认同基本上还是停留于物质享受层面，各个民族并没有真正从精神生活层面理解和接受现代工业文明，这也是现代工业文明在文化意义上尚没有自觉地提升到精神文明高度的社会心理原因。一些民族对现代工业文明态度的拒斥，既包括对工业文明精神的否定，也包括对工业文明生活样式极端的排斥和反叛，以及随之表现出的激进的浪漫主义。然而，这种浪漫主义看来仍免不了有矫揉造作和故弄姿态之嫌，而且，正因为其矫情，从而直接成为商业化本身的口味。可见，这样一种态度，看来仍然还是感性的和非理性的，它对于建立起与现代工业文明相符合的社会心理结构并没有多大益处。我们注意到，对现代工业文明持拒斥态度的，主要还是在民族群体中自觉意识最高的知识分子群体，这表明，整体社会意识对于现代工业文明的自觉的接受意识尚待形成。当然还有为数不少的人把现代工业文明的价值背景设定为功利主义或物质主义，并因此成为享乐主义或消费主义的实验者，这些人往往是属于社会的前卫派。但是，多数人仍然只是把工业文明看成是"器"与"用"，而维系他们精神生活价值观的主要还是传统的文化精神（"道"与"体"）。这实际上意味着，社会的多数人仍然生活于精神传统与物化的现代生活的夹缝之中。当然有人感叹世风日下，世风不古，也在不同程度上感受到古老的文化传统精神正在经历一场时代的重大转变，但对这种转变的感性认同与是否把文化传统精神的时代转换与现代工业文明的精神内涵本质性地融合在一起，既形成民族类群的文化自觉，又形成个人的理性的考量，显然存在着本质的隔离。

### 3. 个性化与民族精神的公共性

个体化生活是当代人生存的重要表现形式，它本身也是现代性得以不断推进的策略。在此，个体化本身并不是一个僵化的概念，而是流动的概念。19 世纪后期以及 20 世纪前期，或曰早期现代性的个体化强调的是个人走出其对族群的依赖性（这一过程，吉登斯把它称之为"脱域"：Disembedded①），吉登斯指出，脱域，"指的是社会关系从彼此互动的地域性关联中，从通过对不确定的时间的无限穿越而被重构的关联中'脱离出来。'"② 相应地，这时的族群还是一种与现代社会整合矛盾的旧的类群形式，这种个体化是基于经济独立基础上的人性的独立性，马克思所言的"走出群体的依赖性，进入他自己的独立性"，"基于物的个人的独立性"，其意义就在这里。应当说，这一时期，个体化在现代性的推进中担当着阶级启蒙与观念启蒙的双重使命。实际上，与近代理性主义哲学的深刻源渊、近代功利主义的强势背景，以及对群体主义的强烈反叛，由此形成了主宰现代性的单子式的个人主义。这种个人主义"意味着否认人本身与其他事物有内在的关系，即是说，个人主义否认个体主要由他（或他）与其他人的关系、与自然、历史、抑或是神圣的造物主之间的关系所构成。"③ 但是，自 20 世纪中叶以来，随着西方资本主义工商业文明以及科学技术的强势发展，以及随之展开的全球化浪潮，使得现代性进入一个新的时期。这一时期，有论者称之为盛期现代性时期（吉登斯），有论者称之为第二现代性时期，其特征是个体化日益认同于技术与消费社会。个体化往往是通过驯服于流程化、高风险同时又是高福利化社会而实现的，这种驯服从表面上看体现了一种服从，但实际上是进一步强化了个人主义的物化层面。如果说早期现代性的个人主义还带有明显的理想化色彩，那么，这一时期的个人主义更多的是同一于世俗主义乃至于物质至上主义。

从某种程度上说，个体化的这种当代转变呈现出个体生存处境的当代转变。个体化生存必须首先获得其现代性生活条件，而这种条件在日益职业化的现代社会，必然是与某一职业联系在一起的。因此，走出对群体的依赖性，实际上是以进入一个有着内部规范和生活样式的群体为路径的。在某种程度上，世俗主义是现实给予的结果。鲍曼分析道："早期现代性的脱域是为了重新嵌入。脱域是社会认可的结果，而重新嵌入却是摆在个体前面的任务。一旦僵化的社会等级结构被打破，那么摆在现代时代早期的男人和女人们前面的'自我认定'（self-iden-tification）的任务，就意味着一种'过名符其实的生活的'挑战（赶上时髦，与左邻右舍并驾齐驱），积极地遵守正在形成的被阶层限制的社会类型和行为模

---

① 参见齐格蒙特·鲍曼，欧阳景根译：《流动的现代性》，上海三联书店 2002 年版，第 33 页。
② 吉登斯著，田禾译：《现代性的后果》，南京，译林出版社 2000 年版，第 18 页。
③ 大卫·格利芬著，王成兵译：《后现代精神》，北京，中央编译出版社 1998 年版，第 4 页。

式，模仿他们，紧跟这种生活模式，适应这个阶层的文化，不要掉队，也不要违背它的规则。"① 在这种情况下，我们发现，个体化或者进一步说个性化，依然是现代性的不变的旗帜，尽管个体化已经被某种时尚化的东西所取代，但个体化或个性化依然作为一种社会的强势意识形态受到鼓舞。

但问题是：虚假的个性化是否需要一种民族精神作为保证，如果需要，在个体主义盛行的时代如何建构民族精神。我们知道，民族精神的来源主要有三：一是宗教资源，宗教设定的或可称之为超验性的民族精神（如犹太教和伊斯兰教精神），但问题同样在于，这种超验性的精神如何才能转换为一种集体经验性的精神。二是公共生活伦理，这是各个民族在传统生活中形成的日常的伦理生活基本规则，但它显然也需要经过一种由传统的生活范式向现代范式的转换。三是由国家意识凝聚成的对国家民族乃至整个人类生活的关注与忠诚。但是，我们知道，现时代的个体主义消解的正是上述三种民族精神资源。

对于西方人而言，民族精神总是与宗教感受联系在一起的，但是，恰恰是在公共生活领域中，这种源自于宗教的精神感受是缺失的。"宗教在它得以生存的程度内越来越被局限于私人事务；事实上，在公共生活领域中，上帝彻底地消失了。"② 于社会整合而言也是如此。迪尔凯姆就认为："个人服从社会，这种服从也是个人获得解放的条件。因为人的解放在于个人从盲目的、无思考能力的物质力量中解脱出来；他要获得这种解脱，就必须依靠伟大和充满智慧的社会力量来反对它们，在这种社会力量的保护下他得以隐蔽起来。"③ 个人对社会和族群的驯从，是靠惯性、习俗、自然力量而实现的。

早期现代性直接来说是人文主义的外显形式，但这一时期的现代性，其特征是个性化认同于一个新的以技术为中轴的极权主义。这就出现一个问题，如果说个性化在启蒙意义上并不存在任何难度，那么，面对流程化、却同时又是福祉化的技术社会里，个体经常会自愿地放弃其个性化追求，或者采取一种个性化的形式。马尔库塞特别对此做过批判。我们注意到，这一时期正是法兰克福学派社会批判理论兴盛的时期。

原子化的生存方式在当代社会得到了前所未有的弘扬，与此同时也陷入了个性化的悖谬：在一定意义上，个性化的目的会消解民族精神的公共性诉求。如果把现代性分为早期现代性、盛期现代性与后期现代性，那么，当代社会通过其市场化、商业化的运作方式把个性化操作成了一种市场动作手段。比如卢曼就认为，在后工业社会里程序的性能替代了法律的规范性。本来，法律的实施必须存

① 齐格蒙特·鲍曼著，欧阳景根译：《流动的现代性》，上海三联书店 2002 年版，第 49 页。
② 大卫·格利芬著，王成兵译：《后现代精神》，北京，中央编译出版社 1998 年版，第 7 页。
③ 转引自齐格蒙特·鲍曼著，欧阳景根译：《流动的现代性》，上海三联书店 2002 年版，第 29 页。

在与之相适应的契约伦理问题，这一契约伦理的合法性基础源自民族生存的公共性，但是，由于后工业社会的复杂性与多变性，法律的实施往往显得滞后，这样，源自于国家和民族的伦理功能则直接以技术官僚合法性的方式介入社会领域，充当法律的功能。但是，在这里，无论是技术官僚的合理性，还是在社会领域技术化控制的实施过程中，公民的信仰与道德其实都处于一种缺失状态。因此，如下评论其实是合理的："在发达工业社会里，法律上和理性上的合法化被技术官僚合法化代替了，技术官僚合法化丝毫不重视公民的信仰，也不重视道德本身。"①

毋庸置疑，当代文明正在经历一次重大的历史大转型，涉及经济、政治、文化传统、交往方式以及社会生活的方方面面，这场艰难而又必然的历史转型已经持续了近两个世纪，而且还将继续持续下去。在某种意义上，人们在潜意识里自觉到的历史时代的重要性以及当下时代的文化错位，已经形成了巨大的历史感的惶恐与惊疑。而且，对于这场历史变革的方向与前景，尚未形成共识。对现代性的不懈批判与拆解，修复与重建，本身正是时代转型的精神表现方式。

虽然我们当下的生存境遇和精神处境复杂多变而又矛盾重重，但是现代社会的进步和人的全面发展的要求毕竟已是大势所趋，愈来愈多的人渴望在精神上摆脱生活的庸俗、虚假和物化，期待着身心、灵肉的和谐，寻求健康、真诚、有意义的生活方式。只要人们有新的精神自觉并积极面对现代文明所带来的负面影响，我们就能够培育出新的文化精神并借此走出当前的精神困境。这种新时代的民族精神应是既继承优秀文化传统，又具有现代的先进文化内涵；既表征民族的根本利益，又体现个人的自由发展；既推动当前的运动，又代表运动未来的精神；而中华民族的"民胞物与"、"天下大同"的理想，也将在新的民族精神的时代发展中获得更有力的体现；中华民族精神也将从现代与传统、民族与世界、科学与人文、个人与社会以及批判与建设的矛盾张力中与时俱进、自我超越，在爱国主义得以弘扬的基点上，彰显世界主义的光辉。

---

① 参见利奥塔著，车槿山译：《后现代状况：知识的报告》，北京，三联书店1997年版，第101页。

第二编

历史篇

# 第四章

## 寻根探源：
## 中华民族精神的发生

作为一个自觉的民族实体的中华民族虽然直到 20 世纪的初叶才出现，但作为一个自在的民族实体则有着悠久的发展史。早在 100 多万年前，中华民族的祖先就已经在中华大地上生息繁衍，是黑格尔所说的"精神的太阳"最初升起的地方。因此，对于中华民族精神的发生学考察，用恩格斯的话说，是"同精神胚胎学和精神古生物学类似的学问"①。

民族精神作为一种社会意识，它既非造物主的赋予，也不是绝对理念的先验产物，而是该民族在长期的共同生活和社会实践中创造、积淀而成的。这种创造与积淀又不是凭空制作的，而是根植于民族生活的沃土之中，受制于民族文化发生的精神现象学机制——人与自然、人与社会、人与历史对象性关系中的主客体双重建构②。民族与自然—社会—历史三重现实的对象性关系，构成民族精神生成、发展的现实基础。正是地理环境的、物质生产方式的、社会组织和社会历史的综合格局，决定了民族文化和民族精神的特质。所以，中华民族精神的根基和源头，应该到孕育中华民族的地理环境、生产方式、社会组织和社会历史等社会存在中去探寻。

### 一、整体多样的地理环境与中华民族精神的滋生

人类所面临的存在对象首先是自然界，自然界是人类生存的前提，亦是人类

① 《马克思恩格斯选集》第 4 卷，北京，人民出版社 1972 年版，第 215 页。
② 参见许苏民：《文化哲学》，上海人民出版社 1990 年版，第 72 ~ 84 页。

文化创造的前提。在从猿向人的进化过程中，由于地理环境的影响和进化中的人对自然环境的主动适应，形成了人类不同的种族。人类各种族根据各自所处的地理环境选择了自己的生存方式，赋予了特定的文化类型以地域的或民族的特色。"这些自然的区别第一应该被看作是特殊的可能性"，"民族精神便从这些可能性里滋生出来"①。中华民族精神也正是从中国远古地理环境的"特殊可能性"里"滋生出来"的。

最新的研究显示，青藏高原在晚新生代的三次强烈的构造运动，最终形成了更新世以来中国独特的地理环境格局②。一方面，青藏高原的不断隆升在东亚与旧大陆西方形成一道巨大的地理屏障，将东亚大陆分割成一个相对独立的自然地理单元。另一方面，高原隆起所产生的环境效应，在地貌上形成从西向东、由高至低的三级阶梯地形，在气候上形成青藏高原及邻近的高寒区、西部干旱区和东部季风盛行区三大自然区域。这种外部相对封闭而内部气象万千、整体上自成系统而局部则丰富多样的地理环境，为中华多元一体文化和多元一体民族关系的生成提供了自然前提和物质基础。

就地理环境的多样性来说，我国远古的地理景观，大体上可描绘为五个大区："秦岭、淮河一线以北，自山海关起，从东北走向西南，达甘肃省南部以南，为森林草原区；秦岭、淮河一线以南的广大丘陵地带，为森林沼泽区；东北大、小兴安岭和长白山一带为森林区；山海关至甘肃南部以北和以西，昆仑山、祁连山以北为草原区；青藏高原为高寒草原和丛林灌木区。"③ 在这五大区的各区中，地形也是极其复杂多变的。例如，北方的黄河流域，西部为黄土高原区，它包括秦岭以北、长城以南、太行山以西、青海日月山以东的地区；东部为华北平原区和山东丘陵区。在黄土高原区中，既有地势高亢而上面较为平坦被称为"塬"的特殊地形，也有晋陕中部的山间盆地及河谷平原。南方的长江中下游地区也是亚热带平原、丘陵及低中山相交错的地区。西南地区，地形更是复杂，在占绝对优势的丘陵山地中也含有局部河谷平原和山间盆地。除自然环境的地区性差异大之外，植被垂直分布也颇为显著。东南沿海属山岭丘陵地区，但河谷盆地也穿插其间。"广谷大川异制，民生其间者异俗。"④ 活动在如此复杂多变的地理及生态环境中的中华远古先民，在进入全新世后所创造的新石器文化也是千姿百态、谱系复杂，呈现出多元化格局和多样性发展。仅以黄河流域及长江中下游地区为例，前者自西而东，至少存在着三个考古文化系列群：即①西起甘青，

① 黑格尔著，王造时译：《历史哲学》，上海书店出版社 1999 年版，第 85 页。
② 参见施雅风等：《青藏高原晚新代隆升与环境变化》，广东科技出版社 2000 年版。
③ 吴传钧主编：《中国农业地理总论》，北京，科学出版社 1980 年版，第 52 页。
④ 《礼记·王制》。

东至洛阳左近，北起河套，南越秦岭至汉水上游，而以渭水为中心的大地湾·老官台—仰韶文化系列群；②太行山东侧、华北中部的磁山·裴李岗—后岗—大司空仰韶文化系列群；③以泰沂为中心的北辛—大汶口文化系列群。后者由西向东，也存在着两个独立的文化系列群：一是长江中游的彭头山—皂市下层—大溪—屈家岭文化系列群；另一是长江下游的河姆渡·罗家角—马家滨—崧泽文化系列群①。中华文化的多元发生与中华民族的多元组成，是同一问题的两面。

中国古代地理环境的多样性不是混乱无序的多样，而是自成系统的整体多样。白寿彝先生主编的《中国通史》指出：

"中国地理条件，由于天然特点而自成一个自然地区。这个自然地区的环境是：北有大漠，西和西南是高山，东与南滨海；黄河、长江、珠江三大水系所流经地区是地理条件最好的地区。在这个自然地区里，任何局部地区的特点、局部地区与局部地区之间的差异及其产生的种种社会结果，一般地说，都不能不受到这个整体所具有的统一性的约束。"②

中华大地从东到西、从南到北的各个部分，不仅相互联系，而且由这种有机的联系而成为一个整体。对内来说，由于各个局部的相互联系和补充，中华大地是一个自足的整体。如有不同海拔的地势，有不同纬度的气候，有平原和山区，有内陆和海滨……由此而形成了游牧经济和农耕经济、旱作农业和水稻农业、农业和渔业的相互补充、圆融自足。同时，这个整体的中心地带即黄河、长江中下游，又具有古代经济发展较为优越的自然环境，因而成为凝聚和整合各地区的先进核心。对外来说，由于四周的自然屏障形成一个隔绝机制，不论就亚洲或世界范围来看，中华大地都是一个独立的整体，各地区的经济、文化都有向内、向中心发展的趋向。这种外部相对封闭而内部气象万千的地理环境，既为中华民族和中华文化的多样性发展提供了广阔的舞台和空间，又为中华民族和中华文化的内聚和整合提供了基础和腹地。

黑格尔曾详细地分析了古希腊人所处的地理环境与古希腊民族关系及民族性格之间的关联。他说，希腊全境都是千姿百态的海湾，这个地方普遍的特征便是划分为许多小的区域，同时各区域间的关系和联系又靠大海来沟通。人们在这个地方碰见的是山岭、狭窄的平原、小小的山谷和河流。这里没有大江巨川，没有简单的平原流域；这里山岭纵横，河流交错，没有形成一个大的整块。这使得希腊到处都呈现错综、分裂的状态，正同希腊各民族多方面的生活和"希腊精神"

---

① 王震中：《中国文明起源的比较研究》，陕西人民出版社1994年版，第31~32页。
② 白寿彝主编：《中国通史》第1卷，上海人民出版社1989年版，第144页。

善变化的特征相吻合。"参差不同是希腊精神的元素"。所以，希腊民族从一开始就有了分立的性格①。而中国地理环境的整体性与多样性的统一，则是中华多元一体文化和多元一体民族格局得以生成的自然条件。徐旭生先生认为，从原始社会直至汉民族形成之前，中华大地上生活着三个主要的部落族团：中原的华夏集团、黄淮地区的东夷集团和南方的苗蛮集团。"此三集团对于古代的文化全有像样的贡献。他们中间的交往相当频繁，始而相争，继而相亲；以后相亲相争，参互错综，而归结于完全同化。"② 各个部族在文化上和种族上的相互交流、沟通、汇合、融合，由"你中有我，我中有你"而孕育出新的一元共性，产生出共同的文化心理，形成民族的认同感和凝聚力。中华民族的图腾——龙，就是这种共同性和综合性的象征。龙的崇拜起源极早，可上溯至六七千年前的新石器时代，初期龙的形象还有所象形实指，但定型后的龙却是"角似鹿，头似驼，眼似龟，项似蛇，腹似蜃，鳞似鱼，爪似鹰，掌似虎，耳似牛"③。这无疑是一个综合了众多部族符号的复合图腾，体现了中华民族"兼容并包"、"和而不同"的精神元素。

地理环境对民族精神的生成，是通过人与自然在物质交换过程中的主客体双重建构而实现的。没有人类的活动，没有人类应付环境挑战的能动性，自然界绝不能单独创造出文化来。正如黑格尔所说："爱奥尼亚的明媚天空固然大大地有助于荷马诗的优美，但是这个明媚的天空绝不能单独产生荷马。"④所以，我们不应该把自然界的作用估量得太高或者太低。人类的文明发生固然需要一定的环境前提，但是，环境过于优裕也同时取消了进化的动力。因为"过于富饶的自然'使人离不开自然的手，就象小孩子离不开引带一样'"⑤。反而是自然条件相对较差的地方，使进化中的人面临自然的挑战更为严峻，因而更能激发原始的生存危机感和向着自然争取自由的原始的生命冲动。各民族面临的挑战不同，做出的应对也不同，由此而形成各个民族不同的精神特质。

英国著名历史学家汤因比在分析研究了全世界 26 种文明类型之后，将文明的起源归因于环境与人的"挑战"与"应战"。他分析古代中国的文明起源说：

"如果我们再研究一下黄河下游的古代中国文明的起源，我们发现人类在这里所要应付的自然环境的挑战要比两河流域和尼罗河的挑战严重得多。人们把它变成古代中国文明摇篮地方的这一片原野，除了沼泽、丛林和洪水的灾难之外，还有更大得多的气候上的灾难，它不断地在夏季的酷热和冬季的严寒之间变换。古代中国文明的祖先们，从种族上看来，好像同南方和西南方广大地区上的居

①④　黑格尔著，王造时译：《历史哲学》，上海书店出版社 1999 年版，第 233、235、85 页。
②　徐旭生：《中国古史的传说时代》，北京，科学出版社 1960 年版，第 39 页。
③　罗愿：《尔雅翼·释龙》。
⑤　《马克思恩格斯全集》第 23 卷，北京，人民出版社 1972 年版，第 561 页。

民——从黄河到雅鲁藏布江之间，从西藏高原到东海和南海——没有什么差别。如果说这样一片广大地域的人群当中，有一部分人创造了文明，而其余人却在文化上毫无所有，我想这个理由也许是他们虽然全有潜伏的创造才能，可是由于某些人遇到了一种挑战，而其余人等却没有遇到的缘故。"①

面对艰苦生存环境的挑战，中华先民"筚路蓝缕，以启山林"，积极回应了环境的挑战。先民的辛勤耕耘不仅在物质文化园地培育出累累果实，而且精神文化苗圃也绽放出质朴的精神之华。

上古神话是中华文化的源头，是远古历史的回音，它真实地记录了中华民族在它童年时代瑰丽的幻想、顽强的斗争，以及步履蹒跚的足印。女娲补天、大禹治水、夸父逐日、愚公移山、精卫填海等神话传说，正是华夏先民与恶劣环境、与自然灾害斗争的有力写照，涵蕴并影响了民族精神的形成，是中华民族精神的象征。以女娲补天的神话为例：

"往古之时，四极废，九州裂，天不兼覆，地不周载。火爁炎而不灭，水浩洋而不息；猛兽食颛民，鸷鸟攫老弱。于是女娲炼五色石以补苍天，断鳌足以立四极，杀黑龙以济冀州，积芦灰以止淫水；苍天补，四极正，淫水涸，冀州平，狡虫死，颛民生。"②

女娲补天的神话曲折地告诉人们，远在史前时代，中华民族开始形成的时候，中华先民们所面临的生存境遇是非常艰苦的。在这种艰苦的环境里，只有奋斗才能生存下来，发展开去。"正是这种艰苦奋斗的历程，孕育和培养了中华民族刚健有为，自强不息的精神"③。

## 二、农耕为主的生产方式与中华民族精神的孕育

马克思主义认为，"物质生活的生产方式制约着整个社会生活、政治生活和精神生活的过程"④。人们的国家制度、法的观点、艺术以至于宗教观念，都是从"直接的物质的生活资料的生产"这个基础上发展起来的，也必须由这个基础来解释。以农耕畜牧为基础的定居聚落的出现，是人类通向文明社会的共同起点。从此，由村落到都邑，由部落到国家，人类一步步由史前走向文明。古代中国是世界农耕的主要起源地之一，距今七八千年前，在黄河流域、长江中下游以及华南的一些地区，农业生产在整个经济生活的主导地位已经确立，形成了以农

---

① 汤因比：《历史研究》上册，上海人民出版社 1986 年版，第 92～93 页。
② 《淮南子·览冥训》。
③ 刘文英：《关于中华民族精神的几个问题》，《哲学研究》1991 年第 11 期。
④ 《马克思恩格斯选集》第 2 卷，人民出版社 1995 年版，第 32 页。

耕为主的综合经济。中华传统文化和中华民族的一系列性格，其根源都深植于"耕作占支配地位"这一经济生活的事实之中。

长期的农耕生产，使中华民族从"一分耕耘一分收获"的生活中孕育出极强的"务实"精神。章太炎在《驳建立孔教义》一文中说："国民常性，所察在政事日事，所务在工商耕稼，志尽于有生，语绝于无验。"[①] 他的这一描述，准确地刻画了以农业为主体的中国人"重实际而黜玄想"的民族性格。正是这种民族性格使中国人发展了实用—经验理性，而不太注重纯科学性的玄想，亚里士多德式的不以实用为目的而探求自然奥秘的好奇心所驱使的文化人，较少在中国产生。

"重实际而黜玄想"的民族性格的另一表现，是中国人在宗教问题上的态度。自周秦以来的两千余年间，虽有种种土生的和外来的宗教流传，但基本上没有使全民族陷入宗教迷狂。相对于西方基督教文化"天学"的主体思想，印度佛教文化"鬼学"的主体思想，注重实际、积极入世的"人学"，是以儒道法三家为主体的中国传统精神的共同认知。

与西方、印度紧紧盯着彼岸世界的文化相比，中国数千年来的伦理—政治型文化范式，抑制了宗教的泛滥，宗教势力相对薄弱，这就决定了中国古代社会将文化投向现实世界，着眼于"今生"，而不是"来世"。中国人致力于入世，不讲求出世；重视道德，轻视宗教；崇尚经验，无视鬼神；尊崇王权，压抑神权。尽管中国也有土生土长和外来的宗教流传，却始终未能形成全民族的宗教狂热。在中国影响最大的禅宗，最终也转向对现实世界的瞩目，使精神的领悟和解脱融化在日常琐碎的生活中，并与小农经济相结合，确定了所谓"一日不作，一日不食"的生活准则，推崇"触类是道"、"平常心是道"、"即事而真"的思想，主张行、住、坐、卧、劈柴、打水都是"妙道"，提倡不脱离日常行事，从各种事物的现象中体悟佛道。关于价值的源头，西方人将其归结为"上帝"，中国人将其归结为"天"。西方的上帝是完全超脱的神，而中国的"天"则是超脱和内在的统一体。

中国人崇尚中庸，少走极端。中华民族的这一基本精神是安居一处，企求稳定平和农耕经济造成的群体心态。中国古代农业文化心态的一个显著特征便是"贵和持中"的思维方式，或曰"中和"的思想方法，亦称"中庸之道"，它早于孔子而出现，所谓"和实生物，同则不断，以他平他谓之和"，大概就是这种观念的最初表述。后经孔子提出的"和而不同"、"执两用中"以及《礼记》、《中庸》的全面总结，"中和"思想遂告形成。"中和"之所以成为中国古代民族精神的基本特质，有其深厚的文化土壤。

---

[①] 《章太炎政论选集》（上），北京，中华书局1977年版，第689页。

弘扬与培育民族精神研究

农业社会的小农经济自给自足、靠天而生存，这种认识的理论抽象就必然是"致中和"的思想方法。同时，它又是理顺兼"天之元子"和"民之父母"双重身份的君主与它的臣民之间关系的推进器。此外，它能有效地解决以血缘关系为纽带的宗法关系和家族关系的内部矛盾。注重"中和"的思想方法与西方注重冲突和对抗的思维方式形成了强烈的对比，这一差异反映了农耕文明与商业文明的区别。

"中和"包含了"中"与"和"这样两层含义。"中"，把握事物度与量的准确性；"和"，不同要素、不同方面的合理组合。"中者，无过无不及之名也"，"和"则指多种事物在违背"中庸"的原则基础上的统一。这就是朱熹在《中庸章句集注》中所说的"以性情言之，则曰中和，以德行言之，则曰中庸是也。然中庸之中，实兼中和之义"。在矛盾冲突中，保持和谐的手段是"尚中"，即通过对"尚中"原则的感知和实践，去实现人与人之间、人道与天道之间的和谐，因此"中庸之为德，其至矣乎"。"不偏不倚无过不及之名；庸，平常也"。其核心就是思想行为的适应和守常，反对偏激，以理节情。老子在《道德经》中指出："有无相生，难易相成，长短相形，高下相倾，音声相和，前后相随"，"万物负阴而抱阳，冲气以为和"，"知其雄，守其雌，知其白，守其黑，知其荣，守其辱"。孔子在《论语》中说："君子怀德，小人怀土；君子怀刑，小人怀惠"；又说："人无远虑，必有近忧"。《周易》载："文明以见，中正而应"，"其德刚健而文明，应乎天而时行"。在此，中正、刚健浑然统一为天然美德，为天地人合一的"道"；反之，"重刚而不中"，则"上不在天，下不在地，中不在人"。道家也提出了无为而治的中道观，主张小心谨慎，反对盲动冒进，"不为天下先"。

注重"中和"的思想方法是一种注重求道的整体思维。在这种思想方法之下，包括人在内的宇宙万物是一个整体，包括天道、地道和人道在内的宇宙世界是一个整体，包括精神、心理和肉体在内的生命的活动是一个整体，包括情感、理智和意欲在内的精神活动是一个整体，包括思想、行为、道德认知与道德实践在内的人的活动更是一个整体。

总之，它要求人们在人与自然、个体与社会、情感与理智、思与行的对立统一中去把握宇宙的真谛、社会的真理和人生的意义，去追求理想的社会生活和理想的精神境界，去实现人生价值和获取生命的延续，在体道、悟道中得道。"中庸之道是中国自古的文化财富、中国人自古的品格，连同文化积淀一起，在中国民族性底层起作用，成为民族一种微妙的心理力，成为被后人遗漏的自发心理力"[1]。这种思想既适应了大一统政治要求，又迎合了宗法社会的伦理需要，成

---

[1] 沙莲香：《中国民族性》（二），北京，中国人民大学出版社 1990 年版，第 311 页。

为民族情感的共同心理。

"中和"思想强调对立统一、辩证思维，在古代社会曾经促使中国人民在很大程度上实现了自身的协调、天人的协调和人我的协调。中庸本身是对阴阳二极的中正和中和，它贯通于中华民族精神的源远历史之中，使中华文化具有超乎寻长的包容性和内聚力，在多种文化融会时，异中求同，万流共包，施之于风俗，便是不偏颇，不怨尤，内外兼顾。践行中庸的理想人格，则是温良谦和的君子之风。作为普遍的思维原则和心理品质，注重"中和"的思想方法，使人们注重和谐，维护整体，谦让宽容；也为中华民族精神的凝聚，人际关系的和睦，社会的和平稳定发挥着积极的作用，但同时也抑制了中国人竞争观念的成长。

## 三、"家国同构"的社会结构对中华民族精神的塑造

人类文明演进的大致趋势，是社会组织关系的主体由血缘向地缘的进化。这一点，在世界各民族文化史上都体现出来，不过因为各个民族的具体情况不同而有表现形态的差异。早在20世纪50年代初，侯外庐先生便对中、西文明路径和特点作了精辟的概括，提出古代西方的文明路径是从家族到私产再到国家，国家代替了家族；古代中国的文明路径是由家族到国家，国家混合在家族里面。前者是新陈代谢，新的冲破了旧的，这是革命的路线；后者却是新陈纠葛，旧的拖住了新的，这是维新的路线。前者是"人唯求新，器亦求新"；后者却是"人唯求旧，器唯求新"[①]。

中国跨入文明社会的独特路径是由华夏先民的特定生存环境和特殊生存方式决定的。上古中国人所面对的严峻自然生存环境的挑战，上文已有所言及，由于气候条件变化性太大，以致水灾、旱灾频仍。需要说明的是，与严酷多变的气候相对应的，是古代中国的金属矿藏的利用率极低。从现今的考古发现来看，夏、商、周三代及其前期历史，中国社会易于开采的金属矿极少。张光直先生认为，中国在青铜器时代开始之前与之后的主要农具都是耒耙、石锄和石镰[②]。在与世界古代其他农耕文明国家相比，中国的情形是令人遗憾的。六千多年前的埃及、西亚和印度就开始使用木柄铜锄、铜铲等作为农业生产工具，四千多年以前西亚的赫梯就开始用铁犁耕地。而我国古代使用的农业工具，在相当长时间内仍是木制和石制的。龙山文化早期的庙底沟遗址和殷墟都常发现双齿木耒的痕迹。1929年对殷墟的发现，光石镰就出土愈千件，而无一件金属农具。1932年对殷墟又

---

① 侯外庐：《中国古代社会史论》，北京，三联书店1981年版，第32页。
② 张光直：《中国青铜时代》，北京，三联书店1983年版，第18页。

进行一次发掘，在一个坑里曾发现 444 枚收割用的石刀及几十件蚌器，但在出土的成千上万件的文物中无一件是青铜农具。金属工具的缺乏和恶劣的气候的相加，对远古先民的农业劳动形成了巨大的外部压力，这迫使远古先民必须充分地发挥群体的力量才能抵御或减轻这种外部压力。

大批古文化遗址表明，中国远古先民以血缘为基础的群体组织发育得相当早。在仰韶文化的一些遗址中，群体性社会结构已经很完善，群体居住地的面积一般有数万至数十万平方米，大者如华阴西关堡、咸阳尹家村等达 100 万平方米左右。半坡和姜寨等遗址中，居住区、公共活动场所、广场、陶窑、牲畜夜宿场、基地和防护沟等一应具备。显然，这种群体聚居地的布局是一个大型氏族或几个氏族集聚的部落居址。可以想见，有如此庞大的血亲群体，有如此复杂而完善的组织结构，其抵御自然的能力一定是极为有力的。从中国古代文献资料看，中国在夏、商、周三代以前，部落众多，较早的古籍《尚书·尧典》讲："协和万邦"。《左传·哀公七年》说："禹合诸侯于涂山，执玉帛者万国"。《战国策·齐策四》云："古大禹之时，诸侯万国……及汤之时，诸侯三千"；《吕氏春秋·用民》云："当禹之时，天下万国，至于汤而三千余国。"《新书》说："大禹之治天下也，诸侯万人。"对于"万邦"、"万国"字样，我们当然不可过于拘泥，不能将"万"视为实数。但既言"万"而不言"千"、"百"，说明当时中国氏族社会的组织规模已达到了相当进步的程度。因此，中国从"人不独亲其亲，不独子其子"的"公天下"向"天下为家，各亲其亲，各子其子"的"私天下"的过渡，走的是一条"人唯求旧，器唯求新"的维新路线，即由发达的氏族组织直接过渡到早期国家。这种过渡非但没有破坏氏族的形式，反而通过强调血缘和姻亲关系增强氏族内部的凝聚力和外部氏族间的团结，并由此结成相对稳定而强大的势力集团。"从社会组织的特性和发达程度来看，夏商周似乎都具有一个基本的共同特点，即城邑式的宗法统治机构。夏代是姒姓的王朝，商代子姓，周代姬姓，姓各不同，而以姓族治天下则是一样的"[1]。因此，夏、商、周三代本质上都是"家国同构"的氏族贵族制的文明。尤其是西周以嫡长子继承制为核心的宗法制度，"纳上下于道德，而合天子诸侯卿大夫士庶以成一道德之团体"[2]，使自夏、商以来的"家国同构"社会结构更加完善和稳固。

所谓"家国同构"，即家庭—家族与国家在组织结构方面的共同性。这种共同性从根本上讲是源于氏族社会血缘纽带解体不充分而遗留下来的血亲关系对于人们社会关系的深刻影响。无论家与国，其组织系统和权利配置都是严格的父家

---

① 张光直：《中国青铜时代》，北京，三联书店 1983 年版，第 73 页。
② 王国维：《殷周制度论》，《观堂集林》卷 10。

长制。社会赖以运转的轴心，是宗法原则指导下确立的以父子—君臣关系为人格化体现的伦理—政治系统。以维系社会成员血缘纽带为职志的风俗习惯、伦理观念，通过周公的"制礼作乐"，上升为统治阶级的意识形态，长久地左右着社会心理和行为规范，给中华民族打上深刻的烙印，深刻影响了中国人的国民性格。直到近代，严复还感叹中华民族"犹然一宗法之民"①。

受宗法礼教氛围影响的古代中华民族精神，表现出浓厚的伦理道德色彩，属于以"求善"为目标的"伦理型"文化，这一特质与西方以"求真"为目标的"科学型"文化颇有差异。中国古代氏族社会的宗法制度在进入文明社会以后，由统治阶级及其知识分子的加工和改造，更加理论化、固定化和系统化，它所铸造的完整的宗法意识、宗法血亲的遗风长期延续。历代中国学者谈天说地论人，均从伦理道德的角度出发，赞美人的伟大，是世界的主宰。传统伦理思想和道德观念，规范和调整着人与人之间的社会关系，维系着社会统治秩序，渗透并贯穿于民族成员个体的价值观、人生观、审美观、历史观乃至整个思想认知之中。伦理本位主义，造就了古代中华民族以人为本的人文主义精神，这种精神虽几经流变跌宕，却绵延不绝，世代传承。受其影响，古代中华民族精神的各个要素，古代中华民族精神的价值体系，始终围绕着人的人生目标和人的自我价值的实现而展开。

与西欧文艺复兴时期的以个人为本位、以法治为中心的人文主义思潮不同，古代中国的人文主义以家庭为本位，以伦理为中心。中国文化重视人，主要表现在将个体融入至群体之中，强调人对于宗族和国家的义务，是一种以道德修养为宗旨的道德人本主义。它重视道德的伦理，强调民族成员的角色意识和义务的履行，对维系社会的正常运转、人际关系的和谐，以及人生品德的修炼具有积极的意义。例如，儒家所强调的"父慈子孝、兄友弟恭、朋友有信"，以及"忠恕之道"、"矩之道"、"民胞物与"等观念，突出了人际关系处理时以对方为重的基本原则。它强调个人道德和品质的修养，注重培养健全的人格，认为唯有完美个人的"人格"才有可能推己及人，实现"治国平天下"的政治抱负，在这一人格观念扩展的基础上，中华民族威武不屈、贫贱不移的民族气节和"国格"得以形成。它用思想和道德的力量，把自然经济条件下，一家一户为基本单位的松散组织，维系了起来，形成了巨大的民族向心力。古代中华民族"炎黄子孙"、"华夏苗裔"的观念，曾经一次又一次克服民族分裂的危机，保持了国家的大一统和中华民族的不断发展。中华民族也一向以"礼仪之邦"为自豪，注重道德修养，重视人格完美，以道德为自己的文化基础。

---

① 《严复集》第 1 卷，北京，中华书局 1986 年版，第 136 页。

同时，由于宗法礼教的濡化与异化，中国人的价值观呈现强烈的他人取向。这一价值取向表现在国民性格上就是极其重视"脸面"。许多中外学者都将"脸面观"视为中国人的第一性格。美国传教士史密斯（Smith，中文名字为明恩溥）1894 年在纽约出版的《中国人的性格》一书中首次将"保全面子"列在中国人性格的第一位，他认为"面子"这个词"本身是打开中国人许多最重要特性之锁的钥匙"。法国学者罗德斯（Rodes）在 1929 年出版的《中国人——人种地理学的心理论》一书进一步分析指出："对中国人大部分行为、态度的分析，穷极到一点就是'面子'。那不可思议的感受性，隐秘的、平素被谦让掩盖的，根据于极度虚荣的、病态的功利主义，和中国人交往，如果不知道'面子'，肯定会遇到麻烦。"① 许多日本学者对中国人的"脸面观"进行了研究，并认为传统礼教是导致中国人重视"脸面"的重要原因。如安冈秀夫《从小说看来的支那民族性》一书在一开场就谈到中国人"过度置重于体面和仪容"，而服部宇之吉在《中国国民性和思想》一书中指出："中国人的礼……到了后来，重体面了……重礼的结果流于形式主义，从重形式又流于重名义。"② 中国学者中，鲁迅是最早研究中国人重体面、讲面子的这一性格的。早在 1926 年鲁迅就在《马上支日记》中写道："我所遇到的外国人，不知道可是受了 Smith 的影响，还是自己实验出来的，就很有几个留心研究中国人之所谓'体面'或'面子'。但我觉得，他们实在是已经早有心得，而且应用了。"③ 在 20 世纪 30 年代初还专门写了一篇《说"面子"》的杂文，进一步将脸面观看成是"中国精神的纲领"，他说："近来从外国人的嘴里，有时也听到这两个音，他们似乎在研究。他们以为这一件事情，很不容易懂，然而是中国精神的纲领，只要抓住这个，就像二十四年前的抓住了辫子一样，全身都跟着走动了。"④ 继鲁迅之后，林语堂在他的《中国人》（1934）一书中也把"脸面"看作是中国人生活的第一原则。而王造时和庄则宣等人则从礼教方面阐述了中国人脸面观的形成和国民的劣根性。王造时在《国民心理》一书（1932）中认为："所谓礼教，尽是虚伪的东西。虚伪的表面是面子，因为中国人最虚伪，所以最讲面子，不讲实际。与虚伪心理相缘而至的，便是猜疑阴谋。"庄则宣在 1949 年出版的《民族性与教育》指出："所谓礼教，尽是文饰的东西。中国民族因为喜欢文饰，所以最讲面子，不讲实际。看重名义和顾全面子的思想几千年来不断支配了中国民族的心理，在日常生活中，随处都可以表现。要顾全对方面子，有时就免不了敷衍，甚至于虚伪，因为自己对人虚伪，更容易产生猜疑心理，在任何组织中，除了血缘和地缘关系，就不能团

---

① ②　沙莲香主编：《中国民族性》，北京，中国人民大学出版社 1989 年版，第 162、82 页。
③　《鲁迅全集》第 3 卷，北京，人民文学出版社 1991 年版，第 327 页。
④　《鲁迅全集》第 6 卷，北京，人民文学出版社 1991 年版，第 126 页。

结，不肯合作。"① 从礼教入手来分析脸面心理，另一方面又从中引出了中国社会不团结、不合作的原因。

## 四、"轴心时代"的元典创制与中华民族精神的奠基

"轴心时代"的概念由德国哲学家卡尔·雅斯贝斯提出。他把公元前 800 年至公元前 200 年间数世纪称为世界历史的"轴心时代"，在这个时代，印度、希伯来、希腊、中国等相互隔绝的世界各主要文明不约而同地发生了"伟大突破"，"产生了直至今天仍是我们思考范围的基本范畴，创立了人类仍赖以存活的世界宗教之源端"②。从而奠定了人类文明的精神基础。同时，"轴心时代"各主要文明民族的文化元典竞相涌现，将"轴心时代"的原创性精神文明成就凝聚其中，从而提供确定诸民族文化特质的型范，指示诸民族后来的文化走向。所以，冯天瑜先生认为"轴心时代"同时也是"元典创制"的时代③。

春秋战国时期，是中国文化的"轴心时代"。这既是一个"礼崩乐坏"的大动荡、大变革的时代，也是一个文化自觉和精神觉醒的时代。春秋后期铁制农具的普遍使用，带来了生产关系的变化和社会制度的变革。铁制农具和新的牛耕技术突破了聚族而耕的"井田制"的生产方式，使一些人从家族中游离出来，成为自耕农和小私有者，原来的氏族体制度下的家族组织慢慢解体。而一些诸侯国开始"礼堕而修耕战"、"以富兼人"、"以力兼人"，使西周宗法封建礼制遭到破坏。春秋战国五百年间列国争霸兼并愈演愈烈，战乱不止，血污遍地，所谓"争地以战，杀人盈野；争城以战，杀人盈城"④。所以，礼乐的"崩""坏"，不仅是原有政治、社会秩序的瓦解，更是固有社会价值体系的动摇。而生产力的发展与社会结构的剧烈变化，造成了中国古代学术下移和"士"阶层的崛起，造就了一批后人以他们名字命名其学说的杰出思想家，这批被称"先秦诸子"的思想家们出于对社会现实和人类未来命运的深刻关切，对宇宙自然、社会、人生做整体的思考，从各自的角度对既有的文明作出总结与诠释，创制了《易》、《诗》、《书》、《礼》、《春秋》、《论语》、《孟子》、《老子》、《墨子》、《庄子》等包蕴着中华民族基本精神的文化元典，把前轴心时代滋生孕育的民族精神由一种朴素的文化意识和共同心理提升到理论形态，使民族精神的发展由自发走向自觉。

---

① 沙莲香主编：《中国民族性》，北京，中国人民大学出版社 1989 年版，第 194 页。
② 卡尔·雅斯贝斯：《历史的起源与目标》，北京，华夏出版社 1989 年版，第 9 页。
③ 参见冯天瑜：《中华元典精神》，上海人民出版社 1994 年版，第 99 页。
④ 《孟子·离娄上》。

春秋战国时期诸子蜂起，百家争鸣，但在当时有较大影响的学派主要为儒、道、墨、法四家。儒家讲仁义礼乐，墨家尚兼爱而非礼乐，道家以道为根本而尚自然，法家不务德而务法，四家之学在宗旨上判然有别，在价值取向上相激相荡。但同时，又在共同的主题下相反相承，殊途同归，共同构成中华元典的基本精神。这一基本精神可概括为：循天道、尚人文的天人观，积极入世、经世致用的人生观，重伦常、崇教化的道德观，既尊君又重民的政治观①。

孔子、老子、墨子，战国诸子如孟子、庄子、荀子，以及屈原等均对"天"予以极大的关注，他们从不同的角度讨论了"天"的问题，如天的起源、特性、功能和对天的态度等。他们所说的天或为与地相对的自然之天，或指自然而然的本性或力量，或是指某种义理或道德法则，但无论所论是何种"天"，都始终与对社会的政治与伦理的关注密切相连，将"天道"与"人道"相互贯通。孔子的"唯天为大，唯尧则之"②之论，孟子讲尽心、知性、知天，老子所谓"人法地，地法天，天法道，道法自然"③，都是将宇宙自然、社会历史的认识与对人间秩序的思考紧密结合在一起。这种"循天道、重人文"的天人观，导致中国文化终极关怀的表达与满足，既不单纯是理性的反思的方式，也不单纯是超理性的信仰的方式，而是在某种程度上这两者间的一种折衷与调和的方式。所以，中华文化元典既不究心于外在纯客体性的所谓宇宙始基的追问，也无意于内在纯主体性的理性或超理性的能力的纯粹理性的透视，而是在对现实的具体的人间情怀中寄托一种对超越性自我的追求与期待。在儒家是伦理主义的"内圣外王"，在道家是自然主义的复归自然，这两大路向互为补充，共同构成古代中国人安身立命的精神支柱。这种"天人合一"的价值源头，使古代的中华民族精神在追求"天理"时不离"人伦是用"，在"人伦是用"之中又须臾不离"天理"。也正是因为这种"即世间而出世间"的人生态度，使中国古代的民族精神立足于普通人的生活和工作，没有像西方和印度那样产生宗教的意识与彼岸的观念，不会因为一种彼岸的幸福和解脱，去专门过一种宗教徒的生活。

积极入世，经世致用，是先秦诸子的共同志趣。诸子百家虽然政见各异，但其理论目标，都在论证"治道"，以重建现实政治、社会、道德秩序。所谓"天下一致而百虑，同归而殊途。夫阴阳、儒、墨、名、法、道德，此务为治者也"④。就儒家而言，不论是孔子，还是孟子与荀子，其主导思想都是经世致用、

---

① 参见冯天瑜：《中华元典精神》，上海人民出版社1994年版，第154～322页。
② 《论语·泰伯》。
③ 《老子》第二十五章。
④ 《史记·论六家之要旨》。

兴邦治国、教化民俗的。"内圣外王","修齐治平",正是儒家学派所推崇的主要信条。他们追求"正德、利用、厚生",力求将内在的思想外化为积极的事功。法家以奖励耕战而著称,重视社会治理,一切以功利和实效为依归,具有鲜明的现实主义精神。道家文化,看似玄虚奥秘,其实质是以"无为"达到"无不为"。就连貌似逍遥、超然世外的庄子,骨子里也琢磨着何以"应帝王"。不仅如此,诸子还热衷于政治实践。孔子声言:"苟有用我者,期月而已可也,三年有成。"① 孟子宣称:"如欲平治天下,当今之世,舍我其谁也?"② 孔子一生,栖栖遑遑奔走于列国之间,寻求自己政治理想的实现。墨子及其弟子"摩顶放踵",积极制止当时各诸侯国之间的兼并战争。法家更是以推行社会改革为宗旨,导演了各国的变法活动。即便是老子的归隐,也不过是在实现其"小国寡民"理想无望的情况下政治热情的扭曲表现。

先秦诸子除法家"不务德而务法"外,绝大多数都重伦常、崇教化。孔子贵仁,所以孔子之学又称仁学。但孔子讲"仁"是为了"复礼",如前所述"礼"的基础是以血缘为基础的宗法伦理,所以他一方面将"爱亲"视为"仁之本",赋予"礼"以"仁"的心理基础;一方面将"仁"由"爱亲"推及"爱人",要求行"仁"德于天下。孔子教导他的学生要做到"入则孝,出则悌,谨而言,泛爱众,而亲仁"③。治理百姓要"道之以德,齐之以礼"④。儒家后学进一步发展了孔子的"仁学"思想,如孟子强调"五伦",主张"父子有亲,君臣有义,夫妇有别,长幼有序,朋友有信"⑤。认为"善政"不如"善教":"善政民畏之,善教民爱之,善政得民财,善教得民心"⑥。墨子和老子虽然反对尚"礼",但都非常重视道德,他们提倡的"兼爱"与"道德"(《老子》一书又称《道德经》)实质上依然是以血缘关系为基础的宗法伦理。即使法家如韩非提出"不务德而务法"的主张,在某种意义上并不是否定道德和道德教化的作用,而是主张"以法为教",要确立为专制政治服务的新道德体系。

在孔子、孟子、荀子等许多先秦思想家那里,民本主义和尊君主义共存一体,既尊君又重民。如孔子一方面强调君权的神圣和至上,主张尊君、忠君;另一方面从"德治主义"出发,倡导"仁政",主张爱民、重民,"使民以时"⑦。在孔子之后,孟子和韩非分别将民本主义和尊君主义发挥到极致。孟子最辉煌的思想命题是"民贵君轻"和"政得其民"。他说:"民为贵,社稷次之,君为轻。

① 《论语·子路》。
② 《孟子·公孙丑下》。
③⑦ 《论语·学而》。
④ 《论语·为政》。
⑤ 《孟子·滕文公上》。
⑥ 《孟子·尽心上》。

是故得乎丘民而为天子，得乎天子为诸侯，得乎诸侯为大夫。"① 在这里，孟子提出了"民为国本"、"得民心者得天下"的思想。在"民为国本"、"得民心者得天下"思想的指导下，孟子提出君主必须"爱民"、"利民"，而不可"虐民"、"残民"、"罔民"。韩非则从天下"定于一尊"的构想出发，提出"事在四方，要在中央，圣人执要，四方来效"② 的中央集权政治设计，并规定在这种政治结构内部君对民、君对臣拥有绝对权力，从而把尊君主义发挥到极致。但孟子并不反对"尊君"（尊有道明君），韩非也讲"利民"、"爱民"："圣人之治民，度于本，不从其所欲，期于利民而已。故其与之刑，非所以恶民，爱之本也。"③ 因此"尊君论"与"民本论"构成中国古代君民论的一体两翼，共同奠定了中国古典政治学说的基石。

法国艺术哲学家丹纳曾提出构成民族精神的"原始底层"的概念，他说：

"你们不妨把一些大的民族，从他们出现到现在，逐一考察；他们必有某些本能某些才具，非革命、衰落、文明所能影响。……在最初的祖先身上显露的心情与精神本质，在最后的子孙身上照样出现。

这便是原始的花岗石，寿命与民族一样久长，那是一个底层，让以后的时代把以后的岩层铺上去。"④

上述元典精神即是中华民族精神的"原始底层"，它不仅奠定了中华民族精神的基础，而且规定着中华民族精神的特质，成为民族精神不断发展的源头活水。

---

① 《孟子·尽心上》。
② 《韩非子·扬权》。
③ 《韩非子·心度》。
④ 丹纳：《艺术哲学》，北京，人民文学出版社 1986 年版，第 353～354 页。

# 第五章

## 自强不息，厚德载物：
## 中华民族精神的内涵

在中华民族五千年文明发展进程中所逐渐培养出来的中华民族精神，其内涵是深邃而丰富的。爱国主义、团结统一、爱好和平、勤劳勇敢和自强不息是中华民族最宝贵的民族精神。而"天人合一"、"知行合一"、"情景合一"的和谐精神，"天下为公"的无私奉献精神，"见利思义"的以义制利精神，"革故鼎新"的改革创新精神，"仁者爱人"的博爱精神，"厚德载物"的宽厚包容精神，"克勤克俭"的勤劳俭朴精神，"致中和"的贵和尚中精神，"居安思危"的民族忧患意识，"杀身成仁、舍生取义"的献身精神，"富贵不能淫、贫贱不能移、威武不能屈"的人格独立精神，等等，都是在中华民族历史发展过程中所养育出来的重要的民族精神，是中华民族精神的重要组成部分。

### 一、爱国主义及其在当代中国的理性升华

爱国主义是中国历史文化的优良传统。民族精神的核心是爱国主义，爱国主义是什么？人们一般都是引用列宁论述俄国小资产阶级时讲的一句话：爱国主义就是千百年来巩固起来的对自己祖国的一种深厚的感情。后来人们发现原来译文不准确，新版《列宁全集》做了修改，改译为爱国主义是由于千百年来各自的祖国彼此隔离而形成的一种极其深厚的感情。新译较旧译增加了"彼此隔离"四个字，这四个字有着很深刻的含义。

爱国主义通俗地说就是热爱自己的国家，但"爱国"作为"主义"，它又应

该是一种思想理论体系。爱国主义作为一种思想理论体系应该有三个层次的内容。首先，爱国主义是一个民族国家所有公民对自己国家的一种神圣美好的心理感情，蕴藏于每个国民的情感世界里，它产生于共同地域、共同的经济利益、共同的历史文化传统。爱国主义的初级形式是乡土观念、乡土深情。在一定意义上说，爱国主义就是乡土观念、乡土深情的放大和升华。在感情上表现为对自己国家的热爱、依恋、亲近和在任何情况下都无法割舍的情愫。它应该是不依附任何外在条件而独立存在于国民的心中，贯穿于民族国家的发展过程中。对于每个国民来说，爱国情感只有强弱、深浅、自觉与不自觉的区别，而没有本质上的不同，也就是说，爱国主义在本质上是超阶级、超政治的，它不能成为一人之私、一党之私。其次，爱国主义是民族国家在历史长期发展过程中，逐步积累形成的一种道德规范和文化传统，是爱国的心理情感外化而形成的伦理原则和行为规范。因此，爱国主义具体表现上又有鲜明的历史性和民族性。热爱自己的国家，不背叛祖国，不损害民族利益，保持民族气节，在国家遭到外国入侵，在民族遭到灾难时，勇于保护全民族国家的利益以及强烈希望祖国繁荣昌盛，等等，都是爱国主义的具体表现形式。其三，爱国主义既是一种深层次的心理情感和伦理原则，更是渗透于一言一行中的实践行为。也就是说，爱国主义不是空洞说教，不是哪个阶级，哪个政党粉饰的花边，而是要知行合一，更多地体现在实际行动上。

爱国主义是一种自觉的价值选择。爱国主义价值观体现在价值目标上，表现为人们对祖国统一、民族团结、社会进步的追求和向往的精神状态。这种追求和向往一旦转化为心灵的"内省"，上升为有目的、有意识的价值观念，蕴藏在民族肌体内的炽烈的爱国热情就会形成巨大的民族凝聚力，从而把整个民族动员起来，组织起来，自觉地投身于为祖国、为全民族的共同利益而奋斗的伟大实践中。

在一定意义上说，一部中国古代史，也是一部中华民族爱国主义发展史。《战国策》中就提出了爱国的观念。游腾对楚王说："周君岂能无爱国哉？恐一日之亡国，而忧大王。"① 虽然此处的"爱国"与当今"爱国主义"在内涵上有所差别，但也说明爱国作为一种观念在我国由来已久。中国传统文化中的爱国思想主要包括家国一体、推孝为忠、涵养正气、天下为公、精忠报国、和谐统一等内涵，它源于血缘关系、地缘关系、人缘关系、神缘关系等，是在自然关系基础上引申的一种个人与国家之间的关系，表现为对故乡的热爱和眷恋，进而形成"热爱祖国、报效祖国、服务人民"的爱国思想。中国古代爱国主义为现代爱国

---

① 《战国策》卷二。

主义精神的培养提供了思想来源、理论基础和价值内核。

爱国主义作为民族精神的核心内容，它的具体内涵在古代和近代是有所不同的。爱国主义作为一个历史的概念，像中国古代的"天下兴亡，匹夫有责"的国家、民族利益至上观念；公而忘私、国而忘家的大公无私观念；不忘国耻、忧国忧民的民族忧患意识；精忠报国、舍生取义、勇赴国难的英勇献身精神，等等，都是这种民族精神的具体体现。当然，正如有的学者所指出的，"在古代，爱国主义是在国家彼此隔离的情况下形成的，它与忠君观念、盲目排外心态有着某些不可避免的联系，是一种旧式的爱国主义。"① 对此应当有一种正确的认识。

爱国主义作为一个近代概念，它是以反抗外国侵略和救亡图存为主题，并且与社会主义前途相联系的。从中国近代地主阶级改革派林则徐的虎门销烟、魏源的"师夷长技以治夷"，到以康有为、梁启超为代表的君主立宪派推动的戊戌维新运动，再到资产阶级革命派孙中山领导革命志士推翻中国两千年的帝制统治，无不表现出以救亡图存为主旨的具有近代特色的爱国主义精神。中国共产党人将爱国主义与社会主义前途相结合，最终推翻了三座大山的压迫，取得了新民主主义革命的胜利，中国人民从此站立起来，中华民族从此走上了复兴的道路。

在社会主义建设时期，爱国主义的内容发生了深刻的变化。爱国主义最基本、最本质、最重要的表现是对国家的经济发展和社会全面进步的追求和贡献。构建社会主义和谐社会，实现社会主义现代化，不仅是中国共产党人的基本奋斗目标，也是全中国人民为之奋斗的社会理想。自觉地投身到这一伟大的事业中，是历史赋予每个中国人的责任，也是爱国主义在当代的具体内容。

作为一个历史范畴，当代爱国主义必须与先进的思想相结合，必须与社会主义实践相结合，体现出爱国主义的时代性。

**1. 爱国主义在当代必须充分体现爱国主义与社会主义的统一**

爱国主义从其初始意义，亦即最普遍、一般和恒定的意义上讲，是指爱祖国，爱的是作为祖国存在的国家（country），而不是作为阶级压迫工具的国家（state）。这样的理解符合爱国主义道德规范的普适性特点，也符合爱国主义作为一种历史传统的延续性或曰继承性特点。爱国主义是一个历史范畴，在不同的历史时期，不同的社会制度下，不同阶级立场的人们中间其表现形式是不同的，而维护祖国的尊严和主权独立，促进社会的发展繁荣，增进人民的富裕幸福，是其中基本稳定的方面。在当代中国，爱国主义和社会主义是统一的。邓小平曾经指

---

① 参阅方立天：《民族精神的界定与中华民族精神的内涵》，见王俊义、黄爱平主编：《炎黄文化与民族精神》，北京，中国人民大学出版社 1993 年版，第 103 页。

出："有人说不爱社会主义不等于不爱国。难道祖国是抽象的吗？不爱共产党领导的社会主义的新中国，爱什么呢？港澳、台湾、海外的爱国同胞，不能要求他们都拥护社会主义，但是至少也不能反对社会主义的新中国，否则怎么叫爱祖国呢？至于对中华人民共和国领导下的每一个公民，每一个青年，我们的要求当然要更高些。"①

### 2. 当代中国爱国主义应该体现祖国利益与个人利益的一致性

作为一种道德规范，爱国主义不是抽象先验的道德律令，而必须是调整人们的个别利益和祖国整体利益关系的道德准则和行为规范。在这里，个人利益和祖国利益是一对矛盾，它总是以体现整体利益的原则和规范为善恶标准，以必要的自我牺牲为前提，强调用节制和牺牲个人利益的原则来调整个人利益与社会整体利益的矛盾。当祖国利益和个人利益发生冲突的时候，爱国主义要求个人利益服从祖国利益，牺牲个人利益以维护和保全祖国利益。这种要求是合理的。但是爱国主义崇尚和尊重祖国利益并不意味着不承认乃至抹杀个人利益。其实，爱国主义的现实基础是个人利益和祖国利益的一致。祖国是个人赖以生存和发展的自然的和社会的基本条件。因此，当代中国的爱国主义必须始终把祖国利益放在第一位，始终倡导个人利益服从祖国利益。但当代爱国主义也要照顾到对个人正当利益的尊重。把爱国主义和满足人民的物质利益对立起来，这就抽空了爱国主义的实际内容，只会削弱人们对于祖国的认同感和归属感。邓小平说："不重视物质利益对少数先进分子可以，对广大群众不行，一段时间可以，长期不行。革命精神是非常宝贵的，没有革命精神就没有革命行动。但是，革命是在物质利益的基础上产生的，如果只讲牺牲精神，不讲物质利益，那就是唯心论。"②

### 3. 当代中国爱国主义要完成从以革命为中心到以建设为中心的主题转换

革命和建设是近现代中华民族振兴事业的两个历史阶段、两大历史课题，二者前后相继，紧密相连，但又存在诸多差别。社会主义的根本任务是发展生产力，这就决定了当代中国的爱国主义必须与经济建设这个中心相结合相统一。可以说，社会主义现代化建设是当代中国爱国主义的最基本的实践。爱国主义从革命到建设的主题转换，使爱国主义获得了不同于革命时期的具体内容和价值取向。在革命和战争时期，爱国主义的主要内容是抗敌救亡、毁家纾难、流血牺牲；不论在民族解放战争还是在阶级斗争的紧要关头，提倡斗争精神乃至杀身成仁、舍生取义，就成为爱国主义理所当然的普遍要求。在社会主义建设时期，以往的革命精神仍然作为宝贵的精神财富在新的历史条件下得到延伸。但

---

① 《邓小平文选》（第2卷），北京，人民出版社1993年版，第392页。
② 《邓小平文选》（第2卷），北京，人民出版社1994年版，第146页。

要求爱国主义树立新的理念，求实创新，从我做起，为中华民族伟大复兴贡献力量。

### 4. 当代中国爱国主义要处理好爱国主义与对外开放之间的关系

在全球化时代，不同民族国家之间的交往日益频繁和广泛，任何一个民族国家都不可能孤立于世界之外得到发展。全球化冲击着国家主权观念，改变着主权行使的空间和范围，国家地域概念在经济交往中日益淡化，原有的民族国家的地域观念遭到削弱。因此，部分人的爱国理念与爱国情感受到冲击，民族虚无主义和狭隘的民族主义思想并存。淡化国家民族观念，丧失民族精神，丧失国家认同感和民族自信心的民族虚无主义和为了维护本民族利益，排斥甚至牺牲其他民族利益，排斥其他民族的文化和文明这种狭隘的民族主义是与对外开放的政策和全球化的历史趋势相违背的。在当代中国，坚定不移地对外开放，本身就是爱国主义不可或缺的重要内容。在爱国主义与对外开放的关系上，一是反对民族虚无主义的影响，越是对外开放，就越是需要弘扬爱国主义精神，增强民族自尊心和自信力，始终把国家的主权和安全放在第一位。二是要克服狭隘民族主义的干扰。狭隘民族主义是一种孤立、保守、封闭、排外的民族主义，狭隘民族主义本来是爱国主义的对立物，但却往往以爱国主义的面貌出现，以爱国主义的旗号来否定改革开放[①]。

## 二、天下一家的民族观念与多民族国家的团结统一

中华民族是一个具有深刻民族认同感的共同体，是一个多元的一体结构，各个民族都是中华民族大家庭中的不可缺少的一员。尽管中华民族作为一个自觉的民族实体是在近百年来中国和西方列强对抗中出现的，但作为一个自在的民族实体则是伴随着统一的多民族国家的形成和发展，在几千年的历史过程中逐步形成的。在这一过程中，中华民族"天下一家"的民族观念逐步形成，并沉淀为团结统一的民族精神。

### 1. 大一统观念的产生和发展

大一统观念是中华文化的核心理念之一，是中华民族在长期历史实践中形成的关于社会本体的认识。中华一统观念源远流长，具有永久不衰的生命力，对中国历史和社会的发展起到了巨大的推动作用。

中国古代先民很早就具有天下一统的思想观念。《尚书·禹贡》把天下划分为冀、兖、青、徐、扬、荆、豫、梁、雍九个区域，称九州，九州一统于天下，

---

① 崔福林：《爱国主义在当代中国的理性升华》，《北方论丛》2003 年第 3 期。

这反映了华夏民族活动范围的不断扩大，也展示了人们向往国家大一统的政治蓝图。《诗经·商颂·玄鸟》："古帝命武汤，正域彼四方。方命厥后，奄有九州。""邦畿千里，维民所止，肇域彼四海，四海来假，来假祈祈。"商汤以诸侯联盟的形式将九州统一，九州的范围向四海扩大，国内诸侯交往不断，形成各民族团结统一的景象。西周时期，周武王建立了比较完整的统一国家。周王成为天下的共主，代表上天统辖百国，于是就有了"溥天之下，莫非王土；率土之滨，莫非王臣"① 的政治统一观念。

春秋战国时期，周朝朝廷大权逐渐旁落，各个诸侯的实力日增，为争夺霸权，割据混战，出现动荡不安的政局。针对这样的情况，《礼记·丧服四制》提出"天无二日，土无二主。国无二君，家无二尊，以一治之地"的思想。孟子更明确地提出一统的主张，《孟子·梁惠王上》记载："孟子见梁惠王，出，语人曰：'望之不似人君，就之不见所畏焉。'卒然问曰：'天下恶乎定？'吾对曰：'定于一。'"

《春秋公羊传》系统而且明确提出了大一统思想，并成为中华民族一种根深蒂固的文化意念，对中国历史影响极其深远。《春秋》记载："元年春王正月。"公羊高阐释说："元年者何？君之始年也。春者何？岁之始也。王者孰谓？谓文王也。曷为先言王后言正月？大一统也。"《公羊传》开篇就提出大一统观念，把它放在全书的首要位置，后上升为儒家的重要理论和最高的政治原则，要求全国臣民绝对服从天子，这也为大一统理论的形成奠定了基础。

战国末期，分久必合的历史趋势日渐明显，大一统观念随之发展。秦相吕不韦召集门客撰写《吕氏春秋》，提出"一则治，异则乱；一则安，异则危"② 的思想，明确提出统一给国家带来和平安定，分裂给国家带来危险祸乱。公元前221年，秦通过10年的兼并战争统一全国，最终实现了政治、经济、思想文化和地域的空前统一，初步奠定了中国统一的基础，也为大一统思想的发展提供了充分的条件。

**2. 大一统观念的理论化**

西汉出现了天下一家的大一统的局面，为适应这种需要，公羊派大师董仲舒提出了比较完善的大一统理论，他继承发展了公羊学的大一统思想，并使之理论化。董仲舒的大一统理论以儒家思想为本，吸收其他各家的某些思想，形成了以天人感应学说为基础的新的儒家理论。董仲舒认为，天人各处一端，天人可以互相感应，天人之间的阴阳之气，将人与天相连，起到天人感应的传导作用。另一

---

① 《诗经·小雅·北山》。
② 吕不韦：《吕氏春秋·不二》。

方面，董仲舒又认为，在天人之间，人受命于天，上天赋予人形体、性情、道德，统治人间的君主，君权来自于天，所以君主被称为天子。君主只有得到了上天的授命，才得以成为人间的君主。董仲舒通过："天子受命于天"① 来宣扬皇权神授的思想，其目的是通过赋予皇权以神圣性，使民众绝对服从君主的统治，实现政治大一统。

董仲舒大一统思想的具体实践就是提出"罢黜百家，独尊儒术"的思想文化主张。在《天人三策》中董仲舒说："《春秋》大一统，天地之常经，古今之通谊也。今师异道，人异论，百家殊方，指意不同，是以上亡以持一统；法制数变，下不知所守。臣愚以为诸不在六艺之科孔子之术者，皆绝其道，勿使并进。邪辟之说灭息，然后统纪可一而法度可明，民知所从矣。"董仲舒认为，大一统是永恒不变永远合理的，实行大一统，就可以巩固政治上的大一统。董仲舒的大一统思想适应了历史发展的需要，也使儒学获得独尊的地位，成为中国封建社会的统治思想。

汉代另一位对大一统思想发展做出很大贡献的是何休（公元 129～182 年），何休是东汉末年重要的公羊学大师。何休因受党锢之祸而潜心著书立说，其著述甚丰，唯有《春秋公羊传解诂》得以流传至今日。《春秋公羊传解诂》在董仲舒大一统理论的基础上，对大一统思想有了更进一步的发展。何休提出了五始说，何休把五始概括为"元年"为天地之始，春为四时之始，王为受命之始，正月为政教之始，公即一国之始。董仲舒对大一统的阐发主要在于对元的解释上，元为天下万物之始。何休对元这样解释：

变一为元，元者，气也，无形以起，有形以分，造起天地，天地之始也。故上无所系，而使春系之也，不言公，言君之始年者，王者、诸侯皆称君，所以通其义于王者，惟王者然后改元立号。《春秋》托新王受命于鲁，故因以录即位，明王者当继天奉元，养成万物。②

何休认为元是一种"气"，造起万物，帝王奉之为本，受命于天，"养成万物"。董仲舒认为天主宰人间，君权由天授。何休对此并不否定，但他又提出，天地一统于元，一统于气。对于王正月的解释，董仲舒认为王不是周文王，而是新受命之王，天下一统于新王，同时要改正朔，易服色等等。何休也强调受命改制，但他认为王即是周文王，《解诂》隐公元年说："文王始受命之王，天之所命，故上系天端。"何休还认为大一统内涵是布政施教于天下。五始之间还存在必然的统属关系。他说："诸侯不上奉之政则不得即位，故先言正月而后言即

---

① 董仲舒：《春秋繁露》卷十五《顺命》。
② 何休：《春秋公羊经传解诂》隐公元年。

位；政不由王出则不得为政，故先言王而后言正月也；王者不承天以制号令则无法，故先言春而后言王；天不深正其元则不能成其化，故先言元而后言春。五者同日并见，相须成体，乃天人之本，万物之所系，不可不察也。"① 五始各成一统，又相互成体，构成了天人一体的宇宙模式。

针对东汉末年世族豪强实力膨胀，分裂割据苗头出现，国家统一局面受到威胁的形势，何休提出尊王的主张。他说："美其得正义也，故以从王征伐录之。盖起时天子微弱，诸侯背叛，莫肯从王者征伐，以善三国之君，独能尊天子，死节。"② 还说："衔王命，会诸侯，诸侯当北面而受之，故尊序于上。"③ 人们必须尊从天子，尊从天子是一种善行，应予以褒奖。何休还借助天人感应说维护王权，维护王权就要屈强臣，弱妃党，这些主张都具有现实意义。

大一统观念经董仲舒、何休等人的发展，形成了比较成熟完善的理论，深刻地影响着中华民族的思维结构，后成为中华民族大团结的思想基础。大一统观念随着时间的演进，内容不断深化、充实④。

### 3. 大一统观念与中华民族的统一和发展

中华一统观念源远流长，自产生发展之时起，就深深地影响着中华民族，各民族之间有共同的文化认同感，维护国家统一已成为历史的潮流。在国家统一时期，它促进了国家社会的稳定和经济文化的发展，促进多民族的和睦相处和共同繁荣，创造了辉煌的华夏文明。在国家分裂时期，它使各个割据政权坚持统一大业，促使国家尽快结束分裂动乱局面。今天大一统观念仍然牵动着海内外华夏儿女的心，为祖国的最后统一提供了坚实的思想基础和强大动力。

经过长期的民族融合与文化交流，中华各民族逐渐发展成为一个完整的不可分割的统一整体。近代以来，随着外国列强的入侵，造成中国边疆危机、民族危机，中华民族处在最危急的时刻，中国各族人民团结一致，共御外侮，掀起救亡图存运动。在反帝反封建的斗争中，中华各民族作为帝国主义侵略势力的对立者，其整体性更加突出，各族人民由自发联合走向自觉联合，中华民族由一个自在的整体升华为一个自觉的整体。在中国共产党的领导下，中华民族取得了民族民主革命的彻底胜利，实现了民族平等与民族团结。中华民族"天下一家"的整体观念早已深入人心，并升华为凝聚和团结各族人民的强大的精神力量。

---

① 何休：《春秋公羊经传解诂》隐公元年。
② 何休：《春秋公羊传解诂》桓公五年。
③ 何休：《春秋公羊传解诂》僖公八年。
④ 陈喜波、韩光辉：《中国古代大一统思想的演变及其影响》，《中共中央党校学报》2005 年第 9 卷第 3 期。

## 三、中华民族的基本精神

中国传统文化博大精深，源远流长，在它的长期发展过程中，由于人民群众社会实践的推动和思想家们的概括提炼，逐渐形成了一系列优秀的文化传统和文化精神，这些文化传统和文化精神不是单纯的，而是一个包含着诸多要素的思想体系。张岱年先生认为中国文化基本精神有四点：刚健有为；贵和尚中，崇德利用；天人合一；以人为本①。张岂之先生在其《中华人文精神》中指出，中国文化的基本精神有七点：人文化成——文明之初的创造精神；刚柔相济——穷本探源的辩证精神；究天人之际——天人关系的艰苦探索精神；厚德载物——人格养成的道德人文精神；和而不同——博采众家之长的文化会通精神；经世致用——以天下为己任的责任精神；生生不息——中华人文精神在近代的丰富与发展。还有很多学者都对中国文化的基本精神做过精辟的概括和总结。这些文化传统和文化精神是中华民族延续和发展的精神动力，或者说是中华民族生存发展的精神支柱，实质上也就是中华民族的民族精神。

### 1. 人本和谐

传统儒家的最高政治理想是"平天下"，而"平天下"的核心即是"和平"，只有和谐共生，才能天下太平。

作为传统的哲学范畴的中庸，其完整意义包括中、和两个方面。"中"表示采取正确的方法，"和"反映达到了理想的目的。《中庸》说"致中和，天地位焉，万物育焉。"所谓"执中致和"就是通过正确折中方法，实现美好的理想，达到事物发展的最佳境界，并使这种境界成为万事万物生长的本原。从社会学意义上说，和谐首先指的是人类社会的一种理想状态，社会的各种要素相互协调，社会结构合理，社会运行有序，社会中的各种事物具有良好的生长和发展的环境。

"和"的本义是风调雨顺，农作物勃勃生长并获得丰收。《说文解字》中"和"也写作"咊"，从口禾声，从口表示入口的食物或发自口中的声音。禾声，则反映它来源于农作物之禾。因为只有风调雨顺，禾苗茁壮成长，才能喜获丰收，所以殷周时期有大量向天帝卜禾的记录，卜禾也就是祈求农作物丰收。丰收之后，则又向天帝"告和"。《逸周书·商誓》说"亚祀上帝，亦唯我后稷之元谷，用告和，用胥饮食。"这表明商王向上帝"告和"所用的祭祀之物，是以周

---

① 张岱年、方克立主编：《中国文化概论》第十六章"中国文化基本精神"，北京师范大学出版社1994年版。

之祖先后稷的元谷为象征的，所以"和"也就是顺。如果从历史意义上说，和谐就是社会矛盾不突出，不尖锐，人各得其所，地各得其用，物各得其流的社会。

《说文解字》段玉裁注说，因为"和"字流行，从而使得"盉"、"龢"二字皆废，这说明在上古时期，"和"也写作"盉"、"龢"。五味调和曰"盉"，五音调和曰"龢"。"和"用调味器"盉"和乐器"龢"作为象征，说明"和"的状态不仅要让人感受口味（生理上的）的快乐，还要悦耳（精神上的愉悦）。因此，从文化意义上说，和谐不仅要物质丰富，可以充分让人享受到生活的乐趣，更要让每个社会成员精神愉悦，不焦不躁，不忧苦。所以，和谐社会不仅仅只具有物质意义，更在于它的精神意义。

"礼之用，和为贵"，这句话的意思是礼的一个主要功能就是"辨异"，即区分贵贱尊卑，明确社会等级。但是，如果过分强调了礼的分别等级功能，就可能使社会的黏合力减弱，容易产生结构性的离散。因此，很有必要引入一个平衡性原则，这就是孔子的学生有子说的"和为贵"，"和"被引申到了人际关系领域。从有子的话来看，以"和"为原则的人际关系在尊尊、长长和男女有别的前提下，融入了亲亲意识，在身份和等级不能完全消除的情况下，不同身份、不同等级的人之间，用亲情、友情、温情连接着。所以从伦理的角度看，和谐又应该是一种充满仁爱，没有尔虞我诈，没有血腥暴力，到处洋溢着温情、善良和互相帮助。

"礼之用，和为贵"，虽然"和"没有反对等级和差别，也没有指望消灭不平等，反而在一定意义上肯定了等级和差别的合理性。但是孔子又说，"君子和而不同"，用"和"与"同"相对立，否定了单一排他所造成的发展机能萎缩。所以"和"又反对绝对专制，反对简单服从，而主张相对平等。实际上"和"是在承认等级和差别的前提下，反对绝对同一，主张思想文化上的多元化。所以从思想方法上看，和谐社会应该是一个思想活跃，能够包容万芳，多种思想、多种文化共存的社会。

由于"和"的观念是农业生产方式的产物，从意识形态上反映了西周王朝的重农传统。这种意识运用在政治上就是周王朝的"亲亲和民"、"睦族和民"的政治，对于民众则是以"民之父母"，"保若赤子"的保民政治。《商颂·长发》就称赞商汤"不竞不求，不刚不柔"，崇尚"无偏无颇"的王道政治。因此，从政治角度看，和谐社会又应该是亲民政治，是一种温和渐进的施政模式，那种急风暴雨，刚硬冷酷的政治不是和谐社会的政治形态。

中华民族的和谐精神的基本原则，一是讲求普遍意义上的和谐，即以天人万物的和谐为其境界。汤一介先生称此为一种"普遍和谐"，它包括自然的和谐、人与自然的和谐、人与人的和谐和人自我身心内外的和谐①。二是重视"和"与"同"、"和"与"流"、"和"与"中"、"和"与"合"之间的关系。"和"不是"同",和谐不等于完全的一致,"君子和而不同"②,"和"是事物多样性的统一;"和"不等于"流",和谐不是无原则的、一味地调和、讨好,如《中庸》所言"君子和而不流";"和"即是"中",春秋思想家晏婴主张通过"济其不及,以泄其过"的方法来达到"中和"③的目的;"合"是"和"的另一种表达形式,"物必有合","合"是强调事物乃对立面的统一与融合,和合交感是万物生成变化的根源。三是强调和谐的重要性。《易·乾·象辞》说:"乾道变化,各正性命,保合太和,乃利贞。首出庶物,万国咸宁。"《论语·学而》说:"礼之用,和为贵。"《中庸》说:"致中和,天地位焉,万物育焉。"《尚书·尧典》说:"协和万邦",等等,都是强调和谐对于万物生成、天下太平的重要性。中华民族数千年文明史的发展过程,充分体现了这样一种重视和谐的思想。如表现在古代民族关系上,总体来说,历代皇朝都比较重视推行"和抚四夷"的民族友好政策,唐贞观年间的民族友好关系更是堪称为典范;表现在古代对外关系上,重视推行"协和万邦"的对外友好政策,使节往来频繁,唐都长安一度出现了万邦来朝的盛况;表现在人际关系上,则通过"礼"的规范作用,来达到人与人之间的和谐相处,如此等等。毫无疑问,中华文明数千年一系,与中华民族这种久远的、受到高度重视的和谐思想是分不开的。

**2. "自强不息"和"厚德载物"**

"自强不息"和"厚德载物"是中国传统文化两个基本命题,这两个命题经过历史的沉淀,凝聚和升华为中华民族精神的核心方面,具体到人们的道德准则和行为规范中就是爱好和平、团结统一,自强不息、勤劳勇敢。《易》曰:"天行健,君子以自强不息。""地势坤,君子以厚德载物。""自强不息"就是要永远努力向上、绝不停止,表现了中华民族奋发进取、顽强拼搏的刚健精神;"厚德载物",就是要执中致和、修德养性,表现了中华民族兼容并包、博大宽厚的和合思想。如果将其设定为一个精神坐标的话,可以说,这种自强不息精神就是提升中华民族积极向上的纵坐标,而厚德载物思想则是引导中国发展趋于中正平和的横坐标。

易学思想以其广泛而强大的渗透力深入到中国文化的各个领域,成为中国文

---

① 汤一介:《略论儒学的现代意义》,载《儒学与二十一世纪》,北京,华夏出版社 1996 年版,第245 页。

② 《论语·子路》。

③ 《左传·昭公二十年》。

化生生不息的脉源。"人更三世，世历三古"① 的《易》，作为中国文化典籍中群经之首，大道之源，在中国文化发展史上具有独特而重要的地位，对中国文化的始源性影响也是深远而恒久的。

《易》曰："天行健，君子以自强不息。"这是第一次明确地提出自强不息的思想。这里所说的"天行健，君子以自强不息"是从天道说明人道、人道效法天道的角度提出来的，认为天的运行刚健永不衰竭，因此，君子应该以天为法，奋发有为，积极进取。以天道说明人道，认为人道是效法天道的，这是中国文化一个根本思想。自强不息最早是作为一种根本的人生态度提出的，即要求"君子"积极进取，奋发有为，永不停息。随着社会的发展，自强不息思想逐步深入民众，从而形成中华民族为了一定理想、目标而拼搏奋斗的民族精神，成为中华民族历千年而不衰的主要精神支柱之一。《易·系辞上》所谓"《易》与天地准，故能弥纶天地之道。仰以观于天文，俯以察于地理，是故知幽明之故"，说的就是这一点。

《易》中自强不息的思想，有多层面意义。一是居安思危，临危不惧的忧患意识。二是自信自强，乐观向上的积极态度。三是生生不已的积极进取，持之以恒的进取精神。四是胜不骄，败不馁的顽强精神。《易》虽然是周人对自然和社会的深刻认识和反思，是他们对人类（生）智慧和生活经验的总结和概括，构成了中华传统文化中的精华部分，也成为中华民族精神的重要组成部分。其中居安思危、自强不息的精神内涵，一直是中华民族存在和发展的强大精神动力，它是中华民族饱经磨难、历久弥新、愈挫愈勇，愈挫愈奋的不竭动力。"天地之大德曰生。""刚健而文明，应乎天而顺乎人。"② 天体运行，健动不止，生生不已，人的活动应效法于天，故应刚健有为，自强不息。"西伯拘而演《周易》；仲尼厄而作《春秋》；屈原放逐，乃赋《离骚》；左丘失明，厥有《国语》；孙子膑脚，《兵法》修列；不韦迁蜀，世传《吕览》；韩非囚秦，《说难》、《孤愤》；《诗》三百篇，大抵圣贤发愤所作为也。"③ 司马迁这段有名的记载，反映了中华民族愈是遭受挫折、愈是奋起抗争的精神状态和坚韧不拔的意志。如果说这些只是知识分子和上层人士的思想表现，那么，"人穷志不短"等民间俗谚，则反映了自强不息精神在民众中的广泛社会影响和普遍意义。

"天行健，君子自强不息"，具体到中国古代文化的形态，表现为如下几个方面：

---

① 班固：《汉书》卷30《艺文志》。
② 《易·系辞下》。
③ 司马迁：《史记》卷130《太史公自序》。

第一，弘毅自励。"士不可以不弘毅，任重而道远。"① 中国传统文化中凝聚着"天下兴亡，匹夫有责"的社会责任感和"天将降大任于斯人也"的历史使命感，它感召华夏儿女胸怀天下，志存高远，勇担重任，建功立业。

第二，居安思危。忧国忧民的忧患意识本是贯穿于中国数千年历史的一种基本文化精神。"大道之原"的《易经》全篇贯穿着忧患意识。其《否卦》爻辞所提出的"其亡！其亡！系于包桑"② 的警句，就是以戒惧的方式论证时刻警惕败亡、常怀忧患的至理名言。春秋以后，忧患意识的内涵又有所扩大，这首先表现在孔子"忧道"观念的提出。孔子说："君子忧道不忧贫"③。"德之不修，学之不讲，闻义不能徙，不善不能改，是吾忧也。"④ 对真理能否弘扬的担忧，是孔子对忧患意识的一种升华。而战国中期的孟子从民本思想出发，又将忧患意识发展为"忧民"、"忧天下"。他说："乐民之乐者，民亦乐其乐；忧民之忧者，民亦忧其忧。乐以天下，忧以天下，然而不王者，未之有也。"⑤ 这样，从周初的"忧位"、"忧君"到孔子、孟子的"忧道"、"忧民"、"忧天下"，忧患意识的内涵愈益丰富，它一直成为后世仁人志士关心国家民族前途命运的一种心理品质。"君子安而不忘危，存而不忘亡，治而不忘乱，是以身安而国家可保也。"⑥ 历朝历代仁人志士，以这种忧患意识自励自警，未雨绸缪，忧国患民，上下求索。

民族忧患意识也就是一种责任精神，它与理想人格精神和爱国主义精神都有某种相通之处。忧患意识是理想人格的一种具体体现，因为仁人志士一定是具有忧患意识、具有责任感的；忧患意识表现在忧国忧民上，自然也就是一种爱国主义的精神。与这种忧患意识相一致的是"居安思危"的意识。《易·系辞下》说："危者，安其位者也；亡者，保其存者也；乱者，有其治者也。是以君子安而不忘危，存而不忘亡，是以身安而国家可保也。"《左传》说："居安思危，思则有备，有备无患。"⑦ 在中国政治史上，"居安思危"常常是封建大臣对封建帝王的谏言，对于封建政治产生过重要的影响。

第三，革故鼎新。《大学》引汤之《盘铭》曰："苟日新，日日新，又日新"；《易》曰"穷则变，变则通，通则久"⑧，这种变革精神是中华民族自强不息精神的又一鲜明体现。在中国社会发展史上，每一次大的进步，无不张扬着改革的旗帜，显示着改革的力量。正是在无数次自我反省甚至批判中，中华民族战

---

① 《论语·泰伯》。
② 《易传·系辞下》。
③ 《论语·卫灵公》。
④ 《论语·述而》。
⑤ 《孟子·梁惠王下》。
⑥⑧ 《易·系辞下》。
⑦ 《左传·襄公十一年》。

胜了一次又一次的危机和挑战，焕发出生生不息的活力。

创新求变精神是一种重视剔除不利于民族国家发展的因素、追求民族国家不断进步的精神，这是中华民族与中华文化历久不衰或衰而复振的重要原因。一个民族如果固步自封，失去创新求变与批判的精神，那么这个民族也就失去了发展动力，最终只能是自我毁灭。到了近代，中华民族落伍了，在被外国枪炮惊醒之后，一批批先进的中国人为了救亡图存，不断地推动并尝试着进行新的社会政治思想等诸多变革，谋求民族新的出路。毫无疑问，没有创新求变的中华民族传统或精神，也就没有中华民族繁荣富强的今天。在中国社会发展史上，每一次大的进步，无不张扬着改革的旗帜，显示着改革的力量。正是在无数次自我反省甚至批判中，中华民族战胜了一次又一次的危机和挑战，焕发出生生不息的活力。

"厚德载物"是由坤卦《象传》提出的。《易》坤卦《象》曰："地势坤，君子以厚德载物。"中华民族又是热爱和平、不尚暴力的民族，中国人的宽厚精神著称于世。宽厚精神涉及人和自然、人和社会的关系，涉及到本民族与不同国家、民族的关系，涉及一个人、一个民族的外在关系；宽厚精神是以宇宙的空间为坐标，要求人们以宽阔的胸襟对待他人、其他民族和宇宙万物，这是古人以宇宙整体动态平衡的观点引导出的人生哲理、民族生存的智慧。

厚德载物精神的内容很丰富，其主要内容有：同心同德，协和万邦，兼收并蓄，天人合一。面对博大精深的中国传统文化，许多世界思想文化大师都对"和为贵"思想心醉神迷。他们认为，西方人是在与外界对立冲突中建立民族形象和认同的，而中国人却是在与万物和谐共处中把握自身精神和本质的。英国哲学家罗素曾这样赞许说：现代世界极为需要中国传统伦理思想，特别是"和气"的思想，如果这种思想能为世人接纳，那么这世界将充满欢乐祥和。德国学者莱布尼茨的《中国新事萃编》、法国学者伏尔泰的《风俗论》以及当代英国学者汤因比的《历史研究》等著作里，都有类似阐述。

厚德载物的和合思想是中华民族传统文化中一个重要的、独特的、延续不断的哲学概念、文化理念、政治理论和社会理想。"天地和合，生之大经也。"和，是指各要素的联系共处；合，则是指各要素的汇拢团聚。和合连用，是指多个元素、要素在动态系统过程中有机结构、和谐共生，最终融合成为一个新的统一体。在这个统一体中，不同方面、不同要素相互依存、相互影响，相异相合、相反相生；和谐而又不千篇一律，不同而又不彼此冲突，和谐以共生共长，不同以相辅相成①。

---

① 王军先生对"自强不息"和"厚德载物"这两个核心命题做过系统详细的阐释。这里参考和吸收了王军先生的研究成果。参阅王军：《弘扬传统文化 推动和平崛起》，《光明日报》2004 年 3 月 26 日。

几千年来，厚德载物的和合思想已经深深融入中华儿女的血液里，贯穿于中国传统文化对人与自然、人与社会、人与人之间关系的深刻认识和辩证处理之中。

### 3. 勤劳俭朴与忧患意识

中华民族自古以来就生活在灾害频仍的恶劣环境中。中国大陆所处的地理位置及气候特点，决定了它是一个多灾之国。翻开古书，水、旱、风、震、雹、雪、霜、虫，无休无止的自然灾害始终伴随着中华民族繁衍生息的历史。中国古代经济在相当长时间内以农耕为主，相对于采摘、狩猎经济，靠天吃饭的小农经济需要付出更为艰苦的劳动，受气候条件的影响也更大。这样的生产方式和生存条件，决定了我们的祖先必须要年复一年地辛勤劳作，必须要为每月每日的生活精打细算。可以说，中华民族正是在与各种自然灾害不断抗争、在为生存繁衍而不断奋斗的过程中，养成了吃苦耐劳、勤勉节俭的民族品格。

中华民族自古以来便是以勤劳勇敢和积极进取的精神著称于世的，正是具有这样一种精神，我们的先民创造了以四大发明为代表的灿烂文明，赢得了世界的尊敬。近代以来，中华民族长期遭受外来侵略，虽然身处逆境，却依然表现出了自强不息、不畏强暴、浴血奋战的民族反抗精神。正如毛泽东同志所说的，"中华民族不但以刻苦耐劳著称于世，同时又是酷爱自由、富于革命传统的民族。""中国人民，百年以来，不屈不挠、再接再厉的英勇斗争，使得帝国主义至今不能灭亡中国，也永远不能灭亡中国。"[①] "我们中华民族有同自己的敌人血战到底的气概，有在自力更生的基础上光复旧物的决心，有自立于世界民族之林的能力。"[②] 正是由于中国人民历经百余年不屈不挠、前赴后继的英勇斗争，最终赢得了国家与民族的独立和解放。

勤劳节俭是中华民族的主要道德规范之一，崇俭抑奢一直是人们奉行的行为准则，在几千年的漫长历史中，无数有识之士从各种角度论述了这一行为准则的重要意义。

在先秦时期，人们就已认识到节俭的必要性。《易经·节卦》说："天地节而四时成，节以制度，不伤财，不害民。"这里说的是制定适当的制度以节制财政支出，才能不伤害国家财力和人民的生活。《商书·太甲》说："慎乃俭德，唯怀永图。"这就将慎守俭德与国家的长治久安联系起来，这些思想被后人进一步发展和充实。先秦诸子都将节俭作为一条重要的道德规范。孔子说："奢则不

---

① 毛泽东：《中国革命和中国共产党》，《毛泽东选集》第 2 卷，北京，人民出版社 1991 年版，第 623、632 页。

② 毛泽东：《论反对日本帝国主义的策略》，《毛泽东选集》第 1 卷，北京，人民出版社 1991 年版，第 161 页。

逊，俭则固，与其不逊，宁固。"① 他鄙视那些"耻恶衣恶食"的士人，讴歌"饭疏食饮水"②而乐在其中的志士。孟子则着重从道德修养和磨炼人才的角度，阐述了俭朴艰苦生活的意义。墨家主张"节用"、"节葬"，他们"多以裘褐为衣，以屦蹻为服，日夜不休，以自苦为极，"③ 努力实践着节俭的主张。在先秦诸子中，大倡俭德并对节俭思想的重要性做出全面论述的，则当首推以老子为代表的道家学派。

老子将俭啬视为立身处世所必须持守的"三宝"之一，是治国修身的根本法则："治人事天莫若啬。"④ 只有俭啬，才能在灾祸来临之前及早服从于道，而及早服从于道就是积德。如此，则能战无不胜，就能掌握国家政权。懂得了这一道理，以之治国则可长治久安，用于治身则可生命长存。老子还用多欲不节的危害警告世人："祸莫大于不知足，咎莫大于欲得。"⑤ 可见，崇俭抑奢不仅是治国安邦的需要，而且是保全身家性命的需要，是维持生命健康的需要。这一观点是对商周以来节俭思想的重要发展。它将俭德与人们企望安全、健康的生理和心理需求直接联系在一起，从而具有了更强烈的警世作用。

唐太宗李世民曾经反复与臣下讨论这一问题。他说："夫欲盛则费广，费广则赋重，赋重则民愁，民愁则国危，国危则君丧矣。"⑥ 唐太宗还在《帝范·崇俭》篇中说："夫圣代之君，存乎节俭。富贵广大，守之以约；睿智聪明，守之以愚。不以身尊而骄人，不以德厚而矜物。茅茨不剪，采椽不斫，舟车不饰，衣服无文，土阶不崇，大羹不和；非憎荣而恶味，乃处薄而行俭。故风淳俗朴，比屋可封，此节俭之德也。"唐太宗说的话，阐述了凡是政治清明有所作为的朝代的君主必能保持节俭的美德。

重德求善是中国传统文化的重要特征，历代思想家都十分重视社会道德风尚和个人道德修养问题。人们认识到，崇俭抑奢直接影响着个人的道德修养和整个社会风气。春秋时期鲁国的御孙认识到："俭，德之共也；奢，恶之大也。"⑦ 对此，宋人司马光曾经在家训《训俭示康》中作了很好的阐释，他说："共，同也，言有德者皆由俭来也。夫俭则寡欲。君子寡欲，则不役于物，可以直道而行；小人寡欲，则能谨身节用，远罪丰家。故曰：俭，德之共也。侈则多欲，君子多欲则贪慕富贵，枉道速祸；小人多欲则多求妄用，败家丧身，是以居官必贿，居乡必盗。故曰：侈，恶之大也。"三国时的诸葛亮在其《诫子书》中说：

①② 《论语·述而》。

③ 《庄子·天下》。

④ 《老子》第59章。

⑤ 《老子》第46章。

⑥ 司马光：《资治通鉴》卷192 武德九年条。

⑦ 《左传·庄公二十四年》。

"俭以养德"，视节俭为道德之基，认为节俭才能培养良好的道德品格。

古人的话语是富有启发意义的，他们指出了节俭与寡欲、俭啬寡欲与正直、廉洁等道德规范之间互相联系、互相依存的关系。而奢侈多欲则必然贪图富贵，为了达到这一目的，就会不择手段，甚至不惜出卖自己的灵魂，贪赃枉法，行贿受贿，偷盗抢劫，胡作非为。

崇俭抑奢不仅是培养良好的个体道德的基础，而且是形成良好社会风气的必由之路。明清之际的著名思想家唐甄曾就这一问题进行过专门的论述。他指出："人情之相尚，或朴或雕，或鬼或经"，"转阴阳，判治乱"，都是"风使之然"，如果"得其机而操之，则可以天下大治"。这里所说的"风"，相当于我们今天所说的社会风气。他认为，只要能掌握社会风气转变之关键，就可以实现天下大治。他又指出："圣人执风之机以化天下，其道在去奢而守朴"。因此，明君应当持守恬淡的生活，目的是为了树立良好的道德范例，"以养天下之心。"① 与唐甄同时期的另外一位思想家顾炎武，也将"革奢侈"作为改革社会风气的根本途径。②

### 4. "仁者爱人"

"仁"是儒家思想道德体系的核心范畴，《论语》一书中共有 109 次提到"仁"（其中一处"仁"作"人"讲，另有三处系重复）。"仁"的内涵十分丰富，其中"爱人"是其最重要、最基本的内涵。《论语·颜渊》记载："樊迟问仁。子曰：'爱人。'"这里，孔子创造性地提出"仁"即"爱人"的思想内涵，并且明确赋予"仁"以"泛爱众"的思想品格和准则，是具有其进步意义的。在春秋末期，孔子曾公开指责用俑殉葬说："始作俑者，其无后乎？"③ 坚决反对把奴隶当作工具和牛马的传统观念，他不但把同情和关爱人看作重要的道德准则，而且主张将这种爱人的精神推行于政治方面，提出"节用而爱人，使民以时"、"泛爱众而亲仁"④ 的政治主张。孟子将"仁"定义为"仁者爱人"⑤、"仁者无不爱人"⑥，他认为"仁"的首义是爱自己的亲人，即"仁之实，事亲是也"⑦、"亲亲，仁也"⑧、"未有仁而遗其亲者也"⑨。在此基础上，孟子将仁爱精神推而广之，要求人们"老吾老以及人之老，幼吾幼以及人之幼"⑩、"亲亲

---

① 唐甄：《潜书·尚书》，上海古籍出版社 1955 年版。
② 顾炎武：《亭林文集》卷 4，清光绪年间会稽取斯堂董氏刻本。
③⑨ 《孟子·梁惠王上》。
④ 《论语·学而》。
⑤ 《孟子·离娄下》。
⑥⑧ 《孟子·尽心上》。
⑦ 《孟子·离娄上》。
⑩ 《孟子·梁惠王下》。

而仁民，仁民而爱物"①。荀子继承了孔、孟的仁爱思想，将"仁"定义为"爱人"，他说："仁，爱也，故亲"②，要求统治者"爱民利民"③；《礼记·礼运》篇中也要求人们"不独亲其亲，不独子其子"。儒家贤哲的这些论述都旨在确立和弘扬仁者受人的博爱精神。

### 5. "天下为公"

"天下为公"一语，最先出自《礼记·礼运篇》："大道之行也，天下为公。"在孔子之前，儒家就形成了"公"的思想观念。如《诗经》中三次出现"夙夜在公"之语。孔子之后，孟子也提倡："乐以天下，忧以天下"④，荀子则强调："公生明，偏生暗"⑤、"公道达而私门塞矣，公义明而私事息矣"⑥，要求人们做到："公义胜私欲"⑦。这些论述，表达了儒家贤哲"尚公去私"的无私奉献精神。这种精神的实质在于提倡公德胜私欲，要求人们关心国家、民族的共同事业并为之献身，曾对中华民族的发展进步产生过十分积极的影响，现已发展成为中华民族的"民族魂"。从汉代贾谊的"国耳（而）忘家，公耳（而）忘私"，到宋代范仲淹的"先天下之忧而忧，后天下之乐而乐"、岳飞的"精忠报国"，再到明清时期顾炎武的"天下兴亡，匹夫有责"、林则徐的"苟利国家生死以，岂因祸福避趋之"等，都是"天下为公"的无私奉献精神的最好表述。

值得我们注意的是，中华民族精神深深根植在中国历史文化的沃土中，是中国历史文化长期积淀和升华的结果。但是，时代在变，我们所面临的问题在变，我们必须对传统的民族精神在继承的基础上进行现代转换，赋予它新的时代内涵。

民族精神必须明确化、具体化。重建优秀的民族精神，最重要的内容就是将我们已有的民族精神明确下来，让国民更好地认同与把握。模糊不清的民族精神难以成为全民的共识，也无法产生多大的作用。只有明确而具体的民族精神，才容易转化为每位国民的精神，才有利于提高民族素质及促进民族发展。

当今培育和弘扬民族精神，最主要的工作：一是要把传统中华民族精神优秀的成分很好地继承下来；二是要把中国历史文化中那些消极落后，不合时代需要的成分剔除；三是要对那些既有价值，但又有时代局限的因素进行现代改造，并重新组合，使之成为当代中华民族精神的有机组成部分。

---

① 《孟子·尽心上》。
② 《荀子·大略》。
③⑥ 《荀子·君道》。
④ 《孟子·梁惠王下》。
⑤ 《荀子·不苟》。
⑦ 《荀子·修身》。

# 第六章

## 养浩然之气，铸民族灵魂：传统文化与中华民族精神

——般而言，在任何时代，弘扬和培育民族精神都不可能脱离历史文化传统。在一个民族的历史发展中，由主流思想文化和精英文化的互动而形成的民族群体内在精神、气质和外在行为规范是民族精神的主体内容，它往往规定着民族精神的发展脉络与外化表征。

### 一、先秦诸子与中华民族精神的思想奠基

"天行健，君子以自强不息"，"地势坤，君子以厚德载物"，这两句话已经成为最早、最能充分表现中华民族精神的经典名句，中华民族精神的发端亦可追溯于此。"自强不息"表现了中华民族不畏艰险，百折不回，奋发图强的优良传统；"厚德载物"表现了中华民族宽厚包容，兼收并蓄的胸怀和气势，始终激励着中华民族奋发有为、不断进步。

春秋战国是中国的"哲学的突破"阶段。如帕森斯所言，"哲学的突破"使古代文明对构成人类处境的宇宙之本质发生空前高度的理性认识。在中国，官师政教合一的古代"王官之学"经过春秋战国的"礼坏乐崩"，出现"道术为天下裂"的局面，诸子蜂起、百家争鸣。先秦诸子作为专业的文化创造者，经由对"王官之学"的继承与突破，开创了中国历史上继往开来的文化高峰，春秋战国因而被文史学家称为中国文化的"轴心时代"。春秋战国也是华夏民族最终形成的时期。先秦诸子的文化贡献深深融入于中华民族精神的血脉源流之中。

126

## 1. 先秦诸子的刚健有为、自强不息思想与中华民族精神的自强特征

刚健有为、自强不息是中华民族精神的重要方面。先秦诸子在其形成发展过程中起到了重要作用。刚健有为、自强不息，强调人奋发有为的精神品质，其逻辑前提是人本主义的价值取向和对人自身力量的信心。西周的文化维新使殷商的神本文化转向以"礼"为核心的人本文化。先秦诸子所开创的文化大观正是西周人本文化的继承与发展。孔子虽然承认天命，却对鬼神存疑，在这方面他的观点是："务民之义，敬鬼神而远之，可谓知矣。"①"未知生，焉知死？""未能事人，焉能事鬼？"②"子不语怪、力、乱、神。"③可见，孔子关注的是社会、人生问题，强调的是人在社会运行过程中的决定性作用。孟子认为"天时不如地利，地利不如人和"④，将人事看作事物成败的首要关键。荀子提出了"天人相分"的命题，认为"天行有常，不为尧存，不为桀亡。应之以治则吉，应之以乱则凶。"⑤突显出人的作为在社会发展中的地位。他甚至提出"制天命而用之"，表现出对人自身力量的坚定信心。儒家的人本主义立场可以用东汉仲长统的话来概括："人事为本，天道为末"⑥。墨子虽然将"天志"视为价值判断的终极标准，但又提出"尚力"的观点，强调人的物质生产活动的重要性。正是基于对人自身力量高度自信的人本主义立场，刚健有为、自强不息才成为中华民族文化对人的基本品质要求。

"刚"的品德是刚健有为、自强不息精神的首要体现。孔子已经提出刚健有为的思想，他非常看重"刚"的品德，将其视作有为的必需条件，其他先秦诸子也有相通的观点。孔子说："刚毅木讷近仁"⑦，将临大节而不夺的坚定性视为极高的品质，因此他才有"三军可夺帅也，匹夫不可夺志也"⑧的看法。孔子不仅高度肯定刚毅的品质，也将其视作奋发有为的条件，"士不可以不弘毅，任重而道远。"⑨孟子也赞赏"刚"的品德，突出表现在他所推崇的"不动心之道"——"不肤桡，不目逃，思以一豪挫于人，若挞之于市朝，不受于褐宽博，亦不受于万乘之君；视刺万乘之君，若刺褐夫；无严诸侯，恶声至，必反之。"⑩孟子对刚毅秉性的推崇也是由于他将刚毅视为欲有所作为者修养的一个部分。墨

---

① 《论语·公冶长》。
② 《论语·先进》。
③ 《论语·述而》。
④ 《孟子·公孙丑下》。
⑤ 《荀子·天论》。
⑥ 仲长统：《昌言下》。
⑦ 《论语·子路》。
⑧ 《论语·子罕》。
⑨ 《论语·泰伯》。
⑩ 《孟子·公孙丑上》。

子是当时下层民众在政治上的代言人。墨子及其门徒对自己的政治主张身体力行，也强调刚毅的品质，甚至提出"杀己以存天下"①。

中华民族精神中，坚持人格独立是刚健自强品质的一种重要体现。孔子强调"天下有道则现，无道则隐"②的人格操守，成为中华民族崇尚气节传统的一大根源。孔子说："志士仁人，无求生以害仁，有杀身以成仁。"③这就是强调为了仁德的实践，绝不能有任何苟且。即使自己的抱负无法施展也不能改变气节，而是"道不行，乘桴浮于海。"④孟子也非常重视气节操守，他说："生，亦我所欲也；义，亦我所欲也。二者不可得兼，舍生而取义者也。"⑤孟子还提出"富贵不能淫，贫贱不能移，威武不能屈"的"大丈夫"气节⑥，成为中华民族精神中的宝贵财富。

先秦诸子的刚健有为、自强不息也是一种不断进取、持之以恒的动态精神。《易传》概括了效法天行之健，积善不止的思想。《象传》说："天行健，君子以自强不息。"《系辞下》说："天地之大德曰生。"孔子称自己是"好古敏以求之者"，一方面自己"学而不厌"，另一方面"诲人不倦"，以"发愤忘食，乐以忘忧，不知老之将至"⑦的精神树立了万世师表。孟子说："舜明于庶物，察于人伦，由仁义行，非行仁义也。"⑧也就是认为人的道德是长期探求、涵养而得。他说："自暴者，不可与有言也；自弃者，不可与有为也"，强调道德修养的持之以恒而反对自暴自弃。荀子也强调持之以恒的精神，用"冰冻三尺，非一日之寒"⑨的形象比喻来告诫世人。

先秦诸子的刚健有为、自强不息也强调勇毅力行的意志性与实践性。孔子以"知、仁、勇"为三达德，仁是核心，知而知仁，勇而行仁，强调不仅要培养道德意识，更要将道德意识付诸行动。孟子也强调在人格修养中要"勇"要"毅"，也就是要有不畏艰难困苦而恪守道德信念的勇气与毅力。墨家强调"必先万民之身，后为其身"⑩的道德勇气，并将其化为了为信念"赴汤蹈刃，死不旋踵"⑪的实际行动。

---

① 《墨子·大取》。
② 《论语·泰伯》。
③ 《论语·卫灵公》。
④ 《论语·公冶长》。
⑤ 《孟子·告子上》。
⑥ 《孟子·滕文公下》。
⑦ 《论语·述而》。
⑧ 《孟子·离娄下》。
⑨ 《荀子·劝学》。
⑩ 《墨子·兼爱下》。
⑪ 《淮南子·泰族训》。

### 2. 先秦诸子的贵和尚中思想

贵和尚中是中华民族精神的重要组成部分，先秦诸子思想是其重要来源。"和"是先秦思想的精华之一。西周末年的史伯已经提出"和实生物，同则不继"[①]，推崇不同事物相配合达到平衡的"和"的状态。《易传》更加赞美"和"的状态，说："保合太和，乃利贞"。具体说来，"和"包括天人和谐、人际和谐、社会和谐三个方面。

天人和谐是先秦诸子思想中非常重要的一个方面。《易传·文言》提出了"与天地合其德"的思想，意指人与自然界要相互适应，相互协调。《易传·系辞上》认为圣人的行事准则是"与天地相似，故不违；知周乎万物而道济天下，故不过；""范围天地之化而不过，曲成万物而不遗，通乎昼夜之道而知"。这是一种强调尊重客观规律并且发挥人主观能动性的天人协调思想。老子认为道生出元气，元气生出阴阳二气，阴阳二气又生出天、地、人，天地人是同源的，又是万物的共同渊源。庄子进一步认为既然人与天地都由气构成，人是自然的一部分，因此天与人是统一的，人就不能损害自然本性，故而提出"无以人灭天"，追求"天地与我并生，而万物与我为一"[②]的天人和谐境界。法家的集大成者韩非子也肯定天与人的相通之处，认为"能像天地，是谓圣人"[③]，在逻辑上确认了天与人的统一协调。

作为农耕群体本位文化，中华文化特重人际和谐，先秦诸子在这方面有许多精辟见解。儒家非常重视"人和"，孟子就将"人和"视为政治成败的首要条件。"人和"不是要取消人的个性，而是指不同的人之间达到和谐状态。孔子说："君子和而不同，小人同而不和。"[④]这就是说人际和谐是以个体差异的有机结合为特征的。晏子则明确指出"相济"、"相成"是达到人际和谐的重要途径。

与实现人际和谐相配合，先秦儒家发展出了一整套道德学说。孔子提出"仁"的德目，成为中华民族道德精神的象征。孟子认为"仁"发端于人的"恻隐之心"，其核心是爱人，其根本在于家族范畴内的孝悌之德。孝悌之德扩展就形成忠恕之道。孔子将"忠恕之道"视为"为仁之方"，其基本要求是诚以待人，推己及人。具体内容是：己立立人，己达达人；己所不欲，勿施于人。经由忠恕之道，家族之爱扩展为"四海之内皆兄弟"、"老吾老以及人之老，幼吾幼以及人之幼"的泛爱，家族内的人际和谐被提升为社会和谐。

先秦诸子思想的最终落脚点在于解决社会现实问题，社会和谐也就成了其关

---

① 《国语·郑语》。

② 《庄子·齐物论》。

③ 《韩非子·扬权》。

④ 《论语·子路》。

注的一个焦点。孔子以社会和谐的"大同"之世为政治理想。在孔子看来，"礼治"和"德政"是实现社会和谐的途径。孔子思想贯穿着"克己复礼"的主题。孔子弟子有子说："礼之用，和为贵"①，得到孔子赞同。孔子希望用"礼"来确定社会各阶层的行为规范，并且以"仁"释礼，将社会外在规范内化为内在道德伦理的自觉意识。孔子主张"德治"，强调用道德感召的方式为政，从而达到社会和谐，所以他说："道之以政，齐之以刑，民免而无耻；道之以德，齐之以礼，有耻且格。"② 孟子发展了孔子"仁"的学说，提出"仁政"学说。他认为人性本善，由"不忍人之心"推出"不忍人之政"，③ 主张统治者实行推恩及民的"王道"，从而使天下平治。荀子与孟子相反，认为人性本恶，为了达到社会和谐，就要"化性起伪"、"明分使群"，具体途径就是"制礼仪以分之"④。道家的社会和谐观念与儒家迥异，认为自然状态本身就是完美的和谐状态，因此主张人向自然状态回归。老子说："人法地，地法天，天法道，道法自然。"⑤ 他认为社会和谐的状态就是人类原初的自然状态，向往"小国寡民"的"至治之极"。庄子张扬人的自然属性而摒弃人的社会属性，进一步将和谐的"自然"状态发挥成一种超功利的精神境界。庄子学说虽有其极端之处，却又用玄思品格和自适情趣弥补了囿于人伦日用的儒家学说之不足，深刻影响了中华传统文化的精神源流。

"和"在先秦诸子的社会思考中延伸出了向往和平的理念，对后世影响深远。孟子主张道德感召的"王道"而反对以力相争的"霸道"。老子的"道"也包含着向往和平的因素，他说："天下有道，却走马以粪；天下无道，戎马生于郊。"⑥ 墨子主张"兼爱"、"非攻"，并且与其弟子为制止"众暴寡"的战争竭尽全力。

先秦诸子的"贵和"思想，往往与"尚中"思想相联系。《中庸》将"中和"视作宇宙与社会的最高理想状态。儒家认为实现这一理想的根本途径在于"中庸"之道。孔子提出了较完整的中庸思想，成为中华民族精神的一大根基。孔子的中庸思想意蕴深厚，内容丰富。"中"是事物的"度"，既不能不足，也不能过度。"中"又指人的主观态度，既不能"狂"，也不能"狷"。"中"还有"和而不同"的意思。孔子说："质胜文则野，文胜质则史。文质彬彬，然后君

---

① 《论语·学而》。
② 《论语·为政》。
③ 《孟子·公孙丑上》。
④ 《荀子·王制》。
⑤ 《老子》第 25 章。
⑥ 《老子》第 46 章。

子。"① 这就是强调不同要素相互协调、恰到好处的保持，才能达到理想状态。孔子也强调"权而时中"，要根据时机审时度势、权衡通达、保持中立不倚。与孔子"时中"思想一脉相承，孟子提出"穷则独善其身，达则兼济天下"。荀子提出："处道而不二，吐而不争，和而不流，贵公正而贱鄙争。"

先秦诸子的中和思想是中华民族精神的重要底蕴之一，对重和谐统一、和平无争的民族价值观的形成产生了深远影响。

春秋战国出现了中华民族历史上的第一次文化大繁荣，背后凝聚着先秦诸子穷事尽理的探索精神，这种探索既体现了对真理孜孜以求的执著，又落实于对社会现实的人文关怀。先秦诸子用独立的探索、自由的思想奠定了中华文明的根基，对中华民族精神的形成发展影响深远。

## 二、汉代经学与中华民族的思维路向

思维方式是民族特性的一个重要方面，不同的民族，不同的文化有不同的思维方式，因此，不同民族的民族精神表现出不同特质。在这个意义上说，思想方法也是民族精神的重要内容之一。民族传统思维方式的形成是与特定的社会历史条件和文化背景密切联系在一起的，它一旦形成并被普遍认同后，就成为思维习惯，并由此决定着民族成员看待问题的方式和方法，决定民族成员的社会实践和一切文化活动。

关于中国传统思想方法（有的称之为思维方式）的特点，学术界从不同侧面做了种种概括。如吴文成在《中国传统思维方式的特征》一文中把中国传统思维方式特点归纳为崇尚古典的保守主义、喜好以具体形式表达的复杂多样性、形式的齐合性、现实主义倾向、对身份秩序的尊重、折衷融合的倾向等六大特征；张岱年、方克立主编的《中国文化概论》则认为逻辑与分析的综合、直觉体悟和知行动态统合是中国传统思维的主要特点②。这些归纳和总结都有道理，都是从不同角度对中国传统思想方法做出的很好概括。如果从较宏观的层面说，中国传统思想方法是一种与科学思想方法相对的经学思想方法，这种思想方法的形成一方面与中华民族自身所处的地理环境有关，另一方面，与中国历史与文化传统的影响也有着密切关联。其中，汉代经学及其经学方法对中国传统思想方法形成的影响最为重要。

从严格意义上说，经学乃指对儒家经典研究、诠释、传授的学问。经学虽开

---

① 《论语·雍也》。
② 张岱年、方克立主编：《中国文化概论》，北京师范大学出版社 1994 年版，第 338～345 页。

辟于孔子，却盛于两汉，并成为汉代学术的主流。"经学"一词最早见于《汉书·倪宽传》，该《传》曰：宽"见上（汉武帝），语经学，上悦之，从问《尚书》一篇"。建元五年（公元前136年）汉武帝设立五经博士，一般认为这是经学正式确立的标志。

经学的确立对于中国传统社会和传统文化具有十分重要的意义。这些意义集中表现在：其一，《诗》、《书》、《易》、《礼》、《春秋》这五部文献汇编成为社会公认的经典；其二，自此以后，儒学发展采取了经学的形式；其三，儒家对经典的阐释以及五经官方地位的确立，标志着上古三代的文化传统得以承认和传承，儒家所理解的社会历史观念占据了传统文化的主导地位。

汉代经学的学习与传承，讲究的是师法和家法。关于师法和家法，学人们的看法多有不同。或说师法家法意义大致相同，或者认为师法为源，家法为流。但是汉代经学中的师法与家法还是有区别的。陈延杰说："汉人治经，有师法，有家法。《易》有施仇、孟喜、梁丘贺，同师田王孙，师法也。施家有张、彭之学，孟有翟、孟、白之学，梁丘有士孙、邓、衡之学，则家法也。《春秋》严彭祖、颜安乐同师眭孟，师法也。颜家有冷、任之学，有管、冥之学，则家法也。治经必有师法，然后始能成一家之言。师法，溯其源，家法者，衍其流也。"① 经学经师相传，"率由口耳相传，又不能无讹误。"② 弟子应严守师训，不得更改。古代对经的解释体裁很多，有传、说、章句、训诂、笺、注、疏等等，一般统称之为经说。经学方法具体来说又有两种具体形态，一是今文经学的"微言大义"方法，二是古文经学的名物制度的考证训诂方法。

经学的"师法"与"家法"思维模式使学术有了延续的、不间断的承传，有利于文化和学术的延伸与发展。严格的家法与师法，在很大程度上保证了学术在血缘关系上的纯粹性，使某一种学术现象的发展和流变有清晰的脉络可循。更重要的是，这种传统非常有利于创立和形成学派，使某一种学派得以沿着横向扩展和纵向深入两个方向不断发展。经学的"托古"与"疑古"思维模式，既使学术和思想的传统不至割裂与中断，也维系了思想与学术的变革和传统的重建。经学在宋代出现了一个非常重要的变化，那就是理性与思辨的出现。辨言析理、细致入微，宋代经学的一个显著特征是学理性极强。宋明理学的这种学理性或思辨色彩是与宋学的发源密切相关的。宋明理学吸取了佛、道两家的某些思维方法，把人的自我完善放在首要的位置，对人与人、人与自然、人与社会之间的相互关系作了深入的研究，构建了一整套具有严密思辨结构的思想体系，使中国人

---

① 参阅陈延杰：《经学概论》第十章《汉代训诂学及师法家法》，1930年。
② 吕思勉：《经子解题》"论读经之法"，华东师范大学出版社1995年版。

的哲学思辨达到了它那个时代的思想方法的制高点。

经学的衍变，到了清代，开始结合西方学术，产生了在我国学术史上影响深远的一种学术和相应的学术思维方式。它以考据学为主流，人们或称之曰"实学"，或称之曰"朴学"，或称之曰"汉学"。经学贯穿于中国整个的传统学术史，因而经学的思维方式深刻地影响了中国传统的学术思维方式，并因此造就国人不同于西方的一种独特的思维方式。这种独特的思维方式最大的特征就体现在——它是一种整体的思维模式，它是一种追求事物各种关联的思维方式，这种思维方式追求对不同质的事物之间的联系、影响、渗透和整合，这种思维方式明显地有别于西方那种分析的、割裂的、局部的、以形式逻辑见长的思维方式。

中国的学术是由经学孕育而衍生的，经学的整体思维模式孕育出中国学术思维的一个最大的特点就是学科与学科之间的融合与贯通。研究中国学问的人都知道"文史不分家"这句名言。在中国学者的眼中，文学和史学是互相渗透的，互相关联的，它们之间有着天然的不可分割的联系，如果把它们人为地分割开来，就不可能取得对它们的正确认识。在传统的经学研究中，文、史、哲、经济、政治这些在西方学术中有着严格分野的学科是整合在一起的，它给人的感觉是一种混沌的模糊，但是，恰恰是这种混沌给了人们对事物的整体把握和感悟，恰恰是这种模糊使我们有可能进入事物的本源，掌握事物与事物之间的内在联系。西学东渐，明晰和严格的学科分类，带给我们的是明快的逻辑和清晰的条理，它使研究的方法趋于简洁和便于运用，因而很快受到中国知识分子的欢迎，中国特色的整体研究被遗弃，甚至被当作落后的思想方法而受到批评。更严重的是，由于西学学科分类的思维方式借重西方文明的学术霸权对中国学术的压迫，从根本上瓦解了中国学术思维赖以生存的土壤，又从学理上加速了经学的衰亡。

这种整体思维方式沉淀于社会的各种意识形态中，诸如政治、法律、伦理、道德、哲学思想，对中国人的亲乡、爱国有着重要的导向作用，可以使人们由爱部落、爱乡亲推及爱民族，由爱家乡到爱祖国，从而使中华民族具有深厚的凝聚基础。

但是，经学的治学之道客观上造成了尊经法古的思维模式。孔子信而好古，而六经又被统治者当作绝对真理，不能有丝毫的增损。因而中国古代文人只能以博览群书、满腹经纶、读书穷理、专心圣贤为自己的奋斗目标。言必有出处、动辄引经据典。严复在《名学浅说》中指出："中国由来论辩常法，每欲求申一说，必先引用古书，诗云子曰，而后以当前之事体语言，与之校勘离合，而此事体语言之是非遂定。"许多优秀的知识分子都囿于"畏天命、畏圣人、畏大人之言"，不敢有半点创新，更不敢怀疑经典。一个日本学者这样评价："古代人昔日经验的成果在中国人的心理唤起一种确实感……仅根据个人的抽象思考力来固定统治人们生活的准则，对于这种方法，中国人会有某种不安的感觉。"① 正是这种"不安"导致了中国人对新事物的某种恐惧，盲目好古，任何试图改变先祖做法的改革行为，总会受到各方面的阻力。这才导致了中国人的一种畸形心理。当鸦片战争后，中国的国门被洋人强行打开，在洋枪洋炮面前，我们毫无反抗之力。

必须看到，经学研究方法和科学所倡导的自由精神也有相悖之处。自汉代以后，儒家的这些经典被当成是绝对真理，而且是唯一的绝对真理。它不仅限制了中国人的思想，还规范着中国人日常生活的每一方面。不管社会生活本身有多大变化，封建王朝如何频繁更替，这些经典的真理性和权威性是不变的，这是不容置疑的。中村元认为："通常认为儒学的'四书'、'五经'等经典限制了中国人的自由思维，但事实上，强调经典权威的保守态度和尚古思想才真正束缚了中国人。"②

## 三、魏晋玄学与中华民族精神的融通

玄学是魏晋时期崛起的新的文化思潮。汉武帝"罢黜百家，独尊儒术"后，儒家政治伦理学说与阴阳五行学说杂糅形成的天人感应宇宙论成为两汉最重要的统治合法性理论基础与学术思想。与之相应，专门注解儒家经典的"经学"成为大一统的学术文化。汉末的政治与社会动乱打破了原有的政治形态与社会秩序，也相应地改变了士人心态与文化思想。汉代经学传统不断被突破，章句训诂开始转向玄思清谈，对现实王道秩序、名教秩序的关注转向对名教本源与理想人格的关切，天人感应的宇宙论体系转向更形而上的本体论探究，在儒家思想之外，道家思想、佛家思想也愈益受到重视。"玄风独振"③ 的局面应运而生。《老子》、《庄子》、《周易》合称"三玄"，成为玄学的主要研究对象。围绕"三玄"，玄学家展开了一系列思辨与探索，开创了一种新的文化思想与社会风气，对后世影响深远。

玄学超脱汉代经学的名物训诂而在思维上直接诉诸本体，将强劲的抽象哲思新风注入中国传统哲学血脉。玄学在现实人生中体验无限的精神追求使其内在地具有美学意蕴，形成了重自然、重风神的美学观念和玄、远、清、虚的生活情趣，对中华民族的审美取向与民族品格有重大影响。魏晋玄学作为中华民族思想与社会进程中的一股重大文化风潮，其思想旨趣与精神意蕴必然对中华民族精神

---

①② 中村元：《东方民族的思维方法》，杭州，浙江人民出版社1989年版，第127、137页。
③ 沈约：《宋书》卷67《谢灵运传》。

的形成与发展产生了相当影响。

### 1. 魏晋玄学会通儒道的汲汲探求

从历史发展进程来看，儒家思想与道家思想是中华文化的根基，是中华民族精神的重大思想渊源，魏晋玄学在会通儒道思想方面做出了重大努力，集中体现在对自然与名教关系的探索上。道家重自然，儒家贵名教，自然与名教的关系成为玄学的重大主题，相当多的玄学家对二者的贯通做出了不懈努力。汉代正统儒学因为老子否定名教而强调孔老之异并排斥道家，"党锢之祸"以后，名教在现实生活中的异化引起人们重视，由此逐渐产生一种认识，认为老子所否定的名教不是真名教而是异化的名教，其学说的根本旨趣与孔子相同，仍在于建构合理的社会秩序。何晏首先从理论上对这一点进行了论证。他认为老子与孔子的思想都根源于对自然之道的体认，故而相同。何晏在《无名论》中说："夏侯玄曰：'天地以自然运，圣人以自然用'。自然者，道也。道本无名，故老氏曰强为之名，仲尼称尧荡荡无能名焉。"王弼进一步认为孔子的"一以贯之"之道与老子的不可言说之道都是"明于本数"，圣人体无，老子未免于有，因此孔子对道的体认高于老子。王弼的思想既保存了儒家的传统神圣地位，又将道家思想融汇进来。正始玄学对儒道的会通，其立足点仍在于中国传统的经世致用旨趣，希望通过儒道会通来克服名教在现实生活中的异化现象，建构起合乎自然的王道秩序与名教秩序。道家的自然探寻宇宙万物与人类社会运行的必然之理，儒家的名教秩序关注现实政治社会秩序的应然状态，正始玄学将道家的自然延伸为现实名教秩序，又把儒家的名教根源追溯于自然，认为自然为本、名教为末，名教本于自然。王弼为救治时弊、实现国家政治和谐安定开出的药方就是要统治者能明于自然之道，正确处理本末关系。

魏朝竹林时期，面对黑暗的现实政治，玄学在思想上对统治者标榜的礼法名教起了更大的反动。嵇康提出"越名教而任自然"[①]，阮籍将礼法视为"天下残贼乱危死亡之术"[②]，阮籍也将礼法视作统治者凌暴下民的工具。但是，竹林玄学所否定的礼法名教实际上也是在现实生活中异化了的名教。嵇康的思想中，道家自然观与儒家忠信、劳谦等道德观是有机结合的，道家自然观为他的儒家道德观提供了本体论上的终极依据。嵇康主张人应当遵从自然之道，而对自然之道的遵从自然会导致高尚品德的具备，而违背自然之道则会导致虚伪的礼法名教。

玄学进入西晋元康时期，结束了对名教的猛烈批判，对儒道会通进行了新的理论探索。郭象创立"独化论"，在《庄子序》中提出"上知造物无物，下知有

---

① 嵇康：《释私论》。
② 阮籍：《大人先生传》。

物之自造也。"他认为宇宙万物都是"独生而无所资借",都是按照自身特有性分独化而生,又都在庄子所谓的"玄冥之境"中得到统一。郭象把这种思想引入社会领域,认为人与万物一样性分不齐、自成种类,因此人们应当各安本分,统治者应当行无为之治,不干扰人的本来状态以促成社会和谐,也就是要达成"万物皆得性"的和谐状态。他认为性既是自然本性,又是社会本性,因此认为名教即自然,自然即名教。

**2. 魏晋玄学的人性解放思想**

中华文明是一种农耕群体本位文化,个体意识较为薄弱,而魏晋玄学及与之相携而行的魏晋士风却在张扬个性方面独树一帜,造成一股人性解放的风潮,成为中华民族历史上绝无仅有的文化景观。

魏晋玄学中的人性解放因素首先体现在生命意识的觉醒。魏晋时期动荡的社会局势对人们的心理产生了极大影响,"生若浮寄,暂见忽终"[1] 式的人生感叹在魏晋诗文中俯拾即是,感叹人生短促与无常的社会心理在玄学中留下了深深的烙印。对生命的珍视成为魏晋玄学及与之相携而行的魏晋士风的一个重要方面。《世说新语》记载"庾文康亡,何扬州临葬,云:'埋玉树着土中,使人情何能已已!'"类似的感伤生命逝去的事例在魏晋时期比比皆是。从正面肯定生命的珍贵成为魏晋玄学的一个重要方面。王羲之在《兰亭集序》中明确反对"齐彭殇"、"一死生"的消极观点,提出"死生亦大矣"。基于对生命的珍视,玄学家们对生命产生了深刻的思辨。魏晋玄学强调人与自然的和谐一体,将顺应自然之道视作化解人生悲苦、达到生命完满状态的根本途径,并由此产生了"养生"的课题。嵇康在《养生论》中系统阐述的养生之理很具有代表性。他认为养生应当"清虚静泰,少思寡欲","旷然无忧患,寂然无思虑","无为自得,体妙心玄",并且辅以正确的饮食、修养。养生之道的盛行,形成了魏晋士人重清静无为、服食寒食散的风气。

自我意识觉醒、追求精神自由是魏晋玄学人性解放思想的重要体现。魏晋时期残酷的政治斗争、黑暗的社会现实驱使士人反思自我的存在,在现实以外的精神世界寻求自由与完美。魏晋玄学打破了汉武帝"罢黜百家,独尊儒术"以来儒家礼法名教的神圣地位,将自然视为本、名教视为末,把自然作为名教的根据,从而使束缚个体的外在规范地位下降。王弼在《老子注》中说:"圣人达自然之性,畅万物之情,故因而不为,顺而不施",将自然适性作为至高的理想人格,开辟了人性释放、精神自由的门径。对精神自由的追求成为魏晋玄学与魏晋士风的一大主题。现实对人的摧残与压抑促成了人自我意识的觉醒,名教秩序的

---

① 嵇康:《赠兄秀才入军》。

虚伪异化使魏晋士人在自然的精神境界中寻找解脱。阮籍在其《咏怀诗》中描绘了一个"终身履薄冰，谁知我心焦"的自我意识的主体性存在。在《大人先生传》中，阮籍为饱受煎熬的自我寻得"自然之真"的安息之所，向往"陵天地而与浮明遨游无始终"的精神自由。"思欲登仙，以济不朽"①的"游仙"主题是魏晋玄学寻求精神自由的重大表现。"不朽"既是指生命的永恒延续，又是指将个体生命融入自然本体、"寂乎无累"的绝对精神自由。

　　顺应自然之道也导致了魏晋士人的"任情纵性"，张扬个性。王弼在《老子注》中说："万物以自然为性，故可顺而不可为也，可通而不可执也"，主张人应顺自然。魏晋玄学认为情与性都是人的自然状态，应当顺从。《世说新语》记载："王戎丧儿万子，山简往省之，王悲不自胜。简曰：'孩抱中物，何至于此？'王曰：'圣人忘情，最下不及情。情之所钟，正在我辈。'简服其言，更为之恸。"王戎的话代表了魏晋玄学重视人本身性情的一般观点。魏晋士风因此呈现出任情纵性、不拘形迹的独特风貌。当时的风气甚至及于女性，葛洪在《抱朴子·疾谬》中说："今俗妇女……舍中馈之事，修周旋之好，更相从诣之适亲戚，承星举火，不已于行，多将侍从，晖晔盈路，婢使吏卒，错杂如市……或宿于他门，或冒夜而反，游戏佛寺，观视渔畋；登高临水，出境庆吊……"嵇康从理论上对顺应性情做出了肯定。他在《难自然好学论》中说："人性以从欲为欢。抑引则违其愿，从欲则得自然。"又在《释私论》中说：不隐匿心中感情、不以是非、毁誉为意就是"是非无措"，也就是保持自然的状态，这样才是君子的品格。

### 3. 魏晋玄学的批判精神

　　魏晋玄学既是对汉代儒学的反动，又是对动荡社会与黑暗政治的反省与遁思，其中充满了批判精神。汉代经学讲求章句训诂，重家法师传，而魏晋玄学则超越了汉代重感性经验的具体思维，讲求得意妄言、得意忘形，以抽象哲思在形而上的道路上探幽析微，注重个体对无限的体验，打破了汉代的家法师传，思想面貌较之汉代焕然一新。

　　魏晋玄学打破了汉代的家法师传和儒家独尊地位，思想家们得以展开自由的思想批判。"贵无"是玄学的根本宗旨，但裴頠看到"贵无"在现实中带来的负面影响后，著《崇有论》反对贵无论，认为名教本身即是本体，而反对以自然为名教之本的观点。在玄学内部，士人之间就各种问题进行了一系列辩论，都体现出一定的批判精神。

　　竹林玄学对在现实生活中已经虚伪化的礼法名教的批判最能体现玄学的批判

---

　　① 嵇康：《赠兄秀才入军》。

精神。阮籍在《大人先生传》中说:"汝君子之礼法,诚天下残贼乱危死亡之术耳。"嵇康则在《与山巨源绝交书》中公开宣称"非汤武而薄周孔",又主张"越名教而任自然"。竹林玄学对礼法名教的批判向根基延伸,就将批判的矛头直指作为礼法名教根据的六经礼律。嵇康在《难自然好学论》中说:"六经以抑引为主,人性以从欲为欢;抑引则违其愿,从欲则得自然。然则自然之得,不由抑引之六经;全性之本,不需犯情之礼律。"既然六经礼律被否定,也就意味着君臣之伦被打破,由此,竹林玄学在根本上与君主制度发生了抵触。嵇康在《答难养生论》中对君职产生了怀疑,他说:"民不可无主而存,主不能无尊而立。故为天下而尊君位,不为一人而重富贵也……圣人不得已而临天下……岂劝百姓之尊己,割天下以自私,以富贵为崇高,心欲之而不已哉?"阮籍则明确地将对礼法名教的批判延伸为对君主制度的批判,并形成了一种"无君论"思想。阮籍在《大人先生传》中论说:"君立而虐兴,臣设而贼生。坐制礼法,束缚下民。欺愚诳拙,藏智自神,强者睽眡而凌暴,弱者憔悴而事人。假廉以成贪,内险而外仁。"既然君主"坐制礼法"以强凌弱,那么无君就自然成了阮籍的社会理想,他的设想是:"明者不以智胜,暗者不以愚败;弱者不以迫畏,强者不以力尽。盖无君而庶物定,无臣而万事理。保身修性,不违其纪。唯兹若然,故能长久。"

竹林玄学的批判精神并不仅限于理论批判,而是对现实政治有所指涉。嵇康在《太师箴》中以远古"君道自然"为正面理想,继而批判后世君主"凭尊恃势,不友不师,宰割天下,以奉其私。""下疾其上,君猜其臣。丧乱弘多,国乃陨颠。"这实际上是对司马氏黑暗统治与政治斗争的抨击。嵇康又写过《管蔡论》一文,为起兵反对司马氏的毋丘俭辩护,指斥司马氏。他"非汤武而薄周孔",否定司马氏所尊崇的偶像,"以先王否定作为手段,来达到后王否定的目的"①。

此外,在玄学自然观的影响下,魏晋时期兴起了重自然的美学观念。基于超越具象直接诉求本体的思维,玄学又形成了"重神理而遗形骸"的审美取向,魏晋时期品评人物注重人物风神,也就是一种精神境界之美的审美意识。而玄学所看重的人的理想精神境界是本之于自然的真、善、美的统一。魏晋玄学独特的审美意识与美学意蕴对中华民族的审美取向产生了深远影响。

## 四、隋唐时期佛、道兴盛与中华民族精神的内涵融摄

一个民族对待外来文化的态度本身就是该民族精神的一种折射。佛教作为一

---

① 侯外庐等:《中国思想通史》第三卷,北京,人民出版社1957年版,第188页。

种外来文化，逐渐被中国本土文化吸收改造，成为中国文化的重要组成部分，这一过程本身既是形成中的民族精神在某种程度上的反映，同时对民族精神的进一步发展也产生了深刻的影响。

佛教传入中国 2000 年来，佛教中的教义与中国儒家、道家等以善为基准的道德理念相融合，大大促进了中华民族优秀的传统道德的发扬光大。儒家施行教育的纲领是仁、义、礼、智、信，它与佛家严守的五戒是基本一致的。五戒即不杀生、不偷盗、不邪淫、不妄语、不饮酒。作为佛教道德纲领的五戒更明快、简洁，易于为一般民众所接受。佛家认为对一切有生命的动植物，都不要有意去杀灭，绝对不可以伤人杀人。这与儒家提倡的"仁"基本一致，"仁"就是仁爱、仁慈，要爱惜一切生灵。佛教把"仁"提高到慈悲的高度，要求人们无缘大慈，同体大悲，忘我为众生拔苦与乐。佛家要求任何不属于自己的东西，包括财物、名誉、地位、金钱、美女等等都不要以不正当的手段窃为己有，任何损人利己的思想言行都是恶，这与儒家所讲的"义"相当。佛家要求不造口业即不恶口、不两舌、不绮语、不妄语，即不可破口骂人，不能挑拨离间，不可说下流粗话，不可说谎骗人，不能搞阴谋算计他人。这也与儒家的"诚信"相通。佛家要求不饮酒，尤其不可饮烈酒，不可喝醉，不能酗酒，因为醉酒会乱性，使人失去理智，容易做出坏事来，这和儒家提倡的"智"是一致的。相对于儒家对个人道德修养的准则，佛教的教义、戒律更加具体、细致，更易于被人们所接受，尤其是被下层民众所接受和践履，久而久之便扎根于中国人的思维深层，使中华民族更加注重对高尚道德的追求。

佛教要求学佛先学做人。佛教认为要成佛必须先做一个道德高尚的人，如果学佛后仍然贪婪、嗔恚、愚痴，仍然自私自利，不守五戒，不知廉耻，不行十善，连做一个一般的好人的起码标准都达不到，这就不是一个真正有志学佛者，这种人表面上学佛念佛，但人格缺陷太深重，人格建设的目标没有达到，就不可能得到真正的解脱，那就不能成佛。真正道德高尚的人，一定是有完美的人格，可以做人间楷模的人，他们能够自觉修持布施、持戒、忍辱、精进、禅定，逐步断除贪、嗔、痴、慢、疑，远离财、色、名、食、睡等世间五欲，在日常生活中能孝顺父母、尊敬师长、关爱邻友、关怀群众、真诚待人、悲悯疾苦，并且对"利、衰、毁、誉、称、讥、苦、乐"八风不动，心不随境转。他们艰苦朴素，积极进取，胸襟开朗，态度和蔼，遵纪守法，热爱生活，热爱生灵。佛教的道德教化对于中华民族的优秀品质、高尚道德、完美人格的形成，都在一定程度上起到促进作用。

佛教的传播也在一定程度上促使中华民族形成了以慈悲为核心和主要特征的友爱精神。佛教要求慈悲为怀，大慈大悲，普度众生，正是慈悲的体现。慈就是与乐，让民众、让一切众生都幸福快乐，一切为众生服务。佛教倡导的无缘大慈就是不讲条件，不论亲疏，不求回报，一律平等，无私无我地为众生服务，普度一切众生。悲就是拔苦，就是救苦救难，帮助民众解除疾苦，大悲就是同体大悲，任何民众的痛苦不幸，就是自己的痛苦不幸，要有着切肤之痛，同体之痛。按大乘佛教的教义，大慈大悲是菩萨精神，是佛教道德教育的本怀，佛教的教义都是佛菩萨为普度众生而从大慈大悲心中流露出来的。佛教要求信众通过修行，改正自私自利，以我为中心的错误思想言行，建立起大慈大悲，"不为自己求安乐，但愿众生得离苦"的信念，在行动上才能守五戒，行十善，远十恶，真正做到诸恶莫做，众善奉行。佛教宣称，阿弥陀佛的 48 大愿，每愿都是从大慈大悲心中发出的，寻声救苦，千处祈求千处应。佛教竭力宣扬以大慈大悲为核心的道德教育，与中华民族博大宽容的友爱精神不无关系，这一精神使中华民族即使在自己遭受巨大灾难的时候仍然不忘关心爱护他人。

道教是中华民族的传统宗教，它不仅为汉民族所信奉，也为许多少数民族所信奉。道教在其产生和长期发展的过程中，一方面广泛吸收了中华民族的传统思想文化作为其渊源，使传统思想文化的许多内容都汇集在道教文化当中；另一方面，经过发展与创造，道教又对中华民族传统文化的众多层面都产生复杂作用，渗透于传统文化的各个领域。因而鲁迅先生曾说"中国根柢全在道教"①。这也决定了道教对中华民族的共同心理素质、文化素质以及民族性格的形成和发展，不能不产生巨大的影响。特别是道教和儒家的"祖述尧舜"不一样，它是以黄帝为自己的祖宗，为黄帝树碑立传，这个影响更是十分广泛。

道教文化在人与自然相互关系问题上的基本出发点，是天人合一的思想。它从这个基本思想出发，提出了"天、地、人，本同一元气，分为三体"②。"元气有三名，太阳、太阴、中和。形体有三名，天、地、人。"③这天、地、人三气应当相互协调，"相爱相通，无复有害者"，方能"并力同心，共生万物"；"一气不通，百事乖错"。道教的这种思想，首先是承认宇宙间万事万物都有其合理性与平等的存在地位，主张让宇宙万物任性自在，自足其性，得其自然地存在与发展，人不应当加以干预。《庄子》提出："无以人灭天"。《太平经》说："凡物自有精神，亦好人爱之，人爱之便来归人。"《抱朴子·内篇》认为："天道无为，任物自然，无亲无疏，无彼无此也。"因而主张"任自然，有身而不私，有生而不营，存亡任天。"不仅如此，这种思想还认为人也是自然的一部分，强调"道法自然"、"自然之道不可违"，因而主张人应当爱护自然，保持与大自然协

---

① 《鲁迅全集》（11），北京，人民文学出版社 1981 年版，第 353 页。
②③ 王明：《太平经合校》，北京，中华书局 1960 年版，第 236、248 页。

调相处的和谐关系，顺应大自然。儒家虽然也讲天人合一，但注重人与自然之间的差异，强调人高出于一切事物的特殊价值，认为人贵物贱，所谓"鸟兽不可与同群"①，这实质上也是一种以人类为中心的思想，相比之下，道教的任自然的态度则有其可取之处。道教反对在人与自然之间分出高低贵贱，把人与自然对立起来，要求摒弃以人类自我为中心的思想，与大自然打成一片，进入天人相合无间的理想状态，在这一点上，似乎比儒家的理念更有特点，或者说与儒家思想具有相当程度的互补性，并共同构成了中华民族刚柔相济、执之有度的精神理念。

道教文化的宽广能容思想也是滋养中华民族精神的一个重要源泉。道教奉行《道德经》里"知常容，容乃公"的准则，这集中体现在文化方面的兼收并蓄态度，主张宽广能容，善于向不同的文化学习，认为应像海纳百川一样地融摄百家之长以不断地丰富自己，既没有西方文化那种自以为是的"精神优越感"，也没有某些文化所具有的那种视自己为正统、别人为异端邪说的排他性。儒家孔子虽然视"宽"为五德之一，其弟子子张讲过"君子尊贤而容众，嘉善而矜不能"②，《中庸》也讲"万物并育而不相害，道并行而不相悖"，但孔子同时又提出"攻乎异端，斯害也已"③。孟子更是认为"圣人之徒"，应以"辟杨墨"为己任，视杨墨为无父无君的禽兽；董仲舒则鼓吹"罢黜百家，独尊儒术"，走向宽容的反面。看来，宽容意识并没有构成儒家的根本特色。而道家、道教则不然，它一贯主张兼容并包，正如司马谈所说："其为术也，因阴阳之大顺，采儒墨之善，撮名法之要，与时迁移，应物变化，立俗施事，无所不宜。"④ 这种文化心理的发扬，在一定程度上拓展了中华民族开阔的文化胸怀，吸取各种先进文化以发展自己的民族文化，使中华民族的古老文化能够经常自我更新，充满勃勃生机，不但可以经久不衰，而且愈来愈繁荣昌盛。

## 五、宋明理学与中华民族精神的发展

在各种因素的作用下，宋代儒、道、佛三家经过长期的相互排斥、相互吸收、相互交融，宋代的思想界呈现出精彩纷呈的气象。在这样的大背景下，一代又一代的思想家试图重新诠释天地万物、社会人生的一些重大命题，以复兴儒学为己任。在众多的学术流派中，理学因为各种机缘最终在南宋被确立为正统的官方意识形态，对中华民族精神风貌产生了深远影响。

---

① 《论语·微子》。
② 《论语·子张》。
③ 《论语·为政》。
④ 司马迁：《史记》卷130《太史公自序》。

严复说："若研究人心政俗之变，则赵宋一代历史，最宜究心。中国所以
于今日现象者，为善为恶，姑不具论，而为宋人之所造就什八九，可断言也。"①
理学作为宋明时期思想文化的主流，其对中华民族"人心政俗"的影响至大至
深，对中国人的思维结构、精神风貌、价值观念，对中国的社会历史进程等都产
生了具有深远意义的重大影响。宋明理学是先秦儒学在更高意义上的回归，是儒
学变革之后的一种新的儒学形态。正是这种变革，使儒学具有了更强的穿透力和
说服力，传统儒学所提供的许多原则、训诫、口号才提升为民族共同认可的价值
体系，成为一种价值信仰，深深地根植于中华民族的民族文化心理之中。

中华民族精神的核心是爱国主义，而宋明理学家们将传统儒家的"尊王攘
夷"、"内中国，外夷狄"、"诛乱臣，讨贼子"、"大一统"等大经大法和忠、
孝、廉、节等道德规范纳入理学天理论的框架从而建构起并身体力行的爱国主义
理论，通过他们的言传身教深深地影响了他们众多的门人后学，并经历朝官府的
提倡、宣扬及门人后学的笃志奉行，广为传布，日益为社会公众所接受，进而积
淀成为中华民族共同的民族精神和文化心理要素。以程朱理学的学派、学统、道
统为主轴，启迪、熏陶、教化、熔铸出了千千万万忧国忧民、心怀天下、为国捐
躯、为民请命的仁人志士和民族英雄。理学"由知天而知人"，从宇宙本体论的
高度论证了人性、人伦与宇宙天地之理的相通和统一，这也就把人伦道德高扬到
了与天地共存，与日月同辉的高度。正是在这一观念的影响下，传统儒学的
"杀身成仁"、"舍生取义"的壮烈精神，不为富贵所淫，不为威武所屈的"大丈
夫"气质才真正融入到我们民族的血脉之中。此前，"杀身成仁"，"舍生取义"
等只是一种激励人心的口号，尚未成为一种普遍认同的价值体系，理学则将其变
成一种价值信仰。

其实，孔孟早就讲"成仁"、"取义"，但为什么不及程朱理学的效果大呢？
孔孟只提出了一个原则、一个口号，至于为什么这样做，"仁"、"义"到底有什
么价值值得人们用生命去拥抱它，传统儒学对此并无系统的论证。而理学"由
知天而知人"，从宇宙本体论的高度论证了"仁"、"义"可以与山河共存，与日
月同辉，所以为"仁"、"义"而献身，这不是死，而是生，是获得了与天地共
存、与宇宙共存的永恒生命，用理学家们的话说，即"死而不亡"。正是由于理
学的这种理论上的努力，才使得"仗义死节"的儒学口号变成了民族的价值信
仰。程朱理学家们所构建并经他们本人以及其后学门人笃志实行的爱国主义理论
和民族意识不仅推动了我国元、明、清几代的爱国民族斗争，而且成为近代民族
主义革命的强大思想动力，一直影响到当代。

---

① 《严复集》，北京，中华书局 1986 年版，第 668 页。

作为宋明两代特定历史条件下的产物，理学除了体现作为中华民族精神永恒价值核心的爱国主义外，更反映了当时的时代精神，而这些精神正是中华民族精神在当时特定历史条件下的体现。

首先，宋明理学体现的是一种主体精神鲜明的、深深的忧患意识。理学家借助于理欲、心欲、理气等对偶范畴的精致辨析，将人的道德存在、伦理特征和价值尊严提升到宇宙本体论的形上学高度，视人为天地万物的价值主体，抽象地证实了"天地之间人为贵"的儒学信念。同时，理学家们生活的时代，特别是其集大成者朱熹生活的时代，正值"国破山河在，城春草木深"的历史时期，"积贫积弱"的政治经济，"半壁江山"的分裂格局，"学绝道丧"的社会风尚，使得理学家大都具有深深的忧患意识。这种忧患意识既是人处于忧患之时，对人性的伟大与尊严以及人之所以为人的深刻体验，也是力图通过人自身的生命力量超越忧患，达到真善美高度统一的文化心态。正是这种深沉的忧患意识，使得理学家或者抱着"先天下之忧而忧，后天下之乐而乐"的精神而积极投身于社会改革，或者抱着"为天地立心，为生民立道，为去圣继绝学，为万世开太平"[1]的学术使命著书立说，从而建构起了"致广大，尽精微，综罗百代"的理学思想体系。不但如此，他们还关心文化"道统"的生生不息，向往"廓然大公"人人圣贤的至德境界，充分体现了宋明理学主体精神的鲜明特质。以儒家伦理为代表的民族文化由此呈现出了新的姿态。

其次，和中国传统哲学思维相比较，理学，特别是程朱理学具有鲜明的理性主义特质，但又不乏求真务实的精神。理学家最切近的学术目标就是"格物穷理"。这里，"理"既是形上学本体，是普遍的存在根据，又是最深层的价值源泉。可见理学是一种追根究底的理性主义哲学。这种求理精神既是中华民族最深层的生存方式和文化核心以及由这种生存方式和文化核心所转化的自觉生存智慧和价值观念，更是宋明时期社会文化思潮和民族精神的集中体现。在他们的观念中"理"是事物之"所以然"和行为之"所当然"的合和体，是先验的价值原则和经验的条理秩序的统摄与贯通。对此"理"的"格致"与穷究，其最终目的就是为了在理性原则的指导下从事道德实践，通过道德主体的自觉操持，实现万物实有的价值以及人生的意义。理学家们在追求"理"的同时也讲求实学，求实理，对佛教之空与道教之虚、老庄之无持批判态度。正如朱熹所言，"释氏虚，吾儒实"，"要之，佛氏偏处只是虚其理，理是实理，他却虚了，故于大本不立也。"[2] 可见，"实学"就是没有"议论辞说之累"的学问，就是实实在在

---

① 张载：《张载集》，北京，中华书局 1978 年版，第 376 页。
② 黎靖德：《朱子语类》，北京，中华书局 1986 年版，第 3027 页。

的学问，也即"明道"之学。总的来看，理学固然有其谈论心性，辨析义理，旨在重建社会道德价值和伦理生活秩序的性质与倾向，但也是有现实针对性的"实学"和有逻辑概括性的"实理"。

再其次，宋明理学敞开胸怀，广泛吸收儒、释、道各家之长，为我所用。如对佛老思想中有价值的理论精髓、思维方式和逻辑结构图式，表现出极强的兼容性和开放姿态。尽管理学家们更强调"内圣"，但他们并不缺乏入世品格的刚健精神，他们也投身社会现实，奋发进取，追求自己理想价值的实现。理学家们大多一方面强调知的先行性，主张"知先行后"；另一方面也不忽视行的重要性，坚持"行重知轻"，认为只要沿着"格物穷理"的路线走下去，通过"今日格一件，明日格一件"① 的日积月累，自然能达到知行一如的境界。即"脱然自有贯通处"。至于理学官方化后，逐渐失去了"格物穷理"的力行精神，演化成猎取功名利禄的手段，也实非理学家之本意。

宋明理学对人之为人、人生的意义从本体论的高度做出了更高层次的解释，这主要表现在其价值取向上的"天人合一"思想，这一思想进一步促使中华民族对于崇高精神境界的追求。天人关系问题是中国传统哲学的基本问题，古代思想家把"究天人之际"视为最高的学问与智慧，由此形成古代中国的传统的思维形式。儒家学说从根本上讲，基本上是一种人生哲学，一种关于人的学问。人生论所要研究的中心问题则是人在世界中的位置，就是生命本身的意义与价值问题。张岱年先生指出：中国古代哲学的"人生论之开端的问题，是天人关系的问题。天人关系论之开端的问题，是人在宇宙间之位置的问题。"② 人在宇宙中之位置的问题，也可以说便是人生之意义的问题。先秦儒家明确指出人在宇宙中具有高贵的位置，因为人具有其他动物所没有的特点，"故最为天下贵也"。周秦之际的儒家所撰写《礼记·礼运》论人之高贵："人者，其天地之德，阴阳之交，鬼神之会，五行之秀气也。""人者，天地之心也，五行之端也，食味别声被色而生者也。"把人视为天地之德，万物之心，非他物所能比拟。宋明理学家更是继承和发展了原始儒家的这种思想。他们明确指出，人是万物中最高贵、最卓越、最灵秀，因而是最美的至物，因而用充满激情之笔加以赞美。邵雍认为："唯人兼乎万物，而为万物之灵。"朱熹指出唯人具用仁义礼智信"五常之性"，故人为最灵。基于人乃万物之灵的认识，理学家张载正式明确提出了"天人合一"这个思想。理学家所说的"天人合一"，既不是把自然界和人看作毫不区别的混沌一团，说成无自我状态的混沌状态，也不是把人和自然界从根本上对立起

---

① 黎靖德：《朱子语类》，北京，中华书局 1986 年版，第 391 页。
② 张岱年：《中国哲学大纲》，南京，江苏教育出版社 2005 年版，第 172 页。

来，实现认识意义上的所谓同构。它主要讲的是价值关系，而不是认识关系。在理学家那里"天"和"人"的高度统一是因为它们在本体上是一致的，人"惟其与万物同流，便能与天地同流"①。理学家还指出，天人一体不仅表现在他们形器上无间无隔，更为重要的是人的心灵境界与宇宙境界，人的生命律动与宇宙的生命节奏的切合，正如朱熹在《孟子精义》卷八中所说："夫天地之常以其心普万物而无心；圣人之常，以其情欲顺万事而无情。故君子之学，莫若廓然而大公，物来而顺应。与其非外而是内不若内外之两忘也。两忘则澄然无事矣。"他们十分强调："天人本无二，不必言合"②，"道未始有天人之别，但在天则为天道，在地则为地道，在人则为人道。"③总之，"天人合一"的宇宙论乃是理学最核心、最高层次的理论内容。宋明理学家比任何哲学家都更加自觉地把"天人合一"的宇宙观作为自己的理论基础。在理学体系内部，尽管学派林立，但是它所有的理论基础，所有学派的出发点都是"天人合一"的宇宙观。

需要特别指出的是，虽然随着理学的发展以及宋明理学赖以产生的时代背景的消失，其学术主张与思想观点大多已经失去了其原有的意义与价值，但是蕴涵在这些学术思想与观念中的上述学术精神仍根深蒂固地存在于中华民族的传统之中，生长在民族心理的结构之上，已经成为中华民族精神不可分割的一部分。

## 六、乾嘉学派的精神内涵与中华民族精神的求真务实品格

在中华民族精神形成的历史过程中，清代的乾嘉学派也在不同的层面产生过重要的影响。乾嘉学派精神内涵之一，便是其"实证求是"之精神。尽管乾嘉学派注重考证的实质不能完全等同于我们今天意义上的科学实证精神，甚至也不能与我国传统儒学所倡导的实学完全画等号，乾嘉学派务实的思维方式与我国传统国民性中的实事求是是一脉相传的。

乾嘉考据学在中国历史上绵延百余年，它在学术史和思想史领域，都做出了不可抹煞的独特贡献。特别是乾嘉考据学讲求"实事求是"的实证方法，如梁启超所说："第一曰注意。凡常人容易滑眼看过之处，彼善能注意观察，发现其应特别研究之点，所谓读书得间也。……第二曰虚己。注意观察之后，既获有疑窦，最易以一时主观的感想，轻下判断，如此则所得之'间'，行将失去。考证家决不然，先空明一心，绝不许有一毫先入之见存，惟取客观的资料，为极忠实的研究。第三曰立说。研究非散漫无纪也，先立一假定之说以为标准焉。第四曰搜证。既立一说，绝不遽信为定论，乃广集证据，务求按同类之事实而皆合，如

---

①②③　程颢、程颐：《二程集》（一），北京，中华书局1981年版，第86、81、282页。

动植物学家之日日搜集标本，如物理化学家之日日化验也。第五曰断案。第六曰推论。经数番归纳研究之后，则可以得正确之断案矣。既得断案，则可以推论于同类之事项而无阂也。"① 这一实事求是的实证方法，正如《戴东原文集·答郑用牧书》中戴震所说："学者当不以人蔽己，不以己自蔽"。这种求真求是的精神，可谓是近代科学精神的萌芽。遗憾的是，限于历史条件，乾嘉学派还只是停留在文字音韵训诂的考据文物古籍的考证阶段，尚无能力发展为独立的科学学派。但由此我们不难发现这种求真求实的精神早已浸入中国传统文化的心理底层，成为中华民族精神不可或缺的一部分。

乾嘉学派"实证求是"精神内涵精神中，也蕴涵着强调人欲天经地义的人本思想。乾嘉学派对人本思想的张扬主要是通过反对理学来实现的。理学将天理与人欲对立起来，例如"二程"认为人的行为"不出于理则出于欲，不出于欲则出于理"。"存天理灭人欲"，便是理学所标榜的为人至理。乾嘉学派的代表人物戴震则认为人欲是天生自然，"凡有血气心知，于是乎有欲"，因此，"君子之治天下也，使人各得其性，各遂其欲"，"饮食男女，人之大欲存焉"。因此得出结论，明君治理天下，"体民之情遂民之欲，而王道备"②。

乾嘉学派秉持中国传统文化中求理的精神，但又不失经世致用的价值取向。不过这时乾嘉学派所谓的理已非宋明理学所高谈的天理，而是事物之理或者说事物本身的规律。在《孟子字义疏证》卷下《权》篇，戴震说："事物之理必就事物剖析至微而后理得"，他在这里实际上提出了从具体考察事物的过程中认识规律的道理。钱大昕则对"先天"之说加以驳斥，批判君臣尊卑天经地义的说法。当然求理的目的并不是为求理而求理，而是为了经世致用。最有代表性的《四库全书总目》，充分体现了经世致用的思想，它不仅揭示了理学对儒学经典的悖背，而且指出其于世无用，误人误国的危害。可以说《四库全书总目》是乾嘉学派经世致用思想的代表作，也表明经世致用思想已是当时社会的主流思想。这样，作为中华民族精神之有机组成部分的经世致用思想在文化发展中得以展现。

---

① 梁启超：《清代学术概论》，上海古籍出版社 1998 年版，第 45 ~ 46 页。
② 戴震：《孟子字义疏证》，北京，中华书局 1961 年版，第 9 ~ 10 页。

# 第七章

## 凤凰涅槃:
## 中华民族精神的现代转型

$18$40 年的鸦片战争,西方殖民者以炮舰、鸦片和商品打破了中华帝国闭锁的国门,从此中国被强行纳入资本主义世界统一市场,逐渐沦落为半封建半殖民地社会,中华民族陷入深重的民族危机和文化危机。但是,中华民族没有在殖民主义的侵略、欺凌下彻底衰败、沉沦,而是奋起抗争,逐渐觉醒为一个自觉的民族,"苦辛相率而就于过渡之道"①。在艰苦探索中,先进思想家们大声疾呼"国民性之改造"和"国民新灵魂之铸造",提出中华民族精神现代革新的时代课题。他们对传统文化和民族劣根性进行深刻的批判,热烈讴歌"凤凰涅槃",希望在烈火中再生出一个腾飞于世界的青春之中华。由于中国的现代化之路走的是一条"外发次生"型的道路,中国社会和文化的现代转型,不仅要完成文化的时代性跃迁,还要处理文化的世界性与民族性这一组矛盾,古与今、中与西的矛盾冲突相互交织。因此,相比于欧洲各国民族精神的现代转型,中华民族精神的现代转型之路,呈现出空前的激变性和复杂性。

### 一、清朝末季: 民族自信的丧失与实用理性的延续

以实用理性为特色的儒家文化是塑造中华民族精神的底蕴,中国人的伦理观、宗教观,乃至政治观事实上都带有较浓的实用理性色彩。譬如在宗教观方

---

① 梁启超:《过渡时代》,《清议报》第 82 期。

面，由于在实用理性的影响之下的中国人极少关注相对于此岸世界的彼岸世界，所以很难产生基于彼岸世界的真正信仰。正因为此，中国人所说的宗教信仰，大多不是"因'信'而信"，即因为宗教是真实的而相信；而是"因'用'而信"，即因为宗教是有用的而相信。① 这里所说的"因'用'而信"，也就是古人经常标榜的"神道设教"。虽然，自先秦诸子之后，由于道教的崛起与佛教的传入，曾使中华民族的民族精神有所改变，但其实用理性的色彩并未稍减。而且，由于 1840 年鸦片战争前中华文明从未受到外来文明强有力的挑战，所以这种以实用理性为底蕴的传统文化也一直成为中国人引以为荣的精神支柱。明末来华的传教士利玛窦曾对中国人这种良好的自我感觉有十分到位的描述，他说：

"因为他们不知道地球的大小而且又夜郎自大，所以中国人认为所有各国中只有中国值得称羡，就国家的伟大、政治制度和学术的名气而论，他们不仅把所有别的民族都看作是野蛮人，而且看成是没有理性的动物。"②

不过，鸦片战争后西方帝国主义的入侵，使中国人碰到"数千年未有之强敌"，并由此引发"数千年未有之变局"（李鸿章语）。随着对外战争的屡次失败，中国人开始逐渐反省以实用理性为底蕴的传统文化的优劣得失，也因此对一向坚信的民族精神开始感到怀疑与不满。以往学界多认为直到"五四"时期中国人才认识到传统文化的弊端，然而，如果我们仔细爬梳一下清朝晚期的思想史资料，不难发现这种对传统文化的失望与责难在当时已经初见端倪，"五四"时期的反孔运动，不过是晚清的涓涓细流在外力的催发下汇聚成的滔天巨浪而已。也就是说，在清朝晚期，中国人的民族自信已经开始逐渐丧失了。

当然，近代中国人对自己文化的自信心的丧失经历了一个较为复杂的过程。由于自孔子开始，在道德规范上采取的是二重标准，即所谓"君子喻于义，小人喻于利"③。既然君子懂得的是义，那么自然可以用圣人之道来开导；而既然小人懂得的是利，那么自然只能用鬼神之说来恐吓。这也就是后来荀子所说的："其在君子，以为人道也；其在百姓，以为鬼事也。"④ 在这种道德的二重标准影响之下，中国文化传统中的大传统与小传统呈现出较明显的差异。

"大传统"和"小传统"的概念，最初是由美国学者罗伯特·雷德菲尔德（Robert Redfield）提出的。根据其在 1956 年出版的一本著作，"大传统是社会精英及其所掌握的文字所记载的文化传统，小传统是乡村社区俗民（folk）或乡民

---

① 参见黄岭峻：《因'用'而信与因'信'而信——以清末民初士大夫宗教观为例的研究》，《宗教学研究》2003 年第 3 期。

② 利玛窦：《利玛窦中国札记》，北京，中华书局 1983 年版，第 181 页。

③ 《论语·里仁》。

④ 《荀子·礼论》。

（peasant）生活代表的文化传统。因此，前者体现了社会上层和知识阶层代表的文化，多半是由思想家、宗教家经深入思考所产生的精英文化或精雅文化，而后者则是一般社会大众的下层文化。"① 如果将此概念运用于对中国文化传统的分析，不难发现：中国的大传统是以强调道德自觉为特色的上层（君子）文化，而中国的小传统则是以强调神道设教为特色的下层（小人）文化。在面对西方文化的侵蚀时，两种传统的反应有时并不一致，这首先可以从太平天国运动略窥一斑。

鸦片战争之后，西方传教士重新在中国内地活动，由于此时在经济利益上与中国民间的冲突尚不激烈，所以最大阻力主要来自于具有较强意识形态冲动的中国上层，而不是下层。非但如此，由于受神道设教习惯的影响，中国下层百姓往往通过比附与篡改相对容易地接受了西方宗教思想的影响。事实上，在洪秀全创立带有基督教色彩的拜上帝教初期，追随者多是受小传统影响的底层百姓，而非受大传统影响的知识分子。为此，他曾感叹道：

"当今士子不能分辨真假与是非。……他们自身既已盲目和颠倒，复以此陈腐之说教人，普天下遂陷入魔鬼之罗网中。他们不能从徒然追逐名利中摆脱出来。他们追求转瞬即逝的快乐，仿佛此为永恒。他们贪恋世间之乐而忘却了天堂之福。但是，就在追逐名利之时，他们将魔鬼引入了心中。他们向往永福却堕入了地狱，欲得平安却不得平安，欲得福祉却不得福祉。这就是自满、自负、虚傲的当今士子。"②

如果我们暂时撇开其他因素不谈，仅从清朝政府与太平天国双方"造势"的手法看，曾国藩等人强调太平军"崇天主之教"，实为"开辟以来名教之奇变"③，带有浓厚的大传统色彩；而洪秀全等人将神人同形论引入拜上帝教，将自己打扮成新的人间偶像，实际上带有明显的小传统色彩。因此，在某种程度上，我们可以说：在鸦片战争后的20年，当以基督教为核心的西方文明再次进入中国时，洪秀全等人依据以神道设教为底蕴的小传统接受并改造了这一文明，而曾国藩等人则凭借以道德自觉为底蕴的大传统予以拒斥与反击。一场太平天国战争，极而言之，也可以说这是中国大传统与小传统因西方基督教文明引发的内部冲突。

不过，冲突归冲突，太平天国运动所反映的中国两种传统的冲突并不意味着二者之间已经存在质的区别。事实上，不管是大传统，还是小传统，其代言人在当时皆未认识到作为传统底蕴的实用理性的局限性。因此，受大传统影响的人是以此岸世界的人伦否定彼岸世界的上帝，而受小传统影响的人则是将彼岸世界的

---

① 陈来：《古代宗教与伦理——儒家思想的根源》，北京，三联书店1996年版，第12～13页。
② 夏春涛：《太平天国宗教》，南京大学出版社1992年版，第211页。
③ 曾国藩：《讨粤匪檄》，载李瀚章等编：《曾文正公全集》（文集，卷三），长沙传忠书局1873年版。

上帝变为此岸世界的人伦。换言之，不管是曾国藩式的"卫道"，还是洪秀全式的"反孔"，其本质还是传统中国式的，即皆属于实用理性的范畴。真正的变化，是始于19世纪60～70年代的一帮洋务思想家。

自19世纪60年代以后，少数中国士大夫在接触西方文化中逐渐发现以往的自我中心意识并不正确，西方文化在很多方面都不亚于甚至远优于中国文化。譬如，王韬在游历英国之后，曾称赞道："盖其国（指英国——引者）以礼义为教，而不专恃甲兵；以仁信为基，而不先尚诈力；以教化德泽为本，而不徒讲富强。"① 如果说王韬还只是对西方文化做了一些正面评价，那么清政府驻英国第一任公使郭嵩焘则是在西方文化的影响下，深切认识到中国文化已经落伍。郭氏日记中的一段写得颇为沉痛，其中记道：

"三代以前，独中国有教化耳，故有要服、荒服之名，一皆远之于中国而名曰夷狄。自汉以来，中国教化日益微灭，而政教风俗，欧洲各国乃独擅其胜，其视中国，亦犹三代盛时之夷狄也。中国士大夫知此义者尚无其人，伤哉！"②

当然，作为在中国文化之大传统中浸淫甚久的士大夫，王、郭等人认识到传统之不足，并不等于已经完全摆脱传统之影响。但这种从大传统中逐渐分化出来的怀疑论，则是此后中华民族之民族精神实现转型的先决条件。此后，虽然大传统的主流曾与小传统联合起来，对付对二者都构成威胁与伤害的西方基督教文明（此即义和团运动时期的排外浪潮），但随着这次反抗的失败，从大传统中分化出来的怀疑论更加具备了怀疑既往的理据。因此，在清朝末季，鄙弃儒学、否定传统在士大夫阶层便已经蔚然成风。

事实上，在清朝末季，这种怀疑传统、迷信将来的思想一点不弱于"五四"时期。如果略去时代背景，我们会发现清末思想界的一些言论与"五四"思想界并无二致。请看下面一段引自《湖北学生界》的文章：

"吾中国人服从之劣根性，于学术上尤为深固，一言一事，辄引数千年之古人为印证，甘以其极灵活之脑筋，为古人纳糟粕之筐篓。岂知我有脑筋，即为我制造新理想之机器乎？吾闻欧西名哲大贤著书立论，必求合天演界之公理，不惜与古人挑战，故论理愈演愈复杂，愈复杂愈归于的当，不至以偏言狭义，播毒种于后人。"③

从这段文字不难看出，清朝末季士大夫趋新而鄙旧的热情，一点不逊于"五四"时期。甚至可以说，"五四"时期的反孔与清朝末季的趋新是一脉相承的。

---

① 王韬：《漫游随录》，长沙，湖南人民出版社1982年版，第135页。
② 郭嵩焘：《郭嵩焘日记》（三），长沙，湖南人民出版社1981年版，第439页。
③ 丁守和：《辛亥革命时期期刊介绍》（第一集），北京，人民出版社1982年版，第252～253页。

　　随着从大传统中分裂且滋生出来的趋新意识的汇集，作为传统核心的儒学之定于一尊的地位，不能不出现松动且倾覆的危险。中华民族精神的现代转型，实际上也是发轫于这种趋新意识。

　　就在清末思想界这种趋新鄙旧的格局初定之后，人们突然发现整个社会出现道德滑坡的状况。本来，比起以原罪说为基石的西方基督教，中国传统道德规范的力度并不强固。它在强调道德自觉（慎独）之余，最有说服力的部分是以名誉与利益之间的交换来刺激人们的道德心，亦即"人生自古谁无死，留取丹心照汗青"所遵循的路子，说白了，是以将来的流芳万代来劝导人们舍弃目前的荣华富贵。而一旦构成"汗青"写作之价值体系的儒家学说遭到质疑，那么人们自然不会轻易地以虚幻的"留名"来换取现实的"牟利"了。

　　清末的道德滑坡是全方位的。毕永年，一方面是拔贡生，属士大夫阶层；另一方面又曾联络会党，属哥老会中人。应该说，毕永年对于中国的大传统与小传统都有相当了解，但在1900年运动会党参加反清起义时，他终于发现：不论是留学生，还是哥老会，其革命的目的大都还是为自己捞好处，最终由失望至绝望，决定遁迹空门，不问世事。在给日本友人的临别留言中，他痛切地感受到"中国久成奴才世界，至愚且贱"，"盖举国之人，无不欲肥身赡身以自利者。"①

　　当时，像毕永年这样对道德滑坡感到困惑与不满的士大夫，还大有人在。仅从陈天华的遗书和宋教仁的日记即不难发现，毕永年式的痛苦在两人身上也时常发生。② 当时各种报刊经常讨论的话题便是如何培育"公德心"和重铸"中国魂"。这样一来，便最终涉及到中华民族精神的现代转型问题。

　　从理论上看，中华民族精神的转型在当时不离两条路径，其一是强化；其二是转化。事实上，这两条路径在当时皆有人提及和尝试。

　　首先，让我们来看"强化"的路子。

　　这里所谓"强化"，即是重新树立传统儒学的权威性，从而为人们提供必要的道德规范。事实上，在清朝末年，几乎在道德滑坡出现的同时，即有人提出重振儒学以规范人心。其中，甚至有人认识到"一善制之立，一美俗之成，动千百年而后有"，不是一朝一夕所能获得的，所以不能"弃其所故有，而昧昧于来者之不可知"。③ 鉴于儒学思想受到专制政治的牵连，这一派中的人士非常谨慎地将"国学"与"君学"作了区分，认为国学"不以人君之是非为是非"，所

---

　　① 冯自由：《革命逸史》（第一集），北京，中华书局1981年版，第75~76页。

　　② 参见黄岭峻：《激情与迷思——中国现代自由派民主思想的三个误区》，武汉，华中科技大学出版社2001年版，第17~27页。

　　③ 《严复集》第2册，北京，中华书局1986年版，第246页。

以推翻君学不应拖累国学。① 然而，由于实用理性所构建的中国传统过分关注此岸世界而漠视彼岸世界，所以"国学"与"君学"往往互为表里，胶着在一起。也正因为此，对于现实中国日益衰颓的国运，中国传统也就难辞其咎。这也正像后来有人批评这种"强化"论时所说的："海禁开放前旧中国的经济是发展得那么好，政治是那么好，风气伦理是那么好，一切都几乎是全世界第一。可怪的，既然是一切都那么好，为什么打不过外国侵略者，而且时常要与当时的敌人作城下之盟，订立那么多不平等条约呢?"② 事实上，后世那些继续"强化"路径的新儒家之所以只能孤芳自赏而回应寥寥，其症结即在于它很难摆脱中国已经落后这个事实对它的质疑。

其次，我们再看一下"转化"的路子。

"转化"也可分为两种办法：一种是向着宗教型道德过渡的转化，另一种则是继续世俗型道德模式的转化。应该说，中华民族精神若要摆脱实用理性的桎梏，第一种转化办法是相对简单的选择。像李佳白曾经梦想的中国泛基督教化与康有为努力提倡的定孔教为国教，皆有这方面的考虑。然而，在清末思想界更为流行的是进化论，进化论之所以在中国大受欢迎，一方面固然是在实用理性的影响下，中国士大夫与这种强调此岸进化而非彼岸神创的思想有更大的亲和性；另一方面，进化论思想反过来也强化了中国士大夫脑海中固有的实用理性倾向③。由于实用理性与进化思想的双重影响，"转化"的第一种路子根本无从实施，所以此后中华民族精神的现代转型基本上走的是第二条路子。然而，这种转化所无法克服的实用理性的弊端，则是预先即已注定了的。

据说，晚清时期，曾经有一个传教士向中国老太婆传输基督教教义，告诉她死神来临时和进入天堂后，一切都是美丽的，她会幸福。但这个老太婆表示异议，说："我为什么要进入天堂呢? 难道天堂比人世还好些吗? 我在这个美丽的世上很幸福，并不想到天堂去游荡。"④ 这个中国老太婆的态度便是一种较典型的实用理性之反映。清末，随着对外战争的屡次失败，中国思想界逐渐丧失了往日的带有浓厚自我中心色彩的民族自信，由此也引发了对中国文化传统的质疑。在这个转变过程之中，虽然强调道德自觉的大传统与强调神道设教的小传统的反应有时并不完全一致，甚至会相互冲突，但由于实用理性的根深蒂固与进化思想的外在影响，两者都没有突破传统的深层心理结构——即由此岸世界推演出彼岸世界。即使是提倡鬼神之说的小传统，因其看重的是鬼神等物的教化作用，而非

---

① 邓实：《国学无用辨》，《国粹学报》1907 年第 30 期。
② 陈伯达：《评〈中国之命运〉》，《解放日报》1943 年 7 月 21 日。
③ 参见黄长义：《进化论思想在近代中国广泛传播的文化因素论析》，《江汉论坛》1995 年第 3 期。
④ ［美］罗斯著，公茂虹译：《变化中的中国人》，北京，时事出版社 1998 年版，第 230 页。

未知领域的客观存在，最后也往往演变成对人间凡人的偶像崇拜，从而将对彼岸世界的憧憬彻底消解。

## 二、民国初年：道德规范的寻求与传统文化的回潮

民国初年，随着清朝政府的灭亡，与忠君思想相配套的一系列行为标准都因王权的倾覆而呈现风雨飘摇之势，中国社会出现了十分严重的道德失范。作为价值标准之"道德规范"的缺失，直接导致了政治场阈中理想主义的消亡与功利主义的盛行。事实上，在民国初年的政坛，不论是北方的北洋系势力范围，还是南方的革命党势力范围，都出现了蔑视法度、贪污盛行的现象。

以北方为例，民国初年，长期流亡海外的梁启超在北京居住一段时间之后，很快就发现京城的"求官之人甚多"，以致"居城厢内外旅馆恒十余万，其什之八九，皆为求官来也"。而据其推算，"大抵以全国计之，其现在日费精神以谋得官者，恐不下数百万人"。[①] 而与北洋系政客接触之后，梁氏发现道德失范不仅普及于下层，而且存在于上层，即使是作为一国之元首的袁世凯，也只是一个迷信强权、不讲道义的小人。[②]

而以南方为例，革命之后人们即发现新上台的革命党人与过去的旧官僚相比，并无什么起色。1912年初，鲁迅先生主编的《越铎日报》曾刊文批评当时光复会领导的地方政府是"不仅不较满清官吏为稍优，而反比满清官为尤恶"，新上台的革命党人"除植党扩势以外，无才干；除奔竞营私以外，无阅历；除美缺优差以外，无识见"，完全是一班"民贼"。[③] 当然，这种对南方革命党的失望并不局限于绍兴，事实上较为普遍。1934年，曾经投身反满革命的新儒家重镇熊十力回忆他在辛亥前后的思想历程时也说：

"我自读了《群学肄言》，便感觉中西政治思想根本不同。却是极端赞成西洋的思想，所以曾经实行参与革命的工作。到了辛亥武昌起义，革命党也曾掌握过南方许多省。而新官僚气味重得骇人，暴露浮嚣侈靡淫佚种种败德，一时舆论都感觉革命只是换招牌。而过去腐恶的实质，不独丝毫没有改变，且将愈演愈烈。"[④]

事实上，因价值缺位而导致的道德失范不仅存在于北洋系与国民党两大政治

---

① 梁启超：《作官与谋生》，《东方杂志》第12卷第5号，1913年3月。
② 梁启超：《袁政府伪造民意密电书后》，《饮冰室合集·专集之三十三》，北京，中华书局1989年版，第108～109页。
③ 支航：《斥民贼》，《越铎日报》1912年1月11日。
④ 熊十力：《英雄造时势》，《独立评论》第104号，1934年6月10日。

派别，即使最富理想色彩的一些新兴小党也呈现类似颓败之象。譬如，曾经参与社会党党务工作的顾颉刚先生很快发现党内同志的消沉——"党员们好像失去了灵魂，就振作不起来，每天踏进支部一似踏进了茶馆，大家尽说些闲谈笑话来消遣时间，早把社会主义丢向脑后；有些人竟放手同女党员们打情骂俏。"①

从笔者目前掌握的诸种材料看，虽然不能说民国初年的整个中国社会都陷入了道德失范，事实上从鲁迅先生的众多小说也可发现当时代表大传统的上层社会的变革对代表小传统的民间社会影响不大，换言之，上层社会的道德失范是否波及民间社会？对这一问题还须审慎考订，然而，因道德失范导致的政治乱象在代表大传统的精英阶层却是清晰可见、有迹可寻的。正因为此，在民国初年，与大面积的道德失范同时发生的，是精英阶层对于道德规范的广泛讨论与寻求。

诚然，在清朝末年即有人认识到道德失范的危害性，有人公开主张改良社会"要首先提倡道德"，因为"人人有了道德心，则社会不改自良"。② 不过，由于当时思想界多数人心目中还怀着对革命的美好希望，似乎革命成功便可万事大吉。而到民国初年革命实现之后，包括道德失范在内的社会问题不仅没有解决，反而在党派倾轧的大背景下愈演愈烈，于是思想界人士在厌倦与失望之余，又重新将视线投向曾经维系社会的行为标准——传统儒学，民初传统文化的回潮也正是在思想界寻求新的道德规范之际出现的。

1913年二次革命期间，率先起事的安徽革命党人曾经发布了一篇颇有意思的《反袁檄文》，其中一段文字这样写道：

"礼义廉耻，国之四维，四维不张，邦将殄灭。世凯窃位元首，不务修德，……破廉耻之大防，导民志于贪鄙，使中复清正之俗，扫地以尽。"③

一个以革命与造反为职志的政党，这时竟然以传统儒学为标准来抨击政治对手，给人产生的联想只能有两个：其一，革命党人手中的理论武器不多；其二，与清末的反孔暗流不同，民初中国思想界开始出现传统文化的回潮。本来，清末儒学所面临的最大挑战是进化论，在"物竞天择，适者生存"原则的比照下，不能帮助中华民族击败西方列强的儒学自然会被视为"不适者"，从而受到思想界人士的怪罪与责难。不过，在民国初年，为了解决道德失范带来的社会秩序的混乱，儒学的道德功能重新受到思想界的瞩目与阐发，即使是进化论在中国的最早传播者严复也开始对自己在清末的立场产生动摇，如其在一次演说中承认："天演之事，进化日新，然其中亦自有其不变者。"④ 从上下文看，他这里所说的

---

① 顾潮：《顾颉刚年谱》，北京，中国社会科学出版社1993年版，第29页。
② 吴研人：《上海游骖录》（第8回），《月月小说》第8期，1907年5月。
③ 张湘炳等编：《辛亥革命安徽资料汇编》，合肥，黄山书社1990年版，第521页。
④ 《严复集》第2册，北京，中华书局1986年版，第331～332页。

"不变者"即是指"孔子之教化"。

然而，如何重新回归乃至弘扬以孔子之教化为特色的传统儒学？民初思想界却出现了分歧。从伦理学的型态看，儒学正宗属于强调道德自觉的内倾型道德规范，故自孔孟之后的儒学正宗都颇为讲究以正心诚意为基础的修身之术。民国初年，思想界一些人士在谋划道德失范的纠正之方时，首先想到的也是这种原初意义上的儒学正宗。其中，最具代表性的是以《正谊》杂志为阵地的一帮人。

1914年1月15日，《正谊》杂志在北京创刊，其作者既有与黄兴关系甚密的国民党人士，如谷钟秀、杨永泰，也有具进步党背景的张东荪。在《发刊词》中，该杂志的创办人谷钟秀即明白揭橥汉代董仲舒所说"正其谊，不谋其利；明其道，不计其功"的旗帜，在谷氏看来，民初中国政治的问题在于没有道德，而重振道德的核心则在于回归儒学正宗，"对于政府希望其开诚心布公道刷新政治纳入共和立宪之轨道，对于人民希望其发展政治上之智识并培育道德渐移易今日之不良社会"。① 综观《正谊》杂志上的文章，应该承认其中的原创成分并不多见，不论是谷钟秀，还是杨永泰，他们基本上都是复述了孔孟之道尤其是陆王心学的腔调，其逻辑不外从强调"义利之辩"始到提倡"以身作则"终。基本上照搬了儒学正宗的心性论，在学术与思想上皆无标新立异之处。

不过，儒学心性论的一个必要前提是"人之初，性本善"，否则，诱导良心便成了无本之木。而在《论语》中，连孔子自己也曾在不经意处承认："吾未见好德如好色者也②。"其学生也曾向孔子抱怨："非不说（同"悦"——引者）子之道，力不足也。"③ 这些足以证明在孔子那个时代他也不能保证人的本性就是善的，换言之，他也不能保证世人具有足够的道德自觉来循规蹈矩。正因为此，尽管在民国初年《正谊》派人士明确指出以回归原始儒学作为纠正道德失范的唯一之路，但他们也无法克服原始儒学对人性要求过高的痼疾。

受西方传统中宗教所起作用的启示，在民国初年另有一些人士提出将以"人道"为主、"鬼事"为辅的儒学改造为以"鬼事"为主、"人道"为辅的儒教。这中间的代表人物当数提倡"定孔教为国教"的"孔教会"诸子。在孔教会人士看来，"孔教兴则人民之宗教思想兴，宗教思想兴，而后各教始有所系属"，而一旦没有宗教，那么结果可能就是"信仰大破，人欲横流"。④ 西方文化与中国文化最大的区别在于其宗教，那么西方比中国先进的原因可能也在于其宗教。循着这个思路，民国初年相当一些人都认为宗教对社会发展有莫大之功效。

---

① 谷钟秀：《发刊词》，《正谊》第1卷第1号，1914年1月15日。
② 《论语·子罕》。
③ 《论语·雍也》。
④ 张尔田：《为定孔教为国教事敬告两院议员》，《庸言》第1卷第20号，1913年10月15日。

一个叫蓝公武的人所说的一段话颇能代表这些人的思想：

"然则立国之根本维何？曰：是在有以深入乎人心主宰而纲维之者。深入乎人心之道德何？曰：唯宗教。宗教者，以超脱为教义，以祸福为权威，出人有限之世而登入无限之域，去人小我之见而进入大我之境。凡人世所不能解者，唯宗教能解之；人世所不能堪者，唯宗教能堪之；人世所不能得者，唯宗教能得之；人世所不能受者，唯宗教能受之。故能入人心而动人切，使人处苦痛嫉恶愿望嗜欲之中，而心思乃轶乎苦痛嫉恶愿望嗜欲之外也。宗教之力，顾不伟矣大哉?!"①

也正是基于这种对宗教功用的期待，孔教会人士提出"定孔教为国教"的主张。不过，在民国初年，进化论思想在中国思想界已经深入人心。进化论中的科学主义与孔孟说中的实用理性相互交融，使得"鬼神是否真实存在"在中国思想界成了根本不值得讨论的伪问题。即使是孔教会人士在回答"为什么要定孔教为国教"时，也只是一味地从功利主义的角度强调孔教对于恢复良好社会秩序的重要性，而相对于强调"鬼事"的一些宗教，强调"人道"的孔教何以为宗教？对于这个问题，孔教会人士的回答是："太古草昧尚鬼，则神教为尊；近世文明重人，则人道为重。故人道人教，实从神教而更进焉。"② 但"重人道"的人教与重"鬼事"的神教究竟有何不同？对此关键问题，他们却有意无意地回避了。

如果完全将鬼神之说从宗教中抽掉，那么宗教也就很难成其为教了。然而，在鬼神存在已成无稽之谈的大环境中，有用的宗教何以为真呢？仅有用处而不真实，那么它又何以让信徒去发自内心地崇信呢？事实上，即使是上述真切认识到宗教之功用的蓝公武，也对这个问题倍感困惑。他一方面认识到宗教对于规范人心的极大用处，另一方面又认为在科学昌明的时代，"神秘之说，不复为人信"，所以如果再谈宗教，"其仍以神秘之说进耶，事将与科学相抵触；其不以神秘之说进耶，则尽失宗教之权威"。③

其实，民国初年，少数极为敏锐的思想者如严复已经认识到不管科学如何发展，"世间必有不可知者存"，而"不可知长存，则宗教终不废"。④ 换言之，宗教存在的理由不仅是因为其有用，还因为其符合"人的理性（科学或学术）不可以穷尽一切未知领域"的事实。非但如此，与梁启超关系甚密的进步党人汤觉顿通过在美国旅行的观感，发现美国人"一方面富于科学的研究性，而一方

①③　蓝公武：《宗教建设论》，《庸言》第 1 卷第 6 号，1913 年 3 月 15 日。
②　严复、廖平等：《孔教公会序》，《庸言》第 1 卷第 14 号，1913 年 7 月 15 日。
④　《严复集》第 2 册，北京，中华书局 1986 年版，第 319 页。

面却笃于宗教的信仰心"，[①] 由此反观中国人的精神状况，汤氏发现正是因为国人过于追求"宗教之有用"而回避"宗教之为真"的问题，所以导致其道德感的不坚定与不长久，如汤氏所言：

"国人之崇奉各教者，皆只信其能造福于人，并非以其有深远之理想、高尚之教条而信之守之也。职是之故，举国之人皆无确固之信念，而其人生观亦因是而堕落，积习既久，社会竟成为万恶之社会。"[②]

宗教之可信不仅在于其有用，而且在于其为真；宗教之为真不仅在于存在之事实，而且在于科学之局限。事实上，在上述严复与汤觉顿的相关论述中已经暗含这样两层意思。循着这个思路，孔教会人士将儒学由一种以强调"人道"为主、"鬼事"为辅的世俗性道德改变为一种以强调"鬼事"为主、"人道"为辅的宗教性道德，方有了本体论的基础。不过，在外来的进化学说与原有的实用理性的双重挤压下，"宗教是否为真"的问题根本不在一般思想界人士的讨论之列，而严、汤二人卓尔不群的思想也就成了浓浓迷雾中的昙花一现。

综上所述，民国初年，鉴于十分严重的道德失范，思想界人士大多希望通过重振传统文化来确立道德规范。当时政界内希望借助儒学来恢复道德的不仅有所谓反动的北洋派，事实上也有革命党人士。但是，以儒学为核心的传统文化对于民初思想界却是一个两难选择。首先，一方面，弘扬传统儒学是结束道德失范局面的一个较佳渠道，而从另一方面看，由于儒学过于强调人的道德自觉（即要求人做圣人，而非公民），在实施过程中又有较大困难。即使一些当时提倡儒学较力的人士也在不经意处流露出这方面的困惑。譬如湖北黄冈人熊十力在民国初年曾经短暂地醉心于佛学，但很快即认识到"佛氏言空而着于空"，于是迅速回归儒学，认为它是万世不易的"圆满中正之道"，但在如何实施儒学的规范之道的问题上，他也甚感棘手。其友李四光曾经借助基督教中灵与肉的二分法提出一个解决之方，即将人分为"真我"与"躯壳"，"真我主宰躯壳，凡躯壳之一言一动，真我为之监视而命令之，自然无过矣"。然而，熊十力经过一番自我体验后，又发现"真我持权时少，躯壳用事时多"，这就像"豪奴悍仆，瞒昧主人，擅作威福，非主人振刷精神，未有能制服奴仆也"。[③] 事实上，直到今天，主张恢复传统儒学之道德权威的人士也没有解决"人之初，性本善"的儒学基点与"人之初，性难善"的人性现实之间的冲突。

正是为了解决这一冲突，民初思想界另外一些人士另辟蹊径，通过"定孔教为国教"使得儒学从一种世俗性道德升格为宗教性道德，从而使行为规范的

---

① 记者：《汤公（汤觉顿）在波士顿中华商会之演说辞》，《晨报》1919 年 2 月 24 日。

② 记者：《汤公（汤觉顿）在波士顿中华商会之演说辞（续）》，《晨报》1919 年 2 月 26 日。

③ 黄冈熊升恒：《健庵随笔》，《庸言》第 1 卷第 18 号，1913 年 9 月 15 日。

基点由强调道德自觉的良心说变为强调外在威慑的鬼神说。不过，这种表面尊崇儒学而实际背离儒学的做法同样要面临一个两难选择——即一方面看，将儒学由"学"变为"教"自然可以缓解因为理论人性与实际人性之间的张力所带来的紧张，从而将强调"鬼事"的小传统与强调"人道"的大传统完全打通，将道德规范的效率由少数精英扩展到多数信徒；但从另一方面看，由于清末进化论的深刻影响，中国传统文化中的实用理性被进一步强化，思想界人士很难在此岸世界之外相信彼岸的存在，换言之，在思想界精英的脑海中根本没有鬼神存在的空间。既然这世界是完全可知的，神秘之说自然没有市场；没有神秘之说，宗教便不能为真；宗教不能为真，那么便只能从用的角度来强调其存在的价值了。

总之，民国初年由于广泛的道德失范，思想界一些人士分别从"道德自觉"与"神道设教"两个渠道重新强调了以儒学为核心的传统文化，从而导致传统文化的回潮与繁荣，但这种回潮与繁荣是短暂而虚假的。由于中国思想界无法在已知世界之外想象出一个未知世界，那么从实用理性角度出发所强调的儒学首先便只具有功利价值，而非本体价值。而如果仅从功利主义的角度考虑应该担当终极关怀的儒学，那么一个"无用"便足以抵消其"百用"。这个利害相关的儒学"无用"便是——"要我们保存国粹，也须国粹能保存我们。"[①] 而对外战争失利的事实证明，儒学已经不足以保存我们了。——正是从这种心态出发，对传统文化说"不"的新文化运动开始席卷中国。

## 三、"五四"时期：古今之争的变异与科学主义的胜利

对于中华民族精神的现代转型，"五四"新文化运动的巨大影响是不言而喻的。事实上，它已经成为中华民族在现代追求进步与解放、批判专制与愚昧的图腾——一个蕴涵着凤凰涅槃意味的符号。按照时人和后人的解释与发挥，"五四"新文化运动的最大功绩在于提出了"德先生"（民主）与"赛先生"（科学）两面旗帜，但如果我们与晚清的思想界稍做比较，即不难发现：在清朝末季，"德先生"与"赛先生"的呼声虽然在力度上不如"五四"时期，但亦堪称好评如潮、深入人心。

先就"德先生"而言，尽管晚清思想界对民主的认同亦有一个过程，但在最后他们中的多数亦不赞成家天下的专制政治。譬如，清末保皇党与革命党关于政治的争论，其焦点亦不是应否立宪，而是如何立宪，而不管是君主立宪，还是

---

① 罗湘、陈隽编：《鲁迅小说、杂文、散文全集》上册，南宁，广西民族出版社1995年版，第154页。

民主立宪，它们都是超越专制政治的不同民主形式。

再以"赛先生"为例，随着进化论的流行，科学作为一种意识形态实体，在晚清即逐渐侵入传统文化。按照胡适在 1923 年 11 月 29 日的说法，"这三十年来，有一个名词在国内几乎做到了无上尊严的地位；……那个名词便是'科学'。"[1] 即使只往前推 20 年，那么也能得出的结论是：1903 年，"科学"在中国思想界亦有了"无上尊严"的地位。

显然，从内容上看，中国思想界对"民主"与"科学"的呼吁，都发生在早于"五四"的清朝末季。那么，既然在诉求内容上并无大的新意，"五四"新文化运动自身这种颇具图腾意味的重要价值又是如何体现出来的呢？

对于这个问题，陈独秀在新文化运动发起之初，亦有所交代。1916 年 2 月，他曾写道：

"自西洋文明输入吾国，最初促吾人之觉悟者为学术，相形见绌，举国所知矣；其次为政治，年来政象所证明已有不克守缺抱残之势。继今以往，国人所怀疑莫决者，当为伦理问题。此而不能觉悟，则前之所谓觉悟者，非彻底之觉悟，盖犹在惝恍迷离之境。吾敢断言曰：伦理的觉悟，为吾人之最后觉悟。"[2]

结合陈氏同时期发表的文章，不难看出其基本思想脉络是：中国现代化的失败在于以前只学习西方的"学术"（洋务运动）与"政治"（政治变革），而遗忘了最为关键的"伦理"；而伦理革命的主要内容即是以民主与科学的精神来清理与批判传统伦理的专制与愚昧。按照陈独秀发动新文化运动的逻辑，民主与科学是西方伦理的内涵，专制与愚昧是中国伦理的特点，而"欧洲输入之文化，与吾华固有之文化，其根本性质极端相反"，[3] 所以这种中西之争也就是古今之争。然而，事情果真如此简单吗？换言之，"五四"新文化运动果真就是一场配合着中西之争的古今之争吗？

所谓"古今之争"，其基本内涵应是代表保守倾向的古代文化与代表进步倾向的当今文化之间的冲突。不过，如果我们仔细考察一下新文化运动领袖们的"新思想"，便会对新文化运动的"古今之争"特性产生怀疑。中国传统文化所强调的"民之主"式的民主思想与西方传统文化中的"民做主"式的民主思想有着本质的区别，因此，"五四"新文化运动所揭橥的"民主"旗帜称得上古今之争。而对于新文化运动的另一面旗帜"科学"而言，其思想来源却颇为复杂。

"五四"新文化运动的领袖如陈独秀是科学的忠实信徒，在《敬告青年》一

① 胡适：《〈科学与人生观〉序》，《胡适文集》第 3 册，北京大学出版社 1998 年版，第 152 页。

②③ 陈独秀：《吾人最后之觉悟》，《陈独秀文集》第 1 卷，上海人民出版社 1993 年版，第 179、175 页。

文中，他特别强调"近代欧洲之所以优越他族者，科学之兴，其功不在人权说下，若舟之有两轮焉"，而他所谓的"科学"又是何意呢？在同一篇文章中，陈独秀解释道：

"科学者何？吾人对于事物之概念，综合客观之现象，诉之主观之理性而不矛盾之谓也。……今且日新月异，举凡一事之兴，一物之细，罔不诉之科学法则，以定其得失从违；其效将使人间之思想云为，一遵理性，而迷信斩焉，而无知妄作之风息焉。"①

显然，陈独秀在这里所说的"科学"即是对任何事物的判断都要"一遵理性"。从科学发展史看，20世纪中叶，随着牛顿理论的垮台，科学界才发现："从任何有限数量的事实中不可能合法地推出一条自然定律。"② 这也就意味着个人通过自己理性所获得的知识也不一定就是确凿无误的。不过，在牛顿理论垮台之前，以西方文艺复兴为主要代表的思想解放运动仍然笼罩着整个思想界，而这个思想解放运动"始终受到一种空前的认识论乐观主义的激励，这种乐观主义对人察明真理和获致知识的能力持一种十分乐观的态度"③。陈独秀在"五四"前后所说的"一遵理性"实际上是与这种源自文艺复兴的认识论乐观主义一脉相承的。因此，从大背景考察，"五四"新文化运动中陈氏提倡的"科学"基本上与西方思想界同步，以此推演下去，也可将之称为"古今之争"了。然而，从陈独秀的思想渊源看，他后来用"今"（科学）所反对的"古"（迷信），在某种程度上是自己虚构的。此话怎讲呢？

早在清朝末季的1904年，陈独秀即在自己主编的《安徽俗话报》上以系列论文的形式对传统"恶俗"进行批评，其中他在《敬菩萨》一篇中写道：

"佛教最讲究讨饭觅食，搭救众生，哪肯叫天下人都因为敬菩萨烧香烧穷了么。……菩萨是断断敬不得的了，不如将那烧香打醮做会做斋的钱，多办些学堂，教育出人才来整顿国家，或是办些开垦、工艺、矿务诸样有益于国，有利于己的事，都比敬菩萨有效验多了。"④

虽然在这篇文章中，陈独秀即将是否敬菩萨作为中西方化的一大差异，在他看来，中国人敬菩萨，国家衰弱；而西方人不信菩萨，而国家富，所以，菩萨不可敬。然而，如果我们仔细考究他反对敬菩萨的理由，不难发现他并没有超越唐代以韩愈为代表的反佛言论。譬如，唐中宗时曾任御史的辛替否在陈述反对兴建佛寺的理由时，也说："三时之月，掘山穿池，损命也；殚府虚帑，损人也；广

---

① 陈独秀：《敬告青年》，《陈独秀文集》第1卷，上海人民出版社1993年版，第134~135页。
② ［英］伊·拉卡托斯：《科学研究纲领方法论》，上海译文出版社1986年版，第3页。
③ ［英］卡尔·波普尔：《猜想与反驳——科学知识的增长》，上海译文出版社1986年版，第6页。
④ 陈独秀：《恶俗篇》，《陈独秀文集》第1卷，上海人民出版社1993年版，第46、49页。

殿长廊，荣身也。损命则不慈悲，损人则不济物，荣身则不清净，岂不圣大神之心乎？"① 陈独秀认为敬菩萨花钱违背了佛教搭救众生的宗旨，而辛替否认为建佛寺花钱也不合佛教慈悲为怀的神圣，两人的基本思路竟然如出一辙。更加有趣的是，在陈独秀晚年虽然仍然坚持"科学与民主，是人类社会进步之两大主要动力"，但他也承认"孔子不言神怪，是近于科学的"。② 凡此种种，似乎向我们透露出一个信息：陈独秀提倡科学，从其手法与内容看，其思想渊源不是西方的理性主义，而正是他所反对的儒家学说，尤其是作为大传统的儒家学说。

比起陈独秀，胡适在谈及自己信奉科学的思想渊源时，显得更为直白，他多次强调自己的科学思想来自于中国传统士大夫所秉持的无神论思想。20 世纪 30年代他曾在《我的信仰》一文中回忆自己无神论思想的来由时写道：

"我系生长在拜偶像的环境，习于诸神凶恶的面孔，和天堂地狱的民间传说。我十一岁时，一日，温习朱子的《小学》，这部书是我能背诵而不甚了解的。我念到这位理学家引司马光那位史家攻击天堂地狱的通俗信仰的话。这段话说：'形既朽灭，神亦飘散，虽有剉烧舂磨，亦无所施。'这话好像说得很有道理，我对于死后审判的观念，就开始怀疑起来。"③

在同一篇文章中，胡适还提及中国古代无神论思想家范缜对他的巨大影响。而在晚年的回忆中，他更进一步提到宋代理学的积极功用，以致与其私交甚笃的历史学者唐德刚也认为胡适"骨子里实在是位理学家，他反对佛教、道教乃至基督教，都是从'理学'这条道理上出发的"。④

其实，唐德刚对胡适的这句评价同样可以用于陈独秀等人。换言之，尽管陈独秀与胡适等人将新文化运动视作配合着古今之争的中西之争，但在实质上，尤其是在科学思想的来源方面，新文化运动的主要领袖是以"不语怪神"的大传统反对"神道设教"的小传统。其科学思想的内涵与中国传统士大夫的无神论思想是一脉相承的，因此，从这个角度看，与其说新文化运动是一次反映科学思想与迷信思想冲突的古今之争，不如说它是一次体现了实用理性与神道设教分歧的大传统与小传统之争。

如果说洪秀全的拜上帝教是借西方基督教的形式以中国的小传统来颠覆大传统，那么，陈独秀与胡适等人发起的新文化运动则是借西方文艺复兴的形式以中国的大传统来侵凌小传统。事实上，由于大传统在中国文化里一直居于主导地位，当中国传统因为对外战争的失败受到质疑时，清末思想界首先认为中国落后

---

① 汤用彤：《隋唐佛教史稿》，北京，中华书局 1982 年版，第 35 页。
② 陈独秀：《孔子与中国》，《陈独秀文集》第 3 卷，上海人民出版社 1993 年版，第 386 页。
③ 胡适：《我的信仰》，《胡适文集》第 1 册，北京大学出版社 1998 年版，第 8～9 页。
④ 胡适："胡适口述自传"，《胡适文集》第 1 册，北京大学出版社 1998 年版，第 433 页。

的原因在于民智未开，而民智未开的原因则在于迷信鬼神之说。这也就是说，在清朝末季，小传统作为中国落后的替罪羊而备受指责。而大传统由于在强调理性这一点上与西方科学思潮有一定的相通之处，从而以新的形式被保留甚至强化。清末新政期间，各地曾经出现广泛的毁庙兴学事件，便是这种以大传统打压小传统心态的显著表现。① 而"五四"新文化运动的领袖们则是以科学对抗迷信，在他们看来，西方各国的强盛证明科学的功用，所以尊重科学即可解决中国的一切问题。尽管两者都是对人的能力——理性的承认与强调，但因有西方的成功作为依据，所以"五四"新文化运动之际对于小传统的打压，其力度更大，其范围亦更广。

总之，尽管"五四"时期，新文化运动的领袖们是以一种与中国传统文化完全决裂的姿态，高举"民主"与"科学"的西方色彩较浓的旗帜，但从其科学思想的来源看，他们更多地还是因袭了清末以来即以存在的大传统打压小传统的做法，并未从根本上修正中国文化因实用理性导致的种种弊端。也正因为此，新文化运动期间发生的数次有影响的论战，大多不是发生在变革者与保守者之间，而是在变革者内部。更加发人深省的是，在主张科学精神这一点上，真正的保守者与激进的变革者并无直接的冲突，如最为新文化运动的领袖们所诟病的林纾在为孔子辩护时，也一再强调孔子如果活到今天，肯定"亦重科学"。② 而恰恰是并不反对西方文化的一些人士（如学衡派与进步党）对于新文化运动的科学崇拜思想提出了猛烈批评。

从文化价值取向上看，学衡派与进步党都不是严格意义上的传统主义者，换言之，他们基本上不反对输入西方文化。譬如，学衡派领袖吴宓曾经对传统主义者提出批评，说："昔之弊在墨守旧法，凡旧者皆尊之，凡新者皆斥之。所爱者则假以旧之美名，所恶者则诬以新之罪状。"③ 另一名学衡派代表人物梅光迪在批评当时中国学风的文章中也触及中国传统，认为："吾国学者，素以自夸为其特权，乡里学究，咿唔斗室，其自许亦管乐之流也，文人尤然。今试取二千年来之诗文集观之，其不染睥睨一世好为大言之恶习者，有几人乎。"④ 尽管学衡派的主旨是新旧调和，但他们反对一味守旧的态度是十分清楚的。与学衡派诸子稍有不同，作为进步党领袖梁启超之长期追随者的张君劢则直接将学习西方的态度宣示于人，他说：

---

① 如民国年间所修《河南新志·礼俗、宗教信仰篇》记载："清季有提庙产为教育经费之说，各县借之以废庙驱僧者，时有所闻。"（转引自郑起东：《转型期的华北农村社会》，上海书店出版社 2004 年版，第 176 页。）

② 林琴南：《蠡叟丛谈·荆生》，上海《新申报》1919 年 2 月 18 日。

③ 吴宓：《论新文化运动》，《学衡》第 4 期，1922 年 4 月。

④ 梅光迪：《评今人提倡学术之方法》，《学衡》第 2 期，1922 年 2 月。

"据我看来，中国旧文化腐败已极，应有外来的血清剂来注射一番。故西方人生观中如个人独立之精神，如政治上之民主主义加科学上之实验方法，应尽量输入。如不输入，则中国文化必无活力。"①

显然，吴宓、梅光迪以及张君劢等人对新文化运动提出质疑，其原因并不在于这些人冥顽不化、固步自封，与此相反，这些人恰恰是从西学的角度（学衡派主要师从美国人文主义大师白璧德，而张君劢主要师从德国哲学家倭铿）对新文化运动领袖们在伦理变革过程中完全诉诸理性的简单化倾向表示不满。而且在新文化运动出现之初，这种不满已经通过《东方杂志》的主持者们被公之于世。

1917 年 4 月，《东方杂志》的主编杜亚泉在一篇文章中对中西伦理的基础做了初步剖析，在他看来：

"吾人之道德，根本于理性，发于本心之明，以求本心之安，由内出而不由外入。西洋古代希腊罗马之哲学家，虽亦研究理性，所谓希腊思想者，略与吾人之道德观念相近，然不能普及于社会，当时民众之所信仰者则多神教而已。自罗马末造，改宗基督教后，道德之本原，悉归于神意，以人类之智能为不足恃，关于宗教之事项，不适用普通伦理上之法则，决定其正否，唯依神之启示与默佑，勇往直前，以行其神之使命，是为希伯来思想。"②

从这段话可以看出，与陈独秀将西方伦理的基础归结为理性（科学）不同，杜亚泉在以理性为主要特色的希腊思想之外，还注意到以宗教为主要特色的西方伦理的另一基础——希伯来思想。而且尤为重要的是，杜亚泉对于"科学上之学说"，也只是视其为"理性中之一端，而非其全体"。③这事实上是否定了科学（理性）至高无上的地位。

纵观"五四"时期的中国思想界，尽管杜亚泉的思想并没有引起太大的反响，但其对新文化运动中科学崇拜思想的质疑，则基本上被学衡派与张君劢等所重复。事实上，在新文化运动中争论最频繁与最激烈的问题，不是中国是否应该输入西方文明，而是中国如何正确输入西方文明。具体而言，新文化运动中争论的焦点是：依照人的理性（即新文化运动领袖所说的西方科学精神）能否解决中国的民族精神的转化问题。

先看学衡派。由于新文化运动的领袖在以大传统侵凌小传统时，采取了一种不同于韩愈式反佛的姿态，即不是居高临下，而是降身以求，所以该运动表现出较明显的通俗化倾向。正因为此，具有较强文化精英意识的学衡派诸子反对最多

---

① 张君劢：《欧洲文化之危机及中国新文化之趋向》，《东方杂志》第 19 卷第 3 号，1922 年 2 月。
②③ 伧父（杜亚泉）：《战后东西方文明之调和》，《东方杂志》第 14 卷第 4 号，1917 年 4 月。

的也是新文化运动的"雅俗不分，贤愚夷视"。① 不过，在一些场合，他们还是触及新文化运动的软肋——即科学主义。譬如，吴宓在一篇文章中直接提出"宇宙事物不可尽知"，他的解释是：

"宇宙间之事物，有可知者，有不可知者，可知者有限，不可知者无穷。故须以信仰及幻想济理智之穷。而不可强求知其所不能知。又须以宗教道德成科学之美，而不可以所已知者为自足而败坏一切。"②

再看张君劢。较学衡派更进一步，1923 年，张君劢直接对科学主义表示质疑，认为"科学无论如何发达，而人生观问题之解决，决非科学所能为力"，③由此引发了关于"科学与人生观"的论战。而在论战中，梁启超又进一步阐述了科学功能的有限性，他指出：

"人类生活，固然离不了理智；但不能说理包括尽人类生活的全内容。此外还有极重要一部分——或者可以说是生活的原动力，就是'情感'。……情感表出来的方向很多。内中最少有两件的的确确带有神秘性的，就是'爱'和'美'。'科学帝国'的版图和威权无论扩大到什么程度，这位'爱先生'和那位'美先生'依然永远保持他们那种'上不臣天子下不友诸侯'的身份。"④

从吴宓、张君劢与梁启超的相关论述不难看出，他们从不同角度都认识到新文化运动的主要问题在于完全依照人的理性（科学精神）来解决中华民族精神的现代转型，而人的理性又不足以解决这个问题。虽然他们都没有指明新文化运动与中国大传统的相关性，而且恰恰相反，他们都在一定程度上表示要回归传统，但这种对人的理性能力的质疑却是对中国大传统中实用理性缺陷的最直接修补。当然，由于科学主义的根深蒂固，他们并未从根本上推翻科学万能说，像学衡派最终只能回到人本主义，而张君劢最终也只能回到直觉主义，丝毫不敢涉及宗教在纠正科学主义方面的正功能。

综上所述，"五四"新文化运动在很大程度上是一次思想简化运动，就中国传统内部而言，它是以一种简化的形式将强调实用理性的大传统扩展到强调神道设教的小传统之中。从表面上看，它对于传统儒学采取全面抨击与决裂的态度，但从其领袖陈独秀与胡适的科学思想的来源看，基本上仍是源于中国大传统所固有的以实用理性为主要内容的思想。正因为此，尽管"五四"新文化运动在学习西方文明的声势上可谓轰轰烈烈，但并未从根本上改变中华民族精神中注重实用理性的痼疾。

---

① 梅光迪：《论今日吾国学术界之需要》，《学衡》第 4 期，1922 年 4 月。
② 吴宓：《我之人生观》，《学衡》第 16 期，1923 年 4 月。
③ 张君劢：《人生观》，《清华周刊》第 272 期，1923 年 2 月 14 日。
④ 梁启超：《人生观与科学》，《晨报》1923 年 5 月 29 日。

弘扬与培育民族精神研究

## 四、抗战前后：民族意识的强化与返本开新的困顿

"五四"新文化运动的领袖们将西方文化简化为科学主义，从而将宗教精神摒除在外。这一点，由于有中国大传统中的实用理性作底蕴，很快便被中国思想界所接受。尽管在新文化运动后期以学衡派与张君劢为代表的少数人士对科学万能论提出质疑，但在科学即真理的社会心理已经定型的大背景下，学衡派所主张的人文主义与张君劢所主张的直觉主义毫无抵抗能力，迅速败下阵来。对此，在共产党与国民党内都曾身任要职的叶青曾经有一总结，1933 年，叶氏在一篇文章中相当武断地写道：

"历史给了我们以答案。打倒神学的是玄学，打倒玄学的便当然是科学。所以批判玄学的方法就是发挥科学理论，伸张科学，以阐明科学底万能。科学如果万能，那非科学的观念论、多元论、机械论就消灭了，以它们为中心的一切非科学的学说思想，不就说也'树倒猢狲散'，不能存在。"①

事实上，在 20 世纪 20 年代至 30 年代之际，不管在政治思想上有何分歧，中国思想界的多数人士都能承认科学在解释自然与社会方面的权威地位。这方面一个较有代表性的例子是以提出"厚黑学"著称于世的四川民间思想者李宗吾。在科学主义的影响之下，李宗吾甚至"主张治国之术，当采用物理学，一切法令制度，当建筑在力学之上"，其理由则是"人为万物之一，故吾人心理种种变化，也逃不出力学公例"。②

既然西方文化等同于科学主义，那么学习科学也就等同于学习西方。但是，中国在 1840 年的鸦片战争之际开始了被动的现代化进程之后，即一直怀有"师夷长技以制夷"的情结。一旦认识到西方文化只有科学而无宗教，中国思想界将宗教视为帝国主义愚民与侵略的工具便是顺理成章的事情了。因此，我们可以说 20 世纪 20 年代至 30 年代之间的"非基督教运动"应是"五四"新文化运动中科学主义盛行的一个逻辑结果。曾有论者指出：在新文化运动之后，"中国知识分子反对基督教就不再单纯地由于它是'洋教'，而是由于它不具有科学性。"③换言之，这时的非基督教是建立在科学精神优于宗教迷信的信念之上，而非过去的中国伦理优于西方伦理的幻觉之上，因此更具有学理性。在新文化运动之后，在科学主义的影响之下，作为迷信与侵略之代名词的基督教亦开始萎

---

① 如松（叶青）：《我们底理论态度（上）》，《二十世纪》第 2 卷第 3 期，1933 年 6 月。
② 李宗吾：《厚黑学续编》，北京，团结出版社 1990 年版，第 110、111 页。
③ ［韩］李宽淑：《中国基督教史略》，北京，社会科学文献出版社 1998 年版，第 304 页。

缩。以东北为例，据 1930 年中华基督教会全国总会的统计，在东三省（辽宁、吉林与黑龙江三省），1915 年有基督徒 26 000 余人，1920 年减至 21 000 余人，1925 年减至 18 000 余人，而到 1930 年，则已减至 15 000 余人。①

在科学主义的影响之下，不仅基督教出现萎缩，小传统也渐趋衰微。1930年初，天津《大公报》记者曾经报道了南京政府废除旧历后天津一处庙宇的颓败情形，其中一段写道：

"宫内游人，日来格外拥挤，购货者十之五，率子女闲游者十之二，其他均为进香而来，故善男信女，出入不绝，当以小家碧玉，龙钟老妇为多，香火最盛者，当推天后圣母。以礼教关系，门前树有'此处不准男子站立'之木牌，顾伫立而观者，更形踊跃。当局者匍匐祈祷于偶像之前，旁观者评头品足以资谑笑，圣母有灵，不知作何感想，香火最冷清，当推土地爷，身高不过一尺，形类侏儒，前尚浑身灰土，今年竟御新装，精神焕发，所苦门前冷落车马稀，谁谓神界女权不高哉？"②

在中国民间，下层百姓基本上是以小传统作为建立行为规范的标本，而小传统的被摧毁自然会引起行为规范的缺失。事实上，20 世纪 20 年代中国农村地区出现比较广泛的道德滑坡，其原因除了美国学者杜赞奇所说的农村社会中"赢利型经纪"取代了"保护型经纪"，③ 而小传统的被蚕食与颠覆，应该也是一个重要原因。当时，一个长期在外求学的青年曾在日记中写下自己回到河北农村家乡时的感受：

"我自京旋里时，我的最堪怜悯、最可亲爱的母亲，再三地说她在外的艰难与困苦，要想回家过这个乡间的安乐生活。我来家一看，乡间古风已不复古了，人情已经大变了，绝不像以前朴素厚诚的乡间了，成为鬼诈的、奸滑的、刻薄的、无情的、暗淡的社会了。"④

从当时一些反映中国农村生活的文学作品看，这个青年的感受并不是限于个人经验的多愁善感，应该说具有一定的普遍性。

对于科学主义的弊端，当时亦有少数学者提及一二。譬如贺麟先生即在 20年代末指出当时的中国知识分子过分夸大了西方世界科学与宗教的冲突，并且指明："我们没有科学，因为我们没有科学的殉道者。我们之所以研究科学，是因为它有用；西方人对科学的研究是为其无私利的内在价值及其宗教意义。……在

---

① 庄振声：《关东大会之"五运"进程》，《中华基督教会全国总会公报》第 2 卷第 3 期，1930 年1 月。

② 《废除旧历后之天后宫光景》，天津《大公报》1930 年 1 月 25 日。

③ 杜赞奇：《文化、权力与国家——1900～1942 年的华北农村》，南京，江苏人民出版社 1996 年版，第 37～49 页。

④ 《张隐韬烈士日记》，《历史档案》1988 年第 4 期。

一种怪论的意义上，可以说基督教是科学的庇护者，那些认为基督教与科学相冲突而反对基督教的人是没有根据的，而且，基督教在中国绝不会成为科学发展的障碍。"① 不过，这种观点的赞同者并不多见。非但如此，虽然新文化运动在实质上只是以强调实用理性的大传统压倒了讲究神道设教的小传统，但它毕竟借助了西方文明的形式而摧毁了中国传统的权威。而在 20 世纪 30 年代，随着民族危机的加深，人们越来越认识到传统文化与民族存亡之间的相关性，于是新文化运动的反传统（实质是以大传统反宗教）的形式亦受到质疑。对此，可以 20 世纪 30 年代新启蒙运动的夭折为例。②

在新启蒙运动发起之初，其推动者基本上仍是秉持新文化运动的精神，其目的也在于恢复"五四"时期反对传统与推崇科学的理性主义。按照他们的原话，就是：

"在中国，'五四'时代的启蒙运动也是理性主义的运动，但是伴随着民族资产者的'不幸短命而亡'，'五四'时代的理性主义也遂即被反理性主义所篡夺了。'五四'时代是十七、十八世纪的欧洲哲学的具体而微的小照，而近十年来的中国的腐败哲学也恰好就是欧洲十九、二十世纪的反理性主义的哲学缩影。但是最近几年来的民族解放运动给中国的腐败哲学吹进了一点生气，使得他又有可能重新走回理性主义的立场上来，这是一个实践的要求！"③

然而，诞生于 20 世纪 30 年代后期的新启蒙运动，在发生环境上已经不同于新文化运动。随着民族危机的日益迫切与深重，人们对于具有民族象征意味的传统文化已经不像"五四"时期那样弃如敝屣。因此，新启蒙运动的倡导者在一开始就对传统文化表现出非常矛盾的态度。一方面，他们要继承"五四"时代"打倒孔家店"的口号，指斥孔子的哲学是"统治者的哲学"、"服从的哲学"、"愚民的哲学"，认为"某民族的一种学说、一种哲学、一种宗教，如果是适合于使人安分守己、听天由命、逆来顺受的，同时也仍可由异民族用为压迫自己民族的工具"。另一方面，他们又表示要容忍"爱国的尊孔者"，说："有的不愿意反对孔子，不反对宗教，但却愿意传播爱国的思想，我们还是要联合他。"④ 随着这一运动的开展，推动者对传统文化的批判便愈来愈微弱。在运动的倡导期，他们还号召人们"要摆脱一切传统思想的镣铐，大无畏地从事批判一切"⑤；至高潮期时，就仅提倡打倒"'孔家店'被敌人以及汉奸利用的这一方面"⑥；到

———————————

① 贺麟：《文化与人生》，北京，商务印书馆 1988 年版，第 160～161 页。
② 参见黄岭峻：《新启蒙运动述评》，《近代史研究》1991 年第 5 期。
③ 胡绳：《百科全书散编·理性主义》，《自修大学》第 1 卷第 2 辑第 11 期，1937 年 6 月 12 日。
④⑤ 陈伯达：《真理的追求》，上海，知新书店 1937 年版，第 12、14、21 页。
⑥ 兆鸥：《五四和新启蒙运动》，《北平晨报》1937 年 5 月 4 日。

了收尾期，新启蒙运动的推动者便给传统文化的取舍定了一个实用主义的标准，即"凡是文化思想在终极的效果上有利于民族，能够提高民族力量，对于抗战救亡有一点一滴的贡献的，都应当许可它自由存在、自由发展"①。这已与"新启蒙"的宗旨大相径庭。

总之，在抗战前后，对于传统文化的重新崛起，中国思想界虽然也有不同声音，譬如，中共领导人在抗战期间即批评"大后方很多人正利用民族口号鼓吹儒家与复古独裁思想"，强调"民族的形式就是人民的形式，与革命内容不可分"；②"战国策派"中坚林同济亦曾将矛头直指孔子的儒学，认为"传统圣人讲道德，太钻入'爱'的一字打跟头了。'宽大为怀'的人生观，便是以'爱人如己'为根据的。到了今天，太多好好先生，滑头老板，到处交头攘臂，相诩'爱人爱人'。"③不过，总的看来，这时的中国思想界主要思考的问题不是应否反对传统，而是如何改造传统。因为在他们中的大多数看来，民族精神的存亡与中华民族的存亡是不可分离的同一件事。如果说在抗战爆发之前，人们将传统的复兴仅视为救济道德的一种手段，那么在战争爆发之后，人们便自然将传统的保存视为民族延续的一个前提。哲学家贺麟先生的一段话颇能代表这种心声。1941年，在抗战的关键时刻，贺氏写道：

"中国当前的时代，是一个民族复兴的时代。民族复兴不仅是争抗战的胜利，不仅是争中华民族在国际政治中的自由、独立和平等，民族复兴本质上应该是民族文化的复兴。民族文化的复兴，其主要的潮流、根本的成分就是儒家思想的复兴，儒家文化的复兴。"④

严格地讲，20世纪上半叶中国经历了两次传统复兴，即民国初年的传统文化回潮与抗战前后的儒家文化再起。不过，对于这两次传统复兴而言，第一次更多地是因为道德救济而起，而第二次更多地则是因为民族危机而起。非但如此，因为经历过新文化运动的洗礼，中国传统的问题逐渐被大家所共同认识，所以，相对于民国初年回归传统的呼声，抗战前后的传统复兴更具有"返本开新"的意味——即复兴传统，但不拘泥于传统；而是力图在传统中阐发出新的时代意义。这一点，从当时中国最高统治者蒋介石发起的新生活运动即可窥见一二。

有论者认为蒋介石在1934年发起新生活运动之际，其动机完全是以中国传统儒学的仁义之说约束大家的行为。从表面上看，此解释有一定根据，譬如在运动过程中，蒋氏曾反复强调："我们所做的新生活运动，就其方式与内容来看，

---

① 何干之：《近代中国启蒙运动史》，上海，生活书店1938年版，第236页。
② 韩辛茹：《新华日报史》，重庆出版社1990年版，第326页。
③ 林同济：《嫉恶如仇——战士式的人生观》，《时代之波》，重庆，大东书，1946年。
④ 贺麟：《儒家思想的新开展》，《思想与时代》第1期，1941年8月。

完全是一种社会教育，目的就是要使社会人人都能'明礼义，知廉耻，负责任，守纪律'。能够人人学会'礼乐射御书数'六艺学术和技能，尤其是'礼'与'乐'两种首要的东西。"① 这似乎是完全要回到先秦原始儒学。除此之外，蒋介石同时对新文化运动也颇有微词，他曾向部属反问道："是不是提倡白话文就是新文化运动；是不是零星介绍一些西洋文艺就是新文化运动；是不是推翻孔教否定本国历史就是新文化运动；是不是打破一切纪律，扩张个人自由就是新文化运动；是不是盲目崇拜外国，毫无选择地介绍和接受外来文化，就是新文化运动。如果是那样，那我们要的新文化实在太幼稚、太便宜，而且太危险了。"② 一方面倡导学习六艺，另一方面抨击"五四"。从这些论述看，蒋介石确实有复古主义的苗头。然而，如果我们将其在新生活运动中的所有言论综合考察，则会发现一些细微的变化。

首先，蒋氏在提倡新生活运动时曾拿教会牧师做表率，说：

"尤其是现在居陕各国外侨，大半皆为教会之牧师，富于服务社会之精神与劝导民众之经验与能力，其原来许多服务社会之工作，如提倡体育，注重卫生，举办公益以及种种增进民众健康与社会福利的事业，皆与新运相合，故吾人推行新运，必与彼等密切联络推诚合作，藉重其助力，接受其指导，尤须效法其服务之精神与办事之方法。"③

其次，蒋氏在发起新生活运动时曾对中国道德表示失望，说：

"至于我们所倡导的新生活运动，乃是'昨死今生'的运动，亦即一种'起死回生'的运动，是因为国民的精神道德和生活态度实在太不适合于现代，而整个民族的生存已经发生了严重的危险，因此要想从根本上改造国民的生活，以求民族之复兴。"④

前面一段反映了蒋氏对作为西方文明之结果的基督教会的部分认同，后面一段则反映了他对作为中国传统之结果的国人精神的彻底否定。虽然蒋氏没有从中得出以西方道德取代中国传统的结论，但与回归传统的复古主义还是有明显区别的。事实上，蒋氏在思想上已经陷入一个原因与手段不能协调的二律悖反之中。一方面，从蒋氏的诸种言论看，他发起新生活运动的主要原因即在于国人的道德失范，而道德失范乃是传统文化影响的结果。因此，从理论上讲，传统文化必须

① 蒋介石：《新生活运动之中心准则——民国二十三年三月出席南昌行营扩大纪念周讲》，载罗家伦主编：《革命文献》第68辑，台北，中国国民党党史史料编纂委员会，1973年，第27页。

② 转引自陈铁健、黄道炫：《蒋介石与中国文化》，香港，中华书局1992年版，第25~26页。

③ 蒋介石：《推行新运与建设陕西》（1934年10月16日），《新运十年》第3卷（中国社会科学院近代史研究所图书馆藏书，出版年月不详），第40页。

④ 蒋介石：《新生活运动二周年纪念之感想》（1936年2月19日），载罗家伦主编：《革命文献》第68辑，台北，中国国民党党史史料编纂委员会，1973年，第46页。

经过扬弃。另一方面，在蒋氏看来，"如果一个国家，一个民族，没有独立的哲学，或有了独立的哲学而不能发扬光大，甚至湮没不彰，寻这个国家必无以生存于世界，终要被人灭亡。"① 因此，从手段上讲，传统文化必须彻底回归。也正因为这个二律悖反，蒋氏以极大的雄心与期望发起了旨在改变与重铸中华民族精神的新生活运动，但结果却导致一场"革心"运动的庸俗化。

为了挽救民族危机，作为民族象征的传统必须回归；民族危机之所以出现，作为源头之水的传统难辞其咎。正是由于这两个相反而又相关的矛盾动因，中国思想界的一些人士在 20 世纪 30 年代中期提出既"不守旧"又"不盲从"的"中国本位文化建设"原则，其做法类似于后来新儒家所提倡的"返本开新"。从理论上讲，这些人士的建议颇为中庸——对于传统道德，他们讲究的是"存其所当存，去其所当无"；对于西方文化，他们强调的也是"吸收其所当吸收，而不应以全盘承受的态度，连渣滓都吸收过来"。② 这很有点类似于后来有人所说的"取其精华，去其糟粕"。然而，在中西文化之中，何为所当存？何为所当无？对于这类更为具体的问题，这些中庸派却难以有所创见。他们只能笼统地说，"在纵的方面不主张复古，在横的方面反对全盘西化"。而在最后，这些人士只能以目的取代手段，提出文化建设的三个目标，即"充实人民的生活"、"发展国民的生计"与"争取民族的生存"。③ 然而，随之而生的一个问题是：如果这些中庸派人士所极力反对的"复古主义"与"全盘西化"也可以实现这三个目标，那么它们是否也可被认定为中国本位文化建设的手段呢？

从文化讨论的广度看，抗战前后的中国思想界不亚于"五四"时期；而从文化讨论的深度看，抗战前后的中国思想界则远逊于"五四"时期。在"五四"时期，一些反对新文化运动的人士，如杜亚泉、吴宓、梅光迪、张君劢等人，他们深切地认识到新文化运动的弊病在于夸大理性功能的科学主义，而这一点，恰恰又可以纠正中国传统文化中的痼疾——实用理性。而在抗战前后，中国思想界一些人士在强调传统时，他们大多看重的是传统文化作为民族象征的符号功能，对于其中所蕴涵的过分功利化的实用理性取向，却不仅不加以针砭与匡正，相反却是以一种与实用理性相适配的科学主义来强化。譬如，蒋介石发起以强调礼义廉耻为主要内容的新生活运动时，仍然要反复指明这一运动的"科学化"本质；④ 而王新命等 10 教授在发起"中国本位的文化建设"运动时，也谆谆告诫

---

① 转引自陈铁健、黄道炫：《蒋介石与中国文化》，香港，中华书局，1992，第 55 页。
② 王新命等：《中国本位的文化建设宣言》，《文化建设》第 1 卷第 4 期，1935 年 1 月 10 日。
③ 王新命等：《我们的总答复》，《文化建设》第 1 卷第 8 期，1935 年 5 月 10 日。
④ 其原话为："所谓'现代化'，就是要'科学化'，'组织化'和'纪律化'。"（参见蒋介石：《新生活运动第二期的目的和工作的要旨——廿五年二月十九日在首都新生活运动二周年纪念会讲演》，载罗家伦主编：《革命文献》第 68 辑，台北，中国国民党党史史料编纂委员会，1973 年，第 49 页。）

大家要"应用科学方法"。①

如前所述，中国传统文化中的实用理性特质导致了国人缺乏超越功利目的的终极关怀。因此，要弥补这一先天缺陷，应该通过各种形式在国人中间确立一种合理的怀疑论——即对人类的理性能力持一种谦虚态度，相信人类理性所能掌控的已知世界与人类理性不能把握的未知世界并不能重合，后者要远远大于前者。如此，才可以建构超越人类理性（既可能是大众的，也可能是精英的）的社会制度（包括各种规范）之先验性，从而确立起社会制度的真正权威。也正是在这个意义上，英国历史学家汤因比说："对任何生物来说，最大的恶是崇拜自己或崇拜自己的创造物。这种崇拜之所以是万恶之罪，是因为它是一个人对真正依附上帝这一绝对实在的状况所能做出的最严重的道德和理性反叛，还因为它为所有其他的恶打开了大门。"② 而崇拜科学在某种程度上就是人类的自我崇拜，因为崇拜科学的潜台词就是崇拜人类自己的理性能力。

"五四"新文化运动的最大特点，是将西方文明简化为科学精神。这一点，对后世的中国思想界影响甚大。到抗战前后（甚至更晚的时期），这事实上已成为中国思想界的一个基本共识。譬如，主张全盘西化的熊梦飞在20世纪30年代认为"西洋现代文化的根本"首先就是"科学化的学术思想"，其次是与科学相适配的"机械化的工业与农业"以及"民主化的政治社会与家族组织"。③ 而在1944年，信守国家主义的陈启天也同样认为："近代西洋文化，不但对于自然和社会的研究科学化了，即对于哲学和艺术也科学化了；不但对于思想的体系科学化了，即对于生活的形态也科学化了。这种科学文化，对于人生确立了三个基本信念：一是随时进化的信念，二是人定胜天的信念，三是实事求是的信念。本此三个信念，于是科学愈进步，文化也愈进步。科学文化，是近代西洋文化之母。"④ 言下之意，科学思想已经不仅能等同于西方文明，甚至可以等同于现代文明。在当时就有人认为，"与其谓提倡文化建设，不若曰提倡科学建设之更为直截了当。⑤"

当然，对于实用理性与科学主义的弊病，当时的中国思想界也不是毫无认识。譬如，贺麟先生即敏锐地发现：对于西方文明的发展而言，基督教并非一无是处。因此他不仅反对"附会科学原则以发挥儒家思想"，甚至提出"须吸收基

---

① 其原话为："根据中国本位，采取批评态度，应用科学方法来检讨过去，把握现在，创造将来。"（参见王新命等：《中国本位的文化建设宣言》，《文化建设》第1卷第4期，1935年1月10日。）

② 阿诺德·汤因比：《一个历史学家的宗教观》，成都，四川人民出版社1990年版，第144页。

③ 熊梦飞：《谈"中国本位文化建设"之闲天》，《文化建设月刊》第1卷第9期，1935年6月。

④ 陈启天：《国家主义者的中国文化观》，载常燕生等著《二十年代中国思想运动总检讨与我们最后的觉悟》，重庆，民宪社1944年版，第12页。

⑤ 卢于道：《科学的文化建设》，《科学》第19卷第15期，1935年5月。

督教的精华以充实儒家的礼教"。① 后世的新儒家如牟宗三、唐君毅等人也非常注重从形而上学的角度重新阐发儒学的现代意义。但是，这些人所孜孜以求的"返本开新"并没有超越"五四"时期学衡派的水准（尽管个别人物的学说更为精致化与学理化）。

1946 年 10 月 19 日，一位中国著名大学的教授在当时发行量颇大的《观察》杂志上撰文感叹道：

"本来所谓'国于天地，必有以立'，这个'有'原也不指武器，而是指某一种社会中人群所同意信守的生活方式和原则——几棵思想上的大柱子，顶住了这个社会（或国家）的组织机构。一般人称这个机构为社会制度或政治制度。这几棵大柱子有的时候叫做三纲五常，有的时候叫做四维八德，有的地方叫做民治思想，有的地方叫做共产主义。不管叫它什么，重要的是在这个社会中的人群必须能同意支持这些柱子，这些原则，否则整个机构垮下来，必酿成极大的灾祸。尤其重要的要同意支持，不是强迫支持。"②

而在一个对个人理性无所限制的社会之中，要么是没有柱子，要么就是强迫支持。因此，这个学者在抗战结束一年之后的哀叹，在一定程度上也可以说是中华民族精神的现代转型失败的一个必然结果。

尽管由于种种原因，从清末至抗战前后整个中华民族精神的现代转型是一次未能完成的"涅槃"，但我们依稀可见注入民族精神的新因素，现代民族精神的一些方向性指标实际已日渐明晰，它是民族精神所发的火光，同时也是引导民族精神前进的灯塔。

---

① 贺麟：《儒家思想的新开展》，《思想与时代》第 1 期，1941 年 8 月。
② 吴世昌：《中国需要重建权威》，《观察》第 1 卷第 8 期，1946 年 10 月 19 日。

# 第三编

## 现实篇

第八章

# 嬗变与重生：
## 当代中华民族精神的创新和发展

与中国现当代社会变迁和时代变换紧密联系，中华民族精神在现当代也获得新的发展。伴随着中华民族现当代历史主题和时代任务的变化，中华民族精神在从现代到当代的时代变换中同时也实现了从革命到建设的主题转换，经历了不同的发展阶段。

"五四"运动是传统民族精神向现代民族精神转变的历史界标。"作为一场社会政治运动和思想启蒙运动，它促起了广大的民众爱国运动，唤起了民族的觉醒"①。这种觉醒，是民族独立意识和民族国家意识的觉醒，大大激扬和振奋了中华民族精神。"五四"运动把以科学与民主为主要标志的"五四"精神引入中国人的精神世界，丰富了中华民族精神的内涵，并将其推进到新的历史阶段。实际上，以"五四"运动为起点，中华民族精神在继承和发扬传统民族精神的基础上，赋予了新的时代内涵，出现了许多富有时代特色和内涵的新的民族精神形态，诸如井冈山精神、长征精神、延安精神、抗战精神、红岩精神、西柏坡精神等等，这些精神以崭新的面貌出现并逐步成为当代中华民族的精神生活和思想世界中高扬的主旋律，它所赋予中华民族的勃发的生机和活力鼓舞着中华民族开始了民族复兴的新征程。

---

① 李求实：《红色的五月》，《中国青年》1926 年 5 月 30 日。

## 一、从革命到建设：中华民族精神由现代到当代的转型

中国人民革命的胜利和中华人民共和国的成立，揭开了中国历史的新的篇章。新中国的成立，结束了帝国主义的长期压迫和控制，中国由一个受帝国主义政治经济势力控制的半殖民地国家，变成了一个完全独立、拥有完整主权和民族尊严的国家。中华人民共和国的成立，标志着一百多年来殖民主义、帝国主义同封建统治者勾结起来奴役中国人民的历史和内外战乱频仍、国家四分五裂的历史从此结束。中国人民从此站立起来，成为新国家、新社会的主人。

新中国成立后，人民政府进行土地改革和其他各项民主改革，并采取有力措施稳定物价，促进经济发展，仅用了 3 年时间，就迅速医治战争创伤，使国民经济和人民生活恢复到历史的最高水平。在此基础上，人民政府不失时机地对农业、手工业和资本主义工商业进行社会主义改造，从根本上消灭了剥削人的社会制度，建立了社会主义的基本经济制度。中国人民从此成了生产资料的主人和社会财富的享有者，从而焕发出了建设新国家和新生活的积极性，推动了社会经济的快速发展和人民生活水平的提高。新中国通过这些深刻的社会变革，革故鼎新，不仅实现了政治、经济发展的历史性转折，改变了中国人民的精神面貌，而且为中国社会的进一步发展开辟了一个崭新的起点。[①]

整个 20 世纪 50 年代直至"文革"前，在取得抗美援朝战争、土地制度改革、"三反五反斗争"以及其他民主制度改革胜利的基础上，党中央形成和提出了过渡时期的总路线：在一个相当长的历史时期内，逐步实现国家的社会主义工业化，并逐步实现国家对农业、对手工业和对资本主义工商业的社会主义改造。党的八大又进一步强调在生产资料私有制的社会主义改造已经基本完成的情况下，国家的主要任务已经由解放生产力变为在新的生产关系下保护和发展生产力。[②] 为恢复和发展国民经济而斗争，"鼓足干劲，力争上游，多快好省地建设社会主义"成为时代的主旋律。尽管在整风运动和反右斗争、"大跃进"和人民公社化运动中走过一些弯路，我国人民在经济建设、文化建设、制度建设等方面还是取得了前所未有的成绩，特别是在 1956 年到 1966 年这 10 年，经济和文化建设的成就，是在国内发生严重经济困难，在国际上遭到战争的巨大压力（资本主义国家对我国长期封锁禁运，苏联撕毁合同、撤销援助）的不利情况下取得的。中国人

---

① 《中国人权发展 50 年》白皮书，国务院新闻办公室 2002 年 2 月发布，http：//www. people. com. cn/item/rqbpsh/main. html.

② 胡绳主编：《中国共产党的七十年》，北京，中共党史出版社 1991 年版，第 296 页。

民和中国共产党坚持独立自主，自力更生，顶住压力，战胜困难，所表现的无比的英雄气概和高昂的精神状态，理应载入史册。中共河南省兰考县县委书记焦裕禄全心全意为人民服务、鞠躬尽瘁、死而后已的精神，被称为"铁人"的大庆工人、共产党员王进喜不怕任何困难、带头艰苦奋战的精神，山西省昔阳县大寨大队共产党员在带领群众战胜灾害和进行生产建设中坚持自力更生、艰苦创业的精神，解放军战士、共产党员雷锋的公而忘私的共产主义精神，就是在这期间涌现出来的。直到今天，他们仍然是全党干部、党员和人民群众学习的光辉榜样，"抗美援朝精神"、"大庆精神"、"雷锋精神"丰富和拓展了中华民族精神的内涵，是新时代中华民族精神在新中国成立初期和社会主义建设时期的具体体现。

**1. 强烈的爱国主义情感和伟大民族精神的集中体现——抗美援朝精神**

中华民族自古以来就是一个富有爱国主义优良传统和崇高品德的伟大民族，爱国主义自古以来就是中华民族的优良传统和崇高品德。这种优良传统和崇高品德在 20 世纪 50 年代表现得更为强烈。在爱国主义精神的鼓舞下，新中国刚刚成立后，就有大批的留学生纷纷返国参加新中国的建设工作。1950 年 5 月 4 日《光明日报》报道："中国人民的胜利，鼓舞了大批热爱祖国的留学生纷纷返国，参加新中国的建设工作。中央人民政府政务院文化教育委员会于去年十二月十三日成立'办理留学生回国事物委员会'，统一领导并办理有关留学生回国事宜，从去年八月迄今，回国留学生到北京来登记的共约三百人。其未至北京而径自往各行政区工作者，亦有相当数量，目前尚在国外的留学生，还有五千余人：其中在美国的约三千人；在英国的约三百人；在法国的约一百人；其余散布在加拿大、德、奥等世界各地，他们绝大多数热望回到祖国服务。"①

抗美援朝战争，是中华人民共和国成立之初美国当局强加给中国人民的一场战争，是新中国被迫进行的一场保卫和平、维护正义的反侵略战争。这场战争极大地激发了全国人民的爱国热情，全国各族人民、各党派、各阶层，在"抗美援朝、保家卫国"的旗帜下，紧密地团结在中国共产党周围，有钱出钱，有力出力，构成了一幅波澜壮阔的人民战争画卷。祖国各地出现了空前踊跃的参军热潮，父母送儿子、妻子送丈夫、兄弟争相入伍的感人事迹到处可见。成千上万的铁路职工、汽车司机、医务工作者和民工纷纷到朝鲜前线担任战地各种勤务工作。当时国内百姓的生活也比较艰苦，广大群众却积极响应党中央的号召，掀起了捐献飞机大炮运动，全国人民包括一些海外侨胞积极响应中国人民抗美援朝总会的号召，参加捐献武器运动。短期便捐献出可购买 3 700 架战斗机的资金。祖国人民组成阵容强大的赴朝慰问团，慰问前线指战员，给志愿军以巨大的精神鼓

---

① 引自姬丽萍、王丽华、沈久泉：《老新闻——共和国往事》，天津人民出版社 1998 年版。

舞。抗美援朝战争充分调动了全国各方面的力量，全力支援和保证战争的胜利，这是中国共产党在取得国家政权的情况下，创造的人民战争的新形式①。抗美援朝战争是新中国诞生后的第一声呐喊，是"中国人民从此站起来了"这个历史宣言具体而生动的诠释。抗美援朝战争的胜利创造了世界现代战争史上弱国打败强国的奇迹，无论对中国、对朝鲜、对东方乃至整个世界都具有巨大的历史意义。

抗美援朝战争锻造了新的中华民族精神——抗美援朝精神，即：祖国和人民利益高于一切、为了祖国和民族的尊严而奋不顾身的爱国主义精神，英勇顽强、舍生忘死的革命英雄主义精神，不畏艰难困苦、始终保持高昂士气的革命乐观主义精神，为完成祖国和人民赋予的使命、慷慨奉献自己一切的革命忠诚精神，以及为了人类和平与正义事业而奋斗的国际主义精神。这场战争距今虽然已有几十年，但是当年的那种爱国主义和革命英雄主义精神，作为宝贵精神财富，激励着新一代在保卫祖国和建设祖国的事业中努力奋斗②。

## 2. 大公无私、公而忘私的集体主义精神

新中国成立以后相当长的一段历史时期，中国人的人生价值的指向是"无我"和"忘我"，是大公无私、公而忘私的集体主义世界观。集体主义世界观的形成，是与中国共产党的建党宗旨，与中国社会的道德原则等因素的影响分不开的。1949 年 9 月 29 日中国人民政治协商会议第一届全体会议通过的《中国人民政治协商会议共同纲领》中第 42 条规定："提倡爱祖国、爱人民、爱劳动、爱科学、爱护公共财物为中华人民共和国全体国民的公德。"随着社会主义文化建设和道德建设的发展，"集体主义"作为社会主义道德的原则，逐步地为中国理论界所认同。正如毛泽东 1956 年在《有关农业合作化的问题》中所说的，要把个人利益与集体利益相结合的集体主义原则，作为我们人和人之间关系的一个重要原则。因此，社会主义的集体主义原则，是从新中国的政治制度和经济体制中所必然得出的原则。

无产阶级的价值观念坚持把集体主义作为基本原则，坚持用集体主义统帅个人价值，它体现了马克思主义的唯物史观对价值观念的指导。历史唯物主义并不否定个人的存在和现实的个人利益、个人需要，而是如实地把个人理解为社会关系中的个人，个人的自我价值的实现离不开社会价值的实现。正因为如此，历史唯物主义坚持从个人与社会的关系上规定个人价值，坚持以社会价值为主导来实现个人价值与社会价值的统一。社会主义坚持集体主义本位的价值观，就是最好

---

① 《爱国主义和革命英雄主义的不朽丰碑》，《人民日报》，2000 年 10 月 29 日。

② 张万年、迟浩田：《伟大的胜利　宝贵的财富——纪念中国人民志愿军抗美援朝出国作战 50 周年》，《求是》杂志，2000 年第 21 期。

地体现了个人的自我价值与社会价值的统一，这是马克思主义关于人的价值的科学理论在社会主义初级阶段的体现。从中国的具体情况看，国家实行以集体主义为本位的价值原则是由中国社会主义根本的经济制度决定的，公有制为主导的经济制度，决定了集体主义的价值观念。公有制的经济基础，反映在意识形态上，必然要求价值观念上的集体主义与之相适应①。

应当说，正是在这些正确的道德核心、道德原则和道德规范的导向下，在中国共产党和中国政府的提倡和教育下，在广大人民群众的努力下，新中国在成立初期就形成了以集体利益为重、大公无私、毫不利己、专门利人等良好的社会风气，人民的精神状态和道德面貌都有了巨大的变化②。

翻开 20 世纪 50 年代的历史，以国家利益为重，大公无私、公而忘私的集体主义价值观，在指导人们的行动和对社会发展的影响和贡献上，都可以堪称是中国历史上光辉灿烂的一页，也是新中国人民值得骄傲的历史。集体主义精神续写了中华民族精神的新篇章。

### 3. 毫不利己、专门利人——全心全意为人民服务的道德观

先进人物是时代精神的标志，在他们身上体现了社会前进的方向和崇高的道德力量，反映了民族精神的最新内涵。20 世纪 50 年代，中国社会英雄辈出，有抗美援朝中的战斗英雄，社会主义建设中的劳动模范，有将军、士兵、科学家，也有平凡岗位上的工人、农民。他们的榜样作用，影响了当时的社会风气，而他们个人的英雄事迹，正是当时社会风气的典型反映。如，普通掏粪工人时传祥，以"宁肯一人脏，换来万家净"的精神，为首都环境的干净美丽做出了贡献；被人们誉为"燕京第九景"的北京百货大楼的售货员张秉贵等，他们虽然都是平凡岗位上的普通人，但在他们身上体现着伟大的人格力量。先人后己，无私奉献，奋发创业，为国分忧，为民造福，全心全意为人民服务的坚定信念和毫不利己、专门利人的高尚道德品质，激发了全民热爱社会主义的热情，对凝聚民族精神去战胜困难，起了极大的鼓舞作用。被称为"中国的保尔·柯察金"，身负100 多处伤，手足伤残仍奋斗不息的吴运铎，1953 年出版了他的自传体小说《把一切献给党》，他以感人至深的事迹，实践了自己的誓言："把我们的力量、我们的智慧、我们的生命、我们的一切，都交给祖国，交给人民，交给党！"

"一个人的生命是很短促的，因此每一秒钟对我们都无限珍贵。我们应让每分每秒都过得有意义。人活着，不能只是吃饭穿衣，混一辈子。生活应该有更高的目的。只图个人的安逸和舒适，那是卑鄙的自私。一个人，如果谁都不需要

---

① 潘伟力：《社会主义集体主义是社会主义初级阶段的主导价值观》，《南京社会科学》2000 年第 12 期。

② 罗国杰：《新中国道德建设的回顾与展望》，《齐鲁学刊》2002 年第 2 期。

他，即使活到 150 岁，并且无病无灾，也不能说他是幸福的"①。

《把一切献给党》是新中国社会原则和理想原则的首创，是对一切旧社会意识、一切资产阶级享乐人生观念的第一次宣战。《把一切献给党》出版后发行了 500 余万册，并被翻译成俄、英、日等多种文字，成了那个时代鼓舞人们奋发向上的教科书，教育了一代人，影响了时代精神和社会风气。

在全心全意为人民服务的精神鼓舞下，全国人民形成了团结友爱、与人为善、助人为乐、互帮互助的人际关系。在上海市的各个公共场所里，已经看不到"谨防扒手"的牌子，代替它的是失主送来的许多表扬拾金不昧的信件和锦旗。②毫不利己，专门利人，全心全意为人民服务的精神是中华民族传统美德在社会主义时代的延续，是中华民族精神的进一步继承和发展。

**4. 北大荒精神和大庆精神——社会主义建设的精神支柱**

20 世纪 50 年代末，中国人民解放军 10 万转业官兵，按照党中央"屯垦戍边"的方针，开赴地处黑龙江省荒无人烟的北大荒，开拓北大荒。经过三代人的艰苦创业、开发建设，北大荒人把渺无人烟的亘古荒原建成了中国耕地规模最大、机械化程度最高的国营农场群，成为国家重要的商品粮基地、农副产品精深加工基地和外贸出口基地，成为举世闻名的"北大仓"。北大荒人献热血、献青春、献子孙，这种艰苦奋斗、勇于开拓、顾全大局、无私奉献的北大荒精神激励着一代代建设者。

大庆精神产生于 20 世纪 60 年代石油会战时期，集中体现了中华民族和中国工人阶级的优良传统与优秀品质。60 年代初，中国遭受了严重的自然灾害，就在这个时候，苏联撤走专家，撕毁合同，并扬言中国人民离开他们不可能开发大油田。当时大庆油田的开发确实困难重重，而国家建设又迫切需要石油。以王进喜为代表的中国石油工人，以主人翁的责任感和使命感，担起了历史的重任。他们积极为国家分忧，为民族争气，豪迈地喊出了："石油工人一声吼，地球也要抖三抖，石油工人干劲大，天大困难也不怕"的口号。在国家"三年困难时期"最严重的岁月，在极其困难的地方和极其困难的条件下，大庆人"有条件要上，没有条件创造条件也要上！"井队就位没有吊车，人抬肩扛把几十吨重的钻机拉到现场；打井没有水，跑到一里多外的水塘砸冰取水，用脸盆端水，水桶挑水，一次运水总量就达 200 多吨。当发生井喷的危险时刻，王进喜带着伤腿，首先跳进泥浆池，搅拌固井泥浆，压住了井喷。王进喜被当地群众誉为"铁人"，"铁人"的名字在整个油田传开，形成了一种强烈的震撼力量，这就是"铁人精

---

① 转引自宋强，乔边：《人民记忆 50 年：乘风的岁月》，http//www. cnbb. com. cn/books。

② 徐大真：《试析 20 世纪 50 年代我国社会风气的主要特点》，《信阳师范学院学报》（哲学社会科学版），2005 年第 5 期。

神"。大庆人决心"宁可少活二十年，拼命也要拿下大油田！"他们以自己的实际行动，奏响了一曲中华民族精神的时代凯歌，证明了工人阶级在社会主义时期，是我国最有觉悟的阶级。大庆精神——为国争光、为民族争气的爱国主义精神；独立自主、自力更生的艰苦创业精神；讲求科学、"三老四严"（当老实人，说老实话，做老实事；严格的要求，严密的组织，严肃的态度，严明的纪律）的求实精神；胸怀大局、为国分忧的奉献精神，为中华民族精神注入了新的时代内涵。

**5. 雷锋精神——共产主义道德品质与中华民族精神的完美结合**

雷锋生前是解放军沈阳部队工程兵某部运输班班长、五好战士。作为普通士兵，雷锋没有轰轰烈烈的业绩，而只是用自己极为平凡的言行，努力做好自己的本职工作，关爱国家、集体和他人。他身上的魅力不仅是共产主义精神的体现，同时也是对中华民族传统美德的最好诠释。雷锋热爱集体，关心战友，关心群众，把"毫不利己、专门利人"看成是人生最大的幸福和快乐，并身体力行，认真实践。他把自己省吃俭用积存起来的钱，寄给受灾人民，送给家庭困难的战友。他曾担任校外辅导员，以自己的模范行动影响和激励少年一代健康成长。他谦虚谨慎，从不自满自炫，受到赞誉不骄傲，做了好事不留姓名。他在部队生活2年8个月，荣立二等功1次，三等功2次，受嘉奖多次，被评为"模范共青团员"、"节约标兵"，被选为抚顺市人民代表大会代表。他在1962年8月15日因公殉职，年仅22岁。

雷锋爱憎分明、言行一致、公而忘私、奋不顾身、艰苦奋斗、助人为乐，把有限的生命投入到无限的为人民服务之中去的崇高精神，集中体现了中华民族的传统美德和共产主义道德品质。雷锋精神是我国工人阶级和劳动人民高贵品质的生动反映，也是我党我军优良传统的具体体现。雷锋精神的实质就是：忠于共产主义和社会主义事业，毫不利己、专门利人，全心全意为人民服务，"把有限的生命，投入到无限的为人民服务之中去"，做一个平凡而伟大的共产主义战士。具体来说就是：第一，热爱祖国，处处把国家和人民利益放在第一位，为实现共产主义而奋斗的献身精神；第二，只讲奉献，不讲索取，全心全意为人民服务的奉献精神；第三，服从大局，不计个人名利得失，"干一行、爱一行、钻一行、精一行"，在平凡工作岗位上做一颗永不生锈的螺丝钉的"钉子"精神。周恩来同志曾对雷锋精神作了全面而精辟的概括，即"爱憎分明的阶级立场，言行一致的革命精神，公而忘私的共产主义风格，奋不顾身的无产阶级斗志"。

1963年3月，在党中央和毛泽东同志的号召下，全国人民掀起了向雷锋同志学习的热潮，对提高全国人民共产主义思想觉悟和道德品质，对我国社会主义革命和建设事业的发展都起到了无可估量的推动作用。40多年来，在我们国家里涌现出了许许多多的雷锋式先进人物。他们继承和发展着雷锋精神。今天我们所说的雷锋精神，已经成为雷锋和雷锋式的先进人物崇高思想和优秀品质的结晶，已经成为热爱祖国，热爱社会主义，热爱党，坚定共产主义信念，树立全心全意为人民服务的思想，发展人与人之间团结友爱互助的社会主义新型关系的理想人格。雷锋精神体现了共产主义精神与中华民族精神的完美统一。雷锋精神是我们时代精神的集中体现。雷锋精神不仅属于中国，而且属于世界；不仅赢得了过去和现在，而且必将赢得未来。雷锋精神是我们弥足珍贵的精神财富。

## 二、曲折前行：当代中华民族精神发展中的波折

1966 年，正当我国胜利完成调整经济的任务、克服了国民经济中的严重困难、开始执行发展国民经济第三个五年计划的时候，"文化大革命"开始了。持续十年多的"文化大革命"，在党的历史发展过程中，是"左"倾错误占统治地位时间最长、危害最大的时期，是各种社会矛盾以尖锐形式充分暴露的时期，因而也是经验教训极为丰富的时期。"文化大革命"的长期动乱使党、国家和各族人民遭到新中国成立以来最严重的挫折和损失。党的组织和国家政权受到极大削弱，大批干部和群众遭受残酷迫害，民主和法制被肆意践踏，全国陷入严重的政治危机和社会危机。10 年间国民收入损失约 5 000 亿元，人民生活水平下降。科学文化教育事业遭到严重摧残，科学技术水平同世界先进国家的差距拉得更大，历史文化遗产遭到巨大破坏。党和人民的优良传统和道德风尚在相当程度上被毁弃。形而上学猖獗，唯心主义盛行，无政府主义、极端个人主义、派性严重泛滥。"文化大革命"不是任何意义上的革命和社会进步，它是一场由领导者错误发动，被反革命集团利用，给党、国家和各族人民带来严重灾难的内乱。[①]

党和人民在"文化大革命"期间，与"左"倾错误和林彪、江青两个反革命集团进行了十分艰难曲折斗争。许多领导干部虽然遭受严重的打击和迫害，但是他们顾全大局，忍辱负重，仍然密切关注党和国家的重大事务和发展前途，在力所能及的范围内为党做一些有益的工作。他们或者刚正不阿、直率地对"左"倾错误提出批评，或者冷静思考、认真地写下总结党的历史经验的回忆和理论文章，或者就实际工作中的重要问题向党提出意见和建议，或者向能接触到的群众恳切宣讲党的优良传统，等等。这些活动，实际上是以不同方式对"文化大革命"进行抵制和斗争。遭到过打击和折磨的知识分子、劳动模范、爱国民主人士、爱国华侨以及各民族各阶层的干部和群众，绝大多数都没有动摇过热爱祖国

---

① 胡绳主编：《中国共产党的七十年》，北京，中共党史出版社 1991 年版，第 477 页。

和拥护党、拥护社会主义的立场。正是由于全党和广大工人、农民、解放军指战员、知识分子、知识青年和各级干部的抵制和斗争，使"文化大革命"的破坏受到一定程度的限制。

在"文化大革命"期间，我国国民经济虽然遭到巨大损失，仍然在广大干部群众的共同努力下取得了进展。粮食生产保持了比较稳定的增长。1976 年达到 5 726 亿斤，比 1965 年增加了 1 835 亿斤。工业交通、基本建设和科学技术方面取得一批重要成就。原油产量 1976 年相当于 1965 年的 6.7 倍。一些工程艰巨的新铁路和宏伟的南京长江大桥建成通车。一些技术先进的大型企业投产。在釉型杂交水稻的育成推广，核技术、人造卫星、运载火箭等尖端科学技术研究方面取得丰硕成果，等等。外事工作也打开了新的局面。当然，这一切绝不是"文化大革命"的成果，如果没有"文化大革命"，我们的事业会取得大得多的成就。在"文化大革命"中，党、人民政权、人民军队和整个社会的性质都没有改变。历史再一次证明，中国人民是伟大的人民，中国共产党和社会主义制度具有伟大的、顽强的生命力。

在"文化大革命"的十年多时间里，尽管中华民族传统文化遭到严重破坏，中华民族精神的弘扬与培育遭遇严重挫折，但在广大党员干部和人民群众的努力下，特别是国防科技领域广大科技人员的团结拼搏、刻苦攻关，以"两弹一星"为中华民族的自强和发展书写了光辉的一页，而他们身上所体现出来的"两弹一星"精神则为中华民族精神的顽强生长增添了营养。

"两弹一星"精神产生于一个特定的历史时期。新中国成立初期，世界上几个主要大国已经进入了所谓"原子时代"，而我国正处于帝国主义的全面封锁和核威慑之下。为了打破超级大国的核垄断，为了维护国家的安全和世界和平，我国政府果断决策：一定要搞出我们自己的原子弹、导弹。以后又提出我们也要搞人造卫星。在党中央、国务院和中央军委的领导下，在全国人民的大力支持下，国防科技工业战线广大科技工作者共同努力，克服重重困难和干扰，终于使我国在 1960 年 11 月 5 日，成功发射了第一枚近程导弹；1964 年 10 月 16 日，成功爆炸了第一颗原子弹；1966 年 12 月 28 日，我国氢弹原理突破；1967 年 6 月 17 日，我国第一颗氢弹空爆实验成功；1970 年 4 月 4 日，第一颗人造卫星发射成功。[1]"两弹一星"打破了美、苏的核垄断、核讹诈，使我国成为世界上少数拥有核武器和掌握航天技术的国家之一，对我国的国家安全和经济建设意义重大，正如邓小平所说的："如果六十年代以来中国没有原子弹、氢弹，没有发射卫星，中国就不可能叫有影响的大国，就没有现在这样的国际地位。"

---

① 李继耐：《发扬'两弹一星'精神，推进国防现代化建设》，《瞭望新闻周刊》，1999 年 6 月 28 日。

"两弹一星"精神是广大科技工作者在以"两弹一星"为主要目标的伟大实践中培育和形成的革命精神。这种精神的核心内容可以概括为：爱国主义、自力更生、大力协同、科学求是、努力攀登。这"五种精神"，是中华民族的优秀传统和时代精神在尖端技术领域的集中体现，是广大科技工作者崇高思想品德和集体智慧的结晶。

"热爱祖国"是"两弹一星"研制工作者树立的坚定信念。他们把个人的理想与祖国的命运紧紧联系在一起，把个人的志向与民族的振兴紧紧联系在一起。许多功成名就、才华横溢的科学家放弃国外的优厚条件，义无反顾地回到祖国。许多研制工作者甘当无名英雄，隐姓埋名，默默奉献，有的甚至献出了宝贵的生命。他们用自己的热血和生命，写就了一部为祖国为人民鞠躬尽瘁、死而后已的壮丽史诗。

"两弹一星"的研制工作者们，是一支特别能吃苦、特别能战斗的队伍。他们在茫茫无际的戈壁荒原，在人烟稀少的深山峡谷，风餐露宿，不辞辛劳，克服了难以想象的艰难险阻，经受住了生命极限的考验。他们运用有限的科研和试验手段，依靠科学，顽强拼搏，奋发图强，锐意进取，突破了一个个技术难关。他们所具有的惊人毅力和勇气，显示了中华民族在自力更生的基础上自立于世界民族之林的坚强决心和能力。

在研制"两弹一星"的伟大历程中，全国各地区、各部门，成千上万的科学技术人员、工程技术人员、后勤保障人员，团结协作，群策群力，汇成了向现代科技高峰前进的浩浩荡荡的队伍。广大研制工作者求真务实，大胆创新，突破了一系列关键技术，使我国科研能力实现了质的飞跃。他们用自己的业绩，为中华民族几千年的文明创造史书写了新的光彩夺目的篇章。"两弹一星"精神是爱国主义、集体主义、社会主义精神和科学精神的活生生的体现，是中国人民在20世纪为中华民族创造的宝贵精神财富。

## 三、与时俱进：当代中华民族精神的开拓与创新

党的十一届三中全会揭开了我们国家迈向现代化的新序幕，在经济建设、文化建设、政治建设取得巨大成绩，人民生活水平极大提高的同时，中华民族精神也得到了继承、弘扬和创新。20世纪80年代以来，中国人民通过自己的实践，先后生成了抗洪精神、载人航天精神、改革创新精神等新时代民族精神。

**1. 抗洪精神——当代中华民族战天斗地的民族精神体现**

1998年夏，我国长江、嫩江、松花江流域发生了持续近3个月的历史罕见的特大洪水灾害。在这次严峻的抗洪抢险斗争中，全党、全军和全国各族人民表

现出了"万众一心、众志成城，不怕困难、顽强拼搏，坚韧不拔、敢于胜利"的伟大抗洪精神。特别是抗洪一线的军民，同心同德、风雨同舟，在同洪水的斗争中用自己的血肉之躯筑起一道道坚不可摧的抗洪大堤。他们立下军令状，竖起生死牌，组成敢死队，哪里最危险，就冲向哪里，严防死守，抗住了洪水一次又一次的袭击，产生了许多催人泪下的感人事迹，涌现了一大批抗洪英雄。

98 抗洪抢险的胜利是全国上下、万众一心、团结协作、不畏艰险的结果。当长江发生了自 1954 年以来第二次全流域性特大洪水、松花江和嫩江出现超历史记录的特大洪水后，党中央及时把"三江"抗洪抢险作为关系全国大局的头等大事来抓。各级领导心系群众安危，深入抗洪第一线，指挥抢险救灾。哪里最危险，哪里最艰苦，哪里就有他们的身影。人民解放军的 110 多位将军、5 000多位团以上领导干部身先士卒，率领部属为保卫人民群众生命财产浴血奋战。沿江各级党组织和广大党员干部充分发挥战斗堡垒和先锋模范作用。在抗洪抢险前线，由党员组成的"突击队"随处可见。当大堤溃口时，将军振臂一呼"跟我上"，第一个跳进激流之中；在湖北武汉数百公里大堤上竖立着 264 块共产党员"生死牌"；湖南省岳阳市委常委、宣传部长罗典苏为保卫塘坑大堤，带领群众与洪水搏斗一个多月，最后昏倒在大堤上；解放军某高炮团指导员高建成在危险关头，把生的希望让给群众和战友，而把死的危险留给自己，在激流中全力抢救出十几名遇险的群众和战友后，献出了自己宝贵的生命；共产党员、高级工程师潘良勇成为武汉抗洪中英勇献身的第一人……从长江到嫩江、松花江，千万军民在千里大堤上创造出洪水涨一尺、堤坝高一丈的奇观，谱写出一曲曲惊天地、泣鬼神的与自然灾害抗争的凯歌。

98 抗洪抢险的胜利，是军政军民团结、携手拼搏的胜利。面对洪水的肆虐，军民的心贴得更紧；共同抗洪抢险，军民鱼水之情更浓。从九江、洞庭、武汉保卫战，到死守哈尔滨、大庆、佳木斯；从九江堵口到簰洲湾大营救，洪水出现在哪里，解放军就冲到哪里；哪里最困难、最危险，哪里就有子弟兵。在电视播出的新闻中，人们经常可以看到这样的画面：每当溃堤、决口、管涌等重大险情出现时，子弟兵总是奋不顾身跳入洪流中，用血肉之躯筑成冲不垮的钢铁堤坝；第一道土坝冲垮了，疲倦不堪的将士们又筑起第二道、第三道；一处险情刚排除，另一处险情又生，子弟兵丢下刚端起的饭碗又奔向新的战斗。正是由于对人民、对祖国的无比忠诚，我们的军队才能出现身患晚期肝癌，却在长江同洪水连续奋战 50 多个日夜，终因劳累过度、病情恶化，栽倒在大堤上的"抗洪钢铁战士"吴良珠。也正是由于对人民、对祖国的无比忠诚，我们的军队才能出现带病先后9 次参加抢险，最后偷偷地从医院跑出来，背起两个沙袋累死在大堤上的抗洪英雄李向群。"人在堤在，誓与大堤共存亡"，它不是一个普通的口号，而是凝聚革命战士对人民、对祖国的全部责任与忠诚。

为了抗洪，人们主动拆掉自己的房屋，甘愿牺牲"小家"为"大家"。为了保护干堤的安全，湖北沿江放弃大小民垸 100 多处，转移人口数十万；为了做好分洪的准备，公安县按规定时间在 16 个小时完成 32 万群众的转移工作；当大庆油田南大门只剩下肇源堤防最后一道防线时，为保卫大庆，农民含泪挖开支堤，把滔滔洪水引向绿油油的农田，引向自己的村庄。他们说，牺牲"小家"，保住国家特大油田是值得的；在抗洪前线 20 多万将士中，有近 1/4 的官兵家中受灾，有的官兵家中亲人被洪水冲散，官兵们却暂忘忧伤救群众；为了支援抗洪抢险，"三江"上游地区主动承担风险，各主要水库主动储洪，减少下游洪水压力。全国各地，从中央到地方，从各级领导到普通老百姓，各行各业都从抗洪大局出发，有钱出钱，有力出力，有物出物，展现出了一幅"一方有难，八方支援"的感人画面。

98 抗洪精神的实质是爱国主义、集体主义和社会主义精神的大发扬，是社会主义精神文明的大发扬，是我党我军的光荣传统和优良作风在新的历史条件下的大发扬，是中华民族的民族精神在当代中国的集中体现和新的发展。

**2. 载人航天精神——新时代中华民族精神的凸显和升华**

继 2003 年 10 月我国首次载人航天飞行取得成功之后，2005 年 11 月"神舟"六号载人飞船再次航天飞行圆满成功。这是中华民族在攀登世界科技高峰征程上完成的一个伟大壮举，是继"两弹一星"之后我国科技发展的又一里程碑。

载人航天飞行的成功又一次表明，伟大的事业需要伟大的精神，伟大的精神成就伟大的事业。特别能吃苦、特别能战斗、特别能攻关、特别能奉献的载人航天精神，作为"两弹一星"精神的延伸和升华，是我国航天领域取得辉煌成就的巨大动力，也是我们党、国家和军队宝贵的精神财富。载人航天精神主要表现为：热爱祖国、为国争光的坚定信念；勇于登攀、敢于超越的进取意识；科学求实、严肃认真的工作作风；同舟共济、团结协作的大局观念；淡泊名利、默默奉献的崇高品质。载人航天精神赢得了亿万人民的共鸣，成为中华民族伟大复兴的强大精神力量。航天英雄在与港澳同胞的对话中，被问到家与国如何取舍时，他们表示："国在前，家在后，有国才有家，当国家需要时，自当报效祖国。"这种坚韧不拔的航天精神和感人的国家情怀，与中国人民心有灵犀，彼此相通。

中华民族是一个有着五千多年历史由 56 个民族构成的伟大民族，中华民族创造了灿烂的中华文明，为人类的进步做出了不可磨灭的贡献。促进和支撑这个伟大民族克服万难，饱经沧桑而又永葆旺盛生命力的源泉是什么呢？那就是伟大的民族精神，一种代代相传的信仰，一种刻在每个中国人骨子里的、无法复制和简单模仿的巨大精神力量。它在实践中体现为大多数民族成员认同的心理素质、思想感情、理想信念、价值取向和道德准则，是极具亲和力和融合力的中华民族精神。概括来讲，就是以爱国主义为核心的团结统一、爱好和平、勤劳勇敢、自强不息的民族精神。而我们的"四个特别"的载人航天精神正是这些中华民族精神的集中体现。也正如胡锦涛主席所说，载人航天精神，是"两弹一星"精神在新时期的发扬光大，是以爱国主义为核心的民族精神和以改革创新为核心的时代精神的生动体现。①

中华民族精神中的团结统一精神在载人航天事业中体现得尤为突出。据统计，载人航天工程直接参加单位 110 多个，涉及单位多达 3 000 余家。跨世纪工程凝聚着千百万人的心血，齿轮咬合般的全国大协作汇聚成了强大的力量。创造今天飞天辉煌的人们，一定是作为一个整体而被历史所铭记。

特别能吃苦的精神，是爱国主义的体现。一个人只有心怀国家，具有崇高的理想和信念，才能具有这种特别能吃苦的精神。在崇高信念的指导下，才能不畏艰难困苦，努力在本职岗位上实现自己最大的人生价值。

特别能战斗的精神，是我党我军长期实践中形成的特有优势，是中华民族勤劳勇敢的民族精神的具体体现。老一辈革命家在与日本侵略者、国民党反动派的长期斗争中，创造了一个又一个以弱胜强的战争神话，用小米加步枪战胜了敌人的飞机大炮。这种战斗的精神在和平的年代里依然十分重要，具体体现为对难关的毫不畏惧的勇敢精神。

特别能攻关，是勇于探索、勇于创新精神的生动体现，是自强不息的民族精神的体现。载人航天工程中先后攻克了多项国际宇航界公认的技术难题，掌握了一大批具有自主知识产权的核心技术，包括舱段分离技术、制导导航与控制技术、液体回路热控技术、大型降落伞技术、应急救生技术、环境控制与生命保障技术、返回舱升力控制与过载控制技术等。实现了技术上的不断创新。同时，顺利地实现了管理方面的创新，提高了工作效率。

特别能奉献的精神，是无产阶级人生观、价值观的核心和精华，也是我党我军根本宗旨的集中表现，是中华民族精神中爱国主义的有力证明。载人航天工程运载火箭系统副总设计师张宝琨 40 年如一日，从首都北京到秦岭深山，从繁华的都市到闭塞的山沟，默默地奉献。从载人航天发动机的立项攻关到连续 6 次参加飞行试验连续获得成功，张宝琨付出了艰辛的努力和超常的代价，在他身后留下的是一条弯弯曲曲的航天路。每一名航天工程工作人员的背后都有着无数奉献的故事，践行着一个个奉献者的足迹。②

载人航天精神的弘扬，有助于把载人航天飞行的巨大成功转化为推动改革开

---

①② 邹秀春：《载人航天精神的弘扬与培育》，《兰州学刊》2006 年第 8 期。

放和现代化建设的强大动力，增强全民族的自信心和自豪感，凝聚全民族的智慧和力量，紧紧抓住发展机遇，积极应对各种挑战，战胜前进道路上的艰难险阻，不断开创中国特色社会主义事业的新局面。为中华民族的伟大复兴和实现全面建设小康社会的宏伟目标提供精神动力和智力支持。

### 3. 与时俱进、改革创新精神——当代中华民族精神的返本开新

与时俱进是指随着时代的变迁，人的认识、人的精神面貌应该不断前进、变化和更新。与时俱进的"时"，就是不断发展变化的客观实际；"进"，就是理论和实践要随着客观实际的变化而发展。改革创新精神就是锐意改革、创新进取的精神。恩格斯说："我认为，所谓'社会主义社会'不是一成不变的东西，而应当和任何其他社会制度一样，把它看成是经常变化和改革的社会。"[1] 改革是社会主义制度自我完善和自我发展的根本途径，它对于完善和发展社会主义制度，探索其富有活力的新道路，促进社会主义制度各方面持久、稳定、协调地发展，不仅具有战略意义，而且构成了我们这个时代的最强音。创新是一个民族进步的灵魂，是一个国家兴旺发达的原动力，也是凝聚和鼓舞人心为了完成伟大事业而不懈努力奋斗的一种重要社会精神气质和文化价值取向。创新的内容十分广泛，如为追求真理勇于牺牲的精神、敢于冲破传统观念和科学权威的勇气，超出常规勇于创新的胆识。丰富的想象力和敏锐的观察能力、勤于思考的发散思维方法等等[2]。改革创新精神，表现了一种为求得自身进步、发展的责任感、使命感和永远不甘落后的心理状态，也体现了一种解放思想、大胆探索、勇于创造的思想观念，更反映了一种坚韧不拔、自强不息、锐意进取的精神力量。坚持改革创新精神，是时代的召唤，历史的需要，也是社会主义时代精神的核心，是中华民族精神在新时代的返本与开新。

中华民族是个富于理论思维、尊重过去的民族，同时又具有与时俱进、不断创新的优良传统。"中华民族是勤劳智慧的民族，也是富有创新精神的民族。"[3] 近些年来，以人为本，重在建设的文化建设的指导思想以及相应的方针政策的制定和实施，有力地推进了当代中华民族精神的建设。江泽民同志在庆祝建党八十周年大会上的讲话中提出：要增强自立意识、竞争意识、效率意识、民主法制意识和开拓创新精神。这里的自立、竞争、效率、民主法制和开拓创新意识，是对此前中华民族精神在继承、弘扬基础上的培育和创新。此外，改革开放以来逐渐形成并在近年日益强化的契约观念，公民意识、公正意识、平等观念、改革开放

---

① 《马克思恩格斯全集》第 37 卷，北京，人民出版社 1971 年版，第 443 页。

② 龚学曾主编：《民族精神教育读本》，北京，中共中央党校出版社 2003 年版，第 228～229 页。

③ 江泽民：《接见出席中国科学院第九次院士大会和中国工程院第四次院士大会部分院士与外籍院士时的讲话》，《人民日报》1998 年 8 月 11 日。

意识、全球意识，以及赋予新内涵、新精神而不同于"五四"时期的科学精神和民主精神等等，也是当代中华民族精神构成的重要因素。这些新的意识和观念，既是当今开拓创新精神的表现，也是开拓创新精神的结果。开拓创新精神，成为当代中华民族精神的重要内涵和基本特征①，是当代中华民族精神的主旋律。正如《人民日报》评论员所说："解放思想、实事求是，与时俱进、开拓创新，是马克思主义的一条认识路线，是一种思想方法，是一个历史过程，也是一种精神状态。"②

中华民族精神的历史发展，既表现出明显的时代性差异，又表现出突出的民族性、连续性和稳定性，它是在继承中发展，在发展中创新。不同历史时期的中华民族精神的内容和特质虽然有所不同，但其主脉一直没有改变。经过历史的选择和扬弃，经过社会整合和文化整合，逐渐形成中华民族精神的基本风貌，构成了其最基本内涵。从历史事实、社会实践和理论建构的层面审视中华民族精神最为基本的内容和特质，便是党的十六大报告所概括的以爱国主义为核心的团结统一，爱好和平，勤劳勇敢，自强不息的精神。对中华民族精神的这种概括，应当说是体现了对中国历史文化的时代性、民族性和世界性的理性把握。

总之，中华民族精神深深扎根于中国历史文化的沃土之中，中华民族所以能在五千多年的发展中，历经磨难而信念弥坚，饱尝艰辛而斗志更强，创造出灿烂的中华文明，民族精神始终是重要的力量源泉。对中华民族来说，21世纪是充满希望又充满竞争的世纪，这种竞争，不仅表现在经济实力、国防实力的竞争，也突出体现在民族凝聚力方面。中华民族要屹立于世界民族之林，必须要有民族精神作为民族赖以生存和发展的精神支撑。当今时代的中华民族精神，应该广泛吸收人类文明的一切有益成果，兼收并蓄，海纳百川，与时俱进，既与我国的历史文化传统相承接，又同社会主义思想道德相统一；既体现对中国历史文化的继承，也反映当代中国人的精神风貌，并作为中华民族实现伟大复兴最强大的精神动力。

## 四、多难兴邦：汶川地震与当代中华民族精神的弘扬

2008年5月12日14时28分，我国四川省汶川县发生了8.0级强烈地震，北川、映秀、绵竹、都江堰等地区深陷危情之中。地震使无数房屋倒塌，数万生命陨灭。一时间举国震惊，万民哀恸。如此大灾面前，中国人民没有屈服，而是用全民抗震的实际行动表现出了和衷共济的手足情谊和自强不息、求真务实、民

---

① 李宗桂：《中华民族精神的历史发展和时代意义》，《中国高等教育》2003年第10期。
② 《人民日报》评论员：《弘扬与时俱进的精神》，《人民日报》2002年2月26日。

为邦本的民族精神。因此，抗震救灾不仅是全国人民共同参与、克服重大突发灾害的特殊社会实践活动，更是振奋民族精神的伟大实践活动，是对中华民族精神的一次严峻考验与全面检验。

### 1. 全民抗震对民族凝聚力的增强

民族精神是民族的精华和灵魂，是一种稳定的、作为精神支柱存在的东西，它能够激发民族自豪感与自觉性，特别是能够诱发民族的凝聚力。[①] 从精神形态上看，民族精神是民族凝聚力产生和不断增强的"合理内核"，民族凝聚力则是民族精神的外在表现形式。大灾面前鼓舞人们万众一心、战天斗地的正是中华民族自强不息、团结进取的民族精神。民族精神通过产生民族心理认同使得民族凝聚力最终成为民族存在的"自然属性"，并随着社会历史的发展不断促进民族凝聚力的增强。中华民族自古以来是一个多灾多难的民族，同时又是一个不屈不挠、勇于抗争的民族。正是一次又一次的灾难，磨砺了民族的斗志、凝聚了民族的力量，传递了精神的薪火，从而获得生生不息的发展。地震作为人类生活中不可避免的灾害，它一定会给一个民族留下伤痛的历史记忆，但是，比伤痛史重要的，是这个民族面对灾害和伤痛时的表现。从这个意义上说，地震不仅构成人类的极限处境，更能见证人类的渺小与伟大。[②] 汶川地震正是如此，它不仅没有压倒中国，反而使中国更加强大，人民更加坚韧，民族凝聚力得到了前所未有的增强。因此，这场猝不及防的灾难，是一次国家力量的检验，更是一次民族精神的重振。[③]

首先，党和政府的坚强领导聚集民族力量。大灾面前，中国共产党和人民心心相连，用坚强领导聚集起强大的民族力量。地震发生后政府响应迅速，果断采取了灾难应急预案，力求使灾情减少到最低。胡锦涛总书记、温家宝总理等党和国家领导人亲临重灾区，指挥抗震，慰问灾民，凸显了关注民生的执政理念。党中央、国务院的科学应对、坚强领导和深切关怀得到了全国人民的衷心拥护，在灾区内外掀起了轰轰烈烈的全民抗震热潮。俄新社网站编辑在其《中国，挺住!》的文章里写道："我们知道，一个总理在两小时内就飞赴灾区的国家，一个能够出动数十万救援人员的国家，一个企业和私人捐款达数十亿的国家，一个因争相献血、自愿抢救伤员而造成交通阻塞的国家，永远不会被打垮。希望将与中国同在!"[④] 联合国秘书长潘基文在四川灾区考察时也说道："中国政府和中国

---

① 林卓才、王卫国：《中华民族精神与民族凝聚力》，广州，广东人民出版社 1994 年版，第 53 页。
② 唐文明：《汶川地震与民族的自我认识》，《政工研究动态》2008 年第 11 期。
③ 任仲平：《凝聚起民族复兴的力量——论伟大的抗震救灾精神》，新华网 2008 年 7 月 4 日。
④ 三联生活周刊：《生命高于一切》，新浪杂志频道在线阅读，http://mag.sina.com.cn/zine/online/8/635/2840.html。

领导人带领中国人民迅速投入到抗震救灾工作，让国际社会深受感动和鼓舞。"

其次，军队的奋力营救振奋民族力量。中国军队从建立的那天起就把捍卫祖国和人民的利益作为神圣的使命，当祖国和人民遭遇不幸和灾难的时候，给人民带来希望的，奋斗在第一线的始终是人民军队。灾难发生后，由人民解放军、武警部队、民兵预备役人员、公安民警和医疗卫生人员组成的十几万救援大军，在不到两个小时的时间里从空中、陆路、水上迅速赶赴灾区，置个人的安危于度外，展开全力营救。人民军队无私无畏的付出和奋勇当先的实际行动感动了灾区人民，也感动了整个民族。军民齐心共赴时艰的感人场面，鱼水情深的浓厚情意激发了全民抗震的气势。

最后，媒体的积极宣传鼓舞民族力量。大众传媒通过传播信息和舆论引导能够对人们的社会生活产生重要影响。特别在面临突发事件时，媒体的积极宣传和价值引导能够起到统一人们思想的作用，从而促进事件的尽快解决。汶川地震发生后，从震情的报道到赈灾的宣传，从报纸、网络到电台的积极引导，媒体都发挥了重要的作用，极大地鼓舞了民族力量。在媒体的宣传和呼吁下，人民的意志达到空前统一，"汶川挺住，中国加油"的口号遍及全国。人们的行动空前团结，纷纷以自己能够做到的方式为灾区奉献爱心，大型募捐晚会更是将民族的坚韧、凝聚、博爱和奉献精神推向高潮。

**2. 全民抗震对民族自我认识的提升**

地震的伤痛和抗灾的感动让我们的民族重新认识并肯定了自己，也再次感受到中华民族所蕴涵的强大力量。灾难仅是一瞬，而灾难中展现出来的精神却能永恒。灾难见证了民族的品格，重塑了民族精神，启发了民族认同。中华民族精神，源于五千年传统文化的肥厚土壤，是维系各族人民共同生活的精神纽带，是支撑民族生存发展的精神支柱，堪称民族之魂。全民抗震让人们深深铭记：大灾有大爱，大难之中见精神。这种精神就是积淀在中华民族血液里、文化中的"自强"、"刚韧"、"忠义"和"仁爱"，这一刻又随着大地震的爆发而升华了。

抗震救灾的特殊实践活动，再现了中华民族的自强和刚韧。自强不息是爱国主义精神的根本体现，是始终贯穿、渗透于中华民族精神的一项根本要求，是中华民族精神的脊梁。它指的是一个民族所具有的独立自主、奋发向上、不断进取的精神，不仅是一个民族、国家所独特的精神品质，而且是个人应该具有的文化素质。"天行健，君子当自强不息"。"沧海横流，方显出英雄本色"。面对灾难，中华民族选择坚强。唐人陆贽有言："夫治或生乱，乱或资治。有以无难而亡，多难而兴。"说的是多难兴邦的道理。"多难兴邦"四个大字，饱含着丰富的民族情感和坚定的民族意志，象征着中华民族临危不惧、迎难而上、自强不息的伟大民族精神，体现了中华儿女愈挫愈勇、负重前行、奋力进取的优秀民族品质。

全民抗震凝聚起一股团结奋进的强大合力，用雄辩的事实证明了汶川不会消失，中华民族是打不垮的。

抗震救灾的特殊实践活动，弘扬了中华民族互帮互助的友爱精神。它具体表现为全民族共赴时艰的同舟共济，生死相依。中华民族历来有团结友爱的优良传统，一部中华民族发展史，是各族人民团结进取、奋勇拼搏的历史。大灾大难面前，这种互帮互助的友爱精神体现得更加突出。全民的抗震更多地昭示了中华民族成员之间万众一心、共克时艰的手足情和同胞爱。国难当头，那些奋战在抗震第一线的人民军队，那些捐助巨额善款的民族企业，那些无数奉献爱心但从未留下名字的平凡的人们，还有很多海外的华人，都在同一时间积极行动起来了。有钱的出钱，有力的出力，捐款的人群络绎不绝，献血的队伍排起长龙。

抗震救灾的特殊实践活动，践行了中华儿女"以天下为己任"的责任感。责任感是一种自觉地把个人的作用与国家的兴亡紧紧联系起来的思想意识，它既是个人心理品质的重要方面，同时也体现了社会大众的价值取向。"国家者，是民众的国家；社会者，是民众的社会。社会个体责任意识的增强，则国家才会大有希望。"① 国难当头的时刻，最容易考验一个民族的人民是否具有责任感，最容易激发民众的爱国心。"我是汶川人"口号的提出，意味着中华儿女有难同当，与灾区人民同呼吸、共命运的坚强信念，表达的就是这份"天下兴亡，匹夫有责"的责任感。广大群众表现出来的对同胞、对国家的责任感，证明了整个民族的心理素质是十分优良的。这种优良的社会心理素质反过来又会激发人们更加积极向上、同心同德、忠于职守，从而形成一股强大的向心力。

### 3. 全民抗震对生命意义的彰显

中华民族从来不缺独特而充分的生命觉悟，老子和孔子等圣贤早就彻底否定了神秘的思维方法，而切切实实地从人本身的生命出发，把个体生命的飞扬和民族大义紧密相连。② 只有个体生命的生生不息，才有民族的兴旺发达。抗震救灾把"生命"摆在第一位，整个过程无不体现了对生命意义的彰显。

抗震救灾斗争，从气壮山河的生死营救，到举国动员的灾后重建，始终贯穿着以人为本的主线，渗透着民为邦本的思想，体现了党和政府对人的生命价值的尊重、对人生存境遇的深切关怀。在灾区，救人始终是第一要务，抢救人的生命、维护人民利益成为执政党最大的政治。"只要有百分之一的生还的希望，我们就要用百倍的努力"，哪怕是再大的困难，哪怕是再大的代价，也绝不抛弃、绝不放弃，"一分一秒都不能耽搁"。③

---

① 林卓才、王卫国：《中华民族精神与民族凝聚力》，广州，广东人民出版社 1994 年版，第 127 页。
② 海夫、刘宇：《民族精神重构：民族复兴的精神加冕》，《西部广播电视》2008 年第 6 期。
③ 吴海清：《抗震救灾 谱写民族精神的新篇章》，人民网－理论频道 2008 年 7 月 30 日。

对于逝者，更多的是表达对生命的尊重和祈祷。2008 年 5 月 19 日到 21 日的三天被国务院公告为全国哀悼日。全国哀悼日，诠释了社会主义的中国对人生命的高度尊重。国家为遇难的同胞降半旗，为普通老百姓致哀，这在共和国历史上还是第一次。生命的尊严上升到了历史的顶点，生命的尊严得到了充分的尊重，它是我们国家文明进步的一座新里程碑。

对于生者，汶川大地震制造的毁灭，让越来越多的人重新思考活着的意义，让活着的人从灾难中领悟生命的价值。只有更好地珍惜生命，热爱生命，使生命富有意义才是所有生存者应有的生活态度，也是对逝者最好的慰藉。这种态度对我们社会发展的作用是积极的，它必将使我们的社会少了一些物欲的冲动、少了一些无谓的争论，我们的社会因为大灾难的冲击而多一份平和、冷静和安宁。

抗震救灾赋予北京奥运会"人文关怀"的内涵，使北京奥运会的主题增添了更多对生命价值和意义的尊重和顿悟，使民族精神与奥林匹克精神相通。一个国家要发展，一个民族要自立于世界民族之林，不仅要有强大的物质基础，更要有强大的精神力量。2008 北京奥运会作为中华民族的百年梦想，向世界展示的不仅是中国的综合实力，还有一个国家综合国力的重要组成部分——民族精神。而对生命意义的思考和对生命本身的尊重是一个民族生生不息的最基本的精神层面的要求。在火炬接力阶段，各地奥运火炬手和参与者在起跑前通过集体为遇难同胞默哀，寄托全国人民的哀思，坚定灾区人民重建家园的信念。在很多地方，火炬传递的起点、终点和沿途，都设立了抗震救灾募捐箱，沿途民众自发地打出了"弘扬奥运精神，支持抗震救灾"、"火炬传递爱心"、"支持灾区，万众一心"的标语和口号，并积极捐款。在火炬传递活动中，史无前例地出现"临时增补"抗震救灾第一线火炬手的现象。在奥运会的开幕式上，来自四川灾区的小朋友与体育健将一同走在中国代表团的最前排。这些细节性的举措，不正显示了对个体生命的关怀吗？关爱生命，是对奥林匹克精神的深刻诠释，更是中国为奥林匹克精神所贡献的一种崭新理念：除了和平与友谊，除了光明与欢乐，奥运火炬还传递着人文关怀，传递着无边大爱。

# 第九章

## 理想与现实：
## 当代中国公众的精神形态

一个民族其民族精神的载体，是这个民族的人民；一个民族其民族精神的内涵，是这个民族人民的信念和认可；一个民族其民族精神的现实效应，是在这个民族人民的社会生活中展现的。那么，目前我国人民对悠久的民族精神内涵的理解和认可如何？在共同生活中展现什么样的品格状态呢？我们试图通过考察我国公众对民族精神内涵的认可状况、在生活中表现的品格状态，来了解、分析、概括中华民族精神的现实状况。

根据中共十六大报告中关于民族精神的界定，参考学术界对民族精神的相关研究成果，秉持兼顾历史性与时代性、抽象性与实在性的原则，我们将民族精神的内涵分解为12种社会观念，即国家观、和平（战争）观、民族观、集体（个人）观、责任和义务观、人生观、幸福观、劳动观、奋斗观、诚信观、人际观、社会发展观。在此基础上经过操作化，选择、设计出有代表性的测量指标，构成调查的问卷。操作化中的选择和设计力求有利于被调查者对问题意义的了解，最大限度保证和提高调查的可操作性和获得资料的真实性。

因本次调查的对象涉及六种类型的人群（小学生、中学生、大学生、农村居民、城市居民和知识分子），因此，调查中根据不同调查对象的具体特点，增加设计了一部分考察更加贴近调查对象实际生活的调查内容。

依本次调查内容较为广泛、调查对象人数多的特点，主要采取入户问卷调查的方法，调查员入户到调查对象家中，请调查对象当场自填问卷后当场回收，调查员对由于受教育程度低自填问卷有困难的调查对象进行相应的帮助。

考虑到公众在年龄、职业、受教育程度、生活社区等方面的异质性，也由于经费的有限性，为使调查对象尽可能有广泛的代表性，首先将调查对象分为六类

194

人群：大学生、中学生、小学生、农村居民、城市居民和知识分子。其中，三类学生人群均界定为在校学生；农村居民界定为目前主要生活在农村、18 岁以上非在校学生的居民；城市居民界定为目前主要生活在城市、18 岁以上非在校学生的居民；知识分子界定为具有博士学位者或副高级以上职称者。

问卷调查对象采取多阶段立意配额抽样方法。抽样和样本数的设计如下：

**1. 第一阶段：选取省或直辖市，共 6 个**

依据地理方位及经济发展水平选取陕西、黑龙江、广东、湖北、北京和上海。

**2. 第二阶段：选取市（区），共 12 个**

每省选取 2 个市：一个省会市、一个中等市（2×4 个省 = 8）；

直辖市选取 2 个（行政）区：一个城区，一个郊区（2×2 个直辖市 = 4）。

**3. 第三阶段：选取街道、乡（镇），共 24 个街道、24 个乡（镇）**

省的每市选择 2 个街道（2×8 个市 = 16）；

直辖市的每（城区行政）区选取 4 个街道（4×2 个区 = 8）；

省的每市选取 2 个乡（镇）（2×8 个市 = 16）；

直辖市的每（郊区行政）区选取 4 个乡（镇）（4×2 个区 = 8）。

**4. 第四阶段：选取社区居委会、行政村，共 96 个社区委员会、96 个乡（镇）**

每街道选取 4 个社区委员会（4×24 个街道 = 96）；

每乡（镇）选取 4 个行政村（4×24 个乡（镇）= 96）。

选取社区居委会时考虑社区的地理位置特征、居住居民职（就）业等方面的特征；选取行政村时考虑生产方式、经济收入水平、地区位置等方面的特征。

**5. 第五阶段，选取调查对象，城市 2 880 人，农村 2 880 人，共计 5 760 人**

每社区居委会选取 30 人（30×96 个社区 = 2 880 人）；

每行政村选取 30 人（30×96 个行政村 = 2 880 人）。

每个社区居委会和行政村均按照偶遇抽样的方法选取调查对象。

抽样和样本数的设计还考虑和包括如下方面：

（1）控制每个市（区）的调查对象（总数为 480 人）中的小学生和中学生各 50 人，大学生和高级知识分子各 30 人，农村居民和城市居民各 160 人。

（2）而且每个市（区）的调查对象必须至少覆盖小学 3 个以上，中学 5 个以上，大学 3 个以上，工矿企业 8 个以上。

（3）调查对象总体的性别比为 1:1，性别误差 3% 左右。

（4）调查对象的年龄方面，农村、城市居民中 20～39 岁、40～59 岁分别为 45% 左右。

为保证调查问卷的有效数，实施调查中将样本设计数增加 5%～10%。实际调查的问卷经剔除极少量无效问卷后，调查实际收回有效问卷共 6 241 份。调查对象的概况（见表9－1）是：性别比为 100∶118，男性比率偏高，性别比高于设计样本性别比；年龄在 10～29 岁的比率较大，年龄结构与全国人口结构有较大差异；汉族占绝大部分；近 85% 的调查对象没有宗教信仰；小学生、中学生各占 10% 左右，大学生和知识分子分别占 6% 左右，农村居民和城市居民分别占总数的 30% 左右，这六种人群与全国人口结构有较大差异，但样本对这六种人群而言有较好的代表性；共覆盖了学校、企业、事业、机关 1 324 个单位，大大超过设计的覆盖率；6 个省（直辖市）调查地点的人数比较均衡，省（直辖市）人数之间的比率最大相差 2.5%。城市居民、农村居民和知识分子（共 4 421人）中，中共党员和共青团员各约占 20%；未婚者约为 1/4。

**表 9－1**　　　　　　　　　　　　问卷调查对象概况

| | | % | 人数 | | | % | 人数 |
|---|---|---|---|---|---|---|---|
| 性别 | 男性 | 54.0 | 3 371 | 民族 | 汉族 | 93.6 | 5 844 |
| | 女性 | 45.7 | 2 851 | | 少数民族 | 6.1 | 379 |
| | 不清 | 0.3 | 19 | | 不清 | 0.3 | 18 |
| | 合计 | 100.0 | 6 241 | | 合计 | 100.0 | 6 241 |
| 年龄 | 10 岁以下 | 2.3 | 144 | 调查覆盖单位 | 小学 | 22.4 | 297 |
| | 10～19 岁 | 23.7 | 1 478 | | 中学 | 25.7 | 340 |
| | 20～29 岁 | 25.1 | 1 564 | | 大学 | 8.2 | 108 |
| | 30～39 岁 | 19.4 | 1 209 | | 企业、事业、机关单位 | 43.7 | 579 |
| | 40～49 岁 | 15.7 | 978 | | 合计 | 100.0 | 1 324 |
| | 50～59 岁 | 8.1 | 505 | 各调查地点人数 | 北京 | 17.2 | 1 076 |
| | 60 岁及以上 | 5.8 | 363 | | 上海 | 18.1 | 1 132 |
| | 合计 | 100.0 | 6 241 | | 广东 | 16.1 | 1 006 |
| 调查人群类型 | 小学生 | 10.8 | 674 | | 陕西 | 17.0 | 1 056 |
| | 中学生 | 11.7 | 728 | | 黑龙江 | 15.6 | 974 |
| | 大学生 | 6.7 | 418 | | 湖北 | 16.0 | 997 |
| | 农村居民 | 32.2 | 2 012 | | 合计 | 100.0 | 6 241 |
| | 城市居民 | 32.8 | 2 049 | 城市居民、农村居民、知识分子的政治面貌 | 中共党员 | 17.9 | 791 |
| | 知识分子 | 5.8 | 360 | | 共青团员 | 20.0 | 881 |
| | 合计 | 100.0 | 6 241 | | 群众 | 59.8 | 2 644 |
| 宗教信仰 | 无 | 84.1 | 5 252 | | 民主党派成员 | 1.4 | 64 |
| | 佛教 | 7.9 | 490 | | 不清 | 0.9 | 41 |
| | 基督教 | 4.1 | 258 | | 合计 | 100.0 | 4 421 |
| | 天主教 | 0.9 | 55 | 城市居民、农村居民、知识分子的婚姻状况 | 未婚 | 25.7 | 1 138 |
| | 伊斯兰教 | 0.8 | 51 | | 已婚 | 71.5 | 3 161 |
| | 其他宗教 | 0.4 | 26 | | 离异 | 1.5 | 66 |
| | 不清 | 1.8 | 109 | | 丧偶 | 0.9 | 39 |
| | 合计 | 100.0 | 6 241 | | 不清 | 0.4 | 17 |
| | | | | | 合计 | 100.0 | 4 421 |

　　注：极个别调查对象填写的问卷中曾涂改，致使性别、民族比较模糊，难以辨认；少数调查对象不愿透漏自己的宗教信仰、政治面貌、婚姻状况。这些情况均归为不清楚。

# 一、中国公众的民族观与国家观

## （一）中国公众的民族观与国家观的概况和特点

调查发现公众的国家观与民族观的特点是：认可国家利益的重要性；对祖国统一的态度坚定；坚持和平的立场坚定；认可的民族美德、指责的民族"劣根性"是比较一致的；认可并认为有必要发扬中华民族精神；赞成民族平等和国家的民族政策。

**1. 认同中央政府是国家代表的人最多**

调查结果显示：对于谁是国家的代表，被调查公众中认同中央政府的比率最高（37.1%），但不到2/5；有两成（21.5%）的人认同中，中国共产党中央委员会；有近一成的人不知道谁代表国家。

**2. 认可国家利益的重要性**

调查结果表明：关于国家利益、集体利益、家庭利益和个人利益的重要性，认为国家利益重要（非常重要和比较重要，下同）的达93.7%，明确表示不重要（不太重要和不重要，下同）的只有1.2%；84.6%的人认为集体利益重要；88.3%的人认为家庭利益重要，明确表示集体利益和家庭利益不重要的都不到3.5%；有60%以上的人认为个人利益也重要。其中，认为国家利益非常重要的比率（81.9%），大大高于认为集体利益、家庭利益、个人利益的比率（43.8%、45.4%、36.1%）。显然，40%左右的公众认可国家利益的重要性高于认可集体、家庭和个人利益的重要性。

**3. 对国家统一的态度坚定**

调查发现：有92.4%的人赞成（非常赞成和比较赞成，下同）"台湾、新疆、西藏是我国不可分割的部分"；近75%的人赞成"一旦台湾分裂应该以武力保卫祖国统一"；近95%的人赞成"国家兴亡，每个人都有责任"。可见，90%以上的公众对国家统一的态度是坚定的。但是我们注意到：对于台湾分裂时以武力保卫祖国统一，有17.7%的公众其态度是不赞成（不太赞成和不赞成，下同）的。

**4. 坚持和平的立场坚定**

调查结果表明：有近75%的人赞成"一个强大的中国不会构成对世界和平的威胁"，显然，大多公众反对"中国威胁论"的论调。有85%以上的人赞成"各国之间的矛盾都应该用和平方式解决"，只有6.3%的人反对，这说明：大多公众爱好和坚持和平、反对战争的立场坚定。

### 5. 认可的民族美德

调查中我们列举了 14 种人们日常生活中谈到的美德，请被调查者选择（可选 1～5 项）自己认为的民族美德，调查结果显示：公众对我国民族美德认可的比率由高到低排序是："热爱祖国"（75.8%）、"爱好和平"（60.1%）、"团结统一"（54.8%）、"勤劳"（52.3%）和"尊老爱幼"（50.8%）；"艰苦奋斗"（39.2%）、"自强不息"（37.3%）；"好学上进"（20.1%）、"勇敢"（18.2%）、"淳朴敦厚"（16.8%）、"热情好客"（16.5%）、"礼尚往来"（15.6%）、"乐观豁达"（14.0%）以及"先天下之忧而忧"（12.7%）。党的十六大报告提出：中华民族形成了以爱国主义为核心的团结统一、爱好和平、勤劳勇敢、自强不息的伟大民族精神，由以上调查结果显示，党中央关于我国民族精神的论断符合民意，反映了中华民族的主体精神和优良品德。

### 6. 指责的民族"劣根性"

在一定历史时期，任何一个民族都可能存在其落后性的一面，这种落后性方面被俗称为"劣根性"。调查中我们列举了一些日常生活中被指责的现象，请被调查者判定（可选 1～5 项）是否民族为"劣根性"。调查结果表明：公众指责的民族"劣根性"的比率由高到低的排序是："迷信"（62.9%）、"自私"（43.7%）、"爱面子"（38.9%）、"内耗（窝里斗）"（35.0%）、"僵化、守旧"（34.8%）"崇洋媚外"（31.0%）、"懒惰"（29.8%）、"愚昧无知"（29.5%）、"安于现状"（27.9%）、"不尊重个人"（25.7%）、"凡事退让"（21.5%）、"独断专行"（19.4%）。

由此看来，较多公众认可的我国民族的美德、指责的我国民族的"劣根性"是比较一致的。但我们也注意到：公众对我国民族的某些特征的看法不尽一致。例如：20.8% 的人认为具有好学上进的美德，但有 34.8% 的人指责僵化、守旧；52.3% 的人认为具有勤劳的美德，但也有 29.8% 的人指责懒惰；等等。当然，无论如何我们都要发扬公众认可的民族美德的那些方面，避免和抛弃公众指责的民族"劣根性"的那些方面。

### 7. 认可中华民族具有统一的民族精神

我国是一个多民族的国家，在长期的历史过程中，各民族人民朝夕相处共同生活，文化相互融合。我国这样一个多民族的国家，是否有统一的民族精神呢？调查结果表明：70% 以上的人认为我国有统一的民族精神，10% 左右的人认为没有，还有 15% 左右的人表示"不知道"。可见，大部分公众肯定我国有着统一的民族精神。调查结果还表明：尽管有 1/4 的公众未肯定中华民族有统一的民族精神，但 90% 以上的人认为有必要发扬中华民族精神。可见，对党中央提出弘扬中华民族精神，我国公众是认可和接受的。弘扬中华民族精神，必定会加强各民族、各阶层的团结，推动我国的社会发展。

**8. 认可三位民族英雄、榜样**

民族英雄、榜样是一个民族的先进分子和优秀代表，几千年来的不同历史时期，我国都产生了许多的民族英雄和榜样。调查发现：85%以上的公众都认可林则徐、岳飞这两位历史人物是民族英雄。但我们注意到：作为历史民族英雄，认可林则徐的比率高于认可岳飞的比率。有85%左右的人赞成今天雷锋仍然是所有人学习的榜样，可见目前广大公众仍认可雷锋是当代人的榜样，雷锋的精神仍被人们所称赞。

**9. 民族平等是普遍的观念**

调查结果表明：有超过九成的人赞成"我国56个民族无论大小是平等的一家人"。可见民族平等是公众普遍的观念。

**10. 赞成国家的民族政策**

调查结果显示：近1/4的人赞成"国家应当继续推行优先照顾少数民族发展的政策"，不赞成的人为10%左右，这说明公众普遍认可多年来我国政府一贯推行的民族政策。

**（二）不同性别公众的国家观与民族观比较**

经比较发现，不同性别公众的国家观与民族观有3个差别：

**1. 认同中央政府是国家代表的男性多于女性**

分析结果显示：对于"谁是国家的代表"，两性均认同中央政府的比率最高，但男性（40.1%）高于女性（33.4%），可见，两性对国家代表的认同存在一定差别，认同中央政府是国家代表的男性多于女性。

**2. 男性更赞成台湾、新疆、西藏是我国不可分割的部分**

分析结果表明：非常赞成"台湾、新疆、西藏是我国不可分割部分"的两性比率均为最高；赞成（非常赞成或比较赞成，下同）的两性比率均在90%以上，但男性略高于女性；不赞成（不太赞成和不赞成）的两性比率均不到4%，男性略低于女性。可见，不同性别公众对"台湾、新疆、西藏是我国不可分割部分"的认可略有差别，男性赞成的比率略高于女性，也比女性的态度更为坚定。

**3. 男性更多赞成台湾分裂时应该以武力保卫祖国统一**

分析结果显示：非常赞成"一旦台湾分裂应该以武力保卫祖国统一"的两性比率均为最高，但赞成的男性比率较女性比率高12.5%；不赞成的女性比率比男性比率高3.3%。可见，不同性别公众对于"一旦台湾分裂应该以武力保卫祖国统一"的认可存在一定差异，男性赞成的比率高于女性。

### （三）不同年龄公众的国家观与民族观比较

分析表明：年长公众与年轻公众的国家观与民族观有区别。

**1. 年龄越大越认同中央政府是国家代表**

分析结果显示：对于"谁是国家的代表"，10岁以下的公众认同中国共产党中央委员的比率最高，可见在儿童心目中，中国共产党比国家或政府的印象更深刻；其他年龄段的公众中均认同中央政府的比率最高，而且年龄越大认同中央政府的比率越高；各年龄段的公众认同民主党派中央委员的比率均为最低。可见，不同年龄公众对国家代表的认同有差异，年龄越大越认同中央政府是国家代表，即越能够准确认定国家的代表性主体。

**2. 儿童对台湾、新疆、西藏是我国不可分割部分的认可最低**

分析结果显示：非常赞成"台湾、新疆、西藏是我国不可分割部分"的在各年龄段公众中比率均为最高；其中50～59岁年龄段公众赞成的比率又是最高（96.6%）的，10岁以下公众赞成的比率最低（83.1%），10岁以上公众认可重要的比率都在88.2%以上，明显高于10岁以下公众的比率。各年龄段公众不赞成的比率由高到低排在前三位依次是：10岁以下公众、10～19岁和60岁以上公众。可见，不同年龄公众对"台湾、新疆、西藏是我国不可分割部分"的态度存在一定差异性，年龄越大赞成的比率越高。我们注意到10岁以下公众态度的比率明显低于其他各年龄段公众的比率，因此对儿童加强祖国领土完整的教育是非常必要的。同时分析显示：年龄与对"台湾、新疆、西藏是我国不可分割的部分"的态度（通过检验）可能有相关性。

**3. 年龄越大越赞成台湾分裂时应该以武力保卫祖国统一**

分析结果显示：非常赞成"一旦台湾分裂应该以武力保卫祖国统一"的在各年龄段公众中比率均为最高；其中60岁以上公众赞成的又是比率最高（94.5%）的，10～19岁公众赞成的比率最低（60.2%），而且年龄越大赞成的比率越高。各年龄段公众不赞成的比率由高到低排在前三位依次是：10岁以下公众、10～19岁和50～59岁。可见，不同年龄公众对"一旦台湾分裂应该以武力保卫祖国统一"的态度存在一定差异性，年龄越大赞成的比率越高。同时分析显示：年龄与对"一旦台湾分裂应该以武力保卫祖国统一"的态度（通过检验）可能有相关性。

**4. 年长公众更赞成一个强大的中国不会构成对世界和平的威胁**

分析结果显示：非常赞成"一个强大的中国不会构成对世界和平威胁"的在各年龄段公众中比率均为最高；其中50～59岁公众赞成的比率又是最高（86.5%）的，10～19岁公众赞成的比率最低（65.2%），10岁以下公众和50

岁以上公众赞成的比率都在80%以上，明显高于其他年龄段公众的比率。各年龄段公众不赞成的比率由高到低排在前三位依次是：10～19岁、20～29岁和40～49岁。可见，不同年龄公众对"一个强大的中国不会构成对世界和平的威胁"的态度存在一定差异性，年长公众赞成的比率最高。同时分析显示：年龄与对"一个强大的中国不会构成对世界和平威胁"的态度（通过检验）可能有相关性。

### （四）不同民族公众的国家观与民族观比较

分析表明：各民族对国家统一的立场是一致的；汉族与少数民族的民族观具有较明显的趋同性。

**1. 各民族均坚持台湾、新疆、西藏是我国不可分割的部分**

分析结果显示：对于"台湾、新疆、西藏是我国不可分割的部分"，汉族和其他少数民族非常赞成的比率均为最高，非常赞成和比较赞成之和都超过92%，而且少数民族（93.3%）略高于汉族（92.4%）的比率，可见不同民族公众对"台湾、新疆、西藏是我国不可分割的部分"的立场基本一致。

**2. 各民族均赞成台湾分裂时应该以武力保卫祖国的统一**

分析结果显示：对于"一旦台湾分裂应该以武力保卫祖国统一"，汉族（82.5%）和其他少数民族（85.8%）非常赞成的比率均为最高；其次是比较赞成；少数民族较汉族不认可（不赞同和不太赞同）的比率略高。可见，不同民族公众对"一旦台湾分裂应该以武力保卫祖国统一"的态度基本一致。

**3. 各民族均赞成一个强大的中国不会构成对世界和平的威胁**

经分析发现：对于"一个强大的中国不会构成对世界和平的威胁"，汉族和其他少数民族非常赞成的比率均为最高；而不赞成和不太赞成之和的比率都低（12.8%，13.9%）。可见，不同民族公众对"一个强大的中国不会构成对世界和平的威胁"的态度基本一致。

**4. 不同民族公众认可的民族美德基本一致**

调查结果显示：依据比率，汉族和其他少数民族认可的民族美德排在前五位的都是：热爱祖国、爱好和平、团结统一、勤劳、尊老爱幼。汉族认可的民族美德排在后五位的是：先天下之忧而忧、乐观豁达、礼尚往来、热情好客、淳朴敦厚，其他少数民族认可的民族美德排在后五位的是：先天下之忧而忧、乐观豁达、热情好客、淳朴敦厚、礼尚往来。可见，不同民族公众认可的民族美德大体上一致，无明显差异。但我们注意到：少数民族（43.0%）较之汉族（36.9%）认可自强不息的比率高7.9%。

**5. 不同民族公众指责的民族"劣根性"也基本一致**

分析结果表明：依据比率，汉族指责的民族"劣根性"排在前五位的是：

迷信、自私、爱面子、僵化守旧、内耗（窝里斗）。少数民族自责的民族"劣根性"排在前五位的是：迷信、自私、爱面子、内耗（窝里斗）、懒惰。汉族指责的民族"劣根性"排在后五位的是：独断专行、凡事退让、不尊重个人、安于现状、懒惰，少数民族指责的民族"劣根性"排在后五位的是：独断专行、凡事退让、不尊重个人、安于现状、崇洋媚外。可见，不同民族公众指责的民族"劣根性"大体上一致。我们注意到：指责愚昧无知、懒惰的，少数民族较之汉族的比率均高约5%。

**6. 不同民族公众均认为有必要发扬中华民族精神**

分析结果表明：汉族和少数民族认为中华民族有统一的民族精神的比率基本相当（只差2.8%）；而汉族和少数民族认为中华民族没有统一的民族精神和不知道的比率均在15%左右。可见，不同民族公众对"中华民族有没有统一的民族精神"的认知基本一致。

调查结果显示：汉族和少数民族认为有必要发扬中华民族精神的比率相当，都在90%以上；而且，汉族和少数民族认为没必要发扬和不知道的比率也大致相当，其比率都非常低，比率之和均小于10%。可见，不同民族公众对"有没有必要发扬中华民族精神"的认知大体一致，绝大多数的汉族公众和少数民族公众都认为有必要发扬中华民族精神。

**7. 不同民族公众均具有民族平等观念**

调查结果显示：赞成"我国56个民族无论大小是平等的一家人"的，汉族（91.8%）和少数民族（89.1%）比率均超过了85%。可见，不同民族公众都具有比较普遍的民族平等观念。

## （五）六种人群公众的国家观与民族观比较

分析显示：调查对象六种人群的国家观与民族观有不同特点和一定的差异：

**1. 知识分子中认同中央政府是国家代表的人最多**

分析结果显示：对于"谁是国家的代表"，中学生、大学生、城市居民、农村居民和知识分子认同中央政府的比率均相对较高；其中：知识分子的比率最高（64.8%），其次是大学生（47.6%）、城市居民（42.3%）、农村居民（34.2%）、中学生（28.3%）；小学生的比率最低（17.7%），但其认同党中央的比率却最高（27.5%）。

**2. 所有知识分子几乎都认可国家利益的重要性**

分析结果显示：对于"国家利益重要性"，六种人群认可非常重要的比率均最高，且认可重要的比率均在90%以上；其中知识分子对国家利益重要性的认可最高，达到99.2%，较之农村居民认可重要性的比率高7.1%。

### 3. 知识分子、大学生坚持祖国统一的立场最坚定

分析结果显示：六种人群非常赞成国家统一的比率均为最高；赞成的比率均在60%以上，赞成的比率由高到低排在前三位依次是：知识分子、大学生和城市居民；知识分子和大学生无人不赞成。可见，不同人群对祖国统一的态度有差异，知识分子和大学生坚持祖国统一的立场最坚定。我们注意到：知识分子较小学生赞成的比率高31.7%，小学生是六种人群中明确表示赞成坚持祖国统一的比率最低的人群。由此我们认为：在小学生中加强有关我国的历史、地理知识，加强国家、民族统一的教育，是非常必要的。

### 4. 知识分子中赞成中国不会构成对世界和平威胁的人最多

分析结果显示：六种人群非常赞成"中国会不会构成对世界和平的威胁"的比率均为最高，赞成的比率均在60%以上；但不同人群对"中国会不会构成对世界和平的威胁"的态度有差异，知识分子赞成的比率最高（86.8%）；我们注意到：中、小学生赞成的比率（分别为66.4%、67.0%）较之大学生、城市居民、农村居民赞成的比率（分别为76.8%、79.2%、72.6%）都低。

### 5. 六种人群认可的民族美德有差异

分析结果显示：依据比率，小学生、中学生、农村居民认可的民族美德排在前三位的都是：热爱祖国、团结统一、爱好和平；大学生认可的民族美德排在前三位的是：热爱祖国、勤劳、自强不息；城市居民认可的民族美德排在前三位的是：热爱祖国、爱好和平、勤劳；知识分子认可的民族美德排在前三位的是：勤劳、热爱祖国、自强不息。显然，六种人群对热爱祖国的认可比率都排在前三位；大学生、知识分子、城市居民三种人群对勤劳的认可比率都排在前三位。

小学生认可的民族美德排在后三位的是：纯朴敦厚、乐观豁达、礼尚往来；中学生认可的民族美德排在后三位的是：礼尚往来、纯朴敦厚、先天下之忧而忧；大学生、知识分子认可的民族美德排在后三位的均是：先天下之忧而忧、热情好客、勇敢；农村居民认可的民族美德排在后三位的是：乐观豁达、先天下之忧而忧、礼尚往来；城市居民认可的民族美德排在后三位的是：先天下之忧而忧、热情好客、礼尚往来。

其中，小学生比其他人群认可勇敢的比率高近10个百分点；大学生、知识分子比其他人群认可自强不息、礼尚往来的比率高近10个百分点；大学生比其他人群认可纯朴敦厚的比率高约5个百分点；知识分子比其他人群认可勤劳的比率高10个百分点；大学生、知识分子较之其他人群认可热爱祖国、团结统一、爱好和平、尊老爱幼的比率均低10%以上；小学生、中学生较之其他人群认可勤劳的比率明显低；从小学生到大学生，学历越高对勇敢认可的比率越低。可见，不同人群认可的民族美德存在明显的差异。

我们注意到：六种人群认可比率相对都比较低（都不超过20%）的是：乐观豁达、热情好客、礼尚往来、先天下之忧而忧。

### 6. 六种人群指责的民族"劣根性"有差异

分析结果表明：依据比率，小学生指责的民族"劣根性"排在前三位的是：迷信、自私、懒惰；中学生、农村居民指责的民族"劣根性"排在前三位的均是：迷信、自私、爱面子；大学生指责的民族"劣根性"排在前三位的是：内耗（窝里斗）、爱面子、安于现状；城市居民指责的民族"劣根性"排在前三位的是：迷信、自私、内耗（窝里斗）；知识分子指责的民族"劣根性"排在前三位的都是：内耗（窝里斗）、迷信、崇洋媚外。显然，除大学生之外，五种人群指责的民族"劣根性"中，迷信都排在前三位；除大学生、知识分子外，四种人群指责的民族"劣根性"中，自私都排在前三位；大学生、知识分子、城市居民三种人群指责的民族"劣根性"中，内耗（窝里斗）都排在前三位。

小学生指责的民族"劣根性"排在后三位的是：安于现状、独断专行、崇洋媚外；中学生、农村居民、城市居民指责的民族"劣根性"排在后三位的均是：独断专行、凡事退让、不尊重个人；大学生指责的民族"劣根性"排在后三位的是：独断专行、懒惰、愚昧无知；知识分子指责的民族"劣根性"排在后三位的是：懒惰、独断专行、凡事退让。显然，六种人群指责的民族"劣根性"中，独断专行都排在后三位。

其中，小学生、中学生比其他人群指责迷信的比率高近10个百分点；小学生比其他人群指责不尊重个人、懒惰的比率高约10个百分点；大学生、知识分子比其他人群指责崇洋媚外的比率高10个百分点；大学生比其他人群指责安于现状的比率高约10个百分点；大学生、知识分子比其他人群指责内耗（窝里斗）的比率高约15个百分点；学生公众（小、中、大学生）较之非学生公众（农村、城市居民、知识分子）指责爱面子的比率明显高；中学生、大学生比其他人群指责僵化守旧的比率明显高；大学生、知识分子比其他人群指责迷信、愚昧无知的比率都明显低。可见，不同人群指责的民族"劣根性"存在一定的差异。

我们注意到：相比较而言，六种人群指责的各种民族"劣根性"高比率和低比率的意见，一致性较低，认可的各种民族美德高比率和低比率的意见一致性更高。

### 7. 大学生对中华民族统一民族精神的认可相对较低

分析结果显示：不同人群认可中华民族有统一的民族精神的比率都超过了65%，这说明不同人群对中华民族具有统一民族精神的认知度均比较高；但其中大学生比其他人群认为中华民族有统一的民族精神的比率低4~10个百分点，比其他人群认为中华民族没有统一的民族精神的比率高 5～12 个百分点，这可能与新时期大学生社会观念多元化而引发其对社会有不同看法有关；对中华民族是否有统一的民族精神，小学生比其他人群不知道的比率高，这与小学生人群年龄小、知识少的状况是吻合的。可见，不同人群对中华民族有没有统一的民族精神的认知有差异。

**8. 小学生人群认可民族平等观念的比率略低**

分析结果显示：不同人群赞成"我国 56 个民族无论大小是平等的一家人"的比率均超过了 85%，其中，小学生中赞成的比率（85.8%）比其他人群赞成的比率低 5% 以上；不同人群不认可民族平等观念的比率都在 10% 以下，小学生比其他人群不认可民族平等观念的比率高 5 个百分点。可见，不同人群对民族平等观念的认可略有差异，小学生认可的比率略低。

**9. 六种人群对国家民族政策的认可略有差异**

分析结果表明：不同人群赞成国家应当继续推行优先照顾少数民族发展的政策的比率均在 70% 以上，其中，小学生（76.1%）比其他人群赞成国家民族政策的比率高；不同人群不赞成国家民族政策的比率大体相当，都在 10% 左右。可见，不同人群对我国一贯推行的民族政策的认可略有差异。

## 二、中国公众的集体观与责任观

### （一）中国公众的集体（个人）观与责任（义务）观的概况和特点

调查反映公众的集体（个人）观与责任（义务）观的明显特点是：认可集体力量的价值；肯定个人与他人的相互关系；注重他人利益也关注个人利益；愿意进行奉献；认可人生有多种责任和义务，普遍具备明确的法律责任、义务观念。

**1. 认可集体力量的价值**

调查结果显示：近 90% 的人赞成"集体的力量大于个人的力量"，明显表示不赞成的不到 3%；75% 以上的人赞成"一个篱笆三个桩，一个好汉三个帮"，明确表示不赞成的为 7.7%。这说明大多公众普遍认可集体力量的价值，也认为个人的力量有赖于集体的力量。

**2. 大多数人肯定个人与他人的相互关系**

在生活中人们经常遇到的是自己与他人的关系，这是个人与集体关系中最为直接的一个方面。调查结果显示：近 3/4 的人赞成"我为人人，人人为我"，2/3 的人不赞成"各人自扫门前雪，莫管他人瓦上霜"。那么大多数人肯定个人与他人之间是一种相互关系，互惠关系，人们都应该为他人，关心他人，反对对他人的漠视或冷漠。调查结果还显示：约 60% 的人赞成"任何时候个人的要求都应得到尊重"，由此反映出目前公众鲜明的个人意识，对个人尊重的要求。但是我们也注意到：10.1% 的人明确表示不赞成"我为人人，人人为我"；16.2% 的人明确表示赞成"各人自扫门前雪，莫管他人瓦上霜"。

### 3. 大多数人倾向于为集体做事

日常生活中，人们会经常面临同时有集体的事和个人的事，甚至干集体的事与干个人的事发生矛盾或冲突，在这种情况下，人们是否愿意为集体做事，其行为倾向如何呢？调查中了解"如果放下自己的事情为集体做些事，通常情况下会怎么做"，调查（此问题回答可选 1~2 个答案）结果是：60% 以上的人表示"乐于去做"，是一种主动行为的倾向；近 40% 的人表示"只要安排我去做就去做"，是一种被动的主观愿意的倾向；不到 20% 的人表示"大家都去做我也去做"，是一种从众的倾向；1/4 的人表示"对自己有利就去做"、或"不能做自己的事就不去做"或"能不做就尽量不做"，显然是一种逃避的倾向。这说明公众中的大多数人即使是在损失自己利益的情况下，也倾向于愿意为集体做事，由此反映出：多数人是将集体利益置于个人利益之上的。

### 4. 注重他人利益，关注个人利益的倾向

如前所述：大多公众认为集体、家庭、个人的利益都重要，但认为集体利益重要的人的比率（84.4%）高于认为个人利益重要的人的比率（62.5%）。不过调查显示：只有 32.4% 的人明显赞成个人利益要服从集体利益，有 36% 的人不赞成个人利益要服从集体利益，另有 31.6% 的人态度不明确。人们在日常生活中直接面对的更多的是自己与他人的利益，因此，调查中我们了解了人们对自己与他人利益之间关系的态度，调查结果发现：人们的态度大致有四类：第一类，将他人利益放在个人自己利益之上，51.9% 的人赞成"毫不利己，专门利人"；第二类，将他人利益与个人自己利益并重，但不损害他人利益，76.6% 的人赞成"利人利己"，71.5% 的人赞成"只要不损害他人的利益可以追求自己的利益"，70.7% 的人赞成"主观为自己，客观为别人"；第三类，强调个人利益，35.9% 的人赞成"做人做事要考虑自己的利益"，23.3% 的人赞成"人不为己，天诛地灭"；第四类，为个人利益可以损害他人利益，7.1% 的人赞成损人利己。显然，第一、二类人的态度，均属可正确处理个人与他人之间的利益，假如将持这两类态度的人合并，那么公众中至少有 2/3 以上的人可以正确处理个人与他人的利益关系，从而也基本可以正确处理个人与集体之间的利益关系。

由此我们认为：注重他人利益并关注个人利益是多数人的倾向；但是我们也关注到：23.3% 的人赞成"人不为己，天诛地灭"，7.1% 的人赞成损人利己，

甚至 10.3% 的人赞成损人不利己。因此少数公众中的单纯利己倾向也是明显的。

**5. 大多愿意奉献**

奉献，是近年中公众、媒体经常的话题，当然，奉献是分为不同层次的，从力所能及的奉献到奉献最宝贵的生命。此次调查中了解公众对奉献的行为倾向和一些看法。调查表明：对于不计报酬的奉献是否难以做到，43.4% 的人赞成这是难以做到的，27.2% 的人不赞成这是难以做到的，29.4% 的人态度不明确，可见公众的看法分歧较大。无论认为奉献是否难以做到，人们是否愿意奉献呢？调查中询问："假如有很多钱，是否愿意拿出一定的钱赞助慈善事业、希望工程或贫困的人？"调查的结果是：近 90% 的人表示愿意，10% 左右的人不确定，只有 2% 的人表示不愿意。由此看来，在力所能及时，绝大多数人愿意为社会作奉献。那么，人们对于贡献生命这种最高境界的奉献精神的看法如何呢？调查的结果是：近 1/4 的人认为"见义勇为牺牲自己的生命是不值得的"，而超过 50% 的人认为是值得的。由此看来：公众中认为奉献难的人超过认为不难的人；无论认为奉献是否难，绝大多数人愿意做力所能及的奉献；一半的人认同奉献生命的价值和高尚品质。由此我们认为：当前有必要进一步提倡和强化市场经济社会中的奉献精神，鼓励和支持各种各样的奉献行为。

**6. 认为人生有多种责任、义务**

调查中我们列举了自己的家人、自己做的事情、自己的工作、自己的国家、自己、信任自己的人、自己的家乡、有困难的人、自己劳动的集体或学校、自己居住的社区、自己的朋友、自己的亲戚、自己的领导、社会中所有的人、自己的同事或同学等 15 类对象，了解公众对人生的责任和义务的看法。调查结果表明：关于人生的责任和义务，人们认为责任和义务大（很大和比较大，下同）的，比率高排在前 5 位的依次是"自己的家人"（91.3%）、"自己的工作"（84.1%）、"自己做的事情"（82.1%）、"自己的国家"（78.3%）和"信任自己的人"（75.6%）；排在后 5 位的依次是"社会中所有的人"（37.3%）、"自己的领导"（47.4%）、"自己的同事或同学"（48.5%）、"自己的亲戚"（57.2%）和"自己居住的社区"（57.5%）。如果将责任、义务的对象进行区分，调查结果分别显示了人们对自己、对周围的人、对国家、对集体的责任和义务观。对自己责任、义务大的方面：约 4/5 的人认为是做自己的事情、自己的工作、自己；对周围的人责任、义务大的方面：90% 的人认为是家人，70%～80% 的人认为是信任自己的人、有困难的人，40%～60% 的人认为是朋友、亲戚、领导、社会中所有的人、同事或同学；对国家、集体的责任、义务方面，80% 的人认为是国家，70% 的人认为是家乡，50%～60% 的人认为是劳动集体或学校、居住的社区。

显然，公众对何人、何事情有责任、义务的看法不一致，为进一步深入了解

207

公众对不同对象责任、义务的看法，我们将被调查者的结果进行赋分量化，分析其均值（赋分方法："很大"为 5 分，"较大"为 4 分，"一般"为 3 分，"很小"为 2 分，"没有"为 1 分，"不知道"为 0 分；均值为每项的所有个案得分之和除以个案数；均值越高，说明公众认为责任、义务越大。）和众数，分析结果显示：均值为 4 分及以上的有"对自己的家人"、"对自己做的事情"、"对自己的工作"、"对自己的国家"、"对自己"和"对信任自己的人"等 6 项；均值为 3.5 ~ 4 分的有"对自己的家乡"、"对有困难的人"、"对自己的劳动集体或学校"、"对自己的朋友"、"对自己的亲戚"、"对自己居住的社区"、"对自己的同事或同学"等 7 项；均值为 3 ~ 3.5 分的有"对自己的领导"和"对社会中所有的人"。这说明大多公众对这 15 个方面都倾向于认为责任和义务"很大"和"较大"，至少也认为有责任、义务（即一般）。从众数显示的结果来看，众数为 5（很大）的有 9 个：国家、家庭、自己、自己的事、自己的工作、信任自己的人、自己的家乡、有困难的人、自己的劳动集体或学校；众数为 4（比较大）的是自己的朋友；众数为 3（一般）的有 5 个：亲戚、居住的社区、同事或同学、领导、所有的人。

以上分析结果表明：第一，公众普遍认为人生有多种责任和义务，或者说有各方面的责任和义务，即普遍具有鲜明和比较强烈的责任、义务意识；第二，公众普遍认为对自己、自己的事、自己的工作、自己的家人责任、义务最大，我们注意到，认为对家人责任、义务大的比率超过对自己责任大的比率（其均值也是对家人的超过对自己的）；第三，公众普遍认可对自己国家有很大或较大的责任和义务；第四，公众中认为对自己周围的人、自己的劳动集体、学校、社区等的责任和义务大的比率，低于认为对自己、家庭、国家的责任和义务大的比率。

### 7. 普遍明确的法律责任、义务观念

调查中我们用一个抽象和一个具体的问题考察公众的法律责任、义务观念。调查结果表明：有近 90% 的人赞成"遵守国家法律是公民的基本责任和义务"，赞成"依法纳税是公民应尽的义务"，这说明公众普遍具有法律观念，明确公民的法律责任和义务，认可公民应遵守国家的法律。

## （二）不同年龄公众的集体（个人）观与责任（义务）观比较

分析结果显示：不同性别公众的集体（个人）观没有明显的差异，但不同年龄公众的集体（个人）观存在一定的差别，年龄与公众集体（个人）观的许多方面都存在相关关系。老年人对集体力量价值的认可、对个人与他人关系的肯定程度比其他年龄段公众高，对奉献的倾向也更强；青年对个人与他人关系、集体主义的利益取向肯定程度相对略低。不同性别公众对多种主体责任、义务的认

可，没有明显的差别；但不同年龄公众的责任、义务观表现出一些差别，儿童、青少年，特别是儿童对一些方面的责任、义务的意识更强。

### 1. 老年人对集体力量价值认可程度更高

分析结果表明：依不同年龄组人群中认可集体力量大于个人力量的比率排序，60 岁及以上、50～59 岁公众（居前两位，均超过 92%）；以下依次是 10 岁以下、10～19 岁、40～49 岁、30～39 岁，均占 89% 左右；20～29 岁相对稍低，不足 87%。可见，老年公众更倾向于认可集体力量大于个人力量。

分析结果显示：各年龄段公众赞成"一个篱笆三个桩，一个好汉三个帮"的人数比率均较高；其中 60 岁及以上公众中认同比率最高，占近 90%；以下依次是 50～59 岁（86.9%）、40～49 岁（82.6%）、30～39 岁（80.6%）、10 岁以下（78.7%）、20～29 岁（73.8%）；10～19 岁公众的比率最低，比 60 岁及以上的低 21%。可见，不同年龄公众对"一个篱笆三个桩，一个好汉三个帮"的认可有明显差异，随着年龄的增加，公众对此观点认可程度呈上升趋势，年龄与对这一问题的看法之间（通过检验）可能存在相关性。

### 2. 老年人更赞同个人利益要服从集体利益

分析结果显示：在个人利益与集体利益关系上，依据各年龄人群中赞成"个人利益要服从集体利益"的人数比率从高到低排序是：60 岁及以上（83.2%）、10 岁以下（81.0%）、50～59 岁（80.1%）、10～19 岁（74.5%）、40～49 岁（71.3%）、30～39 岁（67.9%），30～39 岁（67.9%），20～29 岁（66.2%）；30～39 岁、20～29 岁公众比 60 岁及以上公众分别低 15.3%、17%。可见，不同年龄公众的集体利益取向有差异，青、中年的较其他年龄段公众认可比率稍低。老年人认可的比率高，说明老年人更赞同个人利益要服从集体利益。

### 3. 老年人赞成毫不利己、专门利人的多，青年赞成的少

分析结果显示：60 岁及以上公众中赞成"毫不利己，专门利人"的人数比率最高（75.9%）；其他年龄组赞成的比率为 50～59 岁 69.4%、40～49 岁 65.4%、10～19 岁 56.5%、10 岁以下 55.0% 和 30～39 岁 47.9%、20～29 岁 32.3%；年龄最大组较之其他年龄组的比率分别高出 6.5%、10.5%、19.4%、20.9%、28% 和 43.9%，可见，不同年龄公众对此认知存在显著差异，老年、壮年较青少年更认同"毫不利己，专门利人"。分析发现不同年龄与对这一观点的认同之间（通过检验）可能存在相关性。

### 4. 少年儿童中更多人赞成"主观为自己，客观为别人"

分析结果显示：10 岁以下公众中赞成"主观为自己，客观为别人"的人数比率最高（50.7%），比 10～19 岁、20～29 岁、30～39 岁、40～49 岁、50～59 岁、60 岁以上分别高出 12.1%、22.0%、19.0%、17.4%、23.1%、22.2%，

可见，不同年龄公众对此认知存在差异，少年儿童更倾向于赞同"主观为自己，客观为别人"。

我们注意到：少年儿童（10 岁以下）中赞成个人利益要服从集体利益的比率几乎是多年龄段（除 60 岁以上）最高的；但赞成毫不利己、专门利人的比率相对是比较低的；赞成主观为自己客观为别人的比率是最高的。显然，少年儿童的集体（个人）观很不稳定。

**5. 年龄越大公众越认可"不计报酬的奉献太难做到"**

分析结果显示：60 岁及以上公众中赞成"不计报酬的奉献太难做到"的人数比率最高（52.2%）；以下依次是 50～59 岁 51.2%、40～49 岁 48.9%、20～29 岁 45.5%、30～39 岁 45.0%、10 岁以下 39.6%、10～19 岁 33.3%。可见，不同年龄公众对不计报酬的奉献太难做到的看法有显著差异；年龄越大，越倾向于赞同。年龄与对此观点的看法之间（通过检验）可能存在相关性。

**6. 少年儿童中认为"见义勇为牺牲自己生命是不值得的"比率最高**

分析结果显示：10 岁以下公众中赞成"见义勇为牺牲自己生命是不值得的"的比率最高，超过 31%；以下依次是 40～49 岁、50～59 岁、30～39 岁、10～19 岁、20～29 岁公众，均占 25% 左右，60 岁及以上公众的比率相对较低，比 10 岁以下的低 10.5%；明确不赞成见义勇为牺牲自己生命是不值得的比率，由高到低是：60 岁及以上 62.8%、10～19 岁 56.3%、10 岁以下 54.0%、50～59 岁 50.9%、20～29 岁 50.2%、30～39 岁 47.0%、40～49 岁 46.6%。可见，不同年龄公众对此认知有差异，少年儿童中赞成的比率最高，60 岁以上者不赞成的比率最高，青中年人（20～49 岁）中态度不明显（一般）的比率最高。

**7. 儿童认可对自己亲戚的责任、义务的比率最高**

分析结果发现：认可对自己亲戚的责任、义务的比率最高的是 10 岁以下 72.6% 比其他年龄组认可的比率高 11%～19%，可见不同年龄公众对自己亲戚的责任、义务之态度不一致，儿童认可的比率最高。

**8. 儿童、青少年认可对自己朋友的责任、义务的比率最高**

分析结果发现：10 岁以下、10～19 岁认可对自己朋友的责任、义务的比率最高，均在 65% 以上；60 岁以上的认可比率最低（50.2%），不同年龄公众对自己朋友的责任、义务的态度有明显差异，公众对自己朋友的责任、义务的态度与年龄（通过检验）可能存在相关性。

**9. 儿童认可对自己同事或同学的责任、义务的比率最高**

分析结果发现：10 岁以下儿童认可对自己同学的责任、义务的比率最高（75.1%），其次是 10～19 岁（57.1%），其他年龄组认为的比率都在 45% 左右，10 岁以下认可的比率较之 20 岁以上各年龄段认可的比率至少高 25%，显然，不同年龄公众对自己同事或同学的责任、义务的态度有明显差异，其中儿童认可的比率最高。公众对自己同事或同学的责任、义务的态度与年龄（通过检验）可能存在相关性。

**10. 儿童认可对自己的领导的责任、义务的比率最高**

分析结果发现：儿童认可对自己的领导的责任、义务的比率最高（76.4%），其次是 10 ~ 19 岁（61.6%），20 岁以上的公众认可对自己的领导的责任、义务的比率均在 45% 以下。不同年龄公众对自己的领导的责任、义务的态度有明显差异，儿童和青少年认可对自己领导的责任、义务的比率高于其他年龄段认可的比率。公众对自己的领导的责任、义务的态度与年龄（通过检验）可能存在相关性。

**11. 儿童认可对信任自己的人的责任、义务的比率最高**

分析结果发现：10 岁以下、10 ~ 19 岁认可对信任自己的人的责任、义务的比率均在 80% 以上，60 岁以上认可的比率最低（66.1%），不同年龄公众对信任自己的人的责任、义务的态度有明显差异，公众对信任自己的人的责任、义务的态度与年龄（通过检验）可能存在相关性。

**12. 儿童认可对有困难的人的责任、义务的比率最高**

分析结果发现：对有困难的人的责任、义务认可的比率最高的是 10 岁以下（85.2%）；其次是 10 ~ 19 岁（76.8%），这两个年龄段认可的比率较之其他年龄段认可的比率都高 10% 以上，不同年龄公众对有困难的人的责任、义务的态度有明显差异，儿童和少年中有更多人认可对有困难的人有责任、义务。公众对有困难的人的责任、义务的态度与年龄（通过检验）可能存在相关性。

**13. 儿童认可对社会中所有人的责任、义务的比率最高**

分析结果发现：10 岁以下认可对社会中所有人的责任、义务的比率最高（69.2%），其次是 10 ~ 19 岁（51.2%），20 ~ 29 岁认可的比率不到 40%，其他年龄段认可的比率都不到 35%，可见，不同年龄公众对社会中所有人的责任、义务的态度有明显差异，儿童和青少年中认可对社会中所有人有责任、义务的人明显多于其他年龄段的人。公众对社会中所有人的责任、义务的态度与年龄（通过检验）可能存在相关性。

**14. 儿童、青少年认可对自己家乡的责任、义务的比率略高**

分析结果发现：10 岁以下、10 ~ 19 岁年龄段认可对自己家乡的责任、义务的比率最高（分别为 78.1%、79.3%），其他年龄组的认可的比率都在 65% 左右，不同年龄公众对自己家乡的责任、义务的态度有明显差异。公众对自己家乡的责任、义务的态度与年龄（通过检验）可能存在相关性。

**15. 儿童认可对自己居住社区的责任、义务的比率明显高于青年**

分析结果发现：10 岁以下认可对自己居住社区的责任、义务的比率最高

（77.7%），其次是 10~19 岁（64.4%），20~29 岁认可的比率最低（52.5%），其他年龄公众对自己居住社区的责任、义务之认可的比率比较接近，不同年龄者对自己居住社区责任、义务的认可有明显的差异，儿童认可对自己居住社区的责任、义务的比率明显高于青年人。

**16. 儿童、青少年认可对自己的劳动集体或学校的责任、义务的比率明显高于成年**

分析结果发现：儿童、青少年认可对自己的劳动集体或学校的责任、义务的比率最高（分别为 82.8%、73.7%），都较之其他年龄段认可比率高 10% 以上。公众对自己的劳动集体或学校的态度与年龄（通过检验）可能存在相关性。

经分析不同年龄公众责任（义务）观的差别发现：儿童（10 岁以下）、青少年（10~19 岁）对亲戚、朋友、同学或同事、领导、信任自己的人、有困难的人、社会中所有的人、家乡、居住社区等 9 类对象的责任、义务认可的比率，都明显高于成年人（20 岁以上）认可的比率。这个现象是我国儿童、青少年社会观念的良好趋势；但少年儿童尚未真正独立接触社会生活，他们成年之后如何保持强烈的责任、义务感，是应予以关注和重视的。

**（三）六种人群公众的集体（个人）观与责任（义务）观比较**

调查结果显示：总体上看，不同人群对集体主义的认知较深刻，行为上也体现出较高的集体主义和奉献的倾向。但不同人群的集体（个人）观有一定差异，学生和非学生的集体（个人）观则差异不大，人群与公众集体（个人）观相关。知识分子对个人与他人关系的肯定程度更高，而大学生的集体主义利益取向较其他人群偏低。小学生中对亲戚、朋友、同学、领导、有困难的人、社会中所有的人、居住社区等方面责任、义务的认可，均是比率最高的，这与不同年龄公众对责任、义务的认可状况一致的，进一步证实：儿童、小学生具有更多的责任、义务感。同时比较分析还发现：对一些方面的责任和义务，学生较之非学生有更多的认可。

**1. 知识分子中更多人赞成"一个好汉三个帮"**

分析结果显示：知识分子中赞成"一个篱笆三个桩，一个好汉三个帮"的人数比率最高（86.7%），以下依次是农村居民（79.8%）、大学生（79.6%）、城市居民（75.2%）、小学生（73.9%）、中学生（73.3%）；进一步分析显示：非学生中赞成的平均比率超过 80%，比学生中赞成的平均比率高 6.3%。可见，不同人群对"一个篱笆三个桩，一个好汉三个帮"的认可有差异，就个人能力而言，知识分子理应是最强的，但却是认可"一个好汉三个帮"比率最高的；相比较而言，学生大都未成年，他们的能力较之成年人理应较弱，但学生中认可"一个好汉三个帮"的比率都低于成年人。这些现象值得关注和深思。

**2. 知识分子更肯定"我为人人，人人为我"**

分析结果显示：知识分子中赞成"我为人人，人人为我"的人数比率最高，占近 82%；以下依次是中学生（79.9%）、小学生（77.5%）、大学生（74.7%）、农村居民（73.6%）；城市居民（70.3%）相对最低，比知识分子低11.5%；非学生中赞成的平均比率超过 75%，比学生中赞成的平均比率高2.2%。可见，不同人群对"我为人人，人人为我"的认知有差异。

**3. 小学生赞成"各扫门前雪"的人最多**

分析结果显示：小学生中赞成"各人自扫门前雪，莫管他人瓦上霜"的人数比率最高，占28%；以下依次是城市居民、中学生、农村居民、大学生均在15%左右；知识分子的最低，不足9%；非学生中赞成的平均比率不足13.5%，比学生中赞成的平均比率低5.9%；同时，小学生中不赞成"各人自扫门前雪，莫管他人瓦上霜"的比率最低（54.8%），比其他 5 种人群低 10% 以上；知识分子中不赞成的比率最高（76.0%），比其他 5 种人群赞同的比率高 10% 以上。可见，不同人群对此认知有差异，对"各人自扫门前雪，莫管他人瓦上霜"，小学生赞成的比率最高，不赞成的比率最低；知识分子赞成的比率最低，不赞成的比率最高。这种现象值得关注。

**4. 学生更要求个人得到尊重**

分析结果显示：中学生中赞成"任何时候个人要求都应得到尊重"的人数比率最高，占近69%；比小学生、大学生、城市居民、农村居民、知识分子中赞成的比率分别高3%、6.7%、9.1%、13.6%、22.1%；非学生中赞成的平均比率不足54%，比学生中赞成的平均比率低11.7%。这种现象可能与青年成长期的生理心理特点有关，但加强对学生的相关教育、引导，是非常必要的。

**5. 知识分子中愿意捐助公众的比率最高**

分析结果显示：知识分子中表示"如果有钱愿意捐助慈善事业、希望工程或贫困的人"的比率最高，占93%，比大学生、小学生、农村居民、城市居民、中学生中表示愿意的比率分别高0.6%、3.1%、6.2%、7.3%、8.7%。

**6. 学生群体较非学生群体认可对自己家乡的责任、义务的比率高**

分析结果发现：小学生和中学生认可对自己家乡的责任、义务的比率最高（均在80%左右），知识分子认可的比率最低（58.6%），学生群体比非学生群体认可的比率高，显然，不同人群公众对自己家乡的责任、义务的态度是不一致的。

**7. 学生群体较非学生群体认可对劳动集体或学校的责任、义务的比率高**

分析结果发现：小学生和中学生公众认可对劳动集体或学校的责任、义务的比率最高（均在75%以上），农村居民和城市居民认可的比率最低（均为57.4%）；同时，学生群体较非学生群体认可的比率高，显然不同人群公众对劳动集体或学校的责任、义务的态度不一致。不过，我们注意到：对这个问题的态度，学生是以学校为认可对象的，而非学生大多应是以劳动集体为认可对象的，这可能是认可态度有差异的原因之一。

**8. 大学生和知识分子更认可依法纳税是公民应尽的义务**

分析结果发现：不同人群公众认可依法纳税是公民应尽的义务的比率均在73%以上，其中大学生和知识分子认可的比率最高（均在90%以上），小学生认可的比率最低（73.1%），不同人群公众对依法纳税是公民应尽的义务的人认可有差异，显然受教育程度高的公众，更认可依法纳税是公民应尽的义务。

通过以上不同人群对各个方面的责任、义务观的比较分析发现：不同人群的责任、义务观既有一致性又有差异性。

一致性主要表现在：不同人群公众均比较认可（高度认可）对自己、家人、国家、信任自己的人、自己的工作、自己做的事情的责任和义务，均高度认可遵守国家法律是公民的基本责任和义务。

差异性主要表现在：学生群体较其他人群表现出更为广泛的责任、义务观，其中又以小学生群体的责任感、义务感更为强烈。其一，小学生认可对亲戚、同学、领导、有困难的人、居住的社区、社会中所有人的责任、义务的比率最高；其二，学生群体较非学生群体更认可对自己家乡、劳动集体或学校的责任和义务；其三，大学生和知识分子的责任、义务观也表现出特点，表现在大学生更认可对朋友的责任、义务，大学生和知识分子更认可依法纳税是公民应尽的义务。

# 三、中国公众的人生观与幸福观

## （一）中国公众的人生观与幸福观的概况和特点

调查结果显示：中国公众的人生观与幸福观的特点是：人生观是比较积极的；幸福观是中肯、实际的；对幸福的感觉是实际、踏实的。

**1. 比较积极的人生观**

人生在世为了什么是最有意义的呢？调查中列出 12 种对象请被调查者选择（可选 1~5 项），调查结果显示：人们选择的比率由高到低是："为自己的进步、发展奋斗" 57.3%、"为国家奋斗" 56.3%；"为自己的幸福奋斗" 49.5%、"为家庭奋斗" 49.4%、"为父母奋斗" 36.1%、"为民族奋斗" 33.8%、"为自己的工作奋斗" 32.3%；"为集体而奋斗" 25.9%、"为自己的荣誉而奋斗" 20.1%、"为自己的金钱、财产而奋斗" 12.8%、"为自己的权力奋斗" 9.2%、"为自己来世奋斗" 8.9%。如果将人生意义的指向分为个人（自己）、家庭、国家（社会）这三方面，那么，在个人（自己）方面：为进步、发展、幸福的占 50% ~ 60%，为工作、荣誉的约占 20% ~ 30%，为金钱、财产、权力、来世的仅占约 10%；在家庭（父母）方面：为家庭的高于为父母的比率；在国家（社会）方面：为国家的比率（约 60%）最高，其次是为民族（约 35%），再次是为集体（约 25%）。显然，中国大多公众有着较为积极的人生观。

**2. 中肯、实际的幸福观**

调查中以询问什么样的人是幸福的人来考察公众的幸福观，列出 16 种人请被调查者选择（可选 1 ~ 5 项），调查结果表明：公众中选择的比率排在前 5 位的是："有和睦圆满家庭的人"（66.8%）、"自己和家人身体健康的人"（56.6%）、"有知识的人"（49.9%）、"勤劳的人"（40.7%）和"事业有成就的人"（35.6%）；排在其次的是："为社会奉献的人"（30.4%），"感觉到自己幸福的人"（26.3%），有追求的人（25.2%），"经常帮助别人的人"（24.9%），"有满意伴侣的人"（21.2%），"没有做过亏心事的人"（17.3%）；排在后 5 位的是"容易满足的人"（15.6%）、"有权的人"（12.7%）、"子孙满堂的人"（12.1%）、"有很多钱的人"（11.5%）和"会享受的人"（6.7%）。从中我们发现：公众幸福的指向明显在精神方面的占有相当的比率，约 50% 的认为是有知识；约 25% 的人认为是感觉到自己幸福、有追求；约 15% 的人认为是没有做过亏心事、容易满足。如果将幸福的指向分为社会（他人）、家庭（成员）、个人三个方面，在社会（他人）方面：有 20% ~ 30% 的人认为是为社会奉献、经常帮助别人；在家庭方面：55% ~ 65% 左右的人认为是有和睦圆满家庭、自己和家人身体健康，约有 10% ~ 20% 的人认为是有满意伴侣、子孙满堂；在个人利益方面，只有约 10% 左右的人认为是有权、有很多钱、会享受。这表明我国大部分公众的幸福观是中肯、实际的。

**3. 对幸福的自我感觉是实际、踏实的**

公众对目前自己的生活是否自我感觉幸福呢？调查结果表明：自我感觉是幸福（非常幸福和比较幸福，下同）的占 69.5%；感觉一般的占 21.6%，只有不到 10% 的人感觉不幸福、不太幸福或说不清。不言而喻，人们的生活中总是有这样那样的困难、辛劳、不惬意、不满意，但调查结果显示：大多公众对自己生活的感觉、体验是实际和踏实的，由此感觉自己的生活是称得上幸福的。

**（二）不同性别公众的人生观与幸福观比较**

**1. 男性的人生观更倾向于为国家、社会而奋斗**

分析结果表明：对人生意义的选择，男性依据比率排在前五位的依次是为国家、为自己的进步发展、为家庭、为自己的幸福、为民族而奋斗；而女性的选择依据比率排在前五位的依次是为自己的进步发展、为自己的幸福、为国家、为家庭、为父母而奋斗。男性较女性认为为民族而奋斗、为国家而奋斗的比率高出5~10个百分点，而女性较男性认为为自己的幸福而奋斗、为父母而奋斗、为家庭而奋斗、为自己的工作而奋斗、为自己的进步发展而奋斗的比率高出4~10个百分点。由以上分析可以看出，对于人生意义，男性指向国家（社会）层面的比率更高，而女性指向个人（自己）、家庭层面的比率更高。这些差异可能与在现实社会生活中男女两性的社会性别不同以及两性所承担的社会角色不一样有关。

**2. 女性拥有更高的幸福感**

分析结果表明：不同性别公众的幸福观没有明显的差别，但主观幸福感有一定差别。不同性别公众对幸福的自我感觉依据比率由高到低都是：幸福（包括非常幸福和比较幸福，下同），一般，不幸福（包括不太幸福和不幸福，下同），说不清；但女性认为幸福的比率（73.6%）较男性认为幸福的比率（66.4%）高近7.2%，女性认为不幸福的比率（5.0%）较男性认为不幸福的比率（6.9%）也要低近2个百分点。从均值（"非常幸福"、"比较幸福"、"一般"、"不太幸福"、"不幸福"）代表公众对幸福的自我感觉，分别赋分为5、4、3、2、1。从均分①来看，女性的均值（4.01）明显要高于男性的均值（3.83），可见，女性较男性拥有更高的幸福感。

### （三）不同年龄公众的人生观与幸福观比较

比较分析说明：不同年龄公众的人生观、幸福观均存在明显的差别。

**1. 不同年龄公众的人生观有较大差异**

分析结果表明：不同年龄段公众对人生意义的选择，依据比率排在前五位的分别是：10岁以下年龄段公众是为国家、为父母、为自己的进步发展、为集体、为民族；10~19岁年龄段公众是为国家、为自己的进步发展、为自己幸福、为父母、为民族；20~29岁年龄段公众是为自己进步发展、为自己幸福、为家庭、为国家、为民族；30~39岁年龄段公众是为自己进步发展、为家庭、为自己幸福、为国家、为父母；40~49岁年龄段公众是为家庭、为国家、为自己进步发展、为自己幸福、为父母；50~59岁年龄段公众是为国家、为自己进步发展、为家庭、为自己幸福、为自己工作；60岁及以上年龄段公众是为国家、为自己进步发展、为民族而奋斗、为家庭、为自己工作。

由以上可以看出，各年龄段公众的人生意义指向都包括了国家、自己、家庭

---

① 均分计算方法为剔除缺省值后所得的总分除以有效个案数。（按5分制，下同）

层面，这一点比较一致。

不同年龄公众看法的差异性表现在：19 岁以下年龄段公众和 50 岁以上四个年龄段公众把为国家而奋斗放在第一位；20～39 岁 2 个年龄段公众认为人生首位是为自己的进步发展而奋斗；40～49 岁年龄段公众认为为家庭而奋斗是第一位的；此外 60 岁及以上年龄段公众把为民族而奋斗放在了前三位。另外，分析的数据显示：选择为父母而奋斗的公众中，年龄越小所占的比率越大，而年龄越大的所占的比率越小；选择为自己工作奋斗公众的比率，基本依年龄从小到大逐次上升，即年龄越大者的比率越高，选择为集体、为民族而奋斗公众的比率，依年龄呈现出"两头高、中间低"的特点，即 19 岁以下和 50 岁以上年龄段均比20～49 岁年龄段的比率高，青壮年较其他年龄段公众选择为家庭、为自己钱财、为自己幸福、为自己进步发展而奋斗的比率要高。

从中可以看出：公众对人生意义的不同看法也体现出各个年龄段公众的不同特点：少年人群的人生意义更多指向国家，这可能跟少年儿童所受的教育导向有关；青年人群的人生意义更多指向自己，因为这一阶段他们对个人发展有较高追求；中年人群的人生意义更多指向家庭，因为这一阶段他们负有更多家庭的责任；50 岁及以上年龄段公众可能经历过新旧中国的变迁，战争的洗礼，人生意义十分自然的更多指向国家和民族（数据表明公众对以上这几个层面的选择比率都接近或超过 50%，有的甚至达到 60% 以上）。

此外，各个年龄段公众对为个人财产、为个人权力、为来世而奋斗的认可比率都最低，10 岁以下年龄段公众认为为自己财产而奋斗的比率只有 7.0%；50～59 岁年龄段公众认为为自己权力而奋斗的比率只有 4.8%；其他各年龄段公众对为来世而奋斗的认可比率都最低。可见，中老年群体更鄙视为权力而奋斗，少年儿童更不看中财产，青年群体则更不太相信来世。这说明不同年龄段公众的人生观都有积极的特点。

**2. 不同年龄公众的幸福观有差异**

分析结果表明：不同年龄段公众对什么样的人是幸福的选择，依据比率排在前五位的分别是：10 岁以下年龄段公众是有知识、勤劳、家庭和睦圆满、经常帮助别人、全家身体健康；10～19 岁年龄段公众是家庭和睦圆满、有知识、勤劳、全家身体健康、经常帮助别人；20～29 岁年龄段公众是家庭和睦圆满、全家身体健康、有知识、事业有成、有追求；30～39 岁年龄段公众是家庭和睦圆满、全家身体健康、有知识、勤劳、事业有成；40～49 岁年龄段公众是家庭和睦圆满、全家身体健康、有知识、勤劳、事业有成；50～59 岁年龄段公众是家庭和睦圆满、全家身体健康、有知识、勤劳、为社会奉献；60 岁以上年龄段公众是家庭和睦圆满、全家身体健康、为社会奉献、勤劳、有知识。可见，不同年龄公众对幸福认同的一致性是：都很看重个人精神层面以及家庭（家人）层面；都比较关注家庭和睦圆满、全家身体健康、有知识，选择比率都接近或超过50%，有的甚至达到70%以上。

从数据分析中我们发现：10岁以上各年龄段公众中比率排在第一位的都是家庭和睦圆满；20～59岁4个年龄段公众中比率排在前三位且顺序都一样，都是家庭和睦圆满，全家身体健康，有知识；30～59岁3个年龄段公众中比率排在前4位且顺序都一样（第4位是勤劳）；这也显示出不同年龄段公众幸福观的一致性方面。

数据分析显示不同年龄段公众幸福观的差异性在于：20～29岁的婚龄人比其他年龄段公众选择有满意伴侣的比率明显，高10多个百分点；公众选择有追求的比率呈现出"两头低，中间高"的特点，即10岁以下和50岁以上的比率低，10～49岁各年龄段的比率高；10岁以下儿童比其他各年龄段公众选择有知识、勤劳、经常帮助别人的比率明显高10多个百分点，而比其他各年龄段公众选择家庭和睦圆满、全家身体健康的比率明显低10～20个百分点；年龄段越大的公众选择子孙满堂的比率越高。可见，公众对幸福观的理解基本体现出不同年龄公众的心理特征：少年儿童更看中个人的素质，青年人更有个人追求，婚龄人很在意伴侣，老年群体考虑为社会奉献更多（比率排在前5位）。

另外，各个年龄段公众对会享受的认可比率都是最低的，几乎都在7.0%以下。

### 3. 20～39岁公众的幸福感最低

分析结果显示：不同年龄公众对幸福的自我感觉，依据比率依次都是：幸福、一般、不幸福。其差异性表现在：10岁以下公众认为自己幸福的人数比率最高（82.8%），认为不幸福的比率最低（3.6%）；10～19岁公众认为自己幸福的比率也近80%；60岁及以上、50～59岁、40～49岁公众中均有68.5%左右的人认为自己幸福；20～29岁、30～39岁公众认为自己幸福的比率相对稍低，均在64.5%左右。从均值来看，20岁以下两个年龄段中公众的均值是最高的（4.38，4.20），其次是40岁以上的3个年龄段（3.85，3.81，3.90），20～39岁两个年龄段公众的均值最低（3.78，3.77）。这说明20岁以下公众拥有最高的幸福感，其次是40岁以上公众，20～39岁公众对幸福的自我感觉稍差。同时分析显示：不同年龄与对幸福的自我感觉（通过检验）可能有相关性。

### （四）六种人群公众的人生观和幸福观比较

比较分析表明：小、中、大学生、农村居民、城市居民、知识分子六种人群的人生观和幸福观，有明显的差异。

### 1. 六种人群的人生观有差异

分析结果表明：不同人群对人生的意义的看法有差异，其选择依据比率排在前三位的分别是：小学生是为国家、为自己的进步发展、为民族、为父母、为集体；中学生是为国家、为自己的进步发展、为自己幸福、为父母、为民族；大学生是为自己进步发展、为自己幸福、为国家、为家庭、为父母；农村居民是为家庭、为自己进步发展、为国家而奋斗、为自己幸福、为父母；城市居民是为自己进步发展、为家庭、为自己幸福、为国家、为自己工作；知识分子是为自己进步发展、为国家、为自己幸福、为家庭、为民族。由以上分析可以看出，不同人群的人生意义指向都包括国家、自己、家庭层面。

其选择的差异性还表现在：中小学生较其他人群选择为父母、为集体、为民族、为国家、为个人荣誉而奋斗的比率要高；大学生和知识分子比其他人群选择为个人幸福、为个人进步发展的比率要高；城市居民和农村居民比其他人群选择为家庭、为个人工作、为个人财产而奋斗的比率要高。

可见，小学生和中学生中关注国家层面的最多，大学生、城市居民和知识分子中关注自己（个人）层面的最多，农村居民关注家庭层面的最多，这基本上与人群自身固有特征相符合，小学生和中学生对人生的看法受教育的正确导向影响多，大学生、城市居民和知识分子因为相对所受教育程度较高，对个人有很高的追求，而农村居民则比较看重"齐家"。

另外，不同人群对为个人财产、为个人权力、为来世而奋斗的认可比率都是最低的，其中知识分子认为为个人权力、财产而奋斗的比率是六种人群中最低的（3.4%，5.1%）；知识分子和大学生认为为来世而奋斗的比率是六种人群中最低的（3.9%，3.6%）。其中我们注意到：中、小学生认为为自己权利奋斗的比率是六种人群中最高的（13.9%，12.1%）；农村居民和城市居民中认为为自己财产奋斗的比率是六种人群中最高的（15.5%，13.9%）；令人有些不解的是：小学生中认为为来世奋斗的比率是六种人群中比率最高的（15.5%）。

### 2. 六种人群的幸福观有差异

分析结果表明：不同人群对什么样的人是幸福的选择，依据比率排在前五位的分别是：小学生是勤劳、有知识、家庭和睦圆满、为社会奉献、经常帮助别人；中学生是家庭和睦圆满、有知识、全家身体健康、勤劳、为社会奉献；大学生是家庭和睦圆满、全家身体健康、有知识、有追求、感觉到自己幸福；农村居民、城市居民都是家庭和睦圆满、全家身体健康、有知识、勤劳、事业有成；知识分子是：家庭和睦圆满、全家身体健康、有知识、事业有成、感觉自己幸福。

从数据分析中我们发现不同人群的幸福观一致性的方面：除小学生外的五种人群中家庭和睦圆满的比率都是第一位；大学生、农村居民、城市居民、知识分子中比率在前三位且顺序一样的都是家庭和睦圆满、全家身体健康、有知识；六种人群中家庭和睦圆满、有知识的比率都在前三位；除小学生外的五种人群中全家身体健康的比率都在前三位。

　　数据分析显示：六种人群幸福观的差异性在于：小学生比大学生和知识分子选择勤劳的比率高 35% 以上；小学生比其他人群选择有满意伴侣的比率要低近 20 个百分点；中、小学生选择为社会奉献的比率都排在前五位，而且比其他人群选择的比率明显高；大学生和知识分子人群中选择感觉自己幸福的比率排在前 5 位，并且比其他人群选择的比率高 10 多个百分点；大、中学生、知识分子选择有追求的比率明显高于其他人群选择的比率。

　　另外，不同人群对有权力、有很多钱、会享受的认可比率都很低，但我们注意到：大学生和知识分子选择子孙满堂、有权、有很多钱都是六种人群中最低的。

## 四、中国公众的劳动观与奋斗观

### （一）中国公众的劳动观与奋斗观的概况与特点

　　调查表明公众劳动观与奋斗观的特点是：大多公众具有正确的劳动观与奋斗观，肯定竞争的积极意义，认可竞争中的公平原则。

**1. 正确的劳动观**

　　劳动是人们日常生活中不可缺少的内容，对劳动如何理解呢？调查中列举了 8 种对劳动者的看法，请被调查者选择，调查结果显示：依赞成的比率由高到低排序，"人生在世就该劳动"（78.4%）、"劳动只有分工不同无贵贱之分"（76.3%）、"不劳动不得食"（70.6%）；"不劳而获是可耻的"（69.9%）、"劳动是为了赚钱"（41.3%）、"学习紧张、辛苦，是难受的"（21.4%）、"劳动、工作很累，是痛苦的"（21.8%）、"如果已经很有钱就不需要劳动、工作了"（11.5%）。调查结果显示了人们对劳动价值的认识、对劳动意义的理解及劳动的感受。在劳动价值方面：70% 以上的人赞成"不劳动不得食"，但有 17.3% 的人不赞成；35% 的人不赞成"劳动是为了赚钱"，但有 41% 的人赞成；近 80% 的人不赞成"如果已经很有钱就不需要劳动、工作了"，但有近 12% 的人赞成。在劳动意义方面，70% 以上的人赞成"人生在世就该劳动"、"不劳而获是可耻的"。在劳动感受方面，近 60% 的人不赞成"劳动、工作很累，是痛苦的"、"学习紧张、辛苦，是难受的"。这说明我国多数公众充分肯定劳动的价值和意义，热爱劳动，具有正确的劳动观念。

### 2. 认可人生应努力奋斗

人类改造自然、改造社会的活动都是能动的、主观的过程，人们的工作、生活终会遇到困难，那么公众如何看待主观的努力、奋斗呢？调查结果显示：约69.9%的人赞成"自强不息的人是值得敬佩的人"；57.4%的人赞成"谋事在人、成事在天"，但也有约二成的人不赞成，这说明多数公众认可人生要努力、要奋斗，要主动充分发挥人的主观能动性的力量。

### 3. 认可依靠自己的劳动和才能获得财富

在市场经济条件下，在鼓励一部分人先富起来的社会氛围中，财富是人们的普遍追求，致富是人们相同的目标。那么个人如何获得财富呢？调查中列举了8种获得财富的可能性请被调查者选择（可选择1～3项），调查结果表明：88.7%的人认为"靠自己的劳动"，82.1%的人认为"靠自己的知识、能力、特长"；45.8%的人认为"靠运气、机会"；13.0%的人认为"靠家庭"、9.9%的人认为"靠权力"、9.6%的人认为"靠关系"、5.3%的人认为"靠投机取巧"、2.4%的人认为"靠菩萨、上帝、老天"。显然，大多公众认为获得财富是依靠自己的劳动和才能，并不是依靠权力、关系、投机取巧等。由此，公众充分肯定了致富途径必须具有正当性、合法性，从而也否定了那些以敛财、欺诈、制假等违法获取金钱的行为。

### 4. 肯定竞争的意义和公平规则

市场经济的法则之一是竞争，人们要奋斗就要竞争。公众对竞争的见解如何呢？调查结果表明：88.0%的人赞成要有竞争才能推动社会发展，那么多数人肯定竞争的意义；93.7%的人赞成"竞争要公平"、90.8%的人赞成"竞争中要讲良心、讲道理"，只有11.7%的人赞成"既然竞争就可以不择手段"，显然，90%左右的人肯定竞争的规则是讲良心、讲道理、按规则，只有少数人认为既然竞争就可以不择手段；对竞争与互相帮助的关系，91%的人认为要有竞争、也要互相帮助，但41.2%的人认为不要竞争，要互相帮助。这说明：大多数公众肯定竞争的积极和巨大的社会意义，认可竞争的公平性规则，也重视竞争中的相互帮助。我们注意到：对竞争与互相帮助的关系，公众中强调互相帮助比肯定竞争的人比率更高。

### （二）不同年龄公众的劳动观与奋斗观比较

比较与分析显示：不同性别公众反映的劳动观、奋斗观几乎高度一致，但不同年龄公众所反映的劳动观、奋斗观有一些差异。

### 1. 不同年龄公众对"劳动、工作是痛苦"的看法多有分歧

调查结果显示：不同的年龄公众对"劳动、工作很累，是痛苦的"的看法

*221*

略有的差异：依据赞成的比率由高到低排序，40～49 岁公众为 28.1%，50～59 岁公众为 27.2%，10 岁以下公众为 25.2%，60 岁以上公众为 24.4%，10～19 岁公众为 20.7%，30～39 岁公众为 20.5%；20～29 岁公众为 16.7%，明确表示不赞成的比率由高到低排序，10 岁以下公众为 65.5%，60 岁以上公众为 63.4%，20～29 岁公众为 61.4%，30～39 岁公众为 60.3%，10～19 岁公众为 59.2%，50～59 岁公众为 56.4%，40～49 岁公众为 53.8%，50～59 岁公众为 56.4%。可见，虽各年龄段公众赞同的比率比不赞同的比率明显低，但各年龄段公众中看法各有分歧。

**2. 年长公众中赞成"学习是紧张、辛苦和难受"的人稍多**

分析结果显示：不同的年龄公众对"学习是紧张、辛苦和难受的"看法略有差异：赞成学习是紧张、辛苦和难受的比率高的是 40～49 岁公众（28.2%），50～59 岁（25.4%）、40～49 岁公众（27.2%），比率最低的是 20～29 岁公众（17.1%）；不赞成的比率最高的是 10 岁以下公众（65.7%），比率最低的是 40～49 岁（52.1%）。可见，年长公众赞同的比率稍高。

**3. 年长公众更多人认可"不劳动不得食"**

分析结果显示：不同的年龄公众对"不劳动不得食"的看法略有差异：赞成"不劳动不得食"比率最高的是 60 岁及以上公众（79.4%），50～59 岁公众（77.3%）40～49 岁公众（75.0%）；比率最低的是 20～29 岁公众，占 65.5%；不赞成"不劳动不得食"的比率高的是 40 岁以下公众，其 4 个年龄段中不赞成的比率都在 17.0% 以上，比率相对低的是 60 岁及以上公众（13.5%）、50～59 岁公众（15.1%）、40～49 岁公众（15.9%）。可见，年长公众中赞同"不劳动不得食"的比率更高一些。

**4. 老年公众更多人认可"人生在世就该劳动"**

分析结果显示：不同的年龄公众对"人生在世就该劳动"的看法有差异：赞成"人生在世就该劳动"的比率最高的是 50～59 岁公众（91.7%）和 60 岁以上公众（90.0%），赞成比率最低的是 20～29 岁公众（71.8%）；不赞成"人生在世就该劳动"比率最高的是 20～29 岁公众（7.9%），不赞成比率最低的是 50～59 岁公众（2.7%）和 60 岁以上公众（3.2%）。可见，老年公众中赞同"人生在世就该劳动"的人更多。

**5. 年龄越大公众越倾向认可"劳动只有分工无贵贱之分"**

分析结果显示：不同的年龄公众对"劳动只有分工无贵贱之分"的看法略有差异：依赞成的比率由高到低的是 60 岁及以上公众（89.0%），50～59 岁公众（85.4%），40～49 岁公众（77.5%），30～39 岁公众（76.8%），20～29 岁公众（74.3%），10～19 岁公众（72.6%），10 岁以下公众（70.8%），很明显，随着年龄的降低，赞成的比率也随之降低，60 岁以上公众赞成的比率比 10 岁以下赞成的比率高 18.2%；不赞成的比率最高的是 10 岁以下公众（13.8%），比率最低的是 60 岁及以上公众（5.5%）。可见，年龄越大公众倾向于赞同的比率越高。

**6. 成年公众更认可"自强不息的人是值得敬佩的"**

分析结果显示：不同的年龄公众对"自强不息的人是值得敬佩的"的看法有差异：赞成的比率最高的是 50 ~ 59 岁公众（96.3%），60 岁以上及 20 ~ 49 岁共 4 个年龄段公众中赞成的比率都在 90% 以上，赞成比率低的是 10 岁以下公众（81.9%）和 10 ~ 19 岁公众（85.0%）；不赞成的比率最高的是 10 岁以下公众（8.7%），比率极低的是 50 ~ 59 岁公众（0.8%）和 60 岁以上公众（1.6%）。可见，成年的公众较之未成年公众更倾向于赞同自强不息的人是值得敬佩的。

**7. 不同年龄公众对获得财富途径的认可有差异**

分析结果显示：不同年龄公众对获得财富途径的认可有差异：认可靠自己的知识、能力、特长获得财富的，比率最高的是 20 ~ 29 岁公众（86.6%）和 10 ~ 19 岁公众（85.9%），赞成比率最低的是 40 ~ 49 岁公众（75.7%）和 10 岁以下公众（76.3%）；认可靠投机取巧获得财富的，比率高的是 10 ~ 19 岁公众（10.9%）和 10 岁以下公众（9.4%），比率最低的是 60 岁及以上公众，为 1.2%，其余的都在 3.0% 左右；认可靠运气、机会获得财富的，比率高的是 20 ~ 29 岁公众（54.0%）、30 ~ 39 岁公众（52.9%）、40 ~ 49 岁公众（47.8%）、50 ~ 59 岁公众（47.9%），比率低的是 10 岁以下公众（22.3%）、10 ~ 19 岁公众（34.8%）、60 岁以上公众（31.4%）。可见，青中年人较之儿童少年和老年人更认可靠运气、机会获得财富。

**8. 不同年龄公众对竞争意义和竞争规则的认可有差异**

分析结果显示：不同年龄公众对竞争意义和竞争规则的认可有差异：赞成要有竞争才能推进社会发展的，比率最高的是 60 岁及以上公众（95.6%），最低的是 10 岁以下公众（64.0%）和 10 ~ 19 岁公众（78.1%），20 岁以上年龄段公众赞成的比率都在 90.0% 以上，可知，20 岁以上者明显更多人认可竞争的社会意义。赞成"不要竞争，要相互帮助"的，比率最高的是 10 岁以下公众（75.4%）和 10 ~ 19 岁公众（51.8%），比率最低的是 20 ~ 29 岁公众（25.6%），其他年龄段赞成的比率都在 40.0% 左右。赞成"要竞争，也要相互帮助"的，20 岁以上 5 个年龄段的比率都在 91.0% 以上，20 岁以下 2 个年龄段的为 85.3% 和 87.8%。可见对于竞争与互相帮助的关系，20 岁以上与 20 岁以下公众的看法有明显差别。赞成竞争要按规则的，由最小年龄段到最大年龄段的比率依次是 76.7%、83.5%、86.7%、87.4%、90.1%、92.2%、89.7%；赞成竞争要公平的，由最小年龄段到最大年龄段的比率依次是 83.5%、91.2%、94.8%、94.2%、95.3%、96.4%、96.1%；而赞成既然竞争就可以不择手段的，由最小年龄段到最大年龄段的比率依次是 25.2%、12.7%、11.2%、9.9%、12.9%、9.4%、5.9%。分析说明：从总体上看，年长公众更认可竞争的规则性和公平性。

### （三）不同宗教公众的劳动观与奋斗观比较

经比较分析发现，不同宗教信仰公众在劳动观、奋斗观方面略有一些差别。

**1. 有宗教信仰者赞成"劳动是为了赚钱"的比率略高**

分析结果显示：不同的宗教公众对"劳动是为了赚钱"的看法略有差异：赞成比率最高的是道教（58.7%），赞成比率最低的是无宗教信仰公众（40.6%），有宗教信仰者赞成的比率均高于无宗教信仰者赞成的比率。

**2. 不同宗教公众对"人生在世就该劳动"的认可有差异**

分析结果显示：不同宗教的公众对"人生在世就该劳动"的看法存在着一定的差异：赞成的比率由高到低排序是道教（89.8%），基督教（80.5%），佛教（79.5%），无宗教信仰（78.2%），天主教（77.0%），伊斯兰教（68.6%）。

**3. 不同宗教公众对竞争意义认可有些差别**

分析结果显示：不同宗教的公众对竞争意义和竞争规则的认可有一些差别：赞成要有竞争才能推进社会发展的，比率最高的是道教公众（93.5%），比率最低的是天主教公众（73.1%），其他的都在 90.0% 左右，赞成的比率相差 20%。显然，天主教公众最不认可竞争。而且赞成"不要竞争，要相互帮助"的，比率最高的是天主教公众（57.7%），最低的是无宗教信仰公众（39.6%），各种宗教信仰公众赞成的比率都高于无宗教信仰公众赞成的比率。可见，宗教信仰的公众相对更认可互相帮助。

### （四）六种人群的劳动观与奋斗观比较

经比较分析我们发现，调查的六种人群的劳动观与奋斗观有一定的差异。

**1. 农村居民中赞成"劳动是为了赚钱"的人最多**

调查结果显示：不同人群对于"劳动是为了赚钱"的看法有一定的差异：明显赞成的农村居民中比率最高（51.5%），其次是城市居民（45.7%），知识分子中的比率最低（24.2%），学生人群中都在 30.0% 左右；不赞成的比率最高的是小学生（57.6%），最低的是大学生（30.2%），其他的人群都在 40.0% 左右；态度不明确（回答为一般）的在大学生和知识分子中的比率最高，占 1/3 左右。

**2. 小学生认可自强不息的人值得敬佩的比率最低**

调查结果显示：不同人群对于"自强不息的人是值得敬佩的人"的看法有一定差异：赞成的是大学生的比率最高（94.5%），小学生的比率最低（80.0%），其比率相差15%左右，其他的人群都在90.0%左右；不赞成的比率最高的是小学生（7.8%），最低的是知识分子（0.8%），其他的人群都在3.0%左右。显然，小学生这种认可自强不息的人值得敬佩的比率最低，这一现象值得关注。

**3. 中学生最不认可"谋事在人、成事在天"**

调查结果显示：不同人群对于"谋事在人、成事在天"的看法有一定差异：赞成的是知识分子比率最高（68.5%），中学生的比率最低（41.6%），其他的人群都在60.0%左右，中学生中赞成的比率比任何一种人群都低15%左右；不赞成的比率最高的是中学生（32.1%），最低的是知识分子（11.0%），其他的人群都在20.0%左右。对于"谋事在人，成事在天"，为什么知识分子认可的最多，而中学生中认可的最少，其原因值得探讨。

**4. 不同人群对靠权力、投机取巧、运气和机会获得财富的看法有差别**

比较分析显示：不同人群获得财富的正当途径和不正当途径，大都有一致性较高的认可，但在对几种途径的看法上有一些明显的差别：赞成靠自己的知识、能力和特长的，比率最高的是知识分子（90.3%）和中学生（88.9%），比率最低的是农村居民（77.2%），比率相差10%以上，其他人群比率在80%~85%；赞成靠家庭的，比率高的是小学生（17.0%），中学生（16.4%）和农村居民（15.0%），比率最低的是知识分子（5.3%），比率相差10%；赞成靠关系的，比率最高的是大学生（17.9%），比率最低的是小学生（5.0%）和中学生（6.7%），比率相差10%以上，非学生人群的比率都在10%左右，这一现象值得关注。赞成靠权力获得财富的，比率最高的是小学生（14.3%），比率最低的是大学生（5.7%）和知识分子（6.7%），其他人群比率在10.0%左右；赞成靠投机取巧获得财富的，比率最高的是小学生（15.0%）和中学生（8.4%），比率最低的是知识分子（1.9%），其他人群的比率在4.3%以下；赞成靠运气、机会获得财富的，比率最高的是知识分子（60.8%）和大学生（59.3%），比率最低的是小学生（20.3%），其他人群的比率在42%~52%之间。

由此我们注意到：中小学生中赞成靠家庭、靠权力、靠投机取巧等非个人能力获得财富途径的比率相对高；知识分子一方面赞成靠自己知识、能力、特长的比率高，另一方面赞成靠运气、机会的比率高。其中的原因发人深省。

**5. 不同人群对竞争意义与规则的认可有些差别**

分析结果显示：不同人群对竞争意义与规则的看法存在一些差别：赞成要有

竞争才能推进社会发展的，比率最高的是大学生（97.8%）和知识分子（95.6%），比率最低的是小学生（63.7%），比率相差30%以上，而且其他人群的比率都在87%以上，由此，小学生对竞争的社会意义的认识明显不足。赞成"不要竞争，要相互帮助"的，比率最高的是小学生（75.2%），比率最低的是大学生（10.3%）和知识分子（13.3%），其他人群的比率都在40.0%左右；赞成"要竞争，也要相互帮助"的，比率最高的是大学生（97.6%）和知识分子（96.2%），比率最低的是小学生（82.4%），其他人群的比率都在90.0%左右；显然，对于竞争与互相帮助的关系，小学生与大学生、知识分子的认识有明显的差异。赞成竞争要公平的，比率最高的是大学生（99.0%）和知识分子（98.2%），比率最低的是小学生（85.8%），其他人群的比率都在93.0%以上；赞成竞争要按规则的，比率最高的是知识分子（95.6%）和大学生（93.4%），最低的是小学生（77.4%），其他人群的比率在85.0%以上。

依据以上的分析可以认为：知识分子和大学生是多种人群中对竞争意义、规则等认识最充分的，小学生则是认识最不足的，因此，加强小学生中有关竞争意识的教育和引导，是非常必要的。

## 五、中国公众的诚信观与人际观

### （一）中国公众的诚信观与人际观的概况和特点

调查发现公众的诚信观与人际观的特点是：大多公众认为应无条件讲诚信，待人态度应友善，赞成应尽力帮助他人；但对人际间的信任在心态上充满矛盾，对当前社会诚信状况评价不高。

**1. 对诚信普遍性的评价不太高**

近年中，关于诚信状况，是媒体的热点话题，是老百姓、企业、政府关注的热门问题，也是学术界关注的热门课题。公众如何评价目前我国的诚信状况呢？即人们是否讲诚信或有多少人讲诚信呢？调查结果是：10.1%的人认为"大家都讲"，近38.5%的人认为"多数人讲"，约21.5%左右的人认为"大约一半人讲"、约21.0%左右的人认为"只有少数人讲"，还有2.0%的人认为"大家都不讲"。由此看来，公众中约50%者肯定目前诚信的普遍性；约1/5人只部分肯定诚信的普遍性；近1/4的人基本否定诚信的普遍性，可见，公众对目前社会中的诚信普遍性的评价不太高。

**2. 多数人认为讲诚信是无条件的**

公众对目前诚信的普遍性评价不太高，那么又如何看待人们是否应该讲诚信呢？调查中通过考察针对不同诚信状况的对象是否应该讲诚信，来了解公众对讲诚信的条件的看法。调查结果表明：69.1%的人认为"对无论是否讲诚信的人都讲诚信"，24.4%的人认为"对讲诚信的人讲诚信，对不讲诚信的人也不讲诚信"，2.3%的人认为"现在大家都不怎么讲诚信，没必要讲诚信"。显然，公众中约70%的人认为讲诚信是无条件的，即无论如何情况下，无论他人如何，自己都应讲诚信，那么这是真正的诚信，诚信是可以实现的；约1/4的人认为讲诚信应是条件对等的，即对讲诚信的人讲，对不讲诚信的人也不讲，这在日常生活中是很难把握的，人们之间不免会产生相互猜疑、试探，相互的诚信是很难实现的；极个别人认为没有必要讲诚信，但预置了一个条件——他人不讲诚信，那么本质上仍是认为讲诚信是有条件的，那么如果主观上不准备讲诚信，无论如何都是对社会诚信的破坏。

**3. 对人际间信任的心态自相矛盾**

对讲诚信是否要有条件，其中一个重要因素是对人际间相互信任的态度如何。公众对人际间的信任究竟持怎样的态度呢？调查结果显示：88.2%的人赞成"人与人之间应该互相信任"；84.1%以上的人赞成"害人之心不可有，防人之心不可无"。显然，大多公众对人际间信任的心态是自相矛盾的：一方面认为人们之间应该互相信任，那么其关键是对他人的信任；另一方面又认为应有防人之心，那么其实质是对他人缺乏信任。这可能展现了目前大多数公众的真实心态，即态度中认知因素与行为倾向因素之间的矛盾。

**4. 最信任的人是自己和父母**

既然大多公众对人际的信任心态是矛盾的，存在"防人"之心态，那么有无信任的人？最信任哪些人呢？调查中我们列举了个人自己和日常生活中接触的恶的熟人或认识的11类人，考察人们一般最信任哪几类人（调查中可选择1~5项）。调查结果表明：将公众所选择的最信任的人的比率由高到低排序是：自己为78.8%，父母为76.7%，配偶为40.4%，朋友为34.0%，子女为30.8%，老师为27.5%，亲戚为15.3%，同学为15.0%，领导为9.4%，同事为5.5%，邻居为4.8%，老乡为3.1%。可将公众选择的最信任的人分为四个层次：3/4以上的人信任自己和父母；40%~25%的人信任配偶、子女、朋友、老师；15%左右的人信任亲戚、同学；不到10%的人信任领导、同事、邻居、老乡。显然，这与费孝通先生提出的"差序格局"规律有一定的吻合性，但我们注意到：对配偶信任的人超过对子女信任的人；对朋友信任的人超过对子女信任的人；对老师信任的人超过对亲戚、同学、领导、同事信任的人。

考虑到调查对象小、中、大学三类学生尚无配偶和子女，将三类学生调查对象样本删除后再进行了一次分析，其结果是：信任父母的为74.3%、信任配偶的为 52.3%、信任子女的为 41%，显然，信任配偶和信任子女的比率上升了10% 左右，那么信任子女的比率超过了信任朋友的比率。

**5. 认可人际的重要意义，待人态度友善**

日常生活中人人都需与他人交往，人们之间的人际关系是社会中的必然和普遍的现象。公众如何看待人际关系呢？调查结果显示：92.3% 以上的人都赞成"人人都应该尊重别人"，91.6% 的人赞成"人与人之间的友谊是很珍贵的"，89.5% 的人赞成"良好人际关系在生活中很重要"，90.1% 的人赞成"人与人之间应该互相团结、合作"，92.2% 的人赞成"人与人之间应互相宽容"；70% 的人赞成"人与人交往应该礼尚往来"。由此看来，公众中 90% 以上的人认可良好人际关系在生活中的重要性、珍贵性，赞成在人际交往中尊重他人、宽容、团结、合作的友善态度。我们注意到：公众中赞成人际间礼尚往来这种交往方式的比率相对较低一些，低于赞成人际间友善态度的比率。

**6. 赞成应尽力帮助别人**

日常生活中，人们都会遇到一些困难、问题，个人面对这些困难、问题有时是力不从心的，那么当他人遇到困难时是否应该予以帮助呢？调查结果表明：89.5% 的人赞成"别人在困难时自己应尽力帮助"；64.0% 的人不赞成"帮助别人要看对自己是否有利"，只有 19.4% 的人赞成"帮助别人要看对自己是否有利"。可见，公众中大多数赞成应该帮助他人，且其中约 2/3 的人认为帮助他人不能计较自己的得失。

## （二）不同年龄公众的诚信观与人际观比较

比较分析显示：不同性别公众反映的诚信观与人际观无明显的区别，但不同年龄公众中反映的诚信观与人际观，在许多方面显示出差别和特征。

**1. 儿童、青少年对诚信普遍性的评价最高**

分析结果显示：认为"大家都讲"和"多数人讲"诚信的在 10 岁以下的比率最高，达 64.1%，10~19 岁的为 60.4%，20~29 岁的为 43.7%，30~39 岁的为 48.2%，40~49 岁的为 51.0%，50~59 岁的为 46.7%，60 岁以上的为 53.4%。可见，各年龄段的人们对社会诚信状况的判断显示出不同的特征，认为"大家都讲"和"多数人讲"的比率在年龄段上基本成两头高、中间低的"U"型趋势，但儿童和青少年中的比率最高。认为只有少数人讲和大家都不讲的，10 岁以下中为 10.5%，10~19 岁中为 18.6%，而 20 岁以上年龄段中比率在 24%~28% 之间。这些特征可能与他们各自的成长背景有关。

**2. 不同年龄公众认可无条件讲诚信的呈"U"型趋势**

分析结果显示：认为对无论是否讲诚信的人都讲诚信的，10 岁以下的为

85.1%，10～19 岁的为 77.4%，21～29 岁的为 62.1%，30～39 岁的为 65.2%，40～49 岁的为 68.2%，50～59 岁的为 70.8%，60 岁以上的为 73.2%。可见，各年龄段认可的比率是一个低龄和高龄两端高、中间低的"U"型趋势。相应的，认可对讲诚信的人讲诚信，对不讲诚信的人不讲诚信的则成倒"U"型，10岁以下的为 11.2%，10～19 岁的为 17.0%，21～30 岁的为 30.5%，30～39 岁的为 27.7%，40～49 岁的为 24.6%，50～59 岁的为 24.1%，60 岁以上的为 22.6%。

**3. 年龄越大者中人际间矛盾心理的人越多**

经分析我们发现：赞成"人与人之间应该互相信任"的比率，是随年龄的增加而升高，10 岁以下为 84.4%，10～19 岁为 86.4%，20～29 岁为 86.9%，30～39 岁为 89.2%，40～49 岁为 90.1%，50～59 岁为 91.4%，60 岁以上为 93.3%，最低与最高比率之间相差 10% 左右；赞成"害人之心不可有，防人之心不可无"的比率，也是随年龄的增加而升高，10 岁以下为 78.9%，10～19 岁为 79.4%，20～29 岁为 84.8%，30～39 岁为 85.4%，40～49 岁为 86.5%，50～59 岁为 89.4%，60 岁以上为 89.9%，最低与最高比率之间也相差 10% 左右。显然，年龄越大者中具有信任人又防备人的矛盾心理者更多一些。不过我们分析中注意到，如果将公众赞成的态度细分为非常赞成和比较赞成两种，那么发现：非常赞成人与人之间应该互相信任的比率，是一个低龄和高龄两端比率高、中龄均低的 U 型趋势，即 20～49 岁公众中非常赞成的比率低一些，而比较赞成的比率高一些；非常赞成"害人之心不可有，防人之心不可无"的比率，也是同样的趋势。

**4. 不同年龄公众中最信任的人有明显差别**

分析结果显示：不同年龄公众中所最信任的人有如下的差别和特点：

（1）对自己最信任的人，依比率排在前五位的各年龄段公众有所不同，而且比率相差很大：10 岁以下的是父母（84.4%）、老师（68.8%）、自己（65.2%）、朋友（44.7%）、同学（43.3%）；10～19 岁的是父母（79.8%）、自己（79.2%）、老师（50.6%）、朋友（49.9%）、同学（31.1%）；20～29 岁的是父母（84.2%）、自己（80.9%）、朋友（38.5%）、配偶（34.9%）、老师（19.3%）；30～39 岁的是父母（77.5%）、自己（77.0%）、配偶（61.9%）、子女（43.4%）、朋友（27.6%）；40～49 岁的是自己（79.1%）、父母（72.2%）、配偶（57.8%）、子女（57.4%）、朋友（23.2）；50～59 岁的是自己（81.1%）、配偶（62.7%）、父母（62.0%）、子女（58.2%）、老师（16.7%）；60 岁以上的是自己（77.7%）、配偶（62.8%）、子女（59.5%）、父母（50.0%）。显然，20 岁以上与 20 岁以下的比率排序有较明显区别。

（2）选择最信任自己的，10 岁以下的比率（65.2%）较之 10 岁以上的比率低 12% 以上，这显然与个人的成长或成熟有关。

（3）选择最信任配偶、子女的，随着年龄增长比率上升，这显然与生命周期有关，随共同生活时间增加，对配偶和子女的信任也增加。

（4）选择最信任老师和同学的，20 岁以下与 20 岁以上的比率有明显差异，最信任老师的 10 岁为 68.8%，10～19 岁的为 50.6%，20 岁以上的比率在 22%～15% 之间，显然比率相差一半以上；最信任同学的 10 岁的为 43.3%，10～19 岁的为 31.1%，20 岁以上的比率在 13.0%～4% 之间，显然比率也相差一半以上。

（5）选择最信任朋友的，几乎是年龄越小的比率越高，10 岁以下的为 44.7%，10～19 岁的为 49.9%，20～29 岁的 38.5%，30～39 岁的 27.6%，40～49 岁的 23.2%，50～59 岁的 16.5%，60 岁以上的 18.6%。

（6）选择最信任领导的，比率最高的是儿童和老人，10 岁以下为 21.3%，60 岁以上为 17.4%，其他年龄段的比率都在 9.5% 以下。

**5. 儿童和老人比青中壮年更认可人际的意义**

分析结果发现：各年龄段对"人与人之间应相互宽容"、"人人都应该尊重别人"、"人与人之间应该互相团结、合作"、"人与人之间的友谊是很珍贵的"等方面的认可，有一致性的趋势：一是各年龄段赞成（非常赞成和比较赞成）的比率都非常接近；但是也有差异：总体上是年龄越大越赞成的比率越高。二是分析其中持非常赞成态度的比率，则呈现明显两个高点、一个低点，即 10 岁以下比率高，20～29 岁比率低，60 岁以上比率高，即非常赞成的比率呈现"U"型趋势。例如：非常赞成"人与人之间应相互宽容"的比率：10 岁以下为 78.0%，20～29 岁比率为 55.7%，60 岁以上比率为 76.9%。

### （三）不同宗教公众的诚信观与人际观比较

比较分析中我们发现：不同宗教信仰公众在诚信观、人际观方面有一些明显的差别。

**1. 信仰伊斯兰教公众最倾向于无条件诚信**

分析结果显示：不同的宗教公众对人与人之间应不应该讲诚信的看法存在一定差异：认可"对无论是否讲诚信的人都讲诚信"比率最高的是伊斯兰教（80.0%），最低的是道教（55.1%），比率相差 25%。认可"对讲诚信的人讲诚信，对不讲诚信的人不讲诚信"比率最高的是道教（36.7%），比率最低的是伊斯兰教（20%），比率相差 16.7%。可见，信仰伊斯兰教的人最倾向于讲诚信是无条件的，而信仰道教的人最倾向于认为讲诚信是条件对等的，即对讲诚信的人讲，对不讲诚信的人不讲。

**2. 无宗教信仰者和各种宗教信仰者最信任的人均有明显差异**

分析结果显示：有无宗教信仰及各种宗教信仰公众最信任的人有如下的差异和特点：

（1）自己最信任的人，比率排在前五位的位序及比率值差异明显，无宗教信仰者是自己（79.3%）、父母（76.8%）、配偶（41.2%）、朋友（34.0%）、子女（31.3%）；信仰基督教者是自己（74.2%）、父母（72.7%）、朋友（35.5%）、配偶（35.2%）、老师（27.7%）；信仰天主教者是自己（78.2%）、父母（76.4%）、老师（30.9%）、朋友（27.3%）、配偶（25.5%）；信仰伊斯兰教者是父母（78.0%）、自己（72.0%）、配偶（44.0%）、老师（36.0%）、朋友（28.0%）；信仰佛教者是父母（79.0%）、自己（78.6%）、朋友（37.3%）、配偶（35.2%）、老师（32.5%）；信仰道教者是自己（73.5%）、父母（67.3%）、配偶（40.8%）、老师（38.8%）、子女（36.7%）。显然，自己和父母都被排在了第一或第二位且比率相差不大，只是信仰道教者信任父母的比率略低；比率排在第三、四、五位的位序和比率都差别大；只有无宗教信仰者和信仰道教者信任子女的比率排在了前五位（并且是第五位）。

（2）选择信任配偶者，比率最低的是信仰天主教者（25.5%），比其他无论有无宗教信仰者的比率都低10%，比率最高的是信仰伊斯兰教者（44.0%），相差近20%。

（3）选择信任老师的，无宗教信任者的比率（26.7%）低于所有有宗教信仰者的比率，比率最高的是信仰道教者（38.8%），比率相差12%以上。

（4）选择信任朋友的，比率最低的是信仰道教者（24.5%），比率最高的是信仰佛教者（37.3%），比率相差10%以上。

**3. 信仰道教公众认可人际间的宽容、团结的比率略低**

分析结果显示：赞成"人与人之间应该互相宽容"的，比率最低的是信仰道教者（81.3%），较之无宗教信仰者和其他宗教信仰者的比率低5%～11%；赞成"人与人之间应该互相团结合作"的，比率最低的是信仰道教者（84.0%），较之无宗教信仰和其他宗教信仰者的比率低4.7%～8.2%。

### （四）六种人群公众的诚信观与人际观比较

比较分析发现：调查对象六种人群在诚信观与人际观方面体现了一定的差异。

**1. 学生比非学生对诚信普遍性的评价略高**

分析结果显示几个特点：第一，认为"大家都讲诚信"的小学生中比率最高（21.4%），知识分子中比率最低（2.8%），比率相差18.6%；认为"多数人讲诚信"的，中学生中比率最高（40.4%），知识分子中比率最低（33.8%），比率相差6.6%。第二，将认可"大家都讲诚信"和"多数人讲诚信"的比率相加，其比率从高到低依次为小学生（57.5%）、中学生（51.1%）、农村居民（50.5%）、大学生（39.2%）、城市居民（37.2%）和知识分子（36.6%），最高比率与最低比率相差20.9%。可见，小学生对诚信普遍性的评价最高，知识分子对诚信普遍性的评价最低。第三，将六种人群分为学生（小学生、中学生、大学生，下同）和非学生（农村居民、城市居民、知识分子，下同）两类，学生中认可"大家都讲诚信"的比率为13.2%，非学生中认可"大家都讲诚信"的比率为8.8%，比率相差4.4%。可见，学生比非学生对诚信普遍性的评价略高；知识分子对诚信普遍性的认可比率最低，我们认为这个现象应予以关注。

**2. 小、中学生最倾向于无条件的诚信**

分析结果显示：对于人与人之间应不应该讲诚信或对何人讲诚信，认可"对无论是否讲诚信的人都讲诚信"的，小、中学生的比率最高（81.5%、78.6%），大学生的比率最低（60.4%），相差20%左右；认可"对讲诚信的人讲诚信，对不讲的人不讲诚信"的，大学生的比率最高（34.1%），小、中学生的比率最低，相差（13.9%、16.8%），其比率相差17%以上。可见，小、中学生最倾向于认为讲诚信是无条件的，无论他人如何，自己都应该讲诚信；大学生最倾向于认为讲诚信是条件对等的，即对讲诚信的人讲，对不讲诚信的人不讲。

比较学生与非学生，认可"对无论是否讲诚信的人都讲诚信"的，学生的比率为75.3%，非学生的比率为66.5%，其比率相差8.8%；赞成"对讲诚信的人讲诚信，对不讲的人不讲诚信"的，学生的比率为19.8%，非学生的比率为26.3%，其比率相差6.5%。可见，学生较之非学生更多人倾向于无条件讲诚信，而非学生较之学生更多人倾向于条件对等的讲诚信。

**3. 知识分子中最倾向于人际信任的人更多**

分析结果显示：知识分子赞成"人与人之间应该互相信任"的比率最高（92.8%），其余五种人群赞成的比率均在84%～90%之间，小学生赞成的比率最低（84.0%）。可见，知识分子中更多人倾向于认为人与人之间应该互相信任。

**4. 六种人群中最信任的人各有特点**

分析结果显示：六种人群中所最信任的人有如下的差别和特点：

（1）自己最信任的人，比率排在前五位的位序及比率值差异明显，小学生的是父母（83.5%）、自己（70.9%）、老师（67.6%）、朋友（43.3%）、同学（41.9%）；中学生的是自己（82.2%）、父母（78.7%）、朋友（56.5%）、老师（47.2%）、同学（27.9%）；大学生的是父母（88.0%）、自己（84.4%）、朋友（55.0%）、老师（24.2%）、同学（17.7%）；农村居民的是自己（78.1%）、父母（74.0%）、配偶（50.1%）、子女（41.8%）、朋友（26.5%）；城市居民的是自己（80.1%）、父母（74.5%）、配偶（50.7%）、子女（39.6%）、朋友（26.2%）；知识分子的是自己（76.1%）、父母（75.0%）、配偶（73.9%）、子女（44.4%）、朋友（33.4%）。那么显然：首先，学生与非学生比率在第三位及以后的排序明显不同，这与不同年龄段人群的特点有一致性；其次，非学生的三种人群的比率排序完全一致，但知识分子中信任配偶的比率比城市居民、农村居民的比率高23%以上。

（2）选择信仰老师的，在学生中学历越高比率越低，小学生（67.6%）、中学生（47.2%）、大学生（24.2%），这个现象虽与个人的成长或成熟有关，但是否另有原因，值得思考。

（3）选择信任同学的，在学生中学历越高其比率越低，小学生为41.9%、中学生为27.9%、大学生为17.7%，其中原因值得去探讨；在非学生中，知识分子的比率（12.4%）略高于农村居民（8.0%）和城市居民（8.3%）的比率。

（4）选择信任朋友的，学生比非学生的比率高10%～30%；学生中大、中学生的比率（55.0%、56.5%）高于小学生的比率（43.3%）；非学生中知识分子的比率（33.4%）比城市居民（26.2%）和农村居民（26.5%）的比率高。

（5）我们还注意到：选择信任领导的，小学生（46.5%）、农村居民（12.8%）的比率，较之中学生（5.7%）、大学生（1.4%）、城市居民（7.5%）、知识分子（5.6%）的比率明显高；而且大学生的比率极低，知识分子较之城市居民、农村居民低。这个现象也需要予以关注。

**5. 小学生最多愿意助人，知识分子最多倾向于提供无私帮助**

分析结果显示：赞成"对别人在困难时是否尽力帮助"的，小、中学生的比率最高（95.0%、93.3%），城市居民和农村居民的比率相对低（87.2%、88.1%）。但六种人群中表示非常赞成的比率相差较大，小、中学生非常赞成的比率（84.8%、69.6%）高于其他四种人群中非常赞成的比率（25%～19%），从分析看出，小学生最倾向于帮助他人。

分析结果还显示：不赞成"帮助别人要看对自己是否有利"的，比率最高的是知识分子（70.8%）和大学生（62.3%），比率最低的是小学生（52.6%）和农村居民（54.9%）；而且赞成"帮助别人要看对自己是否有利"的，比率最低的是知识分子（9.2%）和大学生（14.0%），比率最高的是小学生（34.7%）和中学生（22.9%）。可见，知识分子最倾向于无条件帮助别人，小学生则需要加强无私助人方面的教育。

## 六、中国公众的社会发展观

### 1. 中国公众的社会发展观的概况和特点

如何理解科学发展观，是我国社会现阶段面临的重要问题。自党中央提出科学发展观，提出发展是党执政兴国的第一要务，江泽民总书记在纪念建党 80 周年的讲话中指出：我们建设有中国特色社会主义的各项事业，我们进行的一切工作，既要着眼于人民现实的物质文化生活需要，同时又要着眼于促进人民素质的提高，也就是要努力促进人的全面发展。这一精辟而深刻的论断，科学地阐述了一种新型的社会发展观念——以人为本的社会发展观。关于社会发展观深受理论界、学术界和社会各界的赞同和拥护，那么公众如何理解社会发展观呢？调查中我们就有关社会发展的 10 种观点请被调查者选择（可任意选择），调查结果表明：公众理解的社会发展，依比率由高到低的是"国家经济发展"（63.2%）、"国家教育水平提高"（62.2%）、"国家科学、技术发展"（57.5%）、"人们生活水平提高"（57.3%）、"综合国力提高"（46.9%）、"环境与经济协调发展"（37.9%）、"人们生活环境好"（36.8%）、"人们收入增加"（34.1%）、"社会能持续发展"（29.7%）、"无论哪方面只要增长"（11.3%）。由此可以看到：经济和教育是公众认可最多的；在社会综合方面，近一半人认为是综合国力，近40% 的人认为是环境与经济协调，近 30% 的人认为是能持续发展；在老百姓关心的方面，近 60% 的人认为是生活水平，30% ~ 40% 的人认为是生活环境和收入。可见我国较多公众部分理解了科学发展观的含义。我们注意到：公众中对社会发展认可第一位的仍是经济发展方面。

那么各种类别公众对社会发展观是如何认识的呢？经比较分析，我们发现不同性别、年龄、人群、地区的公众，其对社会发展观的认识有一些差异。

### 2. 男性公众更重视综合国力的提高

调查结果表明：依认同观点的比率排序，男性与女性的比率序位几乎一样，只是关于人们生活水平提高，男性认可的比率在第三位（57.6%）、科学技术发展的比率在第四位（57.2%），女性认可的比率颠倒为第四位（56.9%）、第三位（57.6%）；而且对 9 种观点男性与女性认可的比率相差很小（最大的为3.7%），但其中明显的是：男性比女性认同"综合国力提高"的比率高约 10%。

### 3. 不同年龄公众的发展观有差异

调查结果显示：不同年龄公众认同的社会发展的内容，排在前五位的都是"国家教育水平提高"、"国家经济发展"、"人们生活水平提高"、"国家科学、技术发展"和"综合国力提高"，但是在前五位的位序有些差别；同时我们发现：认同经济发展的，10 岁以下的比率最低（55.7％）；认同科学技术发展的，也是 10 岁以下的比率最低（51.4％）；认同生活水平提高的，10 岁以下（47.5％）、10～19 岁（51.9％）的比率最低；特别是认同综合国力提高的，10 岁以下的比率（34.3％）最低，60 岁以上（51.0％）和 20～29 岁（52.4％）的比率最高，其比率相差 15％以上。而且还发现：认可社会持续发展的，20～29 岁的（34.0％）、60 岁以上的（30.1％）、10～19 岁的（29.7％）比率相对高一些，10 岁以下的比率（24.3％）相对最低。

**4. 知识分子和大学生的认知更接近科学发展观**

调查结果显示，不同人群认同的社会发展的内容有较明显的差异。

（1）不同人群认可的观点，依比率由高到低排在前 5 位的位序及比率差异明显：小学生的是教育水平提高（59.4％）、科技发展（57.4％）、经济发展（56.1％）、生活水平提高（42.8％）、生活环境好（36.1％）；中学生的是经济发展（71.0％）、教育水平提高（67.3％）、科技发展（63.6％）、生活水平提高（58.5％）、综合国力提高（57.6％）；大学生的是生活水平提高（72.4％）、综合国力提高（71.7％）、教育水平提高（66.4％）、经济发展（65.5％）、环境经济协调发展（57.9％）；农村居民的是经济发展（62.5％）、教育水平提高（59.6％）、科技发展（55.5％）、生活水平提高（54.3％）、综合国力提高（37.6％）；城市居民的是经济发展（62.8％）、教育水平提高（62.4％）、生活水平提高（59.5％）、科技发展（58.5％）、综合国力提高（48.5％）；知识分子的是综合国力提高（69.7％）、生活水平提高（67.9％）、教育水平提高（65.3％）、经济发展（64.4％）、环境经济协调发展（57.8％）。显然，环境与经济协调发展只有在大学生和知识分子的看法中比率列在前五位，且比率近 60％，高于其他人群比率 18％～29％；只有大学生和知识分子的看法中将综合国力提高列在第一、二位，且比率在 70％左右，高于其他人群的比率 21％～39％。

（2）对于社会持续发展，只有大学生和知识分子的看法中比率列第七位（其他人群列第八、九位），且比率在 50％左右，比其他人群的比率高 15％～30％。

由此可见，不同人群对社会发展的认同有差异，大学生和知识分子这两类群体的认识总体上更加接近科学的社会发展观，可能是由于自身文化水平、知识积累的差异所致。小学生群体与其他群体的差异更为显著，可能是由于其特定的年龄结构决定了他们尚处于学习知识的起步阶段，对社会发展这一宏观概念的认识尚有一定的局限性。新型的社会发展观念——以人为本的社会发展观，是同传统的重物质轻精神、重眼前轻长远的单向度社会发展观迥异的社会发展观念，它有着深厚的人文理念底蕴做基础，因此只有提高全体人民的科学文化素质才能更好地理解这一观念。

### 5. 六个地区公众的发展观有所差异

调查结果显示：不同地区公众认同的社会发展的内容，依比率排在前五位的都是"国家经济发展"、"国家科学、技术发展"、"国家教育水平提高"、"人们生活水平提高"和"综合国力提高"，而且，对各种观点认同的比率大都比较接近；综合国力提高都是第五位。但是我们发现：对科技发展的认同，湖北公众的比率最高（63.3%），上海公众的比率最低（53.2%），相差10%；对综合国力提高的认同，上海公众的比率最高（52.8%），黑龙江公众的比率最低（40.9%），相差10%以上。此外，对社会持续发展的认同，上海公众的比率最高（34.4%），黑龙江公众的比率最低（26.4%），相差8%。

可见，不同地区公众对社会发展观的认同存在一定的差异，略偏重于不同的方面，这可能与不同地区经济社会发展水平和面临的具体情况不同有关。

# 第十章

## 挑战与机遇：
## 当代中华民族精神的
## 生存空间与发展契机

随着中国改革开放力度的加大，"市场经济"、"全球化"、"科技"已经成为我们这个时代的热门话题。面对这些现代化潮流的冲击，中华民族精神的弘扬与培育面临着严峻的挑战，如何借助现代性因素的影响，抓住和平发展的有利机遇，促进民族精神的更新和发展，成为我们不得不认真思考的时代课题。

### 一、市场经济与民族精神

民族精神，作为一个民族的最基本和最核心的集体价值观和集体行为准则，是一个民族在长期的集体互动过程中形成的、具有自身显著特征的价值认同体系。维系这样一个价值认同体系，是不同民族特征得以确立的基本前提条件。

尽管在一般意义上，一国民族精神的维系和传承更多地被视为是文化领域研究的范畴，但文化的提升与传承，究其实质，却与人类的经济行为和活动有着密不可分的关系。早在 2 000 多年前，管仲的名言："仓廪实而知荣辱，衣食足而知礼节"①，就曾清晰地阐述了经济发展水平与民众文化水准维持之间的关系；而马克思主义政治经济学，更是透彻地指明：经济基础决定上层建筑，上层建筑反作用于经济基础。作为上层建筑组成部分之一的民族文化，自然要受到社会的

---

① 《管子·牧民》。

经济发展水平和形态的影响，同时也会影响本国的经济发展方式和水平。

市场经济体制的全球扩展，已经并且正在深刻地改变着每一个正在和已经建立市场经济体制的民族国家的经济结构和社会行为，由此，也形成了对这些民族国家原有民族文化的巨大冲击和挑战。中国正是属于这种被市场经济深刻改变着的国家之一。我们将从经济学的角度，来研究经济制度变迁与民族文化的传承和发扬之间的关系问题，特别是中国的社会主义市场经济建构与中华民族精神弘扬之间的关系问题。

### 1. 经济学视角下的民族精神

在经济学中，对于道德文化等非物质手段与经济发展的关系的研究由来已久。早在18世纪，经济学巨匠亚当·斯密（Adam Smith，1759）在《道德情操论》中，就着重论述了"情感"（sentiments）对于经济发展中社会和谐的实现所具有的不可替代的重要作用。在斯密的论述中，我们可以看到这位现代经济学的创始人对道德伦理与人们经济行为之间的复杂关系的深切关注。19世纪，马克思和恩格斯从历史唯物主义和辩证唯物主义出发，通过生产力与生产关系的交互作用理论，深入分析了作为上层建筑的文化、宗教与经济基础之间的关系。

进入20世纪后，对文化、宗教、民族特性等非物质条件与经济发展分析就更加深入和广泛。其中值得指出的是德国社会学家和经济学家马克斯·韦伯（Max Weber，1930）的工作。他通过其具有争议性的著作《新教伦理和资本主义精神》，揭示了文化形态对社会群体的经济行为的深刻影响。在这本书中，韦伯以自己独有的推演方式和翔实的史料，令人信服地刻画出了新教伦理对当代资本主义兴起所产生的巨大作用[1]。与其同时代的美国旧制度经济学派则以社会学的视角分析了人们的社会因素（包括文化因素）对人们经济行为之间的影响作用。虽然早期的先驱已就此问题做出了可贵的贡献，但这些讨论在当时的经济学理论研究中并未得到充分的重视。

直到20世纪60年代以后，随着新制度经济学派兴起，对经济发展中文化作用的探讨又被纳入了经济学家们研究的视野。新制度经济学代表人物诺思认为，一国的经济发展受三种重要的制度影响：产权制度、国家和意识形态。其中，意识形态作为一个国家和社会的基本共识，它能有效地克服集体成员间的机会主义行为和"搭便车"的动机，降低制度变迁的成本，是有效制度变迁实现的一个重要保障。由于意识形态实际上就是一种文化的集中体现，所以，诺思的分析是强调了文化对于一个社会在行动整合和行动协调上所具有的重要作用。

---

[1] 对韦伯思想的进一步深化可参见文章：BLUM，Ulrich & DUDLEY，Leonard，2001. "Religion and Economic Growth：Was Weber Right?" Cahiers de recherche 2001 – 2005，Universite de Montreal，Departement de sciences economiques.

　　文化除了这种整合和协调作用之外，学者们还在更广泛的意义上，讨论了文化对于经济的影响：①它可以形成组织文化，组织文化会影响一个经济组织的行为，从而影响经济绩效；②文化会影响社会大众的消费和储蓄行为，从而影响宏观经济波动；③文化还会影响一个社会中制度的构成形态和制度效率；④文化还会影响一个社会的社会网络形态，从而影响人们的交互行为方式；⑤文化还会构成社会资本的一部分，影响一个经济社会中信息的传递。

　　民族精神是民族文化的一个重要组成部分。因此，上述有关文化对经济发展的作用同样也会在民族精神与经济发展的关系中表现出来。但由于民族精神的特殊性，它对经济发展的影响还在于：

　　（1）"公正的旁观者"角色。

　　作为一个民族文化长期演化的结果，民族精神是一个民族在道德上激励和约束民族成员行为的有效机制，它扮演着社会经济交往中"公正的旁观者"角色。由于民族是一个群体，因此，为了有效约束和监督民族成员的行动，社会需要形成一种基本的原则和秩序。这种原则和秩序除了社会成文的规则之外，更多的是通过文化、伦理等社会基本共识来体现的。实际上，民族精神正是在长期的民族成员互动过程中，形成的对民族基本交往规则和基本目标的"同情"，它包括民族认同感、对民族社会交往规则的尊重感和民族成员行为基本特征等一系列要素。一旦形成了这样一种"同情"，民族精神就是一个民族在道德上激励和约束民族成员的有效机制。它通过扮演"公正的旁观者"的角色，对民族成员的行为形成很强的舆论约束，并影响着民族的经济（生产和消费）。

　　（2）民族利益高于一切。

　　长期而言，民族精神还可以影响民族成员的效用评价体系，从而最终改变民族成员的效用选择行为。对一个民族而言，其民族利益与民族成员的个人利益的协调是民族稳定的关键。为了保证民族成员始终将民族利益置于首要位置，一个民族必须通过有效的意识形态和民族文化，改变民族成员的效用评价序列。换而言之，这种有效的意识形态和民族文化将会使得民族成员的效用选择呈现出典型的字典式排序：只要某一行动 A 导致的民族利益的提高比另一行动 B 要高，那么，不管这一行动对个人利益的影响大小，民族成员将严格偏好于行动 A。这就是我们通常所讲的：民族利益高于一切。而且一旦民族成员接受了这种意识形态，那么，他的行为将会呈现出：在追求民族利益最大化的过程中，个人利益（物质利益和非物质利益的总和）实现总能最大化。这样一来，民族通过统一的意识形态和文化的整合，使得集体行动所需要的两个条件，即集体理性和个人理性同时得以实现。

　　（3）民族的文化防御机制和发展动力机制。

　　民族精神作为一个民族独有的文化内核和精神认同体系，它还是民族的文化防御机制和发展动力机制，从而构成了一个民族经济进化的稳定进化策略（Evolutionary Stable Strategy，ESS）的重要部分。现代社会学的研究已经揭示出社会组织和生物组织一样，都拥有维护组织稳定的防御机制。这种防御机制的作用在于在满足和服从于组织最大化目标的条件下，能够消化短期的扰动和干扰（外部和内部的），实现组织面对冲击时的"稳健性"（Robustness）[1]。民族精神正是一个民族所构造的核心的防御机制，它在经济上的作用在于：

1）通过民族精神的普遍价值观在民族成员内的教育和传承，整合民族成员对民族的忠诚感和认同感，调节民族成员在民族内部经济（生产、分配、流通、消费等领域）的行为，防止本民族成员的内部分化，维持群体的内部稳定性；当一个民族通过民族精神实现民族的内部稳定时，民族精神便在一般意义上转化为这个民族的基本价值观和民族的基本行为特征，并更多地泛化为这个民族的教化文化，并在民族成员间得到自我复制和加强。

2）通过将民族精神贯注到民族国家的组织权威体系中，强化民族成员对民族整体性经济政策的支持和认同，实现本民族成员的一致行动，适应外部的经济环境变迁和经济冲击，维持民族经济体系对外的稳定性。当一个民族通过文化整合和精神统一来维持对外的稳定性时，民族精神便与民族主义产生了紧密的联系，虽然民族精神不同于民族主义，但民族主义对民族利益的最大化的追求和民族精神是一致的。民族主义背后都有民族精神的基础[2]。事实上，发展经济学中的所谓"民族主义的发展理论"[3]，就清晰地折射出了战后广大新兴的民族国家，面对外部经济环境变迁时，民族精神对于民族经济战略调整所产生的巨大影响[4]。

## 2. 市场经济与中华民族精神的相容性

在前面的分析中，我们已经指出了：一个民族的根本任务是追求民族的生存和发展，因此在经济上应当体现为追逐利益最大化的行为主体。这种利益最大化既包括民族的总利益最大化，也包括在这个民族内部每个成员的个人利益最大

---

[1] 稳健性即工程中所指的鲁棒性，其本意是指一项工程项目本身的稳定性，后多用于表述一个组织和机体的稳定性。

[2] 对于两者之间的形象的解释，伯林（1991）接受代尔斯的采访时，谈到"受伤的'民族精神'就像被弯下的树枝，因为是用强力硬压下的，一旦放开就会猛然反弹。民族主义是因为压抑紧绷造成伤口所致，至少西方的民族主义是这样发生的。"有关民族主义更全面的探究，可参见本书参考文献中的洪镰德（2003）。

[3] 在战后主要的经济发展理论中，结构主义和新制度主义的发展理论背后都有民族主义的影响（对于结构主义和新制度主义的发展源头上的民族性影响，请参阅 Preston. P. W.（1996），或参考台湾世新大学王志弘所拟定的"社会发展理论与研究（上）"教学大纲的附录部分）；而激进主义的发展理论尽管在理论上受马克思主义影响很深，但在实践上却体现出了很强的民族性特征，发展中的民族国家对经济发展和经济独立近乎焦渴的心态是激进主义理论能够成为政策的一个关键所在。

[4] 有关对战后民族国家的经济发展努力的计量分析，请参阅 Carl Mosk（2005）。

化。为了实现这种最大化，一个民族可以通过选择不同的经济制度，来配置本民族所拥有的资源和要素。

在经济制度的选择过程中，有两种动力机制驱使一个民族需要不断地寻求经济制度的效率改进：一种是本民族人口自然增长会对经济发展提出更高的要求；另一种是外部的不同民族间经济竞争压力，也会要求一个民族实现其经济体制的竞争效率。而为了保证民族经济制度的顺利变迁，除了要在经济上提供可预期的经济刺激之外，一个民族还需要通过其民族文化来降低制度变迁的成本。民族精神正是一个民族文化的集中体现。民族精神在经济发展中的作用体现为：①维持民族内部在经济变迁过程中的群体稳定性；②实现本民族成员的一致行动，适应外部的经济环境变迁和经济冲击，维持民族经济体系对外的稳定性。

经济制度的变迁与民族精神之间，本质上是一种良性互动的关系：有效的经济制度变迁需要民族精神的支撑才能顺利进行，而一旦这种变迁实现之后，它又会提高民族成员在民族内的利得，这种经济上的满足的提高，又会强化民族成员在情感和精神上对本民族的认同感和归属感，并进一步使民族精神得以传承和弘扬。

（1）中华民族精神形成的文化基础与经济基础。

中华民族源远流长，如果从概念辨析，学界一般认为，在近代以前，中华民族更多地应被看成是一个"文化民族"。国学大家钱穆就指出："中国人常把民族观念消融在人类观念里，也常把国家观念消融在天下或世界的观念里，他们只把民族和国家当作一个文化机体，并不存有狭义的民族观与狭义的国家观，民族与国家都只是为文化而存在"。另一位国学大家章太炎（1907）也持有同样的看法。而作为整体性的"政治民族"概念的中华民族，其提出则是近代民族觉醒后的产物。①

需要指出的是，中华民族在学理上的这种分野，决不意味着前后两种形态的中华民族能够分而视之，恰恰相反，在作为"文化民族"的中华民族与作为"政治民族"的中华民族之间，是中华民族精神这根主动脉一直将其紧紧相连。

从文化角度去考虑，中华民族精神的形成受儒家文化的影响至深。中国自汉武帝以来，主流文化形态上认同儒家学说是一个不争的事实。儒家文化的很多思想正是在这种被历朝历代奉为圭臬的过程中，内化为中华民族的基本的价值观和行为原则，并构成了今天我们所谈到的中华民族精神的基本文化内涵：儒家文化中对集体的重视观念便形成了我们今天爱国主义的重要伦理基础②，而儒家文化

---

① 方维规：《论近代思想史上的"民族"、"Nation"与"中国"》，《二十一世纪》网络版 2002 年 6 月号，总第 3 期。

② 孟子曰："人有恒言，皆曰，'天下国家。'天下之本在国，国之本在家，家之本在身。"（《孟子·离娄》上），其后，顾炎武也指出："天下兴亡，匹夫有责。"（原话为："保天下者，匹夫之贱，与有责焉。"《日知录》卷十三）

对"和"的看重又成为了中华民族爱好和平的重要思想来源①，儒家文化对个人修行的严格要求又形成中国人的勤奋勇敢和自强不息的民族特性。

这种民族精神形成的文化来源固然值得我们重视，但更值得我们深思的是：为什么中华民族会接受这样一种文化的熏陶和影响，并将这些文化思想深深地固化为民族的基本特性而代代相传？在这种思想传承背后，有没有更深刻的经济基础？我们认为，只有找到了这种经济上的合理性，我们才能为一种深深烙在一个民族心中的精神提供更为有力的解释。也就是说，在中华民族精神的形成过程中，经济上的影响同样不容忽视。从经济上来考察中华民族精神形成的经济机理，我们可以发现：中国古代先民的经济环境、生产方式和经济发展程度对中华民族精神的凝聚和传承有着深刻的影响。

众所周知，中华民族主要活动的环境是黄河、长江流域，而长江、黄河流域土地肥沃、灌溉方便，有利于农业的发展。所以，从远古时代开始，中华民族就形成了以农业为主的经济形态。正是因为生活在大江大河流域，为了建立发达的灌溉系统和有效地防止洪涝灾害，对这些中华民族的先民而言，集体协作的方式便成为一种最为妥当的生产制度安排。因此，早在远古时期，集体协作的生产方式就成为中华民族的主要经济形态，尽管这种集体协作是通过中央集权的政治体系来予以保障的，这种集体耕作在中国历史上的集中体现便是周朝的"井田制"。对中国传统农业的这种集体化特征，马克思和恩格斯在"亚细亚生产方式"中已有论述。过去的学者在看待中国古代这种集中式生产方式时，多带批判的态度，但在我们看来，它满足我们在前面所提出的民族生存的标准，能够有效地保证民族的生存。

正是由于这种集体性的耕作方式以及集体内部在社会分配上的整体性考虑，就决定了中国人的集体主义的归属感与民族的这种经济效率性和福利性分不开的。如果要说中华民族最早的对集体的认同感从何而来，那它是与这种生产方式分不开的。这种经济上的利益相关一旦建立后，集体感便会生成，而且，它会很自然地转化为对地理领域、文化的认同感，爱国主义也正是根植于最初的朴素的集体生产的环境之中。

由于灌溉农业需要通过有效的组织体系将整个生产系统连接起来，才能获得最大的生产效能。所以，民族成员的团结统一也就意味着整个生产链条和生产系统的完整，因此，通过维持社会的整体稳定和有效的生产管理体系的完整性，将会实现更高的产出水平。这样，从经济的角度，我们也可以很直观地理解团结和统一这一概念，对于古代人们在不发达的生产水平下，通过有效的集体组织获得

---

① "……礼之用，和为贵，先王之道，斯为美，小大由之……"（《论语·学而篇》）。

更高生产效能的重要性。

而要维持生产系统的稳定，通过强化规则对社会的管理和调节功能是一个必然的选择，只有社会成员都接受并服从于这种规则，社会生产才有可能顺利推行。由于集体生产制需要权威体系，因此，服从权威的规则便成为社会中的基本规则。这便构成古代人对"礼"（规则）的尊重，这种尊重的一个根本性目的是要保证社会的有秩序，如果这种秩序是社会每个成员所认同的，社会就会实现和谐。如果打破这样一种权威体制，可能会导致社会的失序，从而影响到经济生产的效率。所以对"和"的推崇以及由此所导致的对和平的爱好，实际上反映的是中国古代先人们对经济发展中基本社会制度稳定性的深刻认识。

同时，由于在中国古代的生产中，农业容易受到气候条件的影响，旱涝无常，为了保证农业生产最大可能地满足社会的需要，农民必须通过艰苦卓绝的努力来改造大自然和辛勤的劳动。在古代传说中，愚公移山的例子就很好地说明了在面对自然约束时，中华民族试图以群体努力来化解自然约束的典型事例。正是这种长期艰苦奋斗的历史培养了中华民族勤劳勇敢和自强不息的精神。

总之，中华民族之所以会形成"以爱国主义为核心的团结统一、爱好和平、勤劳勇敢、自强不息的伟大民族精神"，就在于这种精神能够有利于中华民族的生存和发展，它是社会进化下所形成的中华民族的最佳生存原则的集中体现，因而才会得到一代又一代人的传承和发扬。

（2）中华民族精神与中国古代的经济发展。

从经济史来考察，中国古代经济的成就是十分辉煌的。在秦汉时期，中国的经济发展水平和人口总量就居于世界前列；其后盛唐的经济发展，更是被许多人当成了中国经济发展过程中一个难以媲美的辉煌时期；其实宋的经济发展水平，从人均的角度来讲，还是超过了唐朝[①]；即使是清朝，这个在人们印象中的衰弱古老帝国，其经济规模、外贸总量和人口规模直到 1820 年前后都雄居世界首位[②]，这表明中国传统文化和基于传统文化下发展而形成的民族精神充分满足了农耕文明时期中华民族的经济生存和发展要求，在具体的经济活动中支撑了中国古代经济的长期发展：

1）中华民族精神对集体观念的强调和重视，强化了集体生存的发展取向，从而促进了经济总量的增长和人口的增加。在中国古代，人口的持续增加一直是一个显著特征，由人口增加对物质产品所产生的压力，便促进了本民族在生产技

---

① 麦迪森（1999）指出：宋朝的人均收入增长了 1/3，并在 1280 年达到了人均 600 美元的高峰，远远超过当时的欧洲。

② 对中国古代经济发展的国际比较，可以参阅：贡德·弗兰克（1998）的《白银资本重视经济全球化中的东方》第四章"全球经济：比较与联系"，国内学者陈振汉（1999）的研究成果也值得参考。

术和生产方式上的改进，进而促进了经济的发展。

2）中华民族追求团结统一，并将经济联系视为实现团结统一的重要途径，所以，古代中国在各地区的经济联系上一直十分紧密[①]。联系意味着市场的深化，而市场深化又促进了分工的加强。宋明时期南方的工场手工业的发达就是这种分工高度化的很好例证。

3）中华民族爱好和平，才形成了民族内部重视秩序、追求和谐的社会构建原则和民族外部和睦共处、平等相待的处世方式，对内的"和"为民族的生产和商业提供了较为长期稳定的和平环境[②]；对外的"和"方便了古代中国商人在海外的商业活动，这使得中国的商业网络曾经拓展到了遥远的非洲和欧洲，促进了中国古代对外贸易的发展[③]。

4）中华民族的勤奋勇敢和自强不息，才使得即使是在封建农耕经济条件下，通过密集化的耕作方式、精密的手工业分工体制和发达的古代商业体系，中国人仍然创造出了惊人的物质财富。

以上种种，都表明中华民族精神在传统的封建经济形态下，充分发挥了它对经济发展的促进作用。但人们或许会问："这样一种精神，既然支撑了中国古代经济的长期发展，为什么没有造就中国自发演化出现代经济增长？这是否意味着这样一种精神并不适应现代市场经济的发展？"这一问题实际上是"李约瑟之谜（Needham Puzzle）"和"韦伯观点"的结合。分析中国近代落后的原因很复杂，在此限于篇幅，只能简而论之。如果以"西方中心论"来看待近代的中国，中国的确是落后了。但这种落后是相对于西方的资本主义社会和工业文明的落后，在中国周边地区，中国的经济发达程度一直未受到任何挑战；而从其本身经济演进来看，在1820年前后，中国经济的总体生产能力，一直是与时俱进的。这说明两点：

1）在受到外部冲击（西方对中国的殖民侵略）之前，中国自身的以农耕文化为特征的经济系统，一直在自我进化，并且能够满足民族成员的生存需要，其民族精神也一直有效地发挥着支持作用，这种经济形态及其上层建筑仍然具有适

---

[①] 在中原地区，为了加强地区联系，古代中国修建了先进的运河体系和陆上交通系统；并通过中央集权，在一定程度上消除了地方割据对商业活动的阻碍；为了加强对外联系，中国自古就有很频繁的边境贸易活动、跨国贸易商道，以及带有很强的经济馈赠特点的朝贡制。

[②] 从中国王朝的变迁史来看，历史上乱世持续时间都不太长：王莽新政与绿林起义、黄巾军起义与三国时期、魏晋南北朝时期的五胡乱华、隋朝的瓦岗军起义、安史之乱、五代十国、元末农民起义、明末农民起义等社会动荡时期，其持续时间在大历史维度下都很短暂。

[③] 现在已有越来越多的史料证明，中国古代是一个对外贸易大国。其主要线路包括著名的陆上丝绸之路（贸易对象：中欧贸易）、海上丝绸之路（贸易对象：中欧贸易、中非贸易、中国与南亚次大陆贸易）、中国对东亚日本、朝鲜的贸易网络以及中国与东南亚各岛国的贸易联系。对中国古代贸易的一个概览性介绍可参阅：梅育新，"中国古代外贸的三次飞跃"，网址：http://www.caitec.org.cn/xsyjbg/050121003.htm。

应力①。在此情形下，正如马克思所讲的：一种旧的经济体制在其释放完全部的生产潜力前，是不会被替代的。这表明，在传统经济形态下，民族精神仍然在发挥积极的作用。

2）在民族竞争中，中国的落后是资源配置方式的落后（封建经济生产方式与资本主义市场经济相比），而且，中国也为其落后的经济形态付出了割地赔款、任人宰割的惨痛代价；但其民族精神却迅速地激发出了民族主义思潮，掀起了近代中国史上的救亡图存、救国图强的滚滚浪潮，并在民族成员义无反顾、前仆后继的奋斗中，最终实现了国家的主权独立和经济自主。特别要指出的是，在这种消化外部冲击的过程中，民族精神不是阻碍社会变革，而是在很大程度上支持和推进了这种变革。在这一过程中，中华民族精神能够从民族的根本利益出发，结合不同阶段的具体形势，提出了不同的阶段性的民族奋斗目标，推动民族成员在不同阶段从事不同的民族复兴运动，产生了从早期的政治运动②到新中国成立后的经济复兴运动③一系列波澜壮阔的中华民族伟大的复兴实践，这表明，中华民族精神不仅很好地发挥了其防御机制的功能，而且还具有很强的与时俱进的特征。

（3）市场经济与中华民族精神的相容性。

对市场经济与中华民族精神培育与弘扬的研究始于 20 世纪 90 年代中期，从已有的研究来看，一方面，许多学者肯定弘扬和培育民族精神对构建社会主义市场经济所具有的积极作用；另一方面，也有许多学者持有一种对市场经济冲击下所谓民族精神漫灭的忧虑（方棣，1995；萧景阳，1995）。面对这样一种情况，我们这一部分的讨论主题是：社会主义市场经济真会对中华民族精神的培育和弘扬构成冲击吗？如果存在冲击，这种冲击来自于哪些方面？对于这些问题，我们的一个基本看法是：社会主义市场经济的构建本质上是和中华民族精神的基本内涵融洽的。所谓"冲击"一说，并不是一个很科学的认识。我们的依据有来自理论的支持和来自现实的印证。

表面上看，市场经济更多地可以被视为是一个有关个人的选择的经济机制。

①　由于中国的自我经济演化进程被外部打断，我们虽然不能说其一定能演化出今天的市场经济形态，但我们也不能否认这种可能性。

②　1840～1949 年间，中华民族的根本任务是寻求国家政治上的独立和主权上的完整。洋务运动、戊戌变法、民国建立、北伐、抗日、国共之间的第二次内战都是民族成员为寻求国家政治独立而进行的不懈努力。

③　新中国成立后，我们先后尝试了新民主主义经济（1949～1953 年）、社会主义过渡时期（1953～1956 年）、社会主义计划经济（1957～1978 年）、社会主义商品经济（1984～1992 年）以及正在构建中的社会主义市场经济（1992 年至今），其根本目的只有一个：实现中华民族经济上的腾飞，赶上西方发达国家水平。这些都属于民族的经济复兴运动。

其经济伦理核心是个人主义，强调通过个人理性的计算，能够实现每个人的利益最大化，并在每个人利益最大化的同时，实现社会总福利最大化。而中华民族精神则更多地被看成是注重民族集体和根本利益的价值体系，这样，强调集体主义的价值体系能否与重视个人主义的市场经济机制在经济伦理上做到很好的对接，是一个不太好把握的问题。所以，当年韦伯写《新教伦理和资本主义精神》时，强调的是西方独特的文化形态与经济发展的匹配性，从而否认了其他文明形态对经济发展所具有的积极作用。

的确，由于亚细亚生产方式的特点，在中国古代文化中，特别强调对集体的归属感和对集体规则的重视。正是这样一种对集体的强调，很容易使现代的学者将之与"干预、压制"等字眼联系起来，并与强大的政府管制联系起来，从而形成了"中国的这种集体主义的价值取向，并不适合于今天的市场经济的错觉"。但在我们看来，中华民族对集体主义的重视并不构成对市场经济个人理性原则贯彻的冲击。我们应当看到有一个关键因素：中华民族对集体主义的重视同样有着个人理性主义的坚实基础。

古今中外的思想家无一例外都重视对秩序的构建：这种秩序在中国文化中体现为"道"，其外在表现就是"礼"；在法国重农学派那里体现为"自然法则"，在斯密的《国富论》中体现为"看不见的手"。那么，关键的一点在于这种秩序应当依托于什么？是来自外在的强制，还是来自内心的认同？

在这一方面，东方和西方都毫无例外地坚持了从个人角度上确立社会秩序的逻辑思路。在孔子看来，由于"道"作为了一个预设的终极目标①，是不可变更也是个人所无法变更的。个人和社会运行只有遵循"道"的指引，才会最终实现"道"。因此，由对"道"的认同，便会演化出对社会运行规则"礼"的要求。

而为了建构秩序，孔子并不主张社会对个人实施强制性措施。实际上，孔子以及后来的孟子都主张通过个人的修养，实现个人对社会规则的自觉认同，并付诸个人的行动上。只要个人自觉实现了行动中的"礼"，这也就意味着个人行动是符合个人理性原则的，也正是在这一基础上，社会才有可能达到大治，集体的利益才会实现。这种基于个人层次的集体主义观，造就了个人修行的"修身齐家治国平天下"的追求层次。与之相对应，中国传统中社会中，也形成了清晰的利益归依机制。这就是孟子所言："人有恒言，皆曰，'天下国家。'天下之本在国，国之本在家，家之本在身"（《孟子·离娄》上）。

儒家还认为，只要这种个人主义的集体主义观能得以顺利运行，社会便会实

---

① 荀子有语："天道有常，不以舜存，不以桀亡"（《荀子·天论》）。

现"和"：对规则认同之后，大家按照规则行事，相安无事，各得其所。需要着重指出的是，中华民族所追求的这种"和"，并不是主张社会的一潭死水式沉寂，而是强调通过理解和认同规则之后，个人自发实现"己所不欲，勿施于人"的状态，从而达到孔子讲的"君子和而不同，小人同而不和"的境界。这非常类似经济学中所谈到的"竞争均衡"的概念："和"是均衡，"不同"是竞争。而且这种竞争均衡，也是一种帕累托最优的均衡，因为个人在实现集体利益最大化的同时，其个人的价值诉求也得到了最大的满足。

从西方的市场经济思想的源头来看，斯密的《国富论》同样是一种个人主义的社会秩序的思路。在斯密看来，个人对私利的追求是一个亘古不变的基本事实，只有允许个人自发地追逐私利，当每个人都实现利益最大化时，社会也就臻于极致了。这种个人自发性的行动在社会整体层面上体现出来的结果，便是像一只"看不见的手"在有意识地调节社会和整个经济活动。由此，个人的逐利行为便和社会的宏观运动规律紧密联系在一起。

由于"道"更多地属于文化范畴，而斯密的"利"是一种物质范畴，这就使得东西方在对待社会发展目标上，出现了认知差异。这种认知差异的出现，与东西方所处的历史和经济背景是分不开的：在中国古代，中华文明圈的生产能力一直是周边地区最高的，而16世纪、17世纪，欧洲诸国在经济发展中，正承受着国家之间物质生产能力竞争方面的巨大压力，因此，中国古代会偏重于通过文化整合社会，而西方国家会在生存压力下强调以"国富"来化解危机。

但这种差异，只是对目标认同见解不一的差异，并不构成两种社会建序思路之间根本性抵触。甚至可以这样讲，这两种思路是殊途同归的。之所以做这样的认定，是因为从中国的社会建序逻辑来看，它预设一个社会的终极目标和行动原则不变，个人通过修行对规则和终极目标产生认同、认识和掌握，并自发地转化到自我的行动中去，来实现社会秩序，这是一种协调博弈的观点，它相当于在给定社会最大化目标下求解个人行为问题；而西方的社会建序思路则是给定个人行为动机不变，强调通过社会交互行为的连续博弈，演化出社会规则和秩序，这是一种演化博弈的观点。它相当于在给定个人行为下，求解社会的最大化问题。由于这两种思路都是要在个人行为的基础上追求社会的最大化，所以，中华民族的民族精神对集体主义的重视在伦理基础上和西方市场经济诉之于个人行为的伦理基础并无二致，他们至少不存在原则性的冲突。

而正是由于不存在认知体系上根本性的冲突，所以，基于儒家文化的集体主义观能够和市场经济做到很好的相容，并支撑经济的发展（它相当于群体最大化目标）。第二次世界大战后的亚洲"四小龙"的经济发展清晰地证明：当持有集体主义观的儒家文化群接受了将经济发展作为社会发展的根本目标之一时，这种集体主义的价值体系对经济的发展发挥了多么巨大的促进作用。

而中国自近代以来，在物质生产方面也受到了巨大的竞争压力，对经济发展的重视，自 1840 年以来便深深地烙在了中国人的心中。在这一过程中，我们尝试了通过不同的路径来实现经济发展，并最终选择了市场经济①。中国改革以来的经济实践，也清晰地表明根植于儒家文化集体主义的中华民族精神是能够组织和团结本国人民从事市场经济建设的。在这一过程中，我们看到，当中华民族对社会发展的目标，从过去重视文化转向经济发展与文化提升并重时，市场经济的运行原则，便会很自然地融入中华民族成员的生活场景之中，并产生出惊人的经济发展潜力。

理论和现实都告诉我们：儒家文化及根植于儒家文化的中华民族精神并不构成对市场经济个人理性原则的冲击；并且，这种基于集体主义的民族精神还有利于现代市场经济的发展：

1）由于古典的完全竞争市场被证明存在市场失灵，所以现代市场经济普遍是一种政府干预型经济，政府干预型经济就是体现的集体利益目标对社会个人成员的经济行为的协调作用。而中华民族对权威尊重的传统和对集体利益的重视，显然有利于国家宏观经济调控能力的发挥，而不是相反。

2）中华民族对和平统一的追求，对于市场经济的建立和发展也具有积极的作用。现代市场经济的基本要求就是市场开放统一和社会政治经济环境稳定，因为市场的开放统一是资源要素实现有效配置的一个基本前提，而社会政治经济环境的稳定又是生产顺利进行的有力保障。中国对统一的要求在政治上当然是追求国家的领土完整和政令统一，但国家的领土完整和政令统一，在经济上就体现为国家内部是一个统一的开放的大市场，从而有利于资源要素在国家内部的配置效率提高，不能存在地方割据和市场分割；而中华民族对和平的爱好，衍生出了在经济上微观领域"和气生财"的基本交易法则和宏观领域对社会稳定的高度重视，这些都有利于市场交易的顺利进行。

3）中华民族的勤劳勇敢和自强不息的传统对社会主义市场经济的构建也具有积极的促进作用。对于这种民族特性所具有的积极影响也可以从微观和宏观两个层次来认识：微观上讲，中华民族每个成员的勤劳勇敢和自强不息精神，可以有利于行为人在给定资源约束的条件下，尽量寻找出最优的决策行为，从而有利于个人利益的最大化。并且，勤劳勇敢和自强不息的民族特性还有利于支持民众

---

① 实际上，正如我们在第一部分所指出的，一个民族在受到来自其他民族的竞争压力时，它会自发地调整自己的资源配置方式。由于市场经济被证明是人类社会迄今为止最有效率的资源配置方式，所以，对所有非市场化的民族而言，学习和建立这种资源配置方式是一种民族生存和发展的必然要求。

的"企业家精神"的培育①；宏观上讲，中华民族的这种特性有利于国家形成高储蓄率，从而能加快国内的资本形成，有利于国家形成最大限度依赖于本身资源禀赋的生产模式，从而获得国际间的比较利益。

同时我们也应看到，社会主义市场经济的建立也有利于中华民族精神的弘扬与培育。因为市场经济本质上是一种效率经济，因此，市场经济的构建有利于我国的资源配置效率的提高，它既体现在我国的经济产出总水平的不断增长上，同时也反映在整个社会成员丰富的物质文化消费能力上，它提高了中华民族整体和个人的经济福利，这种经济上的满足的提高，又会强化民族成员在情感和精神上对本民族的认同感和归属感，并进一步使得民族精神得以传承和弘扬。

如果中华民族精神与社会主义市场经济不存在冲突，那么，如何解释现实中人们对这一问题的担心？应当承认，在当前的社会现实中，中华民族精神的宝贵精髓正在受到来自两方面的挑战：一是经济层面的，二是文化层面的。

1）社会经济的不均衡发展与经济体制的转型对民族内部的稳定构成了日益明显的冲击，从而构成了来自于经济层面的对民族精神的冲击。改革开放以来，我们曾长期坚持非平衡发展战略，这一战略的重点在于利用一部分地区和一部分人先富起来，产生示范和拉动效应从而带动整个国家经济的发展。应当讲，在制度给定的情况下，这一思路完全正确，但问题在于，我们在非平衡的发展中，整个国家的基本经济制度框架也在发生深刻的变化，这意味着，我们是在制度不确定的情况下来推行非平衡发展思路的。由于制度不确定，因此，如何制定制度来保证集体行动的集体理性和个人理性的实行便成为关键所在。经济学的理论告诉我们，一项好的制度变迁既是有效率的（集体利益总量增加），又是公平的（每个人的利益得到保证）。然而，在我国的制度变迁中，在一段时间内，制度上公平性的不足，在经济演化中，进而外化为社会成员的财富和社会地位的消长，从而在民族内部形成了人们对规则认同的困惑和冲突。这样一来，民族成员之间的利益分化和对立便构成我们这个社会紧张的一个深刻的经济根源。制度失范导致社会失范，并自然地在文化上转化为认同上的混乱和虚无，进而成为当下转型经济条件下民族精神培育与弘扬的一个主要挑战。

2）从文化层面上看，文化传承链条的断裂与外来文化冲击对中华民族精神的传承的不利影响也不容低估。中华文化在 20 世纪经历了前所未有的锤炼，20世纪 20 年代的新文化运动曾经对传统文化的传承形成巨大冲击，而 20 世纪 60

---

① 在过去不少学者的论述中，中华民族传统重农抑商的思想是不利于商业发展的。但我们也可以看到，中国历史上的晋商、徽商其商业伦理和商业精神中都有着浓厚的儒家精神的特征。事实上，企业家精神并不是只有韦伯所描述的西方的那种形态，同样，在东方，基于儒家学说基础的企业家创新努力也是不遑多让的。

年代的文化大革命更是对中国传统文化构成了文化上和物质上的双重解构。这种解构的后果便是使我们作为世界上文明最悠久的民族，在文化传承上的民众基础出现了断层，并在文化认知上出现了对待传统文化的心理偏差；本土传统文化式微，不可避免地会造成社会大众对在此基础上提炼和凝聚的中华民族精神的把握和认知的偏差；而在此背景下，我国改革30多年来，外来文化的进入对社会大众的价值判断的影响也不可低估。正如前所述，我们国家30多年的改革过程就是制度转型的过程，在这一过程中，由于制度本身带来的不确定性使得社会博弈结构出现了明显的短期化特征。因此，适应于这一结构决策的急功近利的功利主义思想和以邻为壑的非合作思想便有了深厚的现实基础，而西方文化又使得这些思想和观点能够以很时髦的外观出现在我们的文化视野中，从而对社会公众造成很大的影响。文化传承链条的断裂和外来文化的影响是对我们弘扬和培育中华民族精神形成的另一挑战。

但需要指出的是，这种冲击和挑战与其说是中华民族精神与市场经济摩擦的表现，不如说是我们现实的转型经济环境和文化建设的不足对民族精神传承所形成的制约和束缚。这些问题并不构成对民族精神内核和社会主义市场经济体制相融性的颠覆和否定。

### 3. 社会主义经济条件下中华民族精神弘扬和培育

我们已经认识到社会主义市场经济不仅不会与中华民族精神形成冲突和挑战，而且相反，社会主义市场经济的构建与中华民族精神之间是一种相互促进的关系。所以，弘扬和培育中华民族精神必须从这一基本关系出发，去探寻在市场经济条件下，如何弘扬与培育中华民族精神。

（1）明确民族的时代任务，熔铸民族精神时代特征。

由于社会是不断向前发展的，中华民族精神也应与时俱进，随着时代的发展而不断地丰富。培育和弘扬中华民族精神，必须要结合新时代的特点，重新确立中华民族奋斗目标，并将这一目标融入民族精神之中，促进中华民族精神的新发展。

社会主义市场经济体制的建立过程，必然伴随着社会原有利益格局的调整，利益多元化的格局又会导致各利益主体对自我利益保护而产生的权利意识转化为政治诉求，并在社会政经层面上形成相互冲突的局面。如果缺乏有效的机制整合和协调这种冲突局面，将导致社会失范，并最终造成民族成员之间的疏离和冲突。为此，党中央明确提出了构建社会主义和谐社会的构想，这是我们民族当前的主要任务和目标。作为实现社会和谐的基本"软环境"之一的民族精神，必须要突出：协调民族成员意识形态，追求民族社会内部稳定，要在民族成员之间树立一种共生共荣的合作观，相互促进、相互提携的发展观和顾全大局的得失观。强调和突出这种合作性和协调性应当是当代民族精神的时代特征之一。

　　同时，从世界范围来看，民族竞争基本上是民族之间的经济竞争和文化竞争。中国正在经受来自于外部的经济竞争和文化竞争的双重压力。改革开放以来，中华民族抓住了难得的历史发展机遇，在 30 多年中实现了经济的高速发展，为中华民族雄居世界民族之林奠定了雄厚的物质基础。随着中国经济的持续发展，来自于外部的约束和压力也逐渐增大，如何实现中华民族的和平崛起，已成为摆在中华民族面前的一个紧迫而现实的问题。对此，民族精神要能统一民族成员参与世界的认识，培养出一种恢宏开阔的民族胸襟，体现出一种和平友善的民族交往风范，这种具有开放性和友善性的民族精神，应当是当代民族精神的第二个时代特征。

　　当代民族精神的熔铸必须要着眼于这两个基本任务，即强化民族成员对社会稳定的认识和对社会发展的重视，从而形成社会合力，努力实现构建社会主义和谐社会的战略目标。

　　（2）发展社会主义市场经济，夯实民族精神的经济基础。

　　弘扬与培育中华民族精神，其根本着眼点应在经济利益协调整合的集体归属感上。对于一个民族而言，能否满足民族成员的经济利益要求，是实现内部稳定的必要保证。这要求中华民族必须将经济建设置于首位，这不仅是民族竞争的族际竞争效率标准的要求，同时，也是民族内部生存标准和公平标准的要求。

　　脱离对个人经济利益诉求的满足而试图依靠单纯的文化灌输实现民族的整合，被历史证明是一种极其脆弱的连接机制。所以，要保证民族成员对集体的归属感，首要条件是要形成足够的经济吸引力，简而言之，就是要不断做大民族经济这块大蛋糕。在努力实现经济总量增长的同时，我们还必须重视民族成员内部经济利益的调整，努力实现民族成员之间经济利益的关联性和互补性。只有如此，中华民族才能为民族精神弘扬和培育提供坚实的物质基础。

　　市场经济已被证明是人类社会迄今为止最有效率的资源配置体系。改革以来，我国市场化取向的发展路径，证明了这一体制对于增强民族的经济实力、提高民族成员福利水平所具有的不可替代的积极作用。而社会主义市场经济的培育和完善，不仅在于不断提高中国经济总量和效率，并在此过程中，还可通过市场联系进一步加强民族成员之间的利益联结。不断深化的社会主义市场经济，已成为当代中华民族精神熔铸的经济基础和物质条件。

　　因而，弘扬和培育民族精神，必须着眼于社会主义市场经济的完善和深化，通过不断完善我国的社会主义市场经济，提高资源的配置效率，努力实现我国经济的持续、健康发展，增强民族成员对民族的经济归属感和民族自豪感。

　　（3）深化民族先进文化建设，完善民族精神的文化支撑体系。

　　我们认为，要解决这一问题，必须加强对民族精神的文化源流的梳理和民族精神现实性的再造，重构中华民族精神的文化支撑体系。当前，对中华民族精神的弘扬而言，有三个文化源流和一个现实文化约束值得重视。所谓三个源流，是指影响中华民族精神的三种文化形态：中国古代传统文化中的优秀部分，中国共产党的先进文化意识形态和国外民族文化中的优秀部分。在这三部分中，中华民族的优秀传统文化代表着民族精神的传统基础，中国共产党先进的文化意识形态反映着中华民族文化的现代性和先进性，国外民族文化中的优秀部分代表着民族精神中蕴藏的国际化和开放性。这三个源流构成民族精神的文化特质。同时，中华民族还受着一个现实文化的约束，这个现实文化约束主要是指反映市场经济特点的文化形态：重视效率、强调交易规则的非人格化以及提倡商业创造和商业冒险，鼓励个人追求物质利益，等等。这种市场经济特征的文化形态对民族精神的影响在于它会将民族精神现实化和具体化，是民族精神"入世"的具体表现①。

所以，中华民族精神的弘扬与培育，我们必须强调现实民族精神的四个支点：传统性、先进性、开放性、现实性。这就要求我们坚持以马克思列宁主义、毛泽东思想、邓小平理论和"三个代表"重要思想为指导，以继承和弘扬民族精神的优良传统为基础，以吸收世界各民族优秀文化为补充，以适应社会主义市场经济发展要求为导向，构建出既体现时代特点又有着浓厚的民族传统，并兼具开放性和国际化特征的精神形态。

## 二、全球化与民族精神

由经济全球化主导的全球化浪潮正席卷整个世界。全球化是世界各地区、各民族、各国家间相互联系和依存关系发展的一种新趋势和新水平，它反映了各个民族、各个国家之间交往的频繁性和紧密性。

全球化在加速各种文化的相互吸收和融合，促使各种文化发展的同时，也使我们民族文化日益面临着"文化殖民"和"文化侵略"的压力。西方发达国家通过广开文化市场，倾销文化产品，利用科学技术和大众传媒设施的优势以及凭借信息和网络建设的优势企图占领意识形态空间，推销其价值观，以此达到替代和改变我们民族的传统文化和生活方式的目的。我们中某些人对西方文明盲目崇拜，对本民族文化无端挑剔，这在一定程度上导致人文精神的失落。② 围绕如何应对全球化挑战、重塑民族精神及其途径等问题，学界进行了深入的讨论，也提

---

① 此处所指的民族精神的"入世"，既取中国古代文化中所谓"入世"、"出世"之意，强调民族精神现实性和世俗性，同时，也含有民族精神需要更多地与商业世界基本规则相融合之意。

② 刘晓霞：《全球化视域中的民族精神》，《吉林工程技术师范学院学报》2004 年第 8 期。

出了不少有价值的观点和看法，但是还存在几点不足：一是对经济全球化影响民族精神的历史过程缺乏分析；二是缺乏关于经济全球化对民族精神造成冲击的机制和过程的研究；三是关于经济全球化背景下弘扬和培育民族精神的途径比较笼统，没有分别就民族精神的各种要素展开分析，重塑民族精神的重点、关键不突出。

### （一）全球化对民族精神的冲击

对于民族精神来说，经济全球化是一把双刃剑，它为民族精神的重塑带来契机的同时，也对民族精神产生了消极影响。

**1. 经济全球化对民族文化的冲击**

经济的全球化必然带来文化的全球化。"文化全球化"主要体现在商业文化、大众文化以及后现代的消费主义占领文化市场的世界现象。正如某些西方学者指出，"一件有利于理解文化全球化性质的新奇事物，即资本主义卖的不仅仅是商品和货物，它还卖标识、声音、图像、软件和关系。这不仅仅将房间塞满，而且还统治着想象领域，占据着交流空间。"①

从目前的发展来看，由于全球化主要是由西方发达国家推动和主导的，因而文化的全球性发展除了通常提到的那些互动性、渗透性、交融性、开放性等一般特点外，还出现这样一些引人注目的新特点：

第一，文化与经济日益"一体化"，民族文化的发展受到严重扭曲。文化发展无疑要受到经济发展的制约，但西方某些发达国家却把文化与经济硬性地捆绑在一起，经济上的优势衍生出文化上的优势，经济上的强权衍生出文化上的强权。在经济、文化"一体化"的条件下，即在硬性"捆绑"下，民族文化的发展受到了严重扭曲。

第二，文化交流日益蜕变为文化输出。从理论上讲，全球化中的文化交流应该是双向的、平等的。但在目前条件下，双向的交流很大程度上变成了单向的文化输出。一方面，发达国家利用其先进的信息技术手段如因特网、多媒体和遍及全球的传播媒介将西方文化渗透到世界各国，使得发展中国家的思想意识、价值体系、民族文化与信仰受到严重动摇；另一方面，发达国家又总是阻止有悖于它的价值观念的异质文化的传播，同时采取各种手段对发展中国家的优秀文化进行贬低、丑化。这样，所谓的文化交流不过是单向的文化出口。

第三，文化的功能日益加强，对社会生活形成全面冲击。伴随全球化的发展，文化开始越出原有的学理层面，快速走入日常生活，对社会各领域形成巨大

---

① 阿兰·伯努瓦：《面向全球化》，载王列、杨雪冬编译：《全球化与世界》，北京，中央编译出版社 1998 年版，第 10 页。

冲击。西方文化的传播、扩散，不仅深刻地侵蚀着发展中国家的民族文化，而且潜移默化地影响着这些国家的生活方式、消费方式、生产方式以及人们的社会心理，其将教化功能、消费功能、审美功能、经济功能等集于一身，发挥着愈来愈大的作用。特别是文化向心理层次的渗透，使得人们的潜在欲望、需要和心理受到西方文化的左右，从而使得这些国家的社会发展失去了正常的社会心理基础。因此，文化冲突在更大程度上变成了一种社会心理冲突。①

总之，西方发达国家借助于先进的科技、众多的文化输出渠道及其领先的政治经济地位，推行文化霸权主义和文化殖民主义，把其社会价值观、思维和行为模式、生活方式甚至包括政治观点等随着资金、技术和知识的传输而传播到各发展中国家。发展中国家和地区民族精神面临着从西方文化的感性欣赏向内在理性追求的转变而被削弱的危险。这样就使得各国经济发展从理论到实践都不得不接受一种原本不属于本土社会的、与本民族文化传统不属于一条逻辑的模式与道路。在这一过程中，本土文化被置于西方文化霸权之下，从而被扭曲、削弱和淡化了。全球化对各民族文化和民族精神的历史延续、传承构成了严重威胁。

### 2. 全球化对国民价值观的冲击

价值观反映的是外部世界同人的主体需求的关系，这种关系具体体现了外界物对主体人的需要或否定的关系。它作为一种社会意识，取决于社会的现实存在，其合理性也只能以它所赖以产生的社会存在说明。经济全球化必然会使各国各民族的价值观念受到猛烈的碰撞，整合趋势日益明显。全球化和市场经济体制所带来的一些普世性的观念已深入人心，并成为绝大多数人公认的价值准则。如：经济全球化的推进呼唤人的个性自由，并在个性自由的基础上实现社会的整体和谐；它推动了自由竞争的价值规范的确立；它推动了民主政治价值规范观念的确立；它给能力本位的价值尺度以强有力的支持等。

罗纳德·英格尔哈特在"世界价值观测量"（Worldvalues Surveys）的研究中提出了关于价值观变化的两个假说：匮乏假说和社会化假说。② 这两个假说产生出一套有关价值观变化的预测。匮乏假说意味着繁荣将促使后物质主义价值观的流传，而社会化假说意味着个人的价值观和社会整体价值观不可能在一夜之间改变。

根据这两个假说，经济全球化带来经济的发展和繁荣，使得人的价值观发生了深刻的变革，后物质主义的价值观得以传播。而在全球化影响下成长起来的年轻一代的价值观会与年长一辈的价值观有着极大的差异，传统观念在年轻一代身

---

① 丰子义：《全球化与民族文化的发展》，《哲学研究》2001 年第 3 期。
② ［美］罗纳德·英格尔哈特：《全球化与后现代价值观》，引自《国外社会科学文摘》2001 年第 4 期。

上越来越淡薄，而由网络媒体传播的物质发达社会的价值观很轻易地就占据了他们的头脑。

### 3. 全球化对传统道德观念的冲击

经济全球化的冲击还表现在对传统核心观念的破坏。一方面，经济全球化会带来先进的文化、理念、创新精神，增加民族精神的普适性并融进新的观念。另一方面，对民族精神造成的冲击，负面的影响是极大的，如对传统文化美德的破坏，对历史传统的虚无主义，等等。正如戴维·赫尔德等人所说："在全球化的诸种体现形式中，几乎没有什么像国际品牌、大众文化偶像和工业品以及卫星向各大洲成千上万的人现场直播重大事件那样如此直观，覆盖面广并且渗透力强。全球化最大众化的象征包括可口可乐、麦当娜和 CNN（美国有线新闻网络）新闻。无论这些现象有着怎样的因果重要性和实际意义，也很少会有人怀疑，最直接感受到和经历的全球化形式是文化全球化。"也就是说，全球化已经贯穿在人们日常的生活之中，贯穿在人们最为直接的经验感知之中，而这种"贯穿"在程度上和速度上还在迅速增长。[①]

由于资本化在全球范围内的迅猛进展，其带来的功利主义、物质主义、感官主义、自由主义道德在今天的世界上大行其道。它们既展示在现实的社会生活中，也更为露骨地表现在网络世界中。这势必使多少都有禁欲主义和集权主义色彩的传统道德受到冲击和消解。毫无疑问，全球化势必将资本运作的基本道德原则带向整个世界。从积极方面来理解，这些道德原则应该是公正、平等、民主、自由等。它在今天的全球社会生活中有着多方面的体现。

### （二）经济全球化对民族精神的促进作用

#### 1. 全球化有利于促进民族精神创新

全球化给民族精神提供了一个十分广阔的思考空间，从而形成一些新的思想观念和意识。全球化进程促进了世界性的普遍交往，使先进的技术手段和管理经验以及其他方面的文明成果在国际上普遍传播，被不同的民族共同利用。世界各国在交往中形成的"你中有我，我中有你"的相互依存的局面，使人们的民族心理、思想观念发生深刻的变化。

而且，全球化为拓展民族精神提供外在压力，从而促进民族精神的创新。全球化条件下，民族情结会由于民族国家全面竞争关系的加强而有所加强，这就为民族精神的培育提供了契机。即压力可以转变为动力，没有竞争压力会使民族失

---

[①] 戴维·赫尔德等著：《全球大变革》，杨雪冬等译，北京，社会科学文献出版社 2001 年版，第456 页。

去危机感、缺乏创新、固步自封因而会逐渐衰弱。

**2. 全球化为民族精神的发展提供了丰富的文化资源**

随着信息技术的不断发展和全球交往的日益深入，文化交流和相互撞击机会大大增强，人们对各自文化的反省空前深刻，这为重新构建各自文化提供了一个绝好的时机，可以丰富民族精神的内涵。一方面，全球化进程使得更多先进的价值、文化和制度具有超越民族国家的普遍性，日益获得各国人民的认同和接受。另一方面，经济全球化背景下的世界各民族更注重于发展自己的民族文化，构成丰富多彩的、多元共存的世界文化图景。在世界各国文化相互激荡，文化多元化方兴未艾的背景下，为博采众长、借鉴世界各国一切优秀文化成果，丰富和拓展民族精神的内涵提供了新的契机。

**3. 全球化可以促进民族精神的发展**

经济全球化的发展可以推动不同民族文化的相互交流，提高人的文化品位。在经济全球化的条件下，与物质生产的世界性相适应，精神生产也具有世界性，不同民族的文化相互交流、相互补充，这对于丰富人的文化生活，开阔人的精神视野，充实人的内心世界，具有重要意义。人总是生活在一定民族文化传统中的人，民族文化传统是人的自我认同的精神之根，是人的精神家园，它使人具有归属感、亲切感，人们总是要通过特定的民族文化认同自己。因此，不同的文化之间的交流，不仅不应该抹煞各民族文化的特点，而且通过吸收和借鉴异质文化，可以促进本民族文化的发展和创新。在经济全球化的条件下，承认文化的民族差别性，承认文化发展的多样性，对于人的自我认同和发展，对于满足人的精神需要，提高人的文化品位，培养人的特征，具有重要作用。

在全球化的今天，民族精神作为一个开放的体系，它有机会和动力消除自身的局限性、通过开放与交流来激活自身的潜能。汲取新的生命养分，使民族精神的支撑、凝聚、导向、教育和激励等功能汇聚成对人心的维系力和对人心的感召力这样一种全方位多层次的社会功能的发展，使民族精神在开放的动态过程中得到升华。①

### （三）全球化对中华民族精神的冲击

全球化影响着民族的心理习惯、意志与情感，影响着独立的民族精神，影响着民族的主权。由于拥有更多的信息，人们可以自己比较，积极地选择学习和应用好的东西，摒弃陈旧的东西，从而促进民族与国家的发展。积极的方面显然值得尊重，但是如果缺乏分析、批判与积极的理性去其糟粕，也很容易在现代化的

---

① 程京武：《论全球化进程中民族精神的培育》，《广东社会科学》2005 年第 1 期。

影响面前迷失方向；因而容易产生自卑、依赖、忍耐的心理习惯，或者模仿对立价值观，同时丧失本民族的精髓与宝贵价值。这是中华民族情感与精神所面临的最大挑战。[①]

在当今全球化的现代环境下，构建中华民族精神的所有成分（如习俗、情感、意志以及历经数代而建立起来的价值观）都在经历一种变化。实际上，甚至某些成分还以不同于以前的方式被重新认识。

**1. 经济全球化对爱国主义思想的冲击**

经济全球化对爱国主义的猛烈冲击，主要表现在以下两个方面：

（1）经济全球化使爱国主义情感淡化。经济全球化，使国家疆界变得模糊，民族意识弱化，必然使爱国主义情感淡化。经济全球化浪潮席卷全球以来，其内容由贸易、金融领域扩展到了政治、文化、法律等社会生活的各个领域。特别是信息与通讯技术的发展，使国家的边界变得异常脆弱。所有这些都将不可避免地反映到人们的思想观念上来，淡化人们的国家意识和爱国主义情感，从而使爱国主义观念面临莫大的冲击。

（2）西方意识形态影响的增强使青年一代的民族意识和国家意识弱化。经济全球化特别是信息和通讯技术的发展，必然带来西方的价值观念，而其中的重视商业，追求感官享乐，个人主义等价值观将会淡化一些青年学生的理性关怀和集体观念，从而弱化他们的民族意识和国家意识。另一方面，今天全球化的主角是少数发达国家，他们控制着当今世界经济体系的"主权"，西方国家依然是全球经济活动中"游戏规则"的制定者。发达国家在继续通过各种手段维护本国经济、直接控制干预发展中国家经济的同时，还总是利用其在全球化过程中的优势地位向发展中国家施加政治影响和进行意识形态的渗透，而且依托于网络等前沿技术"潜移默化"地推广其文化和生活方式。带有政治目的的意识形态渗透将会慢慢腐蚀一些人的政治信念、政治热情和对民族国家的传统情感。[②]

**2. 经济全球化对传统道德观念的影响**

（1）经济全球化对"义利观"的影响。在经济全球化背景下，企业家精神和商业文化受到前所未有的推崇，市场竞争这个概念也为整个社会所接受和认同，人们传统的"义利观"观念受到了强烈的冲击。因为商人是注重理性的职业，当发生利益冲突时往往采取谈判或者协商的方式解决问题，所以重商主义就成为一种社会稳定力量并为我们的民族精神注入了理性因素。但是，全球化的市场竞争，注重适者生存，优胜劣汰，这种观念的极端化就形成了一种只重结果、

---

① 阮仲準：《民族精神面临全球化挑战》，《华中科技大学学报》（社会科学版）2004 年第 5 期。
② 杨旭：《经济全球化背景下的爱国主义教育》，《湘潭大学学报》2001 年第 2 期。

不择手段的价值观，所以实用主义、重利忘义就成为一种流行的观念并影响人们的行为。

（2）经济全球化对"忠"、"公"观念的侵蚀。在经济全球化的大潮流中，西方的个人主义思想大行其道。市场经济的核心之一就是强调个人主义，在市场竞争过程中，人们以自我为中心，自我利益第一。西方的自由主义和新自由主义都推崇和鼓吹个人主义和反政府干预，突出个人利益。这些观念在全球化过程中，极大地影响了发展中国家的国民的思想，特别是在网络中长大的一代，极端个人主义思想普遍存在，而集体、国家的意识和观念则非常淡薄。这对我国传统文化的"忠"、"公"、先国后家、为大家舍小家、先天下之忧而忧的思想造成了极大的冲击。

（3）经济全球化对勤俭敬业观的影响。在物质生产和生活方面，勤俭是核心传统观念，同时也是中华民族精神的一种具体表现。从古代农耕时代开始，中国的自然资源足够先民们过一种勤劳节俭的生活，这种生活观念既关乎人民的生存，又关乎中国的发展，而且被广大劳动人民所实践。在生产力水平低下、物质财富匮乏的时代，勤俭的美德和精神是重要的。在生产力高度发展的今天，勤俭仍然有极其重要的意义。但是在经济全球化的影响下，西方的消费文化也通过各种媒介传入国内，并且逐渐成为时下年轻人的主流文化。他们更多的是关心自我，习惯于从家庭与社会中获得，追求时尚、享受生活，勤俭节约对他们来说是十分陌生的。

（4）经济全球化带来历史虚无主义及对民族传统的排斥。年轻一代从不讳言对财富的向往，但他们更注重自我的实现，"成功人士"成为他们的人生榜样。他们成长在中国社会的转型时期，市场经济和社会变革给他们的精神世界乃至行为方式打上了深刻的印记，因此比起上一代人，他们更容易接受新鲜事物，他们更崇尚过洋节，但是他们中的许多人并不知道这些洋节的来龙去脉。传统节日是民族文化、民族精神与情感的一个载体。对"土节"妄自菲薄，不屑一顾；对"洋节"津津乐道，顶礼膜拜，其实是对民族文化、民族精神与情感的失敬。将这种失敬放在全球背景下，我们更感受到了强烈的冲击。全球化不仅丰富了物质财富，同时也带来了观念的变革，在潜移默化中改造着民族性格和精神。

### （四）应对挑战，弘扬和培育民族精神

#### 1. 不断创新、增强本民族的竞争力

（1）民族精神是欠发达国家加快发展的强大精神动力。纵观人类社会，有多少民族衰败破落，有多少民族崛起复兴。决定民族国家盛衰的一个根本原因，是这个民族所特有的包括素质、思想、道德、文化在内的民族精神。因此，民族

精神是欠发达国家在全球化过程中发展自己的强大精神动力。

民族精神的力量是不可估量的。在人类的历史发展和民族进化过程中，常有一些弱者击败强者，少数战胜多数，落后赶上先进的实例。究其原因，往往不在物质和技术层面上，而主要在于思想文化和民族精神所释放的巨大能量，在于民族精神的作用。这是一种看不见、摸不着，属于精神上、属于人们心灵里的东西①。

各民族间的竞争，最核心的东西在于科技。科学与实用技术不同，它的产生主要不是源于功利方面，而在于纯粹的求知兴趣。科学的理论性和思辨性愈强，它离实际用途就越远，而离某种精神信念愈近。科学的生长点和原动力在于人类自己的精神需要和精神追求。每个民族都需要一种精神的支撑、一种精神的动力。或许这正是中华民族腾飞的关键所在。

民族精神是当前我国进行社会主义现代化建设的强大精神动力。在现代社会，随着经济增长方式从粗放型向集约型的转变，从劳动密集型结构向科技密集型结构的转变，人力资源在经济发展中的作用越来越大。弘扬和培育民族精神可激发和调动人们的积极性、主动性、创造性，把科技转化为现实的生产力；通过提高人们改革的自觉性，引导人们投入变革生产关系的时间，从而推动生产力的解放和发展。

（2）在全球化过程中吸收借鉴的同时必须保持自己民族的特色。经济全球化对发展中国家经济发展的冲击是巨大的，有正面的效应，但不少是负面的影响。除了经济上的冲击外，在文化、思想意识、民族精神方面也有着非常大的冲击。经济全球化正在把全世界纳入一个统一的系统，世界经济已经成为一个有机的整体，现在世界上任何一个国家和地区都不能脱离世界市场而发展。而且，全球化已经影响到民族主权、文化和意识形态，对民族精神的冲击就是一个十分明显的例证。事实说明，发展中国家盲目照搬、完全模仿发达国家的模式，走发达国家走过的道路，是很难取得成功的。因此发展中国家在经济全球化过程中一方面要抓住全球化带来的机遇，通过全球化吸收借鉴发达国家先进的技术、文化、管理方式，同时必须保持自己的民族特色。中国作为一个发展中大国，在过去的20多年里，一方面发展市场经济，借鉴发达国家的技术和经济管理体制，同时，保持民族的特色，走出了一条不同于自由资本主义市场经济的道路，被国际社会称为"中国模式"，其发展理念被称为"北京共识"，这是中国快速发展的重要原因之一。

（3）增强竞争力，壮大民族精神的物质基础。增强民族自尊、自信和自强，要以综合国力的不断增强为物质基础。"有实力有魅力"，这是很普通的道理，

---

① 田克俭：《民族精神与竞争力》，北京，新华出版社2005年版。

一个强大的国家是国民自尊自信自豪感的重要支柱。因此，加快经济建设，加快迈向小康社会的步伐，重铸中华民族的鼎盛和辉煌，把中国建设成为富强、民主、文明的社会主义现代化强国，使人民过上富裕、幸福、美满的生活，是我国发展的当务之急。国家强大了，人民富裕了，民族的自尊、自信、自强的精神就会显示出来。因此，必须加强自主创新，促进科技进步，加快经济发展，不断提高国际竞争力，以强大的综合国力来增强民族的自信心、自豪感和凝聚力，从而有利于民族精神的重塑。

**2. 全球化背景下弘扬和培育民族精神**

（1）坚持全球化和本土化的交融互动。我们应该主动适应全球化的趋势，积极吸收先进的文化和意识观念，使之融进本民族，不断创新，增强本民族的竞争力，并为世界文明的进步做出贡献。从根本上来说，民族精神的特征就是能够从本质上反映一定时代民族发展的精神特征。只要能反映全球化的时代特征，适合社会发展要求，民族精神就不会因经济全球化的潮流而瓦解、消失。

近代中国实行闭关锁国政策，拒绝融入世界，结果让我们尝尽了被世界所抛弃并因落后而被动挨打的滋味。有鉴于此，在全球化趋势下，我们在重塑中华民族精神的过程中，必须走全球性与本土性交融互动的道路，既要在新的历史条件下，以马克思主义为指导，对自身进行客观的反省，开拓本土传统文化资源中的精华部分，又要以开放、求实的态度吸纳全球文化资源中的合理因素和优秀成果。

（2）主动吸收国外的优秀文化、促进民族文化的健康发展。面对全球化，与其被动适应，不如主动出击。应当在民族文化的发展上正确地调整我们的思路并采取相应的对策[①]。第一，提高"文化自觉"。强调文化自觉，事实上就要求突出文化的"民族意识"或"主体意识"。这有赖于民族"自我意识"的增强和"危机意识"的强化。第二，调整文化心态。要用一种理智的、客观的眼光来看待全球化条件下的民族文化发展。"文化霸权"我们是坚决反对的，而一概排斥西方文化的"唯我独尊"也是需要克服的。我们必须坚持文化的民族性。第三，加强文化的调适与转换。必须首先处理好转换的历史向度问题。第四，推进文化整合。以我为主，博采众长，为我所用。今天我们讲的民族文化，绝不是一般的传统文化，而主要是指有中国特色的社会主义文化。因此，要促进民族文化健康发展：一要加强传统文化教育，中华民族文化的精华部分是我们实施民族精神教育的宝贵资源；二要主动吸收国外的优秀文化。任何民族的文化在其发展过程中，都必须处理好这样一对矛盾：一方面要维护其民族传统，保持其自身文化特色；另一方面又要吸收外来文化壮大自己。这一矛盾运动，就是文化的民族

---

[①]　丰子义：《全球化与民族文化的发展》，《哲学研究》2003 年第 11 期。

认同与对外适应。

（3）加强爱国主义教育、锻造强有力的核心价值观。如果说文化是凝聚一个国家和民族的灵魂，是维系社会发展的精神支柱和纽带，那么其核心价值观则是灵魂的灵魂。在建设社会主义先进文化的过程中，社会主义的核心价值观是必须始终坚持的灵魂和命脉。锻造强有力的核心价值观，要加强以爱国主义为核心的国家意识教育。中国是一个具有悠久文化传统的国家，以爱国主义为核心的民族精神是中华民族增强凝聚力，实现统一，在艰难环境中生存、繁衍和发展的精神支柱。中华民族要复兴，必须更多地强调国家意识，以爱国主义为核心的民族精神来增强凝聚力，提升文化竞争力。要加强理想信念教育，民族精神教育，特别是爱国主义教育，既区别于狭隘的民族主义，又反对盲目崇洋媚外，损害国家、民族利益，二者相互交融，相得益彰。在全社会进行社会主义、共产主义理想信念教育有利于统一广大民众的思想，防止西方意识形态对人们的侵蚀，深化人们对爱国主义教育的理性认识。

加强民族国家主权意识教育，增强民族凝聚力。在经济全球化的今天，多元价值观并存且相互冲突已经成为普遍现象。问题的关键不在于否认价值观的多元存在，而在于人们价值观的如何选择，即应倡导什么样的价值观为国家的主导价值观。我国目前正处于社会转型时期，由于人们的极端个人主义、价值取向的拜金主义、价值标准的功利主义等原因，误导了人们的经济、政治、文化行为，从而给民族凝聚力造成一定程度的损伤。因此，我们应采取积极措施，确立正确的主导价值观，加强主导价值观的导向作用。

（4）继承和发扬优良的传统道德。在中华民族的传统道德中，凝结了许多精华，比如，"苟利国家生死以，岂因福祸避趋之"、"富贵不能淫、贫贱不能移、威武不能屈"、"鞠躬尽瘁，死而后已"、"老吾老以及人之老，幼吾幼以及人之幼"等等，都是在教育人们爱国、爱家、尊老爱幼、忠诚、正直、勤奋、不断进取，集中体现了中华民族的传统美德，构成了中华民族的精神支柱。但是，在传统的道德中也有一些糟粕，如"三纲五常"、"三从四德"等。在面临全球化、信息化挑战的背景下，一方面我们要不断引导青少年继承和发扬优良的传统道德，汲取其精华，同时更要去其糟粕，要注意旧思想、旧意识、旧习惯对青少年的影响；另一方面要从建立社会主义市场经济体制的角度，来思考和探索构建新的道德体系，帮助青少年确立与社会主义市场经济相适应的道德观念和道德规范。要培养青少年的独立人格、自立意识、效率意识、平等观念、民主法制意识、合作竞争意识和敢于打破常规、开拓创新的精神。同时，还要注重帮助青少年树立具有鲜明时代特点的道德风尚。在青年中大力提倡勤劳创业、智慧创业、诚信创业等创业道德观念。

261

## 三、科学技术发展与当代中华民族精神

西方科学技术自明清传入中国后，与中华民族精神的关系一直是中国知识界关注的问题。"洋务运动"时期提出的"中学为体、西学为用"，反映了对西方科学技术功能、经济功能和军事功能的认可，标志近代中国向西方学习的开始；同时也反映一种忧虑，担心西方科学技术对中华民族精神的颠覆。"五四"新文化运动对以科学和民主为核心的西方文化无比推崇，将中国向西方学习从物质层面提升到制度和精神层面。其间，个别思想家满怀对中国现代化的迫切愿望，甚至提出"打倒孔家店"和"全盘西化"的旗号，陷入了否定民族精神的认识泥潭。20 世纪 20 年代的"科玄论战"，其实质是对科学和中国传统文化的评价，引出了科学精神、科学理性与中华民族精神的相容性问题。"科玄论战"虽然以科学派观点占优势告终，但"科玄论战"引出的问题至今仍未解决。

20 世纪 80 年代，微电子技术、激光技术、信息技术、智能自动化技术、新材料技术、航天技术、新能源技术、生物技术和海洋工程等高新技术蓬勃兴起。其间，托夫勒的"第三次浪潮"、奈斯比特的"大趋势"、普赖斯的"大科学"思想进入了中国。伴随着中国知识界对高新技术"是机遇也是挑战"、"当代科学技术呈指数增长"，"科学技术发展的文化环境"等问题的反思，科学技术与民族精神的关系问题再一次受到关注。

按英国学者 C. P. 斯诺的观点，科学技术与人文是两种不同的文化。两种文化之间存在冲突，也可能融合。在当代，科学技术发展日新月异，科学技术外在的巨大变革力量和内在的科学精神、科学理性正猛烈冲击传统文化，中华民族精神的传承与发展成为迫切需要研究的时代课题。

### （一）科学技术与民族精神的相容与互动

#### 1. 民族精神与科学技术的相容性

中华民族精神是中华民族在长期共同生活和实践中形成的思想观念、价值信念与信仰、性格与心理的总和。中华民族精神与科学技术的相容与否，主要反映在传统中国人的价值取向、思维方式与科学技术的关系方面。

一方面，在古代中国占主导地位的儒家学说推崇的价值取向成了中国人的主流价值。这种价值取向在一定程度上不利于科学技术的发展。同时，在儒家思想的影响之下，中国人传统的思维方式与西方相比，强调"天人合一"、真善美统一和"体道"的思维。"天人合一"思维虽然造就了朴素的唯物主义观念，却大大限制了人们对自然现象的追逐和探求，因而不可能建构起"对象化"的知识

逻辑体系。真善美统一思维的认知结构尽管受到现代认识论重视，但也应看到，事实之真、伦常之善、情景之美，三者之间毕竟存在一定的界限，思维方式亦有差异。中国古代的思想家由于凸显实践理性的主导地位，不重视认知结构的分析，使认识论和逻辑学没能获取自己的独立形态从而得到充分发展，这种近似无逻辑的思维方式极大制约了科学技术的进一步发展。"观物、取象、比类、体道"的思维方式只能靠直觉，不可能运用逻辑推理和名言论证的方法来把握。①这种依靠直觉"体道"的神秘性思维方式与强调可检验性的科学思维方式大相径庭。自然科学不排除思辨和直觉，而且运用十分广泛。但是，它不允许由直觉或思辨得来的假说直接成为科学理论，而是一定要首先运用逻辑和数学工具，通过实验检验，再决定假说的取舍和向科学理论的过渡。②

但另一方面，以儒家学说为核心的传统文化也包含着有利于科学技术发展的因素。儒家重视教育，普及了全社会的文化知识，提高了全社会的知识水平，从而也提高了中国科学技术人员的数量和质量；儒家重视人的理想和道德教育，激励人们追求理想，做出青史留名的业绩；儒家倡导的勤奋好学、自强不息精神在今天也值得我们科技人员发扬光大。③ 应该说，儒家并非从根本上反科学。儒家学说与科学相互独立，不存在阻碍科学发展问题。因为科学以研究自然界的法则为目的，有其独立领域；儒家思想以指导人生、提高精神生活、发扬道德价值为追求目标，也有其独立领域。一个科学家既可以在精神生活中尊崇孔孟，也可以在科学上有所发明，这两者并不矛盾，反而可能互相促进。④

**2. 大科学时代的民族精神建构**

20 世纪 50 年代以来，科学技术呈加速度发展，规模越来越大，影响日益增强，人类社会进入了大科学时代。如何建构大科学时代的中华民族精神，这是我们讨论民族精神与科学技术关系不可回避的问题。

（1）民族精神是传统文化的品格特征，民族精神建构应当从传统文化的继承与改造开始。我们应对传统文化进行取舍和整合，消除不利于科学技术发展的文化因素，发扬和利用传统文化中有利于科学技术发展的文化观念。应发挥中国人注意现实性、实用性的长处，提高对科学技术的应用推广能力，从而将传统文化的智慧同现代科学思维相结合，使中国传统文化与现代科学技术相互促进、协调发展。⑤

---

① 姚茂群：《传统思维方式与科学技术》，《杭州师范学院学报》（自然科学版）2004 年第 6 期。
② 马来平：《中国传统文化与科学技术发展三题》，《济南大学学报》1995 年第 2 期。
③ 毛伟英：《论传统文化在现代科技发展中的作用》，《浙江师大学报》（社会科学版）1997 年第 3 期。
④ 郝海燕：《儒家文化与中国科学：现代新儒家的见解》，《自然辩证法研究》2004 年第 11 期。
⑤ 徐祥运：《论科学技术发展与社会文化进步》，《青岛科技大学学报》（社会科学版）2004 年第 4 期。

（2）提高我国民族文化的借鉴、吸纳能力，吸收不同的文化，丰富和加强我们的文化体系。我们必须以海纳百川的胸怀坚持对外开放，将文化的民族性置于世界性格局中加以参照，学习西方的科学技术、管理经验、思想文化，加快建设与人类文明进程相适应的中国当代先进文化。①

民族精神建构不是一个消极吸收科学精神、科学方法和科学知识的过程，民族精神建构对我国科学技术发展有着积极的推动作用。大科学时代民族精神的建构是科学技术和社会文化协调发展的历史必然。科学技术发展与社会文化进步是一个互动的过程。科学技术渗透到社会文化环境，反过来，改善了的新社会文化环境又会更有利于科学技术的生长与发展。为了发展科学技术，以推进我国的现代化进程，提高中国在 21 世纪的国际地位，积极主动有意识地去造成一个有利于科学技术发展的社会文化氛围，是十分必要的。②

**3. 科学技术发展对民族精神的提升**

民族精神是长期社会实践的产物，与时俱进是民族精神的应有之义。人类进入了大科学时代，中华传统文化需要从现代科学技术发展中汲取营养，丰富民族精神的内涵。现代科学技术是一个庞大的体系，内部存在复杂的结构，其中，科学精神、科学方法和科学知识对提升民族精神关系较为密切。

（1）科学精神与民族精神。

从科学社会学角度看，现代科学已成为一种社会建制，科学家的任务是促进知识的增长与应用。青年学子成为科学家的过程，其实是社会角色转换和新角色的扮演过程。其间，青年学子要受到关于科学价值观念和行为准则的培训，使这些规范支配自己在科学中的行为。默顿把这些规范概括为普遍主义（Universalism）、公有性（Communism）、无私利性（Disinterestedness）和有条理的怀疑主义（Organized Skepticism）。默顿认为，这些规范综合体现了科学的精神气质。显然，默顿讲的"科学的精神气质"或"价值和规范综合体"就是这里讨论的科学精神。科学精神保证了科学家的行为符合科学的发展目标；是否具有科学精神，成为区分科学家和非科学家的内在根据。科学精神包括价值判断和价值追求两部分。科学家内在的价值判断和价值追求外化为他们的行为准则，如强调科学的非个人特性、科学的国际主义、尊重观测和实验的权威、理性的怀疑和批判态度等。

"五四"以来对传统文化不断反思的最大成果之一，就是认识到科学精神对民族精神提升具有重要作用。但这里关注的问题是，科学精神和民族精神是两个

---

① 王茹、谭泓：《在多元文化冲突中弘扬和培育民族精神》，《理论学刊》2003 年第 5 期。
② 徐祥运：《论科学技术发展与社会文化进步》，《青岛科技大学学报》（社会科学版）2004 年第 4 期。

不同的价值系统，两个系统之间通过哪些路径实现价值传递，从而完成科学精神对民族精神的提升。

具体来讲，科学精神对民族精神的提升可以通过三条路径。

一是对科学实践活动的认识和抽象。科学实践活动的目的是描述自然、解释自然和预测自然，科学实践活动蕴涵科学的世界观、价值观和方法论。在现代中国，推广科学已建立成熟的社会建制，科学实践活动的规模之大、普及范围之广在中国历史上从未有过。同时，中华民族对科学实践活动的认识和抽象正不断提升，从"五四"认可"赛先生"到新中国成立初期的"向科学进军"，从"科学决策"到"倡导科学精神"，这一切表明，中华民族对科学的认识和抽象已从具体的实践功效上升到价值层面。其实，当中华民族在"倡导科学精神"的时候，本身就说明科学精神已通过中华民族的自觉、内省，进入到民族精神之中，成为正在形成的新民族精神的重要组成部分。

二是通过科学教育实现信念的转变。从科学哲学角度看，民族精神与科学精神是两种不同的"范式"，彼此之间"不可通约"，即不存在理性的逻辑通道。因此，将科学精神转变成为民族精神，并不是中国人认识的转向，而只是中国人信念的转变。这种信念的转变不是靠理性的说服，而是靠高强度的科学宣传和持续的科学教育。当然，不能指望每一个民族成员都坚信科学，但随着坚信科学的年轻民族成员越来越多，并成为民族的主体时，科学精神才最终融入民族精神。所以说，新民族精神培育重点是对新一代进行科学宣传和持续的科学教育。

三是对传统文化中科学精神的发掘。中国传统文化应当含有类似"科学价值和规范综合体"的思想，即中国古代的科学精神成分。正是这些科学精神引领古代中国人取得辉煌的科学成就，不承认中国古代的科学精神，就会陷入"没有科学精神的科学行为"悖论。事实上，中国传统文化的确含有科学精神。如"顺天以求合"，"天行有常，不为尧存，不为桀亡"，"致知在格物，物格而后知至"，"博学之，慎思之，明辨之，笃行之"等。显然，按现代科学精神的价值指向，重新发掘、光大传统文化中的科学精神成分，对提升民族精神同样具有重要意义。

（2）科学方法与民族精神。

科学方法有广义、狭义两种理解。广义的科学方法是指符合客观规律、在实践中行之有效的方法。狭义的科学方法是指科学研究活动的途径、手段和方式，即科学家在科学研究中的行为方式，其中包括观察方法、实验方法、模拟方法、归纳法、演绎法、类比法、分析与综合方法、理想化方法、数学方法、系统科学方法和假说方法等。这里讨论的科学方法是指狭义的科学方法。

科学方法的功能是帮助科学家发现科学问题、提出科学假说、建立科学模型、建构科学理论、进行科学解释和预言、对科学理论进行检验和选择。在所有科学方法中，都贯穿着科学理性，强调普遍性、确定性、建构性、系统性和怀疑性。科学方法是一种思维工具和程序规定，本身不包括价值判断和价值追求，与科学精神、民族精神不在同一层面。

科学方法可以通过思维方式和科学精神间接提升民族精神。

民族精神包含了价值判断和价值追求。在价值判断中，思维方式起着重要作用。价值涉及主客体关系，价值判断的合理性应建立在对客体正确认识和理解的基础上，而这种"正确认识和理解"直接决定于主体的思维方法。同样，在价值追求中，如何确定价值目标、如何达到价值目标，这些都需要在人们思维中形成构想，然后将构想外化为行为。显然，思维方式也影响人们的价值追求。

中国传统思维方式的特征之一是整体性。整体性思维依赖于直觉顿悟，不管细枝末节，大处着眼，强调高屋建瓴，从宏观特征认识客体的性质，应当说，这种思维方式有可取之处。如《荀子·王制》篇关于物质世界序列结构的论述："水火有气而无生，草木有生而无知，禽兽有知而无义；人有气、有生、有知、亦且有义，故最为天下贵也。"又如《春秋纬·元命苞》对地球运动的猜测："天左旋，地右动"。但中国传统的整体性思维不是建立在对客体分割、剖析和实验基础上，认识程度不够精确和严密，客体联系在细节上得不到精确说明。因此这种整体性思维是模糊的、混沌的。

中国传统思维方式的另一特征是直觉性。直觉思维是通过直觉判断、想象、类比等形式完成对客体的认识。直觉思维具有非逻辑性、突发性、偶然性和意外性。直觉思维能够在少量已知知识的基础上，实现认识的跳跃。如"子在川上曰：逝者如斯夫，不舍昼夜"。这里，孔子从流水联想到时间的连续性、流逝性和流逝的不可逆性。

直觉思维有一定的事实根据，具有创造性；但直觉思维的事实根据不充分，因而可靠性很小。直觉思维不能直接提供理论研究成果，只能为认识提供新的启示、新的设想、新的路径。从直觉思维到理论成果，还需要艰苦的认识活动，还需要运用多种科学方法。

通过精细化和实证性，科学方法可以弥补传统整体思维和直觉思维的不足，从而加快整个中华民族思维方式的现代化。

（3）科学知识与民族精神。

科学知识是一种观念形态，反映了人们对客观物质世界规律性的认识。科学知识有多种表现形式，如概念、命题、陈述、范畴、定理、定律、公式等。科学知识的有机结合（即建立逻辑联系），就构成了科学理论。科学知识从科学研究活动中总结而来，又可以指导新的科学研究活动。

266

概要地讲，科学知识对民族精神的提升主要表现在三个方面。

一是科学知识构成了价值取向的客观基础。价值体现了一种主客体关系，合理的价值取向依赖于主体对客体属性的正确认识。应当承认，传统文化蕴涵的价值取向中，由于科学知识成分较少，导致了有的价值判断模糊。追求的某些价值目标具有不可检验性。如古代中国人追求"天人合一"，但人们对"天"的认识是混沌的，"天"有时是人格化的"神"，有时是整个自然界，有时是象征宇宙万物的本源。同样，"天人感应"之所以被古代中国人接受，其根源是当时的人们对地震、洪涝、泥石流、干旱等自然灾害的发生机制缺乏科学认识。

显然，宣传、普及科学知识，正确认识客观物质世界及其运动发展规律，重新梳理、解读传统文化的价值观念体系，使之建立在科学基础上，这是间接提升民族精神的途径之一。

二是科学知识具有方法论功能。科学知识体系（科学理论）是人们对客观规律的认识集成，反映了人们对客观世界的认识视角。科学理论对人们的观察认识具有导向作用。科学理论使观察认识具有目的性和选择性。没有科学理论的导向，观察认识就无从进行，因为人们不知道观察什么，认识什么；科学理论使人们在观察认识中有所理解，因为无理解的观察认识只能是熟视无睹。因此，人们掌握的科学理论越丰富，意味着人们观察认识的目的性更明确，选择更合理，对客观世界的认识更深入。科学理论可以有效弥补中华传统文化中认识对象的模糊性、陈述的经验性、解读的多义性等缺陷。

此外，科学理论的发展，扩展了人们认识客观世界的新视角。因此，人们掌握的科学理论增多，意味着人们扩展了对客观世界认识的视角，减少了"认识片面性"，实现认识进步。因此，科学理论还可以有效提高中华民族的认识能力。

三是科学知识对其他科学方法具有支撑作用。科学方法可以提升民族的思维方式，但科学方法的使用需要科学知识配合。从学科看，有的科学知识体系本身就具有方法论性质。如系统分析方法，对决策过程有一套明确的规定，即明确决策事务，根据决策事务的要求，提出所要达到的目标，对影响目标实现的各种因素进行综合分析，对各种备选决策方案进行定性分析和定量计算，比较、选择其中最优的决策方案，在最优化方案中选择最满意方案，将方案实施并对实施进行检验和评价。显然，系统分析方法可以帮助人们从经验决策转向理性决策，可以提升人们的决策思维水平。类似系统分析方法的科学知识体系还包括控制论、信息论、运筹学、概率论、耗散结构理论、多属性综合评价理论等。改革开放以来，我国在科学决策方面进步很快，其中一个原因就是在管理部门普及了各种具有方法论性质的科学知识。可以这样说，每一门学科的特殊科学方法背后都有专

267

门的科学知识支撑。

上述分析表明，科学知识与民族精神之间存在一条逻辑链。科学知识支撑科学方法或直接成为科学方法，科学方法提升民族的思维水平，保证了民族的价值判断合理性和价值追求可行性。

### （二）科学技术发展对民族精神的呼唤

在现代，随着科学研究的抽象化、复杂化，传统文化的价值越来越多地得到认可；技术开发在强调标准化和兼容性的同时，正朝着民族化和本土性方向发展。尽管科学技术事业的国际化进程加快，但国家间科学技术领域内的竞争却更加激烈。这一切表明，科学技术发展并没有消解民族精神，相反，却在更高层次上呼唤民族精神。

#### 1. 科学发展与传统文化价值的再认识

现代科学发展从三个方面彰显了中国传统文化的价值：

一是中国传统的思维方式在现代科学研究中具有一定优势。整体性思维本身是一种被广泛应用的科学方法。从科学方法论角度看，不存在十全十美的科学方法，整体性思维同样存在局限性。但是，不能因为整体性思维的局限性，而否定这种思维方式的合理性及作用。应该看到，源于古希腊的西方近代科学有长处也有不足：重视分析，但忽视综合；长于线性研究，但短于非线性研究；习惯于孤立系统研究，但不善于开放系统研究；重视结构研究，但忽视功能研究。[1] 随着科学的新发展，上述不足开始暴露出来。在现代，非线性科学和复杂性研究的兴起，揭示的研究对象更加玄妙和深奥，如孤波、孤子、相干结构、奇怪吸引子、混沌运动、分形、化学震荡、自组织结构等。显然，要深刻理解这些研究对象，必须改变思维方式，转而重视对象整体性、对象联系、对象变化和对象存在条件的研究，或者说重视综合、非线性、复杂性、开放系统和系统功能的研究。然而这类研究及其观点、理论、方法，恰恰是中国传统科学文化的优势。这种优势，不仅得到了所有不怀偏见的学者的承认，而且还得到了耗散结构理论创始人普利高津以及协同学创始人哈肯等当代著名科学家的充分肯定。[2]

二是中国古代积累的丰富自然史信息为检验和发展科学理论提供了珍贵的科学事实资料。中华文明源远流长，留下了许多有关天文现象、地质运动、地震、气候变化、海平面升降、环境变迁、生物活动的观察记录资料。这些资料具有类型多、系列长、连续性好、综合性强等优点。通过对这些资料的挖掘、整理，可以找到一些支持科学理论的证据。

---

[1][2] 张浩：《发挥民族文化优势，促进当代科技创新》，《晋阳学刊》2001 年第 3 期。

三是中国传统文化中许多隐喻式论述对提出新的科学理论，实现科学范式突破具有启迪和催化作用。20 世纪不少著名科学家，都曾说过他们从中国传统文化中得到了启迪。日本获得诺贝尔奖的物理学家汤川秀树说他深受庄子混沌思想的启发。现代物理学家卡普勒所著的《物理学之道》一书，20 世纪 80 年代初在美国畅销一时，其中专门探讨了现代物理学与中国的道和禅宗思想的关系。著名的量子力学家玻尔提出的互补性概念也深受阴阳学说启发，以至采用太极图作为其学说的标志。① 美国生态学家林德曼则从"大鱼吃小鱼、小鱼吃虾米"和"一山不容二虎"的隐喻受到启发，建立了生物之间"吃与被吃"的食物链关系和金字塔营养级理论。

在《道德经》中，"道"是万物本源，"道生一，一生二，二生三，三生万物"。"道可道，非常道"，"道"是"无状之状、无物之象"，"玄之又玄"。在宇宙大爆炸理论中，"奇点"是宇宙演化的开端，经过"奇点"后，宇宙才产生基本粒子、元素、星云、星系、恒星、行星、地球和生命。在"奇点"处，所有定律及可预见性都失效，"奇点"可看成空间时间的边缘或边界，或不能用时空描述。显然，老子的"道"与霍金的"奇点"可以类比。令人感兴趣的是，霍金提出的"奇点"概念是否受到老子"道"的启发？

**2. 技术开发的民族性与本土化**

科学研究的评价标准是"真与假"，即科学理论的正确与谬误。技术开发的评价标准是"好与否"，即技术应用效果的满意与不满意。"真与假"属于客观判断，可以用观察和实验检验；"好与否"则属于主客观判断，涉及主体因素和技术应用检验。显然，通过对技术开发评价标准分析，可以了解技术开发的民族性与本土化特征。

技术具有自然属性和社会属性。技术开发需要遵循通用的国际评价标准，如船舶吨位、飞机速度、发动机功率、计算机信息容量等。这些国际标准体现了技术的自然属性。技术开发也要遵循技术使用者的评价标准，这些标准体现了技术的社会属性。技术使用者的价值观念、思维方式、生活状态、行为规范、风俗习惯等，会直接或间接地制约技术开发。在我国历史上，人口众多，人力成本低，使得传统技术开发向重"人力"轻"物力"（自然力）方向发展。尽管我国就很早利用了畜力、水力和风力，在汉代就发现了石油和天然气，在明代就发明了炼焦，但多数技术产品的动力还是靠人力。李约瑟提出了一个等式：蒸汽机 = 水排 + 风箱。因为水排提供了直线运动和圆周运动之间的转换设备，风箱则解决了

---

① 宣宇才：《传统文化是现代化的宝贵思想资源——访北京大学教授楼宇烈》，《人民日报》2000 年 4 月 27 日。

蒸汽机中双作式阀门问题。但发明了水排和风箱的中国人为什么没有发明蒸汽机，显然，这与当时人们对新的自然力没有迫切需求有关。另外，中国古代的火药没有取代刀枪剑戟，"二踢脚"没有发展为火箭，走马灯没有进化成燃气轮机，其原因都大致相同。

在现代，技术的社会属性更是决定了技术产品的开发与消费。正如技术评论家森谷正规的观点："每一个国家的技术和制成品，都是该国文化的产物。"①

除了文化性外，技术产品还具有地域性。这里的地域性是一个自然地理概念。任何技术产品总是在具体的地域使用，地质、地貌、气候、植被、土壤、水文等自然地理要素会在不同程度上影响产品的性能。技术产品的地域性表明，技术的普及应用也存在"因地制宜"问题。如同样的能源技术应用，在不同地区应有不同的重点。西北地区阳光充足、风力资源丰富，可应用风力发电和太阳能技术；南方地区水力资源丰富，可应用水力发电技术；东部沿海地区海洋能丰富，可应用潮汐发电技术等。

### 3. 科技事业的国际性与国家性

在社会学看来，"科学无国界"，科学是一种全人类的、国际性的事业，任何真正的科学成就都应当被承认，都可以被利用。用默顿的"普遍性规范"陈述，就是对科学成果的评价、利用，与科学成果取得者的性别、民族、国籍、信仰和政治态度无关。只有遵循"科学无国界"的评价准则，才能更好地促进科学知识的增长与应用。但是，"国际性的科学"却由一个个具体的国别科学构成。正是美国、俄罗斯、德国、日本、英国、法国、中国、印度、巴基斯坦、巴西等所有国家的科学构成了世界科学，科学的每一次新突破总是由具体科学家取得的，都可以理解为某一国家、某一民族对世界科学事业的贡献。因此，强调科学的国际性并不否认科学的国家性。从微观看，科学家个体扮演着多重社会角色。科学家个体不仅是科学共同体的成员，而且也是国家公民和社会其他组织的成员。科学家个体除了履行"科学家"的职责外，还要履行其他社会角色的职责。正像中国科学家所讲的，"科学无国界，科学家有祖国"。显然，科学家个体忠诚科学事业和忠诚祖国科学事业是统一的，科学的国际性和国家性二者可以相容。

中国有13亿人口，占世界人口的1/5，是最大的发展中国家。大力发展中国的科学事业，提高全民族的科学文化水平，用科学知识造福于中国人民，推进中华民族的伟大复兴，这是所有中国科学家的崇高历史责任。中国科学事业发展了，就是对世界科学事业做出了贡献。同样，从微观看，"用科学报效国家"，

---

① 常立农：《技术的民族性与国际性》，《中国科技论坛》2004年第1期。

这是中国科学家履行各种社会角色职责的最佳平衡点。

在当代，科学技术呈指数增长，科技成了推动经济社会发展的主要动力。各国之间的科技竞争更加激烈。据《2004年洛桑报告》，2004年的我国科技综合竞争力比2003年有所提高。2000年以来，我国的国际竞争力排名一直在第24～26位之间徘徊，2003年一度降到第29位。2004年的排名是第24位，比上年提高5位。对中国科技界来讲，弘扬民族精神的最好行动，就是围绕提高我国的科技竞争力，切实推进各项科技事业的发展。

一是大力鼓励科技创新。创新是一个民族屹立于世界先进民族之列的主要标志。中国古代的灿烂文明之所以受到世界敬仰，就在于我们的先人在当时取得了灿若星辰的创新成果，为人类文明做出了重要贡献。近百年中华民族的屈辱史表明，没有创新就要落后，落后就要挨打。在21世纪，要实现中华民族的历史复兴，必须通过科技创新，以科技创新成果促进经济、教育、文化和国防发展。要围绕有利于创新的原则，设计或调整科技政策和科技管理体制，加大科技投入，激发广大科技人员的创新精神，让古老的中国重新成为充满创新活力、创新成果不断涌现的国度。

二是促进高新技术的研发和产业化。高新技术产业具有高投资、高风险、高势能、高效益特点，是未来产业的制高点。当前，要继续强化科技园区的建设与发展，探索企业、大学、研究院所在科技园区的有效结合形式；要大力扶植民族高新技术企业的发展，推动企业迅速成长，走向世界；要为高新技术产业创造良好的发展环境，鼓励民间风险资本进入高新技术产业；要继续扩大开放，引进、消化、吸收国外高新技术产业的资金、信息和先进管理经验。

三是加强基础研究。基础研究的实质是增长知识，而技术开发则是知识的应用，基础研究是技术开发的源泉。基础研究内含的科学精神、科学理性和科学方法深刻影响了人们的精神状态和思维方式。就像诺贝尔奖一样，重大的基础研究成果已成为衡量一个民族、一个国家科学发展水平的标志。基础研究成果属于精神文明，基础研究投入难以产生明显的经济回报。但基础研究关系到民族威望和社会的根本利益，支持基础研究应成为"国家职责"（National Responsibilities）。

### （三）科学理性与当代民族精神建构

科学理性概念可以从广义和狭义理解，广义的科学理性是指人类认识自然规律时形成的一种自觉、有目的、有意识的主观心理活动；狭义的科学理性是人们经过长期科学教育或科研训练所形成的逻辑思维能力和认知模式。这里讨论的主要是指狭义的科学理性。

科学理性体现了主体尺度与客体尺度的统一，主观理性与客观理性的统一，

*271*

工具理性和价值理性的统一，主体需求与价值生成的统一。① 在当代，倡导科学理性对民族精神建构具有重要意义。

### 1. 科学理性的主要内容

有关科学理性的讨论主要集中在科学哲学、科学方法论和科学史学。在文献中，常将科学理性表述为"在科学看来"、"科学的"、"从科学角度"或"科学家认为"等。为便于讨论，这里也将科学理性按习惯表述。

概括起来，科学理性包括四方面内容。

一是重视逻辑推理和形式化。逻辑推理是科学家必需的思维品质，科学家应用的所有科学方法都贯穿了逻辑推理。科学家认为，理论只有符合逻辑，描述的对象才可能存在，才可能真；否则，就不存在，就是假。当然，符合逻辑的不一定真，但不符合逻辑的一定假。

二是描述、解释和预测。科学家研究自然的目的是要描述自然、解释自然和预测自然，即要解决自然界"是什么"、"为什么"和"怎么样"问题。描述自然是研究的起点，应通过观察、实验，搜集信息，积累科学事实，用"思维剃刀"将研究对象从纷繁复杂或浑然一团的自然整体中剥离出来，用概念框架在研究对象各部分之间建立联系。这样，使研究对象进入思维中，成为能够用语言表达的清晰客体。解释自然是在描述自然的基础上，探索自然表象的内在本质，即用因果联系解释自然规律与外在表现。预测自然是根据认识的规律，揭示自然界未来的变化。

尽管哲学和宗教也用自己的话语体系进行描述、解释和预测，但科学与哲学、宗教的最大不同是，科学的描述、解释和预测遵循严格的逻辑推理，必须用观察、实验检验，用科学哲学家波谱尔的话讲，就是能够被证伪。

三是明确预设、建构理论。预设不证自明，是已知的知识（如数学的公理），科学研究以预设为起点，根据新的科学事实，通过逻辑推理，建构起有关研究对象的知识体系，即科学理论。科学理论内部由一些核心概念构成，核心概念之间具有相容性，可以互相说明，即存在逻辑联系。如果将科学理论喻为一张网，网上的"结"就是核心概念，"结"与"结"之间的网线就是逻辑联系。

四是强调可重复性、可检验性。科学命题陈述的内容都是可重复的，即只要边界条件确定，命题陈述的自然现象可重复出现。可重复性包含了命题的可检验性。一般意义上讲，观察、实验是检验科学命题真伪的权威标准。但由于受观察条件和实验条件的限制，有些命题无法用观察、实验检验。这时可以对命题进行逻辑检验，不符合逻辑推理的命题，肯定为假。爱因斯坦常用的理想实验方法，

---

① 陈军科：《理性思维：文化自觉的本质特征》，《北京师范大学学报》（社会科学版）2003 年第 5 期。

就是在思维中构造一个实验场景，通过逻辑推理对命题进行检验。另外，可检验性含义还包括，尽管现实条件下不能检验，但理论上可以检验。

### 2. 科学理性与人文理性比较

理性作为人类生存的智慧与知识，最初体现在神话、宗教、哲学之中，后来随着实践形式的分化，尤其在自然科学和人文科学领域相对独立后，才逐渐分化出科学理性和人文理性。[①] 人文理性也是一种主观心理活动和认知模式，"是生命意义和社会价值的灵魂，它不仅构成人的生命内在光辉和超迈性质，而且构成社会和谐发展的文化地基和一个民族的价值认同"[②]。

科学理性和人文理性是一对范畴，它们之间有交集，但更有区别。这里，用物理学代表科学理性，用诗词代表人文理性，来比较二者的区别。

物理学强调抽象思维。伽利略做了一个小球斜坡实验，让小球在 U 形斜坡中自由来回滚动，最后小球在 U 形斜坡底部停止。伽利略判断，小球停止滚动是因为受到空气摩擦和斜坡壁面摩擦。伽利略从这一现象抽象推断，在真空中，在绝对平滑的壁面上，小球将在 U 形斜坡中永远来回滚动。对此，牛顿再一次抽象：在 L 形斜坡，小球在斜坡底部有一个初始速度，如果在真空和绝对平滑的平直面，小球将做匀速直线运动。从小球 U 形斜坡底部停止滚动现象，伽利略和牛顿却抽象出著名的物理定理。与物理学强调抽象思维不同，诗词则强调形象思维，如白居易《琵琶行》的"大弦嘈嘈如急雨，小弦切切如私语。嘈嘈切切错杂弹，大珠小珠落玉盘"。又如李商隐的"春蚕到死丝方尽，蜡炬成灰泪始干"。

物理学强调逻辑性，这方面例子比比皆是。但诗歌允许非逻辑，如果用逻辑性标准去批评苏轼的"我欲乘风归去"，就会认为人的密度远远大于空气，因此"我"不可能"乘风归去"，只能掉下来。当然，没有人会这样批评，除非承认自己不懂诗词。同样，如果有谁用逻辑推理判断"心如刀绞"和"倾盆大雨"不真实，那只是暴露自己"没文化"。

物理学追求真，但诗词追求善、美和"言志"。从"安得广厦千万间，大庇天下寒士俱欢颜"中，读到了杜甫的善良的心。从"大江东去，浪淘尽千古风流人物"中，看到苏轼描绘的壮美的历史画卷。岳飞的《满江红》："怒发冲冠，凭栏处、潇潇雨歇。抬望眼，仰天长啸，壮怀激烈。三十功名尘与土，八千里路云和月。莫等闲、白了少年头，空悲切。靖康耻，犹未雪；臣子恨，何时灭？驾长车、踏破贺兰山缺。壮志饥餐胡虏肉，笑谈渴饮匈奴血。待从头、收拾旧山

---

① 任雪萍：《科学理性及其双重效应》，《安徽大学学报》（哲学社会科学版）1998 年第 6 期。
② 王岳川：《科技的兴盛与人文理性的重建》，《民主与科学》1997 年第 5 期。

河，朝天阙"。这首《满江红》表达了民族英雄岳飞忧国报国的壮志胸怀，迸放的浩然正气和英雄气质感染了千千万万人。

物理学强调客观实证，而诗词追求内心体验。在陈子昂的《登幽州台歌》中，"前不见古人，后不见来者，念天地之悠悠，独怆然而涕下"。作者登高远望，苍穹无垠，茫茫的宇宙中，个体的人显得何等的渺小，渺小得像一粒微不足道的尘埃，随时会随风飘去，不知飘向何方？这时，一种极度的渺小感、孤独感油然而生，于是，作者才"怆然而涕下"。这是一种特殊场景的情感体验。但在另外的场景中，如在推杯换盏的酒宴上和熙熙攘攘的菜市中，就不会产生这种体验。

科学理性和人文理性代表了两种认知模式。科学理性追求物质世界规律性的认识，并以此指导人们改进劳动工具、完善劳动手段，丰富物质产品，不断提高人们的物质生活水平。人文理性追求人类精神世界规律性的认识，以理想信念、道德情操等观念形式，引导人们对自身价值的关注，从而在精神世界实现人的尊严和价值，不断提高人的精神境界。科学理性和人文理性是民族文化中不可或缺的组成部分。一个民族缺乏科学理性，那将是孱弱的民族；一个民族缺乏人文理性，那将是野蛮的民族。因此，在当代民族文化建设中，应同时培育科学理性和人文理性。

### 3. 科学理性对当代民族精神建构的意义

在中国古代，知识分子的最高价值追求是治国、平天下。而治国、平天下的内涵是对人的管理，是处理各种人与人的关系。在传统文化看来，经济、社会发展"盛世"的到来，主要依靠明君和大臣的有效治国方略，而不是依靠科学技术进步。其中，"休养生息"尽管有发展生产、促进经济增长之意，但发展生产、促进经济增长的动力也不是源于科技进步，而是源于减免税赋、改变财富分配方式、提高生产者积极性。传统文化对科学技术并不重视，科学技术被视为奇技淫巧，不入主流。公认的知识分子"雅好"是琴棋书画，而不是观察自然现象、探索自然之谜。沈括、徐霞客、李时珍的社会评价远远低于科举考试中的状元、榜眼和探花。由于科学技术不被重视，科学理性得不到张扬，求知、追问被贬为"钻牛角尖"、"认死理"。这样，在传统文化结构中，人文理性和科学理性极度不均衡，是典型的"重文轻理"。

"五四"新文化运动以来，科学技术在中国的地位开始提高。今天，"科学技术是第一生产力"已成为社会的共识。但应当看到，人们主要是从发展经济需要科学技术支撑的角度来理解科学技术的重要性，即看重科学技术的经济功能。显然，这种理解远远不够。实际上，科学技术的作用评价可分为三个层次：即对自然变革的效果评价，认知模式评价，对价值观变化影响的评价。

当代民族精神建构的重要内容就是在价值观和认知模式中融入科学理性。

在民族价值观方面，要看到科学理性是人类文明高度进化的产物，每一种民族文化中都内含科学理性，差异只是含量不同。中华民族文化内含科学理性，这是没有疑问的。否则，就无法解释中国古代何以有众多的科学发现和技术发明。但与西方民族相比，中华民族文化的科学理性含量较低。对这方面，"李约瑟难题"解答和"科玄论战"中有不少中肯评价，这里不再赘述。因此，在当代民族精神建构中，应继续沿着"五四"新文化运动指引的方向，更加尊重科学理性。

在民族认知模式方面，科学理性对提高全民族的认知能力具有重要现实意义和深远的历史意义。20世纪50年代之所以出现浮夸风，喊出"人有多大胆，地有多高产"的口号，在"文化大革命"中出现全民畸形政治狂热，其中一个重要原因就是民族认知模式中科学理性含量太少，导致了多数民族成员认知能力弱化。人们不能从科学理性视角判断事物，而只是盲从权威。甚至还出现少数人秉持科学理性提出的观点却受到多数人的错误批判，在真理和谬误的竞争中，真理被"逆淘汰"。这是科学理性的悲哀，也是全民族的悲哀。粉碎"四人帮"后，颠倒的真理被重新颠倒过来。20世纪80年代，"决策科学化、民主化"的意识得到社会的广泛认同，标志着科学理性作为一种认识模式再次被重视。经过20多年的宣传教育，科学理性正融入民族认知模式中，强化了民族认知能力。

需要指出的是，在民族价值观和认知模式中，科学理性不能取代人文理性。科学理性不可能将丰富、生动的政治生活、经济生活、文化生活乃至个人精神、心灵和道德都变成操作对象，变成逻辑程式和操作程序。因此，在当代民族精神建构中，倡导科学理性，并不意味排斥人文理性。

**4. 科学理性融入当代民族精神的路径**

作为一种逻辑思维能力和认知模式，科学理性广泛渗透在科学家的研究活动中，渗透在科学理论、科学方法和科学知识中。科学理性要融入民族精神，成为多数民族成员自主意识和思维方式的一部分，必须通过一种转化机制，耳濡目染、潜移默化，将表象和经验层次的认识逐渐抽象上升到方法论和价值论层次。换言之，科学理性融入当代民族精神主要通过一些长期化、组织化和社会化的科学宣传活动。

概括起来，这些科学活动有三种。

一是科技奖励。在默顿指称的"科学奖励系统"中，包含了广义和狭义两种科技奖励。广义的科技奖励泛指各种对科技人员的鼓励和赞许，如颁发奖状、出光荣榜、报道先进事迹，通报表扬、发贺信、发奖金、提级晋升、组织疗养等；狭义的科技奖励是由专门组织定期实施，已形成社会建制的奖励活动，如

"国家最高科学技术奖"、"国家自然科学奖"、"国家技术发明奖"和"国家科技进步奖"。实施科技奖励的意义、目的是呼唤全社会对科技发展的重视。在科技奖励中，科技人员内在的科学方法论思想通过具体的科技成就外化，通过反复宣传，逐渐被一般社会公众感知，内化为自己理解的认知模式。

二是科学教育。科学教育包括专业教育和面向社会公众的科学普及教育。专业教育应在传授科学专业知识的同时，也应配套传授科学史、科学规范、科学方法论和科学哲学的知识。让学生能从历史、社会学和哲学的视角审视科学、反思科学，领悟科学理性。这样，随着科学教育事业发展，专业学生规模扩大，具有科学理性的民族成员越来越多，最终导致全民族科学理性水平的提升。科普教育内容广泛、形式多样。科普教育的内容与专业教育类似，也包括专业知识、科学史、科学规范、科学方法论和科学哲学，只是表述强调"深入浅出"；科普教育的形式包括读物、讲座、宣传张贴画、电视、广播、电影、DVD 等。当代科学呈现了分化和综合的发展趋势，所有民族成员，即使是受过科学专业教育的人也需要了解其他科学专业的发展。而这种"了解"多数是通过科普教育。因此，科普教育也是提升全民族科学理性水平的重要途径。

三是推广科技成果。科技成果的广泛应用，极大地丰富了社会的物质文明，深刻地改变着人们的生产方式和生活方式。人们从吃穿住行中，处处感受到科技的存在，看到科技的力量。人们在享受科技成果带来的物质文明时，其实也是接受了一种"无言之教"，存在迟早会引起意识的改变。人们只要看到洲际导弹、人造卫星、计算机、数控设备和核能发电装置，不用多说，"无言之教"会使他们对科技认识更加深刻，这正是"一个产品胜过一堆书"。科技成果及其产品属于科技文化的一部分，凝聚着科学理论、科学方法和科学知识。如在网站下载一篇文章，就凝聚了当代网络理论、服务器、文字符号的数字化、信息储存与传递等相关理论、方法和知识。因此，当代科技产品的普及，会推动科学理论、科学方法和科学知识在全社会普及，从而间接催化科学理性融入当代民族精神。

# 第四编

# 国际篇

# 第十一章

## 比较与融通：
## 民族精神的比较研究导论

"**只**有民族的，才是世界的"。同样，民族精神研究也应当拥有国际化的视野，在与其他优秀民族的比较中看到本民族及其精神状态的优势与缺失，并通过与其他民族的互动，推动本民族精神的不断发展与创新。

### 一、开展民族精神比较研究的必要性

关注民族精神的比较与融通问题，是一种社会的需求。中国的事情只有依托于世界的大背景才能看得更清楚，中国特色的社会主义现代化建设需要有世界性的定位。而这种定位系统中，无论是对中国问题的研究还是对世界问题的研究都一定需要比较研究。有学者说过，没有一种真正的学术研究是不比较的，也就是说，所有的学术研究都在进行比较，如历史比较、人物比较、著作比较、理论比较、实践比较等。比较是一种非常普遍的方法。我们要澄清一个概念就要把它同其他的概念相对照，我们要搞清楚一个人物就要把他和他的同时代人物加以比较；研究中华民族精神更需要有一个广阔的和世界性的比较背景。

但客观来说，民族精神的比较研究难度非常之大，它不同于一般意义上的文化比较和哲学比较。文化比较中有比较直接现实的东西可以把握。每个人生活在文化之中，每个国家都有自己的文化特色，每个地区都会形成自己的文化发展方向。因此当我们进行文化比较时可以找到比较清晰、客观、直接、明了的对象。当我们进行哲学比较时，我们根据哲学家所撰写的哲学著作或论文进行各个方位的比较。

*279*

而民族精神有一种既看不见、摸不着，又无处不在、无所不有的特点。民族精神存在于何方，民族精神以何种方式得以存在和表现，这本身就是需要厘清和探讨的问题。因此民族精神的比较研究比较困难。如何才能进行真正意义的民族精神的比较研究而使之不流于形式？这个问题还没有得到很好的解决。例如，研究俄罗斯民族精神，圣彼得堡可以看做一个重要的研究对象，那里有很多体现民族精神的东西，如圣彼得堡城市的设计就体现了彼得大帝的理想和精神，也是彼得大帝精神的现实化。彼得大帝在他的统治时期将俄罗斯首都从莫斯科迁到了圣彼得堡，并按他的理想设计了这个城市。这个理想渗透了他对西方文化的向往，尤其是他对意大利文化、威尼斯城市的向往。在这个意义上，从圣彼得堡的城市建筑及其理念中至少可以部分地看到俄罗斯的民族精神。但这些是否真的就是俄罗斯的民族精神呢？因为我们直观看到的毕竟只是历史遗留的死建筑，如何去观察和理解其中渗透的真正的文化内容呢？如何证明我们由此所理解的俄罗斯民族精神就是当时的俄罗斯民族精神呢？又如，我们也可以通过访谈来了解一个国家的民族精神，但访谈只能直接地面对一个学者，而不同学者们对很多问题的看法相去甚远，我们如何识别哪些学者的看法代表了一个民族的民族精神，哪些又不是呢？由此可以看到，比较哲学、比较文化问题是很难简单说清的问题，学术界也存在着很大的争论，其中最大的争论点就是比较研究的合法化问题，对于这个问题的探讨构成了比较研究的前提性问题。

## 二、超越民族精神比较研究中的误区

俞吾金教授曾经谈到过文化比较中的三个误区，那就是随意性、简单化和无根基点。这从另一个角度说明了比较研究的困难。例如，中国的哲学家庄子讲逍遥，西方的哲学家萨特讲自由，能不能对他们做比较研究呢？对孔子与马克思，道与 logos，亚里士多德与老子等，能不能比？怎么比？这都是有争议的问题。不论是中国的学者还是西方的学者，他们在进行比较研究时对一些问题的判断都可能带有随意性、简单化的倾向。我们比较尊重的一些学者，比如说梁漱溟先生在《东西方文化及其哲学》[①] 一书中提到：西方文化以意欲向前要求为其根本精神，中国文化以意欲自为调和持中为其根本精神，印度以意欲反身向后要求为其根本精神。[②]这是不是准确呢？陈独秀先生在《东西方民族根本思想之差异》[③]一书中指出：西洋民族以战争为本位，东洋民族以安息为本位；西洋民族以个人为本位，东洋民族以家庭为本位；西洋民族以法制为本位，东洋民族以情感为本

---

①② 　参见梁漱溟著：《东西方文化及其哲学》，北京，商务印书馆 1999 年版。
③ 　参见陈独秀：《东西方民族根本思想之差异》，原载《青年》第 1 卷第 4 号，1915 年 12 月 15 日。

位；西洋民族以实利为本位，东洋民族以虚利为本位。然而生活中是不是都是这样呢，这是值得反思的。比如说西方国家是否都好战呢？至少我们看到，西方的瑞士是永久中立国，永不参战。康德的《论永久和平》一书被认为是反战思想的永久圣经。是否东洋民族都以安息为本而不好战呢？至少我们看到，东方的日本曾经多次挑起过战争。还有人说，西方是个人主义，东方是集体主义；西方是契约文化，东方是血缘文化。这听起来有道理，但不一定能够经得起仔细推敲。因此，当我们谈论民族精神的时候要特别谨慎，切忌随意性和简单化的倾向。一旦简单化和随意性了，比较研究就难以令人信服。我们认为，在东西方文化碰撞中存在一种"文化围城"现象，这种围城现象在比较哲学与文化研究中也是广泛存在的。[①] 为了能够更好地理解和超越这种围城，我们应当特别关注比较研究的方法论问题，切实搞清楚比较研究在什么意义上才是必要的、可行的、合理的，如果我们不能对这些前提性和方法论问题有足够清晰的认识，就会陷入到随意性和简单化的比较研究倾向中去。

## 三、反思民族精神比较研究中的几个前提性问题

正是有感于比较研究中随意性和简单化的倾向问题，我们有必要进一步讨论以下三个方面的问题。

### 1. 民族精神比较研究的必要性

（1）全球背景下的文化碰撞，特别是民族精神碰撞迫使每个自觉的民族去了解、学习其他民族。全球化是一把刀、一个场。全球化作为一个场将原本生活在世界的各个特定地域的民族集中到了狭小的全球性地域空间。各具特色的民族文化原来在各自的领域内发挥着作用，但是现在不得不相遇了，而且是在一个密集的空间里、一个紧迫的时段中相遇了。我们今天在同样的空间中感到的时间压力和在同样的时间内所感到的空间的碰撞，它们的密度和程度都超过了历史上的任何时期。民族文化之间的差异变得更加明显和突出，而民族文化之间的矛盾则变得越来越尖锐。正是在这种意义上我们有必要了解、学习他民族文化，尤其是民族精神。之所以说全球化是一把刀，是因为它以自愿的方式砍杀着、阉割着各民族文化的特色，或者说是以一种西化的方式迫使着各民族自觉或不自觉地放弃差异性，走向同一性。全球化是以英语为工具、以资本为主体来推动的。以英语化、资本化为主导的全球化对于所有的其他民族无疑都是一场严峻的挑战。这种挑战不仅是在外部文化样态上，尤其触动着各个民族的精神内核，这就是民族精神。

---

① 欧阳康：《文化围城及其超越》，《江苏行政学院学报》2003 年第 1 期。

（2）对民族精神发展方向的自觉研究。从总体上看，比较研究是弱势群体向强势群体学习的必经之路。比较研究在 20 世纪成为中华民族先进思想家们关注的重要问题，正由于他们对于现实状态的不满，正在于他们要努力寻求未来发展的合理道路，因此要开展比较。现今比较研究做得比较多的国家一般都是落后国家。当然，如果是一个不思进取的民族也不需要比较。而对于一个落后又急于谋求发展的国家，比较研究显得尤为重要。比较是为了发展，因此在比较中人们一般只会和先进者比，不太会和落后者比。比较研究在当今中国引起普遍的重视，正在于今天的中国有一种特殊和开放的心态，要积极地谋求发展。

（3）跨文化交往层次的自觉提升。我们过去的国际文化交往很多是表象性的。比如我们学习西方的礼仪、工业、生活，也就是器物的现代化。从一定意义上说，我们学习西方的器物现代化方面已经达到了较高的程度。但在学习科学精神和民主精神方面则还有很长的路要走。而文化交往中更重要的是精神的交往，即实质性学习，尤其是精神的碰撞。这种实质性的学习对于今天的中国显得格外迫切，更不用说我们还面临着文化的围城、精神的围城。

（4）对于中华民族来说还面临着如何提升与培育民族精神的问题。我国近年来提出了"培育与弘扬民族精神"，并将其作为一项自觉的任务，这本身就是中国社会的一个相当重要的进步。近代以来中华民族的落伍，核心是民族精神的衰退。1840 年以来中华民族在精神气质上可以说是节节败退，精神状态空虚，留下了很多的遗憾与问题。改革开放以来取得了巨大的成就，但在精神生活中确实还存在许多问题，也有一个根据新的条件来更新、充实和发展民族精神的问题，有一个如何在全球化的背景下提升和改造自身的精神世界的问题。这就需要做国际性的比较。

**2. 比较研究的可能性**

比较研究的可能性问题，重要的在于如何超越"围城"。在民族精神的比较研究中，一方面要着力超越西方中心主义、欧洲中心主义、美国中心主义、中国中心主义、传统中心主义等，另一方面我们还要进行三个方面的储备。首先是知识的储备。进行比较研究是一项非常艰巨的工作，要求对比较的双方甚至多方有清晰的了解和把握。其次是方法的储备，要有进行比较研究的恰当可行的方法论。最后是比较中价值预设的问题。我们往往带着既成的价值理念去论证某个命题，这往往会犯错误，脱离对象的实际。在一定意义上可以说，当我们提出开展比较研究时，实际上也是对自己的知识、方式、思维体系的一种全面反思和提升。

**3. 比较的内容**

比较什么？一种真正有价值的比较可以从以下方面展开。

（1）比较民族精神的历史渊源，也就是开展寻根比较。哲学研究的本质在于寻根究底、追踪溯源，比较研究也同样负有这种使命。任何真实的社会文化现象都是在一定时间和空间中的存在，都有它发生的历史渊源、演变的历史进程、空间状态、内容的特性等。两种或多种文化的差异是在历史中形成的，一定有其历史的根源，只有通过寻根比较才能找到它们之间的异同的历史之根。因此，比较研究首先应当寻根溯源。

（2）比较民族精神的生存基础。比较研究中切忌表象性和直观性，对于民族精神的比较研究更是如此。一定的民族精神产生于一定民族的生产方式和生存样态。民族的生产和生存方式孕育了他们的精神状态，承载和表达着一定的民族精神，而民族精神又现实化到生活方式、生产方式、思维方式、情感方式之中。对民族精神的比较一定要重视不同民族的生存论基础。离开了生存论基础的比较则是一种无根的比较，很难拿出任何有说服力的材料。

（3）比较民族精神在其历史演进中获得重大发展的关节点，也就是要关注民族精神演进历程中的重大事件，尤其是历史转折点。一定民族的精神状态会随着民族所遭遇的重大历史事件而发生相应的变化，对于重大历史事件的理解是把握民族精神的非常重要的方面。不同的民族在应对不同事件时会有不同的精神表现，并对民族精神的发展形成不同的结果。通过重大事件的民族精神比较分析可以更好地了解不同民族精神之间的差异性和相似性。例如，民族精神与民族国家的关系就值得研究。西方国家的民族精神是与西方民族国家的形成相伴相随的，中国与之不同的是中华民族没有经历这么一个环节。如何准确定位中华民族精神，这是一个难题，也是中外民族精神比较研究中的重要问题。

（4）比较民族精神的内容结构和价值取向。究其内容而言，民族文化是一种价值组合和价值体系，民族精神则作为其精神的表征也引导着一定民族的价值取向。相应地，民族精神的比较研究也应当重在把握不同民族精神的价值取向。不同价值组合取决于不同的场景、不同的条件和对象。以价值组合式的方式来看一个民族，可以看出在该民族的组合价值体系中的主导价值取向。不同民族之间的价值差异一定会通过其价值取向而得到表现。

（5）比较民族精神发展历程中的代表性人物。一定的民族一定会有自己的领袖。领袖的作用是多重的，最具有历史和时代意义的是他们对于民族意识的自觉和提升。因此，真正的民族领袖必然首先是民族的精神领袖。一个民族的先进思想家和政治代表人物在很大程度代表了一个民族当时的自觉程度和组织程度。

（6）比较一个民族在遭遇突发事件时的精神表现和应对能力。这是衡量不同民族的成熟程度的重要方面。

（7）比较当代各民族的生机与活力。比较研究有广泛的领域，以上各方面应当成为比较的主要内容或领域。

283

## 四、试比较若干民族的民族精神

### 1. 关于民族精神的历史渊源或对民族精神的发生学考察问题

瑞士学者皮亚杰认为，过去人们的哲学研究、认识论研究、心理学研究都有一个缺陷，就是只研究成人或成熟了的主体的思想和行为。他认为这种研究是重要的但又是不够的，还应当去回溯作为那些成熟了的主体的发生基础和成长机制，这样才能理解成熟的主体和他所从事的各项活动。他的《发生认识论原理》讲到了发生学的方法。发生学的方法是一种历史溯源的方法。它把人的成长看做一个由无知到有知，由不自觉到自觉，由低级到高级的不断自我学习、自我塑造、自我提升的过程。而民族的产生、存在和演变也是这样一个过程。民族的发展不仅仅是自然的历史过程，还包含着不断的自我塑造和自我提升。个体的发生在民族的发生中有一个重演律，即个体的发生和民族的成长实际上以浓缩的方式重演着人类、民族演化发展的历程。所以民族精神的研究应该有个溯源的视角。

从历史的角度来探讨民族精神的源头问题，有一个重要的问题，即人类文明发生的源头到底是一源的还是多源的。只有承认人类文明多源发生，才有利于仔细寻找不同民族精神的历史源头。有一些西方学者青睐东方文化，由忽视和贬低中国文化、东方文化，转向东方寻求智慧的源泉，对东方文化褒奖有加。我们感谢西方学者对于东方文化的关注和青睐，但不希望看到他们对于东方尤其中国文化的简单化理解和功利主义态度，那样搞得不好就会造成对东方智慧的误解，而且带来他们对东方文化的失望。我们认为，人类文化的源头不可能是单一的，至少从历史的角度我们已经看到了四大文明源头：古巴比伦、古印度、古埃及、古代中国。人类文明是多元的。人类文化既有内在的统一性、相关性，又有着地域的差异性和人种差异性，这样才使得人类不同文化之间的交往成为必要和可能。今天我们许多民族之间的差异性都应当从历史中找到它们的根据。至少可以从中国哲学与文化历史渊源和希腊哲学文化渊源的比较中找到。例如，古代希腊是一个多神教的国家。神话学家、历史学家告诉我们，这就是西方文明的秘密，是西方文化为什么会崇尚自由、尊重个性的一种历史根源。中华古代传说的神话学解读告诉我们，中国古代的神话基本上都是史实性的神话。我们过去的神话传说无非是一些历史发展的过程和阶段的形象化描述，我们所尊敬的神无非是古代先民中的代表性人物的集中和提升。所以对民族精神的认识要有一个发生学意义上的考察。对民族精神的源头性回溯有助于加深对于民族精神及其差异性的根源性理解。

### 2. 民族精神与民族国家之间的特殊关系

中华民族自秦始皇统一六国开始就形成了一个统一的国家，但民族精神在何时形成是一个值得探讨的问题。而西方民族的民族精神是在民族国家形成的过程中得到提升和强化的。有三个方面的因素非常重要。一是古希腊罗马文化精神的传承；二是宗教精神及其改革；三是现代化价值因素向民族精神内涵的转换。

以英国和美国为例。在一般人的眼中，英国是个有绅士风度的国家，但从历史的角度看，这是与英国革命的不彻底性相联系的，而大不列颠民族精神中又蕴涵着民主的和革命的现代因素。从总体上看，大不列颠的民族精神大体上包括了如下几方面的成分：①残余的贵族气质。英国革命是妥协式的革命，君主制的一些东西一直保存到现在，如今女王仍然是英国最高元首，尽管是名义上的。长期贵族统治的因素仍然遗留在英国人的血脉中。保守主义能够长期统治英国，从一个侧面说明一些问题。保守主义要求"不走极端"，这就是英国的历史经验和教训。革命都是如此完成的，更无须说其他的事情。②清教伦理精神。清教与天主教之不同在于破除了严格和烦琐的教规，适应了生产发展进步的要求，反对奢华、浪费、纵欲，建立了节俭、节制，强调关心他人的清教。马克斯·韦伯说，清教伦理孕育了资本主义精神。③现代化的价值要素成为大不列颠民族精神的内在组成部分。笔者认为现代化包含六大价值要素：理性化，为了张扬人性反对神性，因而强调理性，培根的"知识就是力量"，笛卡儿的"我思故我在"，都强调人的理性对于人的自主存在的证明和价值；工业化，利用科学技术发展大工业生产，科学精神成为民族精神的内在要求，这是为何英国人能走向实证主义的一个原因；市场化，大工业机器生产需要大市场、国际市场，而市场交易又要求平等权利；都市化，要求改变生产方式的同时，改变居住方式、生活方式，使农村人口转变为城市劳动力；民主化，要求建立能够保护资产阶级的财产体系并与之相应的民主政体；法制化，要求建立能够保护资产阶级民主政体的法律制度。这些价值都通过英国的工业革命和社会革命而转化为大不列颠民族精神的内在组成部分。

而美国的民族精神包含如下五个要素：①欧洲殖民文化的痕迹。在历史上，北美是欧洲宗主国的殖民地，欧洲传统是美国文化的历史基础，有一种血缘型的传承。②宗教改革和清教伦理的影响。美利坚民族同英国与欧洲国家一样受到了宗教改革和清教伦理的影响。而且当时大量的受迫害的清教徒到北美大陆去发展，也带去了他们的社会理想，他们对于自由的向往，他们所具有的勤俭节制、互助合作这些非常好的价值、习惯和道德。③现代文明的全新建构。美国在这方面又大大优于英国，美国历史上没有严格的贵族制，也没有不彻底的革命留下的不良痕迹。所以它可以在全新的基地上建立起一个完全意义上的三权分立的政治体制、社会经济体制和相应的文化体制。这些体制的建构尤其得益于美国的丰厚的资源。④特殊的法律原则。在新的政治体制与新的法律体制间保持一致性。有的人概括美国的法律原则，尤其是在开发西部中的法律原则有：多数决定原则，形成团队以多数人的意见为转移；优先占有原则，先来先到，这也促使了美国人今天不甘落后的心态和革命、开放的精神；法律至上原则等。⑤实用主义哲学成为美国社会的重要精神支柱，如美国著名实用主义哲学家皮尔士、杜威等都有很大的影响。实用主义是美国社会能够走到今天的重要精神支柱。

**3. 民族精神的生存基础问题**

探讨民族精神的生存基础，至少应当提到以下几个方面：

（1）民族精神的生产基础。例如，中国注重农业生产，必然较多地受到自然气候和已有经验的影响，在精神气质上相对来说会更尊重历史，但也可能会显得更加保守，容易关注自然而忽视人的自主性和创造性。中国人讲"天人合一"，讲得最多的是天，尊重的主要是天意。

（2）民族精神的生活基础。生活状态决定人们的思想状态。在某种意义上可以说，生产是社会性的，生活是个性化的。而只有个性化的生活才能造就个性化的思想。在这方面我们过去有所忽视。

（3）民族精神的社会制度基础。人的社会性要通过社会组织来实现，人的社会关系要通过制度来体现。而精神只有制度化才能保证精神的长期存在和延续。

（4）民族精神的思维构架。生存论意义上的生存实际上是人的自觉生存，而自觉生存意味着人们要以一定的方式来观察世界、思考世界，来做出自己的判断、决策。不同民族会形成一定的具有特色的观察与思维方式。农耕民族容易产生循环论的思维方式，这些恰恰是妨碍中华民族创新精神的值得关注的方面。

（5）民族精神的价值基础。民族精神的核心问题是价值导向。在多样化的世界里必然面对着多种价值的冲突与碰撞，一个民族做出何等选择，决定着一个民族未来的发展。不同的民族有不同的选择方式，带来民族发展的不同方向。例如近代以来的中华民族就面对着高度现代化的西方世界的挑战，传统价值与西方价值之间的激烈碰撞，产生了巨大的思想困惑。

从总体上看，中华民族从近代以来面对现代化的挑战，在思想、精神上的演变大体上经历了六个阶段。第一个阶段是畏惧现代化。大概从1840年到19世纪末，中国在帝国主义的入侵中被西方人的洋枪洋炮打得落花流水，中华民族的自尊心受到了严重的伤害，产生出对于现代化的畏惧心态。现代化是人类文明的极大进步，中华民族本来应当借助于现代化来发展和提升自己。但现代化不是作为朋友，而是作为敌人或敌人的伴侣来到中华民族的身边，就使得中华民族在感到民族屈辱的同时也产生出对现代化的抵触和畏惧，从而妨碍了中国的现代化进程。在这种情况下，现代精神也很难被积极自觉地纳入到中华民族精神之中。第二个阶段是追寻现代化。从辛亥革命到"五四"运动前后，一批先进的思想家们要求民族的振兴，要求走西方现代化的道路，高举科学与民主的旗帜。但非常遗憾，它们仅仅成为了先进思想家的话题，而没有来得及成为时代的主题，更没有成为全民族的共同追求，民族精神有所提升但没有来得及普遍化。第三个阶段是远离现代化，时间大概是从1927年国共关系破裂到1949年。这段时间中国由于国共关系破裂而打内战，后来日本帝国主义入侵，中华民族的国家主权和民族独立都发生了危机，这个时期谈不上搞现代化，也谈不上对民族精神的特殊整合和创新。当然这个时候也激发了中华民族的革命精神和抗日精神，但从民族精神的现代建构而言我们也错过了一段时间。第四个阶段是误解现代化，时间大概从1949年到1966年。中华人民共和国成立后，中国人民感到了前所未有的解放，但由于国际国内的严峻形势，也由于毛泽东同志的一些失误和对现代化的误解，中华民族没有能够利用这个机会有效地发展自身，急于现代化，搞"大跃进"，在思想上产生了"左"倾盲动。第五个阶段是排斥现代化，时间是在1966年到1977年。十年"文化大革命"期间，在很大程度上是对中华民族的民族精神的一种自我摧残。所谓文化大革命，实际上是大革文化的命，革了中国历史传统的命，割断了民族精神的历史命脉。在与帝国主义和修正主义的斗争中，我们的思想变得格外的封闭，我们基本上将世界上的所有其他文明类型都拒之于国门之外。我们自以为手中有马列主义，但又陷入对于马克思主义的误解。在这种复杂局面下，中华民族精神没有能够正确地引导中华民族的正确发展方向。当然这个时期我们在困难的国际条件下谋求独立，也发展出了"大庆精神"、"铁人精神""两弹一星"精神等。第六个阶段是1978年以来，中华民族在丢掉了一个半世纪的机会以后，重新找回了自我。20多年来，以真理标准讨论为契机，中华民族前所未有地激发了自己的独立性和创造性，这是一次革命性的变化。中华民族在20多年内所取的成就让世界上所有的国家都瞠目结舌。中华民族精神正是在这种背景下引起了世界的普遍关注和重视。

### 4. 民族精神的基本内容和价值组合

中华民族民族精神的基本内涵是"以爱国主义为核心的团结统一、爱好和平、勤奋勇敢、自强不息的伟大民族精神"。为了更好地理解中华民族精神的内涵，笔者认为可以参照其他几个国家的民族精神。

印度民族精神的特点。印度哲学学会会长巴斯（Bath）认为，印度民族精神有四种古典美德，或者叫四种价值：美德、繁荣、爱、从轮回中得到解脱。印度人的个人性格中有五个要素：物质的、生命的、智力的、知识的、精神的。印度的民族精神要通过良好的生活方式而得到体现，它包括行为方式、认识方式和信仰方式等。

俄罗斯民族精神的多难选择。一些俄罗斯学者认为，今天的俄罗斯的民族精神面临着在三者之间的困难抉择：第一种选择是"沙皇俄国"的"千年俄罗斯"精神，这包含了"东正教、君主专制和人民性"。他们认为整个的苏联时代都是历史的曲折，现在要抛弃苏联时代，回到沙皇时代，要用沙皇时代所留下的"千年俄罗斯"精神来解决俄罗斯今天的问题。第二种选择是把苏联时期的思想继承下来，加以改造。他们希望继承和发展苏联时代好的东西并加以改造和发挥，以此来解决今天俄罗斯所面临的问题。第三种选择是西方精神，要搞全盘西化。叶利钦主政时期正是这样做的，但带来了俄罗斯社会的巨大震荡。普京总统倡导一种"新俄罗斯精神"，希望保存和发挥俄罗斯历史上的一切好东西，同时也向西方和世界各国学习，但又不照抄照搬，走一条自主的强国之路。

东西方的价值观比较。东亚国家的崛起带来了一种新的价值观，叫亚洲价值观（Asian Values）。有一个美国的日本问题专家做了一个亚洲价值观与西方价值观的比较研究。这个美国学者是大卫·希契科克（David Hitchcock）教授，他曾经在美国驻日本大使馆工作，长于亚洲和日本问题研究。在他的一部《亚洲价值观与美国：有多大的冲突？》[①] 一书中提供了对于美国人和亚洲人的调查材料，表明他们在个人价值和社会价值方面的不同取向。调查在美国、中国、日本、泰国、韩国、新加坡、马来西亚和菲律宾人中进行。调查者在社会价值方面提出了十四个选项：尊重权威、多数决定、爱护和谐、有序社会、社会权力、个人自由、向新思想开放、个人权力、多数意见、责任心、私下磋商、关心自己、言论自由、公开争论。美国人选择的前六个社会价值是：言论自由、个人自由、个人权利、通过公开争论解决政治争端、关心自我、公众责任；亚洲人选择的前六个社会价值是：有序的社会、和谐、公众事务的责任、向新思想开放、言论自由、尊重权威。调查者在个人价值方面提出了 12 个选项：自主性、努力工作、注意学习、诚实、服从家长、帮助他人、宗教信仰自由、自我约束、自我实现、个人成就、事业成功。西方人选的 5 个最重要的个人价值是：自主性、勤奋工作、生活中的成功、个人成就、帮助他人；东方人选择的是：勤奋工作、刻苦学习、诚实、自主性、自我约束等。

比较东西方民族精神的代表人物。最近有西方学者列举了世界上对人类最有

---

① David Hitchcock：Asian Values and the United States；How Much Conflict？（《亚洲价值观与美国：有多大的冲突？》）p4，The Center for Strategic and International Studies，Washington，D. C.，1995.

影响的 100 位人物，其中包括了中国的孔子、蔡伦、秦始皇、毛泽东、老子、杨坚、孟子等，还有俄国的彼得大帝、赫鲁晓夫等。

比较不同民族在应对突发事件时的精神表现。在"9·11"事件中，美国人表现出了强烈的凝聚力、互助精神、牺牲精神，当然其中也包括了一些华人。而每一个民族在自己的发展中都会遇到特殊的时刻，不仅仅是对所在个人的考验，也是对民族的考验。韩国在强化自己的民族精神方面非常典型。中华民族在面对"非典"疫情、1998 年洪水灾害和 2008 年汶川大地震灾难中都有上乘的表现。在一些特殊时刻不同民族的素质与风采会得到最好的表现。

## 五、加强民族精神的融通

如何在全球化的历史进程中融通民族精神？民族精神能不能融通？这是需要我们认真研究的问题。应该说，民族精神的融通与我们谈科技与人文的融通不太一样，但并不是不可能的。笔者认为最少在两种意义上可以融通。

第一，所有自觉的民族都会向他民族学习其优秀之点，把他民族的优秀的东西与本民族在实践中所创造出的东西进行融会。我们不应该把民族精神看成只是一种传统，应当看到民族精神也有在新的历史条件下再生的问题，再生中就包含着对其他民族精神的学习。全球化的进程中有很多东西是各个民族所共同需要和共同创造的，也会激发各个民族的精神创造力。从一定意义上可以说，当代资本主义就是由于受到社会主义的挑战和刺激，而不断地强化了它们的自我学习能力和自我超越能力，才展示出新的活力。

第二，每个民族在全球化的背景下确实都在创造着许多共同的东西，只要善于学习和创造，不同的民族之间就会有越来越多的共同语言、共同利益、共同文化，也会变得越来越相互支撑和相互依赖。比如对于中国，当前西方流行着两论：中国崩溃论和中国威胁论。听到类似的论调，一方面觉得刺耳和反感，但反过来想也不一定就是坏事，它从一个方面反映了中国经济的发展程度和国际对于中国经济的依赖程度。关于中国崩溃的问题，一方面我们自己要警惕，另一方面也从反面说明了中国经济的强大和国际化程度。如果中国经济在数量上是很小的，崩溃不崩溃，无妨大局，引不起别国的关心；如果中国经济是封闭的，即便崩溃了，也不会殃及他国，别人也不会在意。所以对于中国崩溃论，除了应当警惕鼓吹者的别有用心外，我们也可以从中看出一些别的东西。至于中国威胁论，实际上是表明了国际力量对比的变化，表明了中国的强盛。当然今天我们既还没有达到能够威胁他国的地步，而且我们也无意去威胁别人，更不必为此而烦恼。

我们应当继续保持开放的心态，继续向所有世界文明学习，专心做好我们自己的事情。为了做到这一点，我们应当有一种好的精神状态。培育和弘扬民族精神，就有可能在这方面发挥出意想不到的作用。所以我们谈提升民族精神，这不仅仅是一个意识形态的要求，也是中华民族伟大复兴的要求。民族复兴的核心就是精神力量的重塑和精神境界的提升。民族精神的比较研究应当能够为中华民族的复兴、为中华民族的精神提升做出应有的贡献。

# 第十二章

# 理性与激情：
## 多维视野下的欧洲民族精神研究

欧洲是西方文明的发源地，是现代文明的中心地带。在人类文明史上，欧洲大陆产生了诸如德意志民族、英格兰民族、法兰西民族、俄罗斯民族等一批对人类历史发生重要影响的民族。而从中华民族的近现代历史来看，欧洲一些重要民族都与中华民族发生了直接或间接的关联，对中华民族的历史和民族精神的培育具有不可忽视的影响。因此，从欧洲视野开展民族精神研究，对于培育和弘扬中华民族精神具有重要的理论参考和现实借鉴作用。本章主要以德意志民族、英格兰民族、法兰西民族和俄罗斯民族这四个民族为研究对象，在充分考察其民族精神的历史渊源、主要内容和基本特征的基础上，就其对弘扬和培育中华民族精神的意义进行阐释与展望。

## 一、德意志民族精神研究

德国精神与西欧文明是同源的，古希腊、古罗马是它们文化上的共同祖先。把握德国的民族精神，总揽德国政治历史的显像是首要的。

德国最为人熟知的民族特性是严谨，这种思维素质决定了德国人最擅长哲学事业。德意志民族精神的形成，哲学劳苦而功高：它一方面把在生活中沉默的民族精神激活在哲学里，另一方面也通过真善美的思索，给民族精神定航向。

### 1. 德意志民族精神的历史生成

对德意志民族精神的考察要从两个不同的视野展开，既要厘清德意志民族精神的历史脉络，测度每一个历史关节的贡献；又要纵览其历史发展的果实，也就是民族精神的静态沉淀，悉览其结构，领会其特色。最后，对照中德民族精神，反思德国民族精神的中国意义。以德意志民族精神之镜，映照中华民族精神的优劣短长，"择其善者而从之，其不善者而改之"。

从血统上看，德意志的传承脉络是：日耳曼—查理曼帝国—神圣罗马帝国—普鲁士—德意志；从道统上说，德意志的精神祖先依次是：古希腊—古罗马—基督教—路德新教—启蒙运动—古典哲学。德国民族精神的历史源头有两个，血缘的源头是日耳曼种族，而文化的源头是古希腊古罗马文明。具体而言：

首先，希腊文明的培育，日耳曼的血统和古罗马的遗传，以及神圣罗马帝国的阴影。德意志的文明，结合了"希腊的心灵"和"罗马的才智"。对希腊文明，德意志人一直洋溢着"家园之思"，充满了"故土之爱"。同时，"罗马与日耳曼部落的对抗，是严格意义的德意志历史的最初阶段"。[①] 日耳曼人重视荣誉，骁勇善战。东征西战、南讨北伐的军旅生活，使得他们信念坚定，意志刚强。军旅生活，也在军士之间建立起了相互友爱、相互尊重，因此近代德国人对日耳曼有很强的民族认同。此外，神圣罗马帝国的阴影也不可忽视。神圣罗马帝国在德意志历史上绵延了近千年，因此给德意志文化留下难以磨灭的烙印。神圣罗马帝国既给德意志留下了"神圣"情怀，也留下了"罗马帝国"的责任。德国政治家们都自信地认为德意志的使命是促成大欧洲一统。帝国几百年的护教运动，在国民心中形成了双重权威和双重自由观念。

其次，文艺复兴和宗教改革的影响。德国文艺复兴主要是艺术在表演，这一时期的建筑严守哥特式风格，虽不过分写实，却孕育着大自然的兴趣，细节讲求精致，色彩优雅响亮，富装饰性；相对于僵硬、直挺、哀伤的中世纪人物，哥特式人物形象宏大、刚毅，充满了力量和乐观色彩。德意志的文艺复兴与宗教改革是紧密相连的。神圣罗马帝国下的德意志，教权盖过了皇权。教会掌握着天国的钥匙，垄断了信仰，不厌其烦地向德意志出售"赎罪券"，盘剥德意志人民。许多德意志人温顺敦厚，一直恪守双重信念，虽被教会敲骨吸髓，仍然逆来顺受，因此被当做"教皇的乳牛"。

其三，启蒙运动的洗礼。启蒙运动是文艺复兴之后的又一场思想革命，启蒙推广的则是"自由、平等、博爱"的政治理想。启蒙就是要鼓起独立运用自己理性的勇气，摆脱情感惰性，解除权威依赖。启蒙思想家们在经济上主张自由放任，反对官僚机构的封建束缚。不过启蒙时期的德国，对自由主义只有学院反应，思想家并没有推动自由主义的政治行动。文学作为启蒙精神的最重要载体，

---

① ［德］埃里希·卡勒尔著，黄正柏等译：《德意志人》，北京，商务印书馆1999年版，第23页。

德国主张"机智聪明"的文学。中世纪留下的思维惯性是，背对现实生活，向往彼岸幸福。而正是这种面向现实的态度，使得"聪明机智"的人生态度和倜傥风雅的行为方式风行起来，成为德国启蒙文学代表性的特征。

其四，浪漫主义的影响。文艺复兴的桑梓是意大利，启蒙运动的故乡是法国，浪漫主义的发源地则是德国。18世纪下半叶，浪漫主义在德国吹响了号角，浪漫派思想家不相信理性能够构造最好的政治前景，也不相信理性可送人类达到最好政治目标，他们厌恶冷漠、机械的理性主义，珍视个人经验和生命感受，强调个人经验的丰富性和感受的独特性。从费希特开始，浪漫主义便和民族主义结合起来。在参与反法同盟的战争中，德意志民族情绪逐渐高涨了起来。

最后，从战后德国民族精神而言，第二次世界大战给交战的各方都带来了巨大的经济损失，德意志也遭到了毁灭性的打击。战后重建任重道远，它压在了德国人肩上，成为沉重的负担。战后这一代人，被这种负担压得沉默务实。政治上，德国人还是放眼欧洲。知识分子和政治家都主张以大欧洲为德国政治使命。大欧洲的视野开阔了德意志精神，把偏激的民族主义变得雍容大度，大欧洲就是德意志大包容、大开放的精神体现。德意志现今勇于接纳外来民族，也乐于接受异域风情。当代德国都市，荟萃了各类文化。美国音乐、中国文化、巴黎风情，都能融合于德国人的生活中。

**2. 德意志民族精神的主要内容**

一般而言，历史性纵览是关注于德国民族精神的动态变迁，内容性横观则是概览它的静态沉淀。德国民族精神的内容，集中地表达在他们的价值观念之中。这些价值观有理想性的成分，反映了一个德意志民族的理想追求，同时也具有现实层面，是德意志民族的文化机制。总的来看，德意志民族精神具有如下基本内涵：

首先，超越客观主义的唯心气质。近代以来，客观主义随科学的发展而纵横拓展，对德意志民族的生活形成重要影响。但与此同时，德意志民族重视个体生命，习惯内审心灵，体验内在，过一种主观生活。客观主义的极端往往容易夷平主观前见的丰富性，消解多姿多彩的生命体验。因此它与德意志民族的唯心精神产生了矛盾。在主客观问题上，德意志哲人态度最执著。启蒙运动之后，浪漫主义"崇感性，重体验"，对客观理性进行了猛烈批判。黑格尔之后的德国哲学，将情感、意志纳入精神内涵之中，总体而言，德意志民族精神展现的是浓厚的主体性色彩。

其次，自我决断的强者道德。在德意志人的心中，软弱无能、摇摆不定、伤春悲秋都是负面价值。他们心中的正面楷模是意志坚定、刚强决断、敢于承担的强者。文学艺术的作品中屡见这种刚毅形象。在这个民族里，政治家强调铁血，称道实力，信奉强权；艺术家召唤英雄，鼓舞斗志；哲学家也给予积极的配合，鼓励人们刚强坚毅、自我承担、自我决断。康德道德哲学就旨在打造刚强坚毅的德意志大丈夫。弱者会苟安于常人生活之中，只有强者才会勇敢而执著地追求本真生存。

再次，"历史是唯一的诗人"。近代德意志，"历史"被看成了价值的主宰和源泉，多数思想家都有历史崇拜。历史的崇拜培养出了德意志各种精神特性。德意志思想界一直对自然权利不屑一顾，大概就是因为历史思维在挤兑它。从历史的角度出发，任何普适的价值都是一个时代的观念假设；同样社会契约在严格的历史考问中，也是不合实情的。因此在德意志民族那里，自由主义往往在历史思维中被不断消解。

### 3. 德意志民族精神的主要特征

"一方文化养一方精神"，德意志文化的特色既彪炳于康德、黑格尔、尼采这些思想楷模身上，也体现在莱辛、歌德、海涅这些文化榜样身上。这些巨人汇集了德意志文化精粹，培养出了德意志人虔诚、严谨、刚毅、诚实的品性。德意志人服从权威，思维严谨，信仰虔诚，性格刚毅。如果说在气质上，中国人温文尔雅，德国人则是深沉严谨；法国人热情浪漫，德国人则腼腆矜持；美国人开放大方，德国人则是冷静理性；英国人像优雅绅士，德国人则是内谨敏感。如果习性上，美国人是实用主义，德国人则是理想主义；英国人崇尚经验理性，德国人则是追求先验理想。中国人事事克己忍让，处处大而化之；德国人却严谨机械，喜欢"多管闲事"。德国人既冷漠，又博爱：他们对朋友固守一个界限，却对陌生人伸出友爱之手。现代德国流行社会教育，如果你犯了错，任何人都会来纠正你。德国人工作认真细致，所以工业产品质量很高，以至于"德国制造"已经成了高品质的标志，真正体现了"螺丝钉精神"。他们习惯精准，康德时代人们的生活习惯精准到"刻钟"，如今精准到了分钟，所以德国人安排约会会定在"十二点零三分"。由此我们也可以发现德意志民族精神具有一些基本的特征：

一是服从与英勇。德意志战士既有良好的服从性，又英勇善战，可谓忠勇有嘉。服从性衍生出很多美德。服从理想，就成就了执著的精神气质；服从政治权威，就养成了忠君报国的政治素养；服从法则道德，就形成了守规矩的生活作风；服从信仰，便有了虔诚的宗教生活。德国人执著，有坚韧不拔的追求精神，因此德国人也是理想主义者，为了理想可以牺牲现实利益。忠君报国的信念使德意志的战士骁勇善战，军魂巍峨，战功累累。守规矩的生活作风，使德国秩序严明，社会安定。德意志是世界上最守规矩的民族，这个民族执法守法，认认真真，不打半点折扣。

二是敏感与自负。德国人敏感，他们有一种与生俱来的不安全感。"德国人内心很少感到满足，他们有太多的紧张和不安"①。这种不安全感与它的地理位置和长期分裂的历史有关。"德国有比其他国家更多的邻国"，它缺少自然边界，长时间四分五裂，处于大国之间，容易成为蚕食的对象。同时这种敏感也跟后起民族的焦躁心情有关。在近代史上，德意志始终是一个政治和经济上的后进民族。后进民族在发家致富之后，民族心理会摇摆于自负与自卑之间。自卑与自负交织，合成了一种敏感不安。

三是危机与拯救。德意志民族具有深厚的危机观念与忧患意识，走到极致就容易演变为末日思维而背负尽头忧虑。这种末日负担和尽头忧虑来自于他们俯视人类历史的思维习性。科学家们关心宇宙历史，达尔文关注生物历史，德国思想家喜欢对人类历史高瞻远瞩。末日思想和尽头忧虑就是从终结处境中产生的。思想家会在这个处境中，把自己幻想成弥赛亚：或者把自己看成历史高度的总结者和终结者，或者是人类高度的拯救者。黑格尔就自诩为历史终结者，尼采、斯宾格勒也认为历史在他那里告一段落。


## 二、法兰西民族精神研究

历史上法兰西民族是一个伟大的民族，最早举起自由与民主的旗帜，有着悠久的历史传统和丰富的文化艺术。法兰西民族也是一个有着极强时代感和超越精神的民族，积极进取，不断创新，屹立于世界民族之林。法兰西民族精神是法兰西民族前进的精神源泉和不竭动力。研究法兰西民族精神对于深入理解法兰西民族精神的内涵和特征，对于弘扬和培育中华民族精神具有重要的理论价值和借鉴意义。

### 1. 法兰西民族精神的历史生成

法兰西民族精神的形成既与法兰西民族社会发展变化的历史进程紧密相关，也与法兰西民族历经多次民族危机密切相连，更是启蒙运动对法兰西民族直接影响的结果。

（1）社会变革缓慢。

近代以来的法兰西在政治方面给人们留下了不断革命与践行民主的深刻印象，但是却又给人们留下了变革缓慢与固守传统的印象。法国大革命极大地改变了法国政治结构，却没有导致法国社会结构的实质性变化。整个 19 世纪，法国社会变革显得十分缓慢。当英国开始工业革命的时候，法国还处于农业社会；当

---

① ［德］艾米尔·路德维希著，杨成绪、潘琪译：《德国人》，北京，三联书店 1997 年版，第 150 页。

英国在 19 世纪 30 年代已经完成工业革命的时候，法国才开始进行工业革命。"当共和国被人接受时，法国还没有完全进入工业时代。""面对工业化迅速发展的北欧，法国骨子里仍然是一个农业经济国家。"① 到 20 世纪初，法兰西仍然是一个以小农生产为主的法兰西。农村人口构成 19 世纪法兰西人口的主要组成部分。法兰西社会结构变革的缓慢既是法兰西民族精神的重要体现，也对法兰西民族精神的发展变化产生了直接影响。法兰西社会结构变革的缓慢使得法兰西阶级结构十分复杂，各种政治势力的较量和消长经历一个漫长的过程，因此，法兰西民族表现出长期的革命性和革命的长期性，并使法兰西始终表现出政治的动荡和不稳性。法兰西社会结构变革的缓慢使得中小资产阶级广泛存在，这又使得法兰西民族的革命性表现得更加具有广泛性和彻底性，对自由、民主与共和的向往也表现出近乎狂热的色彩。法兰西社会结构变革的缓慢使得农民的力量始终成为法兰西政治力量中的重要组成部分，近代以来的法兰西始终表现出明显的农村与城市、农业与工业、农民与城市居民之间的二元差别性，这使得法兰西民族精神在很长时间内表现出明显的二元性。当启蒙思想在法国大城市广为传播时，法国农村则严格恪守天主教会的旨意与封建专制文化传统；当大革命在巴黎展开之时，法兰西农村则成为法国封建势力的逃难地；当巴黎公社革命轰轰烈烈时，法国农村则风平浪静。近代以来很长一段历史时期的法兰西革命主要是在城市爆发、由城市居民进行的革命运动。

（2）民族危机的磨难。

法兰西民族是一个历经民族危机的民族，也是一个在民族危机中不断奋起的民族。远古时代的法兰西地区就有人类居住，后来克尔特人迁居此地。公元前 2 世纪末，罗马人入侵和占领高卢后将其变成行省，并统治高卢达数世纪。公元 5 世纪后期，作为日耳曼人一支的法兰克人开始入侵高卢，并在击败罗马军队后占领整个高卢，建立了法兰克王国，法兰西的国名就来源于法兰克人，法兰西就是法兰克人王国的意思。法兰克王国长期处于分裂之中，其中东西法兰克之间的争夺最为激烈，民族分裂的内忧曾导致英国长期占领法兰西大片领土的外患，其间虽然曾经出现过短期统一，但难以改变法兰克王国长期分裂的历史总特征，也始终没有改变法兰西民族时常面临民族危机的基本状况。随后于 14 ~ 15 世纪在英法之间的"百年战争"，以及"普法战争"，使法兰西民族面临着前所未有的民族危机，这唤起了法兰西民族精神的觉醒，法兰西民族经过艰苦卓绝的民族战争，完成了法兰西民族的统一，促成了法兰西中央集权民族国家的最终建立。而法国大革命的爆发不仅改变了法兰西民族的历史进程，而且引发了欧洲社会的强

---

① ［法］让·皮埃尔·阿马泽著：《法兰西第三共和国》，北京，商务印书馆 1994 年版，第 83 ~ 85 页。

烈反应。历经多次严重的民族危机使得爱国主义精神成为法兰西民族精神的主要内容，也使得法兰西民族对捍卫民族独立的历史英雄怀有无限的崇敬之情。不断出现的民族危机使得法兰西民族将体现爱国主义的民族斗争精神，与体现民主与共和的民主革命精神紧紧地融合在一起，并往往将革命手段作为实现民族独立与社会革命目标的重要手段。

（3）启蒙运动的洗礼。

启蒙运动不仅影响了法兰西民族精神的发展，甚至启蒙思想本身已被看做是法兰西民族精神的重要组成部分。以理性主义为主要特征的启蒙运动开始于 17世纪末，到 18 世纪末达到高潮。启蒙运动波及整个西欧国家，但其中心却是在法兰西。启蒙思想家提出了各种各样的理论和主张，但对理性的追求、对经院哲学的批判、对科学的渴望、对人类思想解放的憧憬成为启蒙思想家的共同目标。理性主义成为启蒙运动的灯塔和航标，启蒙运动时期的政治思想、哲学思想、文学艺术思想乃至经济思想都在理性主义的大旗下得以充分的表达，并以理性主义为最终目标。启蒙运动时期政治思想的主要内容是高举自然法的大旗，批判封建专制制度，强调人权，要求建立资产阶级的政治统治。

启蒙运动不仅是法兰西而且是西欧思想文化的一次解放运动，它实现了法兰西思想文化的近代化转型，标志着近代思想和文化在法兰西的基本确立。通过启蒙运动的洗礼，社会变革缓慢的法兰西的政治变革表现出强烈的激进性与典型性，自由、民主、共和成为法兰西民族精神的重要内容，对革命行动的顶礼膜拜与对民主共和的誓死捍卫成为体现法兰西民族精神的鲜明标志，启蒙运动的火炬与大革命的旗帜成为法兰西民族精神的不朽化身。

**2. 法兰西民族精神的主要内容**

法兰西民族精神的内容十分丰富，但是，基本上可以概括为崇尚自由和民主，弘扬大革命精神，具有革命与共和的传统，爱国主义精神以及在文学和艺术领域中鲜明的浪漫精神与批判意识等。

（1）崇尚自由与民主的精神。

法兰西民族是一个崇尚自由和民主的民族，也是一个为争取自由和民主而不断斗争的民族。对自由、民主的呼吁和要求是法国启蒙运动的主要内容，几乎所有的启蒙思想家都曾经提出了自己对自由与民主的认识和主张，并把自由与民主的理念传播给法兰西民众，完成对法兰西民族的政治启蒙，使得法兰西民族精神中包含了自由与民主的政治理念，而崇尚自由与民主也成为法兰西民族精神的核心内容。卢梭将自由看做是人的天赋权利之一。他指出："自由不仅在于实现自己的意志，而尤其在于不屈服于别人的意志。自由还在于不使别人的意志屈服于我们的意志。"一个人一旦做了主人也就失去了自由，因为"奴役别人的人是不

*297*

会有真正的自由的。"卢梭认为，人们通过社会契约所建立的国家不是用于限制和破坏自由的，而是为了更好地保护自由，为了实现和保护真正的广泛的自由必须制定法律，"唯有服从人们自己为自己所规定的法律，才是自由。"① 自由与民主是一对孪生的政治概念，法兰西民族是一个追求自由的民族，也是一个崇尚民主的民族。从启蒙运动时期天赋人权学说的出现，到19世纪中期代议制政府的建立，法兰西民族对民主的追求始终如一，并形成了系统的民主理论，这主要包括天赋人权学说、社会契约论、人民主权学说、权利制衡论等丰富的内容。提倡自由与民主是启蒙思想家的基本主张，是启蒙运动为法兰西民族提供的宝贵精神财富；追求自由与民主是法兰西民族的基本政治理念，捍卫自由与民主成为法兰西民族的基本政治信仰。自由与民主培育、发展和锻造了法兰西民族精神，自由与民主也凝聚、提炼和升华了法兰西民族精神。

（2）不断奋进的法国大革命精神。

法国大革命不仅成为法兰西民族精神的重要来源，也构成了法兰西民族精神的重要内容。1789年，为了反对波旁王朝的专制统治，以第三等级为主要力量的法兰西民众掀起了一场对世界历史产生深远影响的革命运动，这就是法国大革命。法国大革命高举启蒙思想大旗，运用革命手段，经历多个阶段，推翻封建王朝，实践自由、民主与共和理念。在法国大革命过程中，自由、民主、共和与平等逐渐成为法兰西社会革命斗争的目标，成为大革命所体现的核心精神。"无宪法，毋宁死"成为法国大革命时期著名的政治口号，反映了法兰西民族对自由与民主的渴望、追求和誓死捍卫之情。"把高个儿截短，把矮个儿拉长，大家个头一般高，人间天堂乐无疆。"成为法国大革命时期的著名政治流行歌曲，反映了法兰西民族对平等的渴望、追求和誓死捍卫之意。法国大革命促进了法兰西历史发展进程，也丰富和发展了法兰西民族精神的内涵，法国大革命对整个世界历史发展产生了深远影响，也使得大革命所表现出的法兰西民族的革命精神受到全世界的关注、敬仰和推崇。

（3）革命与共和并存的精神。

法兰西民族是一个具有进行社会革命和追求民主共和传统的民族。启蒙运动使自由、民主与共和的理念植根于法兰西民族的内心深处，法国大革命所体现的革命精神成为激励法兰西民族不断革命，争取共和，追求平等的力量源泉。法兰西民族正是通过不断地运用革命的手段去争取、捍卫和发展自由、民主与共和，同时，法兰西民族也正是在自由、民主与共和的旗帜下不断发动、推进和深化革命运动。革命是法兰西民族实现和捍卫自由、民主与共和的重要途径，自由、民

---

① ［法］卢梭著：《社会契约论》，北京，商务印书馆1982年版，第23～30页。

主与共和是法兰西民族发动和进行社会革命的首要目标。自由、民主、共和与不断革命不仅是法兰西民族近现代历史发展的重要内容，而且成为法兰西民族精神发展的重要源泉和组成部分。就其本质而言，法兰西民族的近现代史就是法兰西民族进行社会革命和追求共和的斗争的历史。

（4）爱国主义精神。

法兰西民族历经多次民族危机，但民族危机没有使法兰西民族屈服和灭亡，反而使得法兰西民族的爱国精神在民族危机中不断发展。14～15世纪的英法百年战争使法兰西面临严重的民族危机。在民族危亡之际，法兰西民族的优秀儿女——贞德挺身而出，以少胜多，英勇作战，击退英军，解救了被英军围困长达209天的奥尔良，并乘胜追击，收复许多失地，法兰西民族危机得以化解。贞德在不幸被俘之后，视死如归，凛然就义。贞德是法兰西爱国主义精神的象征。19世纪70年代初的普法战争使得法兰西民族又一次陷入民族危机之中。1870年，法国军队在色当战役中的惨败，甚至法兰西第二帝国的皇帝也成为普鲁士军队的俘虏，法兰西民族再次迸发出强烈的爱国主义激情。法兰西民众对9月4日革命后成立的共和国挽救民族危机寄予极大希望，对国防政府保卫法兰西的独立给予极大支持。据当时的文献记载："为了拯救祖国，国防政府可以要求一切，索取一切，支配一切，人们什么都不拒绝它。"① 巴黎公社英雄们的爱国主义行为成为法兰西民族精神的光辉范例，学生教科书中的《最后一课》课文也成为表现和宣传法兰西民族爱国主义精神的不朽篇章。在20世纪所发生的两次世界大战中，法兰西民族两度面临严重的民族危机，法兰西民族的爱国主义精神和热情再度得以充分发扬和展示。法兰西民族经过英勇斗争，捍卫了法兰西的独立和主权，谱写了20世纪法兰西民族爱国主义精神的辉煌篇章。

（5）浪漫与批判同辉。

法兰西民族不只因为崇尚自由民主而闻名于世，也不只因为曾经进行过法国大革命而闻名于世，也不只因为具有革命与共和的传统而闻名于世，也不只因为饱含爱国主义而闻名于世，法兰西民族还因为创造了辉煌的文学和艺术而闻名于世。浪漫主义与批判现实主义文学艺术不仅代表了法兰西文学艺术的重要成就，而且成为法兰西民族精神的文化象征。法兰西是浪漫主义文学与艺术的故乡。18世纪末19世纪初法国大革命所引起的政治动荡对文学产生了重要影响。大革命后法国进步与反动、复辟与反复辟、专制与民主的激烈斗争，使得法国浪漫主义文学迅速兴起，并表现出十分鲜明的政治色彩。可以说几乎所有的浪漫主义作家都是带着强烈的政治感情从事文学作品的创作。几乎与此同时，批判现实主义文

---

① ［法］让·皮埃尔·阿马泽著：《法兰西第三共和国》，北京，商务印书馆1994年版，第34页。

学与艺术在法兰西兴起。批判现实主义主要作家大都是中小资产阶级出身，他们对大资产阶级独揽政权并占有大部分社会财富表示不满，对大资产阶级政治腐败、道德堕落、利欲熏心表示不满，对普通民众低下的政治地位、被剥削的经济地位、艰难的现实生活表示同情，更对自己所代表的中小资产阶级政治经济地位日渐没落感到可惜。但是，他们只能拿起批判的武器，既不敢自己与大资产阶级进行斗争，更害怕普通民众尤其是无产阶级的革命斗争。批判现实主义文学的大部分作家对大资产阶级只能是批判而已，对普通民众仅仅是同情而已，而对自己所代表的中小资产阶级也仅仅是惋惜而已。批判现实主义作家的最大愿望是通过社会改良能够使大资产阶级人性发现，对普通民众的生活与道德发展表示一定的关心，当然也包含为中小资产阶级留下生存和发展的空间。批判现实主义作家对现实社会的揭露和批判超过了以往任何一种文学流派，并向读者展示一个又一个更加宏大的社会现实生活场景。批判现实主义文学与艺术不仅反映了法兰西文学艺术的辉煌成就，而且与近代以来法兰西民族对自由民主的追求，对革命与共和的执著，对法兰西独立与自由的热爱紧密相连，相得益彰。法兰西的民主与自由、革命与共和的斗争史实为法兰西批判现实主义文学与艺术提供了无限的源泉，而批判现实主义文学与艺术又使得法兰西的民主与自由、革命与共和的斗争史实广为传颂，成为法兰西民族精神的又一个重要组成部分。

### 3. 法兰西民族精神的特征

综观法兰西民族精神，内容复杂，意蕴深刻，具体而言呈现出如下四个基本特征：

（1）爱国主义精神具有重要的地位。

法兰西民族是一个历经多次民族危机的民族，而民族危机对考验和培育一个民族的民族精神具有直接影响。作为法兰西民族精神重要内容的爱国主义精神，就是在法兰西民族遭受多次民族危机的历史背景下不断唤起和发展起来，并在法兰西民族捍卫民族独立和尊严的英勇斗争中不断发扬和传承下来。法兰西民族精神中的爱国主义精神既表现在贞德、拿破仑、戴高乐等法兰西民族历史英雄人物的身上，更表现在全体法兰西民族儿女捍卫民族独立和主权的英勇斗争之中，也表现在法兰西民族无数的优秀精神文化作品之中。

（2）对自由、民主与共和的执著与对革命手段的崇拜构成法兰西民族精神的核心内容。

法兰西民族精神表现出强烈的政治色彩。接受启蒙运动洗礼的法兰西民族对自由、民主与共和具有近乎疯狂般的痴迷。社会阶级结构复杂的法兰西民族对自由、民主与共和表达着各自的理解和观点，法国大革命成为法兰西民族的精神丰碑和政治图腾，革命成为法兰西民族所认同的实现自由、民主与共和的主要手段。法兰西民族对自由、民主与共和的执著衍生为对作为实现自由、民主与共和的革命手段的崇拜，可以说，法兰西民族既是一个追求自由、民主与共和的民族，更是一个崇拜甚至迷信革命手段的民族。

（3）爱国主义精神同革命精神与共和精神融合在一起。

近代以来，法兰西民族精神发展的历史具有一个明显特点，这就是法兰西社会革命与法兰西民族危机时常相伴而行。在某一个历史时期，法兰西社会革命引发法兰西民族危机，从而唤起法兰西民族爱国主义精神的迸发；在另一个历史时期，法兰西民族危机引发法兰西社会革命，从而推动法兰西社会革命与共和运动的爆发。这种历史发展事实使得法兰西民族精神中爱国主义精神与共和主义精神紧紧融合在一起，这一点就是法兰西学者也不得不承认。让·皮埃尔·阿马泽曾指出："在法国，爱国主义基本上是共和主义的。"①

（4）法兰西民族精神中表现出的一些矛盾性特点。

如近代以来的法兰西民族精神中始终表现出强烈的政治性，从而导致法兰西民族精神中表现出政治观念的激进性与社会心态的保守性之间的矛盾。法兰西民族精神在很长时期中表现出城市与农村、城市居民与农民之间的显著矛盾性，法兰西城市成为激进革命精神的演习场，而法兰西农村则是传统和保守势力的庇护所。

## 三、英国民族精神研究

在世界地图上，如果不是因为其伟大的民族精神造就了辉煌的文明，影响了世界的历史，也许人们并不会这么重视北海上的一个小岛国——英国。提起英国文化，绝大多数英国人都有强烈的怀旧感和自豪感。今天，英语已经成了世界上大部分国家学校课程的必修课或选修课，而且世界各地都分布着以英语为母语的国家和民族。信息技术与英语的结合，更成就了今天世界发展的奇迹。英语不仅成为了国际政治、经济、外交等的通用语言，它还更普遍地成为了国际文化、科技，甚至社会生活交往最重要工具。当然，我们对英国的印象绝不只是它的语言，还有其独特的民族精神，马克思经典作家通常称之为"民族性格"。

### 1. 英国民族精神的历史生成

任何一个民族的精神都不是凭空产生的，而是在一定的物质生活和历史文化基础上，由民族个体和群体的基本倾向所决定的，由民族文化传统的世代积淀逐步形成的。英吉利民族也不例外，在其漫长的历史中，形成了自己的民族文化和

① ［法］让·皮埃尔·阿马泽著：《法兰西第三共和国》，北京，商务印书馆1994年版，第29页。

民族精神。

　　一个国家民族精神的形成，往往与这个国家民族意识的兴起有着不可割裂的联系。自四大文化源流在欧洲交汇之后，欧洲犹如一个多源且相互冲突而产生的惊心动魄的文化旋涡：宗教与理性，信仰与怀疑，神话与批判，经验主义与理性主义，存在与观念，特殊与普适，问题与重建，哲学与科学，人道精神与科学文化，传统与演变，新与旧等相反相成的概念在这个旋涡中激荡更新，由此衍生出地域性、多样化的欧洲各国的民族精神。

　　早期的"英格兰"不是作为政治实体的国家而存在的，它不过只是一个地理名词，与法兰西、德意志等有着相似的意义。百年战争①和红白玫瑰战争②是英格兰走向民族国家的重要时期，也是英格兰民族主义兴起的时代。从历史的角度来说，在某种意义上，这两次战争成就了现代英国：百年战争让英国退回到不列颠岛，自此，它就开始按民族和地域的原则行事了，从而为组建民族国家奠定了基础。战争的结果为英国建立统一的民族国家开辟了道路。

　　在这一时期，英格兰的国王远比法兰西等大陆国家的国王享有更稳定的和广泛的统治权，英格兰也没有像法国那样在百年战争中长期处于分裂状态，所以英格兰君主的王冠本身就象征着英格兰的政治统一。

　　英国民族意识的产生对英国民族国家的发展起到了推动作用。在14世纪，英国民族意识开始觉醒。在16世纪，英国人政治思想中已经产生了一种清晰的主权国家（民族国家）的概念，即不但主权是一国之最高权力，而且主权国家在国际社会中享有独立、平等的权力。于是，在将近一个世纪的时间里，英格兰人为捍卫民族独立和国家主权而与强大的哈布斯堡王朝③和罗马教廷进行了持续不断的斗争。他们发出了"英格兰是一个独立的民族国家"的强烈呼声，对凌驾于英格兰民族之上的外国人所拥有的特权表示出强烈的不满。对英国人而言，他们把每一个反对西班牙和葡萄牙的举动，包括对外殖民探险、贸易、扩张等，都视为捍卫民族国家利益，巩固主权国家的正义行动。

　　英国教权主义和封建主义的衰落使英国一步步走向民族国家。自从英国摆脱了罗马教皇的政治控制，实现民族国家主权的独立后，它就走出了民族国家形成的关键一步。16世纪主权国家的巩固及民族意识的发展，使英国获得了迈向近

_____

　　①　百年战争（1337～1453年），英法两国间先为王位继承问题争权夺利，而后变成英国对法国的入侵，法国则被迫进行反入侵，从而进行了长达百年的战争，最后以英国的失败而告终。

　　②　玫瑰战争（1455～1485年），英国约克家族和兰开斯特家族为争夺王位而展开的长达30年的战争，兰开斯特家族以红玫瑰为纹章，约克家族以白玫瑰为纹章，因此，这场战争又称为红白玫瑰战争。

　　③　哈布斯堡王朝，即哈布斯堡家族（House of Habsburg），是欧洲历史上支系繁多的德意志封建统治家族。统治时期从1282年起一直延续到第一次世界大战结束，是欧洲历史上统治时间最长、统治地域最广的封建家族。

代社会的坚实的政治和社会基础。

**2. 英国民族精神的主要内容**

众所周知，英国并不是一个单一民族国家。英格兰人、苏格兰人、威尔士人和北爱尔兰人各有自己的传统和民族文化认同。因此，似乎根本就不存在同一的"英国精神"。不过，在整个英国范围内，不同民族的人群也表现出相当多的相似性。正是从这个意义上，我们展开有关英国的民族精神问题的探讨。

（1）热爱自由民主的精神。

英国人喜欢宣称自己是"生而自由"的民族。但事实上，在英国历史上，英国人并非生而自由。英国人曾经经历了漫长的封建宗教社会时期，罗马教廷长期主宰英国的政治和社会生活，封建等级制度甚至令整个社会僵化到几乎窒息。英国人对自由的理解是，自由即权利。但是，在中世纪封建统治时期，向国王争取权利的不可能是自由民和农奴，只能是本身就有一定财富和社会地位的贵族阶层。这也就是说，英国人追求"自由"是从贵族向国王争取权利开始的。为了争取自由平等和民主权利，英国的各个阶层都曾前仆后继抵制专制王权，甚至不惜以暴力抗争。可以说，正是在这种抗争过程中，英国人逐渐培育出了酷爱自由和追求民主平等的民族精神。

（2）不屈不挠、勇于创新的精神。

无论是现在还是过去，绝大多数英国人都对自己的民族有一种强烈的自豪感。正是创新使得英国从一个曾经饱受他国侵扰的岛国一步步走向强国，并最终称霸世界300多年。对一个想真正了解英国文化的人来说，创新则是不能回避的因素。勇于创新可以说是自盎格鲁－撒克逊人以来英国人民的传统。英格兰民族在不屈不挠的生存斗争中，铸就了勇于创新的民族精神。

英国人的创新精神与它追求自由，崇尚理性有着必然的联系。自由是人发展的一个根本目的；而创新则使人能够不断地、最大程度地追求新的自由。在今天的世界，英国人的责任是要继续作为一个伟大的民族。[①] 正是缘于英国文化中这种极富历史意义的创新精神，我们有理由相信，英国今天和未来都会在世界舞台上扮演一个重要的不可替代的角色。

（3）富于探索和冒险的精神。

英国的历史源于冒险。或许是因为历史上曾饱受欧洲大陆国家的侵扰，或许是因为特殊的岛国地理特点，在英国历史上随处可见英国人敢于接受挑战、最终战胜困境，赢得胜利的例子。"五月之花"横穿大西洋；司科特上尉领导的南极探险队；20世纪初为征服世界最高峰而最早派出探险队，并最终登顶成功

---

① 吴浩：《自由与传统——二十世纪英国文化》，北京，东方出版社1999年版，第253页。

（1953 年）……英国人这种不屈不挠的探索和冒险精神表现出他们身上具有一种内在精神信仰和品格力量。

英吉利民族富于探索和冒险的精神与其国家地理位置有着密切的关系。15～16世纪是英国近代海洋事业的拓荒期，它本身就具有尝试、探险和实验的性质。伴随 16 世纪英国民族国家的巩固和民族意识的发展，英国不仅获得了发展所需的坚强政治基础，而且形成了强大的民族合力和明晰的向外扩张战略。海外掠夺与英国人的冒险精神可以说是互为因果互为动力的。这种精神不仅影响了其民族自身，而且影响了整个世界。

（4）崇尚理性的精神。

英国人的现代思维方式是在传统与变革的冲突中形成的——那是一种对经验极为推崇的理性思维方式。英国人的理性思想有别于宗教的盲从与迷信，也不同于德国人那种过于抽象的、形而上的理性主义。对事实进行实事求是的科学的观察与分析，是英国人据以行事的依据，也是这个民族自己极为珍视、几乎带着一种对宗教般虔敬的心情来对待的精神财富。

英国大思想家罗素从一个新的角度把理性和宗教融合起来了。罗素思想的出现体现了理性力量的强大，表明在宗教和迷信的战斗中，理性取得了决定性的胜利。但它同时也标志着宗教和理性在冲突中找到了一个契合点，标志着英国理性思维模式的成型，也标志着英国人形成了崇尚理性的民族精神。到了 19 世纪末，英国人已习惯于用理性和科学的方法来看待世界了。理性和科学不仅深深地影响了人们的生活方式，而且深刻地影响了人们的思维方式。

（5）重视传统，喜爱渐进的精神。

世界各民族中，英国是一个堪称典范的国家。自近代社会因素开始在萌芽，它就逐步形成了一种令各阶层颇不满意但又为各阶层不得不接受的独特的发展方式——英国发展方式。这种方式以平稳、渐进为主要特色，将传统恰当地延续到新的潮流中，有时甚至就是在传统中进行变革，使传统伴随时代的变迁焕发出新的生命力。在传统中进行变革，在变革中延续传统，英国人由此形成了自己"重视传统，喜爱渐进"的民族精神。重视传统，在传统中实现变革，在维多利亚时代的英国已经非常典型。在这种变革中，谁也不能吃掉谁，没有绝对的输者，激进与保守各得其所，既相互冲突，又相互融合。这确实是一种奇妙的融合，是一种独特的变革方式。在这种方式中，变革似乎可以看做是传统自身的演进，传统并不以不变为原则，相反，它把自己看做是对新的历史条件的不断适应。

（6）绅士风度。

英国人以绅士风度闻名，英国人的绅士风度以其彬彬有礼为典型形象。绅士风度是英吉利民族的精神产品，是英国民族精神的外化。英国人绅士风度的最大特征是：保守、礼貌和相互尊重。不过，客观地讲，绅士风度既有其所长，也有其所短。绅士风度所反映的英国民族心理一方面表现在追求高雅的生活境界，处处向上流社会看齐，另一方面又表现在消磨了奋发向上的竞争精神，对传统和习惯日益眷恋，从而使英国人的价值标准和行为准则发生矛盾，陷入了一个两难的窘境。

### 3. 英国民族精神的主要特征

从英国民族精神及其形成的阐述可以看出，它具有如下主要特征。

英国民族精神是在其国家历史演进中逐步形成的，同时也对其国家与民族的发展发挥了重要影响。英国形成统一的多民族国家经历了一个漫长的历史过程。各民族在长期的纷争中相互融合，逐渐形成了统一的多民族的英国民族。在英国民族的形成过程中，其民族精神也随历史的演进逐步积淀并得到弘扬。英国是由不列颠群岛中大部分岛屿组成的，这些岛屿与欧洲大陆隔海相望。大陆上的人们向往独立、自由，他们视这些群岛为最适当的居住地，因此，凡有能力者便通过各种道德的或不道德的手段，争取在这些岛屿上的居留权。很多人为此丧失了自己最可宝贵的生命，这种冒险和拓荒的行为一直是来自欧洲各地区的人们在不列颠群岛上的一种生活方式。

英国民族精神是一个内涵丰富且复杂多样的矛盾统一体。英国民族的形成以及英国国家的发展都经历了一个十分曲折的过程，在这个过程中，既有英国统一融合的时期，也有不列颠处于纷争割据的时期，还有频繁的外族侵入，且逐渐融入不列颠民族的时期；在这个过程中，既有文化发展的荒漠期，也出现了文艺复兴中成长起来的流芳百世的文学巨匠和思想大师；既有野心勃勃的海上霸主和海外殖民时期，也有不断退归不列颠群岛、甚至遭受纳粹疯狂轰炸的时期；既有引领工业革命的潮流、创造科技和经济奇迹的辉煌时期，也有经济长期疲软、科技影响日渐衰落的时期。正是民族与国家的曲折发展导致英国民族精神呈现出复杂多样且充满矛盾的特点。

英国民族精神与其他国家的民族精神有着同时代的烙印。科学理性是现代社会的伟大创造，它建立在人的主体实践基础上，以实证主义为核心理念，不但保证了现代社会的理性发展，而且孕育了现代科学文明。现代社会高度发达的科学文明，不论是动力与能源科学的革命还是电子与信息科学的发达，都是科学理性的产物。包括英国在内的发达国家，开创了现代科学文明的先河，领导了现代科学的发展方向。在现代科学的发展中，英国是最主要的发源地之一。正是踏着时代的节奏，走在时代潮流前列的崇尚理性的精神使英国引领现代早期世界经济、科学和文化发展百余年，并在此后长期保持了较高的水准，维护了它作为世界经济、科学和文化大国的地位。

英国民族精神也表现出某种保守的倾向。不可否认的是，进入现代社会，建立了相对稳定的资本主义社会制度，完成了工业革命之后，英国人开始表现出一些与以往不同的性格，尽管仍然在追求变革，但却愿意将这种变革的代价减小到最低程度；尽管仍然崇尚创新，但人们的思维已经受到了理性的约束。重视传统、喜爱渐进逐渐为英国各阶层民众接受后，英国人开始表现出某种保守的倾向。尽管我们不可能从一个国家的民众中找到保守的品格，但从其国民群体在经济、文化、科学、技术、教育等各方面所表现出的行为方式，以及所遵循的价值理念来看，英国民族的保守倾向则是比较明显的。

## 四、俄罗斯民族精神研究

俄罗斯民族精神是在长期历史发展中形成的，它是俄罗斯民族社会经济、历史传统、生活方式以及地理环境的特点在民族精神面貌上的反映，并通过语言、文化艺术、社会风尚、生活习俗、宗教信仰以及对祖国、对人民的热爱和对乡土的眷恋等形式，表现出的民族爱好、兴趣、能力、气质、性格、情操。

### 1. 俄罗斯民族精神的历史生成

在俄罗斯的学术史上，俄罗斯民族精神最直接的表述是俄罗斯思想（Russian Idea），要确切而又简要地概括俄罗斯民族精神有其难度。当我们谈俄罗斯民族精神的时候，必须非常注意区别俄罗斯民族的精神和俄罗斯作为一个国家的精神。要把矛盾的、表象极为复杂的俄罗斯民族精神进行浓缩处理，从中找出最本质的内容。我们认为应从以下四个方面入手对俄罗斯民族精神进行把握。

民族性格具有极大的稳定性，但也绝不是一成不变的。俄罗斯民族的性格当然也不例外，同样是在社会经济、历史传统以及地理环境等因素的影响下形成并受其制约的。第一，自然条件的影响。自然的因素，俄罗斯大地无边无际的广阔，它在地球上的位置，都影响了该民族的命运。从俄罗斯民族所处的地理环境出发，俄罗斯民族性格的形成得益于气候。俄罗斯恶劣的气候注定俄罗斯人要顽强和坚韧不拔。由于俄罗斯地理环境的封闭性使得俄罗斯民族产生了保守的心理状态。第二，历史文化因素的影响。分析俄罗斯的历史文化传统是理解俄罗斯民族精神的一把钥匙。俄罗斯民族一直在东、西方之间探寻、徘徊，以及东、西方文化在俄国碰撞和融合的历史对其民族精神的形成发展产生了重要影响。古老的俄罗斯平原在历史上曾经受过五次巨大的文化冲击，俄罗斯民族每次都以其特殊的方式吸纳外来文化，经过消化，最后融合成独特的俄罗斯民族精神。第三，社会经济结构的影响。俄罗斯经济制度以村社制度为核心。在俄罗斯民族精神形成的过程中，村社起了重要的作用。它千百年来将俄罗斯的农民束缚在这块封闭狭陬的小天地中，生老病死，繁衍生长，使他们的意识深深地打上村社生活的烙印。村社生活的封闭性养成了农民因循守旧、不思变革的保守心理，也培养了集体主义和平等的精神。

**2. 俄罗斯民族精神的主要内容**

俄罗斯民族精神和"俄罗斯思想"的具体表述与说明凝结在俄罗斯思想家们的著述之中，结合他们的观点并结合俄罗斯民族历史发展状况，可形成对俄罗斯民族精神基本内容的认识。

（1）爱国主义精神。

爱国主义精神是俄罗斯公民的思想情感中最强烈的情感，它贯穿于俄罗斯民族发展的全过程，成为俄罗斯民族自身运动的动力之一。俄罗斯民族热爱自己的祖国，具有强烈的民族自豪感和强烈忧患意识。

俄国百姓具有强烈的爱国意识、效忠祖国及民族自尊等观念。俄罗斯民族的中心意识导致了种族中心主义、道德优越感、历史光荣感的产生，成为一种民族聚合力，一种抵御外来影响的强大的力量。

前苏联的解体，俄罗斯社会发生的急剧变化，对广大群众的思想产生很大的影响，虚无主义和个人主义在青年一代中迅速蔓延滋长。青年人不再像老一辈人那样，关心国家的前途，民族的命运，他们孜孜以求的只是个人的利益和幸福。近年来普京提出的俄罗斯思想，就包括非常充分的爱国主义教育的内容，即爱国主义、强国意识、国家作用和社会团结四个要点。

（2）好战尚武精神。

俄罗斯民族具有好战尚武精神，这种英雄主义的气质表现非常突出。在俄罗斯，民众比较认同甚至崇拜军人。只要是他们打过胜仗的地方都有纪念碑，只要是为俄国打过仗的人都有纪念碑，他们尤其是对男孩进行一种斯巴达式的教育，非常注重培养孩子这种坚强的军人精神。

军事强国主义是俄罗斯长期的国策，俄罗斯（包括历史上的苏联）历来把军事力量的发展放在优先地位，从而建立了一支强大的武装力量，并塑造着俄国民族精神。俄罗斯曾在东西方各民族之间推行征服兼并，战争连绵不断。俄罗斯的整个历史就是一部战争史，是一个侵略与反侵略、扩张与收缩、兴盛与衰落相互交替的历史。俄罗斯民族好战尚武、锲而不舍地对外征服与扩张的冲动来自大俄罗斯主义。

（3）集体主义至上的价值取向。

俄罗斯人对个人的价值认识不足，个性自由未得到普遍承认，具有很强的集体主义精神，进而倒向专制主义。集体主义至上的价值取向要求个人利益服从国家和民族利益，提倡人人为大家，大家为国家，反对分裂主义和宗派主义以及任

*307*

何不利于民族团结的社会敌对活动。俄罗斯人对体验祖国和家庭温暖氛围的看重，重视集体主义，成为忘我精神、军人奋不顾身精神的起源。作为民族的理想，集体主义在俄罗斯的政治、经济和文化生活等方面表现得尤为突出。

在俄罗斯，集体精神影响巨大。不仅广大农民生活在集体精神的支配之下，20世纪以前即是社会上层——贵族、官僚同样没有个性自由可言，他们也为集体所吞没，这个集体就是国家。强调共同性，对集体、国家推崇是俄罗斯走向专制国家的基础。专制主义是俄罗斯传统政治文化的重要特征。专制主义作为一种思想、信念和价值观，是与自由主义相对立的。如果说西方文化的主旨是自由主义的话，那么专制主义则是俄罗斯文化的一个重要特性是恰如其分的。

（4）顽强不屈、坚韧不拔的精神。

顽强不屈、坚韧不拔、富有忍耐力是俄罗斯民族个性的一个重要特征，是支撑俄罗斯人在苦难的沼泽地忍辱负重生存的精髓。俄罗斯民族在艰苦的环境中能够坚定不移，他们相信人类正是在跨越一个个苦难，一步步地逼近理想的"幸福天国"。

俄罗斯人顽强不屈、坚韧不拔的精神，对国家和制度的忍耐精神，有其深刻的社会历史和文化根源。首先是地理环境的影响。其次是宗教因素的影响。其三是强大的专制政体的影响。俄罗斯民族顽强不屈、坚韧不拔的民族个性与该民族个性中的弱点——惰性相联系。大多数俄罗斯人不习惯于通过个人的努力和奋斗改善自己的状况，而习惯于借助国家和社会的帮助和支持做到这一点。要改变这种习惯是很缓慢的。① 惰性导致俄罗斯人保守、安于现状，不求思变。

（5）直觉主义的思维方式。

直觉主义的思维方式在俄国文化的各个方面都有体现。关于人的问题、关于人类的命运和道路的问题、关于整体历史的问题，一直是俄罗斯作家关注的对象，由此引出俄罗斯无所不在的道德观点、道德优先原则。道德优先思想则直接导致俄罗斯人对法律的轻视。良心高于法，把内在意志、良心和外在规律、法律调节对立起来，其恶果是无法无天、对人性真正的践踏。缺乏理性精神直觉主义的思维方式也表现在俄罗斯人的日常生活之中。例如，俄罗斯人办事的不守时、少信誉，不喜欢按合同办事为人所熟悉。与以上特点相联系的，是俄国人情绪易激动喜欢走极端。俄罗斯观念的非理性倾向与东正教共同性特征紧密相联。对于现代俄罗斯的科学成就，有学者认为得益于彼得大帝之后的统治者大多都保持了

---

① 转引自马龙闪：《试论俄罗斯文明的特性》，《史学理论研究》2000年第3期。

对西方科学较为开放的传统，大力引进西方先进的科学技术政策和俄国科学家的那种不畏艰难、勇于突破、求实创新的探索精神与努力奋斗、振兴祖国的爱国激情。①

（6）唯美主义的艺术气质。

俄罗斯民族性格中的唯美主义的艺术气质，或者说是一种审美的理想主义精神令人印象深刻。俄罗斯民族性格中的唯美主义的艺术气质主要体现于俄罗斯文化艺术的辉煌成就，整个俄罗斯文化就是晶莹灿烂的群星座，堪称绝对的文化超级大国。在世界文明史上，俄罗斯在文学、舞蹈艺术、影视艺术、话剧艺术和音乐领域显示出高水准。俄罗斯民族性格中的唯美主义的艺术气质也体现在他们艺术生活化和生活艺术化的倾向。对于俄国人来说，现实是一个世界，艺术也是一个世界，甚至是比现实还要合理的世界，要通过艺术突出两个世界合二为一。

俄罗斯人也善于把生活艺术化，追求生活过程的行为美，讲求举止优雅。其民族性格中的唯美主义的艺术气质一方面与俄罗斯民族直觉主义的思维方式有关。俄罗斯民族文化中处处弥漫着浓厚的宗教意识和悲天悯人的情怀。

**3. 俄罗斯民族精神的主要特征**

俄罗斯精神是一个内涵非常丰富的概念，要确切而全面解释谜一般的俄罗斯民族精神是件长久的过程。这里所论及的仅仅是俄罗斯精神的主要内容，而俄罗斯精神这样一个博大的课题，还有待于更多的学者共同进行探讨。

在论述了俄罗斯民族精神的基本内容之后，我们可以以其他国家民族精神为参照，发现俄罗斯民族精神呈现如下基本特征：

（1）非欧非亚的独特性。

从宏观上看，由于俄罗斯文化既不是纯粹的西方文化，也不是纯粹的东方文化，它是处于两者之间的、又兼有两者文化特征的一种独立的文化体系。在此背景下形成的俄罗斯民族精神有着非常鲜明的俄罗斯欧亚民族特性混合型的特征。值得注意的是，俄罗斯在这种东西方文明的撞击和结合中，其民族个性并未泯灭，而是愈发深刻，在世界背景下，处于文明结合部的民族，只有俄罗斯才表现出典型的两重性。俄罗斯文化在其发展过程中，不断受到东方和西方的影响，并把这种影响融合到自己的文化之中。俄罗斯民族精神既非东方又非西方的特征，使其从传统文明向自由主义的文明过渡往往表现出大起大落的悲剧性命运。

（2）鲜明的二律背反性。

俄罗斯民族具有爱国主义精神，但有其极端的形式——民族中心论和民族优越论，具有集体主义至上的价值取向又走向专制主义，具有顽强不屈、坚韧不拔

---

① 宋瑞芝：《俄罗斯精神》，武汉，长江文艺出版社2000年版，第236页。

的精神又走向惰性、消极、静观、宿命。二律背反现象在俄罗斯政治与社会生活的各个方面随处可见，历史压抑了俄罗斯人的创造力，但也使这个民族成为具有巨大潜力的民族。俄罗斯民族社会结构上的矛盾、文化上的断裂导致俄罗斯人性格、习惯、伦理和价值观等一系列的分裂，严重制约了俄国社会整体性的发展，造成文化的两极。

（3）浓厚的宗教性。

俄罗斯民族具有强烈的宗教意识显而易见，最直接的自然是宗教在俄国文化生活中的占有极为重要的地位。正如某些西方学者所说的：俄罗斯民族的统一体，是由早期出现的宗教统一体发展而来，是东正教使俄罗斯保持着统一思想，俄罗斯的民族意识也是东正教思想发展的结果[①]。宗教是对人类的终极关怀，它在俄国人身上产生了一种特殊的使命感，认为拯救人类是自己的义务，按照俄国人自己的话说，这是一种救世主义。它宣扬人类利益至上、俄罗斯是神赋的、具有世界性任务的、超民族主义的思想。

（4）一定的前现代性。

俄罗斯思想具有的共同性、非理性（直观感觉）、关注内在精神的完整、反资产阶级性、道德优先原则等特征，区别于西方观念的讲求个性、理性（逻辑思维）、外在形式、资产阶级性、法制观念等。俄罗斯民族精神的前现代性，源自俄国社会的封建性，主要是由于构成俄罗斯文化底蕴的东正教来源于东西文化的交汇处——拜占庭。

显然，具有多种复杂特性的俄罗斯民族精神的进步性与反动性、先进性与落后性并存，这就决定了俄罗斯民族精神的多元影响。俄罗斯民族精神一方面有利于国家政治稳定和民族团结，唤起了民族意识和人民意志以及全社会振兴民族的热情，另一方面也影响了国家的发展，对世界的其他国家和民族带来了不少负面影响。

---

① 雷丽平：《东北亚文化圈中的俄罗斯文化》，《东北亚论坛》2000 年第 3 期，第 92 页。

# 第十三章

# 自由与独立：
# 美洲大陆两个典型国家民族精神研究

在美洲大陆，美利坚民族和古巴民族是最具代表性的两个民族，他们都强烈地渴望自由，追求独立，并为之不惜牺牲一切。作为两个都是由外来移民人口和本地原居民共同组成的、历史并不悠久的民族，美利坚民族和古巴民族各自都表现出高度的民族团结、具有宽容性的多元文化和巨大的社会活力。同时，值得注意的是，从冷战以来，美国和古巴由于意识形态上的对立又不断处于交锋与摩擦之中，围绕着民族问题又衍生出一系列的政治、经济、文化和军事争端甚至对抗。因此，通过对美洲大陆上这两个无比珍视自由与独立，并为之而前赴后继、不惜牺牲一切的民族的对比研究，对弘扬和培育中华民族精神具有重要的理论参考和现实借鉴作用。

## 一、古巴民族精神研究

古巴是一个加勒比海岛屿国家，处在当今世界唯一的超级大国美国的"鼻子底下"，又长期遭受美国的经济封锁、贸易制裁与和平演变，再加之近年来苏联解体和东欧剧变，以及自然灾害，古巴政治环境被压制，经济遭受重创。但古巴依然顽强地生存下来并取得了被国际社会称誉为"古巴奇迹"的巨大成就。究其原因，从经济方面而言，主要是古巴长期不懈地坚持发展经济，积累了较为雄厚的基础，再加上古巴得天独厚的旅游资源优势，使它能够在苏联解体之后，经过经济结构调整，重新实现经济增长；从政治方面而言，是因为古巴共产党将

*311*

原则性与灵活性有机统一起来，既坚持社会主义道路，又不断开拓创新，适时地实行对外开放；从文化教育方面而言，古巴始终将提高广大人民的教育水平作为革命的首要目标，造就了大批高素质的社会主义建设人才。但一个重要而关键的因素就是古巴这个民族所蕴涵的独特的民族精神、民族气质。古巴民族精神是古巴人的灵魂，是古巴历尽千辛万苦，依然屹立不倒的精神支柱，也是古巴实现民族振兴的内在动力与精神源泉。"他山之石，可以攻玉"。通过对古巴民族精神的深入研究，并与中华民族精神进行比较，以此为弘扬与培育中华民族精神，实现中华民族的伟大复兴具有重要的借鉴意义与启迪。

### 1. 古巴民族精神的历史生成

理解古巴的民族精神，必须返回到古巴民族精神的历史渊源中，才可能深入地把握住古巴民族精神的历史生成与时代演进。

（1）古巴民族精神的形成，与古巴独特的地理位置密不可分。

古巴是一个面积仅为 11.45 万平方公里的岛国，自然资源较为单一，以烟草、甘蔗、镍等为主要商品，能源短缺，淡水资源较少，经济结构较为单一。古巴人的民族习性、精神气质与古巴独特的地理位置具有一定程度的非因果性关联。正如孟德斯鸠所言："海岛民族比大陆民族更重视自由。海岛通常幅员甚狭；很难雇佣一部分居民去压迫另一部分居民。"自由一直是古巴民族精神的基本内核。

（2）古巴民族精神的形成，与古巴所面临的国际环境密切相关。

古巴与美国本土隔海相望，是冷战期间两个对立阵营互相争夺的战略要地。数百年来，正是因为古巴的独特的战略位置，使它成为国际斗争的漩涡，使得这个民族经受着一次次的压迫与反压迫、殖民与反殖民、封锁与反封锁的斗争。1962 年爆发的"古巴导弹危机"更是把古巴这个加勒比海小国推上了世界历史的前台。美国极为看重古巴的战略位置，想方设法对古巴进行各种形式的演变。先策划了武装的"猪湾登陆"，后又通过《托里切利法案》和《赫尔姆斯－伯顿法》强化对古巴的封锁和包围，企图实现颠覆古巴政府的目的。然而，古巴人民从来都不屈服于任何外在的压力，从来不向强权政治低头；也正是在这数百年的追求自由独立的斗争中，不断培育与塑造了古巴人顽强不屈、向往自由的民族精神。

（3）古巴民族精神的形成，是与古巴独特的经济结构分不开的。

一方面古巴经济结构较为单一，没有形成一个完整的国民经济体系，制糖业是古巴主要的经济支柱。冷战期间苏联以国际市场价格的 4 倍购买古巴生产的 90% 的蔗糖。但苏联的解体，再加上美国的经济封锁和贸易禁运，使古巴经济遭受到严重打击。另一方面这也塑造了古巴人民不断进取、勇于创新的精神。他们积极调整国内外政策，大力开发古巴的旅游资源，开展增产节约运动，发展高科技产业，并且积极走出国门，向世界其他国家宣传古巴，突破美国对古巴的封锁。当前古巴经济结构逐渐从以前的依赖型、单一化经济模式走向灵活的、多元化的经济模式。

（4）古巴民族精神的形成，是在古巴人民追求民族独立、自由解放的历程中塑造而成的。

古巴的民族精神，最为突出的就是古巴人民誓死捍卫民族独立与自尊的英雄气概。古巴的民族精神的发展史，就是古巴人争取民族独立、自由与解放的斗争史，是反抗外敌入侵、外来压迫的斗争史。这可以说是古巴全部历史经验的总结和提升，也是古巴人民能够在极为恶劣的国际环境下保存和发展自己的精神力量源泉，是古巴民族精神中最为宝贵和重要的因素。[①] 古巴人民争取独立和自由的历史，就是一部塑造古巴民族精神的历史。长期的民族奴役造就了古巴人高度的民族自尊。古巴人追求独立、向往自由、不屈不挠的民族精神给予世界人民以巨大的震撼和鼓舞，赢得了世界人民的尊敬。

**2. 古巴民族精神的主要内容**

古巴民族精神是多方面、多维度的，从不同的方面体现着古巴的民族气节、民族智慧。具体而言，它包含着如下基本内容。

（1）对自由的热切向往与不懈追求构成了古巴民族精神的核心。

古巴民族精神是整个古巴民族为了寻求民族独立与解放，社会的发展与繁荣而同仇敌忾、前赴后继的爱国主义精神。尽管古巴历史上屡次遭受外敌的入侵与压迫，但古巴人民从来没有低头，从来没有甘愿做奴隶，"哪里有压迫，哪里就有反抗"，古巴人民一次又一次地举起民族独立的旗帜，为自由与解放而战斗。即便在苏联解体之后的一段特别困难期间，古巴人民也没有放弃维护民族自由的信念，没有向以美国为主导的经济体系一边倒，而是在独立自主、自力更生的基础上，加上相应的政策调整，实行稳妥的开放政策，使国民经济逐渐恢复起来。古巴的自由精神，是古巴人民对坚持社会主义道路、共产主义理想的坚定信念与不懈追求的精神。在 1989 年苏联解体、东欧剧变之后，古巴人民依然坚持自己选择社会道路的自由与权利，正如卡斯特罗所指出的，"古巴决不放弃由古巴人民自己选择社会、经济和政治制度的权利，没有苏联和社会主义阵营的存在，古巴革命将继续下去。"[②] 在西方资本主义的层层包围与严厉打压之下，古巴不仅建立了社会主义国家，而且在极端困难的情况下坚持社会主义。古巴的自由精神还体现为古巴人民独立自主，自己选择适合本国国情的社会制度与发展模式。对

---

① 参见欧阳康：《走近古巴人的精神家园——古巴哲学与社会主义理念初探》，《哲学研究》2002 年第 4 期。

② 汪云亭：《古巴如何走出困境的几点启示》，《学术探索》2001 年第 2 期。

于本民族的社会道路、政治体制、经济模式等问题，古巴人民不盲目照搬照抄，而是逐渐探索和摸索出一条"有古巴特色的社会主义道路"。

（2）坚强不屈、英勇顽强是古巴民族精神的生动写照。

历史上古巴民族是一个饱受侵略与压迫、多灾多难的民族，然而又正是长期的外来压迫激发了古巴人民的民族自觉，唤醒了古巴人的民族信念。在长期的压迫与反压迫、殖民与反殖民、封锁与反封锁的斗争中，古巴人民展现出了坚韧不拔的意志，体现出了蓬勃的民族生命力。古巴人民英勇顽强的民族精神不仅是在长期的争取民族独立的斗争中形成的，而且也在古巴社会主义建设事业的过程中得到进一步的锻炼与提升。海明威在《老人与海》中所塑造的主人公桑提亚哥的形象实际上是对古巴人民坚韧不拔、顽强拼搏精神的刻画。

（3）爱好和平、维护正义、中道直行是古巴民族精神的重要内涵。

尽管古巴历史上多次遭受殖民统治与武装入侵，并且经受了长达50多年的经济封锁，但是古巴人民一直以来都是一个爱好和平、维护正义的民族。近年来，古巴在几乎所有的国际重大问题上都坚持公平公正的立场，慷慨正气，维护正义，中道直行，决不为一己之私利而损害其他国家与民族的正当利益。一方面，古巴人民坚持走和平与发展的道路。在冷战结束后古巴积极奉行全方位、多元化的外交战略，与世界其他民族加强友好往来，为古巴的社会改革与民族振兴创造良好的国际环境。另一方面，古巴人民发扬了崇高的国际主义精神上。尽管古巴自身遭受着美国的政治颠覆、经济封锁、外交孤立，但古巴反对任何形式的强权政治与霸权主义，在几乎一切重大的国际政治问题上都始终如一地坚持正义原则，从来不向强权政治低头。古巴人民对世界上所有民族的正义斗争都表示支持，而且长期以来，立场坚定，态度鲜明，展现了古巴人民高尚的民族气节和宽广友爱的民族胸怀。

（4）开拓进取、勇于创新是古巴民族精神的灵魂所在。

古巴人民的开拓创新精神有着多重的内涵，具体体现在，古巴根据社会发展的新形势，适时调整国内政策，进行适合古巴国情的经济改革。对于古巴是否需要改革和如何改革这一重大问题，古巴人民突破了传统思维，既认识到社会主义不是一成不变的，社会主义必须通过改革来发展和完善，又没有盲目照搬照抄他国模式，而是根据古巴国民经济基础薄弱、独特的地理位置、丰富的旅游资源等具体实际，积极调整国内经济产业结构，开拓新的产业领域，创新经济发展思维，实行了卓有成效的改革。同时在政治、文化等领域也紧跟时代脉搏，进行了适时调整与改革。实践证明，正是在古巴人民开拓创新精神的引导下，古巴进行了正确而有成效的改革，走出了历史的困境，丰富和发展了社会主义理论。

正是在长期的革命斗争与社会主义建设的实践活动中，古巴人民形成了以自由精神为核心的，以爱国主义为主要目标的民族精神。古巴的民族精神就是坚强不屈、勇敢顽强、爱好和平、维护正义、勇于进取、开拓创新的民族精神，它激励和引导着古巴人民不断前进。

### 3. 古巴民族精神的主要特征

古巴民族精神是长期的历史斗争与社会建设实践的经验总结与历史提升，虽然具有一定程度的抽象性和复杂性，但有着自己的内在特征。

古巴民族精神是马克思主义与古巴民族思想精华有机结合。[①] 马克思主义是时代精神的灵魂，也是古巴民族精神的重要内核。古巴人民把马克思列宁主义与本民族的思想精华内在结合起来，建构起了自己的思想理论体系，这就是马克思列宁主义、马蒂主义和卡斯特罗思想。其中，马蒂主义是古巴民族思想与马克思主义有机结合的开创者和光辉典范。从西班牙殖民入侵到 1959 年古巴革命胜利的这一阶段之中，古巴形成了以马蒂主义为核心的民族独立思想，并在马克思主义传播的过程中成为卡斯特罗等新一代革命家争取古巴独立的指导思想和理论基础。卡斯特罗的思想是对马克思列宁主义和马蒂主义的继承与发展，是马克思主义与古巴民族思想的真正的、全面的结合，并成为古巴社会的主导思想，指引着古巴人民前进的方向。因此，古巴民族精神的丰富与发展的过程，实质上就是古巴本民族的思想精华与马克思列宁主义的有机结合，不断丰富与完善的过程。

古巴民族精神是历史性与时代性、民族性与世界性的内在统一。古巴民族精神之所以能够激励一代又一代的古巴人民，为了民族和国家的自由与解放、繁荣与富强而不惜前赴后继，就在于古巴的民族精神是古巴传统思想文化与时代精神的内在结合。同时，在古巴长期的民族独立史中，既形成了以土著人、非洲裔为主导的民族主体意识，也逐步吸收了西方国家的启蒙思想、自由民主意识。古巴走上社会主义道路，思想来源就是马克思主义和列宁主义的影响。古巴的民族精神在坚持和继承本民族的传统特质的基础上，积极吸收和借鉴其他民族的积极的、有益成分，融会贯通，从而丰富和完善了古巴民族精神的内涵，形成了既立足传统又面向未来，既有古巴特色又兼容并蓄的民族精神，扩展了民族生存与发展的空间。

古巴民族精神是以自由精神为核心，以爱国主义为主要目标，以民族认同为基本连接纽带，在长期的困难险阻中塑造而成的，并且涌现出了以何塞·马蒂、切·格瓦拉、菲德尔·卡斯特罗为主要代表的民族英雄。实际上，他们是古巴人民崇高的民族气节和坚强的民族精神的集中展现，是古巴民族精神的象征。

---

[①] 参见欧阳康：《走近古巴人的精神家园——古巴哲学与社会主义理念初探》，《哲学研究》2002 年第 4 期。

*315*

## 二、美利坚民族精神研究

美利坚民族精神的生成本质上是美利坚民族的形成过程，而美利坚民族精神作为一种凝聚力、向心力和激励精神又推动了美利坚民族的不断发展和繁荣。不是意识决定生活，而是生活决定意识，对美利坚民族精神的历史溯源，应该从地理环境、生产方式、文化传承、民族交往等方面展开。

### 1. 美利坚民族精神的历史生成

从地理环境而言，美国的国土条件与自然资源是得天独厚的。美利坚合众国的国土位于北美洲中部地区，最初只有大西洋沿岸的 13 个州，面积为 82 万平方英里，后来通过兼并、购买甚至直接占领等方式扩张到太平洋沿岸，国土面积达到 362 万平方英里。辽阔的国土蕴藏了丰富的矿藏资源，这些都为美利坚民族的发展提供了极其雄厚的自然基础，为美国人的民族习性与价值观念的形成提供了丰富的物质条件。同时，地理环境的多样性、气候条件的多样化与民族构成的多元化综合作用，促进了美国社会多元文化的形成和美国人价值观中对自由精神的崇奉。一方面，富饶的自然环境可以培育美国人积极向上、乐观进取的民族性格，另一方面，贫瘠的地理环境也孕育着吃苦耐劳、勤奋勇敢的国民精神。一部西部运动的拓荒史就是美利坚民族精神的拓展过程。尚未开发的西部地区自然环境恶劣、缺少必要的基础设施，又面临着与异族文化上的认同障碍，但也正是在西部地区，提供了相对平等的机遇与较为公平的竞争机会，使得人人都可能实现自己的梦想。在此意义上，西进运动的意义不仅在于解决随人口增长而来的生存资料的需要，更重要的在于培育了美国人的竞争意识、冒险精神与积极进取的态度。即便进入后工业社会，西部精神一直都被视为推动美利坚民族发展的核心要素与动力根源。

从生产方式而言，美利坚民族自形成以来就受资本主义生产方式影响并内化于其国民性格之中。欧洲移民尚未到达的北美大陆，封建制生产关系并未得到充分发展，长期生活于此的印第安部落施行的是原始的狩猎和采集经济，而欧洲移民不仅带来了新的生产工具与技术，也几乎未受多大阻碍地就移植了欧洲大陆的资本主义生产方式与经济体制。尽管在南北战争以前，南方的奴隶主种植园经济较为普遍，但从其生产流通环节而言基本上都是资本主义生产方式的，而南北战争之后则是彻底地将全国经济整合为资本主义生产方式。需要指出的，美国资本主义生产方式的形成既不是内生的，也不是外部压力所致的转型，而是原本一个较为自由的社会空间与先进的外来思潮的相互切合和互相促进的过程。尽管早期美国资本主义生产方式的确立带有一定的殖民地色彩，但它培育了美国精神中最为核心的要素——资产阶级民主精神。在政治上不存在封建制度的禁锢，在南部地区废除了奴隶制，给予多数人以普选权，实施了比英国更为激进和发达的民主议会制。在经济生活中保护私有财产的合法性，倡导平等竞争与自由贸易。在宗教文化上则深化和拓展了资本主义的"清教精神"，使勤奋、廉洁、节约和自省精神成长为国民精神的重要内容。

从文化传承而言，美利坚民族精神的形成是多元文化长期积淀和交融的结果。康马杰在《美国精神》中指出："美国性格是继承和环境交互作用的结果，而两者都是错综复杂的。以继承而论，美国不仅继承了英国的传统，也继承了17、18世纪的传统，也继承了两千年来的传统。美国是英国的产物，这一点谁都承认。美国的文化和制度的渊源可以追溯到希腊、罗马和巴勒斯坦，这一点却被遗忘了；美国人所保持的国家、教会和家庭的基本制度以及他们所珍惜的基本价值观念都表明了这种悠久的来源和关联。"① 从文化溯源的层面分析，美利坚民族的自由与独立精神实质上源于以英法的文化传统。《独立宣言》中"人人生下来就是平等和独立的"起源于洛克的自然权利说，而三权分立思想则直接来源于孟德斯鸠、边沁和穆勒的功利主义伦理学。德国文化中严谨态度与理性精神也在很大程度上塑造着美国人的国民性格。美利坚民族性格既不乏基于经验之上的生活激情，也具备基于理性之上的缜密与严谨。除此之外，美国文化也从"两希文明"中吸收了思想养料并转化为美国国民精神的一部分。

从民族交往的层面而言，美利坚民族的形成是一个多民族不断融合的过程，也是一个民族气质与特性不断交融的过程。本质上而言，美利坚民族是一个彻底的移民国家。当地的土著部落是数万年前从亚洲绕白令海峡而到达美洲大陆的最早移民，而后到17世纪才有英国人、荷兰人、法国人、德国人等成规模地进入，18世纪则有大批的亚洲人为了生存也踏上美洲大陆，以至于有人惊叹："美国人血管里的每一滴血，都混合着全世界各民族的血液。"在这其中，以英语为主体的共同的语言体系、共存的地理环境、统一的经济模式和基本相似的民族心理素质这四重要素日益融合，最终导致在18世纪中叶美利坚民族的正式形成。② 统一的美利坚民族是在各民族思维方式、文化传统、价值观念和宗教信仰的对立和冲撞中不断生成的，也正是在开放性地吸取外来移民的先进思想中，美利坚民族精神才保持其丰富的活力，得以不断开拓与创新。例如印第安人的热情乐观、非洲移民的勇敢冒险、华人移民的勤劳务实等精神都先后融入美利坚民族之中，并成其为重要的内容。

---

① ［美］康马杰著，南木等译：《美国精神》，北京，光明日报出版社1988年版，第4页。
② 李其荣著：《美国精神》，武汉，长江文艺出版社1998年版，第58~61页。

### 2. 美利坚民族精神的主要内容

作为共同的观念凝结、行为准则和性格气质，美利坚民族精神尽管复杂而多样化，但一般而言，美利坚民族精神的主要内涵可以概括如下：

（1）自由精神构成了美利坚民族的核心价值观。

美利坚合众国作为一个民族国家的建立是在反抗外来压迫的过程中得以确立的，"不自由，毋宁死"，独立战争胜利之后矗立在曼哈顿上的自由女神像是美利坚自由精神的象征。美利坚自由精神除了表达为追求独立的爱国主义精神之外，还表现为一种个体主义精神。在美国人看来，这种个体的自由不仅不会损害群体和国家的利益，恰恰相反它是维护群体利益和国家自由与独立的基础。个体的自由不仅包括个人肉体上的免受限制，获得人身自由，还包括宪法自由，即有选举和言论的自由。美国人的自由并非不受任何限制的无拘无束、放任自流，而是基于契约原则和责任精神的自由。自由首先是与国家法律、社群利益和个体道德良知订立契约，在遵循共有准则的前提下鼓励发挥个体的自主性和创新性。自由不仅是一种思想和行动上的权利，同时也意味着承担起对国家、社群、他人和自我的责任。正如克林顿在就职演说中指出的："没有责任感，任何自由社会都不会繁荣，……我们的创建者教导我们，要维护我们的自由与联盟，必须依靠富有责任心的公民。我们最大的责任心，就是要心怀一种面向新世纪的新的社区精神。因为我们中间任何人如果要获得成功，我们就必须作为一个美国人而一起成功。"[①] 可以说，自由精神作为一种总体化的力量，已深入到美国社会的方方面面，对美国人的思想理念、民族性格与行动方式发挥着重要的塑形作用。

（2）平等原则与竞争意识相辅相成，共同构筑了美利坚民族基本的社会准则。

"平等是美国人的主要特征，是理解美国国民性层面的关键，平等思想似乎是产生所有其他事实的基础。"[②] 美利坚民族性格中平等原则的生成，不仅与它未经历漫长的封建社会之禁锢、缺乏等级制的历史渊源有关，而且还与美国人对自然权利的深刻认知密不可分。在杰菲逊起草的《独立宣言》中将人人生而平等看作为基本的自然权利，而且这种自然权利既不可剥夺也不可让渡。尽管美国历史上始终存在着种族歧视、性别歧视等不平等现象，但总体而言，"平等观念已渗透到美国人的生活和思想领域，他们的行为、工作、娱乐、语言和文学、宗教和政治，无不体现平等观念，现实生活中的各种关系，无不受这种观念的制约。"[③] 但在美利坚民族中，平等精神并不是空乏的、抽象的，而是与竞争意识相辅相成，即是说，平等并不是绝对的平等，而是在公平竞争的前提下机会均

---

① 李剑鸣、章彤：《美利坚合众国总统就职演说全集》，天津人民出版社1997年版，第487页。
② 转引自李其荣著：《美国精神》，武汉，长江文艺出版社1998年版，第25页。
③ ［美］康马杰著，南木等译：《美国精神》，北京，光明日报出版社1988年版，第16页。

等，主张每个人无论出身贵贱、种族血统，都有机会站在同一起跑线上相互竞争，至于竞争的结果，则与个人的勤奋程度、智慧水平和客观环境相关。作为自由市场体系最为发达的现代经济体系，美国人在国内经济生活中坚决反对运用不合理的竞争手段垄断资源与市场，因而早在 1890 年就颁布了《反托拉斯法》。在美国人看来，对平等原则最有力的维护就是坚决而彻底地施行基于机会公平的自由竞争。但是，竞争意识的过度膨胀也必然走向尔虞我诈、人际冷漠、拜金主义等，这也是需要加以反思之处。

（3）实用主义精神是美利坚民族精神的重要内容。

实用主义作为近代以来对美国影响最大的文化思潮，已经深入到美利坚民族精神的内核之中，形成美利坚民族精神的特质与属性——实用主义精神。实用主义精神起源于皮尔斯所开创的实用主义思想，詹姆斯将其确立为实用主义哲学，路易斯和杜威则对其深化与扩展，并应用于社会生活与教育实践中，实用主义的影响逐渐扩展开来并渗透于社会生活的全部领域，凝聚成美利坚民族精神的重要内容。实用主义哲学基于四个基本的理论原则：真理即是效用、思想是人应付环境的工具、彻底的经验主义、以渐进地改造世界为己任。当实用主义哲学的思维方式与美国人的生活实践相结合并互生互动而凝聚成一种基础性的民族性格与民族心理时，就形成了以求真务实、讲究实际效用的实用主义精神。政治生活中，在坚持原则与宪法的前提下美国人也奉行灵活和变通法则，不仅讲求程序公平，同时也注重实质公平。在经济生活中，以追求具体的经济效益为根本目的，反对空泛的计划与决策。即便是工人罢工，也较少提出激进的政治要求，而走改良主义路线，多以改善工作条件、增加薪金待遇和福利为目标。在法律生活中，美国是一个有着法制传统的国家，认为只要有能解决问题的方法，无论是基于何种目的或由谁提出的，都可能被采纳。正如美国法学先驱霍姆斯所指出："法律的生命不在逻辑，而在经验。"美国的教育具有鲜明的实用主义特色，反对死记硬背、重理论轻实践的倾向，而注重培养学生的动手能力、实践能力和创新精神。

（4）勇于冒险和开拓进取的西部精神。

美利坚民族精神不仅是在血与火的反抗外来殖民的独立战争中锻造形成的，也是在开拓边疆、拓展生存空间的西部运动中不断发展和丰富的。房龙指出，美利坚的民族精神"是边疆的产物"，或者说边疆精神"实际上成了美国精神。"[1] 西部地区面积辽阔、资源富饶，而又没有任何等级制的禁锢，成为美国式民主的演示场，是美国民主得以扩展和深化的疆域基础。西进运动所遵循的"先入为主，先到先占"的自然法则培育了比东部地区更为激进的平等理念和民

---

① ［美］房龙著，姜鸿舒等译：《美国史事》，北京出版社 2001 年版，第 291 页。

主思想，催生了美国人的独立意识、竞争意识和冒险精神。梭罗在《西行求自由》中写道："朝东走我不自在，西行则感到自由。我们走进西部便走向未来，每当夕阳西下，总是激起我西行的欲望。"① 西部运动也造就了美国人勇于冒险、不畏险阻的进取精神。尽管西部运动在很大程度上是一种群众性的冒险运动，它是"冒险者的天堂，怯懦者的坟墓"，其间无数人死于疾病瘟疫、饥饿酷暑、外来袭击，但怀着对"幸福之乡"的向往，怀着白手起家的"淘金梦"，无数美国人源源不断地奔赴西部。向西行进的拓荒运动展现了美国人勇于冒险的精神，同时也锻造了美国人吃苦耐劳、开拓进取和乐观向上的生命精神。时至今日，西部精神依然是大多数美国人心目中最富特色、最受尊敬和激励人心的精神理念。

（5）个人主义是美利坚民族精神的主体。

美国的个人主义绝非是对集体主义和民族利益的简单对抗与排斥，相反，美国人的爱国主义、社群精神正是建基于个人自由之上并通过个体的责任意识、契约原则与道德良知而得以表达和实现的。美国个人主义的思想基础是基于自由意愿和自由选择的人本主义，认为人性的展现就是让每个人都在肉体上自由生存、思想上自由表达、政治上具有独立选择的能力和经济上的自力更生。具体而言，美利坚的个人主义经历了四个发展阶段：①早期殖民地阶段个人主义表现为反抗压迫、束缚与控制，追求自由与独立，这主要体现在北美独立战争期间。②西部运动中强调个人奋斗的重要性，将政府的干预作用限制在最小范围内，倡导依靠个人的勤奋、智慧和运气实现财富创造与价值展现。③工业化时期的个人主义则明显地具有二重性，不仅强调在机会均等的前提下个人的勤奋、才智和进取精神，同时缺乏合理规导的个人主义容易失控，造成"弱肉强食"、两极分化的现象。④后工业化社会中个人主义向社群主义逐渐回归，强调对他人和群体的责任意识。但这种向社群主义和集体意识的回归不是用集体主义来取代个人主义，而是改变以往单凭一己之力自我奋斗的局面，而是通过与他人和群体的合作与互动，来实现自我价值。从贯穿于美利坚民族的发展史来看，个人主义作为其主体性的民族精神对于维护个人自由、保持社会活力和鼓励创新精神具有重要意义，但随着社会交往的普遍化和深入化，特别是在全球化时代利益与风险逐步趋向一致，个人主义面临着自身的限度与困境，在个体生活中容易走向以自恋、孤寂为特征的自我中心主义，在国际交往中则有走向单边主义和霸权主义的危险，这些都是值得反思和检讨的。

此外，宽以待人、节俭勤奋、求真务实、开拓创新等也是美利坚民族精神中的重要内容，它们以不同形式塑造着美国人的民族习性与气质，对美国的政治生

---

① 转引自姜德琪：《西进运动对美国民族精神的影响》，载《山东社会科学》2003 年第 3 期，第 91 页。

活、经济发展、社会状况以及国际交往发挥着重要的精神激励与导向作用。

### 3. 美利坚民族精神的特征

民族精神是普遍性与特殊性的内在统一，既具有为世界上大多数民族所共有的普遍特征，也是该民族的民族性格与民族特质的集中映现，都是对民族生存与发展历史的观念凝结。就此而言，美利坚民族精神具有如下的基本特征。

美利坚民族精神是实用精神与理想主义的结合。最能刻画美国人性格特征的，那就是实用精神。实用精神的核心是真理即效用，而随着美利坚民族精神的不断生成与发展，它逐渐生成为一种基础性的思想理念与价值立场并内化为美国人的民族习性与特质。从其影响而言，它几乎穿透于美国人生活的全部领域，沉积为美国人所特有的一种思维范式、生活方式和行事作风。无论是对作为整体的美国社会，还是普通民众，都发生着构成和形塑作用。这不仅反映在日常生活中美国人崇尚实际、注重结果，也表现在科学研究中反对空谈，秉持求真务实的态度与作风。即便在外交事务上，也以维护美利坚民族自身的实际利益为根本，无论是在国际反恐行动、全球能源争夺战，还是处理贸易摩擦、国际争端等问题上，都以美利坚民族自身的利益为出发点。但美国人的实用主义绝非丧失宗教理想与道德信念而走向流俗的效用主义，甚至拜金主义。相反，美利坚民族精神中具有深厚的理想主义特质。美利坚民族精神中的理想主义具有多层意涵：从宗教信仰上而言，以基督教为主，包括犹太教、天主教、佛教在内的多种宗教信仰并存，为美国精神立下了深厚的宗教根基。无论身处何种境遇，都始终相信美好世界的存在。反映在经济生活中，资本主义在北美大陆的开拓与"清教精神"有机结合，塑造了美国精神中勤俭克己、勤奋进取的一面。此外，美国人所表现出来的追求无止境、创新无极限的进取态度也是对美国精神中理想主义特质的有力诠释。实质上，美利坚民族精神之所以能常存常新，重要原因就在于它不是任何一种精神特质的极端化发展和无限膨胀，而是在经验与超验、有限与无限、世俗与宗教、经世致用与理想人格的紧张互动中保持合理张力而不断生成和实现的。

内在性生成与外在性扩张构成了美利坚民族精神二元式的生成路径，使其既具原生性特征，又在输出性冲动下面临走向霸权主义的危险。本质来讲，美利坚民族精神是在美利坚自己的民族生成史、经济发展史和社会进步史中不断凝结而成的，具有深刻的原生性特征。如果说早期美国人民族习性与特质发源于欧洲，那么自 19 世纪的新科技革命以来，美国人事实上已将精神基底、生活信念与价值取向建立在美国本土之上。从宗教信仰、伦理道德，到民主法制、市场经济、科技创新，无不具有鲜明的美国特色，或者说是美国式的。综观 19 世纪新科技革命以来的美国发展史可以发现，即它从物质生产到精神创造都摆脱了对欧洲的传统依赖，相反，还逐渐向包括欧洲在内的其他民族国家进行输出，并尝试着用

*321*

经济援助、政治模式、美国式的民主观与价值观来影响与支配其他民族国家。这种向外输出与扩张的冲动最早反映在 1823 年的"门罗宣言"中，即美洲是美国人的美洲，反对欧洲对美洲的干预。随着综合实力的不断上升，美利坚民族精神中这种对外输出和不断扩张的冲动与野心也愈加强烈，使其在世界主义的外表下带有浓厚的民族主义色彩。而在冷战结束之后，美国采取了"新经济"、"新政治"和"新军事"政策，在"人道主义"旗号下不断向外输出美式民主，在国际事务上以确保美国"安全、经济、民主"三位一体的国家利益，继续维护自身的霸权地位并逐步走向单边主义。

积极的个体主义与强烈的社群精神是美利坚民族精神中的"一头两面"，二者间的紧张对立与互相生成共同彰显了美利坚民族精神是在同质性中保持开放性，单一化中实现多样性的特征。积极的个体主义是美利坚民族精神的核心与基底，这从理念、制度与实践层面都得到充分确证。但个体在强大国家面前的有限性和脆弱性使其不得不寻求一种群体性的现实庇护或精神归属。"美国的经验告诉我们，在个人和国家之间，还有社群。社群有各种各样的，有按照利益结合起来的，有一些共同的价值观作为纽带的，有地域性的、社区性的、行业性的，也有价值性的、兴趣性的。"① 社会精神从萌发之始，就与美利坚民族的发展史具有一致性，内化其中并沉淀为该民族的民族心理素质与思维范式。到达北美大陆的早期先民囿于生存环境之艰苦而必须进行群体劳作与共同协商，随着人口数量的增加和生存领域的拓展，生活群落也从村落、市镇、州郡直到民族国家，形成自下而上的群体性网络，贯穿其中的红线或是出于血缘种族关系，或出于地缘居住关联，或出于行业共同性，或出于宗教信仰与价值需要等等。总之，美利坚社会中任何社群的形成都有其背后的利益目的与价值需求，希望通过结社来扩大自身的影响力取得更多的话语权，以更好地维护本群体的利益。由于不同群体间在利益目标与价值导向上必然会存在一定的裂隙甚至冲突，为了保证普遍利益和共同目标的达成，社群之间也会互相妥协寻求合作。在此意义上，美利坚民族精神也是个体主义与社群主义的矛盾结合，这既是对个体主义的纠偏和修正，也是对美利坚民族精神本身的丰富和发展。

---

① 许纪霖等：《当前学界的回顾与展望——许纪霖、黄万盛、杜维明三人谈》，载《开放时代》2003 年第 1 期，第 133 页。

# 第十四章

## 进取与革新：
## 亚细亚地域多元文化的激荡

亚细亚地域上是人类文明重要的起源之一，形成了大量的民族群体，创造了灿烂辉煌的华夏文明、古印度文明、古巴比伦文明。然而，在近代史上，亚细亚地域上的多数民族都外受西方列强的侵略与压迫之苦，内有民族冲突与内部斗争，民族问题十分突出。时至近日，中东地区的民族冲突仍然是世界关注的焦点。亚洲地区又是近年来世界经济增长最快，最具活力的地区，东亚地区，包括南亚大陆上的印度，是世界经济增长的"火车头"，并在国际事务上发挥着日益重要的作用。西亚地区是世界上最大的石油储存地和生产出口中心，全球70%左右的石油出口都来自于西亚地区。亚洲也是世界上人口数量最多的地区，占据世界总人口数量的2/3左右。

因此，不同民族之间如何和睦相处，如何在与其他民族的交往中既保持自己的民族特质又具有宽容开放的视野，对于实现亚洲的觉醒与腾飞具有重要作用。中国是亚洲乃至世界上具有重要影响的国家，中华文明的复兴是建立在独立自主和对外开放有机结合的基础之上的，因此，深入理解与中华民族息息相关的其他亚洲民族及其民族精神的内涵与特征，在与其他民族的交往与互动中不断发展和完善自身，是弘扬和培育中华民族精神的重要内容，也关系到在全球化和知识经济时代中华民族如何跟上时代步伐，加速民族复兴。

### 一、日本民族精神研究

日本是一个国土面积狭小，人口众多，与中国隔海相邻的岛国。中华民族近代史的苦难与耻辱，与日本密切相关。自甲午海战以来，日本就对中国怀有侵略野心，并在日本军国主义的主导下侵略了中国与亚洲其他国家，给这些民族造成了深重的民族灾难。同时，日本是一个资源稀缺，人口众多的岛国。尽管日本从第二次世界大战的废墟中走出来逐渐成为经济强国，但日本民族始终未得到国际社会的普遍认可。日本近年来在对待历史问题上一再回避过去的侵略历史，一再美化过去的侵略行径，并有走上军国主义道路的危险。科学和合理地认识上述问题，必须要深入把握日本的民族精神。

### 1. 日本民族精神的生成

日本民族精神的生成和发展，具有特定的历史渊源。

首先，从地理环境而言，日本列岛为日本人提供了一个很有特点的生活基地，他们既享受四季分明、绿化率高、雨量充沛之大自然的恩赐，又饱受资源匮乏、自然灾害肆虐之苦恼。每年的夏末至深秋，频繁登陆日本西南沿海的台风伴随着飓风和暴雨，给日本带来巨大的灾难。同时，在这块细长狭窄的国土上聚集着世界上1/10的火山，面对周围变化无常的大海和随时可能爆发的火山，日本人如同身处一叶孤舟之上，从恐惧感中激发出一种对自然的神秘感和敬畏感。但大自然的反复无常没有摧毁日本人的民族心理。相反，肆虐的台风和频繁的地震使得日本人习惯于接受大自然的灾难，并且养成了一种坚毅的忍耐力和集团凝聚力，这就是日本人特有的"台风、地震心理"。由于具备了这种心理，日本人在任何情形下，对于任何天灾、人祸都听天由命，从不怨天尤人。这使得日本人每次在巨大的灾难过后都能从容面对，并迅速走出灾难的阴影。同时，单一的大和民族、统一的文字语言、稳定的政治形态，使得日本人的民族认同感、文化归属感比较强。这是日本人产生强烈的民族主义情绪的重要原因和基础。此外，由于地理环境的制约，日本人有着强烈"忧患意识"和"危机意识"，有一种"不待扬鞭自奋蹄"的精神。他们比世界上任何一个民族都更能深刻感受"不努力就无法生存"的道理，更乐意接受弱肉强食、强者生存、"落后就要挨打"的"丛林法则"。历史的平稳发展时期如此，历史的转折关键时期亦如此。不放弃任何一次关键性的发展机会，才使日本民族总是在濒临灭亡之际又奇迹般地获得新生或再生。居安思危，积极进取的生活态度始终制约着日本人的思想和行为。当然，无限的自信精神和使命意识也酿成了日本民族的帝国意识和法西斯心理。正如本尼迪克特所指出的日本民族极其矛盾的性格："日本人生性极其好斗而又非常温和；黩武而又爱美；倨傲自尊而又彬彬有礼；顽梗不化而又柔弱善变；驯服而又不愿受人摆布；忠贞而又易于叛变；勇敢而又怯懦；保守而又十分欢迎新的生活方式"。①

---

① ［美］鲁思·本尼迪克特著，吕万和、熊达云、王智新译：《菊与刀——日本文化的类型》，北京，商务印书馆1990年版，第2页。

其次，古代日本很早就有了推崇群体与和谐的强烈意识。人类社会其本质皆是群体社会，被喻之为"东方群体主义社会"的中国和日本，在文化上由于日本受中国的影响比较大，传统意识、社会结构以及国民性格等的确有较多共同或相似之处。

再其次，积极吸收中国文化，在漫长的历史演进中，形成了日本自己的精神文化特色。日本早在未形成统一国家之前，就已经开始学习中国文化。同时，很多中国移民赴日本传播先进文化。从公元 630 年至 894 年，日本共往中国派遣十多次遣唐使，大量学习中国唐朝的先进文化，这对日后日本建立律令体制和文化的发展起到了巨大的历史作用。日本人还积极学习中国统一的政治制度，接受中国的关于君主至高无上的政体观点，全面摄取中国的法典，并建立了复杂的中国式的宫廷等级制度，为他们实行中央集权的政治制度奠定了坚实的基础。

最后，外来文化促进了日本民族精神的形成。江户时代中期兴起兰学，它是通过荷兰语来学习、研究西方的学问，即经由荷兰传入日本的近代西方学术的总称。兰学的兴起与发展，使得当时与世界隔绝的日本得以在明治维新时顺利完成转型，走上了资本主义近代化的道路。明治维新使得日本吸收了西方先进文化的影响，而第二次世界大战后日本全面移植西方的民主政治制度，为日本日后的重建和崛起提供了政治制度上的保证。因此，"日本人的精神和文化历史，实际上就是以一种先期被输入、被消化和被吸收的外来的异质的思想文化形态对抗其后即将被输入的思想文化形态的历史。""在社会的转型时期，日本人再次显示出惊人的创造能力和创新活力。""日本人的思维方式和行为方式善于和精于以变应变，应该是日本社会近代成功发展的深层文化动因之一。"①

### 2. 日本民族精神的主要内容

就其基本内涵而言，日本民族精神具有很强的岛国民族特性，生存危机意识、集团主义精神、"和"的精神、虚心学习的精神和一丝不苟勤勉向上的作风，构成了日本民族精神的主旋律。

第一，生存危机意识与勤奋、进取精神。尽管日本是世界上的一个超强经济体，科学技术发达，人们受教育程度高，生活富裕，并且，潜在的军事力量也很强大。但是，即便是在战败后 60 多年的和平时期，日本民族也仍然表现出强烈的生存危机意识。资源匮乏和自然灾害的频发，铸就了岛国日本的强烈生存危机意识，在他们成为发达国家的今天，这个意识仍然没有退化。在生存危机意识的催促下，日本人远离懈怠，勇于接受各种挑战。不难想象，一个懒惰的民族是不可能创造经济奇迹的。

---

① 范景武：《点描"日本人独特的思维方式"》，《内蒙古工业大学学报》2004 年第 1 期。

第二，集团模式与集团意识。日本的集团主义起源于古代家族的群体意识，进入农耕社会以后，发展成村落为中心的集团主义，最后演变成为带有政治因素的国家集团主义。日本所有社会结构都具有集团模式，呈现为纵向结构，分别像是没有底边的三角形状，其实质是一个稳定的权利框架，被喻为富士山结构。在此基础上，日本人形成了高度协调的，以集团利益为中心的民族意识。在集团内坚持无原则的原则，提倡无价值的价值，人与人之间不完全是平等的关系而是某种依附与庇护的关系；不完全是契约关系而是一种半契约、半亲属的关系，即通常所说的日本式集团的家族性质。日本社会通过实施"终身雇用制"、"年功序列制"增强日本人的归宿感，强调对企业和集体的贡献。日本人突出的集团意识与日本人的"缘分"情结密不可分。日本社会中人际关系的形成依赖于血缘、地缘、社缘（以公司、学校等组织为契机而形成的人际关系）三种。尽管带有一定的偶然因素，但它在某种程度上起到了增强集团社会凝聚力的作用，集团内不少的感情纠葛和人事纠纷化解在"缘分"的情感之中，以集团为家的观念得到了进一步的巩固。

第三，"和"的精神。日本的气候温暖湿润，四季分明，非常适宜居住、生活，孕育出了他们独自所有的民族精神与气质。古代的日本人崇尚人与人、人与自然的和谐，日本国又称"大和"，也与"和"有密切关系。日本人特别重视将和谐贯穿于生命和社会之中，他们从各种自然的现象中发现和谐，与大自然和谐共存，这正是日本人的生存法则。他们重视和谐，是基于生命的宇宙法则，扎根于生命和宇宙的"和"的精神。"和"的精神是融合日本国民、形成日本民族的原动力。日本古代的十七条宪法中的"和"，并非是一个妥协的概念，更多的应该是一个积极的理念：人们只要和谐相处，就能够成就任何事情。古代日本"和"为首的十七条宪法为日本的传统文化奠定了重要的基础。日本"和的精神"追求的是人际之间的和睦，是与自然共生存的精神，这种精神是自然法则的体现。基于这种精神的家庭观，是亲子、夫妇和谐，家庭共命运。人际关系上追求共同进步和发展，"和"还是感谢自然的恩惠，是人和自然协调的道路。

第四，虚心学习、勇于创新的精神。日本原本没有文字，大约在公元 5 世纪，汉字传入日本，为日本吸收古代中国文化起到了巨大的作用，并且使得他们能够记录自己的文化和历史。但古代日本人只是用拿来主义的手法学习中国文字，在随后的漫长岁月中经历了"吸收、消化"，再"创造"的学习过程，创立了具有日本特色的语言。现在日本的文字形式是汉字和假名混合书写，反映出他们的模仿、学习的精神和创造性的智慧，有机地将中国古代的东西和自身的东西结合到了一起，这也正是文化具有强大生命力的重要条件。借助于日语独特的表音假名，又继承了汉字构词的便利，日本在学习和吸收外来先进文化方面走在了前列。在东亚，日本是最先了解马克思主义的，他们将大量的马克思主义著作翻译成日语，不仅在日本传播了马克思主义和共产主义的思想，也为在东亚传播马克思主义起到了巨大的作用。在翻译的过程中，他们利用汉语的构词法将马克思主义中的许多概念翻译成日语，这些用汉字写成的概念反过来又传到中国，成为汉语词汇的逆输入。这也是日本学习西方社会对中国的一个很大的影响和贡献。

### 3. 日本民族精神的特征

综观日本民族精神，一方面具有积极进取，不断创新，以和为贵的特质，但另一方面民族的危机意识与极端的民族主义相互结合，孕育了军国主义思想，使日本先后侵略和压迫其他民族。因此，日本民族精神具有相当的复杂性，具有某些鲜明的特征。

首先，日本人在强烈的生存危机意识的催促下奋发图强。长期以来形成的危机意识具有相对的稳定性，经过历史的积累和沉淀，在内涵上逐渐成长为日本民族奋发图强的一种精神。这种精神鼓舞着一代又一代的日本人，他们努力进取、拼命工作，希望通过自己的辛勤劳动，战胜恶劣的环境，取得社会的繁荣和进步，同时获得个人的幸福。

其次，日本人"和"的精神主要体现在日常的言语行为之中。"和"的精神不是一个抽象的概念，很多时候体现在言语行为当中。这是日本民族很具特征的一面。日本人的言语行为有着比较明显的特征：有一个比较严密的言语待遇系统，对上司、长辈、关系不太亲密者，说话礼貌客气；频繁使用日常客套话，显得彬彬有礼；语言表达委婉含蓄，考虑对方的感受，不强加于人；说话多言犹未尽，给对方留有余地；避免直接拒绝他人，喜欢使用搪塞、敷衍等表达方式；尽量做到与交际对方保持情感上的一致，设法避免分歧，在和谐与道理之间必须做出选择的时候，他们往往会选择和谐。这些都是"和为贵"的道德规范在言语行为中的表现。

最后，从学习与模仿到借鉴与创新。日本人选择适合他们自身发展的东西，引进后加以改造，不断内化，在灵魂中注入大和民族的内容，保持、发扬日本固有的精神，消化、活用中国的文化。在虚心学习外来文化的同时注重与本国的实际相结合，从而创造出适合本土发展的体制，是日本民族精神的显著特征之一。日本人常说的"和魂汉才"与"和魂洋才"，那意思是，不失去日本固有的精神，来吸收、消化中国的学问；不失去日本固有的精神，来吸收西洋的学问和知识，这也证实了日本民族精神的可贵之处。正如赖肖尔所指出：日本"由中国学来的制度与文化，经过几代对日本环境的适应过程，获得了自己的生命，并且在加上本国的特色后，产生了一个从根本来说是崭新的文化。这种新文化的许多组成部分，虽然可以清楚地看出其来自中国的渊源，但它基本上又不同于中国文

327

化，也不同于日本的早期文化。"①

## 二、印度民族精神研究

印度是一个拥有几千年文明的古国，在漫长的历史发展过程中，印度文化不断吸收、借鉴和融合异族文化营养成分，形成了极具自己特色的民族精神。印度人注重精神和道德价值、追求自我完善和灵魂的净化和升华。《耶柔吠陀》著名的"巴梵摩那歌"中就曾这样祈祷："从虚幻迷惘中，引我至真境；从茫茫黑暗中，引我至光明；从死亡毁灭中，引我至永生"。这首祈祷歌在某种程度上反映了印度民族渴望探索茫茫宇宙的奥秘以及人类本质的精神特质。

### 1. 印度民族精神的历史生成

寻求印度民族精神的历史渊源，首先需要明确什么是印度民族精神。为了较为准确地把握印度民族精神的深刻内涵，我们可以结合印度的地理气候条件、历史政治因素、民族社会发展、传统文化习俗等方面进行分析，以探寻印度民族精神产生与发展的深刻历史渊源。

第一，从地理气候条件来看，印度地域辽阔，地势复杂。从外部来说，印度次大陆北有高山阻隔，南部三面环海，形成了一个独特的地理单元；就内部而言，印度的地势是南北高，中间低，北部是喜马拉雅山脉，南方有东西高止山和德干高原，中间还横亘着温德亚山，把南北又分为两个有明显差异的地理单位。② 印度气候条件复杂，整个印度次大陆虽然处于热带，但各地区之间的气候却有明显差异。北方的喜马拉雅山阻隔了冷空气的南下，造成中部地区酷热难当，夏季气温常达40℃以上，拉贾斯坦的一些地方可达50℃。南方由于三面环海，则相对凉爽，而北部山区有的地方却常年积雪。西部有的地区常年干旱，是世界上有名的缺水地区之一。而印度河、恒河平原地区则雨量充沛，非常适宜农作物的生长，东南部更有堪称降雨量世界之最的乞拉朋齐地区。差别如此巨大的气候和自然环境对印度人衣食住行等各方面产生了深远的影响，同时也造就了印度人丰富多彩的生活习俗和生活方式。

第二，从历史方面来看，外来民族的入侵，带来了各自的民族和宗教文化，也从不同程度上影响了印度民族精神的形成。继雅利安人之后，有许多民族先后侵入印度。有人认为有上百个部落侵入过印度。其中，欧洲人，尤其是英国人的侵入，对印度的影响是"巨大的、广泛的、持久的"。英国人大力推广英语教

---

① 埃德温·赖肖尔著，孟胜德、刘文涛译：《日本人》，上海译文出版社1980年版，第50页。

② 邓兵：《浅论印度文化的多样性》，《解放军外语学院学报》1996年第3期。

育，这就使得英语成为印度国内联系各邦之间的主要语言，并且在宪法中与印地语一起成为联邦的官方语言。西方人的到来还使基督教文化传入印度，从而为这一"宗教博物馆"增添了新"展品"①；政治整合对印度民族精神的生成和发展也产生了一定的影响：一方面，在印度民族独立运动进程中起到了巨大的引导和推动作用的甘地主义影响依然存在，甘地所倡导的"宗教平等、和睦相处、种姓平等"思想影响到印度的宪法制定和社会改革措施、经济方针的制定；另一方面，尼赫鲁的"民族主义、社会主义和世俗主义"思想在印度思想界发挥着主导的作用。尼赫鲁的民族主义思想主张民族独立、人民民主和自由平等。独立以后，他的这种民族主义、爱国主义激发了一种"大印度"的理想和目标。它包含两个方面：② 其一，印度是一个多民族、多宗教的统一体，是一个领土完整和具有独立主权的国家；其二，印度不仅是独立的、完整的，而且要走到世界的前列。尼赫鲁的这一思想在印度独立初期对于克服传统上小国寡民、一盘散沙、我行我素的思想意识以及凝聚民心、树立民族自信是非常重要的，也为维护印度的统一和民族向心力的形成确立了理论根基。总之，气候与政治历史等原因使得多种源流的文化成分汇聚融合于印度，使得不同的文化形态可以和平相处、互相融合。

第三，从民族构成和发展来看，印度是一个多民族的国家。印度有 100 多个民族，500 多个表列民族，素有"人种博物馆"之称。人口超过千万的民族多达十几个，不同种族有不同的语言，也有不同的习俗，信奉不同的宗教，像印度教文化、伊斯兰教文化、佛教文化、耆那教文化、锡克教文化、基督教文化和部族文化，它们构成了底蕴丰厚、丰富多彩的印度文化。印度著名历史学家高善必说："凡是不带偏见的观察家站在公正的立场以敏锐的洞察力来考察印度时，就会发现印度具有两个相互对立的特点：它的多样性和统一性。"传统与现代交织、发达与原始混杂、文明与落后并存、富豪与赤贫同在，这也为印度特殊的民族文化精神打下了深刻的烙印。③

第四，传统文化是印度民族精神生成与发展的基础和条件。印度文化是以印度教文化为主体、以宗教思想和哲学思想交织为内容、以社会道德伦理和社会生活方式为体现的多种文化的综合体，它具有复杂性、宗教性、包容性三个特征。首先，多元复杂性一方面说明印度文化是由多民族文化构成的整体，体现了印度文化是共性和个性的统一；另一方面说明印度文化在历史上吸纳了外来文化，体现了印度文化的开放性和发展性。印度文化的多元复杂性决定了印度民族精神中

① 高宏存：《人与神的狂欢——印度文化的面貌与精神》，北京，中国水利水电出版社 2006 年版，第 38 页。
② 薛克翘：《印度独立后思想文化的发展特点》，《当代亚太》2004 年第 4 期。
③ 姜玉洪，王志军：《印度传统文化特征论略》，《北方论丛》2004 年第 4 期。

包含了"崇尚和谐"的内容。其次，浓重的宗教性表明宗教文化在纷繁复杂的印度文化中占据主导地位。目前，印度99%以上的人都是宗教信徒，无神论者极少。可以说，印度文化基本上属于宗教文化。印度近代哲学家维韦卡南达说："在印度，宗教生活形成了中心，它是民族生活整个乐章的主要基调"；印度社会的现实结构是以闭关自守的村社自治结构为基础的，在社会分层上是由被称为"人间之藩篱"的种姓制度所框定的。任何民族精神都需要有一种共性的族际聚合力，这样看来，印度民族精神的聚合力恰恰就是来自于这个以宗教信仰为基础的"信缘文化"。最后，极大的包容性是指主体文化对非主体文化的态度。在印度文化中，始终占主导地位的是印度教文化。印度教是一个极其复杂的综合体，它既是一种信仰，又是一种生活方式。印度教囊括了神论、多神论、泛神论和无神论。印度教自身体系的包容性表现为对其他宗教的不同程度的接纳和包容。总之，印度文化是这个国家和各个民族赖以生存和发展的精神土壤，也是印度民族精神形成与发展的基础和条件。尽管印度文化中包含有与现代文明存在巨大差异和冲突的种姓制度、狂热的偶像崇拜和宗教迷信等成分，但印度文化中尊重生命、讲求仁爱、崇尚和谐、抵制暴力等合理成分却是印度民族精神的重要来源。[①]

**2. 印度民族精神的主要内容**

印度有着灿烂的文化和久远的文明，印度民族精神是印度文化与文明中最为璀璨的部分。理解印度的民族精神首先必须要理解印度的哲学，哲学决定了共同的人生观、价值观，从而导致了人们彼此间的认同。"梵我同一"[②]，是印度教哲学理论的核心。"梵"是宇宙灵魂、宇宙本体（上帝），世界万物都是梵的衍生物；个体灵魂（自我）是梵的粒子，两者同源同体、同一不二；个体灵魂必须通过修行和积累功德才能认知梵，才能与梵合一，达到圆满，达到极乐；"梵我同一"是人生的最高境界，也是印度教徒人生追求的最终目标。按照这一理论，人生的最终理想就是证悟自己内在的精神本性，实现自己与他人，以致与整个世界的统一。在实现人生理想的过程中，印度教哲学强调"爱"的作用，强调爱人，爱自然，爱世界；在实现人生理想的方法上，强调修行和体验，甚至是自我折磨的"苦行"；在实现人生理想时，重视道德的作用，强调对现实社会规则的服从。

印度主流哲学中的世界观在本质上是宗教世界观。也就是说，印度哲学中的世界观和由其所决定的人生哲学带有先天的局限性，但其对于印度民族精神的规约作用却是客观存在的。首先，对于人生目标的坚信与执著，即人只要进行瑜伽

---

① 熊坤新，严庆，王兴玉：《印度民族精神及其成因》，《国际资料信息》2006 年第 12 期。
② 姜玉洪：《印度传统文化的哲学透视》，《学术交流》2004 年第 11 期。

修炼，克服私欲，就能使"我"从肉体的束缚中解放出来，还原于梵，达到永生长乐的境界，这决定了印度民族精神中必然包含"虔诚自信"和"不畏磨难"的内容；"爱"是印度哲学中的一项原则，也是印度人的一种信念，提倡忍耐，提倡感化，提倡平和与诚挚，追求至真至纯，至善至美，归纳为民族精神中的内容就是"强而不暴"；"梵我同一"以及不休不止的"轮回"意味着人和动植物、人与自然、人与世界同一和流转，印度民族精神必然"崇尚和谐"；其次，为了实现"解脱"的人生目标，印度人虔诚自信，不畏磨难，坚信精神的力量可以引导人们达到一切真理，注重主观体验，使印度民族精神体现出浓厚的主体性。在精神与物质这个哲学根本问题上，印度人表现为重精神轻物质的倾向，它同时也决定了绝大多数印度人最基本的价值观。这种价值观，经过千百年的演变，已得到绝大多数印度人的认可，这种普遍性、持久性的价值观，在民族精神形成与发展的过程中发挥了重要作用，也是使得印度民族精神凸显出稳定性的内在原因。

### 3. 印度民族精神的特征

首先，虔诚自信。虔诚，是指虔敬、诚敬、恭敬而富有诚意，它可以理解为对信仰的笃信与虔诚，对事业的忠诚与执著，对人的真诚与谦恭。自信体现了人类对自我的认知态度，自信就是相信自己，自信是"自信心、自豪感、自强精神、自立意识"产生的条件，自信反映实践主体征服和改造自然、改变现实、改造社会、创造未来的主动态度和行为取向。虔诚与自信是印度社会发展推动力的源泉，是印度社会所共同认可的聚合力的源泉。

其次，超脱精神。印度宗教哲学认为，"业"为轮回之因，以致人死后不能归真，顺受轮回之苦，为消除"业"因，只有不工作，只有出世一法。这种不慕名利、敝屣公卿、蔑视富贵、远离尘世的观念，形成了印度人的超脱精神。这种精神发展到后来，人们也注意到，在保持和发扬超脱精神的同时更应当把"出世的方法变为入世的方式"，于是先前的超脱精神逐渐变成不能热衷于自我的超脱，而且要以超脱的精神忘我地工作。这便是一个印度人追求的最高真理。印度文学巨匠泰戈尔称印度人的这种超脱精神是"完成了印度精神的哲学理论和实际之完满阶段"。除此之外，印度民族的超脱精神还表现在其"不畏磨难"的特征上。印度民族经历了诸多磨难，表现出十足的韧性。在历史上，印度比中国更多次地被游牧民族所统治，阿拉伯人、土耳其人、鞑靼人和莫卧儿人都曾经相继侵入印度，在饱受侵略的痛楚后，印度民族用自己高于征服者的文明征服了"外来者"，印度传统文化得以沿袭。在经历英国近200年的殖民统治之后，即使在英语几乎替代母语的情况下，印度的文化传统仍被完整地保存下来，在很大程度上，这得益于印度人不畏磨难的民族精神。不畏磨难的民族精神源于印度浓郁的宗教文化，源于重精神轻物质的价值观，源于磨砺性的苦感修行等体验。不畏磨难是印度民族存在和发展的可持续性源泉。①

其三，"强而不暴"的牺牲精神。南印度诗人婆罗帝曾为《吠陀经》所记的大无畏者作赞美诗："举国皆敌，诽谤交集，珍宝散尽，乞食求生，友朋成仇，毒藏食中，武器何凶，万千来攻，天崩地裂，突然现出。其虽如此，我不知何为恐怖，我心至大极安息。"这首诗在当今的印度社会几乎家喻户晓，妇孺皆知，它歌颂英雄面临强敌内奸，不畏强暴、敢于拼杀、视死如归的大无畏牺牲精神。到佛教兴盛之时，这种精神逐渐发展成为"我不入地狱，谁入地狱"的舍己救人的精神。在《薄伽梵歌》里又导向了非暴力主义之路。"强而不暴，是印度民族对自己发展方式的选择。圣雄甘地的非暴力不合作运动，把印度文化强而不暴的牺牲精神发展到最为完善的顶峰。"甘地主义中的非暴力学说是为印度民族解放斗争而提出的，具有鲜明的时代特征和极大的应用价值。当时的印度宗教极为盛行，而民众"缺乏政治斗争觉悟、民族意识低迷、社会格局四分五裂"，甘地及其领导的国民大会党只有化真理为神，把印度各种各样的宗教信仰"众神归一"，把宗教中的神与现实中的理想糅和在一起，使用人民大众容易接受的，耳熟能详的语言与方式，才能使得人们在真理的旗帜下不分种族、宗教、教派以及种姓团结起来。在实现了民族团结与民族力量的聚合之后，便发动了广泛的非暴力不合作运动。"非暴力学说不仅适应了当时印度人民被剥夺了武装、并一直受宗教成见麻痹的现实，也能在一定程度上被披着议会民主制外衣的殖民者所接受。"非暴力学说既发动了群众，又把群众运动限制在一定的范围之内，其在印度民族独立和民族解放运动中发挥了重大的作用。"剔除非暴力学说中的宗教精神和革命消极性的一面，其蕴涵的和平理念和反对暴力的宗旨便是印度民族精神的重要特征。"

其四，仁爱平和、崇尚和谐。和谐，是人类孜孜以求的目标，也是印度各族人民所崇尚的社会发展状态。从主流来看，印度各民族都崇尚人与人的和谐，人与自然的和谐，人与社会的和谐。崇尚和谐的动机更多地源自于印度人"万物有灵，万物平等，万物轮回"的信仰。"印度人强调个人与宇宙之间的和谐"，"对于他们来说，人与自然的和谐是伟大的事实"②。宗教是绝大多数印度人精神生活的核心，宗教信仰中所主张的仁爱平和与超脱已经内化为印度人行为的主导意识，已经世俗化为社会生活中的伦理准则。绝大多数印度人平和待人，践行人与人之间的和谐；绝大多数印度人善待动物，奉行人与自然的和谐；绝大多数印

---

① 吴永年：《天竺心》，上海译文出版社 2002 年版，第 189 页。
② 泰戈尔：《人生的亲证》，北京，商务印书馆 1993 年版，第 4 页。

度人宽容处世，追求整个社会的和谐。和谐，是维系印度社会成为整体的粘合剂。

**4. 印度民族精神的启示**

印度文明博大精深，有丰富的底蕴和内涵。印度文化在众多领域的辉煌成就，以及独特的价值观念、思想体系和生活方式，使印度民族精神在世界文明中占有极其重要的地位。因此，对于印度民族精神的研究，将有助于我们更好地探索其对于培育和弘扬中华民族精神的实际意义与启示。

首先，印度文化偏重的是宗教，宗教的最终目的是解脱，是将人从尘世的痛苦状态中解脱出来，以达到超世的极乐境界。印度的"梵我同一"强调的是人与自然的协调，把整个世界作为有机整体看待，把自然看做内化于人的存在，主张协调人与自然的关系，要求我们以科学的、发展的眼光来建设和谐的社会，这种古代智慧不失为医治现代社会偏失的一剂良方。

其次，印度文化中所具备的"柔韧"精神，是中国应当学习的。中国在新的发展阶段，需要处理好"软硬"、"刚柔"的关系。中国无须刻意追求强大，而应追求创造符合人性的、宽松的、鼓励民众创造力的柔性发展指标。

最后，在对待外来的、异质文化的态度上，印度民族具有一种倾向，他们承认和理解现实世界中存在着许多不同的世界观、哲学和宗教。尼赫鲁在《印度的发现》中指出："从文明的黎明期起，印度的心中就有一种一致性的梦想。这不是当作外力强加进来要使外表甚至于信仰都变标准化的一致性，而是更深远的东西。在它的范围里，对于信仰和习俗都采取了最宽容的态度，而且各式各样的信仰和习俗都受到承认和鼓励。"印度文化非常活跃，它不时地根据需要而吸收外来文化，在不断吸收和融合外来文化的过程中发展起来，因此，自古以来它就有一种极大的宽容精神和包容精神。每次外来民族的入侵，都给印度文明带来新的成分。它们与印度文化融为一体，使之不断更新，不断丰富。印度民族精神中所具有的这种极大包容性对指导我们中华民族精神的发展方向意义重大。

## 三、犹太民族精神研究

犹太民族是苦难深重的民族，也是一个在痛苦的民族耻辱与民族压迫中英勇不屈、坚强再生的伟大民族。犹太民族史是一部苦难史，两千多年来犹太人经受着流离失所、颠沛流离的民族大流散，濒临亡族灭种的危险；犹太民族史是一部屈辱史，外族入侵、种族奴役和民族掠夺使得犹太民族承受着人类史上最沉痛的民族厄难；犹太民族史是一部抗争史，矢志不渝地坚守着回到"上帝应许之地"，为了民族自由和民族回归而前赴后继；犹太民族史也是一部奋进史，犹太人创造了灿烂辉煌的民族文化，涌现出远远超出其人口比例的难以数计的杰出的思想家、科学家和金融家，强大而现代的犹太民族国家以色列在阿拉伯世界的包围中却生机勃勃，被誉为"地中海明珠"。

## 1. 犹太民族精神的历史生成

犹太民族精神是犹太文明之源，是犹太人历尽数千年的民族流散和民族劫难却顽强不屈，始终保持民族主体性的内在动力，是犹太人在寄居异乡的岁月中追求民族解放、回归故土的精神依托，也是犹太人创造享誉世界的犹太文明，实现民族复兴和民族现代性之路的主要根源。

从历史生成的视野而言，犹太民族精神具有如下历史渊源：

首先，贫瘠而独特的生态环境是犹太民族精神形成的物质基础。犹太民族最先起源于沙漠地带，而后来到迦南，后来离开埃及时又在沙漠地带艰难跋涉多年。事实上，世界三大宗教，犹太教、基督教和伊斯兰教都发源于沙漠地带，这说明"沙漠在希伯来历史上的重要性，犹如边疆之于美国历史。"[①] 后来亚伯拉罕带着子孙从贫瘠的沙漠来到迦南地时，这片贫瘠的土地干旱少雨，并不适合农业生产，为了生存的需要，犹太人被迫放弃农耕生活而从事当时为其他民族所蔑视的商业活动，这也较早地培育了犹太人精明的商业意识和顽强的生存能力。迦南靠近红海和地中海，地处亚欧进出要道，而周围遍布强邻，因此多次遭受异族入侵，长期的民族压迫和民族奴役实际上也孕育着犹太民族的自由意识与抗争精神。

其次，大流散的历史境遇塑造了犹太民族的民族气质与民族性格。犹太民族是一个流浪的民族，历史上经历了三次大规模的民族流散，但大流散并没有消解犹太人的主体意识与民族气质，在长达两千多年的流散史中始终从精神上保持为一个整体，犹太民族精神不仅没有消失，反而在屈辱与抗争、离散与回归中愈发强烈。

其三，强烈的宗教认同感是犹太民族精神生成、延续和创新的关键力量。犹太人的宗教认同经历了从多神教向一神教的转化，而对唯一真神耶和华的崇拜将信仰上处于分裂状态的犹太人聚合为一个整体，特别是著名的"摩西十诫"，对形成统一的犹太民族意识具有关键作用。同时，犹太民族精神的生成与创新也是在犹太教与其他宗教的冲突和交融中展开的。

其四，历史上各种形式的反犹主义造成了犹太民族深重而漫长的民族厄运，但正是在反犹主义与犹太复国主义的交锋中唤醒了沉睡在犹太人心中的归乡情

---

① 芬克尔斯坦主编：《犹太人：其历史、文化和宗教》，转引自顾晓鸣《犹太——充满"悖论"的文化》，杭州，浙江人民出版社1990年版，第48页。

结，激励了犹太人生生不息的民族气节，增进了犹太人的群体精神，犹太民族精神在血与火的考验中传承再生。

最后，悠久灿烂的文化传统是塑造犹太民族精神的不竭源泉。犹太民族具有悠久灿烂的文化传统，主要由犹太宗教文化、犹太哲学思想和犹太科技文化三大部分组成，它们对犹太民族精神的形成起了重要影响。犹太文化对世界文化的巨大贡献极大地增强了犹太人的民族信心，展示了犹太人的民族智慧和创造力，也是犹太民族历尽千年苦难却依然不倒，屹立于世界民族之林的主要原因。

### 2. 犹太民族精神的主要内容

犹太民族经历了辉煌的圣殿时期，也遭受了巨大的民族浩劫，同时也从民族苦难中走了出来，建立了现代化的民族国家。曲折的民族历史造就了犹太人复杂的民族特性，难以用单一的标准和简洁的语言全面概括出犹太人的民族精神，但在系统考察犹太民族历史生成的基础上，可以归纳出犹太民族精神的主要内容：

第一，以"上帝的选民"为核心观念的强烈的民族自信心和自豪感。犹太民族自信心集中表现在犹太人将自己称作为"上帝的选民"，即上帝在万民之中拣选出犹太民族作为在人间实现上帝意旨的代表，在世间承受苦难与享有幸福的使命是犹太人必然的责任。《圣经·旧约·申命记》中上帝对犹太人说："你们是耶和华你们神的儿女，因为你归耶和华你神为圣洁的民，耶和华从地上的万民中拣选你，特作自己的子民。"[1] 因此，犹太人认为自己命中注定是上帝在人间的使者，"根据上帝的启示，犹太人是上帝的选民，维护人类兄弟般的情谊、全部的和平以及人间的正义是他们的历史职责。"[2] "上帝的选民"的观念根植于犹太人内心深处，坚不可摧，以此为核心形成了犹太人极其强烈的民族自信心和民族自豪感。事实上，"上帝的选民"与"上帝的弃民"之间的强烈对比，观念上的自信与历史的遭遇相冲突，使得犹太人在至高的理想信念与残酷的生存现实之间来回挣扎，犹太人也从中逐渐认识到，"上帝的选民"更多是一个宗教观念，现实生活中所有种族都生而平等。

第二，以"神赐——受难——重生"为路向的苦难心理和救赎意识。犹太文化认为现实的苦难就是上帝对他的子民的考验，而犹太人也终将在人世间获得拯救和解放，弥赛亚将降临在犹太人身边。因此犹太人的民族精神实际遵循着一种"神赐——受难——重生"的路向。犹太人认为自己之所以要先后经受三次大流散，背井离乡、四处漂泊的悲惨命运，实际上是因为犹太人不遵守对上帝的诺言而必然要承受的命运。《圣经》中犹太人因为有罪耶和华就神谕摩西举行仪

---

① 《圣经·旧约·申命记》第 14 章第 1～2 节。

② 亚伯拉罕·纽曼：《犹太教》，转引自：潘光等著《犹太文明》，北京，中国社会科学出版社 1999 年版，第 28 页。

式为犹太人赎罪，耶和华说："在这日要为你们赎罪，使你们洁净。"[①] 后来犹太人将此定为赎罪日，作为犹太民族一年中最庄严、最神圣的节日。犹太民族内心深处充满了强烈的罪责心理，这种忏悔意识实际上如梦魇一般伴随着整个犹太民族，使得犹太人常常自省和反思，因而敢于直面自己的错误，勇于承担责任，这也是犹太民族精神的可贵之处。但犹太人始终坚信苦难只是暂时的，上帝最终还是会拯救犹太人，会在某个时候派遣一位弥赛亚来拯救犹太人。这种"神赐——受难——重生"的民族心理主导了犹太人几千年的发展史，对塑造犹太人的坚韧的意志、吃苦耐劳的生活态度和奋发进取的民族精神具有重要影响。

第三，以"锡安情结"[②] 为联结纽带的生生不息的民族回归意识和犹太复国精神。犹太教是联结犹太民族的精神纽带，耶路撒冷是分散在世界各地的犹太人的文化中心和信念归宿。回归耶路撒冷的渴望之情和重建辉煌的犹太文明的坚定信念形成了犹太人特有的"锡安情结"。无论是在跋涉逃亡的险途中，还是在异乡的艰难求生中；无论是寄身于狭小恶劣的"隔都"[③] 中，还是被关押在阴森恐怖的集中营；无论是生活贫瘠的犹太难民，还是富甲一方的犹太银行家，都把锡安山作为民族回归的象征。漂泊异乡的犹太人，每天都要向耶路撒冷的方向祈祷三次，以表达自己希望回家的心声；犹太人在建造房屋时总要留出一个角落不加装饰，以表示耶路撒冷尚未建好；在举行婚礼时总要打破一只杯子，表示圣殿还未修好，此时不宜寻欢作乐；犹太人死后，最珍贵的是从耶路撒冷的土地上装上一小瓶泥土安放在墓地里，表示尽管客死他乡，但最后仍然安息在纯洁的土地上；在每一年犹太人逾越节祈祷时犹太人都忘不了朝着耶路撒冷的方向深情地祝愿："来年回到耶路撒冷"。[④] 犹太人将民族回归意识与具体的历史境遇结合起来，产生了犹太复国主义运动。时至今日，尽管现代化的以色列国巍然屹立于地中海沿岸，已经有 600 万的犹太人生活在上帝的"应许之地"，但犹太复国主义运动仍然没有停止，不仅还有许多犹太人迁居以色列，而且定居异国的犹太人也始终怀着对"圣地"的思念之情，以各种形式支持着以色列和犹太民族的复兴事业。

第四，以"马萨达精神"为标志对自由的不懈追求和英勇顽强的抗争精神。犹太民族历史上屡遭强敌入侵，备受凌辱和压迫，但犹太人并不甘愿忍受奴役和压迫，并不屈于亡国奴的命运，亡国灭种的危机使犹太人奋起反抗，即便战斗到最后一刻也宁死不屈。在公元 70 年反抗罗马军团的马萨达斗争集中展现了犹太

---

① 《圣经·利未记》。
② 犹太人的复国愿望即"锡安情结"。
③ ghetto 的音译，词源于中世纪的犹太区，现代词义是市区中少数民族的聚集区。
④ 黄福武：《锡安情结探源》，《犹太研究》第 1 期，犹太网，http://www.jewcn.com。

人的抗争精神，不到 1 000 名犹太起义者顽强地抵抗了强大的罗马军团，使其付出了 15 000 余人的巨大代价，但最终无法坚守。起义者宁死也不做亡国奴，在决定集体为国殉难前夕发表了著名的"马萨达宣言"："我们是最先起来反抗罗马，我们也是最后失去这个抗争的人。感谢上帝给了我们这个机会，当我们从容就义时，我们是自由人。明天拂晓，我们的抵抗将终止。不论敌人多么希望我们做活的俘虏，但他们没有办法阻止我们。可惜的是我们未能打败他们。但我们可以自由地选择与所爱的人一起死亡。让我们的妻子没有受到蹂躏而死，孩子没有做过奴隶而死吧！……让我们把所有的财物连同整个城堡一起烧毁……但不要烧掉粮食，让它告诉敌人：我们之死并不是缺粮，而是自始至终，我们宁可为自由而死！不为奴隶而生。"[①] 这种"宁可站着死，不愿跪着生"，为自由而英勇顽强的斗争精神被誉为"马萨达精神"，它是犹太精神的象征，激励着犹太人为了民族自由和解放而前赴后继、奋不顾身，也赢得了其他民族的同情与尊重。

第五，以诚为本的契约精神和高度发达的理财精神。契约精神是犹太民族精神的重要特征。犹太人的契约观念可以追溯至以摩西为中介在上帝与犹太人之间订立的十条约束犹太人信仰和行为的"诫命"，即"摩西十告诫"："①除了耶和华之外不可有别的神；②不可为自己雕制和崇拜任何偶像；③不可妄称耶和华的尊名；④当守安息日为圣日；⑤当孝敬父母；⑥不可杀人；⑦不奸淫；⑧不可偷盗；⑨不可作伪证陷害人；⑩不可贪婪他人的一切。"[②] "摩西十诫"是犹太民族发展史上的纲领性文献，它以律法的形式明确了犹太人与上帝之间的权利与义务。在"十诫"中上帝与犹太人之间权利与义务分工明确，一定程度上体现了现代契约中的公平精神。犹太人的契约精神自上而下，由内而外，从与上帝立约到与普通人立约，从精神信仰到生活世界，每一处犹太人几乎是一丝不苟地实践着契约精神，为犹太人赢得了良好的商业信誉。犹太人的契约精神与犹太人精明的商业结合在一起，形成了犹太人高度发达的理财精神。正是因为具有以诚为本的契约精神和高度发达的理财精神，犹太人才得以在艰辛而漫长的流散生涯中顽强地生存下来，保持了经济上的独立自主性，也为犹太复国主义奠定了坚实的经济基础。

第六，全民性的崇智精神和创新意识。犹太人全民性地积极学习、不断进取和勇于创新的"崇智精神"，是犹太文明悠久的历史传统和民族习性的内在要素。早在圣经时期犹太人就非常重视教育，积极加强对知识的学习。《圣经·缄言》中说："耶和华以智慧立地，以聪明定天"。《圣经后典·便西拉后传》指

---

① 朱威烈、金应忠编：《'90 中国犹太学研究总汇》，上海三联书店 1992 年版，第 14 页。
② 《圣经·出埃及记》第 20 章第 3～17 节。

出："富有智慧的言词使你走在世界的前列。"与此同时，长期流转于世界各地，四海为家，严酷的现实境遇迫使犹太人必须倾听其他民族的声音，积极吸收其他民族的优秀文化，这无形中使得犹太人并不固守传统，而是具有超越传统，突破权威的反叛精神，具有不断进取，积极创新的精神。正是在这种民族精神的推动之下，犹太民族尽管历经千年苦难却毅然不倒，愈挫愈勇，涌现出许多的时代巨人，并建设成了被誉为"地中海明珠"的以色列。

### 3. 犹太民族精神的主要特征

在本土化与全球化的冲突中，在历史性与超越性的交错中，犹太民族精神具有一定的复杂性和深刻性，呈现如下基本特征。

一是犹太民族精神在民族性与世界性的冲突与交融中生成和演进。犹太民族具有高度的统一性，无论是繁荣的圣殿时期，还是苦难的流散时期，犹太民族始终在精神上凝聚为一个整体，始终没有丧失其独有的民族特性。与此同时，犹太人又是一个具有广阔视野和开放气质的民族，数千年来流转于世界各地，在吸收和借鉴其他民族优秀文化的同时也影响了其他民族。综观犹太民族精神，民族性是其生成源泉，世界性是其发展动力，在民族性与世界性的对立和统一中培育和丰富了犹太民族精神。但归根结底，"犹太人通过'上帝的选民'的观念将犹太民族置于其他民族之上，体现出在犹太民族精神中民族性始终主导和制约着世界性，也标志着民族性和世界性，在强调民族利益的前提下达到了统一。"①

二是犹太民族精神在历史性与时代性的传承与超越中发展和创新。从历史上看，作为犹太民族精神主要来源的犹太教文化非常稳定，而长期的共同的民族苦难不仅没有湮没犹太民族精神，反而成为凝聚犹太人的重要纽带，在长期的历史积淀和不断深化中，形成了稳定的精神基础。就时代性而言，犹太民族精神的每一次的结构转型、内容创新和形态转换都是在一定的历史条件下通过特定的历史事件对时代精神状况的吸收和提升，造就了犹太民族精神富有清新的时代气息和积极的超越精神。在时代性浪潮中维护历史传统，在历史性追问中强化时代意识，通过历史性与时代性的互动，犹太民族精神既保持了其核心理念和基本内容，同时又融入了新的时代精神，发展为不同的具体形态，实现了传承与超越的内在统一。

三是犹太民族精神具有强烈的宗教背景，与犹太教的基本教义内在结合。犹太民族精神的根本特征就是强烈的宗教背景，宗教意识贯穿于整个犹太历史，犹太教的基本教义成为犹太民族精神的重要内容，使其在一定程度上具有宗教大同主义倾向。具体而言，犹太教是犹太民族精神的重要源泉。"不是上帝选择了犹

① 厉永平：《浅论犹太教的民族性与世界性》，《松辽学刊》（社会科学版）1991 年第 4 期。

太人，而是犹太人选择了上帝"，上帝已成为犹太民族精神中的最高主体，犹太教教义成为犹太人精神生活的基本准则。犹太教是凝聚犹太人民族主体意识的重要纽带。作为一种神教的犹太教能很好地发挥信仰上的凝聚作用，成为共同尊奉的宗教信仰，特别是在抵抗异族入侵时，犹太教已成为抵抗运动的共同旗帜。即便是犹太人流散于世界各地，但犹太教使得犹太人从精神上依然团结为一个整体，将犹太教作为流散期间的精神寄托和信仰归宿。四是犹太民族精神是苦难意识与抗争精神的对立统一。屡遭异族入侵，被迫流落他乡，受尽种族压迫，几乎亡族灭种，是犹太民族精神的生存境遇，而正是这样的生存境遇造就了犹太人的苦难意识与抗争精神。苦难意识与抗争精神的并存，体现了犹太民族精神的复杂性，一方面，犹太人将自己的悲惨命运视为耶和华的惩戒，而走出苦难获得拯救的途径依然在于对耶和华的虔诚信仰；另一方面犹太人又不甘接受亡国灭种的命运，时刻希望通过现实的斗争获得民族独立和自由，并为之而前赴后继，英勇抗争。

## 四、伊朗民族精神研究

伊朗是一个具有悠久历史的文明古国，伊朗文明亦称波斯文明，在其历史发展过程中历经沧桑，几度兴衰：伊朗曾六次遭受斯基台人、匈奴人、希腊亚历山大、阿拉伯人、土耳其人以及蒙古人的入侵。每一次抵制入侵的过程中，它都能够不断吸收入侵者的文化，将其糅合到自身的文化体系之中，并产生一种原创性的综合，而不损害其历史和文化的同一性，这一点充分展现了伊朗多元并存、坚贞不屈、海纳百川的民族精神。与此同时，"在这一片历史上被无数征服者占领过的土地上，语言、宗教、文学和古老习俗中的伊朗传说"，[①] 不断发挥着其巨大的凝聚力、向心力和激励精神，推动着伊朗民族不断发展和繁荣。伊朗民族精神是伊朗民族前进的精神源泉和不竭动力。研究伊朗民族精神对于深入理解伊朗民族精神的内涵和特征，对于弘扬和培育中华民族精神具有重要的理论价值和借鉴意义。

### 1. 伊朗文化精神的历史生成

理解伊朗的民族精神，必须返回到伊朗民族精神的历史渊源中，才可能深入地把握住伊朗民族精神的历史生成与时代演进。

首先，伊朗民族精神的形成，与伊朗独特的地形以及气候环境密不可分。伊朗地形险峻，它的形状犹如一个经融化过的不规则的正方形，伊朗地貌大多是由

---

① ［美］艾利斯·泰勒主编：《中东》北京，人民出版社 1975 年版。

高原、盆地或山脉所构成，只有在靠近海边的一小部分是平原。伊朗从不与世隔绝和怀有偏见，它一直是一个起桥梁作用的国家，与阿拉伯人、阿富汗人、土耳其人、巴基斯坦人、阿塞拜疆人、亚美尼亚人和土库曼人为邻。它自古便与希腊人、罗马人、中国人、印度人、埃及人、蒙古人、英国人和美国人有联系，如今又与世界上许多独立国家建立了新的关系。伊朗气候受地形影响较大，气候可以说是极端性的，夏季炎热、干燥，冬季则是寒冷和潮湿。"气候差异是如此之大，以至于当一些旅游者在山区中享受冬季体育运动项目的乐趣时，而另一些旅游者正沐浴在南方海边的暖水中"。① 伊朗人的民族习性、精神气质与伊朗独特的地形和气候条件具有一定程度的非因果性关联，且作为陆上丝绸之路和海上丝绸之路的中转站，波斯文明与东西方各主要民族文明在这里彼此碰撞，互相交融，形成了其多元的、兼收并蓄的民族精神。

其次，伊朗民族深厚久远的历史文明，又构成了其独特的民族精神的主要内容。伊朗文明有文字可考的历史可以上溯到公元前6世纪，之后始终延续未断，直至今天。伊朗文明曾出现过三次繁荣。第一次繁荣是在阿契美尼德王朝（公元前550年~前331年）时期。这一时期留下的宫殿遗址"波斯波利斯遗迹"中的石基、石墩以及浮雕的石壁，充分显示了伊朗古代灿烂的文明。第二次繁荣是安息、萨珊时期。这两代王朝在复兴阿契美尼德文化的基础上，广泛吸收希腊文化，将伊朗文明推向了新的发展阶段。伊斯兰时期是伊朗文明的第三次繁荣时期。公元651年，阿拉伯人的入侵，对萨珊文化给予了毁灭性的打击，但伊朗人经过长期的辛勤努力，不但复兴了伊朗文明，还在此基础上，将伊斯兰信仰融入了自己的民族文化之中，以达里波斯语为主要手段创建了更加辉煌的文明，把伊朗文明推向了黄金时代。在阿拉伯人入侵后，伊朗又数次遭到外族人入侵，其中最大的一次就是1219年的蒙古人入侵。可贵的是，伊朗文明不仅没有消亡，而且还吸纳了大量的中国文化，除了学习中国的工笔画技法外，还学习了造纸术、印刷术等，进一步促进了伊朗文明的发展。总之，伊朗在阿契美尼德文化的基础上，在经历了反复的被摧毁——复兴——发展重建的过程中，广泛汲取希腊文明、印度文明、中国文明等各个文明的精华，接受了伊斯兰教信仰，形成了独具特色的伊朗民族精神。"伊朗是西亚北非地区，唯一的一个从上古延续到中古，直至今天的国家。为什么世界上有一种学问，叫做'伊朗学'，原因就在于此。"②

最后，伊朗民族精神的形成，与其多元的种族与宗教密切相关。伊朗是一个

---

① ［伊朗］法劳马勒齐著，叶奕良译：《伊朗旅游指南》，世界知识出版社2000年版。
② 张晖：《伊朗古代文明在世界文明史上的重要地位》，《辽宁大学学报》哲学社会科学版，2002年第9期。

多民族的伊斯兰国家，种族之间差异巨大。按各民族的语言特点，伊朗可分为 3 种语系、40 多个民族。属于伊朗语系的有波斯、库尔德、卢尔、巴赫蒂亚尔、俾路支等民族；属于突厥语系的有阿塞拜疆、土库曼、卡什凯等民族，属于闪语系的有阿拉伯等族。除了以上 3 种语系的民族外，伊朗还居住有亚美尼亚人等。除了种族之间的差异之外，伊朗还有许多宗教存在。伊朗的宗教影响很大，全国 98.8％ 的人信奉伊斯兰教，其中 91％ 属什叶派。逊尼派教徒仅占 7.8％，其中包括阿拉伯人、大多数的俾路支人、库尔德人、土库曼人等。亚美尼亚人和部分阿拉伯人信奉基督教。犹太人信奉犹太教。此外，还有信奉祆教的居民。但是，在这个伊斯兰教占统治地位的国家中，人们对宗教有着极大的宽容精神。在伊朗，"世界上各主要宗教所拥有的教堂和庙宇均能自由发挥作用。除了星期五以及每天规定进行的祈祷时间以外，清真寺对外开放供参观。只有很少一些在库姆、马什哈德和雷伊等宗教圣地的清真寺不接待非穆斯林参观者。而这点绝对不是出于排他主义的目的。""从数千年历史上来看，伊朗是一个多民族居住地，它有不同的种族、部落和宗教。但是世界上只有一个伊朗；在这儿，你看不到两个怀有宿怨的兄弟，相反，你只能见到亲密无间的兄弟姐妹。"① 这一切，充分展示了伊朗民族精神中宽容、兼收并蓄的一面。

**2. 伊朗民族精神的主要内容**

作为世界文明和文化的摇篮，伊朗民族精神是多方面、多维度的，从不同的地方体现着伊朗的民族性格和民族智慧，具体而言它包含着如下基本内容。

首先，成熟、顽强的民族气质。这一特点在伊朗的文化艺术中表露无遗。伊朗的艺术遗产具有不可思议的多样化及其和谐性：兴起于 13 世纪末的细密画，主要作为文学作品的插图，其笔法明显受到中国工笔画的影响，但其精细的程度却"青出于蓝而胜于蓝"，到了令人叹为观止的地步。"伊朗细密画在吸取东西方绘画艺术长处的同时，立足于本民族的文化，以独特的空间表现和色彩运用而成为一门独立的绘画艺术，而不是某种绘画艺术的附庸或分支。""伊斯兰教反对偶像崇拜，清真图案一般都是装饰性的花纹和植物，绝少人和动物，而伊朗细密画的繁荣不能不说是伊斯兰世界中的一个奇迹"②，这也说明，伊朗在信奉伊斯兰教的同时，用本民族的文化改造了伊斯兰文化，这也正是伊朗民族精神的顽强之所在。除此之外，诗歌在波斯人的生活中也占据了十分重要的地位。伊朗诗人菲尔多西（公元 940～1020 年）耗尽毕生精力创作的 12 万行民族英雄史诗《列王纪》中最突出的思想就是弘扬伊朗人的爱国情怀，歌颂伊朗人民不屈不挠

① ［伊朗］法劳马勒齐著，叶奕良译：《伊朗旅游指南》，世界知识出版社 2000 年版。
② 穆宏燕：《从细密画看伊朗文化的顽强性》，《东疆学刊》2002 年第 3 期。

的民族性格。伊朗总统哈塔米 1998 年在联合国大会上指出："伟大的诗人菲尔多西描写了伊朗神话传说，从而展现了历史进程中岿然不动的伟大的伊朗民族精神。"

其次，虔诚的宗教信仰和宽容大度的民族性格。毫无疑问，在伊朗，宗教的至高无上的地位是毋庸置疑的，伊斯兰教在伊朗人民的生活中有着不可取代的影响。"在伊朗的大街小巷，到处悬挂着霍梅尼和现今宗教领袖哈米内伊的画像；国家的法律和一切伊朗人的行为都要服从并符合宗教的法规；妇女外出和在公共场合都要穿长裙，戴头巾、连外国人也不能例外。"① 总之，伊朗人民有着自己独特的生活方式，而这种生活方式又无不打上宗教的烙印。与此同时，与伊朗人民热情的宗教生活相对应的则是伊朗人民显著的宽容意识。如同上文中所提到的，伊朗虽是一个以伊斯兰教为统治思想的国家，但并没有排斥其他宗教。比如在伊朗的犹太人、亚美尼亚人等少数民族，他们的宗教信仰受到伊朗政府的尊重，作为公民他们也同样享有国家的一切权利，在议会中有他们的代表。总之，在整个历史发展过程中，对于那些宗教少数派来说，伊朗一直是一个避难所和安全的天国。这些少数派在其宗教实践方面所拥有的自由可以说是史无前例的。

最后，内在超验的民族精神，这一内容典型地表现在伊朗毛毯编织、卓越的诗歌作品、戏剧、电影艺术、美妙的艺术品、杰出的形而上学、宗教礼拜活动、直至日常事务和日常谈话之中。"超验这种不可见的东西，在短暂空幻的状态中象征上帝的体现，在虚空升华物质的沉重与物质的密度时，它炼金术似地嬗变有形秩序。"② 例如，伊朗人生产的地毯，自古以来就被认为是世界上最精细、最富装饰性、最富价值以及质地最优的地毯。这几乎是无可争辩的事实，它被认为是伊朗出口的文化产品。由于波斯地毯上的引人入胜的花卉图案会使人联想到传说中波斯庭院的奇妙景色。因此"一个在家拥有如此一块地毯的人，实际上等于拥有了一座袖珍波斯庭院"。如果说美轮美奂的波斯地毯让人们看到了伊朗人对美好未来的精神追求的话，那么，伊朗电影则让人们看到了在历史与现实中寻觅的现代伊朗人的身影。伊朗电影的特点"并不是以追求某种外在美为目的，而是以追求人生的解放、探求生命的本质为目的。""这种艺术性的精神，在其影像表述中，自会流露出某种性格的美，从而形成一种自然天成的气质"③，即是一种超脱的平淡天真的纯素之美。伊朗民族精神中的超验性还表现在伊朗人对于美的爱，它表现在生活的各个方面，从日常生活到对自然的爱，到园艺、建

---

① 李富华：《访问伊朗纪略》，《世界宗教研究》1999 年第 1 期。

② 哥拉瑞扎·阿瓦尼：《以上帝的名义——伊朗文化精神》，《华中科技大学学报》社会科学版，2004 年第 8 期。

③ 单万里译：《阿巴斯自述》，《当代电影》2001 年第 3 期。

筑、纤画、押韵诗与韵律、和谐与对称，以及对音乐的热爱。波斯音乐不仅对于波斯人具有特殊的魅力，而且它还是对相邻的文化的音乐艺术鉴别力产生了重要影响。关于伊朗民族精神的超脱性，还有许多方面，由于篇幅的限制，我们不能在此一一进行探究。

总之，作为沟通东西方文化的中转站，伊朗既是东西方文化的桥梁，又是东西方文化的熔炉，伊朗文明免不了会受到东西方文明的影响。对于一个弱势的文明来说，处于众多强势文化的包围圈中，很容易迷失自我，从而产生异化，丧失自身的文化特征。然而伊朗文明是成熟的文明、顽强的文化，它在吸收外来文化的过程中，总是顽强地把自身的文化置于最根本的地位，从而使外来文化的影响只起到锦上添花的作用。伊朗人的这种顽强不屈、心胸宽阔以及纯真超脱的民族精神，时刻激励和引导着伊朗民族奋勇前进。

**3. 伊朗文化精神的典型特征**

首先，伊朗在其整个历史的发展过程中为诸多文化与文明间的对话起到了桥梁的作用。第一，正是波斯人翻译并传播了佛教经典，是他们把佛教经典从梵语和巴厘语翻译成汉语，从而使得佛教在中国进而在日本广为流传。著名的阿拉伯旅行家伊本·白图泰在他的游记里就曾记载到中国水手们在中国海域扬帆起锚的时候唱着波斯诗人的歌谣。著名的非洲历史学家、哲学家伊本·赫勒敦在他写的《绪论》中用了一个章节来描写波斯人在建立和传播伊斯兰文明中的理性与传统科学方面的天赋，他引用了伊斯兰先知书的格言："就算知识在昂宿星上，一些波斯学者也会获得它。"其次，伊朗的桥梁作用还在于，它对于东西方文化之间的媒介作用。在西方，古希腊文化被视为所有西方文化的源头，但奇怪的是，拉丁西方并不是希腊科学与智慧的直接继承者。而伊斯兰文明则继承了希腊遗产，翻译了几乎所有的经典文本，并且在很大程度上改造和发展了它。

其次，能够最好地反映伊朗文化精神的另外一个重要特征在于伊朗民族对于宗教的虔诚。有史以来，波斯人的生活与文化的特点就是真正的虔诚与奉献，它表现在生活的一切领域，以至最微小的细节中，并塑造了知识、文化和社会领域。它影响了伊朗社会的个人与集体制度。伊朗宗教生活的顶点无疑是伊斯兰教的传播，它在伊斯兰文化舞台上处于重要地位。伊朗人对于促进和发展穆斯林文化生活发挥了巨大的作用。虽然伊斯兰教是通过阿拉伯人传入到伊朗的，但是，在伊朗人的努力下，伊斯兰教才得以更快地从东方传入中亚。

最后，"伊朗文化精神的另外一个显著特征是它的统一、完整、综合意识，而没有陷入调和论。"伊朗艺术和文学表现了一与多之间或统一与多样性之间显著的相互作用。伊朗艺术作为一般的伊斯兰艺术，以一种炫目的方式反映了一元

*343*

与多元之间的关系，以及从多到一的回归。在清真寺里，这种统一意识通过一个伊斯兰圆顶建筑的中心来得到体现。这个圆顶的端部是一个半圆环，通过蜂窝状内角拱放在一个八角形上，而这些内角拱反过来又融于多样性之中。自古以来，伊朗文化就能够很好地将其他文化中的不同的思想糅合进自己的文化体系当中，伊斯兰教信仰中的第一条就是统一（Tawhid），伊朗文化精神中的这种吸收与综合的能力通过伊斯兰教的传播得以巩固与加强。①

**4. 伊朗民族精神的启示**

从对伊朗民族精神的理解和反思中，我们可以发现许多值得加以思考和借鉴的地方，这对于弘扬与培育中华民族精神具有重要的意义和启示作用：

首先，在对待外来文化的态度上，伊朗人不屈不挠的民族精神值得我们借鉴。作为沟通东西方文化的媒介，伊朗文明处于众多强势文化的包围之中，然而伊朗文明在吸收中西文化的过程中，不但没有迷失自我，反而能够很好地保留自己的独特性，无论外来文化看起来有多么强势，它终究只是起到一种锦上添花的作用，这是伊朗民族精神中的顽强的一面，对于我国民族精神来说有着十分重要的借鉴意义，从现实来看，随着经济全球化的步伐明显加快，也导致政治全球化和文化全球化，世界形成一个你中有我，我中有你，不可分割的有机整体。如何保持我们的文化优势，又不被外来文化所吞噬，文化的自强对于民族和国家来说是至关重要的，只有内心的精神变得强大，才能够有足够的精力抵御外部的各种挑战。在全球化发展过程中，我们不是去逃避全球化或者被动地接受外来文化的侵略与扩张，而是以积极主动的心态适应全球化，在竞争中求生存、求发展，吸取和借鉴国外先进文化为社会主义服务，采取伊朗民族精神中的"为我所用"的精神，使外来文化的精华成为中华民族精神中的重要组成部分，从而繁荣社会主义文化。

其次，在对待自身发展方面，伊朗民族追求统一、完整、综合的文化精神值得我们借鉴。当今的时代特点，就是全球化背景下的和平与发展时代，社会主义发展主要就是对内发展经济，推行市场经济，与全球化相适应。在对外开放、保留自己文化的同时，必须融入全球化潮流。社会主义不能将自己看作是一个自我封闭的体系，而必须利用世界范围内的文明成果。全球化是一种社会历史潮流，然而全球化并非资本主义的一统天下，社会主义国家应该坚持社会主义本色；但这种坚持并不意味着僵化教条，而是在坚持社会主义道路时具有自己的"特色"，即坚持共性和个性、多元与一元之间的统一，这样才能更好地发挥

---

① 哥拉瑞扎·阿瓦尼：《以上帝的名义——伊朗文化精神》，《华中科技大学学报》（社会科学版），2004 年第 8 期。

本国的优势，也只有这样，才能充分发挥出中华民族精神的凝聚力，才能团结一心，集中力量，有计划、有步骤、稳步地推进社会主义改革，实现中华民族的振兴。

当然，伊朗的民族习性之中也存在着某些危险因素，如若缺乏合理的限制与规范，不仅可能演变为阻碍伊朗社会稳定与发展的力量，也可能对全球稳定与和谐造成负面影响。首先，纵观伊朗文明发展的历史，我们可以看到，由于其文明形态始终找不到全新改观、进步和发展的动因，因而文明进化长期处于停滞状态。"由于等级观念、忠孝意识、封闭保守观念等极度强化，整个社会患上了'恐新症'、'恐变症'，对年轻一代自由意志的扼杀也达到了极致。它严重地阻碍着民族的进步和文明的发展"①。所幸的是，古老的波斯文明、传统的现代承续者——伊朗今天已走上了振兴民族的改革之路，那么，认清传统文明中的消极因素，保持传统文化中的优势部分是十分重要的。从这个意义上来看，对伊朗民族精神的学习与借鉴既必须坚持开放和包容的态度，同时又应在批判和反思的立场上进行。

## 五、越南民族精神研究

越南是一个历史悠久的多民族国家，为了民族的解放和独立，越南人民发动了不知多少次起义，但历次的起义运动，都接连遭到失败，频频被扑灭在血海之中。拥有爱国主义传统的越南怎能出人意料地把富有不屈精神的民族带领到一个没有出路的境地呢？但越南民族在经历了 30 年历史上最长、最残酷的侵略战争后，竟取得了前所未有的、人们认为不可能取得的完全胜利，并以一个小国战胜法、美两个帝国主义大国而圆满告终，其原因何在呢？

我们以为，由于越南人民找到了救国的道路，即不可限量的越南民族的、传统文化的综合力量，民族解放事业才逐步走上胜利之途。因此，对越南民族精神的深刻挖掘和探讨具有深刻的理论意义和现实意义。

### 1. 越南民族精神的历史生成

探寻越南民族精神的历史渊源，首先需要明确什么是越南民族精神。为了准确地把握越南民族精神的深刻内涵，我们必须联系越南的地理环境、历史、民族构成、社会发展、传统文化等，从而寻求越南民族精神产生与发展的深远历史渊源。

---

① 尹振球：《跨文化视野中的"杀子悲剧"——论菲尔多西〈列王纪〉中"四大悲剧"的文化精神》，《西南民族学院学报》（哲学社会科学版）2003 年第 3 期。

（1）越南是多民族国家。

越南多民族构成的特点使越南民族的精神气质和性格特点具有丰富多样的基础元素，它们共同构成越南民族共同体浓郁的精神文化。在越南民族发展的整个历史进程中，各民族并肩生产和战斗，并不断创造出各种物质产品和精神产品。各民族紧密团结，同时又保持各个民族的本色，共同创造统一的越南文化。

（2）与所处的地理环境有关。

狭长的海岸线，平原与河流、山地与高原，多样化的地形特征，正同越南民族多元化的特征相吻合。越南全国地处北回归线以南，高温多雨，属热带季风气候。这种自然气候环境造就了越南人不屈不挠的意志力和较强的适应力。

（3）与越南特定的民族经历密切关联。

越南民族经历了无数次的民族独立战争，还有历史上长达30年最残酷的反侵略战争，战争在给人们带来深重灾害的同时，也促使人们深刻感悟在族别和利益上的差异。越南民族在对抗强大民族的挤压而不断进行斗争的历史进程中，表现出了一个民族英勇善战、性格顽强的一面。

（4）与越南社会发展有关。

越南是一个以农业为主的国家，越南人民的精神生活受到物质生活和生活方式的制约，始终未能形成一套严谨的理论体系，而只是在世代相传的原始思想和民间智慧、道德传统的基础上吸收、选择、融合、改变着佛教、道教和儒教的思想内容。越南民族正是在社会发展的进程中不断追求着进步，努力寻求着能为整个民族共同体的利益认可的价值观念和高尚的道德标准。

（5）与越南杰出人物、宗教等发挥的关键作用有关。

提到越南，我们不得不说胡志明，这位伟大的爱国者敏锐地接受了世界各种文化包括西方文化的精华，发现了人民的无穷强大力量，把民族解放事业引向胜利。从概括、提升到传播，胡志明在民族精神形成过程中的作用是贯穿始终的。越南众多宗教具有悲情、遁世、宿命的特点，对人们的世界观是有消极影响的。但同时，它也有着显著的积极面，诸如向善、宽容、追求美好、诚信和献身精神等，这种积极精神在塑造着一种进步和文明，让越南民族经受文明的熏陶。越南宗教的多样化，使得越南民族与相邻民族国家传统文化有着交集和融合，有利于民族的开放和互动，民族性格也得到了发展。

**2. 越南民族精神的主要内容**

越南民族精神是在其悠久的历史发展过程中逐渐形成的，它有着博大精深的基本内涵和丰富内容，其中最重要的是爱国主义与民族独立精神。具体而言，包含着如下基本内容：

（1）爱国主义是决定民族生存与发展的精髓，是越南民族精神的核心。

综观越南民族的历史经历，正是由于爱国主义的存在，越南民族才能够成功地对抗外国入侵者，并在建国以后的整个历史中捍卫与发展越南国家。胡志明曾说，越南人民拥有深厚的爱国主义精神，它是越南民族极其宝贵的传统。

爱国主义在越南民族解放独立进程中起到不可估量的积极作用。无论是反抗殖民者的压迫，打击敌对势力的入侵，还是在获得政治独立后的社会建设事业中，爱国主义一直作为基本指导原则贯穿始终。

（2）追求独立与自由的意识，是越南民族精神的重要内涵。

追求独立与自由意识是越南民族一直为之不断奋斗的一种价值。它是整个民族长久的追求，是维护生命的人权中的一个先决条件，是越南实力和自豪的来源。[1]胡志明说，"没有比独立与自由更宝贵的东西"，"（我们）宁可牺牲一切，也不可丧失（我们的）国家，使之沦为奴隶。"[2] 根据胡志明的思想，独立与人民的自由和幸福密切相连。独立是为人民带来自由与幸福的一个前提条件和必要条件。如果不能为人民带来自由与幸福，独立是无意义的。

在越南民族为独立和民族解放而奋斗的过程中，民族精神得到了充分的发挥，每当越南民族被侵略时，高昂的民族精神就形成一股淹埋一切侵略者的精神浪潮。这种精神在越南抵抗外国入侵者的所有斗争中得到了证明。

（3）仁爱、团结、齐心协力，是越南民族精神的灵魂所在。

在越南进行社会主义革命的各个阶段，越南党和政府的民族政策集中地体现了各民族团结、平等、互助和共同进步的总原则。由于越南高举了全民团结的民族主义大旗，并把它与坚持社会主义方向紧密地结合起来，组成民族统一阵线，动员全社会的力量集中于革新开放事业，因而国内政治安定，社会稳固，这在民族成分最为复杂的东南亚地区，越南堪称新加坡之外民族关系融洽的典范。

（4）创造性的、独特的聪明精神，是越南民族精神的关键内容。

关于越南民族起源的美好神话传说颇具独特风格，表现出了越南人民独特的审美心理和期待视野，是聪明的越南人民通过丰富的想象创造出来的艺术文化。随着越南社会的发展，传统的文化特征，特别是其中一些落后的部分，将会随着人们意识的转变而逐渐消失，一些新的特征逐渐出现，都是越南民族精神的创造性体现。

越南各族人民在艰苦的自然条件下，积极反抗外敌入侵并最终胜利。一个弱小的民族单靠不屈不挠的英勇斗争是不可能取得民族解放独立的彻底胜利的，不

---

① 范文德：《在全球化背景下发扬当今越南民族精神》，《华中科技大学学报》（社科版）2005 年第 2 期，第 1 页。

② 崔桂田：《关于共产党执政国家的马克思主义民族化比较》，《山东社会科学》2005 年第 4 期，第 14 页。

少学者将越南民族这一伟大胜利的原因归结为越南民族创造性的、独特的聪明精神。

### 3. 越南民族精神的主要特征

越南民族精神的主要特征是民族意识、民族和国家独立观念构成越南民族思维的核心。越南民族精神的形成与发展深受中国思想史发展演变的影响，越南民族精神的形成与发展具有开放性和包容性，比较注重形象思维、实用性而相对缺乏抽象思维、思辨性。我们可以看到，越南民族精神除了具有所有民族精神的共同特征之外，还有自己的鲜明特征，如同一性、选择性、自主性、开放性和创造性，等等。具体表述为：

（1）浓厚的民族意识、民族和国家独立观念构成越南民族思维的核心内容。

特别是进入自主封建时代以来，这种民族意识、民族和国家独立观念更为突出、鲜明，具体表现为民族自我认同、民族自豪感、国家自古一统观、国家独立至上、文明优越感、文明自古一脉相承，等等。许多思想家，如潘佩珠、胡志明所思索的问题首先是民族存亡、国家独立，在此基础上，才进一步阐发自己的思想观念，形成一定的体系。可以说，越南文化是以民族意识、民族精神为支柱的。正是有了这种精神支柱，越南民族文化、民族思维在从其他民族文化和民族思维中接受了很多内容的同时，却没有被"同化"。

（2）越南民族精神的形成与发展深受中国思想史发展演变的影响。

作为汉文化圈中的一员和一直与中国封建王朝保持宗藩关系的国家，越南自立以后，中国隋唐佛学、宋明理学、明清实学和近代新学都曾传入越南，对其思想界产生较大影响。越南学者的阐发，除少量有一些创见之外，一般是局限在中国学者的研究范围之内的。[1] 越南著名的佛学思想家慧忠上士和陈仁宗创立的竹林派即是禅宗的一支，他们所提出的即心即佛说、无念说（亡二见论）[2] 等思想也常见于中国佛教著述中。

（3）越南民族精神的形成与发展具有开放性和包容性，融合不同的思想体系和学说以适应自己的需要。

越南古代史上也曾经有独尊儒学、儒学居支配地位的时期，但任何时期都未形成一元独霸、排斥其他学说、各种思想体系水火难容的局面。近现代以来，胡志明把马列主义在越南弘扬光大，同时吸收儒学的合理因素和民族文化的基本素养，形成自己的思想体系，他的思想受到多种思想体系的影响，是多种思想学说

---

① 转引自于向东：《越南思想史的发展阶段和若干特征》，《郑州大学学报》（哲学社会科学版）2001 年第 3 期，第 73 页。

② ［越］阮才书：《越南佛教史》，河内，越南社会科学出版社 1988 年版，第 23 页。

融合的产物。

（4）从文化和思想史角度综合考察，注重形象思维和实用性，相对缺乏抽象思维和思辨性。

越南民族史学、文学相对发达，哲学相对薄弱，越南学者也认为，尽管历史上越南已形成了自己的哲学思想，"但哲学并不发达"。[①] 越南民族相对善于形象思维，注重实用性，这和古代东方民族思维的一般特征也是相符的。

---

① ［越］阮才书：《越南佛教史》，河内，越南社会科学出版社 1988 年版，第 23 页。

# 第十五章

## 启示与意义：
## 辩证认识和合理借鉴海外民族精神

国际的比较研究是为了更好地学习和借鉴其他优秀民族的民族精神，为此必须遵循三个基本的原则：第一，要扎根于中华民族的传统文化之中，以中华民族精神作为主导和基础。第二，要以辩证的态度来学习其他民族精神，选择与分辨出哪些是适合我们国情的，哪些是不适合的；哪些是现在适合的，哪些是将来适合的。第三，要坚持消化吸收的原则，不能简单的拼凑，而要认真理解，逐步消化与吸收，将其与中华民族精神有机地结合在一起，真正做到"为我所用"。

"他山之石，可以攻玉"。作为历史传统积淀和时代精神升华而成的其他优秀民族的民族精神，对于培育与弘扬中华民族精神，至少具有如下重要的启发作用和借鉴意义：

### 1. 爱国主义、民族情怀：民族精神的基本内核

尽管民族与国家的内涵随着历史的流转而不尽相同，但爱国主义与民族团结本质上能实现共通性，这对于现时代的中华民族尤其重要。就犹太民族精神而言，其核心精神就是强烈的民族主体意识、民族回归精神，并最终通过犹太复国主义运动而展现出来。它是凝聚犹太人的重要的思想基础和前进动力，是将散落于世界各地的犹太人聚合在一起的一种伟大的凝聚力、感召力和向心力。正是在这种民族团结和民族回归意识的引导下，尽管犹太人内部部落纷争，但总能统一阵线一致对外；尽管流散于世界各地，形似一盘散沙，但从精神上始终保持为一个整体；尽管背井离乡无家可归却始终向往着回到上帝的"应许之地"。正是国破家亡、流离失所的悲惨境遇使得犹太人认识到保持民族团结，争取民族回归的

重要性，并为之而前赴后继，最终实现了以色列国的建立。

中华民族历来是一个有着爱国主义优良传统的伟大民族。中华民族由 56 个民族组成，国家是民族的主体和载体，热爱祖国与热爱中华民族是完全一致的。中华民族的历史，就是各族人民团结、统一、奋进的历史。弘扬与培育中华民族精神，核心是发扬爱国主义精神。爱国主义是中华民族精神的核心，"天下兴亡，匹夫有责"。在面临民族危机之时，"苟利国家生以死，岂因祸福避趋之。"中华民族历来不乏仁人志士，"先天下之忧而忧，后天下之乐而乐。"为了民族的独立与解放而舍生取义，杀身成仁。正如鲁迅先生所言："我们从古以来，就有埋头苦干的人，有拼命硬干的人，有为民请命的人，有舍身求法的人，……虽是等于为帝王将相作家谱的所谓'正史'，也往往掩不住他们的光耀，这就是中国的脊梁。"正是在爱国主义精神的激励下，从鸦片战争，到八年抗战，无数英雄先烈为了民族团结和民族解放而抛头颅，洒热血，捍卫了国家统一和民族团结。而今天弘扬和培育爱国主义精神，一是要坚决反对任何分裂国家的行径和企图，反对任何敌对势力对我的渗透和颠覆企图，不惜一切代价捍卫国家主权和民族团结；二是要积极投身社会主义现代化建设之中，通过建设高度发达的社会主义物质文明和精神文明来维护国家统一和民族和谐，以爱国主义为核心推进民族精神的开拓和创新。

在弘扬爱国主义的同时要提防民族狭隘，强调健康爱国。狭隘的民族主义会给世界带来灾难。相继爆发的两次世界大战，就是德国民族沙文主义的恶果。大战既伤害了周边其他民族，也损害了德意志自身。第二次世界大战失败，巨大的战争创伤给民族主义强行降温，德国才从褊狭的民族情绪中清醒过来。树立健康的爱国情感，应该化褊狭为大度，解仇怨为友爱；应该变急功近利为从容大度，提升民族修养。"中道直行，和而不流"。中华民族素来是礼仪之邦，历来爱好和平、维护正义。尽管历史上我们曾经遭受过多次外来入侵，但中国人民在坚决捍卫自己国家主权和民族利益的基础上，从来不称霸，从来不欺负弱小者，奉行独立自主的外交政策。

在当前时代，弘扬爱国主义精神的关键就是坚持和加强共产党的领导作用，坚持走社会主义道路，这也是实现中华民族振兴的根本条件。从古巴的历史经验中我们可以看到，无论历史风云、国际形势如何变幻，古巴都坚持共产党的领导地位不动摇，坚持社会主义道路不变，这是社会主义国家保持民族团结、政治稳定、社会和谐的首要前提与根本保障。中华民族的历史实践也已证明，只有共产党的领导才能凝聚人心，才能最大程度地团结全国各族人民。中华民族精神的核心是爱国主义，爱国主义在当前时期集中体现在维护国家的和平稳定，团结统一的大好政治局面上，体现在为改革开放提供一个良好的社会环境上。中华民族目前正处于社会主义改革的关键时期，国内面临着一系列的社会问题，国际上又面临着纷繁复杂的国际形势，这就更加要求坚定不移地走社会主义道路，坚持和完善共产党的领导地位。只有这样，才能充分发挥出中华民族精神的凝聚力，才能团结一心，集中力量，有计划、有步骤、稳步推进社会主义改革，实现民族振兴。

## 2. 尊重传统、善于学习：民族精神的历史与时代前提

民族精神的特质就在于它既是民族历史和传统的积淀与凝结，又是对时代精神的吸收与升华。培育与弘扬中华民族精神，既要从民族历史的视角进行民族历史文化教育，又要站在全球化的视野中向其他优秀民族学习。从法兰西民族精神的生成历史来看，法兰西民族精神是法兰西民族历史发展的产物，法兰西历史发展深深地影响了法兰西民族精神的核心和灵魂。其中启蒙运动、民族危机和法国大革命等重要历史因素对法兰西民族精神的形成和凝练产生直接影响。法兰西民族善于通过重要历史事件推进和升华民族精神，善于利用重要历史事件唤起法兰西民族的革命热情和爱国主义精神。因此，在弘扬和培育中华民族精神的过程中，我们应该加强中华民族历史文化教育，要大力宣传具有悠久历史和较高发展水平的中华古代文明，积极推进中华民族历史文化教育，增强中华民族的民族自豪感，同时注重进行近代以来中华民族所历经的民族危机的教育，增强中华民族的爱国主义精神，更应该进行中华民族革命斗争历史教育，特别是争取民族独立和民族解放的斗争历史的教育，强化中华民族的民族自强不息的精神。

然而，民族精神传承创新也需要不断合理地吸收世界其他优秀民族的民族精神，在对话与沟通中实现中华民族精神的超越与升华。全球化、现代化是我们必然的生存境遇，是任何民族都无法回避的历史潮流。只有积极主动地应对全球化与现代化带来的机遇和挑战，通过与其他文明的激荡、交融、沟通，补充和完善本民族的民族精神内涵，才能丰富和提升民族精神的凝聚力、感召力和创造力。古巴民族精神之所以长盛不衰，激励着一代又一代的古巴人民奋勇向前，一个重要的原因就在于古巴人民积极面对历史发展的新形势，顺应世界发展的潮流，进行政治、经济和文化体制改革。古巴作为一个民族国家，对于全球化与现代化的浪潮也经历了一个从抵制、批判、接受到认同的过程。现代化与全球化进程尽管对于古巴的民族精神形成了一定的挑战，造成了与其他文明的冲突与激荡，但是就历史发展的趋势而言，带给古巴人民的更多的是机遇。特别是在苏联解体之后，古巴积极调整战略思维，在国内改变过去单一的经济结构，实行多元化的经济体系；逐步稳妥地实行经济改革，尝试市场经济模式，摸索适合古巴国情的现代化的经济发展道路；在对外关系上突破冷战思维的束缚，开展全方位、多元化的外交活动。因此，古巴人民才得以在严峻的历史考验面前冲破重围，走出困境。同样，弘扬与培育中华民族精神，现代化与全球化也是其客观的生存境遇与

历史内涵，我们必须在积极参与现代化和全球化进程中弘扬中华民族精神。一方面，现代化与全球化是民族国家的必经之路。从人类社会发展的规律来看，中华民族要实现从农业文明向工业文明的转型，必然要经历现代化之路，而民族国家要实现经济增长与社会发展，跟上时代步伐，也必须参与到全球化的体系中来。另一方面，现代化与全球化也赋予中华民族精神以新的内涵与意义。民族精神本身是一个不断生成、逐渐发展的动态范畴。中华民族精神之所以能保持生机和活力，就在于能积极面对新的时代状况，顺应历史发展潮流。中华民族的复兴与中华民族的现代化和全球化之路密切相连，特别是在中国加入 WTO，融入全球化进程之后，全世界都能感受到中华民族的"和平崛起"，感受到中华民族精神的震撼力与创造力。弘扬和培育中华民族精神，必须要顺应历史发展潮流，积极面对现代化与全球化带来的机遇和挑战，以丰富和提升中华民族精神。

### 3. 崇智尚学、重视科教：民族复兴的战略选择

纵观世界优秀民族，都极为重视科技和教育，视人才培养作为关系民族危亡的大事。

比如近代资本主义头号强国英国，不论是从其国土面积还是从其国民人口数来看，在世界上都不能算是一个大国，但就是这样一个国家，经过近现代三四百年的发展，不但成为了近代科学的发源地，世界最大的经济体之一，而且成为了世界上最有影响力的文化体之一。究其根源，很难说是某种单一性因素的必然结果，但不可否认的是，英国民族特性中所具有的严谨的科学精神、求真务实的品格和尊师重教的社会传统使其克服了作为岛国的局限性，在较短时间内就跃居于世界民族之林，成为当时的世界头号强国。

再看日本，在经历第二次世界大战惨败后的短短 30 年内又重新崛起，与日本民族对教育的高度重视密不可分。犹太民族历来就是一个尊师重教，热爱学习，崇尚智慧的民族。无论是民族大流散时期，还是以色列建国之后，教育一直是犹太社会的头等大事。犹太民族的教育模式奠定了现代义务教育体制的雏形，犹太人是世界上受教育平均水平最高的民族，也是培育大师级人才最多的民族之一。据统计，"全球各地犹太人口占总人口不到 0.3%，但是犹太裔诺贝尔奖得主比例是 11.6%，菲尔茨奖得主比例是 17.3%。而对比华裔和印裔，前者占世界总人口 21%，后者为 17%，但前者两奖比例分别为 0.9% 和 2%，后者两奖比例为 1.2% 和 0.2%。"[①] 正是因为不遗余力地尊师宗教，崇智尚学，所以尽管犹太人长期流离失所但从未放弃理想和信念，总能通过知识和智慧寻求合适的生存之道，而这种具有深厚知性内涵的民族精神一旦与民族主体意识相结合起来，就

---

① 数据来源：北京大学两全其美网，http://www.lqqm.net。

成为犹太复国主义和以色列现代化之路的智力源泉。

同样，中华民族也有着好学重教的传统，自儒家以来就有尊师重教的传统，涌现了大批先贤圣哲，创造了四大发明，为人类文明进程做出了重大贡献。但近代以来处于落后、备受欺辱的境地。纵观其由盛及衰的历史，与科学精神的匮乏、崇智精神的"沦陷"不无关联。在由近代科技革命支撑的工业文明中我们显然落后很多。而在知识经济的今天，劳动者素质和创新人才的培养更是决定了中华民族未来所处的历史地位和发展走向，我们不能再次懈怠，必须发扬严谨求实的科学精神，用科学理性来丰富中华民族的精神。为此，当前中华民族正积极推行科教兴国战略，"全面落实科学技术是第一生产力的思想，坚持教育为本，把科技和教育摆在经济、社会发展的重要位置，增强国家的科技实力及向现实生产力转化的能力，提高全民族的科技文化素质，把经济建设转移到依靠科技进步和提高劳动者素质的轨道上来，加速实现国家的繁荣强盛。"① 中华民族复兴必定是建立在全民族整体文化素质和科学技术水平的发展和提升之上，通过科教兴国与构建学习型社会，培养知识型人才，以强化中华民族精神的知性内涵，推动民族精神的发展与创新。

### 4. 勇于进取、不断创新：民族精神传承创新的价值向导

民族生存的历史离不开生产资料、生产工具、技术经验等要素的发展创新，但古往今来，大浪淘沙，无数民族在历史的舞台中竞相沉浮，能最终屹立于世界民族之林的民族不仅仅是在物质生产上实现供求平衡，更关键的在于培育了勇于进取的意识和不断创新的民族精神。美利坚民族尽管只有短短三百多年的历史，但其锐意进取，不断创新的精神已成为推动其民族发展的核心动力。创新精神是美国经济的灵魂，在创新中发展是美国经济的本质特征。正是在创新精神的激励之下，美利坚民族用了不到一个世纪的时间，在 19 世纪中叶就超越了英德法等老牌资本主义强国。从爱迪生发明第一盏电灯开始，到 1999 年美国公司已经取得了 600 万个专利；美国企业用于研发的资金每年都以两位数的速度增长。美国人对科技创新的重视还反映在对教育的高投入，对人才的重视，对创新思维的鼓励。总之，从 20 世纪至今，美国的综合实力长期居于世界前列，这与其锐意进取、勇于创新的精神密不可分，与其重视教育、尊重知识和鼓励创新密切相关。即便就其早期拓疆史"西进运动"而言，除去其殖民性等危险因素而外，"西进运动"中所展示出来进取意识、艰苦奋斗和冒险精神，对于中国的西部大开发具有一定的启发意义。

中华民族自古以来就是一个革故鼎新、锐意进取的民族。"周虽旧邦，其命

---

① 《实施科教兴国战略》，《江泽民文选》第 1 卷，北京，人民出版社 2006 年版。

维新"。"苟日新，日日新，又日新。"四大发明就是中华民族创新精神的结晶，中华文明长期处于世界前列，依靠的就是全民族的创新意识与进取精神。但中华传统文化也有其不切合时代精神的顽症，需要辩证地审视和认识。中华传统文化秉持"慎独"、"中庸"理念，许多人认为"祖宗之法不可变"，缺乏"敢为天下先"的勇气，对于超越边界、有悖常规和违反惯例的行为均视之为过。辩证而言，以此种精神理念行事一般都在规则之内，有助于保持社会稳定与平衡，但如果长期墨守成规，保守僵化，则可能导致个体缺乏创新精神，社会发展陷入停滞。历史已经证明，改革是一个民族保持活力、获得生机的必要条件。近代中国由于闭关锁国而滋生了保守僵化夜郎自大的情结，导致落后挨打的被动局面。十年"文化大革命"之后，我国的国民经济、社会局势处于严峻考验之中，不改革就没有出路。因此，在共产党的领导下，中国人民再一次地表现出巨大的民族勇气与创造精神，实行改革开放。在开放之初，面临既无国际经验可资借鉴，又无前人实践的前提下，大胆地提出了"摸着石头过河"的政策。当改革事业经受国内外考验之时，又果断提出"胆子再大一些，步子再快一些"，抓住有利时机推进改革开放进程。当前我国提出了西部大开发的战略，尽管从经济基础、文化背景和开发方式上与当初美国的西进运动有根本性差异，但美国西部运动中所涌现的艰苦奋斗、积极进取和勇于冒险的精神都值得学习和借鉴。我国的西部开发是一项综合性的系统工程，必定是一个空前艰巨的长期的历史过程，对此我们需要具备一种不畏艰险、顽强拼搏和勇于冒险的开拓精神。西部地区的发展繁荣从根本上而言，需要西部地区人民的艰苦奋斗、自力更生，需要确立勇于变革、敢于创新的精神。新时期中国西部精神的塑造，本质上就是对中华民族精神的发展和丰富。

进入21世纪的中国社会，面临着知识经济的挑战，必须培育与弘扬中华民族的创新精神。这不仅需要从思想观念、文化教育、社会体制等方面加强创新精神的培育，也需要实践创新，具体而言，一是加强科教兴国战略，把培育创新型人才当作高等教育的根本目标；二是积极发展创新型产业，构建以技术密集型为主导的知识经济产业体系；三是推动社会制度创新、体制创新和结构创新，形成全民族全社会的创新体系。

**5. 契约意识、法治精神：民族治理的必要条件**

自西奈山下与耶和华立约以来，诚信意识与契约精神就融入犹太民族精神的内核之中。而与上帝立约和与众人立约都是犹太人极为珍视并不惜一切为之捍卫的。无论是在悲惨的大流散期间，还是在以色列建国后，犹太人对耶和华的虔诚信仰始终未变，犹太人在经济活动中的诚实守信、严守契约的精神也一直被广为赞誉，成为犹太人创造商业奇迹的法宝，也使得客居他乡的犹太人赢得世人的信赖和尊敬。

中华民族历来是一个诚实守信的民族，数千年的传统文化培育了博大精深的诚信文化。孔子有言："人而无信，不知其可也。"① 孟子说："诚者，天之道也；思诚者，人之道也。"② 程颢、程颐也指出："进学不诚则学杂，处事不诚则事败，自谋不诚则欺心而弃己，与人不诚则丧德而增怨。"③ 中国传统社会一直将诚实守信作为安身立命之根本，主张"唯诚可以破天下之伪，唯实可以破天下之虚"。但中华文化的诚信意识缺乏对象的广泛性和作用的有效性，它多基于血缘关系和利益共同体之内，只有微弱的道德约定和伦理准则的作用。究其根本，契约意识与法治精神在中国的培育与发展还不充分，诚信意识缺乏契约意识和法治精神的配合与协调。基于此，中华民族精神在继续挖掘传统的诚信文化的同时，要批判地吸收西方先进的契约精神和法治思想。在经济生活中树立自由、平等、尚法、守信的精神理念，构造诚实守信的经济环境；在政治生活中继续推行依法治国的治国方略，建设社会主义的民主法治；在道德层面构建和谐友善，互助互信的社会氛围，在平等理念、法律机制、契约原则和信用机制共同作用下，创新和发展中华民族精神，并最终实现"民主法治、公平正义、诚信友爱、充满活力、安定有序、人与自然和谐相处的社会"。

### 6. 重视产业、发展实业：民族昌盛的现代化基础

当今时代民族的发展水平在一定意义上取决于其现代化程度甚至说等于其工业化水平。而现代西方发达国家的工业化运动中所体现的产业精神则为其现代化进程提供了重要的智力支撑、精神激励与道德约束。以英格兰民族为例，英国工业化运动中所体现的产业精神不仅激励了英国企业家的源源不断的创造意识，推动了英国从落后的农业社会向现代工业社会的变革，这对于正处于现代化进程中的中国社会来说，具有重要的借鉴意义。英国产业精神是指体现在企业家与商人身上强烈的财富创造精神。积极的产业精神本质上是社会经济发展不竭的精神动力，刺激着人们的创造意识与创新精神。英国产业精神的形成具有多重根源：英国的重商主义传统使得社会对企业家的财富创造行为与商业成就赋予高度的社会认同感；自由主义的经济政策给予了企业家较为充分的自由空间；"新教伦理"是英国产业精神滋生和繁衍的主要精神动因。④ 为绝大多数英国人所信奉的加尔文教将禁欲、勤俭和创造财富视为共有的价值观，鼓励人们"尽其所能获得他

---

① 《论语·为政》。
② 《孟子·离娄上》。
③ 《二程集·论学篇》。
④ 徐奉臻：《产业精神与英国资本主义工业化》，《社会科学战线》1999 年第 2 期。

们所能获得的一切，节省他们所能节省的一切，事实上也就是敦促他们发财致富。"① 也正是在产业精神的激励之下英国在 19 世纪中叶达到社会发展达至鼎盛，也是最早步入现代工业社会的民族国家。而今天我们正处于现代化建设的进程之中，在很大程度上主要是工业现代化的建设。一方面，中国的现代化建设具有鲜明的中国特色，必须结合中国具体国情，不可盲目照搬照抄；另一方面现代化建设的根本和标志还在于创造更为丰裕的社会财富，促进社会生产的发展。因此，现代化境遇中弘扬与培育中华民族精神，恰恰需要在立足中国实际之上，积极学习和借鉴西方的产业精神，培养中国自己的产业精神。这既是对数千年来重仕贬商的文化传统的纠偏，也是丰富和发展中华民族精神的需要。

如果说英国民族精神是英国在近代史上崛起的助推剂与精神导向，正是其热爱自由民主、勇于创新、敢于冒险和崇尚理性的精神，保证了英国民族历经数百年而不衰，一直走在世界的前列。那么，进入 20 世纪以来英国在世界地位的衰落，与其民族精神也密切相关。面对英国所经受的这种由盛转衰的历史转折，从民族精神的层面进行历史溯源与归因分析，对于当前中华文明的复兴可能更具警示性和启发性意义。第一次世界大战的结束正式标志着英国霸主地位的终结，而第二次世界大战结束以后，英国面临着深重的危机，原有的殖民地纷纷脱离英国而独立，"日不落帝国"已然成为历史。在各种内外因素的综合作用下，英国无论在政治影响、经济实力，还是科技创新水平上都被美、德、日等国超越。如何才能摆脱笼罩英国达半个世纪之久的衰落阴影？西方经济学家曾经有一个不甚科学但极具启发性的猜想，即一个民族对外贸易顺差达到国民生产总值的 4% 时，这个民族就要盛极而衰。英国于 1870 年达到这个指标，此后，大量过剩的极为丰富的物质财富使整个英吉利民族过上了悠闲富足的生活，从而导致人们丧失了艰苦创业的工业精神。英国著名的历史学家汤因比曾精辟地分析过这一现象。他认为，任何文明都有其生长和衰落的过程，能不能勇敢地接受各种挑战是决定这种文明的前途的关键。作为英国人的汤因比发出这种宏论不是没有原因的——他希望引起自己民族的反思。的确，如何永远驾驭住自己创造的成就而不被这些成就所征服，是每个处于顺境的民族都应该深思的问题，这也是现代化建设处于关键路口的中国社会需要警醒和慎思之处。

此外，德意志民族的理性精神，日本民族的危机意识、和合精神，法兰西民族对自由和平等不懈追求，都值得我们以科学合理的态度学习和借鉴。只有在与其他优秀民族的民族精神的互相融通中才能实现中华民族的传承创新，也才能最终推动中华民族的伟大复兴。

---

① 马克斯·韦伯著，陈维钢等译：《新教伦理与资本主义精神》，北京，三联书店 1987 年版，第 137 页。

# 第五编

## 对策篇

## 第十六章

# 传承与超越：
## 弘扬和培育民族
### 精神的指导原则和新内容

民族精神是民族文化的核心，也是民族意识的最高表现形式。民族精神既不可能自发形成，也不可能从民族外部移植或者复制，而是需要通过各民族自身强有力的弘扬和培育，才能从一种为个别人或少数人所有的高尚精神转化为民族大部分成员所拥有的崇高精神。今天，我们党正面临着高举中国特色社会主义旗帜，带领全国人民全面建设小康社会，加快推进社会主义现代化建设，实现中华民族伟大复兴的宏伟任务，特别需要坚持弘扬和培育民族精神，为实现社会主义现代化建设的宏伟大业提供精神力量。因此，怎样更好地弘扬和培育民族精神是我们应当探索的重要问题，这其中我们首先应当明确弘扬和培育民族精神的指导思想和新内容，为我们在实践中做好民族精神的弘扬和培育工作提供理论依据。

### 一、新时期弘扬和培育民族精神的原则

为了能够在新的历史时期把弘扬和培育民族精神这一目标真正落到实处，建构起关乎民族命运和国家未来的民族精神培育体系，保证弘扬和培育民族精神的目标得以实现，使民族精神从理论走向实践，成为全民族的精神统帅，真正实现中华民族的伟大复兴，我们应当在建构民族精神的培育体系的过程中，注意准确地把握民族精神形成和发展的客观规律，正确处理以下几种关系，掌握好弘扬和培育民族精神的指导原则。

### （一）传统性与时代性高度统一

民族精神既是一种有着历史积累和沉淀的思想体系，又是一个随着时代进步而与时俱进的思想体系。建构民族精神必须把时代性与传统性、继承与创新结合起来。保持时代性和传统性之间是有机统一、相辅相成的，特别是在社会转型时期更是如此。其中，保持传统性是突出继承和弘扬，是对已经形成的精神而言的，它强调的是恰当的比较和理性的选择；实现时代性是彰显发展和培育，是对尚未形成的精神而言的，它要求的是与时俱进的突破和超越。二者统一既可以实现传统文化为民族精神提供深厚的历史底蕴，又可以让民族精神汲取时代精神以获得发展的活力和动力。

**1. 坚持民族性原则**

每个民族都有构成本民族精神凝聚力和价值取向的文化传统，不同的民族传统，与造就它们的不同历史背景相联系。许多思想家都曾总结说，每一个民族的文化，都是由它的国民精神本性所决定的，它的精神本性是由该民族的历史境遇等基本情况影响和造就的。由于"历史把我们造就在特定的传统中，我们离不开历史也就离不开传统，它是我们民族和个人的存在方式"[1]。我们可以说，坚持民族性，继承优良传统文化是弘扬和培育民族精神的必然要求，任何人都不能割断历史，抛弃传统，于此，我们必须反对一些错误倾向。

（1）坚持民族性必须反对全盘否定传统文化的民族虚无主义倾向。

在对待民族精神及其传统文化问题上，要防止突出批判而忽视传承的倾向。继承优秀传统必须反对对传统的全盘否定。在社会发展过程，人们常常会有意或者无意地基于现实审视传统，习惯性地对本民族的传统予以否定，武断地认为民族传统会阻碍民族现代化历程，尤其在现代世界文明发展进程中，一些欠发达民族的部分公众会不断地以发达民族比较先进的科学技术和现代物质文明为参照体系，否定自己民族当前的现代文明阶段，进而希望用发达民族的文化取代自己民族的传统文化，以换取本民族迅速发展。但问题在于，发展都有历史的继承性，任何现代精神都必须根植于民族传统文化，和民族传统文化有着密切联系。只有那些根植于民族传统文化又超越民族传统文化的现代精神文化才可能具有真正的生命力。所以，任何民族在其走向现代化的过程中，决不能漠视本民族的文化传统，不能忽视民族精神的传承和弘扬。这里的关键在于鉴别传统，从而辩证地扬弃传统，吸收传统文化的精华。我们可以批判地加以继承的传统思想文化中的精华主要是：从哲学上说，主要是关于认识理论和思维方法方面的成果；在社会政

---

① 吴桂花：《新时期中华民族精神的培育》，《湛江海洋大学学报》2003 年第 5 期。

治学说方面，主要是具有反封建因素的民主性思想；在文学艺术方面，主要是一些优秀的表现方法、技巧和风格。概括地说，我们可以从传统思想文化中批判继承的，主要是关于思维、认识和表现的理论和方法。这样既可以较少涉及具体的思想内容，又不是脱离精神内涵来谈纯粹的思维方法，较易于找到中华各民族的共同点，而又不流于空洞。① 此外或根据变化了的客观实际，拓展其适用范围，对其提出更高的要求，或随着客观形势的变化，注意其新的着重点，才能在推动社会发展过程中，使得传统文化得到进一步的阐发。

（2）坚持民族性必须反对全盘肯定传统甚至盲目自大的国粹主义。

当前有人主张全面回归和利用中国古代儒家思想体系。实际上儒家思想并不能承担建构现代民族精神的历史使命，传统文化只能成为现代中华民族精神思想基础中的一部分。当前对于传统文化需要不断剔除杂质，优化思想内容。这是培育现代民族精神的一个前提。从哲学上讲，就是要解决好否定与肯定，批判与继承的关系问题。中华民族在漫长的艰苦卓绝的实践中孕育了伟大的民族精神。然而，毋庸讳言，我们的民族个性、品质和心态中也遗留有不少封建性糟粕和其他不合时宜的内容，诸如墨守成规、重道轻器、夜郎自大、重农抑商、权利本位、面子观念等等。应该说，历经近现代风云变幻革命岁月的冲击和社会主义建设特别是改革开放的洗礼，民族个性、品质和心态之中的局限性在一定程度上得到了克服。但我们也应该看到，剔除民族性中的杂质是一个长期的艰巨的过程，不可能一蹴而就，本身杂质和精华高度粘连，去除杂质又具有反复性，剔除杂质与培育现代民族精神可以说是具有历史性。因而，民族精神的弘扬和培育过程需要鉴别和吸收传统文化精华。我们需要一批真正的类似启蒙思想家一样的公共知识分子，以巨大的勇气，勇敢面对我们民族性的局限性，引导民众在批判中汲取传统文化的有益成分。

总之，在弘扬和培育民族精神过程中，我们既要注意反对全盘否定传统文化的民族虚无主义，又要反对全盘肯定传统甚至盲目自大的国粹主义。只有坚持辩证唯物主义和历史唯物主义的立场、观点和方法，实事求是地去审视、剖析和鉴别传统文化，去其糟粕，取其精华，才能使中国传统文化发挥其应有的作用，成为弘扬和培育民族精神的思想渊源。

**2. 坚持时代性原则**

弘扬和培育民族精神，应该做到观照传统和着眼于当下的有机统一，新时期的民族精神建构必须是与当前现实生活紧密相系的，是与改革开放、全面建设小康社会和大力推进中国特色社会主义建设这一现实目标有机联系的，要把握时代

---

① 俞祖华、赵慧峰：《中华民族精神问题研究述评》，《史学月刊》2003 年第 12 期。

性，丰富民族精神的内涵。"人的思维是否具有客观的真理性，这并不是一个理论问题，而是一个实践问题。"在这里马克思所指的"实践"，不但表明实践是检验真理的唯一标准之历史向度，而且还意味着理论要与现实社会实践相统一的这种现实需求。弘扬和培育民族精神也是如此。

弘扬和培育民族精神之所以要坚持时代性，其原因在于中华民族精神的内涵是随历史前进的步伐而不断发展、丰富的。每一个民族性格都是伴随着历史演进而不断更新和发展。中华民族精神在先秦形成后，在"唯变所适"的原则下，在几千年的历史中，随着时代的发展和需要，曾经不断地更新丰富。进入近代以来，许多先进知识分子开始自觉地进行中华民族精神的再造，尤其是中国共产党人根据时代和社会的发展要求，勇当重任，对中华民族精神进行了有效的改造和充分的建构，赋予古老的中华精神以时代性的内容，丰富着民族精神。

弘扬和培育民族精神之所以要坚持时代性，其现实必要性在于，传统精神必须持续更新与时代特点相一致。当前，我国社会主义市场经济体制的建立和完善是一场深刻的社会变革。在社会变革中，新的力量和新的交往方式造就新的观念，特别是我国社会主义市场经济的发展引发人们的精神生活、精神面貌、价值观念深刻的变化。因此民族精神应"苟日新，又日新，日日新"，才能适应时代的需要，确立时代精神的基点，让民族成员认识时代精神，并自觉地接受民族精神教育，使民族精神教育具有针对性，这样才能更好地发挥当代民族精神的导向、凝聚、激励和教育的强大功能。

为了更好地在弘扬和培育民族精神中坚持时代性原则，我们应当努力做到以下几个方面：

（1）弘扬和培育民族精神内容的选择和目标的确定必须满足实践的需求，展现时代的风貌。

因为实践是人们最本质的存在方式，从根本上说，社会及其历史发展是人们实践活动及其发展的展示，人们的心理、观念、精神以及作为它们的抽象物的表现形式的各种意识形态都是源自实践活动。选择新时代的民族精神内容和目标，必须突出鲜活的实践和时代特性，要与我国社会主义现代化建设的当前目标和长远目标紧密契合，不能有丝毫的脱节和偏离。具体要求做到：①内容的时代性。培育现代民族精神，就必须把握社会经济发展实践的脉搏，顺应社会主义市场经济发展的需要，把在这一过程中形成的并与之相适应的新的精神素质加以提炼、吸收和弘扬。例如反映中国特色社会主义实践的科学精神、效率意识、竞争意识、创新意识、诚信意识、守法意识、开放意识、民主平等观念意识应该成为民族精神新内容。②目标和本质的时代性。民族精神建构在不同的时期应确立符合时代主题的教育目标，当前应该将民族精神建构目标合理地确立为在国际化竞争和加快社会主义现代化建设、全面建设小康社会的实践中，动员和鼓舞全国各族人民以及全体中华儿女，积极投入到中国特色社会主义建设的伟大实践中，推动中国特色社会主义事业向前发展。民族精神建构与社会主义本质也是一致的，表现为热爱社会主义、热爱中国共产党、热爱中国特色的社会主义事业。

（2）增强民族精神的时代品格，还要努力实现发扬优秀传统精神与熔铸时代精神的有机结合。

关键是要找准二者的结合点和连接点。如近年涌现的抗击"非典"精神和抗震精神，就充分体现了中华民族优秀传统精神与时代精神的统一，体现了历史和现实的统一，体现了英雄气概和踏实作风的统一。这就是我们所说的结合点，也是培育和建构现代民族精神的着力点，我们要通过大力弘扬这些精神，来培育现代民族精神。当然，在弘扬和培育民族精神过程中坚持与时俱进，必须做到准确把握时代特征。要充分认识到民族精神的弘扬和培育，需要相当长期的过程。我们必须以严谨的态度，认真思考建构现代民族精神的深层次问题，汲取时代的新风尚，使民族精神能够不断推陈出新。

### （二）民族性和世界性的统一

在全球化背景下，弘扬和培育民族精神应保持民族自信，不妄自菲薄和自我贬低，突出弘扬民族的自主意识和独立精神，保持和强化人们对自己民族文化的认同感，有了民族文化的认同感，一个民族才可能具有向心力和凝聚力。而民族精神的独立性与开放性又是统一的。事实表明，中华民族文化的融合交流是文化繁荣的必由之路。实质上，一种文化在保留其主体精神基础上的对外广泛交流，不仅不会制约一种民族文化的独立发展，相反会带来新的要素和发展机遇，使民族精神焕发活力和生机。

#### 1. 坚持民族精神的民族性和主体性

民族精神是中华民族心理意识和思想观念的集中体现。民族精神应具有相对稳定的民族特色，这是民族国家保持其民族自尊、自强和民族自豪感标志之一。"在这丰富多彩、雄浑交响的世界舞台上，保持自己的民族特色，奏响出独具特色的民族强音，是我们维护民族尊严、树立自己大国形象、屹立于世界民族之林的最坚实的精神力量。越是民族的就越是世界的，全球化不是一极化，应是多极化之间的对话与汇通。"[1] 当今世界，在经济全球化的浪潮席卷全世界的同时，也带来了世界各种文化的激烈交锋，经济全球化并不意味着民族文化的全球化，只有培育自己的民族精神，保持自己民族文化的独立性，有效地抵御西方强势文

---

[1] 宋乃平：《民族精神：中华民族伟大复兴的不竭动力》，《东疆学刊》2003 年第 4 期。

化的输入和渗透，维护国家文化主权和国家文化安全，以体现民族气节，才能使我们的民族精神走向世界，成为全人类的精神财富。当然，民族精神应具有鲜明的民族性不能等同于奉行民族主义，当前培育民族精神既要保持民族主体性又要反对狭隘的民族主义。民族自尊自信精神任何时候都要提倡，都要发扬光大。民族主体性即民族独立和自信精神，是民族精神的一个组成部分，是一个民族积极的自我认识和自我评价。民族精神同民族主义是有区别的，不能混为一谈。民族主义是一柄双刃剑，具有正面和负面两方面的影响，有正常和极端之分。民族主义走向极端就会成为民族利己主义，容易产生民族偏见、民族歧视、民族仇恨、排外主义等狭隘的民族主义情绪，成为民族冲突、战争的根源。我国作为一个多民族国家，应该特别反对把爱国主义、民族精神和民族主义混淆起来，应该以爱国主义、民族精神制约民族主义的局限性，维护民族的团结。民族主义的膨胀，无论何时何地，都有损于各族人民的大团结，不利于国家的统一和社会的安定。显然我们培育民族精神不是将中国各民族作为彼此独立的单个民族来考虑的，而是指加强中华民族这个由多民族组合而成的有机的民族共同体的整体精神，以抑制民族主义的不良影响。

### 2. 倡导建构民族精神的世界性原则

所谓建构民族精神的世界性原则就是要把建构民族精神作为开放的系统，积极吸取发达国家和西方文明成果，在保留自身传统优势的前提下，不断整合，持续融合，从而始终保持其旺盛生机和广泛的适应性。

历史上，中华民族是多民族融合形成的，中华民族传统文化是在吸纳、兼容外来有益文化的基础上形成的，中华民族精神也是在兼容并蓄中不断形成的，它本身不是自我封闭而是开放的。当前要适应全球化背景下世界文化广泛交流的发展趋势，反对仅仅固守传统文化本位的保守心态和拒绝外来文化影响的自闭倾向。应该说坚持民族精神的独立性并不排斥其开放性，发展民族自我，守望民族精神家园，并不意味着固守民族自我及其传统文化而排斥世界其他民族优秀文化和精神文明成果。相反，"它只有在同异域民族的相互交流、融合甚至冲突中才能显示其生命力。从系统论的角度讲，一个健全的精神文化体系，必然是一个开放的体系，否则，它就会失去与环境的物质、能量和信息交换而走向衰亡。"① 民族精神家园应该是一个开放的、有宽容包容性的精神所在。一个有自信心的民族，应当使自己的文化具有海纳百川的气魄和能力。人类历史发展表明，世界文明就是在不同文明体系互相碰撞、互相融合过程中，不断向前推进的。当今的世界是开放的世界，任何一种文化都不能游离于其他文化之外而孤立发展。

---

① 葛晨虹、贾雪莉：《民族精神在全球化时代的定位与走向》，《理论与现代化》2006 年第 2 期。

当今，开放与交流成为中华民族获得文化生命力的重要渠道。面对全球化，应该从世界的视野来把握民族性，在民族性的基础上追求世界性，把世界性与民族性结合起来，主动走向世界，与国际接轨，积极学习和借鉴世界各国的文明成果，从而使中华民族精神更富有国际意蕴和世界眼光，充分体现时代风范和国际意识，使中华民族与世界各民族并驾齐驱，共同走向未来。同时，民族精神开放性将促进人类整体和谐发展。为了世界的和平秩序和人类的和谐发展，任何一个民族的文化及民族精神都必须服从国家和民族利益的需要，同时又顺应世界文明和全球发展趋势，使民族精神和文化的发展与人类共同精神和普世价值标准相统一。也就是说，每一个民族精神中总会这样那样地包含着被世界各民族普遍承认或接受的成分。从这个意义上说，民族精神不仅是民族的，而且也是世界的。我们要适应时代发展的需要，站在全球的视角把握自己和其他民族的关系，把握好民族文化和其他类型文明的关系，突破民族的狭隘性，获取新的文化因素，推动本民族和人类整体和谐发展。

当代民族精神的建构，就是要以开放的心态汲取人类文明的优秀成果，为此，就应该做到：

首先，中华民族必须以开放的心态和世界的眼光不断吸收外来优秀文化成果，不断拓展中华民族民族精神的内涵。在全球化背景和我国"入世"的大好机遇下，我们应该以一种开放、积极、进取的心态，包容万方的态度，充分利用各种有利条件，学习和借鉴世界各国包括资本主义国家所创造的一切文明成果，弥补中国传统文化的不足。以民主、自由、平等、博爱为核心价值的西方近现代文明在民族精神的内容、理论和实践模式上都有很多值得我们借鉴的地方。在民族精神的内容上，西方文化强调个性精神、民主精神、法制精神、公民精神、功利精神，这是现代文明的基础，值得我们借鉴和吸收。在民族精神的培育方面，其他国家也形成了很多行之有效的理论和方法，如克尔伯格的道德认知发展理论，罗杰斯、马斯洛的人本主义道德教育理论，拉斯的价值澄清理论，班杜拉的社会学理论等等。正是在这些丰富的民族精神培育理论的指导下，西方各国的民族精神才能对人类的近现代文明产生如此深远的影响。

其次，当代民族精神建构既要学习世界又不迷失自我。我们在对外开放、学习、引进、接轨的同时，由于种种原因，致使社会上有些人在西方文化的冲击下无所适从，陷入全盘西化的危险境地。我们要坚决克服"全盘西化"的主张及对待民族文化的虚无主义心态，避免盲目崇外。如果不顾本国的国情，简单地"移植"外来文化，往往会产生很大的偏差，进而可能导致自己民族文化特色的丧失，甚至影响到国家的文化安全。

总之，在全球化背景下弘扬和培育民族精神，不仅仅要以海纳百川的胸怀勇于对外开放，同时要保持民族精神的独立性和民族特色，坚持民族文化的主体性。

### （三）理论教育与实践的统一

弘扬和培育民族精神，必须把热烈的民族情怀与务实的实践活动紧密地结合起来。民族精神显示着对祖国的忠诚和热爱，展示着我们民族坚韧不拔、团结向上等优良品质。这种精神不是无源之水，它深深地植根于我们民族的土壤之中。但这种情感和品质必须转化为有益于民族复兴的实际行动，仅有满腔热情而没有具体行动，这是不够的，要具体体现为有益于民族复兴的实际行动。要以有益于民族复兴的实际行动作为富有民族精神的具体体现和延伸。弘扬和培育民族精神是一个从实践到认识，又从认识到实践的不断循环往复并不断向前发展的过程。只有把精神凝结和实践活动二者统一起来，才能达到理想的效果。

**1. 坚持教育性原则**

弘扬和培育民族精神应重视精神教育和灌输。民族精神是一种内在灵魂，民族精神的弘扬和培养，离不开每个国民对它的接受和内化。真正的民族精神是植根于具有主体自觉意识的民族群体之中的，融于每个国民心理意识、言论行为之中的。这个目标的实现离不开教育手段的应用。教育是培养民族精神的重要手段。离开了对国民的教育和培养，民族精神就难以树立和增强，更不可能产生发挥其多元的重要功能。

首先，民族精神的弘扬和培育离不开对民族历史实践和优秀传统文化的深刻了解和把握。通过各个层次教育机构对民族精神的教导，实现公众对民族历史实践和优秀传统文化的深刻了解和把握，使人们了解中华民族自强不息、百折不挠的光辉历程，了解我国各族人民对社会文明做出的卓越贡献，把握中国人民反对压迫、反对剥削、反对腐朽统治、反对外来侵略，争取民族独立和解放，前赴后继、浴血奋战的斗争精神。只有立足中华民族的历史，才能掌握民族精神的底蕴，把握新时期发展的要求和趋势。各个层次教育机构对民族精神的教导应该注意从民族生存和发展的实际需要出发，恰当定位传承民族精神的基点，并吸收借鉴古今中外民族文化的精华，实现民族精神的有效教育，达到弘扬和培育民族精神的预期目的。

其次，各个层次教育机构对民族精神的教导应该积极反映现实社会生活，不能仅停留在纯理论分析和空洞的不切实际的精神理念之上。弘扬和培育民族精神的目的是为了适应社会的思想道德发展要求。当然绝不是说一味迎合世俗观念，而是在当代社会快速变革，理论的飞跃和发展与社会实际的变化都呈现崭新的局面下，反对纯粹的理论分析和单向的理论灌输。坚持理论与实际相结合的原则，要求民族精神的教育内容要尽可能地全面反映社会新的变化，如：改革和发展出现的诸多"多样化"（经济成分和经济利益多样化，社会生活方式多样化，社会组织形式多样化，分配方式多样化，就业岗位和就业方式多样化）、经济全球化、网络信息环境下人们思想的变化以及对思想政治教育的影响。

**2. 坚持实践性原则**

民族精神是人们在认识和改造自然、社会的实践中的精神结晶，可以说任何精神成果都是在具体的社会实践的基础上形成和发展起来的，也是为实践活动服务的。弘扬和培育民族精神应该奉行一种实践的理念，将弘扬和培育民族精神看成是一种培养人们对民族深厚的情感，坚定的爱国信念，正确有益的高尚行为的的教育实践活动。不能把弘扬和培育民族精神仅仅理解为一种情感，否则民族精神难以内化为个人品格。

实践性原则要求我们在弘扬和培育民族精神中，不仅要在理论上学习和掌握民族精神理论，而且要引导受教育者变成实践者，要使受教育者明白民族精神是一种意识和觉悟，更是具体行动，它不是抽象的，而是实际的，是与具体的事务联系在一起的。因此，这就要求我们在弘扬和培育民族精神中，只有把热切的情感具体化为刻苦学习和努力做好本职工作等，才能使弘扬和培育民族精神贴近实际、贴近人们的生活，避免知、行不一，把知行统一、说和做统一起来。当然，这就要求弘扬和培育民族精神的教育活动具有比较强的可操作性。最为关键的就是改变人云亦云、不求甚解、只说不做的形式主义的施教和受教模式；要建立健全民族精神教育考评与奖惩机制，改革民族精神教育的基层教育和评价机制，逐渐培养国民形成知、行合一的自觉的道德实践理性。

总之，在当代中国，只要坚持教育与实践的辩证统一，才能在继承传统的基础上培育出新的民族精神，并使民族精神牢牢地扎根于人民心中。

### （四）普遍性和针对性的统一

弘扬和培育民族精神教育必须奉行普遍性原则，与此同时，个体等方面的差异又决定了弘扬和培育民族精神教育应该坚持针对性原则，实现普遍性和针对性的统一。

**1. 坚持普遍性原则**

普遍性原则强调民族精神教育受众的广泛性。弘扬和培育民族精神可以把不同阶层、不同信仰的爱国者都团结起来，民族精神是全国各民族共同的精神支柱，这就决定了弘扬和培育民族精神的全民性。因此弘扬和培育民族精神必须以广大社会成员为对象。只有当社会整体参与、全员参与时，弘扬和培育民族精神才有可能确定与自身性质相符的主体，其自身的长足发展也才成为可能。这其中应该注意到弘扬和培育中华民族精神的主体应该有包容性和广泛性，它应该包括台湾海峡两岸的全体中国人民及海外中华儿女。以爱国主义为核心的团结统一、爱好和平、勤劳勇敢、自强不息的中华民族精神，是从中华民族大家庭五千多年的发展与奋斗的历史实践中总结归纳出来的，是民族文化的必要传承和恰当凝结，不是单个党派、民族、阶级或阶层专属见解，它有着相当的可公度性和比较大的适用性。

普遍性意味着弘扬和培育民族精神要对广大人民大众的利益高度负责。有关弘扬和培育民族精神的文艺创作、舆论宣传、理论研究，都要以为人民服务为出发点和归宿。弘扬和培育民族精神有关决策的制订，要自觉地坚持几个原则，一是该决策必须在客观上符合绝大多数社会成员的利益，杜绝任何形式主义；二是相关决策必须符合绝大多数社会成员的主观愿望，杜绝任何违背民意决策出台；三是弘扬和培育民族精神必须以绝大多数社会成员的满意程度为评判尺度。应当广开人民群众直接参与对弘扬和培育民族精神状况进行评价、表达意志和态度的渠道，要形成一套有效的机制，以保证弘扬和培育民族精神把"人民拥护不拥护"、"人民赞成不赞成"、"人民高兴不高兴"、"人民答应不答应"作为评判自身成败得失的最高尺度。

普遍性意味着系统推进弘扬和培育民族精神。弘扬和培育民族精神是一项系统工程，是由目标、对象、内容、方法、评估等子要素系统构成的一个完整过程，遵循讲求科学性、实践性和合理的原则，把弘扬和培育民族精神作为一项社会系统工程来实施。首先，要有系统的教育规划。只要民族存在，只要国家存在，弘扬和培育民族精神就是一个永恒的主题。因此，我们要坚定不移地把弘扬和培育民族精神抓下去，要放眼未来，加强弘扬和培育民族精神的制度建设，制定好中长期教育规划，并要把弘扬和培育民族精神的总体目标和阶段性任务纳入国民经济和社会发展规划，使弘扬和培育民族精神有统一的、明确的目的性，避免各级、各部门工作的盲目性；使弘扬和培育民族精神的工作年年有新发展，逐步地走向深入，避免缺少系统的规划又缺少分层推进的情况，减少盲目性和随意性；注重整体效应，提高培育工作效果。其次，倡导全体参与，共同推进。在社会分工存在的情况下，弘扬和培育民族精神更直接地表现为精神生产者的工作任务，但这并不意味着，仅靠文化工作者和教育工作者便可以完成弘扬和培育民族精神的使命。应调动各个部门、各个层次的积极性和创造性，要整合家庭、社会、学校等各种力量，齐抓共管，多方配合，以形成教育合力，并综合应用理论教育、社会实践等手段推动弘扬和培育民族精神总体目标的实现。

## 2. 坚持层次性、针对性原则

在全球化背景下，由于经济成分和经济利益多元化、社会生活方式多样化，以及国内外思想文化的相互激荡，人们的思想道德水平必然会出现参差不齐的状况，社会个体对民族精神的理解不同，对民族精神的内在要求也不同，不同人的民族精神境界必然会存在很大的差异，在同等条件下，不同主体的可塑性和成长性也是不一样的，即呈现出对把握民族精神的过程差异。因此，弘扬和培育民族精神应讲究渐进性、成长性和层次性。

为使弘扬和培育民族精神具有较好的针对性、层次性、实效性和较强的可操作性，应有针对性地确定有关的目标与方法。

弘扬和培育民族精神目标具有层次性，应注重具体内容设置的层次性和针对性。国家有关机构和部门应明确规定民族精神教育要达到什么样的目标，具体规定不同个体的具体目标。实际上目标有高中低之分，有普遍要求和特殊要求之分。弘扬和培育民族精神的总体目标应该是不断增强公众对民族优秀文化的认同和自信，勇于吸收外来文明的先进因素，使之成为国民的主体意识和民族发展的灵魂，以振奋民族精神，凝聚民族力量，促进中华民族精神代代相传、发扬光大，并在国际化竞争和加快社会主义现代化建设、全面建设小康社会的实践中，动员和鼓舞全国各族人民以及全体中华儿女，积极投入到全面建设小康社会的伟大历史进程中，推动中国特色社会主义事业向前发展。当然这其中应注意把握目标的层次性，要按不同对象确定不同的民族精神教育目标。在弘扬和培育民族精神中，应当结合主体社会本质的差别，即在社会关系中，处在不同社会角色，具有不同政治观点、经济地位和文化修养不同，年龄段不一，心理健康水平和道德实践有别的主体，提出有针对性和层次性的具体要求。特别注意在确立弘扬和培育民族精神的目标时，不可能要求所有民众都能达到高级层次。确立什么样的目标，应考虑个体的实际情况。根据弘扬和培育民族精神的总体目标，针对不同层次的教育对象，确定相应的民族精神教育内容。应包容科学理性与人文精神、民主精神与法治精神，建构融会科学理性与人文精神、民主精神与法治精神于一体的现代民族精神。更具体的内容可参考《中小学开展弘扬和培育民族精神教育实施纲要》和中共中央、国务院《关于进一步加强和改进大学生思想政治教育的意见》有关教育内容的规定，即将民族精神教育的主要内容明确为爱国主义教育、中华传统美德和革命传统教育及创新精神教育。民族精神教育内容要全面，但在实际工作中不同阶段各有侧重，构建具有层次性、递进性的教育内容。以爱国主义教育为例，它的初级形态是热爱家乡故土和父母家人；它的高级层次是热爱自己所属民族和祖国，实现爱祖国与爱社会主义的统一、爱国主义与国际主义的统一，我们就应该依照这样的内容设计规划教育进程。

弘扬和培育民族精神的方法应具有差异和针对性。在选择教育方法上，应充分体现层次性，精心设计民族精神教育的途径和方法，这个方法既要体现不同个体与道德认知能力相适应的不同要求，又要体现弘扬和培育民族精神理念在教育内容上的相互承接和不断升华，以符合不同个体成长的目标和轨迹。认真地反省我们曾经习惯的教育方式和方法，不断创新民族精神的教育方式方法，灵活地采用灌输教育、疏导教育、示范教育、实践教育和情感诱导等多种方法，使单向的教育变成双向的互动与促进，从而真正使民族精神教育目标落到实处。例如对于自学能力强的个体，比较适合运用自我教育的方法；对于自学能力差的人，则多采用理论灌输的方法；对于理论接受能力较差的个体，应选择符合其兴趣、需要的活动教育方法。又如可以把教育和自我教育相结合，不断强化受教育者的主体意识，促进受教育者的主动自我学习和吸收，将教育内容转化为自我要求，从而实现由教育向自我教育的转化。教育与自我教育是不冲突的，二者应相互促进。自我教育在教育者的启发下开始，沿弘扬和培育民族精神教育目标方向进行，教育者应加以适当引导，促进教育目标的最终实现。

总之，正确认识这几种关系才能保证我们在建构民族精神培育体系过程中进行深入的比较分析，进行有效培育。从时间上应把握民族精神发展的历史沿革，探索民族精神形成和发展的历史规律，准确把握民族精神的历史性和时代性、传统性和现代性的关系，去粗取精，去伪存真，奠定民族精神培育体系的思想基础。从空间上对民族精神进行中外比较研究，把握人类精神文化发展的普世价值因素，借鉴人类一切优秀的精神文化成果，同时充分认识民族精神的民族性和世界性的关系，借鉴世界各国特别是西方发达国家在培育民族精神过程中行之有效的做法。通过对这些关系的把握，使民族精神的培育符合时代特征、符合民族精神自身形成和发展的规律，保证民族精神培育的科学性和实效性，为弘扬民族精神和造就优秀国民性格打下坚实的基础。

## 二、弘扬和培育民族精神的新内容

中华民族精神的深刻历史内涵，江泽民同志主要将其概括为"以爱国主义为核心的团结统一、爱好和平、勤劳勇敢、自强不息"。它们构成当前弘扬和培育民族精神的主导性内容，但民族精神并非一种已经凝固的精神和观念，而是一个随着时代变迁不断扬弃的多维动态思想观念体系。随着时代的变迁，我们的民族精神也要与时俱进，根据社会主义市场经济的需要和全球化的大趋势注入新的要素，体现中国特色和时代内涵，应该规避单纯回归传统的复古倾向，重视在近代以来尤其是中国共产党成立以来在社会主义革命、建设和改革过程中形成的新的民族精神，突出当代实践基础上民族精神的创新发展。就中国现代社会来说，我们选择的现代的民族精神应汲取其他国家和民族的合乎时代特点的思想精华。对中国现实而言，当代中国需要在传统民族精神中融会科学理性与人文精神、民主精神与法治精神，塑造适应时代需要的现代民族精神。

### （一）弘扬和培育民族精神新内容之一：科学精神与人文精神统一

民族精神的时代性要求现代民族精神必须与我们所处的时代相符合，当代中国民族精神的有机组成部分应该包括新人文精神和科学精神，所要提倡的科学精神应是包含了人文精神的科学理性，所要提倡的人文精神也应是融汇了科学理性的人文精神，以充分满足中华民族新时期发展的需要。

**1. 科学精神**

（1）科学精神的内涵。

科学精神是在寻求真理和把握科学本质的认识不断深化的过程中形成的促进科学发展的价值观念支撑体系。它区别于具体的科学知识、科学方法和科学思想，属于深层次的方法论和价值观。科学精神是科学的精髓，是科学的灵魂。对于科学精神的内涵，一大批学者都做出了自己的回答。这些观点虽然对科学精神的界定不同，但基本认为是由四种精神构成的，这就是积极探索精神、严密论证精神、合理批判精神、科学创新精神。

热切探求未知世界的理性精神。大自然本身固有的规律性是科学活动的客观基础。科学活动是探索、揭示和发现自然规律的实践活动，积极求知的理性精神是推动科学工作者投身科学研究的原动力。科学工作者基于对事物之间因果性和规律性的坚信，反对所谓神学教义的启示，相信人类的理性思维能够通过纷繁复杂的现象，把握事物的本质；人的理智能主动地将凌乱的经验事实用数学的语言和逻辑符号加以抽象、归纳，由此激发他们探究未知世界的奥秘。

注重对理论反复验证的求实精神。科学研究是需要想象力的，也需要大胆猜测，但猜测不是臆断和妄想，猜想最终需要客观事实的验证。因为科学源于观察和实践，其方法是以事实为基础，在纷繁的现象中归纳、总结出规律；其目的则是获得关于未知世界的认识。但是科学活动的精神产品即科学概念、科学假说等是否具有真理性，是否正确反映客观世界的本来面目，需要运用科学实验和严密的逻辑演算，依靠事实判断，保证理论的真理性的求证，使科学真正具有力量。

敢于怀疑和勇于批判的进取精神。科学的理性以揭示真理为使命，为了求实求真，努力探求世界的奥秘，就需要尊重客观事实，崇尚理性的怀疑，对已有的结论提出自己的质疑，同时能够和他人平等讨论，以事实为依据，提出自己的观点。医学家哈维曾说："任何教条不能压制明显的事实，任何旧传统不能窒息自然界的作用，因为没有什么东西比自然界更古老更有权威"[①]。应该说，怀疑与

---

① 转引自黎德扬、吴琳：《科学理性的匮乏》，《武汉理工大学学报》（社会科学版）2002年第4期。

批判的过程就是发现真理的过程，科学精神就是要勇于批判，波普尔说："批判正是科学的生命"。一味地服从和认同而没有必要和理性的批判也就没有科学的突破与进展，新的思想正是在对旧思想的有前提的怀疑以至批判中不断涌现的。

科学的持续创新精神。科学前进的动力在于持续不间断创新。创新就是要不断解放思想、实事求是、与时俱进。实践没有止境，创新也没有止境。应该说求真精神深刻地反映了人们对客观规律的尊重，而持续的创新精神则充分展现了人类对未知领域不竭的探索精神。正如有学者指出的那样，"科学的创新精神要求人们用理性的批判思维对待现有的理论，否定一切所谓的永恒的绝对真理，在科学思维和规律的基础上推陈出新：还要求人们用创新思维和创新精神对待周边事物如自然现象，保持好奇心和新鲜感，善于独立思考，发现并提出问题，立足于已有的科学知识，既坚持又发展，积极大胆地推出新概念、新假说并付诸实践，任何时候都要保持对真理的追求和对科学的创新追求。而且这一提出新问题、解决新问题、得出新结论的过程应该是永不枯竭的，批判启发和促进着发现和创造，创新也必须接受实践检验，由此构成了理论发展的良性循环"[1]。

（2）当前提倡科学精神的必要性。

我国不是近代科学的发祥地，在历史上也缺乏科技革命的冲击和科学文化的洗礼，传统的民族文化和现实生活中科学精神的缺失，出现了科学精神失落的种种现象。

首先，对科学精神认识有偏差。我国传统的科学精神发展一直十分缓慢，没有得到应有的重视和弘扬，导致对科学精神认识存在误区。虽然从"五四"运动起中国人就喊出了欢迎"赛先生"的口号，新中国成立后由政府组织大规模的科学普及活动，使公众的科学知识有所增长，但其中的偏差是明显的，即突出了科学技术蕴涵的工具理性，看重科学知识的功利作用，而忽视了其精神真谛，即科学精神对人们思维习惯、行为方式，以至在塑造人们的价值观、世界观方面的影响。改革开放以后科学技术在我国提升到极高的程度，但实际上还是突出科学知识功利作用，仍然没有使科学精神随之深入人们的心灵。由于我们的宣传教育也是偏重于科学知识而缺乏对科学精神的强调，近些年的中国公众科学素养调查表明，有相当比例的公众对科学技术的发展持过于乐观的态度。认为一项科学研究在很短的时间内就可以出成果，或者只要是科技带来的，肯定就是好东西。这种片面强调科技的工具价值，置科技的其他价值于不顾，只注重追求物质利益的思想观念，往往容易导致科技的误用和异化，变成庸俗的功利主义。实际上，

---

① 周桂英：《从传统与现实看我国科学精神与人文精神的融合》，陕西师范大学硕士论文，2005年，第10页。

科学技术与科学理性精神是不同层面的两个概念，科学技术是科学理性的外在表现形式之一。因而，有学者认为，"尽管我国科技还不发达，却存在着实证主义的科学主义倾向。"实证主义的科学主义者们夸大了科学的地位和作用，只有自然科学才是科学，把科学文化与人文文化绝对对立起来，以科学文化反对人文文化，从而与科学的本性和科学精神背道而驰。

其次，在实践层面缺乏科学精神。今天，科学已作为文化融入到普通大众的生活之中，它已与宗教、艺术、哲学、经济有着密不可分的联系，但许多人却仍乐于享受科学技术带来的乐趣，并不关心科学精神的真谛和基本科学知识，认为科学精神仅仅是科学家在科研活动中应该遵循的一种行为规范，是科学家专属的职责，而与普通公众的生活并不相关，结果造成公众对借科学之名行欺诈、迷信、愚弄之实的伪科学缺乏应有的辨别能力。在现实生产、生活中，因不尊重自然规律、不遵循科学思想造成事与愿违的情况时有发生，有违科学精神造成的损失也不在少数。事实上，科学精神影响每个人，而且具有科学精神远比掌握科学知识更难，更新人们的陈旧观念是一个长期的过程。

从我国的传统与现实看，中国公民不但缺乏科学知识，而且缺乏"科学精神"，有必要加强科学精神的培育。我们要针对我国国民科学素养的实际情况，通过多种方式和途径，弘扬与培育科学精神，反对封建迷信，反对伪科学，坚决取缔宣扬伪科学的组织。要积极引导人民群众学习和掌握科学常识，营造学科学、用科学、爱科学、讲科学的社会风气，实现对科学精神的缔造。政府部门特别需要把科学的理性精神用于公共管理，实现决策的科学化和理性化。要让科学精神渗透到全社会，内化为我们国民的优良品质，凝聚成现代中华民族精神的核心，对此我们仍然有许多工作要做。

**2. 人文精神**

（1）人文精神的界定及特征。

人文精神是展现人类面向未来的理想价值追求的体现，确认人的价值是个体谋求主体性和平等性的实现及人类追求全面解放和发展的体现。对于人文精神的含义，学者们也纷纷发表了自己的见解。我们由此可以概括出人文精神的一些基本内涵：

确立和推崇人的价值理想。人的价值理想是主体内在的精神特征。崇高的价值理想构成个人乃至整个民族前进与发展的价值向度。社会个体确立崇高的人生理想，可以从根本上激发起人的斗志，强化人的意志，坚定人的信心，引领、推动自己去关注社会发展并最大限度地发挥人的潜能，为社会发展贡献自己的力量。

肯定人之为人的尊严和价值，确认人的独立性和主体性。以人为本，要求以人的方式看待人，反对金钱和权力对人的本质属性的挤压，还原人的本来属性和价值。这种主体性表明在自然界中人是一种独特存在，人有能力改造自然，而不是屈服于自然的生物体；在社会发展过程中，个人不是仅仅接受既有社会制度的被动约束和单单继承历史的主体，而是可以造就新的历史和文明成果的主体。在人与人的关系上，承认个体独特性，反对人身依附，蔑视和否认一切特权，倡导人格平等和互相尊重，每个人都有权追求自己的幸福生活，都有自己的尊严，正如康德提出的尊重人的自主性的著名口号：在任何情况下，都应该将他人看作是目的而不是手段。总之，人之为人是因其在自然和社会之中，人只能是目的而非手段，每个人有着专有的尊严和价值。

关注和重视人的生存和发展。个体生存境遇是有差别的，重视人类自我的完善和发展和确保人的价值的呈现是人文精神的重要内容。人的自由而全面发展是马克思提出的人的发展之终极目标。人文精神视阈中的人之全面发展包括两个层面的含义：作为群体的人而言，人的全面发展实质上是人类社会从必然王国向自由王国的过渡，指涉的是人的社会化程度，即作为"类"的整个人类社会在经济、政治、文化各层面的全面发展，社会物质文明与精神文明的高度而又协调发展；作为个体的人而言，全面发展强调的是人的个性化程度，即作为个体的人在各个方面的全面发展，物质生活与精神生活的全面而协调的发展，身体素质和心理素质的全面发展，科学文化素质与伦理道德素质的全面发展，对自由的追求等目标的实现。① 人的全面发展将有助于社会进步与发展。

（2）构建中国的人文精神的必要性。

应该说历史上我国是一个人文精神昌盛的国度，但今天国人人文精神状况从理论和实践视角看都是不容乐观的。

在理论上，国人对人文精神的理解存在局限：其一，将人文精神与文化人精神气质混同。人文知识分子有他专有的文化气质，富有人文知识，且一般说来，他们更多体现出对人文精神的把握。但人文精神又不同于文史知识，把人文精神简单地混同于文人精神，这就使人文精神成为知识分子特有的气质，从而将许多人排斥在拥有人文精神的范围之外，这不利于社会的发展与精神的进步。其二，"将伦理精神等于人文精神。我国一向被认为是一个人文精神昌盛而科学精神相对势微的国度，而且由于长达两千多年儒家人文思想的熏陶，许多学者认为中国的人文精神就是一种伦理精神"② 。的确，注重伦理是中国传统人文精神的一个显著特点，但把人文精神等同于伦理精神却是对人文精神的一种片面理解。将人文精神凝固化为伦理精神，缺少时代的视野，思路狭窄、主题模糊，缺乏科学技

---

① 刘斐然、雷雅丞：《与时俱进——建构当代中国民族精神的新视角》，《南华大学学报》（社会科学版）2004 年第 4 期。

② 周桂英：《从传统与现实看我国科学精神与人文精神的融合》，陕西师范大学硕士论文，2005 年，第 17 页。

术、个性自由和价值理想等内容。其三，对科学技术过度推崇并认为人文精神无直接经济效益而忽视之。基于中国的人文精神失落的现实，当前需要重建中国的人文精神。中国人文精神的构建要根据时代的需要，明确人文精神建构的切入点和平衡点，积极构筑符合时代特征的新人文精神，这个过程既是有人文思想清理、祛除和选择的过程，也是结合新时代创造和凝结新思想和精神的过程，从而体现构建人文精神的积极性、创造性和主体的能动性。

在实践方面，工具理性的过度膨胀导致人文精神屡遭冷落。由于片面发展的科学技术、机器工业和物质文明形成了对人、对人性的压抑，形成"理智一元论，科技决定论"。人成为工具的奴隶而不是主人，科技失去了人文关怀，人类迷失了自我，人的主体性被侵蚀。在人们的物质生活越来越丰富过程中精神家园日益荒芜，人生也逐渐失去了庄严性和崇高性，陷入了信仰困境，出现了的道德滑坡现象。当前的市场经济大潮又加剧人文精神的失落。

基于中国的人文精神失落的现实，当前需要重建中国的人文精神。中国人文精神的构建要根据时代的需要，明确人文精神建构的切入点和平衡点，积极构筑符合时代特征的新人文精神。这个过程就是构建与清理、培植与祛除、整体与部分选择的过程，从而体现构建的积极性、创造性和主体的能动性。因此当前有必要进行切实具体的文化反思，以促进人文精神的构建。

**3. 科学精神与人文精神统一**

对于一个国家、一个民族来说，需要精神支柱，而且民族精神特质应该是全面和系统的，只讲求科学精神而忽视人文关怀，或只注重人文精神而缺乏科学精神，在理论上是片面的，在实践上也是有害的。

从理论上讲，科学精神与人文精神需要相互补充和完善。从某种意义上讲，科学理性精神为当代中国的发展更多提供的是工具理性，而人文精神则是为现代化提供了一种价值向度。二者各自作为对立的一方相互补充，有机统一，二者各自体现的内容都只是新时期中国人所需要的精神特质的局部。从人和外部客观现实世界的全面关系看，二者落脚点不同，科学精神突出的是工具性特征，表明人对现实世界的合规律性的探求和对自然的改造；人文精神强调的是价值理性，是对个人价值的尊重，保持人的尊严，体现终极关怀和对精神世界的重视。有学者认为，各自都有其局限性和片面性。"科学精神的局限性在于，它并不把人的价值因素都看成是纯客观的实证的东西，不能完全取代价值因素方面的内容及其理论地位；人文精神的局限性在于，它从根本上不能超越主体人本身的特点和弱点，不能对人和外部现实世界作出客观的说明或解释。就人具有主观能动性而言，如果不是受客观条件和客观规律的限制和制约，主体即人本身不能把握主观能动性发挥的限度和方向，其最终结果必然导致唯意志论或唯我论。"① 正是由于科学精神和人文精神各自存在的局限性且难以克服，因而二者需要实现互补。

现实中科学精神与人文精神的疏离对人类社会的发展具有不利影响，人类需要在实践上实现二者统一。工业革命以来，科学精神与人文精神的对立加剧了人类与自然、个人与社会、工具理性与价值理性之间的分化与相互排斥，在现实生活中，一方面由于科学精神失去了人文精神的导向，导致科技的滥用和异化，人的价值性失落、主体性丧失，环境被污染，人类自身的生存发展受到严重威胁，偏离了科学发展的初衷；另一方面，人文精神拒绝科学精神的影响，走向另一个极端，即试图从理性之外去寻找人生的生存意义，不用科学精神来影响人文精神，人文精神就容易走入神秘主义和单纯的臆想中。在我国，由于社会加快发展，尤其是市场经济的推行，科学精神与人文精神的分化与对立在社会生活中已经成为普遍现象，并衍生出许多具体的社会问题，而且由于科学成为一种强势文化而更多地表现为科学精神对人文精神的挤压和排斥，人文精神出现了日渐衰微的倾向。

所以，在加速现代化的当代中国，提倡科学精神与人文精神的统一就显得十分重要。只有使科学精神与人文精神有机统一和相互补充，现代民族精神才能具有完整性，才能推动社会向前发展。一方面应该大力倡导融合以人为本理念的科学精神，关注科学理性之中的人文关怀，在张扬工具理性之时不忽视价值理性，避免科技的异化，要在科学理性的框架中，努力保证人的自由全面发展目标的实现。另一方面需要弘扬融入了科学精神的人文精神，只有自觉地促进科学精神与人文精神相结合，人文精神才更富于清晰性、准确性，确保人自身素质的提高和个性的全面发展。在建构一种有人文关怀的科学精神和有科学关照的人文精神过程中，应该根据我国的具体国情抓住切入点，切实促进二者的统一。我们相信，随着我国社会经济的发展和各项改革的深入，统一的科学精神与人文精神必将成为现代民族精神的新内容，进而推动国民性的变革。

### （二）弘扬和培育民族精神新内容之二：民主精神与法治精神统一

现代社会，民主和法律与民族精神有着密切联系。根据当代中国实际情况在寻求民族精神转换的过程中，应着意把现代民主与法律精神作为其主导价值取向之一。

**1. 民主精神**

（1）民主精神的内涵。

民主理论源远流长，它从 2500 年前古希腊的文明中缘起，而后发展成为人

---

① 岳新风：《科学精神和人文精神的有机统一：马克思哲学的当代诠释》，华东师范大学 2001 年度硕士学位论文，第 6 页。

类政治文明的一个重要组成部分。民主的含义众多，其本意是有人民治理的制度或者公民参与的制度。在其后演进发展过程中，由于民主的历史性、具体性和多样性，对于民主内涵，众说纷纭，莫衷一是。但是一般说来，民主是对民治的理想追求及相关制度的设计和行动，由此可以将民主称之为价值理性和工具理性的统一体。民主价值理性就是人民治理的基本价值理念。民主工具理性即人民治理的程序性和操作性内容的设计与实施。民主的本质在于，作为国家主权享有者的人民，他们的共同意志支配国家政权，全面管理社会。列宁说："民主是一种国家形式，一种国家形态。因此，它同任何国家一样，也是有组织有系统地对人们使用暴力，这是一方面。但另一方面，民主意味着在形式上承认公民一律平等，承认大家都有决定国家制度和管理国家的平等权利。"总之，民主作为政治统治的方式是相对于专制和无政府主义而言的，从价值理性角度来看，民主是人的一种内在精神家园和价值追求，是人的主体性和平等性、人类追求个体解放和人性获得全面发展的体现，是个体以不妨碍其他个体生存和发展为前提努力实现自身发展的精神追求，是体现人民自己支配属于自己的权力并据此作为政府权力合法性来源的价值理想。从工具理性的角度看，民主是特定范围内的人为规制政府权力和凝聚公众意见而以某种共同确立的规则为规范，充分体现主体间性，即由全体或绝大多数个体参与并按照大多数人的意愿控制、决定公共活动的一种社会有效治理方式、决策机制和组织体制。达尔把"民主的长处"即民主的工具理性价值总结为避免暴政、维护公民基本权利、促进公民和社会自治、培养责任感、促进个性自由、造成较高的政治平等、维护国际和平、保证国家繁荣等十个方面[①]。各国根据实际国情探索着民主的进程，而中国现实情况表明，民主精神的构建是中国人的必然选择。

（2）构建民主精神的必要性。

长期封建主义统治构成中国民主精神缺乏的历史根源。中国历史上君主专制体制影响深远。秦始皇统一中国后，形成了中央集权的君主专制制度。经过历朝历代统治者的巩固和强化，到明清时期专制主义中央集权发展到顶峰。我国长期封建主义统治的毒害至今犹存。邓小平曾经说到，"旧中国留给我们的，封建专制传统比较多，民主法制传统很少。"[②] 80多年前照亮中国思想界、以"民主"和"科学"为旗帜与基本口号的新文化运动，拉开了中国培育现代民主精神的帷幕。但如同科学精神一样，民主精神的培育，历经坎坷，完成这一使命将是一个长期的过程。在社会现实中，我们可以看到，民主精神和民主教育缺乏，仍然

---

① 参见［美］达尔著，李柏光、林猛译：《论民主》，北京，商务印书馆1999年版，第51～69页。
② 《邓小平文选》第二卷，北京，人民出版社1994年版，第188页。

是当今社会的现实问题。有学者指出，"目前，在机关和企事业单位乃至农村中，流行着一种当年毛泽东同志和邓小平同志都曾尖锐批评过的上下级间的猫鼠关系和人身依附关系。在这种关系盛行的地方，领导者、上级独断专行，并建立起以自己为'家长'的裙带关系网络。而一些被领导者、下级似乎甘愿承认自己在政治人格上的屈从地位，不但不运用民主监督的权利，而且常以爱护、尊重党的领导的名义，无条件地迎合，破例地照顾，致使趋炎附势、阿谀奉承的行为能够进入大雅之堂。"① 种种情况意味着国民民主精神的确立需要艰苦的努力。

今天的政治文明中民主的内涵，尽管已经超出了当年"五四"新文化运动先进知识分子所预期和向往的民主政治的内容，但其精神实质却是一脉相承的。邓小平指出："没有民主就没有社会主义，就没有社会主义的现代化。"② 经过历史实践的考验，民主政治化已经成为人类的理想、进步的象征。民主具有促进和保障广大人民的根本利益有效实现的功能，即民主能够有效保障人的权利和推进人的自由全面发展，促进社会的全面进步和健康发展。加快民主政治的建设节奏、增强培育民主精神的紧迫感，是社会主义的本质要求和社会主义政治文明建设的客观需要，也是适应全球化的发展和全面建设小康社会的必然选择。

（3）强化民主精神培育的对策。

在当前和今后一个时期内，有必要强化民主精神的教育，着力培养公众的民主精神。应该说，当代中国民主建设有助于解决中国社会所面临的诸多问题，增进民众的福祉，推动社会的全面进步。当然，由于民主政治是一个内容构成多元的政治形态，其本身是由诸多因素构成的复杂的和完整的系统，而且民主政治精神的培育与其他方面是相辅相成的关系，因此在中国，当前首先应该是通过加强民主实践推进民主精神培育。在坚持党的领导、人民民主和依法治国的架构下，把握民主的共性与个性、民主理想与现实、国家民主与基层民主统一的关系，整体推进民主制度的建设与完善，充分彰显民主在中国的价值，以广泛的民主实践推动公民民主精神的建构。其次，通过加强理论宣传，开展培育工作。

## 2. 法治精神

（1）法治精神现代含义。

现代含义的法治，发端于古希腊，意即"法律的统治"或"法律的普遍之治"。它包含了立法、司法、执法、守法、法律监督等环节。被马克思称为古代最伟大的思想家的亚里士多德，对法治的含义作了经典性的概括："法治应包含两重意义：已成立的法律获得普遍的服从，而大家所服从的法律又应该本身是制

---

① 孙凤武：《培养民主精神》，《当代思潮》2003 年第 1 期。
② 《邓小平文选》第二卷，北京，人民出版社 1994 年版，第 168 页。

定得良好的法律。"① 亚氏揭示出，作为治国方略的法治其要义在于法律的精当适宜与法律的崇高地位。"法治"不同于"法制"，法制是法律及其相关制度的总称，表明法的静态方面；而"法治"是法的统治、依法而治，强调法的静态与动态的统一，它不但说明法律本身应该是"良法"、"善法"，而且更强调通过民众对"良法"的认同，实现公平正义。依法治国是一项治国的战略目标，它是一个国家在政治法律制度上的模式选择，是现代社会最文明最先进的政治法律制度类型。它不是一个空洞的口号，而是有其丰富的内涵。它具有一系列基本的要求。根据国际的共同经验和中国的具体国情，社会主义法治国家积极倡导法治精神具有以下多层含义：科学立法、民主立法，完善法律体系；严格宪法和法律实施，坚持公民在法律面前一律平等，维护社会公平正义，维护法制的统一、尊严、权威；尊重和保障人权，依法保证全体社会成员平等参与、平等发展的权利。

应该注意到，法治不仅具有工具性价值，而且具有价值意蕴。我们应该反对中国古代历史上法家提出的那种法律仅仅是帝王专用的理论。中国古代的法家经常谈到法治问题，但它和儒家的"德治"不同，是一种片面的单纯法律工具论，在他们眼中，法是皇帝等统治阶级压制和控制人民的手段，成为专政与制裁的工具。实际上法律必须是限制和赋权的统一，因为法从本质上应理解为是尊重人的价值与尊严，保障人的自由、平等与人权，实现人性的解放与发展的最为有力的方式。法治精神理解的全面性就在于工具性价值和价值意蕴的统一。

（2）法治精神培育的必要性。

中华民族精神在具有重内心感悟的情感伦理精神之时，应补充较为刚性的法治精神，使得国人的精神构成具有法律精神。现实而言，法治精神迫切需要成为一种社会精神和民族精神。

在历史上，中国是法治意识和法治观念比较薄弱的国度，由于小农经济、封建宗法制度长期占据统治地位，为了维护自己的统治，统治者一方面讲礼治、道德教化，另一方面又施行严刑峻法。当然这些法律仅仅是帝王推行专制的工具。总体来说是"礼本刑末"，"德主刑辅"，是高度专制和典型人治状况。人治是与法治相悖的一种治理社会的模式，使人民长期被奴化，政治统治趋于保守、愚昧，经济发展受到极大的制约，社会民主化进程缓慢。新中国成立后，尽管我们实行了社会主义民主政治，废除了封建专制，特别是改革开放以来，中国法治精神有了长足发展，但法治精神对民族精神的引导渗透还很不够，人治传统的影响难以在短期内完全消除，所以造成某些行政管理部门还是人治多于法治，有法不依、以权代法和以情代法超越法律的行为难以杜绝。而时代的发展要求我们摒弃

---

① 亚里士多德：《政治学》，北京，商务印书馆 1981 年版，第 199 页。

人治的观念，市场经济以等价交换、公平竞争和契约化为特征的价值取向要求国民有法治精神。情感化的人治理念和伦理精神已难以适应中华民族崛起的要求，只有理性化的法治精神和法律精神才能支持一个古老民族祛除封建专制的影响，创造出全新的辉煌业绩。转型中中华民族精神价值只有与法治自身的特点及现状相结合，才能使法治内化为一种民族精神。

（3）法治精神培育的对策。

由于内涵的丰富和现实的难度，建构法治精神涉及到一系列理论、观念的更新和体制、制度的变革，因此建构法治精神是一个需要经过长期艰苦的努力才能完成的历史性任务。

法治要成为民族精神，必须要明确法律至上地位，使法律成为社会公平正义实现的权威标准。这首先在于大力宣传以改变公民的观念。我国公民普遍缺乏对法律的认同意识，因此，塑造主体法律意识便成为实现法治作为中华民族精神转型中价值取向的重要的机制和任务。普通民众多认同于个人权威，习惯于对个人权威的情感服从和对他人的道德忍让。只有在主体普遍建立了独立的人格机制，具备自主精神，主体对个人权威的服从才能转化为主体对反映公理的法令的认同和承认，也只有在这时，现代法律规则意识才会成为主体的集体意识，主体确认法律为一种至上权威。其次，法律在现实中真正树立起权威，还在于确立执行和应用法律的彻底性。有法不依，法治必然难以展开，特权横行，公民的权利就得不到法律的保障，法治精神就难以确立。这要求我们在立法实践中必须防止并消除朝令夕改、法出多门、立法擅断等问题；在执法过程中必须防止并杜绝有法不依、执法不公、化公权为私利等不良行为。总之，只有当法律反映法治精神并成为社会正义时，法治才能成为实现民族精神价值取向的机制。

### 3. 民主精神与法治精神统一

民主与法治是现代文明政治制度的主要支柱，人们对它们的含义及相互关系的理解却各不相同。然而，无论如何理解，我们都应该让两者有机统一，强调民主基础上的法治和法治规制下的民主，在理论和实践上都具有十分重要的意义，对建构现代民族精神有重要影响。

（1）民主精神与法治精神统一的必要性。

从理论上讲，民主与法治定义虽然有不同，但其实质内涵，可以说，民主与法治具有内在的同一性。民主与法治，本质上都是对政治活动从不同角度所作的规定。二者在本质上有统一性，即人民的共同意志的凝聚和公众对公共权力的监督及支配，并对社会进行全面治理。可以说，民主与法治的有机结合是高度政治文明的共同方向和必然选择，也是政治文明的内在要求和主体内容。民主是法治的基础和前提，法治是民主的体现和保障，民主和法治是一个问题的两个方面。

社会主义民主和法治是社会主义国家政治生活的两个方面，是社会主义政治文明的基本内容和必然要求。作为国家形态的民主政治，正是依靠一系列由民主精神支配的立法、执法、司法和守法等行为来运作、落实的。"法治将民主制度化、法律化，为民主创造一个可操作的、稳定的运行和发展空间，把民主容易偏向激情的特性引导到理性的轨道，为民主的健康发展保驾护航；不建立相应的法治，民主的内容和要求没有制度化和程序化，民主就只能是一种口号，一种愿望，民主无法真正落实。甚至会演化为极端民主化和无政府主义，演化为多数人对少数人的专制和暴政。"① 法治通过对一切私人的、公共的权力施以必要的法律限制，从而保障了基本人权，确立了民主秩序。所以从实质上说，民主的程序应该加以法律化。明确两者的关系，对于实施依法治国、建设社会主义法治国家的治国方略有重要的意义。

从实践上看，在中国历史上，我们的民主与法治较多地疏离而较少结合，不利于社会主义政治的建设。"民主和法制，这两个方面都应该加强，过去我们都不足。"② 新中国成立后，人民民主为基础的国家制度，代表了人类历史上最高形态的民主要求、原则和愿望。但在1949年新中国成立到1978年党的十一届三中全会这一段时期内，没有及时有效地将社会主义民主的内容、原则和要求在实践中真正地加以制度化、程序化、法律化。民主与法治的疏离，使民主内涵被歪曲，许多人将民主曲解成"随心所欲"的大民主，结果民主走向了只要权利不要义务的误区，导致了实践中的极端民主化和无政府主义，乃至形成了"文化大革命"那样的大鸣、大放、大字报、大辩论，即所谓"四大"，进而导致全局性内乱。因此邓小平强调"我们的民主制度还有不完善的地方，要制定一系列的法律、法令和条例，使民主制度化、法律化。社会主义民主和社会主义法制是不可分的。"③

（2）实现民主精神与法治精神统一结合的途径。

对于正在进行社会主义现代化建设的中国来说，对民主与法治的融合必须有一个清醒的认识。首先，民主的实现必须依靠法治的保障，在增强民主参与意识的同时增强法治观念，再扩大自由完善民主，确保社会在安定团结的社会环境以推进民主政治。民主的实践需要理性的法令加以引导规约，而不能让民主的实践导向社会秩序的混乱和无序，形成因民主而漠视法律的结果。其次，法治也同时体现其民主要求，权力分立，权利保障④。完善的民主的制约机制，还要求有完善的法制化制约权力的制度作为制度基础。这一制约权力的制度又由两项更具体

---

①④　秦前红、刘高林：《论民主与法治的关系》，《武汉大学学报》（社会科学版），2003年第2期。
②③　《邓小平文选》第二卷，北京，人民出版社1994年版，第189、359页。

的制约权力制度构成。即社会成员的权利约束公共权力的制度和行政权与司法权权力制约权力的制度，二者互为依存，相互衔接，共同构成完善的权力监督和制衡制度，表明一个国家已具有一个完善的、强有力的监督与校正公共权力的体制。只有这样，民主与法治才能相互结合、相互促进，我国"依法治国，建设社会主义法治国家"的治国方略才能真正得到实现，公民民主权益才能得到有效保障。

# 第十七章

# 导向与推动：
## 弘扬和培育民族精神的路径选择

建构民族精神培育体系是一项浩繁的社会工程，其中的关键点是立足于通过加强政治文明和精神文明的建设，以合理安排培育民族精神各个环节、采用多种形式有效的整合各种资源，形成培育民族精神的长期有效的机制，为我们建构科学的民族精神培育体系提供有效的途径。

## 一、社会主义政治文明建设对民族精神建构和导向功能

### （一）社会主义政治文明建设对民族精神的建构和导向作用

政治体系弘扬和培育民族精神的职责，需要通过该体系对政治、经济、社会、文化系统的调整、改革与创新来实现。就政治系统而言，为了弘扬和培育民族精神，在我国需要大力加强社会主义政治文明建设，充分发挥社会主义政治文明建设对中华民族精神的建构和导向功能。

为了便于展开论述，这里有必要对政治文明、社会主义政治文明等概念加以界定。所谓政治文明，是指人类社会政治的进步状态，它既包括人们改造社会所获得的政治上的全部进步成果，也包括人类社会政治进化发展的具体过程，是由政治意识文明、政治制度文明和政治行为文明等三个部分组成的有机整体。①

---

① 参见虞崇胜：《政治文明论》，武汉大学出版社 2003 年版，第 123 页。

"社会主义政治文明"这一概念，则是由"社会主义"和"政治文明"这两个有明确内涵的概念组合而成的，因此它既包容了人类政治文明的一般内涵，也突出了社会主义的本质属性。社会主义政治文明是与社会主义基本价值原则和基本经济、社会文化条件与制度相适应的政治文明形态。社会主义政治文明基本内涵就是江泽民同志在党的十六大报告中提出的"党的领导、人民当家作主、依法治国有机统一"。

推进社会主义政治文明建设，对于社会主义物质文明、精神文明建设具有重要意义。就作为社会主义精神文明建设重要内容的民族精神的弘扬和培育而言，离不开社会主义政治文明建设的建构和导向功能。

### 1. 国家建设是民族建设的基本前提

现代国家与现代民族是密切联系在一起的，对发展中国家而言，国家建设是民族建设的基本前提。从民族发展的历史形态看，一般认为可以分为部族民族、文化民族和政治民族。政治民族是民族发展的高级形态，现代民族是政治民族。政治民族是近代以来人口增长、生产发展、族际交往与互相渗透扩大、社会结构与功能分化的结果。其中，理性主义、市场经济和中央集权的领土国家的出现，是政治民族得以形成的主要条件。政治民族之所以成为政治民族，从根本上说它实现了与国家主权的一体化，把民族的独立、发展以及基本社会体制的维护与国家利益联系起来，把对国家的忠诚置于对家族、村落、社区、等级、阶级、宗教的忠诚之上。考察中国由文化民族向政治民族的转变，可以发现，在近现代的中国，政治民族的确立有赖于政治推动，这种政治推动主要包括：一是否定文化民族的某些传统特征，寻找一种组织民族公共生活的方式；二是塑造强大的公共权威，以便把民族公共生活的新方式植入现代主权、民主、自由的政治框架中。[①]应该说，这种政治推动直到当前都没有全部完成。社会主义政治文明建设也正是完成这种政治推动的最合适方式。简而言之，在当代，要加强民族建设，弘扬和培育民族精神，首先就应该大力加强社会主义政治文明建设。

### 2. 时代所达到的政治文明水平是民族精神培育与发展的基础

民族精神应该随着时代发展而发展，时代所达到的文明水平是民族精神培育与发展的基础。也就是说，只有在先进的文明基础上孕育和发展起来的民族精神才能适应时代需要而具有强大生命力，才能成为凝聚人心、推动民族国家的发展的强大精神动力。这里所说的民族精神的文明基础，不仅包括物质文明与精神文明，当然也包含政治文明。没有高度的政治文明基础的支撑，民族精神将失去核心内容而局限于狭隘民族主义，甚或因为政治的衰朽、动乱而难以在社会中产生

---

① 陈明明：《政治发展视角中的民族与民族主义》，《战略与管理》1996 年第 2 期。

影响。张岱年先生曾指出："在中国思想史上，一种思想满足两个条件才能称为民族精神：一个是具有广泛的影响，被许多人接受，还有一个是它能够促进社会发展"。① 民族精神要能够促进社会发展，最根本的要求是它应该能够适应时代需要，包含时代发展所需要的养分。一个时代所达到的政治文明成果正是民族精神所需要努力吸收的养分。

如前所述，作为一种政治心理，民族精神要受制于社会政治关系和政治制度。因此，社会政治关系和政治制度达到的文明程度，直接制约着民族精神的弘扬和培育。民族精神的弘扬与培育不能无视时代对政治文明建设的迫切要求，不能无视时代政治文明所规定的发展内容。就当前现实而言，社会主义政治文明所内含的党的领导、人民当家作主和依法治国的有机统一，也应该是我们弘扬和培育民族精神过程中所必须坚持并应该努力实现的基本内容。

**3. 政治制度的科学性、有效性直接制约着民族精神的弘扬和培育**

民族精神的弘扬和培育是在一定社会和政治制度下进行的，社会和政治制度的科学性、有效性直接制约着民族精神的弘扬和培育。如本书在前面已经分析过的，民族精神要受制于社会政治关系和政治制度。对世界文明史稍加考察，人们不难发现，在政治不文明或文明程度很低的情况下，民族精神或者难以形成，或者会异化。"社会制度和社会成员参与政治生活的程度对民族凝聚力产生重要作用"。② 先进的政治制度能够推进民族凝聚力的发展，而在落后的束缚生产力发展的政治制度下，民族凝聚力难以稳固。作为民族文化内容之一的民族精神，也必然以民族的经济和政治为基础，必然体现和反映民族经济生产和政治生活。因此，可以这样说：没有以先进的、符合时代生产力发展要求的政治制度为基础，民族精神的弘扬和培育会受到很大制约，其对社会发展的积极作用也会受到严重阻碍。只有在社会主义政治制度的规范和引导下才有可能弘扬中华民族精神，只有在高度的社会主义政治文明的基础上才能落实、才能发挥出推动中华民族前进的强大精神动力的历史作用。

**4. 社会主义政治文明为中华民族精神的作用方向提供了切实保证**

众所周知，民族主义被认为是一把双刃剑，它既可能促进社会发展，也可能极端化而导致灾难与罪恶。民族主义对社会发展与人类进步的作用方向，不能靠民族主义自身来保证，民族主义也不可能为社会发展指明方向。决定民族主义沿着何种方向发挥作用的关键因素，还是社会的政治体制与政治文明程度。在世界现代史上，我们可以看到，一些国家的民族主义爱国情绪与大国沙文主义以及独

① 张岱年：《炎黄传说与民族精神》，《炎黄春秋》1993 年第 1 期。

② 任涛、孔庆榕、张大可：《统一战线与中华民族凝聚力》，北京，中国社会科学出版社 2000 年版，第 22 页。

*387*

裁体制结合在一起，发展为法西斯主义与极权政治，既给本国人民也给其他国家人民带来了巨大灾难。而一些国家，由于有健全的民主体制的保证和制约，民族沙文主义与民族虚骄之气受到遏制，民族理性得以维持。著名思想家阿克顿在论述民族主义时曾谈到："真正的爱国主义，即自私向奉献的发展，其显著标志在于它是政治生活的产物"。[①] 依此推断，有什么样的政治生活，就会有什么样的爱国主义，政治生活的质量或者说政治文明的程度直接影响到民族精神和爱国主义的发挥方向与作用大小。因此，社会主义政治文明建设的加强，能够保证中华民族精神沿着积极的方向发展，起到推动中国社会进步的作用。

概言之，社会主义政治文明建设，为中华民族精神的弘扬和培育提供了坚实的基础，拓展和深化了民族精神的内容，并保证了民族精神的发展和作用方向沿着健康轨道运行。

### （二）加强社会主义政治文明建设，努力弘扬和培育民族精神

以上的分析说明了弘扬和培育民族精神，需要充分发挥社会主义政治文明建设的建构和导向作用。应该说，改革开放以来，随着社会主义民主政治的发展，社会主义政治文明建设取得了重要成就。当然，同社会主义制度提供的内在可能相比，同广大人民群众的要求相比，我国的社会主义政治文明建设在一些方面还存在较大差距，还须大力加强。那么，如何通过社会主义政治文明建设来推动民族精神的弘扬和培育呢？

**1. 抓好社会主义政治文明建设的基础性工作，为弘扬和培育民族精神提供良好的政治环境**

党的十七大报告提出，建设社会主义政治文明，要在坚持四项基本原则的基础上，继续积极稳妥地推进政治体制改革，建设社会主义法治国家，巩固和发展民主团结、生动活泼、安定和谐的政治局面。具体来说，在当前，加强社会主义政治文明建设，以下一些方面的工作具有重要意义：

大力推进社会主义民主政治建设，建设高度的社会主义民主。我们要深化政治体制改革，完善人民当家作主的各项制度，使人民当家作主的各项权利得到切实保证；要丰富民主形式，扩大公民有序的政治参与，保证人民依法实行民主选举、民主决策、民主管理和民主监督；努力发展各种层面的民主，大力推进基层民主，完善国家层面的民主。

健全社会主义法制，建设社会主义法治国家。我们要继续加强立法工作，提高立法质量，健全社会主义法制体系；要保证政府机关坚持依法行政，保障公民

---

① ［英］阿克顿著，侯健、范亚峰译：《自由与权力》，北京，商务印书馆 2001 年版，第 130 页。

权利，坚决制止滥用权力、违法行政的现象；要深化司法改革，保证司法机关严格执法，确保司法公正；要大力加强普法教育，增强全民的法律意识，在全社会培育法治观念，特别是要提高领导干部和公务员的法治观念和依法办事能力。

深化改革，完善各项政治制度，促进制度文明建设。制度文明是政治文明的核心组成部分，制度建设则是政治文明建设的重要内容。制度建设也是一个复杂的系统工程，涉及到方方面面，其主要之点应该包括：坚持和完善人民代表大会制度，充分发挥人民代表大会作为国家权力机关在国家政治生活中的作用；坚持和完善共产党领导的多党合作和政治协商制度，充分发挥中国特色的政党政治的优势与功能；完善民主集中制，进一步开拓既有集中又有民主，既有纪律又有自由，既有意志统一又有个人心情舒畅的生动活泼的政治局面。

深化行政改革，推进政府文明。我们要进一步转变政府职能，改进管理方式，提高行政效率，降低行政成本，形成行为规范、运转协调、公正透明、廉洁高效的行政管理体制，保证政府的先进性、公共性、服务性、科学性、效率性；要继续推进政府机构改革，科学规范部门职能，合理设置机构，实现机构和编制的法定化；要加强公务员队伍建设，建立广纳群贤、人尽其才、能上能下、能进能出、充满活力的行政用人机制。

完善公民权利保障机制和公共权力制约机制。要继续推进政治体制改革，确保人民当家作主的各项权利真正贯彻落实；要强化执政为民理念，密切党群、干群关系，完善民意反映机制，强化群众监督；建立结构合理、配置科学、程序严密、制约有效的权力运行机制，从决策和执行等环节加强对公共权力的制约，保证把人民赋予的权力真正用来为人民谋利益。

**2. 在政治文明建设中抓好对弘扬和培育民族精神有直接推动作用的战略性工作**

（1）加强和创新意识形态建设。

政治意识文明是政治文明的核心内容之一，是政治文明的内在灵魂。[①] 与社会进步和政治发展相一致的民族精神，是政治意识文明的一个重要方面。民族精神的弘扬和培育，本身属于意识形态工作的一部分。意识形态工作的质量与效果，会直接影响到民族精神的弘扬和培育工作。改革开放以来，意识形态工作一度有所弱化，并带来了一些消极后果，我们要吸取教训，努力抓好意识形态工作，要通过有效的意识形态工作来弘扬和培育民族精神。当然，社会环境的变化也要求意识形态工作的方式、方法、手段等也要随之改变。在当前，除了要把民族精神的弘扬与培育作为意识形态建设的重要任务而提到战略高度外，在整个意

---

① 虞崇胜：《政治文明论》，武汉大学出版社 2003 年版，第 143～144 页。

识形态工作全局上我们还应该注意：

第一，解放思想、实事求是，与时俱进、开拓创新，把坚持马克思主义同发展马克思主义结合起来，不断开拓马克思主义理论发展的新境界。教条化是意识形态工作的大敌。我们要适应实践的发展，坚持以实践作为检验真理的唯一标准，从对马克思主义的错误和教条式的理解中解放出来，从主观主义和形而上学的桎梏中解放出来，既要坚持马克思主义基本原理，又要谱写新的理论篇章，要善于在解放思想中统一思想，用发展着的马克思主义指导新的实践。要用时代的眼光审视意识形态工作，用求真务实的精神做好意识形态工作，不断创新内容、创新形式、创新手段，更好地体现时代性、把握规律性、富于创造性。

第二，加快构建不同层次的思想文化平台，保持主导意识形态足够的弹性和包容性。社会在发展，作为对物质能动反映的思想意识也必须适应社会的发展，表现出高度的灵活性。著名经济学家诺斯曾指出：大凡成功的意识形态必须是灵活的，以便得到新的团体的忠诚拥护，或者作为外在条件变化了的结果仍能得到旧的团体的忠诚拥护。意识形态的弹性和包容性是其作用发挥的基础，僵硬的意识形态只能使执政党和政府远离群众、远离社会。意识形态工作必须要适应时代和形势发展，主流意识形态必须包容和反映社会绝大多数民众的利益和要求，必须体现或整合主流社会心理、社会意识与价值观念。

第三，采取灵活多样的工作方式，注重意识形态工作的实效。意识形态工作的方式和手段要适应时代发展要求，注重推陈出新，注意方式的多样化和实效性。要注意采取群众喜闻乐见的方式、方法进行意识形态工作，注意避免意识形态工作的教条化、僵硬化、形式化。要紧密联系改革开放和社会主义现代化建设的实践，努力形成有利于意识形态工作保持蓬勃生机和旺盛活力的新机制；要紧密联系丰富多彩的社会生活，积极寻求满足人民群众多层次、多样性、多方面精神文化需求的新方式；要站在科技发展的最前沿，及时把科技成果运用到意识形态工作中，推动各种文化传播方式的融合，进一步扩大意识形态工作的覆盖面和影响力；要积极探索运用法律手段来加强改进意识形态工作，逐步把完善的政策上升为法律法规，推动宣传文化事业管理走上规范化、法制化的轨道；要建立社会舆情汇集和分析机制，加强舆情信息工作，增强宣传思想工作的前瞻性和主动性。

（2）构建和完善公民社会。

成熟的公民社会是现代政治文明发达的标志之一，也对民族精神的弘扬和培育有积极作用。公民社会和民族精神初看起来好像不相干，但其实二者是有非常密切联系的，如著名人类学家、社会学家菲利克斯·格罗斯所说的：公共领域和私人领域的划分，"是建立一个多民族的、民主的、多元性国家——公民国家的途径之一"。① 在他看来，在私人领域与公民社会独立于国家的情况下，所有公民，不论他们的文化、种族或宗教认同如何，不论他们属于哪个社会团体，他们都享有同样的权利和义务。在这样的情况下，族裔活动属于私人领域，属于公民社会，而成熟的公民社会里，人们不仅有对自己族属身份的认同，更有超出这种认同之上的国家认同，这种认同的二重性或多重性，是发展或建立一个多民族公民国家的最基本的条件。仔细分析，弘扬和培育民族精神之所以需要公民社会的建构和完善，是由于：

第一，成熟的公民社会在弘扬和培育民族精神方面能够发挥十分积极的、有些是难以替代的作用。在当代社会，在国家与社会的边界日益清晰的背景下，国家能力范围是有限的，国家权力也不能无所不入，因此国家应该引导和利用社会来完成国家所不能或无法单独、有效承担的任务。一些"草根"性的社会团体在宣传、动员的可接近性、影响力、拾遗补缺性等方面就较有优势。社区、社会团体以及志愿者更贴近普通社会大众，更熟悉和了解民众生活与思想实际，而且他们的非官方身份在一定条件下在某些方面更容易开展工作，他们在弘扬和培育民族精神方面能发挥政府无法替代的作用。还有，部分人或群体由于某些特殊原因在一些情况下可能对官方背景的活动和信息不太信任，可能更相信民间组织、志愿者团体或他们所熟悉的其他个人或群体，这时，民间组织、志愿者团体等组织或群体在弘扬和培育民族精神方面的作用就更为重要了。

第二，从世界其他国家的经验看，公民社会在弘扬和培育民族精神方面有着十分重要的作用。在发达国家，公民社会比较成熟，民族文化的继承、宣扬、教育、捍卫等许多工作主要就是由各种各样的社会团体承担的，爱国主义情感的培养也是各种社会团体与志愿者组织社会活动的基本内容之一。

因此，弘扬和培育民族精神，我们要重视公民社会的力量，要善于利用公民社会的力量。但是，由于新中国成立后相当长一段时期在国家与社会关系上是一种强国家弱社会（甚至有人说是强国家无社会）的局面，公民社会的发育很迟缓。因此，利用公民社会推进民族精神的弘扬与培育，首先需要大力推进公民社会的成熟。在这方面，如下一些工作值得引起重视：进一步深化政治体制改革，切实转换政府职能，合理配置公共权力，规范公共权力的行使；培养社会中间层和各类社会组织；造就适应市场经济需要的公民个体。

在培育公民社会的同时，国家也要注意引导公民社会的发展，特别是要引导公民社会重视民族精神的弘扬和培育，要积极采取舆论引导、政策支持、经济

① ［美］菲利克斯·格罗斯著，王建娥、魏强译：《公民与国家——民族、部族和族属身份》，北京，新华出版社 2003 年版，第 198 页。

激励、法律规范等等措施鼓励和促进社会各类组织、公民个人的符合民族精神的行为。

（3）在政治文化转型中把民族精神作为政治文化的核心内容。

政治文明建设必然包括政治文化的建设。政治文化是从一定思想文化环境和经济社会环境中生长出来的、经过长期社会化过程而相对稳定地积淀于人们心理层面的政治态度和政治价值取向，是政治系统及其运作层面的观念依托。作为一种主观意识领域，"政治文化包括了社会对政治活动的态度、信仰、情感和价值，具体地讲，包括了政治意识、民族气质、民族精神、民族政治心理、政治思想、政治观念、政治理想、政治道德等各个方面。"[①] 也就是说，民族精神应该是政治文化的当然内容。可以说，民族精神在整个社会的政治文化中处于何种地位以及包括民族精神在内的政治文化在社会中发挥影响的整体状况，对民族精神的弘扬和培育有着重要影响。比如，就后者而言，一个不适应时代需要的政治文化，当然无法有效承担起规范政治体系、指导政治行为的责任，也无法凝聚民族力量，无法弘扬和培育民族精神。

因此，弘扬和培育民族精神在政治文化建设方面的要求，一是要把民族精神的弘扬和培育作为政治文化建设的重要任务，一是要努力实现政治文化的现代化。

第一，要把弘扬和培育民族精神作为政治文化建设的重要任务，使民族精神成为我国政治文化的核心内容之一。在政治文化建设中，要把民族精神的弘扬和培育提到战略地位，提高弘扬和培育民族精神的主动性、积极性，高度重视弘扬和培育民族精神的有关工作。要广泛宣传弘扬和培育民族精神的重要意义，使人们充分认识到民族精神对国家富强与文化发展的重要意义。要大力加强民族精神各项内容的宣传与教育，强化人们对民族精神各项内容的心理认同。要努力形成弘扬和培育民族精神的政治文化氛围，推动人们在自己生活实际中践行和维护民族精神。

第二，努力实现政治文化的现代化，以更具时代性、更有感染力和凝聚力的政治文化推进民族精神的弘扬和培育工作。为此，应该特别注意：首先，批判地继承传统政治文化的精华，抛弃其糟粕。其次，创新发展主流政治文化。主流政治文化是一个国家政治文化的灵魂。在我国，主流政治文化是马克思主义的政治文化。在全球化时代，坚持马克思主义要和发展马克思主义有机结合起来，我们要坚持解放思想，实事求是，与时俱进，致力于研究经济社会发展的新情况、新问题，概括新实践，不断创新，不断丰富和发展马克思主义的政治文化。再次，

---

① 王沪宁：《比较政治分析》，上海人民出版社 1987 年版，第 159 页。

批判地借鉴西方政治文化中的精华。西方政治文化尽管带有浓厚的资产阶级色彩，但是它所内涵的自由、平等、正义、公平、法治、权力制约等思想，还是有其借鉴价值的。最后，完善政治社会化机制，提高民众对主流政治文化的认同。通过国家、社会、社区、家庭、工作单位等各种政治社会化渠道的协调、配合，加大主流政治文化的引导力，强化民众对主流政治文化的认同。

### 3. 加强制度创新，推进弘扬和培育民族精神工作

上述前两个方面主要是从宏观、战略层面论述为了弘扬和培育民族精神，在政治文明建设中要努力的方向。这些宏观性、战略性层面的建设的加强，将为提高弘扬和培育民族精神提供良好的大环境，并将直接促进民族精神的弘扬与培育。当然，微观、策略性、操作性层面的制度构建与机制创新也是不可忽视的。在这一方面，如下工作具有重要意义：

（1）把民族精神的弘扬与培育纳入国家政治发展战略，高度重视民族精神弘扬与培育工作。

面对民族精神在新形势下面临的挑战，面对全球化的迅速发展所带来的世界范围内思想文化的相互激荡，我们应该从维护国家政治安全、文化安全的角度重视弘扬和培育民族精神工作，把民族精神的弘扬和培育纳入国家政治发展战略全局来考虑，要求各级党委、政府、各部门、各单位高度重视弘扬和培育民族精神工作，各项相关工作、各个环节、各个方面要保证民族精神的弘扬和培育获得有效的落实措施、实施形式和运作载体。

党和政府率先垂范和大力倡导弘扬和培育民族精神。在当代中国，中国共产党是弘扬和培育民族精神的核心主体，民族精神的弘扬和培育离不开党和政府的率先垂范和大力倡导。为此，首先要求把民族精神的教育纳入党员、国家公务员教育培训工作中去，提高他们对弘扬和培育民族精神重要性、紧迫性的认识，提高他们弘扬和培育民族精神的主动性、自觉性。其次，要对党员、国家公务员特别是各级领导干部实践和体现民族精神方面提出更高要求，要求他们在自身工作和生活中实践和体现民族精神，促进、推动民族精神的弘扬和培育。再次，要把民族精神的弘扬和培育工作纳入党员和国家公务员考核体系，把它作为考核党员、公务员思想政治素质以及工作实绩的指标。此外，党和政府要注意加强对各类思想文化阵地的管理，牢牢地把握正确的舆论导向，依法规范文化市场，加强文化市场的清理、整治，为弘扬和培育民族精神创设良好的舆论氛围、文化环境和制度环境。

（2）完善、创新政治整合机制，强化国家认同。

在政治学上，政治整合也被称为政治一体化，"意指若干个政治单位结合成一个整体"。作为一种规范的进程，它被"用来使那些处在独特的民族国家环境

393

中的政治行为主体将其忠诚、期望和政治活动归到一个新的中心"。① 简单地说,政治整合是指一个国家通过各种方式和手段把国内各种社会力量结合进一个统一的政治中心的过程和状态。与一般共同体不同的是,国家这一特殊的政治共同体要能够把各种共同体都纳入到自己的范畴中来,并且将它们统一和团结起来。要做到这一点,就必须借助于政治整合机制。只有通过高效的政治整合机制,国家才能够把各种共同体以及社会个体凝聚起来。民族精神的孕生、强化,也是国家政治整合的结果,成功的政治整合能够在民族国家内催生出一种对国家这一核心的政治共同体的挚爱与忠诚,并进而演化出以爱国主义为核心的民族精神。而低效的政治整合,将导致社会动荡、分裂,也将弱化国家认同,甚至导致对民族国家离心力的发展。由此可见,要弘扬和培育民族精神,我们必须要使国家的政治整合机制适应时代变化与形势需要,要不断完善、创新政治整合机制,不断强化国家认同与爱国主义情感。

（3）建立、健全弘扬和培育民族精神的激励机制。

无论是对行为模式的倡导,还是对文化价值的弘扬,都需要建立、健全相应的激励机制。我们要通过这一机制的建立、健全,形成强大的社会舆论氛围,在精神上与物质上或者是政治上与经济上鼓励实践民族精神的优秀人物以及为弘扬和培育民族精神做出贡献的人,惩戒、贬抑背离民族精神的人与事。只有这样,弘扬和培育民族精神工作才能得到最有力的支持,才能取得理想的成果。

形成弘扬和培育民族精神的道德、政治评价机制。要开展广泛的宣传、讨论,这种宣传、讨论既要由国家主导,更需要国家调动社会机构与力量,在人们广泛参与的背景下,形成从道德上、政治上评价人们行为是否符合民族精神的社会共识。道德评价机制主要是针对一般公众,政治评价机制则针对国家公职人员特别是各级党政领导,道德评价与政治评价的主要内容是个体行为是否符合弘扬和培育民族精神的要求。这种评价要纳入国家公职人员考核体系,成为其年度考核、晋职晋级考核时思想政治素质考核的当然内容。

建立、健全弘扬和培育民族精神的奖惩机制。民族精神的弘扬和培育,一方面要靠教育、宣传,另一方面,必要的奖惩也是不可缺少的。我们要通过建立、健全奖惩机制,褒扬实践民族精神的优秀个人以及为弘扬和培育民族精神做出较大贡献的个人与团体,贬抑背离民族精神的行为与个人。这种奖励既应该有精神上的,也应该有物质上的,乃至行政与政治上的。总之,要通过建立、健全奖惩机制,一方面,使有利于弘扬和培育民族精神的行为者获得道义上的褒扬和利益

---

① ［英］戴维·米勒、韦农·波格丹诺编,邓正来等译:《布莱克维尔政治学百科全书》,北京,中国政法大学出版社 2002 年版,第 604 页。

上的保障，另一方面使背离民族精神或不利于弘扬和培育民族精神的行为遭到道义上的谴责和利益上的损失。

（4）发展爱国统一战线。

统一战线是中国革命和建设的法宝之一。中国共产党在领导中国人民进行革命和建设的过程中，正是整合了其他社会先进分子，如知识分子、民主党派和海外华人等各阶层、团体的力量，才使新民主主义革命取得了胜利，使社会主义建设取得了重大成就，同时也在革命和建设中通过广泛的统一战线凝聚人心，弘扬和培育民族精神。在新的历史时期，统一战线高举爱国主义和社会主义两面旗帜，努力把中华民族中不同党派、不同信仰、不同习俗、不同层次、不同地域的人民群众紧密团结起来，为实现民族团结与凝聚全社会力量、推动社会主义政治文明、物质文明、精神文明建设做出了重大贡献。统一战线把全国各族人民、各阶层、各民主党派等各方面的积极因素团结在一起，由全体社会主义劳动者、社会主义事业的建设者、拥护社会主义的爱国者、拥护祖国统一的爱国者组成最广泛的爱国统一战线进一步发展和壮大，形成了群策群力的合作奋斗的局面，使中华民族的团结统一、自强不息、爱国主义精神等也由此得到了进一步弘扬和培育。

因此，在新世纪新阶段，为了弘扬和培育民族精神，一方面，我们要进一步发展爱国统一战线。为此，我们要继续坚持和完善共产党领导的多党合作和政治协商制度，推动多党合作事业的进一步发展；要落实知识分子政策，进一步做好知识分子的统战工作；落实党的民族、宗教政策，进一步巩固和壮大党同民族上层人士、爱国宗教界的统一战线；要适应形势需要，加强非公有制经济领域统战工作，团结、引导非公有制经济群体为国家富强、民族团结、社会进步做出更大贡献；要加强海外统战工作，培育及维护海外华人华侨的中华情结，加快祖国和平统一进程。另一方面，要把民族精神的弘扬和培育作为统一战线的一个重要任务，要在统一战线工作中突出对民族精神的弘扬和培育，统战工作的相关部门和人员在开展统战工作时，要提高弘扬和培育民族精神的主动性、积极性（事实上，有效利用民族精神对做好统战工作也有很大帮助），同时，改进工作方式、方法，根据不同目标群体的特点，提高弘扬和培育民族精神工作的针对性、实效性。

## 二、精神文明建设对弘扬和培养民族精神的主流引导

把弘扬和培育民族精神纳入精神文明建设全过程，大力抓好社会主义精神文明建设中弘扬和培育民族精神的工作。要把民族精神的弘扬和培育作为社会主义精神文明建设的一个重点，渗透到精神文明建设的各个方面和过程。

395

### 1. 以思想道德建设促进民族精神的弘扬和培育

要注意把民族精神的弘扬和培育渗透到思想道德建设中去，思想教育的不同层次如"思想道德教育"、"思想政治教育"、"思想理论教育"等，都应该贯穿着中华民族精神的教育。

从党的十六大概括的民族精神的内涵看，爱国主义、团结统一、爱好和平、勤劳勇敢、自强不息等，在本质上都具有道德属性。这些道德素质的培育，不可能靠国家以行政性、强制性手段强加，而主要在于国家以一定方式引导、塑造。作为一种群体心理或精神，民族精神要发挥作用，还需要内化为个体认同与个体心理。这就要求民族精神的弘扬与培育工作，需要遵循道德建设规律，着眼于提高全体人民思想道德素质。中国共产党所提出的以德治国方略，把道德建设提到了治国方略的高度，对加强全社会的道德建设提出了更紧迫要求。把民族精神的弘扬与培育和以德治国方略密切联系起来，一方面民族精神的道德激励作用将推动以德治国方略的落实，另一方面以德治国作为国家治国方略的地位，也会推动包括民族精神的弘扬与培育在内的整个社会的道德建设。可以说，以德治国方略的落实，在为民族精神的弘扬与培育提供良好的政治环境与社会环境的同时，也会直接促进民族精神的弘扬与培育。

### 2. 思想道德建设促进民族精神的弘扬和培育的方式

继承和发扬中华民族传统美德。民族传统美德是民族国家道德建设的重要资源，同时也是弘扬和培育民族精神的重要资源。中华民族的悠久历史孕育了光辉灿烂的中华文化，传统美德就是中华文化中的精华，以德治国本身就包含了对中华民族优良道德传统的肯定、褒扬、继承和发展，它必然能激励中国人民弘扬中华民族传统美德的热情，增强人民群众投身以德治国的心理驱动力。另一方面，中华民族的传统美德，尤其是爱国主义思想道德的倡导和弘扬，必将振奋我们的民族精神，增强中华民族的自尊心、自信心、自豪感和凝聚力，使社会主义道德具备更为丰富的内涵。因此，贯彻以德治国方略，必须注意继承和发扬中华民族传统美德。

建立适应社会主义市场经济及民主政治建设需要、体现民族精神的社会主义道德体系。以德治国要求社会有完善的道德体系，这里所说的完善，不仅是指体系上的健全，也是指内容上的完善，即道德体系要适应时代需要、体现时代发展要求。具体说来，就是要确立起以马克思主义为指导，以为人民服务为核心，以集体主义为原则，以诚实守信为重点，以爱祖国、爱人民、爱劳动、爱科学、爱社会主义为基本要求，以社会公德、职业道德、家庭美德建设为落脚点，与社会主义市场经济、社会主义民主政治相配套的社会主义道德体系，并使之成为全体公民普遍认同和自觉遵守的行为规范。

大力加强公民道德建设，努力提高全民道德水平。公民道德建设是以德治国最广泛的社会道德基础。在加强公民道德建设过程中，我们应当特别重视加强社会公德、职业道德和家庭美德建设。要积极探索加强社会公德、职业道德、家庭美德建设的有效途径和方法，务求取得更大实效。要努力扩大道德教育的覆盖面，研究和开发能覆盖全社会各种不同人群的道德传递媒介和网络，积极探索适合各种不同群体道德成长的有效的方式方法。

注意在制定和执行公共政策中体现道德属性、体现民族精神。公共政策无疑应该有其伦理基础，而且公共政策对伦理道德和民族精神的体现直接影响着公众对伦理道德的践行，影响着整个社会的道德风尚与民族精神的弘扬。因此，在制定和执行政策的过程中，要特别注意政策的伦理属性与伦理意义。在制定和推行政策的时候，要进行伦理评价，要尽可能使它符合我国社会道德与民族精神的基本规范，能够为一般社会成员所接受，并能够产生伦理上的积极效果。政策的推行过程以及推行政策产生的结果也要符合道德要求、符合弘扬和培育民族精神的要求。

强化道德他律机制。道德需要自律，也需要他律。道德建设中，他律机制的完善有重要意义。道德他律机制主要包括道德价值的评价机制、舆论机制、奖罚机制和教育机制等。只有从道德评价上肯定道德行为，谴责乃至惩罚不道德行为，从舆论上宣传和表彰道德行为，并把每个人的社会评价（乃至物质利益）与其行为的道德属性合理地联系起来，才能营造良好的道德建设环境，促进道德他律。为落实和推进以德治国，我们要综合运用教育、法律、行政、舆论等各种手段，倡导和鼓励良好的道德行为，约束和制止不道德行为，形成扶正祛邪、扬善惩恶的社会风尚，切实提高全民道德水平。

## 三、国民教育对弘扬和培育民族精神的有效推进

### 1. 中华民族精神教育的积极举措和存在的问题

民族精神是一个民族的灵魂，民族精神不仅积淀着一个民族国家过去的全部文化创造和文明成果，而且还蕴涵着它走向未来的一切可持续发展的精神支柱，是它存在和发展的全部价值与合理性之所在。它是维系一个民族国家的精神纽带。任何一个国家都非常重视民族精神教育，世界各国都把民族精神教育作为青少年道德教育的灵魂，致力于培养本国青少年的民族精神。[①] 在民族精神培育中，世界各国都十分重视发挥学校教育主渠道作用。

---

① 林国建：《国外青少年道德教育的走向及启示》，《中国青年政治学院学报》2005 年第 1 期。

中宣部、教育部决定从 2004 年开始，每年 9 月为"中小学弘扬和培育民族精神月"，各地要结合新学年开学，新生入学教育，庆祝教师节，"9·20 公民道德日"和迎接国庆等活动，以爱国主义教育为核心，中华传统美德和革命传统教育为重点，集中开展宣传教育活动。此外，在活动月期间，各地中小学校要至少开展一次"从小好好学习、长大报效祖国"的主题班会、队会，参观一次爱国主义展览，观看一部爱国主义影片，聆听革命老人讲一次革命传统故事，并通过主题演讲、知识竞赛、歌咏比赛或文艺演出等形式，组织丰富多彩的宣传教育活动。

根据中宣部、教育部要求，各地先后做出部署，均在省会城市或革命圣地举行了启动仪式，同时，精心组织"中小学弘扬和培育民族精神月"活动，如湖北省以"寻访优秀文化，弘扬民族精神"为主题，开展搜集整理地方名人志士发奋进取、艰苦创业的美德和革命先烈的英雄故事；搜集整理具有教育价值的民间文化，如民间故事、民间歌谣；挖掘具有积极意义的风俗文化，介绍岁时节庆赋有浓郁地方特色的风俗习惯等活动。

但是，中华民族精神教育仍然存在许多问题：

第一，课程目标不明确，更没有层次化。至今党政部门还没有一个文献明确规定民族精神教育要达到的目标，更没有具体规定不同年段的具体目标。

第二，课程内容不系统，彼此之间出现重复或遗漏。中小学各门课程都有民族精神教育的任务，但各门课程各自的重点教育内容是什么，彼此之间如何确定自己的范围，都缺乏专门的研究，以致各门课程之间重复现象严重；民族精神教育内容也没有系列化，以致有的民族精神内容在各年级反复出现，而有的民族精神内容在整个中小学阶段都没有引起重视，突出的例证是，前些年整个中小学的民族精神教育中都没有诚信教育的内容。

第三，民族精神教育课外活动成为政治运动的附属品，追求表面的效果。长期以来，民族精神教育习惯于发号召、造声势，而不善于做深入认真、艰苦细致的工作。有些地方民族精神教育停留在口头上和一般号召上，存在着教育内容不落实、教育时间无安排、活动被削减、方法上无布置、无检查、无考核等现象。民族精神教育进课堂、进教材、进头脑的要求难以落实。

第四，民族精神教育方法单调，难以影响学生的心灵。我们运用的民族精神教育方法主要是讲解和参观、访谈等活动。讲解方法主要运用在中小学政治课和其他课程中，这种方法有其教育效果，但是民族精神的形成不仅是一个认识问题，而且是一个情感感动的过程，因此民族精神教育还需要运用多种方法；我们的参观、访谈等活动也没有很好地加以组织，学校组织学生参观之前没有认真学习相关背景知识，参观之后也没有进行认真的总结和交流。

第五，教育资源丰富，但缺乏有效利用。在五千年的历史长河中，中华民族历经磨难而信念愈坚，饱尝艰辛而斗志更强，开发建设了祖国的大好河山，创造了灿烂的中华文明，形成了以爱国主义为核心的团结统一、爱好和平、勤劳勇敢、自强不息的伟大民族精神，党领导人民在革命、建设和改革实践中，又极大地丰富和发展了这种精神，积存了大量体现中华民族精神的宝贵教育资源。这些重要的精神资源有的却被遗弃。民族精神教育场地保护不善，屡屡发生人为破坏"遗迹"的行为。① 我们身边的优秀民族精神教育资源未能充分利用。

**2. 建构一个民族精神教育层级分明的教育体系**

（1）发挥各级各类学校教育的主阵地作用。

弘扬和培育民族精神是一项复杂的系统工程，不是一朝一夕能奏效的，要坚持教育的经常性和连续性。我们可以借鉴韩国的做法，从"纵"和"横"两个维度规划和实施"国民精神教育"。从"纵"的方面来讲，从幼儿园、小学、中学到大学，根据年龄、心理、身体特点和知识准备程度，编写整套国民教育的新教材，使国民精神教育贯穿到学校教育的全过程；从"横"的方面来讲，在学校教育的每门课程教材中都要求反映出国民教育的内容。这样从纵与横两个维度保证国民精神教育的系统性和整体性。② 青少年的素质事关一个国家的未来，尤其是他们的国家意识、民族认同感事关一个国家的未来走向。民族精神教育需要抓好全民教育，特别要以青少年作为教育的重点，要把民族精神教育贯穿到各级各类学校中去，贯穿到幼儿教育直至大学教育的全过程中去。

（2）确定统一但分层次的民族精神教育目标。

在实施民族精神教育目标的过程中，最重要的是把握目标的层次性，按幼儿园、中小学、大学不同教育对象确定不同的民族精神教育目标。在教育工作中坚持从对象的实际出发的原则，承认学生由于环境影响和个人努力程度不同，承认不同教育层次学生思想认识水平的不同，承认学生个体之间存在先进与落后的差别，存在个人才能和品德的差别，在分别制定幼儿和大中学生统一的教育目标的同时，还需要规定出体现个体差别的教育目标。这种层次性的目标过去没有提出来，而是习惯于用统一的标准要求所有的对象，形成"一锅煮"、"一刀切"。实践证明，这样的目标往往很难达到。实际工作出现在小学生中搞抽象的理念教育，在大学生中强调养成教育，这是教育中目标的错位，客观上导致教育的"无根现象"。民族精神教育要较好地体现目标的层次性，在幼儿园和小学中主

---

① 王丽南：《沈阳见证抗战第一枪的北大营最后遗迹被拆毁》，新华网 2005 年 5 月 22 日。据新华网报道：沈阳的"东北军北大营"旧址是一处具有特殊重要意义的历史遗存，本应妥善加以保护，以作为中华民族爱国主义的教育基地和世界人民牢记历史、捍卫和平的重要教育基地。尽管它的意义如此重要，但还是被当地政府拆除另作他用。这样的事例在我国屡见不鲜，在我国各地还在不断发生。

② 孙玉杰：《关于韩国民族精神培养体系的几点思考》，《科学社会主义》2003 年第 5 期。

要是进行民族精神的启蒙教育，在中学要强调对中华民族优秀文化传统的认同，初步树立民族自尊心、自信心和自豪感，强调民族优秀传统行为习惯的养成教育；在大学生阶段，强调要把民族精神教育上升到世界观、人生观、价值观上来，形成科学的人生理念。要把民族精神教育与以改革创新、振兴中华为核心的时代精神结合起来，引导大学生把理想追求在建设中国特色社会主义事业的伟大实践中、在时代和社会的发展进步中展示出来，用实际行动体现自己的爱国情怀、改革精神和创新能力，始终保持艰苦奋斗的优良作风和昂扬向上的精神状态。

（3）民族精神教育的内容要在不同层次学校教育中不断深化。

根据弘扬和培育民族精神的总体目标，针对不同层次的教育对象，确定相应的民族精神教育内容。民族精神教育的主要内容包括爱国主义教育、中华传统美德和革命传统教育及创新精神教育。其中，爱国主义是民族精神的核心，是民族精神永恒的主旋律，是一个人自信、自强、自爱的精神之源；中华传统美德和革命传统教育是各级各类学校开展弘扬和培育民族精神教育的重点；创新精神是民族精神的重要组成部分。教育内容不能有所偏废，但在实际工作中不同阶段各有侧重。幼儿园、中小学阶段侧重中华民族传统美德教育和革命传统教育。大学阶段重点在爱国主义教育与创新精神教育。同样教育内容在中小学直至大学是逐步深化和拓展的。

（4）开展民族精神教育方法的创新。

在社会价值观念日益多元化的今天，明确提出大力弘扬和培育民族精神，是一件非常有意义的事。面对外来文化的冲击，民族精神是让我们坚强挺立的脊梁，而怎样让今天的青少年去感悟它、继承它、弘扬它，是教育最核心的内容和最重要的任务。我们要根据民族精神教育目标的总体要求，根据不同年龄层次青少年知识、心理、能力发展的规律，精心设计民族精神教育的途径和方法。源于不同接受主体的身心发展和文化水平的差异，路径选择有所不同。比如，对中小学进行民族精神教育主要通过形象化的教育方式，而对大学生进行民族精神教育则更侧重于对现象背后本质的、理性要素的挖掘。我们还要不断创新民族精神的教育方式方法，尤其是在面对今天自主意识逐渐增强的青少年，我们要反省我们曾经习惯的教育方式和方法，灵活地采用灌输教育、疏导教育、示范教育、实践教育和情感诱导等多种方法，用平等的、尊重的态度，使我们与青少年之间由更多的对立走向融合，使单向的教育变成双向的互动与促进，从而真正使民族精神教育目标落到实处，使民族精神内化为学生的精神理念，外化为学生的实际行动，引领学生健康成长。

**3. 创新教育体系，弘扬民族精神**

（1）民族精神教育要深入课堂。

要发挥好课堂教学主渠道的作用，把民族精神的内容分解、贯穿到学校德育、历史、语言文字等相关学科的课堂教学中。在弘扬和培育民族精神方面，学校各科教材中都蕴涵着丰富的教育内容。如大学的"两课"教材、大中小学的历史、地理、语文等学科教材，还包括幼儿启蒙图书中大量的涉及民族精神教育的内容。各学校及教师要自觉主动利用课程资源，要善于充分利用课程资源，充分挖掘课程资源，向学生进行旨在弘扬和培育民族精神的教育。

有些学校把弘扬和培育民族精神的主题和学生的生活实际结合起来，开设虚拟课堂，创设教育情境，学生运用协作探讨的方式，在情感的交流、思维的碰撞中进行体验、感悟，逐渐熏陶，取得了较好的教育效果，[①] 这些成功的探索和实践值得推广。

（2）在校园文化活动中渗透民族精神教育。

校园文化活动是学校师生员工的课外文化活动，是学校长期形成并为全员认同的校园精神以及培育这种精神所需要的文化环境的总和。校园文化对青少年的成长和成才具有十分重要的作用。其中，文化活动是校园文化的重点，校园精神是校园文化的核心，文化环境是校园文化发展的条件。培育和弘扬民族精神是校园文化建设的一项根本任务。我们要营造浓厚的弘扬和培育民族精神的文化氛围，让学生在这种氛围中思考、感悟、理解、潜移默化，净化灵魂，升华人格。要创造出"让学校的墙壁也说话"的教育情境，例如在学校的空旷处、走廊墙壁上和大厅内、校园灯箱和标语牌上设置中华民族杰出人物塑像、书画或名人名言警句等。要重视校园人文环境与自然环境建设，积极完善校园文化活动设施。通过高雅的、健康的校园文化环境影响学生的精神境界、陶冶他们的情操，激发他们的爱国热情。[②]

要在共青团、少先队活动中学习和宣传民族精神。要指导共青团和少先队开展丰富多彩、积极向上的校园文化活动，要充分利用各种生动实际的教材，善于利用各种有意义的传统节庆日、纪念日、重大事件等，开展特色鲜明、吸引力强的主题教育活动。尤其是要充分运用重大事件弘扬和培育民族精神。通过丰富多彩的校园主题教育活动，寓教于学、寓教于乐，在活动中学，在活动中受教育，引导学生自觉学习和实践民族精神。

（3）抢占网络阵地，开辟民族精神教育的新渠道。

互联网络的出现强烈地改变着我们面前的世界，影响着我们的生活、思维方式和价值观念，这对学生德育工作包括民族精神教育工作是一个巨大的冲击和挑战。"互联网是开放的，信息庞杂多样，既有大量进步、健康有益的信息，也有

---

① 于红：《在中小学弘扬和培育民族精神的原则、内容及途径》，《当代教育科学》2003 年第 6 期。
② 谭松贤：《养成教育初探》，《教育探索》2001 年第 6 期。

不少反动、迷信、黄色的内容。互联网已经成为思想政治工作的一个新的阵地。国内外的敌对势力正竭力利用它同我们党和政府争夺群众、争夺青年。我们要研究其特点，采取有力措施应对这种挑战"。① 互联网络同时也拓展了思想政治教育的空间和渠道，"思想政治工作要适应信息网络化的特点，充分运用互联网，引导群众自己教育自己，趋利避害，为我所用。"②我们要从实际出发，从现实生活中的实际问题出发，善于研究和分析互联网络给学生带来的负面影响而出现的新情况、新矛盾、新热点问题，有针对性地开展网络民族精神教育。

我们应以新的姿态和新的思维，抢占网络阵地，开辟民族精神教育的新渠道，不断创新，努力开拓民族精神教育的新局面。首先，我们要熟悉网络，要自觉培育网络素养，学会利用网络。其次，各级各部门在完善网络管理的基础上，还要自觉参与网络文化建设。网络文化是学生所追逐和亲密接触的文化，我们要更新观念，在方法、路径上要有所突破。要实现信息的现代化，以校园网建设为重点，建立健全校园信息网。要主动建立起高质量、大容量、有吸引力的网站，抢占网络制高点。要利用"民族网游"③ "绿色游戏"④、"网上论坛"、"网络交友"、"电子信箱"、"心理咨询"、"热线服务" 等形式，建立科学、正常的信息交互方式。正面信息要成为网络主旋律，开发优质的民族精神教育资源，对学生进行民族精神教育，把校园网建设成为弘扬和培育民族精神的主阵地。建立弘扬和培育民族精神教育的德育网站，把民族文化遗产、艺术作品、文化艺术科研成果和历史文物等制成数字化产品，实现网络与民族文化的有机结合。要用现代高新技术的手段来提炼、丰富和完善各种文化的内容和形式，吸引学生的广泛参与。通过积极、健康的网络文化，提高学生的文化品位，自觉抵制网络消极文化的影响。

①② 《江泽民论有中国特色社会主义》（专题摘编），北京，中央文献出版社 2002 年版，第 413、414 页。

③ 吴元兵、陈立红：《网上杨靖宇纪念馆开通》，人民网，2005 年 9 月 5 日。

④ 王雪冬：《民族网游：注重开发注重引导——〈抗日 online〉网络游戏受到众多青少年网民关注》，2004 年 11 月。中国青少年网络协会在北京市 3000 名中学生中进行调查，52% 的人认为应开发"绿色游戏"，包括爱国游戏，反映民族文化的游戏，健康益智的游戏等。

## 第十八章

# 特定群体弘扬和培育民族精神的对策

## 一、大学生弘扬和培育民族精神的实施策略和路径

高校作为国家和社会人才培养的摇篮，作为国家科技进步和社会发展的推进器，在如何培养大学生民族精神方面理应做出积极的努力。正如美国教育学家克拉克·克尔所说："教育，特别是高等教育，不仅要为民族国家的行政的和经济的利益服务，而且要成为发展民族身份的重要方面；不仅要成为国家的一个工具，而且要成为社会的灵魂和人民大众的有机组成部分。"① 由此可见，大学生民族精神的培育与弘扬，既是社会的需要，也是大学自身生存与发展的需要。

**1. 大学生民族精神培育和弘扬所面临的挑战与机遇**

大学生作为高校培养的高级专门人才，无疑在社会各个领域扮演着重要角色。也就是说，大学通过培养人和进行科学研究，传承和弘扬民族精神，不仅影响到大学生自己，而且影响到整个国民的人生价值取向，从而影响到整个社会的精神生活。就整个社会而言，大学生是受教育程度最高、社会地位最高的阶层。面向这一群体，弘扬和培育民族精神具有难得的机遇。但是我们也要看到，从高等教育课程与教学实践活动来说，我们也面临着困境和诸多的挑战。

---

① ［美］克拉克·克尔：《高等教育不能回避历史：21 世纪的问题》，杭州，浙江教育出版社 2001年版，第 10 页。

（1）历史性的机遇。

当前，随着我国经济的蒸蒸日上，民族文化蓬勃发展，民族精神的培育和弘扬恰逢其时，可以说是一种历史性的机遇。这具体体现在以下几方面：

第一，国家重视，加大投资力度。改革开放以来，中央和各级地方政府不断加大对哲学社会科学领域中民族文化与民族精神研究的投入，各高校教师广泛参与，取得了很大的成绩：发表了一系列相关论文和研究报告，出版了一些相关专著和译著，有力地推动了民族文化和民族精神的研究；项目资助的来源有国家社会科学基金、教育部研究项目、省市社会科学基金、学校科研资助、民间科研资助等。

第二，随着经济全球化的浪潮，中西文化发生全面接触。全球化所带来的不仅仅是财富和资本积累的新策略和新方式，更意味着新的社会分化模式以及新的国家与全球的关系。首先，从方法论上以宽广的眼界来认识世界和中国，使我们在看似错综复杂、五彩缤纷的社会文化现象中，理出正确的思路。其次，科学地认识民族精神的世界性和民族性、民族文化和世界文化的关系。要面向世界，建设有中国民族特色的文化。再其次，科学地吸收人类创造的一切优秀文化成果，结合中国民族文化与民族精神的发展态势，博采各国文化之长。

第三，高等教育大众化有利于提高中华民族的整体文化素质和对民族精神的培育和弘扬。尽管社会上，人们对中国高校扩招有种种非议，但我们认为高校扩招对提高整个中华民族文化素质有很大益处。毕竟，高校学生正处在人生观、价值观形成过程之中，他们来自五湖四海，影响的范围遍布祖国各地。如果我们这时给予广大高校学生以良好的民族文化和民族精神教育，真是恰逢其时。就当代大学生来说，民族精神教育可用传统文化为主线，结合时代特征，发掘大学生内心深处的热情和责任，帮助学生正确认识本民族的文化，了解生于和长于的这块土地，自觉自愿地弘扬中华民族的精神。

（2）面临的主要挑战。

第一，民族精神载体的文化经典教育的缺失。就培育和弘扬民族精神的内容方面看，民族文化经典教育的严重缺失，导致了民族文化理解上的表层化和民族精神根基的动摇。中华民族的民族精神之所以生生不息、薪火相传屹立于世界民族之林，就在于她在民族文化传承和民族精神弘扬方面有其独特之处，那就是确立文化经典，并在每一时代都不断温故创新。民族文化经典承载着民族文化和精神的精髓，是我们安身立命的重要基石。然而，在我们大学课堂中缺乏系统的经典讲授，经典的原貌和精义常常被曲解和断章取义。

第二，师资力量有限。培育和弘扬民族精神是需要许多资源的，首先面临的是师资力量的薄弱，真正能融会贯通传统文化经典的专家学者稀少，学者不存，文化不传，精神何依？再就是面对西方文化和现实社会的冲击，如何从传统文化中寻找到应对的策略？这是当前文化发展的重要困境。文化应对、阐释、转化能力的不足也是当前培育和弘扬民族精神急需解决的问题。

第三，教育制度保障的缺失。文化传承是要靠制度来长期保持和养护的，然而，中国教育从小学到大学的民族文化教育，并没有形成一套系统和长期有效的培养计划，更没有一套制度来保障。大中小学重视公民素养和人文精神的培育，是近 10 年来的事，而在很长一段时间内，这方面的教育都被忽视了。然而即便这样，教育制度上还缺乏长期有效的制度保证。向大中小学生传授什么样的民族文化？怎样教育？学生复习、实践应占多少时间才是合理的？怎样从制度上去保证？因此，如何在民族文化建设和民族精神的培育和弘扬的制度上创新，是摆在中国高等教育面前的重大课题。

### 2. 大学生民族精神培育与弘扬的主要内涵

回顾 20 世纪以来，大学民族精神教育的内涵丰富、特点鲜明，其中爱国主义精神和民族文化传统教育是贯穿大学生民族精神培育与弘扬的主线或灵魂。

（1）高举爱国主义旗帜。

李泽厚认为："任何民族性、国民性或文化心理结构的产生和发展，任何思想传统的形成和延续，都有其现实的物质生活的根源。"[①] 现代意义上的中国大学，是学习西方与继承传统的产物。但中国大学又有迥异于西方大学的不同之处，那就是：西方大学起源于中世纪的学者行会，这种学者行会一开始就在地方政府和教会之间取得了一定的自治权，同时也获得了学术自由的权利，所以，为学术而学术是西方大学起源的本质。但起源于民族危机与民族觉醒之际的现代中国大学，尽管在各个方面都悉心向西方大学学习，但围绕启蒙新智、救亡图存的时代主题，一经产生就被赋予"救国"这一庄严而神圣的使命。可以说，以爱国主义为核心的民族精神是中国大学不同于西方大学的一个显著特点，是中国大学的一个特色文化基因。于是，培育与弘扬民族精神成为中国大学与生俱来的责任。

大学生爱国主义精神的培育与弘扬，并不是外界强加给中国大学的东西，而是中国大学教育的题中应有之义，理应渗透在中国大学教育的方方面面，并不仅仅是固化在一门或几门课程或标语口号式的东西上。中国大学的生存与发展离不开爱国主义精神，同时爱国主义民族精神也在相当程度上推动着中国大学的生存与发展。

（2）大力弘扬民族传统文化。

传承与保持传统对一个国家和民族而言，其意义不仅在于知识的传承与保存

---

① 李泽厚：《中国思想史编》（上），合肥，安徽文艺出版社 1999 年版，第 303 页。

上，重要的还在于精神世界的延续上。一个国家精神世界的确立与绵延均得益于自己对民族文化的重视、继承与发展。对此，许多伟大的思想家都有过精辟的论述。康斯坦丁·德米特里耶维奇·乌申斯基说："一个没有民族性的民族，就等于一个没有灵魂的肉体，它只能屈从于衰败的规律，只能在另一些保存着自己的独特性的肉体之中消亡。"① 雅斯贝尔斯说："西方每一个伟大时代的出现都是重新接触同研究古代文化的结果。当古代文化被遗忘之时，整个社会所表现出来的就是野蛮。就如一件东西脱离了根本，它就会毫无方向地飘荡，这也就是我们失去古代文化之后的景象。"② 总之，没有民族文化，民族文化教育无从谈起；没有民族文化教育，民族精神就是无源之水，无本之木，所以说，民族文化教育是中国大学生民族精神培育与弘扬的关键。

民族精神是在漫长的历史长河中不断积累和发展而成的，它植根于民族历史与文化的土壤之中，大量的民族文化经典是它的载体，代代相传的传统美德是它的精华。其中，中华传统美德对于增强民族的内聚力、振奋民族精神、整合群体价值、协调社会秩序有着极其重要的作用。大量的文化经典中，仅中国古典文学对个人文化的积累、性情的熏陶、人格的培养乃至对整个民族精神的形成和塑造，都有着不可低估的作用。在大学生中培育与弘扬民族精神当然离不开这些优秀传统文化与优良道德传统的营养。但调查发现，由于西方文化的冲击、现代传媒技术的影响，在校大学生用来阅读文史哲等书籍的时间很少，对中国传统文化经典阅读的需求越来越弱，特别是非文科类大学生对我国古典文学名作的阅读和文史哲知识的掌握严重不足，对民族的历史和优秀文化传统了解很少。这些都说明，在大学生中加强中华民族历史与优秀传统文化教育已刻不容缓。

高等学校应该将优秀传统文化与传统美德教育作为人文素质培养计划中的主要内容，并规定学生的应修学分。通过面向全校特别是非文科专业学生开设中国历史、中华伦理、古典文学、哲学以及其他社会科学方面的课程，举办各种专家论坛、讲座，帮助学生系统学习民族文化与传统美德，鼓励学生广泛阅读文学经典，养成良好的阅读习惯，深化学生对祖国悠久历史和优秀文化传统的认识，形成对民族文化的认同感和自豪感，自觉用中华灿烂文明和传统美德来熔铸自己的精神和品格，奠定自己的文化根基，并在继续发扬的基础上，丰富、创造和提升我们的民族文化和民族精神。

### 3. 把弘扬和培育民族精神贯穿于大学教育的全过程

要对大学生群体培育和弘扬民族精神，要形成以培养意识与能力为重点的教

---

① 郑文樾编选：《乌申斯基教育文选》，张枫珍、冯天向、郑文樾译，北京，人民教育出版社1991年版，第8页。

② 雅斯贝尔斯著，邹进译：《什么是教育》，北京，三联书店1991年版，第109页。

学体系，使民族精神能进教材、进课堂、进学生头脑，并贯穿于大学教育的全过程。对于高校来讲，要做到将既有的民族优秀文化基因传承下去，就必须将通识教育、民族文化教育和学术独立教育等融入到日常实践之中。

充分发挥课程与教学在大学弘扬与培育民族精神中的主阵地作用。当代课程理论认为课程是一种"复杂的会话"活动，学校课程的宗旨不在于促使我们成为学术科目的专家，而在于促使我们成为关切自己与他人，关心国家和人类命运的公民。课程的这种动态过程观意味着，课程不再是一个封闭性事物，它的开放性使我们有可能在课程实施过程中思想和观念发生根本转变。高等学校要充分发挥课堂教学的主阵地作用，将民族精神教育贯穿到所有课程教学的环节之中。

高校思想政治理论课和哲学社会科学课程是大学弘扬与培育民族精神的主渠道，是帮助大学生树立正确世界观、人生观、价值观的重要途径。通过开设《马克思主义基本原理》、《毛泽东思想、邓小平理论和"三个代表"重要思想概论》、《思想道德与法律基础》、《中国近现代史纲》等课程，对学生进行以爱国主义为核心的民族精神教育，可以帮助大学生深入了解民族精神的内涵，认识弘扬与培育民族精神的必要性，提高弘扬和创新民族精神的自觉性。

民族精神的培育与弘扬还应该渗透到除两课教学之外的其他所有课程的教学和专业学习之中。各门任课教师都应该结合课程教学充分挖掘民族精神的教育因素，变单纯的知识传授为文道统一的教育，既教书又育人。民族精神造就灵魂，灵魂主导他的人生，包括他的科学研究。我们应该在课程教授中结合教学内容，注入我国科学家的科学成就和民族精神的内容；艺术类课可包含经典民乐、民歌、民族戏剧欣赏和中国画、书法艺术欣赏的内容；体育课可适量增加中国武术内容等等，使学生在接受专业知识的过程中也能接受到民族精神的陶冶。

利用重要节日、重大历史事件进行民族精神教育。抓住时机开展生动、具体、形象的爱国主义教育，更易收到事半功倍的效果。充分利用春节、清明节、端午节、中秋节等民族传统节日，"五一"、"五四"、"七一"、"八一"、"十一"等重要节日，"七七事变"、"九一八事变"、"一二九运动"等重要事件和重要人物纪念日，由党团组织、学生会、学生社团，组织全体学生举办各种纪念仪式和纪念活动，如：举行升国旗唱国歌仪式、给革命烈士扫墓、诗词诵读、歌咏比赛和文艺演出等等。通过这些活动纪念先烈、总结历史、宣传成就、讴歌中华民族不同历史时期的伟大人物和当代的先进典型，也让学生了解历史文化、革命传统、民风民俗等，激发大学生的爱国热情。

407

## 二、企业员工培育和弘扬民族精神的策略和路径

企业是国家社会经济的重要组成部分。企业的存在、发展与国民的工作和生活息息相关，在企业的发展中，民族精神发挥着极其重要的作用，而民族精神的培育和弘扬离不开企业的参与。

### 1. 企业文化与民族精神的内在沟通

企业发展的一个重要力量和重要方面是企业文化。企业文化是企业的灵魂，是企业竞争的优势之源，是企业不断发展壮大的精神支柱。每一个优秀企业，都有充满自己个性和魅力的企业文化，这些企业文化无论怎样各具特色，都是以弘扬民族精神为基础，带有本民族所特有的文化模式的烙印，都是它所在的社会文化或民族文化绚丽多彩的百花园中的一部分。不同的民族由于发展道路、经历以及生存环境等方面的差异，会产生不同的民族心理、精神气质和不同的思维模式，从而形成不同的民族性。这种民族性，实质就是文化个性，是民族文化所赋予的独特的思想、感情及行为方式。所以有中国特色的企业文化建设必须以传统文化和民族精神为基础，立足于中国国情和企业实际，吸收世界上一切先进文明的成果。

中国传统文化与民族精神是中国企业文化建设的基础。企业文化作为中国先进文化的一部分，必须根据社会主义市场经济的发展要求，保持民族特性，弘扬民族精神，才能充满生机和活力。我国是一个有着 13 亿人口具有 5000 多年文明史的古国，在历史上博大精深、浩如烟海的古代传统文化展示了中华民族文明的魅力，形成了中华民族精忠报国、人为业本、勤劳勇敢、质朴节俭、敬业敏学、至诚守信、崇德重义、乐群贵和、自强不息的文化传统，这是我们必须珍惜和弘扬的。①

有中国特色的企业文化，建立在中华民族文化基础上，以弘扬民族精神为己任，具有很强的中华民族特色。民族精神是一种巨大的精神力量，是一个民族的心理特征、文化传统、思想感情等的综合反映，是民族文化的精华。建设有中国特色的企业文化，必须汲取民族文化精华，弘扬民族精神。具有民族特征，才能在改革开放、在全球经济一体化的竞争中立于不败之地。

### 2. 在参与全球化竞争中弘扬和培育民族精神

随着我国进入 WTO 国际大舞台，企业间的竞争不再仅仅局限于设备、产品、服务的竞争，更是一种文化附加值和精神力的高层次竞争。企业要想在激烈的市场竞争中求生存、谋发展，就必须重视企业文化，注重吸取民族精神的精

---

① 姚瑞萍：《中国传统伦理道德观念在企业文化塑造中的影响》，《成人教育》2005 年第 5 期。

华，加强企业精神的塑造，使企业在市场竞争中不断增强凝聚力，更具竞争力。

（1）注重企业制度与企业文化建设协调统一，挖掘企业发展的内动力。

考虑一个企业是否具有生命力，既要看其发展的现实性又要看其发展的可持续性。对于企业培育弘扬民族精神，可在企业内部，以企业文化为载体，充分发挥企业党组织的政治核心作用，通过思想道德教育、树立榜样、宣传典型等形式，推进企业员工民族精神的塑造。

坚持以人为本，重视人力资源开发。企业培育弘扬民族精神，挖掘发展的内动力，精神力量虽无形，但一旦武装了生产要素中最具创造性的元素——人，就会转化为强大的物质力量，成为推动企业发展内在的动力源泉。开发人力资源最本质的要求是以人为本，尊重人。如何尊重人？办法很多，比如保证员工的主人翁地位，让他们参与民主管理。单位制订发展规划、讨论重大决策，充分听取员工的意见，采纳他们的合理化建议等等；又如在员工岗位竞聘中坚持公开公正，在不损害全局利益情况下，尽可能尊重员工的选岗意愿；还有人事用工中容忍差异、重视差异、利用差异，让性格不同、才能不同的人各尽其能、发挥其特长等。上述都体现了对人的尊重，都能从不同角度调动人的积极性。开发人力资源还要充分相信人、依靠人。

弘扬中国优秀企业家精神，调动和强化员工增强建设企业的积极性和凝聚力。作为企业领导人的企业家的素质，是决定企业经营管理成败最主要的因素，对企业的发展起着至关重要的作用。无论是早期的民族企业家还是当今的企业家，每一位成功人士的身上都具有共性的素质和能力。比如开拓创新的魄力、敢冒风险的能力、不怕失败、锲而不舍的毅力、在特定领域能将浑厚的专业知识与科学的管理知识结合起来，具有创新能力、远见卓识，具有战略性眼光和良好的人际沟通能力等等。与此同时，员工由于经验、地位、价值观、敬业精神各有差异，很难自然形成共同的价值观和行为规范，而企业领导人特别是主要管理者因其所处地位、权力、影响力和他们的使命，他们有条件归纳或提出某些先进理念并使其成为群体意识。

加强企业制度和文化建设。检验企业经营状况优劣的主要标准是企业内部管理制度、规范、机制是否落实到位。好的制度、机制为管理工作提供了一种语言，它使员工们能够理解是什么推动着他们的工作，同时也提供了衡量业绩的评价指标。而设定目标、制定制度和规范是建立在发现和解决企业实际问题基础之上，企业的一切工作都是在这个共同的标准下开始运行，第一步做什么，第二步做什么，尽可能将工作要求分解为一个个相应的标准。

（2）充分利用行业协会的桥梁纽带作用。

进入新世纪，随着国家行政机构改革的深入，行业协会的发展面临新的外部环境。协会应及时调整发展战略，不断强化服务意识，将民族精神内化到行业管理中，注重行业服务水平的全方位提高，积极促进各行业和企业的改革与发展。根据国家宏观政策，结合行业实际，确立行业的工作重点，推动企业发展。为此，建议定期或不定期地组织企业之间的参观学习，向全行业宣扬传统优秀民族精神、推介优秀的管理经验，加快行业企业管理水平的提升步伐。协会应建立一套完整的制度体系，保证运作程序规范。

（3）逐步建立并不断完善诚信机制，维护有序的企业合作竞争秩序。

伴随着社会主义市场经济体制的逐步完善，诚信建设已成为企业建设必须面对的课题。逐步建立并不断完善诚信机制，是确保企业合作竞争环境健康有序的必备条件。当今企业之争，占先机者胜。微软公司因为率先抢滩电脑操作系统平台而建立了强大的软件帝国。而要抢占先机，首先必须有识别先机的慧眼。入世后的中国市场，国外公司蜂拥而至，国内公司虎视眈眈，竞争先机何在？我们以为在全球化经济一体化的条件下，在市场竞争中出奇制胜的先机就是诚信。健全的市场经济必然是诚信经济，因为价值规律要求等价交换，竞争规律强调优胜劣汰等，无不以"诚信"为根基。随着我国市场经济的不断完善，诚信企业将越来越多地受到法律的保护和市场的青睐。

## 三、城市社区弘扬和培育民族精神的实施策略和路径

城市社区文化是指社区居民在特定的区域内，经过长期实践而创造出来的物质文化、制度文化和观念文化的总和，它对人们的思想观念、道德情操、行为方式以及人格理想的形成和发展具有重大影响，甚至制约着当地的经济、政治的发展。城市是各国经济、政治、科学技术、文化教育的中心，是历史的积淀。城市历史文化遗产是通过漫长的历史演变逐步形成和遗留下来的丰厚的文化资源。这些历史悠久丰厚的文化资源是现今城市社区文化建设的基础。不同城市的文化资源折射出城市的不同特色，从不同层面反映出城市居民丰富多彩的精神生活。如北京代表中国元明清的历史文化，西安代表中国周秦汉唐的历史文化，上海则代表中国近现代的历史文化，形成了自己独特的中西交融的海派文化。又如湖南长沙自古就是各种思想文化交汇碰撞之地，形成了"心忧天下、敢为人先"的长沙城市精神。这些是中华民族精神的体现。

### 1. 城市社区文化建设的深厚历史积淀和现实基础

对于城市社区建设来讲，文化遗产就是自己的品牌和个性，就是财富，就是创造与建设现代特色城市的基础。但是，伴随着城市化进程的加快以及城市社区的发展，城市社区文化特色的保护也面临着诸多问题。一是新建筑覆盖了老城

区，到处高楼林立，旧貌换新颜，独特的人文环境的物化形式出现趋同性。二是有些历史文化名城，商业氛围越来越浓，而文化氛围却日益淡化。如丽江古镇是世界历史文化遗产，它的古朴曾是抚慰人们精神的港湾，但现今市场经济的激烈竞争也渗透到古城内的各个角落。三是城市社区文化持续发展战略制定的科学化有待加强。国外一些大城市在发展中提出了文化发展战略，以文化求发展。例如伦敦作为一个世界级的大都市，进入新世纪后，在文化方面采取了一系列重大举措。伦敦市长 2003 年 2 月公布了《伦敦：文化资本市场文化战略草案》，提出文化战略要维护和增强伦敦作为"世界卓越的创意和文化中心"的声誉，成为世界级文化城市。在伦敦市政府的目标中，"世界城市不仅在经济上是世界的中心之一，有很强的影响力和辐射力，同样在文化方面也应该是世界的中心之一。"西班牙的巴塞罗那也提出了"城市即文化，文化即城市"的观点，提出将文化作为其建设"知识城市"的发动机。

民族精神的发扬，城市社区的发展离不开城市各个部门的积极参与和共同建设。城市社区文化建设要为弘扬和培育民族精神整合有效资源。从根本上说，城市社区文化建设中的各个战线、各个部门，如社区内的企业、学校、文化馆、文化中心等各企事业单位和各种各样的文化设施，历史上遗留下来的许多文物史迹、现实生活中的许多节日庆典、先进事迹等等都包含着丰富的有利于弘扬和培育民族精神的宝贵资源，都能够在弘扬和培育民族精神的工作中发挥积极作用。

**2. 城市社区弘扬和培育民族精神的路径选择**

城市社区文化建设和城市社区居民民族精神教育是一个长期、复杂、循序渐进的过程，需要整合各个方面的资源，引导广大城市居民积极参与，才能将弘扬和培育民族精神落实到实处。城市社区弘扬和培育民族精神主要需做好以下几个方面的工作：

（1）以先进文化提升城市文化精神，构建城市居民的精神支撑。

先进文化是人类精神文明的结晶，又是推动社会经济政治发展的巨大动力，它顺应历史潮流、反映时代精神、代表社会发展方向、体现人民群众的根本利益。在当代中国发展先进文化，就是发展面向现代化、面向世界、面向未来的，民族的、科学的、大众的社会主义文化，以不断丰富人们的精神世界、不断增强人们的精神力量、不断满足人们的精神文化需求。[1]

城市文化遗产是物化的民族精神，对人性的形成、人的素质和品格的培养，以及不同民族性格与精神的造就，具有重大作用。挖掘历史文化，充分发挥城市文化遗产所具有的作用是构建城市居民精神支撑的一项重要工作。目前，我国在

---

[1] 严昭柱：《先进文化是构建和谐社会的精神支撑》，《求是》2005 年第 8 期。

城市社区文化建设过程中，正在贯彻"保护第一、抢救第一"的方针和"有效保护、合理利用、加强管理"的原则，对城市丰厚的文化遗产和文化资源实行保护性开发战略，使现代化建设与保护历史文化名城完美统一，在城市发展中兼容与弘扬相融合。在吸纳外来文化的基础上弘扬本土文化，保护和挖掘城市丰厚的历史文化资源，有利于塑造人们特定的生活、生产方式，思维、行动方式，感情方式，乃至个体的心性和习惯；有利于激发广大市民建设热情、增强城市亲和力。城市根源于地方自然条件和历史文化传统遗产所具有的特色，是弘扬民族精神的现实基础，挖掘历史文化遗产，是建设社会主义先进文化不可或缺的组成部分，也是建设社会主义精神文明的重要内容。

城市文化孕育了独特的大众文化，它反映出人民对生活及文化氛围的向往和追求。随着市场经济的建立与完善，伴随而来的是大众文化的繁荣，表现为人民文化需求意识和文化消费观念的多姿多彩。通俗文化逐步成为大众文化的主流之一。这种通俗，实际上是一种"以人为本的文化倾向"，是一种大众文化的理性回归。城市的大众文化表现在多方面，如以"茶楼文化"、"歌厅文化"、"吧文化"为代表的通俗文化，自发形成的广场文化、社区文化有着庞大和稳定的参与群体。民间工艺、民族音乐、民族歌舞、民族戏剧等绚丽多彩的民间艺术，以人们喜闻乐见的方式所展示的精神文明风貌，渲染一种社会文化氛围，可塑造和优化城市居民团结互助的群体意识。所以弘扬和培育民族精神，大众文化的整理、优化是不可缺的。

（2）加强社区文化建设，引导城市居民建构民族精神。

社区文化建设总是涉及到人与物两个方面，总是处在一定的文化环境之中和一定文化基础之上。通过人的作用，一定的文化必然成为经济和社会发展的重要因素。良好的社区文化环境能潜移默化地影响城市居民的素养，培育城市居民的民族精神和高尚人格。

大力开展音乐艺术等文化活动。社区文化是一个庞大的系统工程，其实践特点就在于要发挥社区的综合优势。以社区基层文化为龙头，以社区各街道、居委会、住宅小区以及企事业单位的文化活动场所为阵地，以发挥社区党员的模范带头作用为引导，以社区居民搞好各种服务为基础，利用各种载体引导群众广泛参与。如抓住重大事件、重要节日开展丰富多彩的文艺活动，开展有偿性的文化艺术节、各类教育培训等生动活泼的社区文化活动，使得不同文化修养及情趣爱好的群众能各展其长，各得其乐，使更多的人通过丰富多彩的文化活动在艺术感染中受到教育，身心得到陶冶。[①]

---

① 张晋俐：《构建和谐社会的社区文化》，《光明日报》2005 年 5 月 18 日。

营造积极向上优美舒适的人文环境，为城市居民创造文明、健康、高品位的文化氛围与精神氛围。社区举办社区发展史展览，在社区主要干道及主要活动场所设置高雅的人文景观、高水平的宣传画廊如公益广告，在主要公共设施的活动场所、走廊悬挂伟人、文化名人、典型人物、社区优秀人物的画像、名言等，能使城市居民陶冶情操、激发爱国情感、鼓舞城市居民奋发向上。文化底蕴深厚的社区，必将赋予居民的精神世界以更多的色彩。

充分重视互联网在社区文化建设中的作用。网络技术的迅猛发展，一方面给城市居民提供了一条快速获取信息和进行多向交流的新渠道，有利于社区文化建设；另一方面，网络上获取信息的随意性，又使一些居民容易受到不良影响。针对这种情况，一是要建立高质量、大容量，有着极强吸引力的"红色网站"，开辟"红色论坛"及有关民族精神的网站建设和网页的制作，利用网络这个信息工具更好地向人们介绍、宣传中华民族精神，抵制那些不利于弘扬和培育我国民族精神的言论。二是可根据居民不同层次、不同年龄的需要，逐步建立健全群众文化活动网、少年儿童文化活动网、青年文化活动网、老年人文化活动网、家庭文化活动网、社区科普活动网等文化网络，向各类居民提供更贴近的民族精神教育的内容。还可以在这些网络上设立各种类型的主题，引导居民主动参与各类讨论，在与网友的交流中加深对民族精神内涵的理解，从而增强自身的民族精神修养。

强化社区文化制度管理，整合有效资源。城市社区文化建设是建设和谐社会的一项基础性工作，在城市社区文化建设全过程中，必须以更加开阔的思路，从社区文化建设的整体出发来思考、规划、落实弘扬和培育民族精神的工作，要把弘扬和培育民族精神纳入社区文化建设的全过程。社区文化建设各方面工作的开展，都要围绕这一目标和任务，努力为其创造文化条件、整合有效资源、提供有力保障。

（3）以城市社区居民为主体，激发城市居民主动参与建构民族精神。

涂尔干[①]认为，人的欲望本身是无止境的、多方面的，人不仅有物质性的、生理性的需求，而且有精神上相互交往的需要。基于人在本能上是不知足的，人的需求的满足必然受外界即社会的控制。社会强制地约束人的需求，促使人不再过分追求自己的愿望，才会形成一个社会成员共同的目标，增强社会的凝聚力。弘扬和培育民族精神不仅需要城市社区管理者发挥主导作用，更需要社区居民的主动参与和配合，以做到主导教育和自身塑造的有机结合。

首先，大力宣传民族精神的重要性，激发城市居民的主动参与性。一件事

---

① 涂尔干（Emile Durkheim, 1858 – 1917），又名杜尔凯姆。法国社会学家，社会学的学科奠基人之一。

情，只有当人们包括城市居民知道它的重要性时，他们才会对此重视，才会自己主动积极地去参与建构民族精神。要在城市居民中更好地弘扬和培育民族精神，就应该让他们知道为什么要弘扬和培育民族精神，对国家、社会以及他们自己有什么影响。如上所述，一个民族的精神所包含的内容是很丰富的，涉及到人们认知的众多方面。正因如此，我们在弘扬和培育民族精神时就必须针对不同的群体有不同的侧重点。

其次，加快建立和谐城市社区，提高城市居民的社区服务意识。城市社区是一定地域范围内，城市居民的生活共同体。每个城市居民的居住所在地都具有独特的社区文化和社区意识，而这些社区文化和社会意识又通过各种行为规范、社会心理、价值标准、风俗习惯、伦理道德等等对所在社区的居民发生深刻影响。小康社会、和谐社会的建立离不开和谐城市社区的建设，民族精神的弘扬和培育也同样离不开和谐城市社区的建设。而在建设和谐城市社区时，城市居民参加社区服务活动的态度，是城市居民的社区意识的具体体现。社区服务是指在党和政府的统一规划和领导下，在民政部门的倡导和组织下，以社区组织为依托，以社区居民的自助互助为基础，突出重点，面向社区全体居民，以提高社区居民生活质量为最终目的的社会性服务。社区服务活动的开展要和社区文化活动及其社区教育等方面结合起来，以满足社区发展和社区成员自身发展的需要，这也是提高社区成员思想认识的一个重要环节。

其三，开展多种形式的志愿服务，促进城市社区居民志愿精神的发扬。一般来说，志愿精神的基本内容是"奉献、友爱、互助、进步"。这样的精神和中华民族的传统美德及我们大力倡导的时代新风是一脉相承的。中华民族素有助人为乐和扶贫济困的传统美德，从"老吾老以及人之老，幼吾幼以及人之幼"到"先天下之忧而忧，后天下之乐而乐"，这些传统美德几千年绵延不绝，深刻体现到志愿服务的精神中。通过社区志愿者活动，也可以使参与活动的居民获得更为广阔的生存空间，其中包括心理空间，使其获得满足感、归属感，从而有利于促进居民社区认同的形成。

其四，完善社区居民自治管理制度，增强社区居民参政议政的积极性。社区建设主体是社区居民。社区居民的自我管理、自我教育、自我服务是社区建设的生命力所在。社区居委会，社区居民代表会议制度、社区居民座谈会制度的建立，为社区居民参政、议政提供了可能。这样既有利于加强社区组织与社区居民以及居民与居民之间的沟通，又有利于将基层民主还原归位给社区居民，培育社区居民民主意识以及认同感、归属感和责任感。

最后，继承优秀传统伦理规范，加强沟通与交流，重建社区内个人、企业、政府之间相互信任的诚信与伦理道德机制。引导城市社区成员确立新时期的伦理价值观，以及在这种价值基础之上形成的行为规范，都是要通过人与人之间的交流、沟通来达到的。继承和弘扬传统伦理规范的诚、信、孝、仁、义来协调家庭关系、邻里关系、同志关系、单位关系。现代运输工具的发达使世界日益成为一个村落，不同文化、不同经历、不同职业背景下的人有更多的机会直接或间接地进行交流、沟通，城市居民要主动提高跨文化沟通能力。在不断与他人交流、沟通中培育民族精神，塑造社区文化形象。

## 四、乡村文化建设与民族精神的弘扬和培育

在当今经济全球化加速发展的背景下，各国人民之间的交流机会愈来愈多，与此相伴随的是文化的交流与融合亦是加快之势。因此，只有弘扬与培育自己的民族精神，才能真正独立地参与国家竞争与交流，不至于在全球化的浪潮中失去自己的根基，迷失自我。故而，在日益全球化的格局中，弘扬与培育自己的民族精神也是各国重视的一项基本国策。而对于后发现代化的中国来说，农村的现代化显得尤为重要，因为它比先发现代化国家面临更多的内部压力和外部挑战。正因为此，如何在农村社区当中弘扬与培育民族精神，是一个关系到现代化进程中中华民族精神能否得到很好弘扬的关键问题。

### 1. 中国乡村社会的现实境遇

中国传统农村生活的乡土性特点，在费孝通的研究中得到最为经典的概括。他曾用"熟人社会"概括了这种社会的基本特性，并指出，"乡土社会的生活是富于地方性的。地方性是指他们活动范围有地域上的限制，在区域间接触较少，生活隔离，各自保持着孤立的社会圈子。乡土社会在地方性的限制下成了生于斯、死于斯的社会。常态的生活是终老是乡……这是一个'熟悉'的社会，没有陌生人的社会。"① 在这种"熟人社会"中，社会结构的基本格局是"差序格局"，即"从自己推出去的和自己发生社会关系的那一群人里所发生的一轮轮波纹的差序"，"好像把一块石头丢在水面上所发生的一圈圈推出去的波纹。每个人都是他社会影响所推出去的圈子的中心"。② "在差序格局中，社会关系是逐渐从一个一个推出去的，是私人联系的增加，社会范围是一根根私人联系所构成的网络"③，这使得社会秩序成为一种礼治秩序④。

但是，这种情况在乡村社会向现代化转型的过程中发生了急剧的改变。在目前的不少农村地区，农民的合作能力在急剧下降，农村社区自治意识弱化，村落社会关系纽带疏散及社区舆论对个人行为约束力明显降低，村落文化生活及社会

---

①②③④　费孝通：《乡土中国生育制度》，北京大学出版社1998年版，第9、26、30、48页。

闲暇金钱化、感官化、低俗化以及群众娱乐活动缺失对瓦解村落文化的迹象比较明显，农民的精神自尊满足感降低，迷信及信仰虚无，部分老人、妇女在遭遇矛盾纠纷时采取极端方式寻求自我解脱的比率在上升，等等。上述种种是文化建设欠缺的表现。而以文化重建为主要内容的乡村建设，就是与弘扬和培育民族精神紧密相联结的。

### 2. 当前农村文化建设的状况对民族精神弘扬与培育的影响

构建社会主义和谐社会，是我们党从全面建设小康社会、开创中国特色社会主义事业新局面的全局出发提出的重大任务，是我们党加强执政能力的重要内容。在中国社会中，农村人口占全国人口的大部分，因此农村和谐社会的构建就成为构建中国社会主义和谐社会的重要组成部分。所谓和谐社会，就是民主法治、公平正义、诚信友爱、充满活力、安定有序、人与自然和谐相处的社会，是指社会系统中的各部分、各种要素处于一种相互协调的状态。可以说，这是在农村社区弘扬和培育民族精神的一种现实化表达，而就当前农村文化建设的情况来看，其水平远滞后于农村经济发展的水平，以至于形成了某些不和谐因素，对民族精神的弘扬与培育形成了一定的客观阻碍，具体地说，主要表现在如下几个方面：

首先，农村文化的供给与需求矛盾突出。农村居民人均消费水平（绝对值）由 1978 年的 128 元增加到 2002 年的 2 259 元[①]。农民物质生活水平有了显著提高，但是，农村文化的供给水平并没有与文化需求的增加相匹配，文化设施、经费、人才严重不足，农村文化空间缩小，文化供给满足不了日益增长的农村文化需求。在文化需求得不到满足的同时，农村有限的文化消费过程中，消费结构又极不合理。一方面受文化供给瓶颈的制约，农村居民文化消费支出在总支出中的比重低。2002 年农村居民家庭文教娱乐支出的比重只占 11.47%[②]。而且这11.47% 中有很大一部分是用于支付子女教育费用的。

其次，更为深层次的原因是，农村文化在整个社会文化中越来越边缘化。这种变化对农民生存所带来的压力，丝毫不比经济上的压力小。农村社区中出现了乡土艺术的凋零、文化形式的被摧毁、远离农村生活本真状态的娱乐形式却占据主流等问题，更重要的在于，在农村文化边缘化的过程中，"农村普遍出现了一种无意识的精神上的不安、文化上的焦虑"[③]。城市高速发展，不断地变幻的物质生活和文化享受形式形成了一种强大的、近乎不可抗拒的诱惑。它与贫穷落后的乡村的强烈对比，使本已日益衰弱、消失的乡土文化雪上加霜。

---

①② 汪前元、朱光喜：《构建农村和谐社会的文化困境与对策》，《湖北社会科学》2005 年第 7 期。
③ 石勇：《被"文化殖民"的农村》，《天涯》2005 年第 1 期。

最后，农村文化建设能力不足所带来的种种弊端严重地妨碍了民族精神的弘扬与培育。在部分农村地区农民道德失范，社会正义感淡化，责任感、义务感消失，荣辱观、是非观混乱，拜金主义、享乐主义、个人主义滋长。在这种背景下，一些农民由此对社会主义前途产生困惑和怀疑，在正常的群众参与性文化消费不足的情况下，不少地方封建迷信活动沉渣泛起，宗族、宗派活动有惊人发展。这些既从一个侧面反映了农民走向市场经济后，在激烈竞争中产生的困惑和迷茫，对失落的精神家园的向往和追求，同时又反映了相当多的农村文化的苍白与乏力。另外，一些农村地区农民精神生活单一化，快感化，"尤其是赌博，如同瘟疫在农村蔓延"①。此外，一些乡村修庙宇、建阴宅风气盛行，看相的、占卦的，还有巫婆神汉招摇过市，一些非法宗教组织也趁机活动，扩大自己的势力。这些不良社会文化风气严重影响了农民的身心健康，降低了农民的生活质量，也妨碍了民族精神的弘扬与培育。我们无法设想在这样的乡村文化基础上进行有益于发扬民族精神的活动，如果要在农村社区弘扬和培育民族精神，就必须通过具体手段，"瞄准"以上现象以及背后的社会基础进行有针对性"治疗"。

**3. 加快乡村文化建设，弘扬和培育民族精神**

（1）建设老年人协会。

重建农村老年人参与性的活动载体与机制，对于增强村庄共同体意识、社会关系纽带，培育村庄舆论，确立尊老爱幼的良好社会秩序，形成人际和谐的村落社会有着重要的作用。有调查表明，农村年轻人外出务工后，留守老人的文化生活与精神状况明显下降，老人的孤独感增强，家庭地位下降。② 重庆市开县农调队的调研也表明，农村老年人的生活居于村庄的边缘地位，要改善其生存状态，就必须做到"老有所养，老有所学，老有所为"③。当老年人在村庄文化生活当中越来越处于边缘的位置，尊老爱幼、长幼有序的文化基础自然就难以建立起来，老年人的闲暇时间变成了枯燥无味消磨残年的负担。同样，在这样的村庄中，针对不利于老年人的社会现象，如不尊敬老年人甚至经常打骂老年人的行为，也得不到有效的谴责。

老年人协会的活动让年轻人更能自在地往返于城乡，对于子女在外地工作定居的"留守老人"来讲，他们虽然可以到城市里和子女一起生活，但是在自己的社区里生活了这么多年，"所拥有的社会关系以及社会地位等一切的社会资

---

① 马照南：《建设农村文化的现实基础》，《中共福建省委党校学报》2000 年第 9 期。
② 杜鹏等：《农村子女外出务工对留守老人的影响》，《人口研究》2004 年第 6 期。
③ 张胜：《老有所养，老有所学，老有所为》，《调研世界》1999 年第 7 期。

*417*

源，以及农村的安静的生活环境都是老年人所无法割舍的，也是城市所无法比拟的"①。老年人协会的活动可以让这些老人重新回到他们生活过的熟人社会中来，过上一种并非孤独无助的生活。对在城市工作的子女来说，也为他们减轻了负担和忧虑。

可以说，老年人协会给老人带来物质福利很少，但精神福利却是巨大的。它可让老人找到精神寄托，重建生活的意义。老年人协会作为一个老年人自己的社会生活空间，它能让老年人获得重要的社区参与权，在社区中找回自我。从更为深层的角度来看，在现有物质和乡村社会组织基础上，它可以作为重建乡村群众参与性文化生活的"酵母"，用以弘扬和培育民族精神。

（2）大力发展农村群众体育。

从一定程度上来说，群众体育活动是民族文化的一个主要组成部分，同时它也是弘扬和培育团结奋进的民族精神的重要途径之一。具体地说，开展农村群众体育运动对于弘扬和培育民族精神有如下好处：

第一，有利于提高农民的体质。要使农民体质得到提高，首先要转变观念，把开展农村体育作为农村社会主义建设的重要方面来抓。组织农民参加体育活动，使文化、体育等健康文明的生活方式进入到农民的生活中去，以提高农民的身体素质和生理机能。

第二，有利于农村和谐社会建设。开展群众性的农村体育运动，可以从一定程度上废除陋规恶习，对于激发人们的上进意识和竞争意识具有独特的作用。通过开展健康的农村体育文化活动，可以使农民在精神上有新的追求，迷信落后的生活习俗不再延续。通过参加体育比赛以及观看体育比赛以激发农民爱国家、爱集体、爱家乡的热情，强健农民的体魄、娱乐农民的身心、陶冶农民的情操，培养他们团结合作、拼搏进取的精神。

第三，有利于农村社会稳定。群众性的体育运动不仅能减少疾病，而且会产生良好的社会效果。通过群众体育运动把广大农民吸引到健康有益的体育文化活动中来，充实农民的闲暇生活，农民参与违法乱纪的事情就少了。据调查，许多体育先进乡村一般是"无赌村"、"无刑事案件村"、"文明村"、"文明乡"②，其主要原因就是群众参与性的体育活动，改变了农民闲暇生活的空虚状态，并转而赋予了积极健康的内容。

总之，农村群众体育的战略意义在于，培养村庄共同体意识，丰富农民的闲暇生活，重建乡村文化，从而达到弘扬与培育民族精神的目的。

---

① 王林丽：《高阳老年人协会调查》，http：//www. snzg. cn/shownews. asp？newsid = 5108。
② 王建欣：《开展农村体育重要性的几点认识》，《体育文化导刊》2003 年第 8 期。

（3）积极发展农村群众文艺。

在农村，群众体育又往往是与群众文艺分不开的。与群众体育一样，群众性文艺生活也是在农村社区弘扬和培育民族精神的一条重要途径，而且，其内核在于两点：一是内容贴近农村实际生活，二是群众参与性，能让农民体会到这是自己的文艺生活。

农村群众文艺所表达的某些内容，以及表达这一内容的形式，本身就是生动活泼的民俗活动的反映。民间文学、民间音乐、民间舞蹈、民间戏曲以及民间剪纸、灯彩等，一旦失去民俗的依托，就会立即丧失其艺术的魅力。如民俗学家采·柯克雅拉说："民间文学和民族传统的统一性，这种统一性也由下面的事实所证明，即假如去掉由特殊的服装、习俗和那种赋予它们以一致性，赋予它们以灵魂——而常常也是意义——的信仰所创造的那种背景，那么，人民口头创作的作品就常常完全丧失了生命。"①

农村群众文艺是农民审美观与生活承袭的结合，它给农民以生活美的享受，而其产生和发展的土壤在于农村生活本身。农村群众文艺是民族传统最重要的传承方式之一，"是即时民俗社会的传神写照"②。因此，重建乡村文化正是农村群众文艺的大显身手之地。农村群众文艺有利于农民在集体参与中振奋精神，实现生存尊严。如在年节盛行的"社火"、跑旱船、舞大龙、扭秧歌等等，每次活动都相当于让农民在集体仪式中操纵了一遍自己的"姿势"。它们不仅仅是表演性的活动，而是能让农民感到有自我存在的民众集体生存方式，因感觉、情感、想象与参与而引起的文化体验，会塑造农民与自然界、他人与自我和谐相处的生存习惯。

总之，从现代化发展的战略高度来看，在很长一段时间内，农村仍是绝大部分农民安身立命的根基所在。而要护住这一根基，提高农民收入改善其物质生活的战略自是十分必要，但这远不是问题的全部——况且，即使中国经济持续稳定发展，在可预见的时段内，农民收入的提高也将是极其有限的。通过重建乡村文化，改善农民非物质福利，弘扬和培育民族精神，应是另一个同样重要的战略——而这至今并未受到起码的重视，在建设和谐社会与社会主义新农村的过程中发掘这一战略的潜力，可谓迫在眉睫。尤其在社会主义新农村建设过程中，不仅要重视物质层面的建设，而且还要注重非物质层面的建设，这对于在农村社区弘扬和培育民族精神显得非常重要。

---

① 陈建勤：《文艺民俗学导论》，上海文艺出版社 1991 年版，第 177 页。
② 张士闪：《艺术民俗学视野里的民间文艺》，《山东社会科学》2002 年第 4 期。

## 五、军队弘扬与培育民族精神的策略和路径

中国人民解放军在弘扬与培育民族精神中占有特殊地位。一方面，民族精神是军队战斗精神的直接动力和源泉；另一方面，军队历来是民族精神最集中、最生动的体现者，在维护民族和民族精神的生存和发展中负有特殊的使命。因此，中国人民解放军作为一个特殊的群体，其在弘扬和培育民族精神的内容和方式上都有着特殊之处。

### 1. 军队与民族精神的特殊渊源

（1）军队和民族精神有着密切的联系。

第一，民族精神具有国防军事功能。从世界范围来看，任何一支军队都和民族精神渊源深厚。民族精神所激发的进取精神和奋斗意识，是军队战胜敌人的强大动力；民族的共同心理特征，是维系军队和民众整体统一性的精神纽带；民族的文化传统，是军队精神的社会根基和历史渊源。[①] 第二，军队是国家意志和民族精神最集中、最生动的体现者，也是国家意志和民族精神强弱盛衰的晴雨表。[②] 第三，民族精神是一个民族在历史活动中表现出来的富有生命力的优秀思想、高尚品格和坚定志向，具有对内动员国防力量、对外展示军队形象的重要功能。[③]

（2）我军是体现民族精神的楷模。

第一，中国人民解放军这支人民军队，从她诞生的那一天起，就与中华民族的伟大复兴事业紧紧联系在一起，与中国人民紧紧地站在一起，经历了多次战争，打出了一个新中国，是中国人民站起来的尖兵。第二，中国人民解放军是反对霸权主义威胁、捍卫国家主权和安全的坚强柱石。新中国成立以来，中国人民解放军进行了抗美援朝、中印边境自卫还击战、援越抗美、珍宝岛自卫还击战、对越自卫还击战，多次击落和击沉侵入我领空、领海的敌机和敌舰，为维护我国的主权与安全起到极为重要的作用。同时，我军始终保持强大的威慑力，为我国经济建设和发展赢得了和平环境。第三，中国人民解放军是增强国家综合国力的生力军。新中国成立之初，大批部队成建制转业或进驻边疆，屯垦戍边，极大地支援了国家经济建设。改革开放以来，军队服务于经济建设大局，铁道兵和基建

---

① 兰书臣：《深化国防教育振奋民族精神》，军事理论科学数字图书馆资源集合数据库，2004 年 10 月。

② 姚有志：《中华崛起的脊梁民族振兴的支柱》，《中国军事科学》2000 年第 5 期。

③ 牟晓平：《发展先进军营文化的必然要求》，军事理论科学数字图书馆资源集合数据库，2004 年 10 月。

工程兵等部队成建制转业，各部队积极参加国家和地方重点工程建设，参加扶贫开发，特别是在 1998 年抗洪救灾、2008 年抗震救灾中充分展现了军队的突出作用和伟大民族精神。第四，中国人民解放军是维护国家稳定、促进民族团结的特殊力量。国家能经受住来自国际国内的各种干扰和冲击，十分重要的原因是军队保持了高度稳定和集中统一。第五，中国人民解放军是祖国统一大业的坚定维护者和促进者，在促进和实现祖国统一问题上，历来态度鲜明，行动果断。总之，中国人民解放军 80 多年的战斗历程充分证明，她在中华民族求独立、求解放、求生存、求发展的进程中始终战斗在最前列，是名副其实的中流砥柱、坚强柱石和钢铁长城，是中华民族精神的化身。[①]

（3）我军在传承中华民族伟大民族精神的同时为民族精神注入了新的血液，增添了新的内涵。

如红军时期战胜千难万苦的"长征精神"，延安 13 年塑造起来的延安精神，抗日战争时期誓把塞北变江南的"南泥湾精神"，解放战争时期"宜将剩勇追穷寇"、"将革命进行到底"的精神，以及在社会主义建设时期涌现的雷锋精神、"两弹一星"精神、"亏了我一个，幸福十亿人"的精神、"98 抗洪精神"、"08 抗震救灾"伟大精神，等等，对丰富民族精神，增强民族凝聚力、向心力和为中华民族的自立、自强以及推进社会主义现代化建设产生了巨大影响，增添了无穷的精神力量。[②] 军人英雄模范如雷锋、苏宁、徐洪刚、李国安、邹延龄、柏耀平、李向群、杨利伟、冯理达等是人民军队在新时代的缩影、象征和榜样，他们对全社会产生了积极影响，他们是民族精神的典范和人民军队的光荣。

我军在长期革命斗争中形成的优良传统，是民族精神的重要内容之一，发扬我军优良传统就是弘扬伟大的民族精神。[③]

**2. 弘扬和培育民族精神是军队思想政治教育的必然选择**

民族精神是中国人民解放军继往开来的强大精神动力，军队弘扬和培育民族精神的根本目的，就是激发军人自豪感，提高军人自尊心，增强民族凝聚力，把全军将士的热情和力量引导、聚集到建设和保卫有中国特色社会主义的伟大事业上来，为祖国的统一、繁荣和富强而共同奋斗。[④] 我国目前正处在社会转型期，各种思想文化互相激荡，意识形态领域的斗争异常尖锐。为此必须用民族精神打造军营文化的优秀品质，通过先进军营文化这个载体，引导和培养广大官兵的爱

---

① 刘江桂：《中国人民解放军与中华民族的伟大复兴》，《中国军事科学》2004 年第 10 期。

② 杨成：《大力弘扬和培育民族精神》，《解放军报》2003 年 2 月 26 日。

③ 董翊彤：《发扬优良传统弘扬民族精神》，《解放军报》2003 年 11 月 19 日。

④ 牟晓平：《发展先进军营文化的必然要求》，军事理论科学数字图书馆资源集合数据库，2004 年 10 月。

国意识、团结意识和自强意识，增强民族自尊心、自信心和自豪感，始终保持昂扬向上的精神状态。①

21 世纪，整个世界正在发生巨大的变化，全球一体化、文化多元化、观念多样化等都直接冲击着军队民族精神的教育和培育。第一，全球化的影响。在全球化的环境下，意识形态斗争被经济、政治、社会、文化等各种形式的交往和活动所掩盖，这容易导致部分军人在全球观念逐渐强化的同时，国家意识和以爱国主义为核心的民族精神逐渐弱化。第二，网络化的冲击。军人不是生活在真空中，青年军人更容易受网络的影响，在不良信息的影响下，他们的思想观念、民族情感和民族认同感容易逐渐淡化，民族意识容易逐渐弱化，甚至会产生民族虚无主义。第三，市场化的影响。在市场经济条件下，容易导致军中出现平等意识多于团结观念、自主意识多于集体观念、竞争意识多于协作观念、法制意识多于亲情观念、报酬意识多于奉献观念的不良倾向，这些无疑影响着传统的、优良的民族精神对军人思想的健康培育。应对这些挑战，军校教育就必须在培育学员民族精神方面下大力气、做大文章。②

### 3. 军队弘扬与培育民族精神的基本原则

结合我军政治工作的丰富经验，我们认为，军队弘扬与培育民族精神，应坚持以下原则：

（1）党对军队的绝对领导。

第一，坚持和维护党对军队的绝对领导，这是军队应有的赤子之心。我军是党绝对领导下的人民军队，以党的旗帜为旗帜，以党的方向为方向，是我军的政治本色和优良传统。我军弘扬和培育民族精神，首要的是坚持党对军队的绝对领导这一永远不变的军魂。只有坚定不移地跟党走，军队才会顾全大局，不辱使命，维护好社会主义祖国的长治久安。第二，军队越是推进军事变革，越要强化党对军队的绝对领导。党对军队的绝对领导，是我军永远不变的军魂，是我军最大的政治优势，这是对我军建设与改革经验的深刻总结，是对东欧剧变、苏联解体历史教训的深刻揭示。中国特色军事变革，是一项以整体"转型"为目标的涉及军队建设方方面面的全面改革，只有坚持党对军队的绝对领导，充分发挥我军的政治优势，才能确保军事变革的正确方向，为推进变革提供政治保证。③

（2）坚持广泛性与针对性相统一。

所谓广泛性，是指全军所有人员和单位，无论战士还是干部，无论基层还是上层，无论战斗部队还是机关、院校、后勤、科研部门，无一例外都有弘扬与培

---

① 龚银坤：《建设健康向上的军营文化》，军事理论科学数字图书馆资源集合数据库，2004 年 10 月。

②③ 郑海松，欧阳任国：《新时期军校学员民族精神培育面临的挑战及对策》，《中国军事教育》2003 年第 5 期。

育民族精神、强化战斗精神的责任。所谓针对性，是指不同的单位、不同的人员，在弘扬民族精神、强化战斗精神方面有着不同的具体要求。坚持广泛性与针对性的统一，是辩证唯物主义关于矛盾普遍性与特殊性、关于量与质的关系原理对军队弘扬与培育民族精神工作的基本要求。

军队弘扬与培育民族精神要有广泛性，这主要是由两个方面的原因决定的。其一，弘扬和培育民族精神，是全民族共同的神圣的使命，是所有炎黄子孙义不容辞的责任。作为国家的柱石、民族的脊梁，人民军队及其全体成员不仅责无旁贷、概莫能外，而且应率先垂范、走在全民族前列。其二，军队是由各部分组成的，军队的战斗力是由各部分构成的。故弘扬与培育民族精神，强化作为战斗力的重要组成部分——战斗精神，是构成军队的各个部分，包括每个单位与成员的应尽之责。这就要求我军各级组织与全体成员，在弘扬民族精神、强化战斗精神上，要有强烈的整体意识、责任意识，要注意防止和克服各种片面认识和不好的倾向：

第一，防止和克服重下轻上的倾向。基层官兵是部队建设的主体，战时他们将在第一线冲锋陷阵。面对日益严峻的台海局势，着力加强他们的民族精神教育，培养他们英勇顽强的战斗精神无疑是十分必要而紧迫的。但这并不意味着可以忽视或弱化各级首长和机关的战斗精神培育。从领导干部来说，他们担负着反"台独"军事斗争准备的战略决策、战斗部署和组织指挥的艰巨任务。他们的一言一行、一举一动，对所属官兵起着潜移默化的示范作用。尤其是在近似实战的训练场上，在血与火的战场上，一名领导干部率先垂范、大义凛然、沉着镇定的表率形象将直接化为官兵临危不惧、团结拼搏的巨大精神力量。所以，各级首长、机关的民族精神教育与战斗精神培养，必须作为重点突出出来。

第二，防止和克服重战斗部队轻非战斗单位的倾向。战斗部队是战争中的铁锤和钢刀，重视战斗部队的精神锻造是完全正确的。但是，这并不是说非战斗部队的要求就可以低一些。比如说军队院校，它是军官的摇篮，今天的学员即是明天的指挥员，他们素质如何，直接关系到部队干部队伍的状况。再如，科研机构，虽然他们直接参战的几率要小一些，但他们的工作对作战影响关系极大，有没有"两弹一星"精神，有没有强我中华，兴我中华的民族精神，直接影响着他们科研攻关的成效和部队装备更新与改善，影响到我军战斗力。至于各类勤务保障机构和分队，如通信、医务、维修、物资供应等等，战时则直接服务于战斗部队，他们的业务水平、战斗精神与部队作战行动息息相关。

第三，防止和克服重现役部队轻预备役部队的倾向。由陆军、海军、空军、第二炮兵组成的人民解放军现役部队，是抵抗侵略、保卫祖国、维护国家主权和安全的主要力量。加强现役部队的民族精神教育，重视现役部队战斗精神的培养，是确保我军"不变质"、"打得赢"的根本职能要求。但是，预备役部队的民族精神教育和战斗精神培养，仍然是一个需要引起高度重视的问题。预备役部队的建设状况，包括组织建设、装备建设、思想建设、作风建设状况，对于提高未来战争中的快速动员和快速反应能力，保障战争胜利，具有极其重要的作用。所以，必须从战略高度来认识预备役部队建设，必须按照实战的要求，来培养其战斗精神。

（3）坚持多样性与经常性相统一。

民族精神教育与战斗精神培育的经常性包含两层意思：一是指长期性，二是指反复性。这是由人的认识的渐进性、思想的波动性、价值观形成的长期性，以及军队人员的流动性所决定的。要做到经常性，就必须把民族精神教育和战斗精神培养与部队经常性工作结合起来，形成长效机制。

第一，把弘扬与培育民族精神与经常性思想工作结合起来。经常性思想工作是针对官兵日常工作和生活中的具体思想问题，随时随地进行教育疏导工作。它与系统的思想政治教育相互联系和补充，具有很强的及时性、针对性和广泛性。把弘扬与培育民族精神与经常性思想工作结合起来，对于巩固、深化民族精神教育的效果，帮助官兵将民族精神内化为自身素质和自觉行动具有重要作用。

第二，把弘扬与培育民族精神与经常性管理工作结合起来。军人的民族精神主要表现为战斗精神，而培养战斗精神，关键在平时的磨炼与养成。经常性的管理工作，就是以军队条例条令为依据，来规范、约束军人的言行，培养军人的作风。

第三，把弘扬与培育民族精神与经常性训练工作结合起来。和平时期，部队提高战斗力的基本途径是军事训练，培养战斗精神的基本渠道也是军事训练。所以，必须把弘扬与培育民族精神贯穿于军事训练之中。要把培育民族精神、强化战斗精神培育列入军事训练计划，把胆量训练、信心训练、意志训练、团队精神训练、服从意识训练等内容，落实到具体的科目之中，贯穿于军事训练的全过程。

**4. 开创军队弘扬和培育民族精神的新途径**

（1）坚持民族精神的教育。

民族精神教育要以课堂教育为主。在课堂教学中，组织官兵学习中华民族悠久历史和优秀传统文化，了解中华民族自强不息、百折不挠的发展历史和对人类文明的巨大贡献；学习近现代以来中华民族屈辱历史，增强"落后挨打"的忧患意识和奋起直追的紧迫感；学习党史军史，了解我党我军艰苦卓绝的奋斗历程和不朽功勋；学习社会主义祖国的改革发展史，从时代巨变中感受民族精神的巨大动力。通过教育学习，加深官兵对民族精神丰富内涵和时代意义的认识，自觉把民族精神内化为世界观、人生观、价值观。在形式上，可以因情况不同而不同，如部队可采取专题教育的形式，而军队院校则可以开设专门的课程，如《民族精神概论》、《中国传统文化概论》等等。总之，要通过系统的教育，使广大官兵对中国传统文化有一个系统的了解，对中华民族精神有一个系统的认识，对我军光荣历史和优良传统有一个系统的把握，并且在这种系统掌握的基础上，树立起民族的大义、大节、大智、大勇。

（2）坚持用良好环境来感染熏陶。

要加强与培育民族精神、强化战斗精神有关的物质环境建设，包括军营的整体规划、军营建筑、军营绿化美化、军营文化设施等等。一幅激励人心的标语，一段催人奋进的训词，一组历史人物、英模人物的雕塑，一个荣誉室一个纪念馆，一个整洁美丽的校园、军营，都会对官兵精神塑造产生感染作用、教育作用、促进作用。另一方面，要加强"软环境"即精神环境建设。比如说繁荣军事文学。以中国军事史尤其是近现代军事史为背景，加强军事文学创作，通过各种文学作品展现军事历史的生动画卷，探索战争哲理和将帅修养，赞颂爱国牺牲精神，讴歌正义之师和热血男儿，对我军官兵乃至全体人民的民族精神塑造，都是非常必要和有益的。又比如说，开展丰富多彩的军营文化活动，包括组织官兵读战斗书籍、看战斗影片、唱战斗歌曲、咏战斗诗篇、讲战斗故事、做战斗游戏等，能够有效地激发他们的爱国主义和革命英雄主义精神，用民族精神与战斗精神铸造兵魂和军威，使之成为优秀军人。我们要努力为广大官兵提供优秀的军营文化，让广大官兵从中吸取丰富的精神营养，陶冶高尚健康的情操。

（3）借助现代科技手段。

美国学者斯通指出：在选择沟通方法时，"听众的教育水平，它的专业兴趣，甚至成员的智力水平都是需要考虑的因素。"① 今天我军官兵知识构成、所处环境较之以往已发生巨大变化。弘扬民族精神、强化战斗精神，作为我军政治工作的重要部分，必须着眼于这种变化，努力改变单一灌输模式，充分借助现代科学技术成果，增强教育的吸引力和影响力。一是在民族精神教育中，充分吸收和运用相关学科如心理学、行为科学、社会学、教育学等科研成果，努力增强教育方法的科学性。二是充分发挥军网作用，使之为弘扬与培育民族精神服务，如开展网上民族精神知识竞赛，举办网上辩论会、网文评奖，进行民族精神与战斗精神网页设计大赛，建立高质量、大容量、有吸引力的"民族精神网站"，开辟

---

① ［美］威廉·F·斯通著，胡杰译：《政治心理学》，黑龙江人民出版社1987年版，第270页。

"民族精神论坛"，等等。使广大官兵通过主动参与、积极互动，加深对民族精神内涵的理解，接受民族精神的熏陶。三是运用现代声像传媒手段，把战斗精神激励有形化。要针对当前士兵服役期短、适应性训练少，独生子女数量多、心理承受能力差的实际，积极采取光、电、声等模拟手段开展信息战模拟化训练，提高官兵对信息化战场环境的适应能力。四是建立与自动化系统联网，集光纤与卫星通信、广播电视、计算机网络等技术手段于一体的宣传系统，实现宣传信息的获取、分析、发布的高度联合和自动化。

# 参考文献

［1］恩格斯，1883，《在马克思墓前的讲话》，《马克思恩格斯全集》第 19 卷，北京：人民出版社 1963 年版，第 374～376 页。

［2］迈尔森，1991，《博弈论：矛盾冲突分析》，北京，中国经济出版社 2001 版，第 333～383 页。

［3］亚当·斯密，1759，《道德情操论》（The Theory of Moral Sentiments），蒋自强等译，北京，商务印书馆 1997 年版。

［4］恩格斯，1878，《反杜林论：欧根·杜林先生在科学中实行的变革》，中共中央马克思恩格斯列宁斯大林毛泽东著作编译局译，北京，人民出版社 1970 年版。

［5］Weber，M，1930，*The Protestant Ethic and the Spirit of Capitalism.*，Allen & Unwin，London，中译本由黄晓京、彭强译，成都，四川人民出版社 1986 年版。

［6］Ulrich Blum and Leonard Dudley，2001，*Religion and economic growth：was Weber right?* Journal of Evolutionary Economics（2001）11：207－230.

［7］凡勃伦（Thorstein Veblen），1899，《有闲阶级论》（*The Theory of the Leisure Class*），北京，商务印书馆 1983 年版。

［8］康芒斯（JR Commons），1934，《制度经济学》（*Institutional Economics*），北京，商务印书馆 1983 年版。

［9］North，D. C. 1990. *Institutions，Institutional Change，and Economic Performance.* Cambridge University Press，New York.

［10］F. Fukuyama，2001，*Culture and Economic Development：Cultural Concerns，in Cultural Variations in Inter-personal Relationships*，International Encyclopedia of the Social & Behavioral Sciences，Elsevier Science Ltd. 2001. pp. 3130－3134.

［11］解昆桦：《亚当·斯密〈国富论〉的先修论述——简论〈道德情操论〉》，http：//www. gongfa. com/xiekhsimidaodeqingcaolun. htm。

*427*

[12] 代尔斯（N. Gardels）：《民族精神再兴：记民族主义之善与恶　与伯林对谈》，载于《公共论丛　直接民主与间接民主》，北京，三联书店1998年版。

[13] 洪鎌德：《民族主义的缘起、议题和理论——最近有关民族主义的英文文献之简介》，《淡江人文社会学刊》第15期，2003年6月。

[14] Preston. P. W. , 1996, *Development Theory: An Intro-duction.* Oxford: Blackwell. Carl Mosk, 2005, "Failed States and Failed Economies: Nationalism and Economic Behavior, 1955 – 1995", Econometrics Working Papers 0506, Department of Economics, University of Victoria.

[15] 钱穆：《中国文化史导论》，上海，三联书店影印本1988年版，第19页。转引自：詹戌明，2004，"中国的民族主义：一个巨大而空洞的符号"，网址：www. sinoliberal. net/enemy/nationalism. htm。

[16] 安格斯·麦迪森：《中国经济的长远未来》，楚序平、吴湘松译，北京，新华出版社1999年版。

[17] 安德烈·贡德·弗兰克（Andre Gunder Frank），1998，《白银资本重视经济全球化中的东方》（*ReOrient: Global Economy in the Asian Age*），刘北成译，北京，中央编译出版社2000年版。

[18] 陈振汉：《我国历史上国民经济的发达和落后及其原因》，收入作者个人论文集《社会经济史学论文集》，北京，经济科学出版社1999年版。

[19] 李伯重：《西方对明清中国经济的看法及其原因》，《中国社会科学院院报》2002年3月12日。

[20] 马可波罗（Marco Polo）：《马可波罗行纪》，冯承钧原译，党宝海注释并补译，石家庄，河北人民出版社1999年版。

[21] 方棣：《市场经济与当代民族精神》，《江汉大学学报》1995年第12卷第5期。

[22] 萧景阳：《论中华民族精神在发展我国市场经济中的地位与作用》，《广东民族学院学报》（社科版）1994年第2期。

[23] 金观涛、刘青峰：《兴盛与危机——论中国封建社会的超稳定结构》，长沙，湖南人民出版社1984年版。

[24] 何爱国：《马克斯·韦伯为什么认为中国没有'科学'？》2004年，网址：http: //dzl. legaltheory. com. cn/info. asp? id =4564。

[25] T. 帕森斯：《社会行动的结构》，张明德、夏翼南、彭刚译，南京，译林出版社2003年版。

[26] 孔令宏：《试论用技术社会学方法解答李约瑟难题》，《大自然探索》1998年第3期。

［27］李翔宇、黄雁玲：《中国传统思维的理性分析》，《广西社会科学》2001 年第 2 期。

［28］王红婵、王丰年：《李约瑟难题的现实意义》，《哈尔滨师专学报》1999 年第 3 期。

［29］诸凤娟、陶建钟：《刍议近代中国科技落后的文化原因》，《绍兴文理学院学报》2003 年第 3 期。

［30］李翔宇、黄雁玲：《中国传统思维的理性分析》，《广西社会科学》2001 年第 2 期。

［31］杨叔子：《民族精神：中华民族文化哲理的凝视》，《华中科技大学学报》（社会科学版）2005 年第 1 期。

［32］周云：《从"科玄论战"看 20 年代西方思想与中国社会思潮》，《社会科学辑刊》1999 年第 4 期。

［33］何中华：《"科玄论战"与 20 世纪中国哲学走向》，《文史哲》1998 年第 2 期。

［34］李铁：《重读科玄论战》，《湘潭大学社会科学学报》2003 年第 3 期。

［35］李醒民：《科玄论战的主旋律、插曲及其当代回响（下）》，《北京行政学院》2004 年第 2 期。

［36］李秋丽：《现代化视野中的"科玄论战"》，《理论学刊》2004 年第 8 期。

［37］刘芳玲、蒋佩琳：《中国科技发展与传统文化关系的几个问题》，《四川师范大学学报》（自然科学版）1997 年第 3 期。

［38］刘啸霆、姜照华：《科技及其文化前提浅析》，《自然辩证法研究》1994 年第 6 期。

［39］毛伟英：《论传统文化在现代科技发展中的作用》，《浙江师大学报》（社会科学版）1997 年第 3 期。

［40］郝海燕：《儒家文化与中国科学：现代新儒家的见解》，《自然辩证法研究》2004 年第 11 期。

［41］姚茂群：《传统思维方式与科学技术》，《杭州师范学院学报》（自然科学版）2004 年第 6 期。

［42］马来平：《中国传统文化与科学技术发展三题》，《济南大学学报》1995 年第 2 期。

［43］徐祥运：《论科学技术发展与社会文化进步》，《青岛科技大学学报》（社会科学版）2004 年第 4 期。

［44］王茹、谭泓：《在多元文化冲突中弘扬和培育民族精神》，《理论学刊》2003 年第 5 期。

[45] 何祚麻：《弘扬民族精神要讲科学，要与时俱进》，《北京党史》2003年第 4 期。

[46] 于光远：《怎样理解"弘扬民族精神要讲科学"》，《北京党史》2003年第 4 期。

[47] 程京武：《论全球化进程中民族精神的培育》，《广东社会科学》2005年第 1 期。

[48] R. 默顿著，林聚任译：《科学的规范结构》，《哲学译丛》2000 年第 3 期。

[49] 张浩：《发挥民族文化优势，促进当代科技创新》，《晋阳学刊》2001年第 3 期。

[50] 宣宇才：《传统文化是现代化的宝贵思想资源——访北京大学教授楼宇烈》，《人民日报》2000 年 4 月 27 日。

[51] 常立农：《技术的民族性与国际性》，《中国科技论坛》2004 年第 1 期。

[52] 陈军科：《理性思维：文化自觉的本质特征》，《北京师范大学学报》（社会科学版）2003 年第 5 期。

[53] 任雪萍：《科学理性及其双重效应》，《安徽大学学报》（哲学社会科学版）1998 年第 6 期。

[54] 王岳川：《科技的兴盛与人文理性的重建》，《民主与科学》1997 年第 5 期。

[55] 夏基松著：《当代西方哲学》，黑龙江人民出版社 1983 年版。

[56] 董平主编：《中国传统文化与现代化》，北京，中国政法大学出版社 2001 年版。

[57] 席泽宗主编：《中国科学技术史（科学思想卷）》，北京，科学出版社 2001 年版。

[58] 殷正坤、邱仁宗著：《科学哲学引论》，武汉，华中理工大学出版社 1996 年版。

[59] 孙德忠：《论科学理性和人文理性的分殊与融通》，《武汉理工大学学报》（社会科学版）2004 年第 2 期。

[60] 赵洪恩、李宝席主编：《中国传统文化通论》，北京，人民出版社 2003 年版。

[61] 李宗桂著：《中国文化导论》，广东人民出版社 2002 年版。

[62] 董平主编：《中国传统文化与现代化》，北京，中国政法大学出版社 2001 年版。

[63] 吴潜涛：《论弘扬和培育民族精神》，《求是》2003 年第 19 期。

[64] 陈涌：《"五四"文化革命的评价问题》，《人民日报》2004 年 4 月 28 号。

［65］《马克思恩格斯选集》第1卷，北京，人民出版社1972年版。

［66］《普列汉诺夫哲学著作选集》第2卷，北京，三联书店1961年版。

［67］王希恩：《民族精神的形成和发展》，《世界民族》2003年第4期。

［68］杨雪冬：《全球化：西方理论前沿》，北京，社会科学文献出版社2002年版。

［69］中央文献研究室编：《江泽民论有中国特色社会主义》（专题摘编），北京，中央文献出版社2002年版。

［70］王缉思：《民族与民族主义》，《欧洲》1993年第5期。

［71］陈明明：《政治发展视角中的民族与民族主义》，《战略与管理》1996年第2期。

［72］张岱年：《炎黄传说与民族精神》，《炎黄春秋》1993年第1期。

［73］《邓小平文选》第3卷，北京，人民出版社1993年版。

［74］任涛、孔庆榕、张大可：《统一战线与中华民族凝聚力》，北京，中国社会科学出版社2000年版。

［75］《马克思恩格斯选集》第2卷，北京，人民出版社1972年版。

［76］《毛泽东选集》第2卷，北京，人民出版社1991年版。

［77］《十三大以来重要文献选编》（中），北京，人民出版社1991年版。

［78］《十四大以来重要文献选编》（上），北京，人民出版社1996年版。

［79］［英］阿克顿著，侯健、范亚峰译：《自由与权力》，北京，商务印书馆2001年版。

［80］［美］菲利克斯·格罗斯著，王建娥、魏强译：《公民与国家——民族、部族和族属身份》，北京，新华出版社2003年版。

［81］［法］托克维尔著，董果良译：《论美国的民主》（上册），北京，商务印书馆1988年版。

［82］虞崇胜：《政治文明论》，武汉大学出版社2003年版。

［83］潘一禾：《观念与体制——政治文化的比较研究》，学林出版社2002年版。

［84］王沪宁：《比较政治分析》，上海人民出版社1987年版。

［85］《孙中山选集》，北京，人民出版社1981年版，第617页。

［86］教育部、中共中央文献研究室编：《毛泽东邓小平江泽民论教育》，北京，中央文献出版社2002年版。

［87］［英］戴维·米勒、韦农·波格丹诺编，邓正来等译：《布莱克维尔政治学百科全书》，北京，中国政法大学出版社2002年版。

［88］《马克思恩格斯全集》第1卷，北京，人民出版社1956年版。

# 后 记

　　2003 年 12 月由华中科技大学杨叔子院士为首席专家，欧阳康教授、刘献君教授具体主持的教育部哲学社会科学研究重大课题攻关项目"弘扬与培育民族精神研究"，在有关方面的大力支持下得以立项通过。经过三年多的精心组织和深入研究，课题于 2007 年 6 月顺利通过教育部专家组的评议并结题。作为课题结题稿，本书集中体现了课题组成员的智慧和结晶。

　　本书各章的作者是：导言，杨叔子、欧阳康；第一章，张曙光；第二章，邹诗鹏；第三章，何锡章；第四、五章，李传印；第六章，罗家祥、黄长义；第七章，黄岭峻、黄长义；第八章，栗志刚；第九章，雷洪；第十章，徐长生、宋德勇、钟书华；第十一章，欧阳康；第十二章，张廷国、丁建定、别敦荣、欧阳康；第十三章，欧阳康、潘斌、张建华；第十四章，陈俊森、欧阳康、张建华、潘斌、吴静媛；第十五章，潘斌；第十六章，刘献君；第十七章，龙太江、李太平、陈仕平；第十八章，周艳、张建华、吴中宇、谭同学、郭立峰。

　　栗志刚、潘斌、梅景辉、吴兰丽在课题的组织、研究以及书稿的形成过程中，协助主编做了大量细致复杂的工作。杨金华、杨玲、宫丽参加了部分章节的写作。张建华、董慧、宫丽在翻译英文目录和摘要以及一些技术性事物方面也付出了劳动。

　　全书由杨叔子、欧阳康、刘献君主持编撰并由欧阳康最后统稿定稿。

　　杨耕、韩庆祥、韩潜涛、李晨阳、王治河等在课题的研究过程中给予了热情的关注。美国价值与哲学学会的 G. 麦克林、越南社会科学院哲学研究所的阮仲准、伊朗社会科学院哲学研究所的哥拉瑞扎 - 阿瓦尼、印度德里大学的 S. R. 伯哈特作为客座研究员对课题研究提出了许多建议，他们的研究成果也部分反映在本书中。经济科学出版社对本书的出版给予了大力支持。责任编辑和有关人士为本书出版付出了大量心血，特此一并致以衷心谢忱。

# 已出版书目

| 书　名 | 首席专家 |
|---|---|
| 《马克思主义基础理论若干重大问题研究》 | 陈先达 |
| 《网络思想政治教育研究》 | 张再兴 |
| 《高校思想政治理论课程建设研究》 | 顾海良 |
| 《马克思主义文艺理论中国化研究》 | 朱立元 |
| 《弘扬与培育民族精神研究》 | 杨叔子 |
| 《当代科学哲学的发展趋势》 | 郭贵春 |
| 《当代中国人精神生活研究》 | 童世骏 |
| 《面向知识表示与推理的自然语言逻辑》 | 鞠实儿 |
| 《中国大众媒介的传播效果与公信力研究》 | 喻国明 |
| 《楚地出土戰國簡册［十四種］》 | 陈　偉 |
| 《中国特大都市圈与世界制造业中心研究》 | 李廉水 |
| 《WTO主要成员贸易政策体系与对策研究》 | 张汉林 |
| 《全球经济调整中的中国经济增长与宏观调控体系研究》 | 黄　达 |
| 《中国产业竞争力研究》 | 赵彦云 |
| 《东北老工业基地资源型城市发展接续产业问题研究》 | 宋冬林 |
| 《中国民营经济制度创新与发展》 | 李维安 |
| 《东北老工业基地改造与振兴研究》 | 程　伟 |
| 《中国加入区域经济一体化研究》 | 黄卫平 |
| 《金融体制改革和货币问题研究》 | 王广谦 |
| 《中国市场经济发展研究》 | 刘　伟 |
| 《我国民法典体系问题研究》 | 王利明 |
| 《中国农村与农民问题前沿研究》 | 徐　勇 |
| 《城市化进程中的重大社会问题及其对策研究》 | 李　强 |
| 《中国公民人文素质研究》 | 石亚军 |
| 《生活质量的指标构建与现状评价》 | 周长城 |
| 《人文社会科学研究成果评价体系研究》 | 刘大椿 |
| 《教育投入、资源配置与人力资本收益》 | 闵维方 |
| 《创新人才与教育创新研究》 | 林崇德 |
| 《中国农村教育发展指标研究》 | 袁桂林 |
| 《高校招生考试制度改革研究》 | 刘海峰 |
| 《基础教育改革与中国教育学理论重建研究》 | 叶　澜 |
| 《处境不利儿童的心理发展现状与教育对策研究》 | 申继亮 |
| 《中国和平发展的国际环境分析》 | 叶自成 |
| 《现代中西高校公共艺术教育比较研究》 | 曾繁仁 |

# 即将出版书目

| 书 名 | 首席专家 |
|---|---|
| 《中国司法制度基础理论问题研究》 | 陈光中 |
| 《完善社会主义市场经济体制的理论研究》 | 刘 伟 |
| 《和谐社会构建背景下的社会保障制度研究》 | 邓大松 |
| 《社会主义道德体系及运行机制研究》 | 罗国杰 |
| 《中国青少年心理健康素质调查研究》 | 沈德立 |
| 《学无止境——构建学习型社会研究》 | 顾明远 |
| 《产权理论比较与中国产权制度改革》 | 黄少安 |
| 《中国水资源问题研究丛书》 | 伍新木 |
| 《中国法制现代化的理论与实践》 | 徐显明 |
| 《中国和平发展的重大国际法律问题研究》 | 曾令良 |
| 《知识产权制度的变革与发展研究》 | 吴汉东 |
| 《全国建设小康社会进程中的我国就业战略研究》 | 曾湘泉 |
| 《数字传播技术与媒体产业发展研究报告》 | 黄升民 |
| 《非传统安全与新时期中俄关系》 | 冯绍雷 |
| 《中国政治文明与宪政建设》 | 谢庆奎 |